Einführung in die Test- und Fragebogenkonstruktion

Markus Bühner

Einführung in die Test- und Fragebogenkonstruktion

2., aktualisierte und erweiterte Auflage

PEARSON Studium

ein Imprint von Pearson Education
München • Boston • San Francisco • Harlow, England
Don Mills, Ontario • Sydney • Mexico City
Madrid • Amsterdam

Bibliografische Information der Deutschen Nationalbibliothek

Die Deutsche Nationalbibliothek verzeichnet diese Publikation in der Deutschen Nationalbibliografie; detaillierte bibliografische Daten sind im Internet über *http://dnb.d-nb.de* abrufbar.

Umwelthinweis:
Dieses Produkt wurde auf chlorfrei gebleichtem Papier gedruckt.
Die Einschrumpffolie – zum Schutz vor Verschmutzung – ist aus umweltverträglichem und recyclingfähigem PE-Material.

10 9 8 7 6 5 4 3

10 09

ISBN 978-3-8273-7193-5

ein Imprint der Pearson Education Deutschland GmbH,
Martin-Kollar-Straße 10-12, D-81829 München/Germany

www.pearson-studium.de
Lektorat: Christian Schneider, cschneider@pearson.de
Korrektorat: Margret Neuhoff, München
Einbandgestaltung: adesso 21, Thomas Arlt, München
Herstellung: Claudia Bäurle, cbaeurle@pearson.de
Satz: mediaService, Siegen (www.media-service.tv)
Druck und Verarbeitung: Kösel, Krugzell (www.KoeselBuch.de)

Printed in Germany

Inhaltsverzeichnis

Vorwort zur 2. Auflage

Der Erfolg des Buches war in diesem Ausmaß weder für mich noch für den Verlag abzusehen, daher erscheint nun die zweite Auflage. Ich bedanke mich an dieser Stelle bei allen Dozenten und Studenten, die den Erfolg dieses Buches erst möglich gemacht haben.

Die nun vorliegende zweite Auflage diente vor allem der Fehlerkorrektur, Aktualisierung und Implementierung der Probabilisitischen Testtheorie in *Kapitel 7*. An dieser Stelle danke ich Prof. Dr. Jürgen Rost von Herzen für seine Unterstützung zu diesem Kapitel. Durch mehrere Workshops in Kiel und intensive Diskussionen mit ihm und seinem Team konnte dieses Kapitel erst entstehen.

Die Konzeption des Buches ist durch die Neuauflage unberührt. Dieses Buch richtet sich nach wie vor an Studierende und Lehrende der Psychologie oder angrenzender Disziplinen (z.B. Sozialwissenschaftler und Wirtschaftswissenschaftler). Das Vorhaben, einen anwendungsorientierten Einblick in die Test- und Fragebogenkonstruktion zu geben, wurde in dieser Auflage durch das Rasch-Modell sowie einige Ergänzungen erweitert. Meine Hoffnung besteht vor allem darin, dass sich mehr Psychologen als bisher dem Rasch-Modell zuwenden und es auch anwenden. Es wäre schön, wenn die Vorteile des Rasch-Modells deutlich und die Berührungsängste durch die theoretische Einführung, Rechenbeispiele und ein ausgezeichnetes Anwendungsprogramm (WINMIRA) geringer werden würden. Letztendlich ist eine Itemanalyse im Rahmen des Rasch-Modells nicht wesentlich komplizierter als eine herkömmliche Itemanalyse nach der Klassischen Testtheorie. Sie eröffnet jedoch wesentlich wertvollere Erkenntnisse über den Test und bietet deutlich bessere Analysemöglichkeiten. In *Kapitel 2* wurde der Teil „Validität“ erweitert und in *Kapitel 3* der Teil „Testentwicklung“ ergänzt. *Kapitel 4* wurde aktualisiert, und es wird das Programm KONFI zur psychometrischen Einzelfalldiagnostik vorgestellt. Es soll Studenten und Anwendern helfen, schnell und sicher Konfidenzintervalle zu berechnen. Die *Kapitel 5* und *6* (Anpassung an AMOS 6.0) wurden deutlich überarbeitet und zum Teil neu strukturiert. *Kapitel 8* (Korrelationen) ist lediglich an SPSS 14 angepasst und *Kapitel 1* blieb unverändert.

Am Ende dieses Vorworts möchte ich nun vielen Menschen, die zum Gelingen des Buches beigetragen haben, danken. An erster Stelle ist Dipl.-Psych. *Matthias Ziegler* zu nennen, der maßgeblich zu den Verbesserungen in der zweiten Auflage beigetragen und mich in jeder Lebenslage unterstützt hat; darüber hinaus hat er mir viel Arbeit abgenommen, damit ich Zeit zum Schreiben der Buchkapitel hatte.

Zum anderen danke ich Dipl.-Psych. Moritz Heene, der wertvolle Hinweise und Denkanstöße für die *Kapitel 5, 6* und *7* gegeben hat, sowie Dipl.-Psych. Sabine Schaal für ihre Unterstützung während der ganzen Buchrevision. Darüber hinaus bedanke ich mich bei meinem exzellenten Studententeam, das intensiv in die Entstehung des Buches eingebunden war; dazu gehören Beatrice Gerber-Braun, Christina Stroppa und Birgit Wimmer. Auch Herrn Schneider danke ich herzlich für die hervorragende und bewährte Zusammenarbeit. Mein Dank gilt auch den Kollegen, die mich auf Inkonsistenzen und Verständnisschwierigkeiten hingewiesen haben. Darüber hinaus danke ich einer sehr aktiven Studentengruppe, die im Vorfeld des Buches mitgewirkt hat: Erik Dietl, Amory Faber, Can Gürer, Isabell Rätzel, Christian Reeb, Natalia Zorkina. Besonderer Dank gilt auch meinen Eltern *Lothar und Barbara Bühner*, die mich ihr Leben lang unterstützt haben und denen ich sehr viel verdanke.

Am Ende dieses Vorworts möchte ich darauf hinweisen, dass ich an konstruktiver Kritik zu diesem Buch nach wie vor sehr interessiert bin, inhaltlich aber auch konzeptionell. Ein Buch ist immer eine Momentaufnahme, die immer noch schöner, fehlerfreier und besser werden soll. Ihre Anmerkungen können Sie ganz einfach per E-Mail an die folgende Adresse senden: *psychologie@pearson-studium.de.*

München, den 26. März 2006
Markus Bühner

Einführung

1

ÜBERBLICK

1.1 Testanwendungsbereiche

Warum muss ich wissen, wie ein Test entwickelt wird?

Testverfahren werden in der Forschung sowie in den Anwendungsbereichen der Psychologie (Neuropsychologie, Klinische Psychologie, Arbeitspsychologie, Werbepsychologie usw.), der Medizin sowie der Sozial- und Wirtschaftswissenschaften eingesetzt. Für viele Fragestellungen existieren bereits Testverfahren. Aber für sehr viele andere Fragestellungen sind keine Testverfahren oder Fragebögen verfügbar, vor allem dann, wenn sehr spezifische Fragestellungen zu beantworten sind. Die folgende Auflistung macht deutlich, dass in zahlreichen Anwendungsbereichen die Testentwicklung eine bedeutende Rolle spielt.

Kliniken

- Psychische Störungen
- Psychosomatische Störungen
- Somatische Störungen
- Auf somatische Ursachen zurückgehende psychologische Störungen (z.B. Hirnschäden)
- Belastung und Schmerz
- Krankheitsbewältigung
- Therapieverlaufs- und Erfolgskontrolle

Beratungsstellen

- Allgemeine psychosoziale Beratung
- Familienberatung
- Eheberatung
- Erziehungsberatung
- Suchtberatung

Staatliche Verwaltung

- Berufsberatung
- Auslese
- Jugendhilfe
- Verkehrseignung (TÜV)

Forensischer Bereich

- Strafvollzug (Haftentlassung)
- Im Rahmen von Gerichtsverfahren (zivil- und strafrechtliche Verantwortlichkeit, Glaubwürdigkeit von Zeugen, Sorgerecht)

Betriebe/Personalverwaltung

- Eignung/Auslese
- Arbeitsplatzgestaltung/Ergonomie
- Arbeitsanalyse

Schulen, pädagogischer Bereich

- Entwicklung/Entwicklungsstörungen
- Lernprozesse
- Schulreife
- Sonderschulbedürftigkeit/geistige Behinderung
- Spezifische Lernschwierigkeiten
- Leistungsstörungen
- Hochbegabung
- Schulleistung
- Hochschuleignung
- Intelligenzdiagnostik allgemein

Militär

- Eignungsprüfungen

Marktforschung/Werbepsychologie

- Produktbeurteilung
- Werbung
- Einstellungsmessung

Forschung

- Einstellungen/Interessen
- Eigenschaften
- Momentane Zustände
- Verlaufsprozesse

Die Erfahrung zeigt, dass es Studenten anfangs unverständlich erscheint, warum sie sich mit statistischen Methoden zur Testkonstruktion beschäftigen sollen. Daher ist es sinnvoll, am Anfang plausibel zu machen, warum sich der Erwerb von Kenntnissen in diesem Bereich lohnt.

Nach einer Untersuchung von Jimenez und Raab (1999) sind Bereiche, die Psychologen von Laien zugeordnet werden „Tests zur Vorhersage von Berufseignung" und „Feststellung der Schulreife von Kindern". Grundlegendes Wissen auf diesem Gebiet ermöglicht nicht nur die Konstruktion von Test- und Fragebogenverfahren, sondern ist auch Grundvoraussetzung für die Beurteilung bereits bestehender Tests. So richten sich Auswahl und Interpretation von Test- und Fragebogenergebnissen nach so genannten Testgütekriterien. Testgütekriterien geben Auskunft über die Genauigkeit und den Vorhersageerfolg der Testergebnisse. Auswahl und Interpretation von Test- und Fragbogenergebnissen zählen zu den Routineaufgaben in der späteren beruflichen Praxis. Auch in der neuen DIN-Norm 33430 für „Berufsbezogene Eignungsdiagnostik", erschienen im Beuth Verlag 2002, werden Anforderungen an Personen, die in diesem Berufsfeld tätig sind (z.B. Psychologen, Betriebswirte), spezifiziert (S.10): (1) Grundkenntnisse über Verfahren der Eignungsbeurteilung; (2) **statistisch-methodische Grundlagen**; (3) **Testtheorien (klassische und Item-Response-Theorien)**, Messtheorien; (4) Evaluationsmethodik einschließlich Kosten-Nutzen-Aspekten; (4) **Konstruk-**

tionsgrundlagen (siehe *Kapitel 3*); (5) Einsatzmöglichkeiten, (6) Durchführungsbedingungen; (7) **Gütekriterien**, (8) Gutachtenerstellung. Die durch Fettdruck hervorgehobenen Bereiche der DIN-Norm werden in diesem Buch behandelt.

- Wissen im Bereich „Testkonstruktion" ermöglicht die Konstruktion von Testverfahren mit spezifischer Fragestellung.
- Wissen im Bereich „Testkonstruktion" erleichtert die Auswahl und Interpretation von bereits gebräuchlichen Tests.
- Wissen im Bereich „Testkonstruktion" wird als Schlüsselkompetenz angesehen (Amelang, 1999).

1.2 Arten von Tests

Welche Arten von Tests sollte ich kennen?

Es gibt eine große Vielfalt von Testverfahren. Eine Hilfe bei der Kategorisierung dieser Verfahren liefern Brähler, Holling, Leutner & Petermann (2002). Sie unterteilen Test- und Fragebogenverfahren grob in *drei* große Bereiche (S. XI ff.):

Leistungstests

- Entwicklungstests
- Intelligenztests
- Allgemeine Leistungstests
- Schultests
- Spezielle Funktionsprüfungs-und Eignungstests

Psychometrische Persönlichkeitstests

- Persönlichkeitsstrukturtests
- Einstellungstests
- Interessentests
- Klinische Tests

Persönlichkeitsentfaltungs-Verfahren

- Formdeuteverfahren
- Verbal-thematische Verfahren
- Zeichnerische und
- Gestaltungsverfahren

Leistungstests erfassen, wie der Name schon sagt, eine Leistung. Die Messung einer Leistung setzt voraus, dass die Leistung nach bestimmten Kriterien als richtig oder falsch klassifiziert werden kann. Amelang und Zielinski (2002, S. 117 – 120) untertelen Leistungstests in Schnelligkeits- (Speed-) und Niveautests (Powertests, siehe Kasten). Diese Unterscheidung ist allgemein üblich und für das Verständnis der Methoden der Testanalyse notwendig (siehe Kasten).

Schnelligkeitstests (Speedtests) enthalten leichte oder mittelschwere Aufgaben, die bei der Bearbeitung ohne Zeitbegrenzung von jedem gelöst werden können. Es wird jedoch eine Zeitbegrenzung vorgegeben, so dass kein Proband innerhalb dieser Zeit alle Aufgaben beantworten kann. Das Testergebnis (Score) ergibt sich entweder aus der Anzahl der bearbeiteten Aufgaben, der Testzeit oder aus der Anzahl richtig gelöster Aufgaben (Tempowert). Es kommt also vorwiegend auf Schnelligkeit (englisch: speed) an. Das heißt nicht (!), dass den Probanden in diesen Tests keine Fehler unterlaufen. Diese werden meist in einem separaten Kennwert berücksichtigt oder mit dem Tempowert verrechnet.

Niveautests (Powertests) enthalten Aufgaben, die im Schwierigkeitsgrad kontinuierlich ansteigen. Es wird keine oder eine großzügige Zeitbegrenzung vorgegeben, aber auch bei unbegrenzter Zeitvorgabe können alle Aufgaben (Items) kaum von einem Probanden richtig gelöst werden. Schnelligkeit spielt eine eher untergeordnete Rolle, es geht nur um die Ermittlung des intellektuellen Niveaus bzw. der „Denkkraft“ (englisch: power).

Häufig wird zwischen zeitbegrenzten Niveautests und reinen Niveautests nicht weiter unterschieden. Dabei wird als Argument verwendet, dass Leistungen in zeitbegrenzten und nicht zeitbegrenzten Powertests stark zusammenhängen. Das heißt, eigentlich erfassen diese Tests die gleiche Fähigkeit. Somit ist die Zeitbegrenzung bei Powertests zu vernachlässigen. Jedoch handelt es sich, wie Carroll (1993) richtig bemerkt, bei diesem Zusammenhang um eine partielle Eigenkorrelation. Das bedeutet, dass z.B. ein zeitbegrenzter Test schon allein deshalb mit einem nicht zeitbegrenzten Test hoch korrelieren muss, da er die gleichen Aufgaben verwendet. Wilhelm und Schulze (2002) konnten zeigen, dass zeitbegrenzte Intelligenztests deutlich höher mit zeitbegrenzten Speedtests zusammenhängen als zeitunbegrenzte Intelligenztests. Das heißt, dass diese zeitbegrenzten Intelligenztests noch etwas anderes messen als Intelligenz (ihre Messeigenschaften sind andere), wie z.B. Verarbeitungsgeschwindigkeit. Dies muss in der Praxis kein Nachteil sein, sollte aber bei der Testkonstruktion mit berücksichtigt werden. Insgesamt spiegelt die vorliegende Einteilung nur sehr grobe Kategorien wider, die aber zuerst einmal zum weiteren Verständnis der folgenden Kapitel ausreichen.

1.3 Diagnosemöglichkeiten mit Tests

Für welche allgemeinen Fragestellungen kann ich Tests einsetzen?

Man unterscheidet zwei Arten von **Diagnosemethoden**, die Querschnittsdiagnose und die Längsschnittdiagnose. Während die Querschnittsdiagnose einen aktuell gegebenen Zustand darstellt, zielt die Längsschnittdiagnose auf Veränderungen über einen größeren Zeitraum mit zwei oder mehreren Messzeitpunkten ab. Im Folgenden sollen einige Beispiele für Fragestellungen der Diagnosemethoden erläutert werden.

Querschnittsdiagnose

- *Position einer Person innerhalb einer Gruppe* vergleichbarer Individuen hinsichtlich eines Merkmals (relativer Grad der Ausprägung). Wichtig ist diese Einschätzung vor allem bei der Begutachtung mit Leistungstests. Eine Fragestellung könnte beispielsweise lauten, ob ein Kind hochbegabt ist oder nicht. Diese Fragestellung könnte dann mit Hilfe eines Intelligenztests, der im oberen Intelligenzbereich Unterscheidungen zwischen Kindern zulässt, beantwortet werden.
- *Unterschiede der Merkmalsausprägung zwischen Personen* oder Gruppen. Eine Fragestellung im Rahmen der Personalselektion könnte zum Beispiel lauten, welcher von mehreren Bewerbern besser für einen Arbeitsplatz geeignet ist. Diese Fragestellung könnte mit objektiven Leistungstests, spezifischen Fragebögen zur Berufseignung oder auch anderen diagnostischen Methoden, wie einem strukturierten Interview, beantwortet werden.
- *Feststellung individueller Merkmalskombinationen* (Profil). Oftmals wird bei Kindern oder Erwachsenen gefragt, ob sie ihr potenzielles Leistungsniveau ausgeschöpft haben. Dazu werden häufig sprachliche und nicht sprachliche Intelligenztests eingesetzt, beispielsweise der HAWIE-III für Erwachsene (Tewes, 1991) oder HAWIK-III für Kinder (Tewes, Rossmann & Schallberger, 2000). Hier wird zwischen Verbal- und Handlungsintelligenz unterschieden. Die Leistung in einem Intelligenztest wird in einen Intelligenzquotienten umgerechnet, der als IQ bezeichnet wird. Ist der Handlungs-IQ bedeutsam oder signifikant (über eine bestimmte Zufallswahrscheinlichkeit hinaus, in der Regel 5%) höher als der Verbal-IQ, wird dies häufig als Indiz dafür gewertet, dass die geistigen Möglichkeiten des Erwachsenen oder des Kindes nicht vollständig ausgeschöpft werden. Des Weiteren kann man sowohl für den Leistungsbereich (z.B. Intelligenz) als auch den Persönlichkeitsbereich so genannte Profilvergleiche durchführen. Dabei können mehrere Fragestellungen unterschieden werden, zum Beispiel: (1) Unterscheiden sich zwei oder mehrere Merkmalsausprägungen eines Probanden voneinander? (2) Weichen eine oder mehrere Merkmalsausprägungen eines Probanden von einem mittleren Profil einer bestimmten Bezugsgruppe ab?
- *Entscheidung über (Nicht-)Erfüllung einer Bedingung/Erreichen eines Kriteriums.* Ein Patient erhält beispielsweise die Diagnose „Depression“, wenn er genau festgelegte Kriterien für eine Depression erfüllt. Die Diagnose einer Depression wird über Klassifikationssysteme bestimmt, wie zum Beispiel DSM-IV (Saß, Wittchen, Zaudig und I. Houben, 2003) oder ICD-10 (Dilling, Schmidt, Mombour & Schulte-Markwort, 2000). Solche Kriterien sind beispielsweise für eine Depression nach DSM-IV: schwere Beeinträchtigung, die mehr als zwei Wochen andauert, von mindestens fünf Symptomen gekennzeichnet und nicht durch Faktoren wie Medikamente/Drogenmissbrauch und körperliche Erkrankung bedingt ist (Comer, 1995).

Längsschnittdiagnose

- *Merkmalsveränderungen über die Zeit* (Verlaufsprofil) *für Individuen oder Gruppen.* Zum Beispiel: Verändert sich die Konzentrationsfähigkeit einer Person oder mehrerer Personen mit zunehmendem Alter?

1.4 Fragebogenbeispiel im Test

In den *Kapiteln 3* bis *7* wird Bezug auf ein Fragebogenbeispiel genommen. Dabei handelt es sich um den NEO-FFI von Borkenau und Ostendorf (1993). Damit der Leser sich eine Vorstellung von dem Fragebogen machen kann, soll an dieser Stelle eine kurze Beschreibung erfolgen.

Der NEO-FFI von Borkenau und Ostendorf (1993) stellt eine deutschsprachige Übersetzung des „NEO Five-Factor Inventory NEO-FFI“ von Costa und McCrae (1992) dar. Bei diesem Test handelt es sich um ein Fragebogenverfahren (Selbstbeurteilungsverfahren), bei dem die Probanden auf einer fünfstufigen Antwortskala Aussagen beurteilen sollen (von „starker Ablehnung“ über „Ablehnung“, „neutral“ und „Zustimmung“ bis zu „starker Zustimmung“). Es handelt sich bei diesem Test um ein Papier-Bleistift-Verfahren (im Gegensatz zu computergestützten Tests). Die Durchführungszeit beträgt etwa zehn Minuten. Nach Angaben der Testautoren dient der NEO-FFI der Erfassung individueller Merkmalsausprägungen in den Persönlichkeitsbereichen „Neurotizismus“, „Extraversion“, „Offenheit für Erfahrungen“, „Verträglichkeit“ und „Gewissenhaftigkeit“. Jeder dieser Merkmalsbereiche wird durch je zwölf der insgesamt 60 Fragen des Inventars abgedeckt. In Bezug auf die in mehreren Kapiteln exemplarisch vorgenommenen empirischen Auswertungen beschränken wir uns hier auf die Persönlichkeitsmerkmale „Extraversion“ und „Neurotizismus“, die wie folgt charakterisiert werden (zitiert nach Borkenau & Ostendorf, 1993, S. 5):

„Personen mit hohen Werten in Neurotizismus neigen dazu, nervös, ängstlich, traurig, unsicher und verlegen zu sein und sich Sorgen um ihre Gesundheit zu machen. Sie neigen zu unrealistischen Ideen und sind weniger in der Lage, ihre Bedürfnisse zu kontrollieren und auf Stresssituationen angemessen zu reagieren.“

„Probanden mit hohen Werten in Extraversion sind gesellig, aktiv, gesprächig, Personen-orientiert, herzlich, optimistisch und heiter. Sie mögen Anregungen und Aufregungen.“

Testtheoretische Grundlagen

2

ÜBERBLICK

2.1 Gegenstand einer Testtheorie

Über welche theoretischen Grundlagen sollte ich verfügen?

Nach Rost (2004, S. 17 ff.) gibt es in der sozialwissenschaftlichen Methodenlehre zwei Begriffe von Testtheorie. Der erste bezeichnet eine Theorie über statistische Schlüsse, die man aufgrund von Stichprobendaten bezüglich bestimmter Eigenschaften der Population (oder Grundgesamtheit) zieht. Ein solcher statistischer Schluss wird als Test bezeichnet, weil man damit eine **Hypothese** testet oder jemanden einer Prüfung unterzieht. Dieser Begriff von Testtheorie wird im Folgenden nicht verwendet.

Der zweite Begriff bezeichnet die **Theorie über „psychologische Tests"**. Testtheorien in diesem Sinne sind die Klassische und die Probabilistische Testtheorie. Psychologische Tests erfassen psychische Eigenschaften, Fähigkeiten oder Merkmale bzw. Zustände von Personen, die abstrakt auch als psychologische Konstrukte bezeichnet werden können. Unter Tests im weiteren Sinne versteht man auch Fragebögen, standardisierte Interviews und standardisierte Beobachtungen. Tests in einem engeren Sinne bezeichnen Verfahren, die durch die getestete Person nicht willentlich in eine gewünschte Richtung verfälscht werden können. Diese Definition ist insofern nicht unproblematisch, da Personen immer in der Lage sind, Testergebnisse willentlich zu beeinflussen. Dies gilt vor allem für Fragebögen, Interviews oder Beobachtungen, z.B. durch sozial erwünschtes Verhalten oder sozial erwünschte Beantwortung. Ergebnisse von vermeintlich objektiven Tests, wie Intelligenztests oder allgemeinen Leistungstests, sind vom Probanden über die Motivation beeinflussbar. Daher muss eine Definition diesen Fakten Rechnung tragen. Gegenstand der Testtheorie sind also „objektive" Leistungstests sowie Daten von Fragebögen, Beobachtungen und Interviews. „Objektiv" bedeutet hier im Zusammenhang mit Leistungstests lediglich, dass Antwortalternativen eindeutig als richtig oder falsch ausgewiesen werden können. Die Frage, ob Testverfälschung durch Personen möglich ist, wird aus dieser Definition ausgeklammert.

An dieser Stelle sei auch auf die enge Verknüpfung der Testtheorie mit der Diagnostik hingewiesen, da testtheoretische Grundlagen und deren Methoden als Hilfsmittel der diagnostischen Begutachtung dienen.

> Testtheorien befassen sich entweder mit dem Zusammenhang von Testverhalten und dem zu erfassenden psychischen Merkmal (Rost, 2004, S. 21) oder mit der Frage, in welche Bestandteile sich Messwerte aufgliedern.

Theorien und Testverhalten Theorien sollen nach Rost (2004, S. 29 ff.) vor allem erklären und nicht nur beschreiben. Wichtige Punkte sind die Beschreibung und, wenn möglich, Erklärung von Wirklichkeit durch Theorien sowie die Prognose zukünftigen Verhaltens. Abstrakt ausgedrückt erklärt ein Testmodell systematische Zusammenhänge zwischen den Antworten oder Reaktionen der Personen bezüglich der verschiedenen Aufgaben oder Fragen dadurch, dass latente Personenvariablen (latent = verborgen, nicht sichtbar) eingeführt werden. Aufgaben oder Fragen werden im Rahmen der Testtheorie auch unter dem Begriff **Item** zusammengefasst. Man bezeichnet Items auch als **beobachtbare** oder **manifeste Variablen**. Zwischen den **Itemantworten** wird es in aller Regel bestimmte systematische **Zusammenhänge** (auch als „Korrelation" oder „Kontingenz" bezeichnet) geben. Das heißt, Personen, die bei dem Item „Ich bin traurig“ die Antwortalternative „trifft zu“ ankreuzen, werden auch überzufällig oft bei einem anderen Item mit ähnlichem Iteminhalt („Ich fühle mich niedergeschlagen“) entweder dieselbe oder eine ähnliche Einstufung vornehmen.

Um diese systematischen Zusammenhänge (Korrelation oder Kontingenz) zwischen Items (manifesten Variablen) zu erklären, werden eine oder mehrere **latente Variablen** konstruiert. Auf diese latenten Variablen kann dann das Antwortverhalten der Testitems zurückgeführt werden. Latente Variablen werden auch als Konstrukte bezeichnet, weil sie im Rahmen der Theorienbildung konstruiert worden sind. Eines der bekanntesten psychologischen Konstrukte ist „Intelligenz“. Im Gegensatz zum Begriff des „Konstruktes“, das keine speziellen mess- oder testtheoretischen Eigenschaften impliziert, ist mit der „latenten Variable“ in der Regel gemeint, dass es sich um genau eine Variable handelt. Es wird also angenommen, dass eine (zunächst unbekannte) **latente Variable** für das Zustandekommen der Antworten bei bestimmten Items „verantwortlich“ ist und daher deren beobachtbare Zusammenhänge „produziert“. Wenn diese „Erklärung“ richtig ist, so müssten die Zusammenhänge zwischen den Items „verschwinden“ (Nullkorrelation), wenn man die latente Variable „ausschaltet“, also beispielsweise konstant hält, was auch als „auspartialisieren“ bezeichnet wird. Genau das wird in den meisten Testmodellen vorausgesetzt: *Wenn ein bestimmtes Testmodell mit latenten Variablen gelten soll, dürfen die Itemantworten bei „festgehaltener“ latenter Variable untereinander keine Zusammenhänge mehr aufweisen.* Man bezeichnet dies als **lokale Unabhängigkeit**, worauf in *Kapitel 7* „Probabilistische Testtheorie“ noch näher eingegangen wird. In *Abbildung 2.1* wird der beschriebene Gedankengang nochmals veranschaulicht.

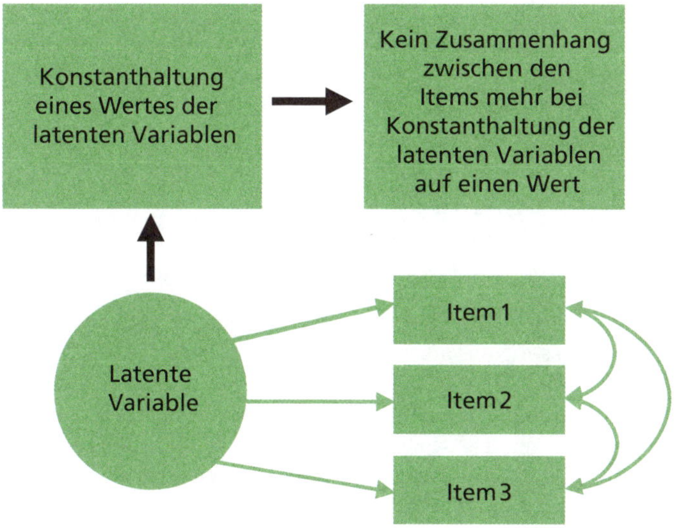

Abbildung 2.1: Lokale Unabhängigkeit

Eine andere Weise, sich mit Tests zu befassen, besteht darin, sich über die Bestandteile eines Messwerts Gedanken zu machen. Alltägliche Beispiele weisen uns immer wieder darauf hin, dass keine Messung wirklich perfekt ist. So sind beispielsweise beim Einbau einer Küche immer wieder Nacharbeiten nötig, Platten müssen verkürzt oder Leisten verlängert werden, da die Maße für einige Teile ungenau gemessen wurden. Im Falle von Konstrukten ist der Messfehler, der einem bei der Messung unterlaufen kann, noch viel größer als beim Messen mit einem Metermaß. Die so genannte Klassische Testtheorie beschäftigt sich mit Messungen und deren Ungenauigkeit. Im Gegensatz dazu wird in der Probabilistischen Testtheorie neben anderen Annahmen direkt die Annahme der Eindimensionalität geprüft. Mit anderen Worten heißt das, es wird getestet, ob die Antworten zu verschiedenen Items wirklich auf nur eine Eigenschaft oder Fähigkeit zurückgeführt werden können.

ZUSAMMENFASSUNG

Gegenstand der Testtheorie sind „objektive" Leistungstests sowie Daten von Fragebögen, Beobachtungen und Interviews. Sie dienen dazu, Verhalten zu beschreiben und zu erklären.

Man unterscheidet zwischen der **Klassischen** und der **Probabilistischen Testtheorie**.

- Die **Probabilistische Testtheorie** beschäftigt sich mit der Frage, wie das Testverhalten einer oder mehrerer Personen von einem zu erfassenden psychischen Merkmal abhängt.
- Die **Klassische Testtheorie** befasst sich mit den unterschiedlichen Bestandteilen von Messwerten (wahrer Wert + Messfehler).

Systematische Zusammenhänge zwischen den beobachtbaren (manifesten) Items eines Tests werden durch so genannte **latente Variablen** erklärt, auf die wiederum das Antwortverhalten einer oder mehrerer Personen zurückgeführt wird. Die Items sind dabei beobachtbare Indikatoren dieser latenten Variablen.

Lokale Unabhängigkeit: Hält man die zu messende Eigenschaft oder Fähigkeit auf einer Stufe der latenten Variable konstant (z.B. Betrachtung von Personen mit gleichem beobachteten IQ), dürfen die Items untereinander keinen Zusammenhang mehr aufweisen. Davon abzugrenzen ist die lokale stochastische Unabhängigkeit, auf die in *Kapitel 7* eingegangen wird.

ZUSAMMENFASSUNG

2.2 Eine Test-Definition

Was versteht man unter einem psychometrischen Test?

Für die Testkonstruktion sollte eine Theorie über den Messgegenstand bzw. genaue Überlegungen zur Erfassung des angestrebten Messgegenstandes vorliegen. Das interessierende Merkmal sollte definiert und spezifiziert sein. Beispielsweise könnte man definieren, was unter dem Begriff „Konzentration" verstanden werden soll und wodurch er gekennzeichnet ist. Dabei sollte das zu erfassende Merkmal möglichst hoch mit einem objektiven Indikator des betreffenden Merkmales korrelieren (ein Aspekt, den man als Validität bezeichnet). Bleibt man beim Beispiel der Konzentration, sollte Konzentrationsfähigkeit mit Fahrtauglichkeit bedeutsam zusammenhängen. Leider fehlt psychologischen Testverfahren oftmals eine theoretische Fundierung.

Definition „psychometrischer Test" (Lienert & Raatz 1998, S. 1)

Ein psychometrischer Test ist ein wissenschaftliches **Routineverfahren** zur Untersuchung eines oder mehrerer empirisch abgrenzbarer **Persönlichkeitsmerkmale** mit dem Ziel einer möglichst **quantitativen Aussage** über den relativen Grad der **individuellen Merkmalsausprägung**. Rost (2004) erweitert diese Definition mit dem Hinweis, dass es nicht immer um eine quantitative Aussage geht, sondern das Ziel eines Tests auch eine **qualitative Aussage** sein kann (z.B. Zuordnung von Personen zu bestimmten Kategorien).

2.3 Kennzeichen psychometrischer Tests

Woran erkenne ich einen psychometrischen Test?

Psychometrische Tests haben den Anspruch, **normiert**, **objektiv**, **strukturiert** und **zulänglich** sowie nach der **Klassischen** oder der **Probabilistischen Testtheorie** konstruiert zu sein.

Im Folgenden sollen die oben genannten einzelnen Anforderungen kurz beschrieben werden.

Ein psychometrischer Test ist in der Regel **normiert**. Normen sind für die Testauswertung unverzichtbar. So reicht es zur Bestimmung der Intelligenz nicht aus, einfach die Summe der richtig gelösten Items zu ermitteln, um den IQ zu bestimmen. Erst die Einordnung der individuellen Leistung in eine Referenzgruppe erlaubt einen Rückschluss auf den IQ. Man möchte also die Leistung eines Probanden im Vergleich zu anderen Probanden erfahren. Dabei ist von Interesse, ob die Leistung als unterdurchschnittlich, durchschnittlich oder überdurchschnittlich gegenüber einer Normgruppe bezeichnet werden kann.

Ein psychometrischer Test sollte bei der Durchführung und der Auswertung **objektiv** sein. Das heißt, die Beurteilung der Leistung einer Person variiert nicht aufgrund der Person des Testleiters. Dazu müssen die Durchführungsbedingungen beschrieben sein. Auswertung und Interpretation des Tests sollen standardisiert sein, damit jeder Untersucher die gleiche Testleistung für ein und denselben Probanden ermittelt und diese auch gleich interpretiert.

Es werden zwei Arten von **Strukturiertheit** unterschieden: Itemstrukturiertheit und Antwortstrukturiertheit. Itemstrukturiertheit heißt, der Test gibt eine klare und eindeutige Aufgabenstellung vor. Unter Antwortstrukturiertheit versteht man, dass die Antworten/Antwortmöglichkeiten vorgegeben sind oder/und nur eine Antwort richtig ist bzw. die richtige Antwort genau festgelegt werden kann. Erst dieses Vorgehen ermöglicht eine „objektive" Auswertung. Bei Persönlichkeitstests gibt es in der Regel keine richtige Antwort. Das heißt, ein Proband gibt in einem Persönlichkeitstest beispielsweise an, dass er sehr „offen für neue Erfahrungen" sei, indem er „starke Zustimmung" auf einer vorgegebenen vierstufigen Antwortskala von „starker Ablehnung“ bis hin zu „starker Zustimmung“ ankreuzt. Diese Antwort ist natürlich auch objektiv auswertbar, indem man die in diesem Falle höchste Ausprägung mit der höchsten Punktzahl bewertet. Dies impliziert nicht, dass die Antwort auch wirklich in dem Sinne objektiv ist, dass sie der Proband nicht verfälscht bzw. andere Personen übereinstimmend der Meinung sind, dass die Person in starkem Maße offen für neue Erfahrungen ist.

Unter **Zulänglichkeit** (nach Lienert & Raatz, 1998) versteht man den Grad dessen, was an „Gemeinsamkeit“ durch einen Test und einem oder mehreren Außenkriterien erfasst wird. Dieser Aspekt bezieht sich auf ein ganz bestimmtes Gütemerkmal (Validität), auf das in diesem Kapitel noch eingegangen wird. Für eine erste Näherung ist damit gemeint, ob der Test auch zur Vorhersage eines bestimmten Kriteriums (z.B. Intelligenztest auf Schulerfolg) herangezogen werden kann.

Schließlich basiert jeder psychometrische Test auf der **Klassischen** oder **Probabilistischen Testtheorie**.

2.4 Klassische Testtheorie

Was muss ich über die klassische Testtheorie wissen?

Bevor nun die Grundannahmen der Klassischen Testtheorie dargestellt werden, möchten wir anhand eines Beispiels aus dem Sport einige Überlegungen anstellen, die zu einem besseren Verständnis für die Nützlichkeit einer Testtheorie führen sollen.

Beispiel 2.1

Nehmen wir als Beispiel einen Hochsprungwettbewerb. Hochspringer haben für jede Höhe, die ihnen vorgegeben wird, drei Sprungversuche. Dabei wird es mit zunehmender Höhe schwieriger, diese zu überspringen. Das heißt, den Hochspringern werden unterschiedlich schwere Höhen (Items) vorgegeben, um ihre Leistungsfähigkeit zu messen. Es gewinnt der Hochspringer, der das schwierigste Item löst und damit am höchsten springt. Allerdings wird ein Hochspringer nicht in jedem Wettkampf die gleiche Höhe erzielen. Bei einem Wettkampf wird er vielleicht 2.10 m überspringen und bei einem anderen 2.15 m. **Seine erzielten Leistungen werden also in einem bestimmten Bereich schwanken.**

Wenn wir annehmen, dass die Wettkampfbedingungen konstant sind, sollten die Einzelleistungen eines Hochspringers einer bestimmten individuellen Verteilung (z.B. glockenförmige Normalverteilung, siehe dazu Bortz, 1999, S. 79) folgen. Das heißt, Leistungen, die am ehesten seiner Fähigkeit entsprechen („wahre“ Leistungsfähigkeit) werden bei wiederholten Sprüngen häufiger vorkommen, extrem schlechte oder gute Leistungen seltener. Unter Konstanz der Wettkampfbedingungen versteht man, dass sich diese Bedingungen während des Wettkampfs nicht durch plötzlich auftretenden Regen, stärkeren Gegenwind oder Ähnliches verändern. Die Konstanz mag innerhalb eines Wettkampfs manchmal noch realisierbar sein, in zeitlich aufeinander folgenden Wettkämpfen ist jedoch die Bedingungskonstanz selten gegeben. Die erzielten Höhen werden sich aber selbst unter perfekter Konstanz der Wettkampfbedingungen unterscheiden, da auch Faktoren, die in der Person liegen, variieren können, wie zum Beispiel Müdigkeit oder Motivation.

Das heißt, selbst unter optimalen Bedingungen ist es sehr unwahrscheinlich, dass Personen immer die gleiche Leistung erzielen. Es ist also sinnvoll, mehrere Messungen vorzunehmen, um die Leistung eines Hochspringers zu ermitteln. In der Regel hat jeder Hochspringer für jede Höhe drei Versuche. Die Leistung wird aber nicht nur über einen Wettkampf zusammengefasst, sondern auch über verschiedene Wettkämpfe.

Angenommen, man würde die Hochsprungleistung nicht durch verschiedene Durchgänge mit unterschiedlichen Höhen messen, sondern nach einem einzigen Sprung ermitteln. Zieht man nur diesen Einzelwert zur Beurteilung der Leistungsfähigkeit eines Hochspringers heran, so könnte dies zu Fehlschlüssen führen. In einem solchen Fall ist es möglich, dass ein Hochspringer mit einer „tatsächlich" niedrigeren Leistungsfähigkeit einen Hochspringer mit einer „tatsächlich" höheren Leistungsfähigkeit in einem Wettkampf besiegt. Dieses Ergebnis kann man damit erklären, dass dem Hochspringer mit geringerer Leistungsfähigkeit ein extrem guter Sprung (Item mit hoher Schwierigkeit) gelungen ist und dem Hochspringer mit der höheren Leistungsfähigkeit nur ein extrem schlechter Sprung (Item mit geringer Schwierigkeit). Die Wahrscheinlichkeit für ein solches Wettkampfergebnis ist gering, da man annehmen muss, dass ein Hochspringer mit einer hohen Fähigkeit auch mit einer höheren Wahrscheinlichkeit eine bessere Höhe erzielt als ein Hochspringer mit einer niedrigen Fähigkeit. Dieses Beispiel zeigt, dass es sinnvoll ist, mehrere Sprünge (Items) mit unterschiedlichen Höhen (Schwierigkeiten) heranzuziehen, um die „wahre" Leistungsfähigkeit eines Springers zu beurteilen.

Folgende Schlüsse lassen sich aus dem beschriebenen Beispiel ziehen:

- Auch wenn die Bedingungen für jeden Sprung (konstante Wettkampfbedingungen) gleich sind, werden die Leistungen eines Hochspringers variieren. Grund dafür sind nicht kontrollierbare Einflüsse. Daher kann die Kenntnis eines einzelnen Wertes zu falschen Schlussfolgerungen führen.
- Es ist notwendig, die Leistung einer Person über mehrere Messgelegenheiten zu erheben. Diese Messgelegenheiten können mehrere Sprungversuche (Items) oder aber auch mehrere Wettkämpfe (Testwiederholungen) sein.
- Ob sich Personen in ihrer (Hochsprung-)Fähigkeit unterscheiden, erkennt man, indem man ihnen Items (Sprungversuche) unterschiedlicher Schwierigkeit (unterschiedliche Höhen) vorgibt: beispielsweise 2.10 Meter und 2.15 Meter.
- Eine gute Schätzung für die Leistungsfähigkeit von Personen erhält man, wenn man die Leistung von Personen über unterschiedlich schwere Items mittelt, die Summenleistung bestimmt oder Treffer zählt.

2.4.1 Grundannahmen der Klassischen Testtheorie

Was sind die Grundannahmen der Klassischen Testtheorie?

Die Klassische Testtheorie ist gegenwärtig die Grundlage der meisten psychologischen Testverfahren. Nach Rost (1999, S. 140) basieren 95 Prozent aller Tests auf der Klassischen Testtheorie. Damit ist es schon aus rein pragmatischen Gesichtspunkten notwendig, sich mit dieser Theorie auseinander zu setzen. Klassisch heißt sie deshalb, weil sie die erste Theorie war, die zur Konstruktion von psychologischen Tests herangezogen wurde. Im Laufe der Zeit kam die Probabilistische Testtheorie hinzu, mit der es gelungen ist, Schwächen der Klassischen Testtheorie zu überwinden.

Ein großer Vorteil der Klassischen Testtheorie liegt in ihrer einfachen Anwendbarkeit (Henard, 2000). Zudem haben sich Tests, die nach der Klassischen Testtheorie konzipiert wurden, bewährt. Darin liegt wahrscheinlich auch ihr Erfolg bis heute. Im Folgenden werden die Grundannahmen der Klassischen Testtheorie einfach und ohne formale Herleitung oder Einbettung geschildert. Sehr umfassend ist die Klassische Testtheorie bei Steyer und Eid (2001) dargestellt. Der fortgeschrittene Leser sei zur Vertiefung der Klassischen Testtheorie ausdrücklich auf dieses Lehrbuch verwiesen.

Die Klassische Testtheorie trägt dem Umstand Rechnung, dass Testergebnisse einzelner Personen mit dem gleichen Test zwischen verschiedenen Messzeitpunkten variieren. Steyer und Eid (2001, S. 102) nennen dafür unterschiedliche Gründe. Übertragen auf unser obiges Beispiel kann zum einen die Fähigkeitsausprägung „hoch zu springen" durch ein besonderes Aufbautraining (**Übungs- und Transfereffekte**) verbessert werden. Zum anderen ist es möglich, dass die Messung der Fähigkeit durch **unsystematische äußere Einflüsse,** wie Wind und Regen, oder **unsystematische innere Einflüsse,** wie Müdigkeit oder mangelnde Motivation, zufällig schwanken (Messung ist fehlerbehaftet). Diese Einflussfaktoren treten meist in Kombination auf. Der Fehlerbegriff in der Klassischen Testtheorie berücksichtigt jedoch nur **unsystematische Fehler**. Darüber hinaus erfolgen keine Annahmen darüber, wie Items beantwortet werden oder wie eine Testleistung zustande kommt (Fischer, 1974, S. 124), sondern nur, aus welchen **Komponenten** Messwerte bestehen. Die Klassische Testtheorie ist eine reine **Messfehlertheorie**.

Novick (1966) geht davon aus, dass (1) die getestete Person zufällig aus einer Population entnommen wurde und (2) das Testergebnis einer Person zufallsabhängig variiert (z.B. aufgrund von Müdigkeit). (3) Eine Person kann zu verschiedenen Zeitpunkten getestet werden und erhält dabei jeweils unterschiedliche Werte. Aus der Verteilung dieser verschiedenen Werte wird zufällig ein Wert beobachtet. Mit welcher Wahrscheinlichkeit die Werte einer Person beobachtet werden, wird durch die intraindividuelle Verteilung der beobachteten Werte einer Person festgelegt. Diese Verteilung ist eine hypothetische Verteilung, die sich ergeben würde, wenn man eine Person unendlich oft unter denselben Bedinungen testen würde. Nimmt man dann für die beobachteten Werte eine Normalverteilung an, haben die Werte um den Mittelwert der Verteilung die höchste Wahrscheinlichkeit, beobachtet zu werden, und extreme Werte eine geringere Wahrscheinlichkeit. Dabei ist der **wahre Wert** definiert als der Mittelwert (Erwartungswert) dieser hypothetischen intraindividuellen Verteilung. Diese Aussage wird auch als Existenzaxiom bezeichnet (Moosbrugger & Hartig, 2003). Der Mittelwert der beobachteten Werte wird demnach kaum ein ganzzahliger Wert sein. Das heißt, dass es relativ unwahrscheinlich ist, den wahren Wert zu beobachten. Nehmen wir als Beispiel einen IQ-Wert. Eine Person wird immer einen ganzzahligen IQ-Wert in einem Test erzielen (z.B. 110), auch wenn der wahre Wert vielleicht nicht ganzzahlig ist (z.B. 109.5). Somit ist nach Krauth (1995) bei der Veranschaulichung des wahren Werts Vorsicht geboten (Möglichkeiten, den wahren Wert zu schätzen, werden in *Abschnitt 4.8* dargestellt). Steyer und Eid (2001) lehnen den Begriff „wahrer Wert" ab und verstehen den Mittelwert über unendlich viele Testwiederholungen als Verhaltenstendenz einer Person in einer konkreten Situation. Zusätzlich sei darauf hingewiesen, dass (4) die beobachteten Messwerte in einem begrenzten Bereich streuen (das heißt, endliche Varianzen besitzen; vgl. Steyer & Eid, 2001, S. 104). Unter diesen Voraussetzungen wird die folgende Grundannahme der Klassischen Testtheorie formuliert, die auch als Verknüpfungsaxiom bezeichnet wird (Moosbrugger & Hartig, 2003): Der **beobachtete Messwert (*X*)** einer Person in einem Test setzt sich aus dem **konstanten wahren Wert (*T*)** einer Person und einem **Messfehler (*E*)** zusammen:

$$X = T + E$$

Der Messfehler (E) setzt sich aus der Differenz zwischen beobachtetem Testwert (X) einer Person und wahrem Wert (T) einer Person zusammen und repräsentiert alle unkontrollierten und unsystematischen Störeinflüsse (vgl. Amelang & Zielinski, 2002, S. 34):

$$E = X - T$$

Aus dieser Festsetzung bzw. Definition von wahrem Wert und Messfehler ergeben sich Folgerungen für die **Eigenschaften des Messfehlers** und des **Zusammenhangs zwischen Messfehler und wahrem Wert**. Die beiden Folgerungen oder Ableitungen können nach Steyer und Eid (2001, S. 103) in der empirischen Anwendung nicht falsch sein und sind aus logischen Gründen wahr.

Die erste Folgerung besagt, dass der **Mittelwert (*M*)** des Messfehlers (E)[1] über unendlich viele Messungen einer **Person (*I*)** bzw. einer Messung einer beliebigen **Population oder Teilpopulation (*P*)** null ist. Dies muss so sein, da der Mittelwert über alle beobachteten Werte per Definition dem wahren Wert entspricht. Daher muss der gemittelte Messfehler über unendlich viele Messungen „0" entsprechen:

$$M(E)_I = 0 \qquad (1a)$$

und

$$M(E)P = 0 \qquad (1b)$$

Die zweite Folgerung besagt, dass kein **Zusammenhang (*r*)** zwischen dem Messfehler (E) und dem wahren Wert (T) einer Person oder in einer Population oder Teilpopulation besteht:

$$r(E, T) = 0 \qquad (2)$$

Die erste Annahme (1a) bedeutet beispielsweise, dass, wenn man einen Hochspringer unendlich viele Sprünge unter identischen Bedingungen machen lässt, sich der Messfehler ausmittelt und null ergibt. Dies kennzeichnet nach Rost (2004, S. 36) auch einen Messfehler im Gegensatz zu einem systematischen Fehler oder „Bias" (z.B. bei unendlich vielen Sprüngen herrscht immer Rückenwind), der sich nicht ausmitteln würde. Unter diesen Voraussetzungen entspricht der Mittelwert einer Person über verschiedene Messungen dem wahren Wert einer Person. Auch wenn man unendlich viele Hochspringer unter identischen Bedingungen nur einmal springen lässt (Annahme 1b), mittelt sich der Messfehler aus und ergibt null (vgl. Amelang & Zie-

1 Es handelt sich bei dem Mittelwert des Messfehlers und der wahren Werte um Erwartungswerte. Unter einem Erwartungswert versteht man den Mittelwert einer theoretischen (nicht empirischen) Verteilung.

linski, 2002). Das heißt, der Mittelwert entspricht der wahren Leistungsfähigkeit der Population. Die zweite Annahme besagt, dass kein Zusammenhang zwischen dem Messfehler (E) und dem wahren Wert (T) einer Person, einer Population oder Teilpopulation besteht. Der Messfehler nimmt also mit abnehmender oder zunehmender wahrer Fähigkeit der Hochspringer weder ab noch zu.

Weiterhin wurden folgende zusätzliche Annahmen formuliert: Der Messfehler (E_A) eines Tests A (z.B. Gedächtnistest) weist keinen Zusammenhang (r) mit dem Messfehler (E_B) eines anderen Tests B (z.B. Leistungsmotivationstest) auf:

$$r\,(E_A,\, E_B) = 0 \tag{3}$$

Diese Annahme gilt nach Kristof (1983, S. 547) nur dann, wenn beide Messvorgänge (Tests) experimentell unabhängig sind. Das heißt, für einen beliebigen Probanden darf der beobachtete Punktwert im Test A nicht den Punktwert in Test B beeinflussen. Steyer und Eid (2001, S. 104) bemerken, dass die Annahme eines nicht vorhandenen Zusammenhangs von Messfehlern in der Praxis falsch sein kann. Die Annahme sei für mathematische Ableitungen zwar bequem, aber nicht zwingend notwendig.

Eine weitere Annahme ist, dass die Messfehler (E_A) eines Tests A keinen Zusammenhang (r) mit dem tatsächlichen Wert (T_B) aus einem Test B aufweisen:

$$r\,(E_A,\, T_B) = 0 \tag{4}$$

Nimmt man die Definition $X = T + E$ ernst, ergibt sich daraus die Implikation, dass die Klassische Testtheorie nur für solche Messwerte definiert ist, für die die Berechnung von Differenzen sinnvoll ist. Dies ist nicht für alle Messungen der Fall. Für kategoriale Daten ergeben Differenzen beispielsweise keinen Sinn. Man könnte sich Häufigkeiten vorstellen, die in die Kategorien „Äpfel" und „Birnen" fallen. Niemand würde auf die Idee kommen, Birnen von Äpfeln abzuziehen (5 Äpfel – 2 Birnen = ?). Auch für ordinale Messwerte ist die Klassische Testtheorie nicht definiert. Ein Beispiel für ordinale Daten ist eine Platzierung beim Hochsprung. Würde man nur wissen, welchen Rang ein Hochspringer belegt hat, könnte der Erstplatzierte klar gewonnen haben oder auch nur denkbar knapp. Man kann es anhand der Information nicht entscheiden. Erst mit der Intervallskala (siehe *Abschnitt 3.3*), ist es sinnvoll, nach Differenzen zu fragen. Zieht man die Höhen des Erstplatzierten von denen des Zweitplatzierten ab, erhält man eine Ahnung davon, wie knapp oder wie souverän ein Hochspringer einen Wettkampf gewonnen hat. In der Regel vertraut man darauf, dass bei der Anzahl richtiger Lösungen oder der Summe von Itemantworten generell Differenzen sinnvoll interpretierbar sind. Dies wird auch als „Per fiat"-(„Es möge sein"-)Messung bezeichnet.

Durch die aufgeführte Definition und die dargestellten Annahmen lässt sich ein Kernkonzept der Klassischen Testtheorie herleiten, die **Reliabilität** (r_{tt}) oder Messgenauigkeit eines Tests (siehe *Kapitel 4*). Das Konzept der Reliabilität ist nicht nur auf Testverfahren beschränkt, sondern auch auf andere Methoden anwendbar, z.B. Interviews oder Beobachtungsverfahren. Um das Konzept der Reliabilität besser verstehen zu können, soll zunächst das Konzept der Varianz eingeführt werden.

Was heißt Varianz?

Konstruiert man einen Test, möchte man natürlich, dass sich Probanden, die diesen Test bearbeiten, in ihrer Testleistung unterscheiden. Testet man also mit einem Leistungsmotivationsfragebogen 100 Personen, werden diese bei geeigneter Itemauswahl und wenn sie sich tatsächlich in ihrer Leistungsmotivation unterscheiden, unterschiedliche Werte in diesem Test erzielen. Man kann nun den Mittelwert (M) der 100 Personen in diesem Test bestimmen und nachsehen, wie stark die Testwerte der einzelnen Probanden von diesem abweichen. Das heißt, es wird berechnet, wie weit oder eng sich die Personenmesswerte um den Mittelwert gruppieren. Summiert man die quadrierten Abweichungen über alle Probanden auf und teilt sie durch die Anzahl der Probanden, erhält man die Varianz eines Tests (S^2). Zieht man die Wurzel aus der Varianz, resultiert daraus die Standardabweichung. Die Unterschiede in den Messwerten der Personen sollen nun systematisch sein und auf ihre tatsächliche bzw. wahre Leistungsfähigkeit zurückzuführen sein. Dies ist aber – wie bereits erwähnt – eine sehr idealistische Sichtweise. Vielmehr sind die Unterschiede der Probanden sowohl durch ihre tatsächliche Leistungsfähigkeit als auch durch unsystematische Fehler bedingt.

Drückt man die Unterschiedlichkeit der Personen in einem Test durch die Varianz der beobachteten Messwerte (S_X^2) aus, so lässt sich diese Varianz in die Varianz der wahren Werte (S_T^2) und in die Fehlervarianz (S_E^2) aufteilen. Unter Verwendung dieser Varianzanteile erhält man folgende Formel für die Schätzung der Reliabilität eines Tests (r_{tt}):

$$r_{tt} = \frac{S_T^2}{S_T^2 + S_E^2}$$

$$r_{tt} = \frac{S_T^2}{S_X^2}$$

Aus den bis hierhin angeführten Annahmen der Klassischen Testtheorie ist damit die Reliabilität als Varianzverhältnis zwischen wahren und beobachteten Werten (wahrer Wert + Fehler) definiert und spiegelt den Anteil an wahrer Varianz der Personenmesswerte wider (Fischer, 1974, S. 37; Steyer & Eid, 2001, S. 104). Wie man leicht nachvollziehen kann, ist die Varianz der wahren Werte nicht bestimmbar. Daher müssen Wege gefunden werden, dieses Varianzverhältnis zu schätzen. Es geht, wie schon im oberen Abschnitt erwähnt, um die Reproduzierbarkeit von Antworten und Leistungen unter identischen Bedingungen. Ein Test misst ein Merkmal dann genau, wenn der Testwert von Personen bei wiederholter Messung im Idealfall immer gleich ausfällt, und/oder wenn die Rangreihe der Personen zwischen erster und zweiter Messung gleich ausfällt. Das heißt, dass die Person mit dem höchsten Wert bei der ersten Messung auch bei der zweiten Messung den höchsten Wert erzielt. Dies gilt dann sukzessive für alle weiteren Personen. Da aber in der Praxis meist nur eine Messung üblich ist, behilft man sich zur Bestimmung der Messgenauigkeit mit anderen Methoden. Eine Möglichkeit besteht darin, einen Test in zwei oder beliebig viele Testteile oder sogar in Einzelitems aufzuteilen. Eine hohe Messgenauigkeit liegt dann vor, wenn eine Person die verschiedenen Fragen oder Items in diesen verschiedenen Testteilen oder Einzelitems immer in der gleichen Art und Weise (konsistent) beantwortet oder löst.

Wie kann man diese Überlegungen nun in Schätzungen der Reliabilität umsetzen?

Zum einen kann man einer Person mehrere Fragen oder Aufgaben (Items) vorgeben, die das gleiche Konstrukt (Fähigkeit oder Eigenschaft) messen. Um die Reliabilität zu bestimmen, wird dann beispielsweise der mittlere Zusammenhang zwischen allen Items einer Skala bestimmt und darüber hinaus berücksichtigt, dass mehrere Messungen zu einer genaueren Schätzung des wahren Wertes führen. Man könnte auch zwei Tests mit unterschiedlichen Items konstruieren, die das gleiche Konstrukt messen, und dann den Zusammenhang zwischen beiden Tests ermitteln. Das ist aus verschiedenen Gründen sehr schwer. Daher kann man, wie bereits erwähnt, alternativ einen Test in zwei Hälften aufteilen und zwischen beiden Hälften den Zusammenhang bestimmen. Eine letzte Möglichkeit besteht darin, einen Test zweimal in einem gewissen Abstand vorzugeben und den Zusammenhang zwischen erster und zweiter Testung zu bestimmen. Auf die hier vorgeschlagenen Berechnungsmöglichkeiten der Reliabilität und ihre Schwierigkeiten soll in *Kapitel 4* „Reliabilität" noch genauer eingegangen werden.

ZUSAMMENFASSUNG

Testergebnisse einzelner Personen im gleichen Test können zwischen verschiedenen Testzeitpunkten variieren. Das Ergebnis kann z.B. durch **systematische Einflüsse**, wie **Übungs- und Transfereffekte**, verbessert oder durch **unsystematische Einflüsse**, wie Müdigkeit und externe Störungen (z.B. Rückenwind), verschlechtert oder verbessert werden.

In den beobachteten Wert gehen diese systematischen und unsystematischen Einflüsse ein. Der **beobachtete Messwert (X)** einer Person in einem Test setzt sich zusammen aus einem **konstanten wahren Wert (T)** einer Person und einem **Messfehler (E), der sich in der klassischen Testtheorie aber nur auf unsystematische Einflüsse bezieht**. Aus dieser Definition ergeben sich zwei Folgerungen: (1) Der **wahre Wert** ist dabei als Mittelwert über unendlich viele „beobachtete Testwerte" einer Person unter gleichen Bedingungen definiert. (2) Der Messfehler (E) hingegen enthält alle unkontrollierten und unsystematischen Störeinflüsse. Der Mittelwert des Messfehlers (M_E) über unendlich viele Messungen einer Person (I) oder einer Messung einer beliebigen Population oder Teilpopulation (P) ist null. Folgende zusätzliche Annahmen werden im Rahmen der Klassischen Testtheorie gemacht: (1) Es besteht kein Zusammenhang zwischen dem Messfehler (E) und dem wahren Wert (T) einer Person, einer Population oder Teilpopulation. (2) Der Messfehler (E_A) eines Tests A weist keinen Zusammenhang mit dem Messfehler (E_B) eines anderen Tests B auf. Schließlich (3) hängt der Messfehler (E_A) eines Tests A nicht mit dem wahren Wert (T_B) eines Tests B zusammen. Die Klassische Testtheorie ist nur für Messwerte definiert, die mindestens Intervallskalenniveau erreichen. Liegt **Intervallskalenniveau** vor, lassen sich Differenzen zwischen den Messwerten sinnvoll interpretieren.

Unter **Reliabilität** versteht man die Messgenauigkeit eines Tests. Man kann sie auf folgende Art und Weise schätzen: (1) Berechnung des mittleren Zusammenhangs aller Items einer Skala unter Berücksichtigung der Testlänge (innere Konsistenz). (2) Ermittlung des Zusammenhangs zwischen zwei parallelen Tests mit unterschiedlichen Items, die das gleiche Konstrukt messen (Paralleltestreliabilität). (3) Vorgabe desselben Tests in zeitlichem Abstand und Bestimmung des Zusammenhangs zwischen erster und zweiter Testung (Retest-Reliabilität).

Berechnet man den **Mittelwert** (*M*) der Testwerte aller Personen in einem Test, kann man zusätzlich bestimmen, inwieweit sich die einzelnen Testwerte der Personen von diesem unterscheiden, d.h. wie weit oder wie eng sich die Messwerte um den Mittelwert gruppieren. Die Summe der quadrierten Abweichungen über alle Personen wird dabei als **Varianz** (S^2) bezeichnet. Zieht man aus der Varianz die Wurzel, erhält man die **Standardabweichung** (*S*) eines Items oder Testwertes. Die Reliabilität eines Tests ist definiert als Varianzverhältnis zwischen wahren und beobachteten Werten:

$$r_{tt} = \frac{S_T^2}{S_T^2 + S_E^2}$$

ZUSAMMENFASSUNG

2.4.2 Kritische Anmerkungen zur Klassischen Testtheorie

Was muss ich über Schwächen der Klassischen Testtheorie wissen?

Die Klassische Testtheorie stellt keine Verbindung zwischen einer Fähigkeit, einem Merkmal oder einer Eigenschaft und der Itembeantwortung her. Die Klassische Testtheorie ist eine reine **Messfehlertheorie** und beschäftigt sich nur mit den Komponenten eines beobachteten beliebigen **Messwerts**. Borsboom und Mellenbergh (2002) geben ein anschauliches Beispiel dafür, dass (wahre) Werte im Rahmen der Klassischen Testtheorie nicht für Fähigkeiten stehen müssen. Nehmen wir einen Test mit folgenden Items: „Ich wäre gerne ein militärischer Befehlshaber" und „Ich bin über 1.80 m groß". Nun wird zu beiden Itemantworten konsistent eine Zufallszahl addiert. Danach wird der Summenwert mit der Anzahl der Buchstaben des Vornamens der Person multipliziert. Das ergibt dann den Messwert. Über verschiedene Wiederholungsmessungen hat jede Person einen „wahren" Wert in diesem Test. Möglicherweise hängen sogar die Testwerte aufeinander folgender Messungen in hohem Maße zusammen. Allerdings sind die Testwerte nicht als Fähigkeit oder Eigenschaft zu interpretieren.

Wie bereits geschildert, sind einige Annahmen der Klassischen Testtheorie nicht überprüfbar, sondern ergeben sich logisch aus der Festsetzung des beobachteten Wertes als wahrer Wert plus Messfehler. Auch wenn die Klassische Testtheorie mathematisch durchaus befriedigend formuliert ist (vgl. Fischer, 1974), sind manche der Annahmen in der psychologischen Praxis nur schwer haltbar (vgl. Fischer, 1974, S. 26). Wie Fischer (1974, S. 28) richtig bemerkt, können nicht alle Einflüsse auf das Testergebnis als Zufallseinflüsse abgetan werden. Übungs- und Transfereffekte wirken sich unter Umständen systematisch auf die Testleistung aus und verändern die wahre Leistungsfähigkeit einer Person. In letzter Konsequenz ist damit sowohl die Annahme eines fehlenden Zusammenhangs zwischen wahrem Wert und Messfehler zu bezweifeln als auch die Konstanz des wahren Wertes über verschiedene Messwiederholungen. Stumpf (1996, S. 415) merkt dazu an, dass bei einem Persönlichkeitstest neben Persönlichkeitseigenschaften – je nach Situation – auch soziale Erwünschtheit eine Rolle spielen könnte. Damit werden solche systematischen Varianzanteile dem wahren Wert zugerechnet. Der wahre Wert setzt sich also aus dem Persönlichkeitsmerkmal plus sozialer Erwünschtheit zusammen. Aus diesen Beispielen wird ersichtlich, dass innerhalb der Klassischen Testtheorie keine Annahmen hinsichtlich des Zustandekommens der Leistungen erfolgen, und unter Verletzung der Annahme von Eindimensionalität (Test oder Skala misst nur ein Konstrukt) sowohl der wahre Wert einer

Person als auch die Messgenauigkeit eines Tests über- oder in manchen Fällen auch unterschätzt werden. Man muss sich also behelfen. Die konfirmatorische Faktorenanalyse (siehe *Kapitel 6*) ist beispielsweise eine Methode, mit der man prüfen kann, ob Eindimensionalität vorliegt oder nicht.

Fischer (1974, S. 144) verweist zurecht darauf, dass gerade bei extrem hohen und niedrigen Fähigkeitsausprägungen Leistungen ungenauer als im mittleren Bereich gemessen werden können (vgl. auch Bortz & Döring, 2002, S. 555 f., „Regression zur Mitte"). Dieselbe Messgenauigkeit in allen Eigenschafts- bzw. Fähigkeitsbereichen stellt aber z.B. für die psychologische Einzelfalldiagnostik (siehe *Kapitel 4.8*) eine wichtige Voraussetzung dar.

Weitere Annahmen der Klassischen Testtheorie sind zum Teil nicht zwingend oder auch widerlegbar, wie zum Beispiel die Annahme des fehlenden Zusammenhanges zwischen verschiedenen Fehlerwerten (vgl. Steyer & Eid, 2001, S. 104). Die Autoren weisen darauf hin, dass eine solche Annahme zwar bequem, aber keinesfalls zwingend ist. Treten keine korrelierten Fehler zwischen Messwerten auf, liegt Eindimensionalität (Ausnahmen siehe *Kapitel 7*) vor. Hier wird deutlich, dass die Klassische Testtheorie streng genommen Eindimensionalität annimmt, diese Annahme aber an keiner Stelle überprüft. Eine Methode, um solche Verletzungen aufzuzeigen, bietet die Verwendung von konfirmatorischen Faktorenanalysen (siehe *Kapitel 6*).

Ein weiteres Problem mit großem Gewicht ist sicherlich, dass die Testwerte der Klassischen Testtheorie stichprobenabhängig sind. Das heißt, für Abiturienten mag ein Intelligenztest andere Testkennwerte (z.B. Schwierigkeiten) besitzen als für Hauptschüler und Realschüler. Zu berücksichtigen ist auch die Tatsache, dass die Werte einer Person in verschiedenen Tests, die nach der Klassischen Testtheorie konstruiert wurden und dasselbe Konstrukt messen sollen, nicht direkt vergleichbar sind. Das heißt, ein Summenwert von 20 gelösten Items kann in einem Test eine gute und in einem anderen Test eine schlechte Leistung bedeuten. Auch innerhalb eines Tests kann dieselbe Leistung unterschiedlich interpretiert werden. Vergleicht man einen Probanden zum Beispiel mit einer Normgruppe von Hauptschülern, ergibt sich vielleicht ein IQ von 115. Mit derselben Anzahl an gelösten Items würde im Vergleich mit Gymnasiasten jedoch nur ein IQ von 100 festgestellt werden. Mit anderen Worten bedeutet das, dass sich je nach Test und Referenzgruppe völlig andere Bedeutungen der individuellen Leistung ergeben können. Hier weist die Probabilistische Testtheorie einen großen Vorzug auf, denn im Rahmen einzelner probabilistischer Modelle ist es möglich, stichprobenunabhängige Item- und Personenkennwerte zu ermitteln. Allerdings ist die Itemkonstruktion für einen solchen Test aufwändig (sorgfältige Itemkonstruktion ist dabei grundsätzlich von Vorteil), und häufig genügen die Items nicht den strengen Modellkriterien. Bei Testverfahren, die nach der Klassischen Testtheorie konzipiert sind, behilft man sich damit, dass man Gütekriterien für alle Teilstichproben zur Verfügung stellt. Allerdings wird dies nicht immer von Testautoren bis zur letzten Konsequenz verfolgt, was in der Praxis einen großen Mangel darstellt.

Die oben genannten Punkte zu Unzulänglichkeiten der Klassischen Testtheorie, die noch problemlos erweitert werden könnten (vgl. Amelang und Zielinski 2002, S. 62 f.), sind grundsätzlich berechtigt und schwerwiegend. Insgesamt könnte nun der Eindruck entstehen, dass die Klassische Testtheorie so unzulänglich ist, dass sie in der Praxis nicht eingesetzt werden sollte. Dennoch ist die Klassische Testtheorie nach Stumpf (1996, S. 416) nicht unbrauchbar, sondern hat sich in der Praxis bewährt (vgl.

auch Amelang & Zielinski, 2002). Dies mag daran liegen, dass die Brauchbarkeit eines Tests vor allem von einer inhaltlich begründeten Konstruktion der Items und der Skalen abhängt. Im Folgenden soll kurz und überblicksartig auf wenige Grundüberlegungen des Rasch-Modells eingangen werden und danach auf die Haupt- und Nebengütekriterien psychologischer Tests.

Kurzer Ausblick auf die Probabilistische Testtheorie

Die Grundlagen der Probabilistischen Testtheorie werden in *Kapitel 7* beschrieben. Daher wird an dieser Stelle nur ein ganz kurzer Ausblick gegeben. In der Probabilistischen Testtheorie geht es im Gegensatz zur Klassischen Testtheorie darum, wie Antworten auf Items zustande kommen. Aus diesem Grund werden Antwortmuster untersucht. Die beobachteten Antwortmuster müssen einem bestimmten Modell folgen. Dieses Modell sagt voraus, dass mit steigender Personenfähigkeit die **Wahrscheinlichkeit** einer Itemlösung zunimmt. Die **Lösungswahrscheinlichkeit** für ein bestimmtes Item hängt (1) von der **Fähigkeit** oder **Eigenschaftsausprägung** einer Person sowie (2) der **Schwierigkeit** eines Items ab. Diese **Beziehung** zwischen Personenfähigkeit und Itemlösungswahrscheinlichkeit ist **probabilistisch**. Das heißt, auch eine Person mit geringer Fähigkeit im Vergleich zur Schwierigkeit eines Items hat eine, wenn auch geringe, Wahrscheinlichkeit, ein solches Item zu lösen. Im Rahmen der Probabilistischen Testtheorie kann ein Modelltest durchgeführt werden. Die folgenden Ausführungen beziehen sich auf das Rasch-Modell, einem Modell aus der Familie der Probabilistischen Testmodelle. Wird das Modell durch den Modelltest nicht abgelehnt, sagt der **Summenwert** der Itemantworten auch wirklich etwas über den **Ausprägungsgrad einer Person** auf der latenten Variable (Fähigkeit) aus. Dann ist der Summenwert auch eine **erschöpfende Statistik** der Personenfähigkeit. Erschöpfend heißt, der Summenwert einer Person liefert alle Informationen über die Fähigkeitsausprägung der Person. Demnach muss das Antwortmuster der Person nicht mehr Item für Item betrachtet werden. Ein Item ist dann ein guter Indikator für eine latente Variable, wenn die Leistung in diesem Item komplett auf die Fähigkeitsausprägung auf der latenten Variable zurückzuführen ist und nicht auf andere Fähigkeiten. Dies ist eine höchst wünschenswerte Annahme für die Testkonstruktion, da sie eine sehr präzise Definition von Itemhomogenität darstellt (vgl. Stelzl, 1993). Formalisiert wird diese Eigenschaft durch die **lokale stochastische Unabhängigkeit**. Wenn das Rasch-Modell durch den Modelltest nicht verworfen wird, liegt auch diese Eigenschaft vor. Das Rasch-Modell implementiert damit eine echte Messtheorie in die Psychologie. Weitere Ausführungen zum Rasch-Modell finden sich in *Kapitel 7*.

2.5 Haupt- und Nebengütekriterien

Was macht einen guten psychometrischen Test aus?

Es gibt verschiedene anerkannte Kriterien, nach denen die Güte eines Tests beurteilt werden kann. Nur wenn die nachfolgend beschriebenen Gütekriterien vollständig im Testhandbuch aufgeführt sind, kann ein Test in seiner Güte beurteilt werden. Hierbei unterteilt man Haupt- und Nebengütekriterien (Lienert & Raatz, 1998; Amelang & Zielinski, 2002). Zu den Hauptgütekriterien gehören Objektivität, Reliabilität und Validität. Alle diese Begriffe lassen sich weiter differenzieren. Im Hinblick auf die

Testauswahl und Testbeurteilung ist ein sicherer Umgang mit diesen Begriffen unumgänglich.

Objektivität

- Durchführung
- Auswertung
- Interpretation

Reliabilität

- Konsistenz
- Retest-Reliabilität
- Paralleltestreliabilität

Validität

- Inhaltsvalidität
- Konstruktvalidität
- Kriteriumsvalidität

2.5.1 Hauptgütekriterien

Was sind die wichtigsten Indikatoren für einen guten psychometrischen Test?

Objektivität Unter Objektivität versteht man den Grad, in dem die Ergebnisse eines Tests unabhängig vom Untersucher sind. Man unterscheidet drei Arten von Objektivität:

- *Durchführungsobjektivität*
  Die Durchführung eines Tests darf nicht von Untersuchung zu Untersuchung variieren. Dazu muss genau definiert sein, wie und unter welchen Bedingungen ein Test oder Fragebogen durchzuführen ist. Zeitbegrenzung oder Hilfestellungen bei der Beantwortung der Fragen müssen vorgegeben werden. Die größte Sorgfalt sollte auf die Instruktion verwendet werden, denn dadurch können Rückfragen an den Untersucher minimiert werden. Dieser läuft wiederum nicht Gefahr, den Personen unterschiedliche Hilfestellungen zu geben. Häufig muss auch festgelegt werden, welche Ausschlusskriterien zu berücksichtigen sind. Nehmen wir beispielsweise den Test d2 (Brickenkamp, 2002). Bei diesem Test ist die Aufgabe der Versuchsperson, den Buchstaben „d" mit zwei Strichen (oben oder unten zwei Striche oder oben und unten jeweils einen Strich) unter den Buchstaben „p" und „d" mit unterschiedlicher Stricheanzahl zu markieren. Hält sich nun der Testleiter nicht an die genaue Testinstruktion, beeinträchtigt dies unter Umständen das Testergebnis, und die wahre Leistungsfähigkeit des Probanden wird über- oder unterschätzt. Dies ist beispielsweise dann wahrscheinlich, wenn der Testleiter bei einer Testung folgende Instruktion gibt: „Es kommt darauf an, sorgfältig und schnell zu arbeiten" und in der anderen Testung: „Es kommt darauf an, nur schnell zu arbeiten".
- *Auswertungsobjektivität*
  Jeder Auswerter muss die gleichen Punkt- oder Leistungswerte eines Probanden ermitteln. Dazu sind genaue Auswertungsvorschriften nötig. Hilfreich sind Schablonen und Auswertungsblätter, die die für die Auswertung relevanten Daten ent-

halten. Aber auch Schablonen garantieren nicht immer eine ausreichende Auswertungsobjektivität. So kann das Auflegen von Schablonen selbst wieder fehlerträchtig sein. Bleiben wir bei dem Beispiel des Tests d2. Hier müssen über 600 Zeichen mit Hilfe der Schablonen überprüft werden. Würden zwei Auswerter unabhängig voneinander denselben Test auswerten, ist nicht gesagt, dass jeder Auswerter auch alle falsch durchgestrichenen Zeichen entdeckt. Die Auswertungsobjektivität sollte überprüft werden. Dazu sind eine Reihe von Indizes geeignet (Cohen´s Kappa, Scott´s Pi oder die Intraklassenkorrelation; vgl. Wirtz & Caspar, 2002). Die lapidare Anmerkung, dass die Auswertungsobjektivität durch das Bereitstellen von Schablonen zur Auswertung vorliegt, ist nicht ausreichend, um eine hohe Auswertungsobjektiviät zu belegen. Die Auswertungsobjektivität hängt nicht zuletzt von der Art und Weise, wie gefragt wird, ab. Wird die Frage offen, ohne festgelegte Antwortmöglichkeiten, gestellt, muss sehr exakt definiert werden, was als „richtig" zu bewerten ist. Bei manchen Tests ist es notwendig, Regeln zu definieren, ab wann ein Ergebnis zu werten ist und ab wann nicht. Auch dies lässt sich am Beispiel von Test d2 zeigen. In Test d2 lässt sich ein so genanntes Ü-Syndrom diagnostizieren. Ein Ü-Syndrom liegt dann vor, wenn die Mengenleistung (Gesamtzahl bearbeiteter Zeichen, GZ) über einem Prozentrang von PR = 90 liegt und die Sorgfaltsleistung (Fehlerprozentwert, F%) unter PR = 10. Ist dies der Fall, liegt der Verdacht nahe, dass die Testleistung instruktionswidrig zustande gekommen ist. In einem solchen Fall sollte das Ergebnis mit Vorsicht interpretiert werden. In manchen Fällen kann es vorkommen, dass ein Ergebnis gar nicht interpretiert werden kann.

- *Interpretationsobjektivität*
  Jeder Auswerter sollte möglichst zur gleichen Beurteilung oder Interpretation der Testergebnisse kommen. Interpretationsobjektivität schließt ausreichend große Normstichproben und ausreichend geprüfte Gütekriterien mit ein, so dass man davon ausgehen kann, dass jede Person mit dem gleichen Maßstab beurteilt wird. Allerdings ist dies alleine nicht ausreichend. Häufig fehlen standardisierte Interpretationen. Manchmal wird dies damit entschuldigt, dass man den Testleiter nicht an ein bestimmtes Schema binden möchte. Als Begründung wird herangezogen, dass der Test weitaus mehr Interpretationsmöglichkeiten bietet als durch eine standardisierte Interpretation zur Verfügung gestellt werden kann. Standardisierte Interpretationsmöglichkeiten sollten jedoch für jeden Test vorliegen. Einzelne Interpretationsbeispiele reichen nicht aus.

Reliabilität Unter Reliabilität versteht man den Grad der Genauigkeit, mit dem ein Test ein bestimmtes Merkmal misst, unabhängig davon, ob er dieses Merkmal auch zu messen beansprucht. Dabei werden drei Reliabilitätsarten unterschieden (siehe auch *Kapitel 4*):

- *Innere Konsistenz/Halbierungsreliabilität*
  Unter Halbierungsreliabilität versteht man Folgendes: Der Test wird in möglichst gleiche Testhälften unterteilt und diese werden miteinander korreliert. Dabei wird als Korrekturfaktor die Testlänge berücksichtigt. Unter innerer Konsistenz wird Folgendes verstanden: Jedes einzelne Item wird als eigenständiger Testteil angesehen, und die Messgenauigkeit stellt den mittleren Zusammenhang unter Berücksichtigung der Testlänge dar.

- *Retest-Reliabilität (oder Stabilität)*
  Der Test wird zu zwei verschiedenen Testzeitpunkten durchgeführt und dann die Korrelation zwischen den Testleistungen ermittelt. Bei der Retest-Reliabilität ist zu beachten, dass die Korrelationen in Abhängigkeit vom Zeitintervall zwischen den beiden Testungen variieren können. Beispielsweise können sich während dieses Zeitintervalls negative Lebensereignisse (Tod eines Angehörigen) auf die Persönlichkeit kurzfristig oder auch längerfristig auswirken. Erinnerungseffekte oder Übungseffekte könnten beispielsweise die zweite Intelligenzmessung „verfälschen".

- *Paralleltestreliabilität*
  Es wird die Korrelation zwischen zwei Tests, die dieselbe Eigenschaft oder Fähigkeit mittels verschiedenen Items („Itemzwillingen") erfassen sollen, berechnet.

Validität Unter Validität versteht man im eigentlichen Sinne das Ausmaß, in dem ein Test das misst, was er zu messen vorgibt. Nach Bryant (2000) unterscheidet man grundsätzlich drei Validitätsarten: **Inhaltsvalidität**, **Kriteriumsvalidität** und **Konstruktvalidität**. Murphy und Davidshofer (2001) weisen allerdings darauf hin, dass eigentlich nur die Inhaltsvalidität der obigen Definition entspricht. Der Inhalt des Tests bestimmt schließlich, was er misst. Wie im nächsten Abschnitt noch dargestellt wird, ist es jedoch sehr schwierig, die Inhaltsvalidität eines Tests zu bestimmen. Diese ist statistisch nicht prüfbar. Daher nutzt man üblicherweise die Messwerte einer Stichprobe in einem Test, um dessen Validität indirekt zu ermitteln (Kriteriums- und Konstruktvalidität). Streng genommen bestimmt man mit der Kriteriums- und Konstruktvalidität nicht die Validität des Tests im eigentlichen Sinne, sondern die Validität der abgeleiteten Aussagen, welche mit Hilfe der Testkennwerte getroffen werden (z.B. ein Intelligenztest misst die Intelligenzstruktur oder ein Persönlichkeitstest sagt Verhalten vorher).

- *Inhaltsvalidität*
  Von **Inhaltsvalidität** spricht man, wenn ein Test oder ein Testitem das zu messende Merkmal auch wirklich bzw. hinreichend genau erfasst. Man geht dabei nach Michel und Conrad (1982) von einem Repräsentationsschluss aus. Das heißt, dass die Testitems eine repräsentative Itemmenge aus dem „Universum" von Items bilden, die das interessierende Merkmal abbilden. Nach Michel und Conrad (1982, S. 57) wird die Inhaltsvalidität in der Regel nicht numerisch anhand eines Kennwertes, sondern „aufgrund logischer und fachlicher Überlegungen" bestimmt und „mit oder ohne Einschränkung akzeptiert oder verworfen". Die Autoren verweisen darauf, dass auch die Begriffe **logische Validität** oder **Augenscheinvalidität** (was eigentlich kein wissenschaftliches Konzept darstellt) mit der Inhaltsvalidität eng verbunden sind. Während die logische Validität in etwa der Inhaltsvalidität entspricht, wird unter Augenscheinvalidität verstanden, dass selbst ein Laie unmittelbar den Zusammenhang zwischen Testaufgaben und gemessenem Verhalten erkennt. Es ist in der Praxis sehr schwierig, zu beurteilen, ob ein Test eine repräsentative Itemmenge enthält. Es gibt sehr viele Verhaltensweisen, die eine Fähigkeit kennzeichnen; bei breiten Fähigkeiten nahezu unendlich viele. Ob eine Auswahl in einem solchen Falle repräsentativ ist, kann nur schwer entschieden werden. Nehmen wir an, wir konstruieren einen Test, der messen soll, wie gut eine Sekretärin ist. Was müsste ein guter inhaltsvalider Test erfassen? Umgang mit Softwareprogrammen, Tippgeschwindigkeit, Termine koordinieren und wahrscheinlich vieles mehr.

Ein gutes Beispiel, das Probleme bei der Interpretation der Inhaltsvalidität aufzeigt, liefern Murphy und Davidshofer (2001, S. 152): Man nehme eine Arbeitsprobe als Mittel zur Personalauswahl. Arbeitsproben beinhalten das, was wirklich später Teil der Arbeit ist. Solche Arbeitsproben werden hoch standardisiert dargeboten und sorgfältig beobachtet. Man könnte nun versucht sein, zu sagen, dass diese Art von Aufgabe hoch inhaltsvalide sei. Allerdings ist zu bedenken, dass im späteren Berufsalltag auch andere Aufgaben die Leistung bestimmen, die nicht in dieser Art und Weise beobachtet und bewertet wurden. Das heißt, hier wird eher die maximale spezifische Leistung in einer Konkurrenzsituation erfasst. Murphy und Davidshofer (2001, S. 152) bemerken, dass die typische Leistung nicht hoch mit der maximalen Leistung zusammenhängt. Allerdings wird es in der Regel die Erfassung der typischen Arbeitsleistung sein, auf welche die Arbeitsprobe abzielt.

Die Autoren geben ein hilfreiches Vorgehen an, wie man Inhaltsvalidität erfassen kann (S. 150): (1) Beschreibung der Inhaltsebene des Konstruktes (Fähigkeit, Eigenschaft); (2) Festlegung, welcher Inhaltsbereich durch welches Item erfasst wird; (3) Vergleich der Teststruktur mit der Struktur des Konstrukts. Da viele Konstrukte nur vage formuliert sind, ist gerade der erste Schritt nicht einfach. Man behilft sich hier mit Arbeitsdefinitionen oder man betrachtet nur Teilausschnitte eines Konstruktes.

Gerade die Testentwicklung krankt an der mäßigen Inhaltvalidität der Tests. Tests sind häufig das Ergebnis eines statistischen Homogenisierungsprozesses, der mit theoretischer Fundierung nichts mehr zu tun hat. Mangelnde Überlegungen am Anfang des Konstruktionsprozesses führen schon in der Entwicklungsphase zu unzureichenden Verfahren.

An dieser Stelle sei ein Beispiel zur Veranschaulichung vorgestellt. Der Testkonstrukteur Homo Genität möchte einen Fragebogen konstruieren, der Emotionale Intelligenz erfassen soll. Im ersten Schritt überlegt er sich selbst Fragen, die Emotionale Intelligenz erfassen sollen, z.B.: „Ich kann mich gut in andere hineinversetzen." Zu seinem Glück fallen ihm sehr viele solcher Fragen ein. Er vermutet aber, dass Emotionale Intelligenz mehr Facetten hat, sucht nach Verfahren, die es bereits auf dem Markt gibt, und formuliert Items, die er dort vorfindet, einfach um. Er versucht auch, jede Skala, die er in einem anderen Fragebogen vorfindet, in die Struktur seines Tests zu integrieren. Er glaubt, dadurch würde sein Test inhaltsvalider. Da er sich bei der Formulierung der Items nicht immer sicher ist, beinhalten manche Skalen Items doppelt oder mehrfach mit nur unmerklich anderer Formulierung. Fallen ihm zu einer Facette besonders viele Fragen ein, nimmt er alle diese Fragen mit auf. Er denkt, dass viele Fragen ja nicht schaden können, und rausschmeißen kann man Fragen immer noch. Da ihm zu manchen Facetten aber kaum Fragen einfallen, verwendet er für solche Skalen nur wenige Items. Damit die Skalen aber trotzdem eine hohe Messgenauigkeit erzielen, verwendet er einfach das Item, von dem er glaubt, es sei das beste, mit unterschiedlichen Formulierungen mehrfach: „Ich weiß, was andere Menschen fühlen;" „Gefühle anderer Menschen erkenne ich;" „Was andere Menschen fühlen, finde ich schnell heraus." Homo Genität generiert so einen Itemsatz von 600 Items und 18 Skalen, den er einer ersten Stichprobe zur Bearbeitung gibt. Danach wird der Test einer Faktorenanalyse unterzogen, und nur Items, die inhaltlich gut zum Faktor passen, werden in den Fragebogen aufgenommen. Eigentlich war angedacht, den Test für die Bewerberauslese von Auszubildenden in der Industrie zu konzipieren, da aber Stichproben in der Praxis nicht gut zu bekommen sind, wurden 80 Studenten vor der Mensa befragt. Jedem Student wurde auch eine Rückmeldung versprochen, damit er den Fragebogen gewissenhaft ausfüllt und nicht sozial erwünscht antwortet. Es wurden dann per Voreinstellung 18 unkorrelierte Faktoren in der Faktorenanalyse extrahiert. Manche Skalen beinhalteten am Ende nur vier oder fünf Items, andere 20 Items. Da 20 Fragen für eine Facette viele Fragen sind und der Test ja auch ökonomisch sein soll, führt Home Genität so lange Itemanalysen durch, bis maximal nur vier bis zehn Fragen pro Facette übrig sind. Mit dem nun gekürzten und optimierten Fragebogen besucht Homo Genität jetzt zwei große Vorlesungen (etwa 500 Studenten), um den Test zu normieren und die Struktur des Fragebogens zu bestätigen. Nachdem er gute Erfahrungen bei der Rückmeldung gemacht hat, verspricht er auch den Teilnehmern der Vorlesung eine Rückmeldung. Weil er aber den Studenten nicht 100-prozentig vertraut, lässt er einen Fragebogen zur sozialen Erwünschtheit mitlaufen. Als er festellt, dass es keine Korrelationen mit diesem Fragebogen gibt, ist er sich sicher, dass der Fragebogen nicht verfälschbar und somit für die Bewerberauslese geeignet ist. Ich hoffe, Sie werden nach der Lektüre dieses Buches erkennen, welche Fehler Homo Genität begangen hat, und selbst ein angemesseneres Vorgehen wählen.

- *Kriteriumsvalidität*

  Es handelt sich hier um den Zusammenhang der Testleistung mit einem oder mehreren Kriterien (z.B. Schulnote), mit denen der Test aufgrund seines Messanspruches korrelieren sollte. Man bezeichnet dies auch als Korrelationsschluss, das heißt, die Prüfung der Kriteriumsvalidität basiert auf Zusammenhängen zwischen Testkennwerten und Kriterien. Man unterscheidt folgende Arten von Kriteriumsvalidität:

  - *Vorhersagevalidität* (prognostische Validität, prädiktive Validität). Es werden Zusammenhänge (Korrelationen) mit zeitlich später erhobenen Kriterien ermittelt. Beispielsweise wird die Intelligenztestleistung vor Beginn der Lehre ermittelt und mit der Abschlussnote der Ausbildung korreliert.
  - *Übereinstimmungsvalidität* (konkurrente Validität). Korrelationen mit zeitlich (fast) gleich erhobenen Kriterien. Beispielsweise könnte die Konzentrationstestleistung vor Beginn einer Klausur ermittelt und dann die Korrelation mit der Klausurnote berechnet werden.
  - *Retrospektive Validität.* Es werden Zusammenhänge (Korrelationen) mit zeitlich vorher ermittelten Kriterien berechnet. Beispielsweise wird die Intelligenztestleistung während des Studiums erhoben und mit den Schulnoten des zurückliegenden Abiturs korreliert.
  - *Inkrementelle Validität.* Sie bezeichnet den Beitrag eines Tests zur Verbesserung der Vorhersage eines Kriteriums über einen anderen Test hinaus. Durch Intelligenztests lässt sich beispielsweise besonders gut Berufserfolg vorhersagen. Jede andere diagnostische Methode muss sich nun daran messen lassen, ob sie über die Intelligenz hinaus noch etwas zur Vorhersage von Berufserfolg beitragen kann. Eine der Methoden, die das leisten kann, ist beispielsweise das strukturierte Interview (Schmidt & Hunter, 1998). Zur Feststellung der inkrementellen Validität werden hierarchische Regressionsanalysen verwendet.

- *Konstruktvalidität*

  Mit der **Konstruktvalidität** soll abgeleitet werden, dass der Test auch die Eigenschaft oder Fähigkeit misst, die er messen soll. Viele Autoren fassen unter der Konstruktvalidität alle Validitätsarten (z.B. Kriteriumsvalidität, Inhaltsvalidität, konvergente und diskriminante Validität) zusammen. In diesem Sinne sagt die Konstruktvalidität etwas darüber aus, wie angemessen ein Test das erfasst, was er zu messen beansprucht.

  Fasst man Konstruktvalidität enger, fallen darunter lediglich konvergente, diskriminante und faktorielle Validität. Für diese existieren im Gegensatz zur Inhaltsvalidität konkrete Strategien zur Quantifizierung. Ein häufig gewählter Ansatz besteht darin, a priori konkrete Erwartungen über den Zusammenhang des vorliegenden Tests mit konstruktverwandten (konvergenten) und konstruktfremden (diskriminanten) Tests zu formulieren. Der Nachteil dieses Ansatzes besteht nicht selten darin, dass ein Test mit einem oder mehreren anderen Tests verglichen wird, dessen/deren Inhaltsvalidität selbst unzureichend ist. Innerhalb dieses Ansatzes kann zwischen konvergenter Validität und diskriminanter/divergenter Validität unterschieden werden:

  - *Konvergente Validität*

    Es werden Korrelationen mit Tests gleicher oder ähnlicher Gültigkeitsbereiche ermittelt, z.B. die Korrelation eines neu entwickelten Intelligenztests, wie dem I-S-T 2000 R (Amthauer, Brocke, Liepmann & Beauducel, 2001), mit einem bereits etablierten Verfahren, z.B. dem HAWIE-R (Tewes, 1991). Man erwartet hier hohe Zusammenhänge.

  - *Diskriminante/divergente Validität*

    Es werden Korrelationen mit Tests anderer Gültigkeitsbereiche ermittelt. Beispielsweise wird die Korrelation eines Konzentrationstests mit einem Arbeitsgedächtnistest ermittelt. Der Konzentrationstest soll nämlich nicht die Arbeitsgedächtnisleistung erfassen, sondern möglichst rein das Konstrukt „Konzentration". Man erwartet hier niedrigere Zusammenhänge. Es ist sinnvoll, an dieser Stelle nicht nur Leistungen heranzuziehen, die offensichtlich etwas anderes messen (z.B. Kreativität), sondern auch Leistungen, die einem verwandten Konstrukt zugeordnet werden können (z.B. Gedächtnis, Aufmerksamkeit). In diesem Falle möchte man sichergehen, dass man eben gerade nicht dieses verwandte Konstrukt erfasst.

Es gibt verschiedene Methoden, um konvergente und diskriminante Validität zu bestimmen. Die drei häufigsten seien hier kurz aufgeführt. An erster Stelle sind Korrelationen zu nennen. In Testhandbüchern werden häufig Korrelationen mit konstruktnahen und konstruktfremden Verfahren angegeben.

Ebenfalls sehr häufig werden die Zusammenhänge zwischen verschiedenen Tests mit Faktorenanalysen untersucht. Die so genannte *faktorielle Validität* dient zum einen dazu, homogene konstruktnahe Inhaltsbereiche zusammenzufassen, und zum anderen, diese von konstruktfremden Bereichen zu trennen (siehe *Kapitel 5*). Systematischer und aufwändiger ist die Strategie, die konvergente und diskriminante Validität eines Tests mit dem so genannten **Multitrait-Multimethoden-Ansatz** (Campbell & Fiske, 1959) zu ermitteln (siehe für einen ausgezeichneten Überblick Schermelleh-Engel & Schweizer, 2003, S. 103 ff.). Bei dieser Methode werden verschiedene Matrizen (Korrelationsmatrizen) gebildet: Monotrait-Monomethoden-Matrix, Monotrait-Heteromethoden-Matrix, Heterotrait-Monomethoden-Matrix und die Heterotrait-Heteromethoden-

Matrix. Dem Ansatz liegt die Überlegung zugrunde, dass Kennwerte einer **Fähigkeit** (z.B. Intelligenz), die mit den gleichen **Methoden** (z.B. Tests) erfasst werden, am höchsten miteinander zusammenhängen (Monotrait-Monomethoden-Matrix). Im Vergleich dazu sollte der Zusammenhang zwischen Kennwerten einer Fähigkeit (z.B. Intelligenz) geringer ausfallen, wenn diese mit unterschiedlichen Methoden (Intelligenztest, Verhaltensbeobachtung) erfasst werden (Monotrait-Heteromethoden-Matrix). Ein wiederum geringerer Zusammenhang ist zwischen den Kennwerten unterschiedlicher Fähigkeiten (z.B. Intelligenz und Konzentration) zu erwarten, die mit der gleichen Methode (Tests) erhoben wurden (Heterotrait-Monomethoden-Matrix). Am geringsten sollten die Zusammenhänge zwischen Kennwerten unterschiedlicher Fähigkeiten (z.B. Intelligenz und Konzentration) ausfallen, wenn sie mit unterschiedlichen Methoden (z.B. Test und Verhaltensbeobachtung) erfasst werden (Heterotrait-Heteromethoden-Matrix). Mit diesem Verfahren wird auf eine wichtige Varianzquelle hingewiesen, nämlich die Methodenvarianz. Die Varianz der Testwerte geht also nicht nur auf eine Fähigkeit oder Eigenschaft zurück, sondern ist auch auf Methodenvarianz zurückzuführen. Beispielsweise korrelieren ein zeitbegrenzter Intelligenztest und ein zeitbegrenzter Konzentrationstests miteinander, da beide Tests die gleiche Methode zur Messung unterschiedlicher Fähigkeiten verwenden (vgl. Wilhelm & Schulze, 2002).

Nach Messick (1995) sollte bei der Betrachtung eines Tests oder der Interpretation der daraus abgeleiteten Testkennwerte stets beachtet werden, dass bei der Erfassung von Konstrukten in der Regel zwei Aspekte die Konstruktvalidität beeinträchtigen können: Die Konstruktvalidität eines Tests kann durch die **Unterrepräsentation des Konstrukts** im Test beeinflusst sein. Dies bedeutet, dass eine Messung zu „eng“ erfolgt und die wichtigsten Aspekte des Konstrukts im Test nicht enthalten sind. Als ein zweiter Einflussfaktor auf die Konstruktvalidität lässt sich die **Konstrukt-irrelevante Varianz** bezeichnen. In diesem Falle erfolgt die Messung zu „breit“, was bedeutet, dass zusätzlich zur eigentlichen Messintention eines Tests noch andere Aspekte erfasst werden. So könnte ein Test in einem gewissen Ausmaß zusätzlich Aspekte anderer Konstrukte erfassen oder aber Varianzaspekte enthalten, die sich auf die verwendete Methode selbst zurückführen lassen. Es lassen sich zwei Formen der Konstrukt-irrelevanten Varianz unterscheiden: Im Falle der **Konstrukt-irrelevanten Schwierigkeit** werden Testaufgaben für Individuen oder Gruppen durch Aspekte, die außerhalb des eigentlichen Fokus des Konstrukts liegen, erschwert. Nehmen wir an, eine Person soll einen Konzentrationstest bearbeiten, der ein schnelles Durchstreichen von Zeichen verlangt. Die Person hat aber eine leichte Lähmung der dominanten Hand. Diese Person wird in diesem Test schlechter abschneiden als eine gesunde Person, was aber nicht an der Konzentrationsfähigkeit liegt, sondern an der Verlangsamung, welche durch die leichte Lähmung bedingt ist. Im Falle der **Konstrukt-irrelevanten Leichtigkeit** sind die Aufgaben des Tests durch Konstrukt-irrelevante Aspekte leichter zu lösen. Als ein Beispiel lässt sich hier die Vertrautheit mit dem Testmaterial nennen. So könnte z.B. einer Person, die häufig Planspiele am Computer spielt, die Bearbeitung von computergestützten Problemlöse-Szenarien leichter fallen, da sie mit der Situation, komplexe Denkaufgaben am Computer zu lösen, vertraut ist.

Als Fazit ist zur Konstruktvalidität anzumerken, dass Konstruktvalidierung ein sorgfältig geplanter Prozess ist. Das heißt, es müssen Überlegungen angestellt werden, welches Verfahren einen ähnlichen Messanspruch hat und welches Verfahren aus theoretischen oder praktischen Erwägungen abgegrenzt werden muss. Darüber hinaus sind bei der weiteren Fassung des Begriffs „Konstruktvalidität“ Angaben zur Inhaltsvalidität zu machen. Zusätzlich muss im Vorhinein festgelegt werden, welches verhaltensrelevante Kriterium erfasst werden soll. Erst wenn alle Korrelationen als Gesamtpaket den a priori gestellten Erwartungen entsprechen bzw. die Inhaltsvalidität plausibel nachvollzogen werden kann, ist von einer gesicherten Konstruktvalidiät auszugehen. Es handelt sich daher nicht um einen vagen Prozess, bei dem lediglich Korrelationen bereitgestellt werden. Vielmehr sollte sich durch die Konstruktvalidierung ein a priori aufgestelltes Korrelationsmuster zeigen. Allerdings sei an dieser Stelle auch angemerkt, dass es keine Richtlinien oder festgelegten Grenzen für die Höhe der Korrelationen im Rahmen der Konstruktvalidität gibt. Das heißt, die Aussage, dass Konstruktvalidität vorliegt, sollte jeder Testanwender selbst durch einen kritischen Blick auf die ermittelten Korrelationen prüfen.

Gründe für mangelnde Validität

Es lassen sich fünf Hauptgründe für eine mangelnde Validität angeben. Dabei ist hier insbesondere die Kriteriumsvalidität gemeint. Die Ausführungen beziehen sich auf Korrelationen (siehe *Kapitel 8*). Korrelationen zwischen einem Kriterium (z.B. Berufserfolg, gemessen durch Vorgesetztenbeurteilungen) und einem Test bzw. Prädiktor (z.B. Intelligenztestleistung) können aus folgenden Gründen gemindert sein:

- *Methodenfaktoren*
  Damit ist gemeint, dass eine Korrelation niedrig ausfallen kann, wenn verschiedene Methoden verwendet wurden, um Prädiktor und Kriterium zu erfassen. Beispielsweise wurde als Prädiktor die Intelligenztestleistung gewählt und als Kriterium eine Vorgesetztenbeurteilung mit Hilfe eines standardisierten Fragebogens. In diesem Fall wurde das Kriterium mit einer anderen Methode (Fremdbeurteilung) als der Prädiktor (Leistungstest) erhoben. Dies kann sich mindernd auf die Korrelation zwischen Kriterium und Prädiktor auswirken.
- *Kriteriumskontamination und -defizienz*
  Unter Kriteriumskontamination versteht man, dass das Kriterium eigentlich etwas anderes erfasst als beabsichtigt. Beispielsweise wird als Kriterium für Berufserfolg der Umsatz der Mitarbeiter herangezogen. Der Umsatz wird jedoch auch durch die Größe des Verkaufsgebiets mitbestimmt, ist also kontaminiert.

  Unter Kriteriumsdefizienz versteht man, dass das Kriterium wichtige Aspekte nicht beinhaltet. Das Kriterium „Umsatz" ist defizient, da es keine Information über die Kundenzufriedenheit enthält. Beispielsweise könnte ja ein hoher Umsatz auch dadurch zustande gekommen sein, dass Mitarbeiter Kunden unwahre Versprechungen über das Produkt machen. Infolgedessen steigt zwar kurzfristig der Umsatz, die Kundenzufriedenheit sinkt jedoch.
- *Mangelnde Symmetrie zwischen Prädiktor und Kriterium*
  Unter mangelnder Symmetrie wird verstanden, dass zwei zu korrelierende Tests eine Eigenschaft oder Fähigkeit unterschiedlich breit messen. Nehmen wir als Beispiel die Big-Five. Wird beispielsweise ein kleiner Verhaltensausschnitt, z.B. Geselligkeit, mit einem großem Verhaltensausschnitt, wie etwa Gewissenhaftigkeit, korreliert, kann keine maximale Korrelation auftreten. Geselligkeit ist lediglich ein Unterbereich eines generelleren Persönlichkeitsmerkmals (Extraversion). Gewissenhaftigkeit hingegen ist ebenfalls ein generelleres Persönlichkeitsmerkmal. In

diesem Fall wäre eine höhere Korrelation zwischen Extraversion und Gewissenhaftigkeit zu erwarten, da beide dieselbe Generaltiätsebene erfassen. Solche Überlegungen werden gerne vernachlässigt, sind jedoch von großer Bedeutung. Weiterführende Informationen finden sich bei Wittmann (2002).

- *Streuungsrestriktion*
  Wann eine Streuungsrestriktion vorliegt, wird im Folgenden beschrieben. Nehmen wir an, eine untersuchte Personengruppe ist bezüglich eines bestimmten Merkmals vorausgewählt. Beispielsweise werden zum Psychologiestudium nur Personen mit einem Abitur von 1.4 oder besser zugelassen. Nun wird die Abiturnote als Prädiktor zur Vorhersage der Vordiplomsnoten herangezogen. Die Psychologiestudenten unterscheiden sich durch diese Vorselektion aber nur geringfügig in ihren Abiturnoten. Das heißt, die Varianz der Abiturnote ist eingeschränkt. Eine hohe Korrelation setzt aber voraus, dass die zu korrelierenden Merkmale auch genügend große Varianzen aufweisen. Ist dies nicht der Fall, kann sich dies mindernd auf die Korrelation auswirken. Eine Untersuchung würde möglicherweise zu folgendem Schluss kommen: Bei Psychologiestudenten weisen die Abiturnote und die Vordiplomsnoten keinen starken Zusammenhang auf. Dies wäre aber eine Fehleinschätzung, da die Korrelation aufgrund der eingeschränkten Varianz gemindert wird. Methoden, um mit einer solchen Streuungsrestriktion umzugehen, werden in *Abschnitt 8.9* dargestellt.

- *Mangelnde Reliabilität im Kriterium oder Prädiktor*
  Eine geringe Reliabilität bedeutet, dass eine Eigenschaft oder Fähigkeit nur mit einer geringen Genauigkeit erfasst wird. Das heißt, die Messung beinhaltet auch einen großen Anteil an unsystematischer Varianz, die auch als Fehlervarianz bezeichnet wird. Korreliert man nun Prädiktor und Kriterium, dann wird die Höhe des Zusammenhangs durch die systematische gemeinsame Varianz bestimmt. Fällt diese gering aus, kann auch der Zusammenhang zwischen Prädiktor und Kriterium nicht maximal werden. In einem solchen Fall ist es möglich, die Korrelation mittels einer Minderungskorrektur aufzuwerten (siehe *Abschnitt 4.3*). Eine minderungskorrigierte Korrelation gibt an, wie hoch der Zusammenhang zwischen Prädiktor und Kriterium wäre, wenn beide perfekt, das heißt ohne Messfehler, erfasst werden könnten. An dieser Stelle sei bereits angemerkt, dass es unrealistisch ist, ohne Messfehler zu messen. Minderungskorrigierte Korrelationen spiegeln also einen Zusammenhang wider, der in der Praxis nie erzielt werden kann. Sollen jedoch beispielsweise Korrelationen zwischen Testwerten in unterschiedlichen Stichproben verglichen werden, kann die Korrektur des Zusammenhangs durch die unterschiedlichen Reliabilitäten aufschlussreich sein. Möglicherweise sind vorgefundene Korrelationsunterschiede nicht inhaltlich begründet, sondern messfehlerbedingt.

Zusammenhang zwischen Objektivität, Reliabilität und Validität

Die Hauptgütekriterien (Objektivität, Reliabilität, Validität) stehen in einem bestimmten Abhängigkeitsverhältnis. Ein Test, der nicht objektiv ist, kann mit großer Wahrscheinlichkeit keine optimale Reliabilität erreichen. Gelangen unterschiedliche Auswerter zu unterschiedlichen Testergebnissen einer Person, kann dies daran liegen, dass die Durchführungsbedingungen variieren oder die Art der Auswertung variiert und damit nicht eindeutig festgelegt ist. Es entstehen Fehler bei der Ermittlung und Interpretation der Ergebnisse, und das Testergebnis ist verzerrt. Diese Fehler beeinflussen die Reliabilität eines Tests (wie genau der Test ein Merkmal erfasst). Ist die Reliabilität gering, kann die Vorhersage auf ein Kriterium (Validität), zum Beispiel „Berufserfolg", nicht hoch sein, da der Test nur sehr ungenau den Wert eines Probanden schätzt. Der Zusammenhang zwischen Testwerten und einem Kriterium hängt rechnerisch von der Reliabilität ab. Das heißt, misst man zwei Merkmale nur sehr ungenau, kann der systematische wahre Zusammenhang nur unzureichend geschätzt werden. Die Korrelation zwischen zwei Merkmalen kann maximal den folgenden Wert annehmen:

$$r_{\max} = \sqrt{r_{tt1} \cdot r_{tt2}}$$

Dabei ist:

- r_{max} = maximale Korrelation zwischen zwei Variablen oder Tests
- r_{tt1} = Reliabilität der ersten Variable oder des ersten Tests
- r_{tt2} = Reliabilität der zweiten Variable oder des zweiten Tests

2.5.2 Nebengütekriterien

Was sind weitere Indikatoren für einen guten psychometrischen Test?

Man unterscheidet vier Nebengütekriterien:

- Normierung
- Vergleichbarkeit
- Ökonomie
- Nützlichkeit

Diese sind neben den Hauptgütekriterien wichtig für die Beurteilung der Güte eines Tests.

Normierung Über einen Test liegen Angaben (Normen) vor, die als Bezugssystem für die Einordnung des individuellen Testergebnisses dienen können. Die Testnormierung ermöglicht es, die Frage zu beantworten, ob eine Person unterdurchschnittlich, durchschnittlich oder überdurchschnittlich im Vergleich zu anderen Personen abgeschnitten hat. Testnormen sollten aktuell sein (nicht älter als acht Jahre, siehe DIN 33430) und vor allem für verschiedene Personengruppen vorliegen. Als Daumenregel für die Mindestgröße von Normstichproben kann die Zahl 300 Probanden gelten. Für die Normstichproben sollten genaue Angaben zu folgenden Punkten vorliegen:

- Repräsentativität der Stichprobe
  - z.B. repräsentativ für Deutschland, repräsentativ für alle hessischen Gymnasiasten, ...
- Anwerbung der Stichprobe
  - z.B. Zeitung, Testinstitut, Werbung durch Hilfskräfte, ...
- Bedingungen, unter denenen die Stichprobe getestet wurde
  - Wurde in einer Bewerbungssituation oder in einem klinischen Setting getestet?
  - Fand eine Rückmeldung der Ergebnisse statt?
  - Wurde die Teilnahme bezahlt?

- Wurde eine Einzel- oder Gruppentestung durchgeführt?
- Wurde die Testung unter Aufsicht in einem Labor oder zu Hause durchgeführt?
- Zu welcher Tageszeit fanden die Untersuchungen statt?
- Wie lange dauerte der Test?
- An welcher Position wurde der Test durchgeführt, falls mehrere Verfahren eingesetzt wurden?
- ...

- Zusammensetzung der Normstichprobe
  - z.B. Alter, Geschlecht, Bildung, ...

Vergleichbarkeit Ein Test ist dann vergleichbar, wenn ein oder mehrere Parallelformen oder Tests mit gleichen Gültigkeitsbereichen vorhanden sind. Letzteres meint, dass eine Person in zwei Tests, die Ähnliches messen sollen, auch ähnliche Ergebnisse erzielen sollte. Parallelformen sind besonders vorteilhaft, wenn ein Test mehrmals an einer Person durchgeführt wird oder wenn mehrere Personen in einer Gruppensituation getestet werden, damit „Abschreiben" verhindert wird.

Ökonomie Ein Test ist dann ökonomisch, wenn er (1) eine kurze Durchführungszeit beansprucht und wenig Material verbraucht, wenn er (2) einfach zu handhaben ist, wenn er (3) als Gruppentest durchführbar ist und wenn er (4) schnell und bequem auszuwerten ist.

Nützlichkeit Ein Test gilt dann als nützlich, wenn er ein Persönlichkeitsmerkmal oder eine Verhaltensweise misst oder vorhersagt, für dessen oder deren Untersuchung ein praktisches Bedürfnis besteht. Leider besteht für viele Tests kein praktisches Bedürfnis. Sie sind zum Teil redundant. Manche Fragebogen messen möglicherweise nichts anderes als bereits bekannte Persönlichkeitsmerkmale. Bevor ein Test entwickelt wird, muss also geprüft werden, ob nicht bereits ein Verfahren vorliegt, das denselben Messanspruch hat. Liegt ein solches Verfahren vor, sollte begründet werden, welche Vorteile das neue Verfahren gegenüber dem bereits bestehenden Verfahren aufweist.

Zusammenfassend wird in *Abbildung 2.2* dargestellt, welche Haupt- und Nebengütekriterien zur Beurteilung von Testverfahren herangezogen werden können.

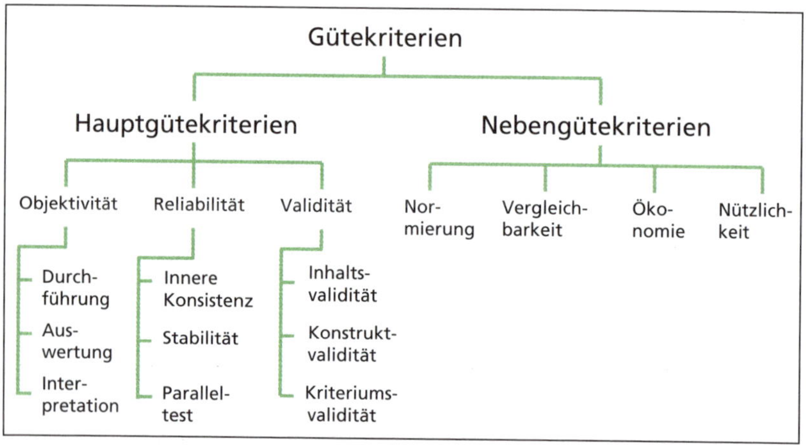

Abbildung 2.2: Zusammenfassung der Haupt- und Nebengütekriterien

Testkonstruktion

3

ÜBERBLICK

Wie gehe ich bei der Testkonstruktion vor?

Zur Testkonstruktion sind eine Reihe sorgfältig geplanter Schritte nötig. Wie man bei der Testentwicklung vorgehen kann, wird im folgenden Kapitel beschrieben.

3.1 Stufen der Testentwicklung

Welche Stufen muss ein Test innerhalb des Konstruktionsprozesses durchlaufen?

Im Folgenden werden die Stufen der Testentwicklung genauer erläutert:

1. Anforderungsanalyse und Problemstellung
2. Planung und Literatursuche
3. Eingrenzung des Merkmals und Arbeitsdefinition
4. Testentwurf
5. Überprüfung des Testentwurfs
6. Verteilungsanalyse
7. Itemanalyse und Itemselektion
8. Kriterienkontrolle
9. Revision des Tests
10. Eichung/Cut-off-Werte

3.1.1 Anforderungsanalyse und Problemstellung

Eine Anforderungsanalyse bezieht sich auf einen spezifischen Tätigkeitsbereich. Gleichsam kann eine Anforderungsanalyse auch für ein bestimmtes Konstrukt durchgeführt werden. Eine Anforderungsanalyse ist ursprünglich konzipiert, um prototypische oder charakteristische Arbeitsabläufe festzustellen, die als Anforderungen an Personen gestellt werden. Diese Anforderungen können tätigkeitsspezifische (z.B. hohe Vigilanz) oder tätigkeitsübergreifende (z.B. Teamfähigkeit) Anforderungen sein. Schuler (2001, S. 44 ff.) unterscheidet drei Ansätze:

- die erfahrungsgeleitet-intuitive Methode
- die analytisch-empirische Methode
- die personenbezogen-empirische Methode

Bei der erfahrungsgeleitet-intuitiven Methode werden Anforderungen sowie korrespondierende Persönlichkeitsmerkmale abgeschätzt, indem beispielsweise die Eigentümlichkeiten der auszuübenden Tätigkeit analysiert werden. Die analytisch-empirische Methode untersucht mittels formalisierter Vorgehensweisen (z.B. Fragebogen) Tätigkeiten in konkreten Situationen. Die personenbezogen-empirische Methode versucht Anforderungen dadurch zu bestimmen, dass der Zusammenhang zwischen Merkmalen der tätigen Personen und Kriterien (z.B. Leistungshöhe) bestimmt wird. Es können konkrete Aufgaben und Anforderungen oder Kombinationen analysiert werden. Dabei werden folgende Informationsquellen benutzt: Beobachtung, mündliche

Befragung, Fragebogenverfahren, Analyse bestehender anderer Verfahren. Diese Methoden können dazu benutzt werden, Konstrukte zu erforschen bzw. Eigentümlichkeiten oder Charakteristika von Konstrukten festzulegen. Die Beschäftigung mit dem Konstrukt, die Befragung von Personen (z.B. Experten oder Gruppen, welche hohe oder geringe Ausprägungen der entsprechenden Eigenschaft oder Fähigkeit aufweisen) mittels standardisierter Instrumente (z.B. Fragebogen mit offenen Fragen) sowie Überlegungen, welche verhaltensrelevanten Kriterien das Konstrukt vorhersagen soll, können beim Erschließen des Konstruktes wichtige Hilfsmittel darstellen.

3.1.2 Planung und Literatursuche

Um ein Konstrukt zu erfassen, ist es günstig, eine Eingrenzung bzw. Abgrenzung des zu erfassenden Merkmals vorzunehmen, z.B. Konzentration bei Erwachsenen. Dazu zieht man in einem ersten Schritt **Lehrbücher** oder **Überblicksartikel (z.B. Meta-Analysen, theoretische Überblicksartikel in Zeitschriften)** heran. Dort findet man Definitionen und Verweise auf weitere relevante Literaturquellen. Darüber hinaus ist es hilfreich, eine Literatursuche mit den Literaturdatenbanken „Psyndex" bzw. „PsycINFO" oder „Medline" unter dem Begriff „Konzentration" und weiteren verwandten Suchbegriffen, z.B. „Aufmerksamkeit" oder „Anstrengungsbereitschaft", durchzuführen. Dies kann je nach Konstrukt zu sehr vielen Suchergebnissen führen. Es ist daher nötig, sich im Vorfeld schon sorgfältig zu überlegen, was man genau erfassen möchte, und gegebenenfalls weitere Suchbegriffe einzugeben, die zu einer spezifischeren Literaturauswahl führen (z.B. Konzentration, Definition, Erwachsene). Liegen keine Anhaltspunkte für eine Definition vor, kann auch eine **Befragung von Laien oder Experten** nützlich sein. Ist eine solche Befragung nicht möglich oder nicht nötig, wird ein Test häufig **anforderungsbezogen** (ohne expliziten theoretischen Hintergrund) konstruiert. Zum Beispiel berichtet Koelega (1996) über die Konstruktion von Vigilanztests, die mit Beginn des Zweiten Weltkriegs intensiv betrieben wurde. Der Grund dafür war, dass Soldaten ausgewählt werden sollten, die in der Lage waren, über einen langen Zeitraum hinweg auf Reize mit geringer Intensität und geringer Auftretenshäufigkeit zu reagieren. Sie sollten gegnerische Unterseeboote frühzeitig und zuverlässig erkennen können. Die Konstruktion der Aufgaben orientierte sich an den Aufgaben eines Soldaten am Radargerät. In diesem Fall bezog man sich weder auf eine Theorie, noch befragte man Experten oder Laien. Man orientierte sich lediglich an den (praktischen) Anforderungen.

3.1.3 Eingrenzung des Merkmals und Arbeitsdefinition

Nach der Literatursuche sollte eine Arbeitsdefinition des Merkmals erstellt werden. Erst auf dieser Basis können präzise Items formuliert werden. Eine Arbeitsdefinition kann durch eine **Sammlung und Analyse von Definitionen** erfolgen. Liegen verschiedene theoretische Modelle vor, sollte man das für sein Vorhaben geeignetste auswählen. Es ist auch möglich, verschiedene Modelle oder Definitionen weiter zu systematisieren, indem man immer wiederkehrende Definitionsmerkmale herausgreift und in seine Arbeitsdefinition aufnimmt. Wenn es gut begründet ist, kann man auch für einen Teilausschnitt eines Modells oder einer Definition einen Fragebogen oder Test entwickeln. Basiert eine Fragebogenkonstruktion auf rein inhaltlichen Gesichtspunkten bei der Itemerstellung, spricht man von einer **rationalen Fragebogenkonstruktion**. Wird eine Testkonstruktion explizit aus einer Theorie abgeleitet, bezeichnet man dies als **deduktive Methode** (Amelang & Zielinski, 2002, S. 99; Tränkle, 1993, S. 224). Diese zugrunde liegenden Theorien beziehen sich meist auf Konstrukte, wie z.B. Intelligenz, Aufmerksamkeit oder Kreativität. Auch Befragungsergebnisse von Experten oder Laien können zur Itemkonstruktion dienen. Man kann solche Befragungsergebnisse nach folgenden Gesichtspunkten ordnen: spezifisches versus übergreifendes Verhalten, Fähigkeiten, Fertigkeiten, Eigenschaften und Kenntnisse. Alle Angaben sollten dann dahingehend geprüft werden, ob sie zur Klärung des Messgegenstandes beitragen. Die aus diesen Informationen gewonnenen Items können dann empirisch anhand unterschiedlicher Methoden auf ihre psychometrische Eignung (wie gut und genau sie das erfassen, was sie erfassen sollen) hin untersucht und gegebenenfalls zu latenten (verborgenen) Variablen zusammengefasst werden (z.B. Faktorenanalyse, siehe *Kapitel 5*). Man spricht in letzterem Fall von einer **induktiven Fragebogenkonstruktion** (Amelang & Zielinski, 2002, S. 108).

Wichtig bei der induktiven Konstruktionsmethode ist eine ausreichend große Anzahl von Items. Es sollten so viele vorhanden sein, dass eine messgenaue Erfassung der Eigenschaft oder Fähigkeit möglich ist. Außerdem ist zu berücksichtigen, dass die induktive Itemkonstruktion (von wenigen Ausnahmen abgesehen) Stichproben von über $N = 100$ Probanden benötigt und ein solcher Test – je nach Analysemethode – nicht beliebig viele Items enthalten kann (siehe dazu *Kapitel 5* „Faktorenanalyse"). Daher ist es für die spätere Analyse wichtig, Items nach festgelegten Prinzipien auszuwählen:

(1) Es ist günstig, Items für jeden Bereich eines Tests oder Fragebogens so auszuwählen, dass **jeder Bereich** (Skala oder Untertest) **gleich viele Items** enthält. Ist es z.B. das Ziel des Testautors, durch einen Fragebogen die beiden Skalen[1] „Gewissenhaftigkeit" und „Verträglichkeit" zu messen, sollte er für beide Skalen die gleiche Itemanzahl generieren. Würde er dies nicht tun, würde er den einen Bereich breiter messen als den anderen.

(2) Bei der Auswahl der Items ist es günstig, **inhaltsgleiche Items auszusondern**. Nehmen wir an, die Skala Gewissenhaftigkeit soll sechs Items enthalten. Die ersten drei Items lauten: „Ich bin ein gründlicher Mensch", „Gründlichkeit ist mir wichtig", „Bei der Verrichtung alltäglicher Arbeiten ist Gründlichkeit oberstes Gebot". An dieser Stelle wird schon klar, dass sich die Skala zur Hälfte aus sehr ähnlichen Items zusammensetzt. Dies hat zur Konsequenz, dass spätere Analysen ergeben, dass drei homogene Items (Items, die etwas Ähnliches messen) den Skalenwert zu einem großen Teil bestimmen. Andere zum Konstrukt gehörende Items werden dann möglicherweise anhand statistischer Kennwerte (z.B. Trennschärfe) aus der Skala entfernt, was letztendlich dazu führt, dass die Breite des Konstrukts eingeschränkt und die Inhaltsvalidität gefährdet wird. Natürlich stellt sich die Frage, welches von ähnlich formulierten Items man am besten auswählt. Dies kann beispielsweise durch einen **qualitativen Vortest** an wenigen Personen erfolgen. Das Item, das im Vortest am besten verstanden wird (z.B. im Rahmen einer Kognitiven Survey-Technik, siehe *Kapitel 3.1.4*) bzw. die wenigsten fehlenden Werte (Nichtbeantwortung) aufweist, könnte beispielsweise ausgewählt werden. Zudem kann durch eine Nachbefragung (strukturiertes Interview) herausgefunden werden, welches der Items am eindeutigsten die erwünschte Eigenschaft oder Fähigkeit erfasst. Es ist auch möglich, zwei ähnlich formulierte Items zu verwenden. Dann sollte dies jedoch für alle Items des Konstrukts erfolgen.

---

1 Eine Skala besteht aus mehreren Items, die inhaltlich ein Konstrukt (Eigenschaft oder Fähigkeit) messen. Meist werden dazu die entsprechenden Items summiert (Skalenwert).

3.1.4 Testentwurf

Nachdem der Messgegenstand festgelegt ist, muss zunächst überlegt werden, (1) welcher **Zielgruppe** der Test vorgelegt werden soll (z.B. Patienten, Studenten, Haupt- oder Realschülern). Als Nächstes sollte eingegrenzt werden, (2) welche Art von Informationen man erheben möchte. Man kann **subjektive Informationen** von einer Person (Selbstbeurteilung) oder über eine Person (Fremdbeurteilung) sowie **objektive Informationen** über eine Person einholen (Leistungstest). Der Testkonstrukteur muss sich zudem überlegen, (3) welchem **Zweck** der Test dienen soll, z.B. ob man verschiedene Gruppen voneinander trennen (z.B. Hyperaktive von Nicht-Hyperaktiven) oder Eigenschaften, Fähigkeiten oder Fertigkeiten einer Personen beschreiben möchte (z.B. Konzentrationsfähigkeit). Der Versuch, anhand unterschiedlicher möglichst breit gefächerter Itemmengen unterschiedliche Gruppen voneinander zu trennen, wird auch als **externale Konstruktion** bezeichnet (Amelang & Zielinski, 2002, S. 105). Man hofft, dass einige Items zwischen den gewünschten Gruppen in der Art differenzieren, dass sich ihre Mittelwerte deutlich unterscheiden. Schließlich muss eine (4) Entscheidung für einen **Fragetyp** und ein **Antwortformat** getroffen werden (siehe *Kapitel 3.2*).

Diese vorangestellten Überlegungen zum Testentwurf münden dann schließlich in der **Auswahl der Testart** und damit verbunden der **Itemauswahl** (vgl. Angleitner & Rieman, 1996, S. 430). In unserem Beispiel würden wir (1) Erwachsene mit einem (2) objektiven Leistungstest untersuchen und (3) die Konzentrationsfähigkeit der Erwachsenen beschreiben bzw. beurteilen wollen. Dazu könnten wir eine passende Definition von Beckmann (1991, S. 77) heranziehen: Konzentration sei demnach das willentliche Bemühen, die Aufmerksamkeit auf aufgabenrelevante Reize zu fixieren, wenn die Gefahr besteht, dass aufgabenirrelevante Reize die Aufmerksamkeit auf sich ziehen. Als Testart wählen wir einen objektiven Leistungstest in Form eines Durchstreichtests. Als Items werden den Probanden verschiedene Kreise mit Mustern vorgegeben, unter denen sie Kreise mit bestimmten Mustern mit einem Querstrich markieren sollen. Bei Durchstreichtests besteht die Konzentrationstestleistung darin, die irrelevanten Zeichen zu ignorieren und die relevanten Zeichen zu markieren. Dies ist eine verbreitete Operationalisierung von Konzentration.

Wichtig für die **Inhaltsvalidität** des Tests ist es, eine **repräsentative Itemmenge** in Bezug auf das zu erfassende Merkmal für den Test zu generieren. Dies ist insofern sehr schwierig, da es nahezu unbegrenzte Möglichkeiten der Itemgenerierung und -formulierung gibt. Daher sind zur Itementwicklung umfangreiche Überlegungen nötig, welche Items für einen Test oder Fragebogen geeignet sind. Ein Item ist, wie Rost (1996, S. 60) bemerkt, der kleinste Baustein eines Tests. Ein Item wiederum kann weiter in eine Frage und das dazugehörige Antwortformat aufgeteilt werden.

Sind die ausgewählten Items für einen bestimmten Bereich besonders charakteristisch (erfassen den Kern eines Merkmals), wird dieser Ansatz auch als **Prototypenansatz** bezeichnet (Amelang & Zielinski, 2002, S. 105). Wenn man wissen möchte, was einen erfolgreichen Industriemechaniker ausmacht, wird man erfolgreiche Industriemechaniker befragen und anhand ihrer Angaben prototypische Items für einen Fragebogen entwickeln. Das heißt, man wird diejenigen Merkmale, Eigenschaften oder Fähigkeiten messen wollen, die mit hoher Übereinstimmung von allen Befragten als erfolgsrelevant angesehen werden. Formal gelten bei der Formulierung von Fragebogenitems ähnliche Regeln wie für die Erstellung von Interviewleitfäden (Westhoff & Kluck, 1998), worauf in *Abschnitt 3.2.5* genauer eingegangen wird. Generell ist anzumerken, dass eine sorgfältige Itemkonstruktion sowohl die Itemanalyse als auch die

Testinterpretation deutlich vereinfacht. Im Vorfeld ist es sinnvoll, anhand einer kleinen Stichprobe die Verständlichkeit der Items und der Instruktion zu testen. Zum einen kann man Probanden nach der Testdurchführung befragen, an welchen Stellen die Items oder die Instruktionen unverständlich bzw. missverständlich waren. Darüber hinaus kann man die Probanden während der Testung auffordern, laut ihre Gedanken zu schildern (Krosnick, 1999, S. 541 f.). Diese Äußerungen werden notiert und ausgewertet (hinsichtlich Verständlichkeit der Fragen, richtige Auffassung der Fragen, Probleme bei der Verwendung des Antwortmodus).

Kognitive Survey-Technik – Think aloud. Die gründliche Itemauswahl und präzise Formulierungen erlauben noch keinen Rückschluss auf die Praxistauglichkeit eines Fragebogens. Aus diesem Grunde ist es sinnvoll, Vortests durchzuführen. **Es ist unbedingt darauf zu achten, dass der Vortest mit den Personen durchgeführt wird, für die der Test konstruiert werden soll.** Dieser Vortest beinhaltet die Vorgabe eines Fragebogens unter möglichst realistischen Bedingungen an die Personen der relevanten Stichprobe (z.B. Schüler, Patienten, Manager), um technische Probleme (z.B. unausgefüllte Seiten bei zweiseitigem Druck), Verständlichkeit (z.B. Fremdwörter, widersprüchliche Angaben, ungünstiger Satzbau) und Akzeptanz (z.B. Rücklaufquoten) oder Antworttendenzen (z.B. Neigung zu Extremen oder zur Mitte) bzw. die Eignung verschiedener Antwortformate (z.B. dichotom, mehrstufig) zu sondieren. Es wird häufig vernachlässigt, welche Rolle kognitive Prozesse bei der Beantwortung von Fragebogenitems spielen. Die Methode des lauten Denkens soll über diese für uns sonst nicht sichtbaren Prozesse näheren Aufschluss geben (vgl. Fowler, 1995).

Eine Kognitive Survey-Methode ist die „Think-aloud-Technik“ (Technik des lauten Denkens), bei der der Proband die Fragen des Fragebogens laut liest, seine Überlegungen äußert und schließlich die Antworten laut formuliert, um dann den Fragebogen entsprechend zu markieren (concurrent think aloud). Dieser Prozess wird durch den Interviewer auf Tonträger aufgezeichnet; visuelle Eindrücke werden zusätzlich schriftlich dokumentiert.

Mit dieser Technik wird getestet, ob der Proband die Fragen richtig versteht und mit den Antwortkategorien zurechtkommt oder Probleme im Umgang mit ihnen hat. Es kann beispielsweise sein, dass das Antwortformat zu differenziert ist und der Betroffene eigentlich nur Ja-Nein-Antworten geben kann anstatt vier Abstufungen. Diese Technik bewährt sich insbesondere, wenn man einen Fragebogen für Patienten entwickeln möchte. Darüber hinaus treten weitere wichtige Erkenntnisse zutage, z.B. die Tendenz des Patienten, eigene Defizite zu entschuldigen, oder auch persönliche Einstellungen, durch die das Antwortverhalten beeinflusst wird.

Unabhängig davon, nach welcher Methode man Items konstruiert, ist ein Vortest nach der Kognitiven Survey-Technik sehr sinnvoll. Eine schlechte Itemkonstruktion oder ein falsch gewähltes Antwortformat ist nicht durch komplexe statistische Auswertungen auszugleichen. Es ist sogar zu empfehlen, die Kognitive Survey-Technik zweimal durchzuführen, einmal mit dem Test in der ersten Rohfassung und danach mit dem durch die erste Kognitive Survey-Technik verbesserten Testverfahren.

3.1.5 Überprüfung des Testentwurfs

Wichtig bei der Überprüfung des Testentwurfs ist es, eine geeignete und ausreichend große Stichprobe zu rekrutieren. Mendoza, Stafford und Stauffer (2000, S. 367) geben als Mindestgrenze $N = 100$ an. Erst ab einer solchen Stichprobengröße kann die Reliabilität eines Tests zuverlässig geschätzt werden. In manchen Fällen ist diese Stichprobengröße zur Testentwicklung nicht erreichbar. In einem solchen Fall sollte der Fragebogen zumindest für die Testendform an einer größeren Stichprobe kreuzvalidiert (erneut evaluiert) werden.

3.1.6 Verteilungsanalyse

Es ist sinnvoll, vor der eigentlichen Itemanalyse anhand der Rohdaten, die zur Überprüfung des Testentwurfs erhoben wurden, eine Betrachtung der **Itemverteilungen** vorzunehmen. Das Augenmerk liegt hier auf Boden- und Deckeneffekten. Tritt ein Bodeneffekt (linkssteile Verteilung) auf, ist das Item zu leicht, tritt ein Deckeneffekt (rechtssteile Verteilung) auf, ist das Item zu schwer. Auch zweigipflige Verteilungen sind interessant; sie könnten ein Hinweis darauf sein, dass die Items unterschiedlich aufgefasst wurden. Unterscheiden sich die Verteilungen von Items in einem Fragebogen in einer bestimmten Art und Weise (z.B. Normalverteilung gegenüber einer linkssteilen Verteilung, unterschiedliche Schiefe), wirkt sich dies mindernd auf den Zusammenhang der Items untereinander aus. In der Praxis ist dies jedoch kaum zu vermeiden, da sich die Items eines Fragebogens oder Tests in ihrer Schwierigkeit unterscheiden, was automatisch zu unterschiedlichen Verteilungen führt. Unterschiedliche Schwierigkeiten sind sogar wünschenswert, um in allen Eigenschafts- oder Fähigkeitsbereichen zu differenzieren. Aus statistischer Sicht ist es vorteilhaft, wenn Items eine Normalverteilung aufweisen oder „gleich" bzw. „ähnlich" schief verteilt sind. Für klinische Fragebogen ist es sehr schwer, normalverteilte Itemverteilungen zu erhalten. Um dies zu verdeutlichen, soll im Folgenden ein Item, das zur Erfassung von Depression geeignet wäre, in einer Stichprobe von Gesunden betrachtet werden:

Ich bin oft tief traurig. Starke Ablehnung ❍-❍-❍-❍ Starke Zustimmung

Man nimmt an, je trauriger ein Proband ist, desto mehr spricht dies für eine Depression. Betrachtet man nun viele ähnliche Depressionsitems, werden diese meist linkssteil verteilt sein (viele „Gesunde" haben geringe Ausprägungen und kreuzen „starke Ablehnung" an; wenige „Depressivere" in der Stichprobe der Gesunden haben höhere Ausprägungen in Richtung „starke Zustimmung"). Durch die Zusammenfassung (Addition) der Items, die typisch für eine Depression sind, erhält man einen Summenwert, der wahrscheinlich auch linkssteil verteilt ist. Erst bei sehr vielen Items ist damit zu rechnen, dass sich eine Normalverteilung für den Skalenwert ergibt. Dies kann durch den zentralen Grenzwertsatz erklärt werden, der besagt, dass mit zunehmender Stichprobengröße die Verteilung von Mittelwerten sich einer Normalverteilung annähert.

3.1.7 Itemanalyse und Itemselektion

Zuerst erfolgt auf Basis der Itemrohwerte die statistische Itemanalyse. Hierzu werden die Itemschwierigkeit (in der Regel der Mittelwert eines Items), Itemstreuung (Wie stark unterscheiden sich die Antworten der Personen für ein Item?) und die Itemtrennschärfe (wie sehr die Ausprägung eines Items die Ausprägung aller anderen Items widerspiegelt) berechnet. Items, die von allen oder keiner Person der interessierenden Stichprobe gelöst werden, werden meist nicht weiter berücksichtigt, da sie zur Unterscheidung der Probanden nichts beitragen. In einigen Fällen, z.B. bei Leistungstests, werden sie dennoch häufig als so genannte Eisbrecher eingesetzt, um den Testpersonen einen guten Einstieg in die Testbearbeitung zu ermöglichen. Es werden auch solche Items ausgesondert, die nur einen geringen Zusammenhang mit der Gesamtheit (siehe *Kapitel 3.6*) aller anderen Items aufweisen. Nach der Itemselektion kann es in einzelnen Fällen vorkommen, dass vom ursprünglichen Itempool nur noch wenige Items übrig bleiben. In einem solchen Fall müssen zwei Dinge bedacht werden: Erstens besteht dadurch die Gefahr, dass sich die **Messgenauigkeit des Tests (Reliabilität)** verringert. Ist dies der Fall, ist es günstig, den Test durch weitere Items (mit gleichem Messanspruch) zu ergänzen oder aber auch Formulierungen bestehender Items zu prüfen (ggf. umformulieren und erneut analysieren). Es kann durchaus sein, dass sich durch eine sprachliche Überarbeitung einzelne Items von „schlechten" Items zu „guten" Items entwickeln. Zweitens besteht die Gefahr, dass nur noch Items im Test enthalten sind, die sich sprachlich und inhaltlich sehr ähnlich sind. Dadurch geht die **Breite des Konstrukts** verloren, und die so genannte Inhaltsvalidität (Gültigkeit, Korrektheit) des Tests ist gefährdet. Es wird nur noch ein sehr schmaler Verhaltensausschnitt erfasst.

3.1.8 Kriterienkontrolle

Nachdem die Itemanzahl durch die Itemanalyse und -selektion optimiert wurde, werden die primären Gütekriterien „Objektivität", „Reliabilität" (Messgenauigkeit) und „Validität" (Gültigkeit) des Tests bestimmt. Es sind grundsätzlich verschiedene Arten der Validierung denkbar. Leider können nur in den seltensten Fällen beliebig viele zusätzliche Tests oder Kriterien erhoben werden. Daher ist es sinnvoll, zumindest ein konstruktkonvergentes bzw. -divergentes Verfahren durchzuführen und zusätzlich ein oder zwei Kriterien zu erheben. Dies könnten im Falle der Konzentrationsfähigkeit ein anderer konstruktkonvergenter Konzentrationstest (wie z.B. der Test d2, Brickenkamp, 2002), ein konstruktdivergenter Aufmerksamkeitstest (z.B. GoNogo aus der Testbatterie zur Aufmerksamkeitsprüfung, Zimmermann & Fimm, 2002) und eine systematische Verhaltensbeobachtung sein (z.B. Ablenkbarkeit von Schülern während des Unterrichts). Wichtig an dieser Stelle erscheint der Nachweis, dass das neu entwickelte Verfahren eine Eigenschaft hat, die kein anderes inhaltsähnliches Verfahren bisher aufweist, und dass es gegenüber einem etablierten Verfahren einen zusätzlichen Nutzen zur Erklärung von Erleben und Verhalten von Personen leisten kann. Würde dies schon bei der Konstruktion und Validierung eines Verfahrens mit bedacht, gäbe es „weniger Tests, die die Welt nicht braucht".

3.1.9 Revision des Tests

Anhand der gewonnenen Informationen sollte der Test revidiert und erneut einer psychometrischen Prüfung unterzogen werden. An dieser Stelle ist es wichtig, dass der Test an der Stichprobe von Personen evaluiert wird, für die er später eingesetzt wird. Statistiken, die im Rahmen der Klassischen Testtheorie ermittelt werden, sind stichprobenabhängig. Insofern ist eine Übertragbarkeit oder Generalisierung von Stichprobenstatistiken auf andere Stichproben nur durch entsprechenden Nachweis (Kreuzvalidierung) an anderen Stichproben möglich (dies gilt im Übrigen auch für die Probabilistische Testtheorie).

3.1.10 Eichung (Normierung)/Cut-off-Werte

Liegt schließlich die Testendform vor, werden Normen an möglichst repräsentativen, geschichteten oder speziell interessierenden Populationen (z.B. Schulkindern, Patienten oder Managern) erhoben. In vielen Fällen benötigt man nur einen Cut-off-Wert, ab dem eine psychische Störung vorliegt oder ein bestimmtes (z.B. Lern-)Ziel erreicht wurde.

Bei einem Test oder Fragebogen könnten für die interessierenden Populationen durch die Eichung Bereiche festgelegt werden, die als unterdurchschnittlich, durchschnittlich und überdurchschnittlich gelten.

3.2 Auswahl von Testaufgaben

Welches Itemformat soll ich auswählen?

Es werden gebundene und freie Antwortformate unterschieden. Bei gebundenen Antwortformaten sind konkrete Lösungsmöglichkeiten oder Antwortalternativen vorgegeben. Die freie Aufgabenbeantwortung ist nicht oder nur wenig durch Antwortvorgaben eingeschränkt. Auf beide Aufgabentypen wird im Folgenden näher eingegangen.

3.2.1 Gebundene Aufgabenbeantwortung

Eignet sich ein gebundenes Antwortformat für meinen Test? Wenn ja, welches?

Bei der gebundenen Beantwortung werden festgelegte Antwortkategorien vorgegeben. Es gibt keinen Freiraum für eigene Antworten. Im Anschluss werden folgende Arten gebundener Aufgabenformate beschrieben sowie deren Vor- und Nachteile erörtert:

- Ratingskala
- Richtig-Falsch
- Zuordnungsaufgabe
- Umordnungsaufgabe

Ratingskala

Ratingskalen können verschiedene Benennungen ihrer Kategorien bzw. Abstufungen (z.B. von „trifft zu" bis „trifft nicht zu" oder von „sehr gut" bis „sehr schlecht") aufweisen. Ihnen ist gemeinsam, dass sie aus mehr als zwei Antwortkategorien bestehen und damit eine quantitative Beurteilung einer Merkmalsausprägung ermöglichen sollen. Vor der Konstruktion von Ratingskalen muss festgelegt werden, wie differenziert die Antwortkategorien abgestuft werden sollen (z.B. dreistufig, vierstufig oder zehnstufig). Dies hängt unter anderem davon ab, wie genau die Probanden die entsprechende Frage beantworten können und wie genau der Testkonstrukteur zwischen den Probanden differenzieren will. Zum anderen muss geklärt werden, ob die Items unipolar oder bipolar (Extremausprägungen sind durch gegensätzliche Begriffe gekennzeichnet) vorgegeben werden sollen. Krosnik (1999) berichtet, dass eine Benennung jeder Stufe bei einer Ratingskala zu Verbesserungen der Reliabilität und Validität führt. Diese Technik machen sich auch verhaltensverankerte Skalen zu eigen. Solche Skalen enthalten konkrete Verhaltensbeispiele für jede oder die meisten Antwortkategorien (vgl. Marcus & Schuler, 2001; S. 410 f.; Bortz & Döring, 2002, S. 177). Validität und Reliabilität steigen, wenn man mehr Antwortkategorien zulässt (Matell & Jacoby, 1971; Bortz & Döring, 2002, S. 179). Es muss jedoch beachtet werden, dass zu viele Antwortkategorien wiederum reliabilitäts- und validitätsmindernd sein können. Damit ist insbesondere dann zu rechnen, wenn die Probanden mit dem Differenzierungsgrad des Itemformats überfordert sind.

Beispiel 3.1 nach Rohrmann (1978)

Häufigkeitsskalen:

O	O	O	O	O
nie	selten	gelegentlich	oft	immer

O	O	O	O	O
sehr selten	selten	gelegentlich	oft	sehr oft

Intensität:

O	O	O	O	O
gar nicht	wenig	mittelmäßig	überwiegend	völlig

Wahrscheinlichkeit:

O	O	O	O	O
keinesfalls	wahrscheinlich nicht	vielleicht	ziemlich wahrscheinlich	ganz sicher

Bewertung:

O	O	O	O	O
trifft gar nicht zu	trifft wenig zu	trifft teils-teils zu	trifft ziemlich zu	trifft völlig zu

Eine weitere interessante Frage ist, welches Skalenniveau eine Ratingskala besitzt. Das heißt, ob die Abstufungen der Ratingskala gleichabständig sind oder nicht. Ein lesenswerter Artikel von Rohrmann (1978) behandelt diese Problematik. Ziel seiner Untersuchung war, Skalen zu erstellen, die **psychometrischen Mindeststandards** genügen: Der Bedeutungsgehalt der verwendeten sprachlichen Skalenbeschriftung soll möglichst optimal mit den korrespondierenden Zahlen übereinstimmen. Er untersuchte vier Urteilsdimensionen: Häufigkeit, Intensität, Wahrscheinlichkeit und Bewertung. Er schlägt für diese Bereiche die in Beispiel 3.1 aufgeführten Skalen vor.

Zu seiner Untersuchung merkt Rohrmann (1978) selbstkritisch an, dass sie auf einer kleinen und nicht repräsentativen Stichprobe beruht. Darüber hinaus ist die Studie schon vor 28 Jahren publiziert worden. Aus diesem Grund können die vorgeschlagenen Skalen nur Anhaltspunkte für die Benennung der Antwortstufen bieten. In den folgenden Beispielen werden unipolare und bipolare Ratingskalen vorgestellt.

Beispiel 3.2

Beispiel eines unipolaren Fragebogenitems (Zutreffendes wird angekreuzt). Nach Rost (1996, S. 67) geht diese von einem Nullpunkt aus und geht in nur eine Richtung:

Wie oft fahren Sie Auto?

❑ nie ❑ selten ❑ manchmal ❑ oft ❑ sehr oft

Beispiel eines bipolaren Fragebogenitems aus dem NEO-FFI (Neurotizismus Extraversion Offenheit – Fünf Faktoren Inventar, Borkenau & Ostendorf, 1993), einem Persönlichkeitstest (Zutreffendes wird angekreuzt):

Item	starke Ablehnung	Ablehnung	weder Ablehnung noch Zustimmung	Zustimmung	starke Zustimmung
Ich fühle mich oft angespannt und nervös.	❑	❑	❑	❑	❑

Beispiel eines bipolaren Items mit Symbolen und ohne Mittelkategorie:

Wie gut fanden Sie den Vortrag? ☺ ☺ ☹ ☹

Vorteile von Ratingskalen Man erhält sehr differenzierte Informationen über die Ausprägung eines Merkmals. Die Durchführung und die Auswertung sind ökonomisch. Man kann die Differenziertheit der Fragen dem Untersuchungszweck und der Fähigkeit der Probanden angleichen. In der Regel werden fünfstufige Antwortskalen verwendet.

Nachteile von Ratingskalen Eventuell werden die Abstufungen subjektiv unterschiedlich aufgefasst, z.B. was versteht man unter „sehr häufig“ oder unter der Aussage „trifft vollkommen zu“? Zu dieser Problemstellung kann ein einfaches Experiment durchgeführt werden. Dazu geben Sie vier oder fünf Personen folgende Frage vor: Wie oft gehen Sie im Monat aus? Als Antwortformat geben Sie nie – selten – manchmal – oft – sehr oft vor. Jede Person soll nun eine Kategorie ankreuzen und unter die Kategorie die konkrete Zahl schreiben, wie häufig sie im Monat ausgeht. Personen, die eine Kategorie wählen, z.B. „oft“, werden wahrscheinlich sehr unterschiedliche Häufigkeitsangaben machen. So kann für eine Person 10-mal im Monat auszugehen „oft“ bedeuten, für eine andere Person ist 20-mal im Monat auszugehen „oft“. Problematisch wird es, wenn für andere Personen 10-mal im Monat auszugehen „selten“ bedeutet. Anhand dieses Beispiels wird schnell klar, dass die Wahl einer höheren Antwortkategorie nicht mit einer höheren Verhaltensausprägung einhergeht. Damit ist der ganze Messvorgang in Frage gestellt. Darüber hinaus können Antworttendenzen auftreten, z.B. Neigung zu extremen Antworten oder die Tendenz zu mittleren Urteilen. Rost (2004, S. 67) weist darauf hin, dass sich in vielen, aber nicht allen, Untersuchungen die neutrale Antwortkategorie als problematisch erwiesen hat (vgl. Rost & Davier, 1999 sowie Bortz & Döring, 2002, S.179 f). So kann die Benutzung der mittleren Antwortkategorie darauf hindeuten, dass ein Item von der Person für unpassend gehalten wird oder die Person die Beantwortung verweigert. Andererseits kann es problematisch sein, den Probanden eine mittlere oder neutrale Kategorie vorzuenthalten, da sie so zu einer Entscheidung gezwungen werden. Eine weitere alternative Möglichkeit besteht darin, dass eine „Weiß nicht“- oder „Kann ich nicht beantworten“-Kategorie als zusätzliche Antwortmöglichkeit vorgegeben wird. Antworten in diesen Kategorien müssen jedoch als fehlende Werte gewertet werden. Diese können bei der nachfolgenden statistischen Auswertung zu Problemen führen. Wie Antworttendenzen erkannt werden können, wird in *Abschnitt 7.3.4* und *Abschnitt 7.5.2* dargestellt.

Richtig-Falsch-Aufgabe

Richtig-Falsch-Aufgaben bestehen aus nur zwei Antwortmöglichkeiten. Sie kommen als Leistungstestaufgaben (Richtig-Falsch-Aufgaben) oder auch Ja-Nein-Fragen (z.B. Trifft zu/Trifft nicht zu) in Persönlichkeitstests vor. Der Antwortmodus kann sehr unterschiedlich sein. Die Bandbreite reicht von Ankreuzen über Durchstreichen bis dahin, ein Item mit einem Haken zu versehen.

Vorteile von Richtig-Falsch-Aufgaben Die Bearbeitungs-, Auswertungs- und Lösungszeit ist meist kurz. Für die Probanden ist die Testinstruktion in der Regel leicht zu verstehen, und die Items können von den Probanden schnell und auch relativ leicht beantwortet werden.

Nachteile von Richtig-Falsch-Aufgaben Ja-Nein-Items müssen so formuliert werden, dass sie eindeutig beantwortet werden können. Im Gegensatz zum Ratingformat ist ein hoher Prozentsatz an Zufallslösungen möglich (50 Prozent), was insbesondere bei Leistungstests ein Problem ist. Man erhält zudem wenig differenzierte Informationen. Allerdings kann dieser Nachteil dadurch ausgeglichen werden, dass mehr Fragen gestellt werden, deren Schwierigkeiten sich unterscheiden. Manche Autoren raten von einem Ja-Nein-Antwortformat ab. Diese Ablehnung ist zum Teil begründet durch Schwierigkeiten bei der statistischen Analyse (siehe *Kapitel 3.4.5* „Schwierigkeitsanalyse“, *Kapitel 3.5* „Trennschärfenanalyse“ bzw. *Kapitel 5* „Faktorenanalyse“). Dichotome Items sind meist nur mit Rasch-Modellen sinnvoll auszuwerten. Darüber hinaus gibt es Hinweise dafür, dass bei Ja-Nein-Items eine erhöhte Ja-sage-Tendenz zu beobachten ist (Krosnick, 1999, S. 552). Es gibt jedoch auch Beispiele für eine gelungene Fragebogenkonstruktion mit Ja-Nein-Items, wie das FPI-R (Fahrenberg, Hampel & Selg, 2002) beweist.

Beispiel 3.3

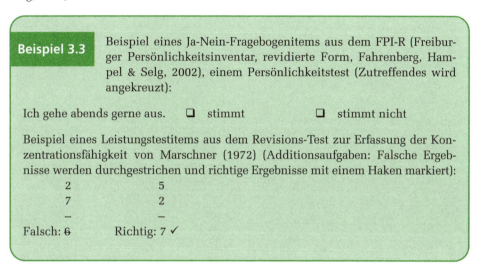

Beispiel eines Ja-Nein-Fragebogenitems aus dem FPI-R (Freiburger Persönlichkeitsinventar, revidierte Form, Fahrenberg, Hampel & Selg, 2002), einem Persönlichkeitstest (Zutreffendes wird angekreuzt):

Ich gehe abends gerne aus. ❑ stimmt ❑ stimmt nicht

Beispiel eines Leistungstestitems aus dem Revisions-Test zur Erfassung der Konzentrationsfähigkeit von Marschner (1972) (Additionsaufgaben: Falsche Ergebnisse werden durchgestrichen und richtige Ergebnisse mit einem Haken markiert):

2	5
7	2
–	–
Falsch: ~~6~~	Richtig: 7 ✓

Mehrfach-Wahlaufgabe

Mehrfach-Wahlaufgaben haben mehr als zwei Antwortalternativen. Auch hier existieren verschiedene Formen. Eine bekannte Art sind Multiple-Choice-Items, die insbesondere zur Erfassung von Wissen eingesetzt werden. Häufig werden sie auch zur Messung von Intelligenz angewendet.

Vorteile von Mehrfach-Wahlaufgaben Durchführung und Auswertung sind ökonomisch. Eine zufällige Beantwortung der Items durch den Probanden ist umso weniger problematisch, je mehr Antwortalternativen zur Verfügung stehen (unter der Voraussetzung, dass nur eine Antwort richtig ist), und wenn darüber hinaus Kombinationen aus mehreren Antwortalternativen die Richtigantwort bilden (wird ein falscher Distraktor gewählt, dann wird die ganze Aufgabe als falsch bewertet). Dadurch wirkt sich Raten weniger auf das Testergebnis aus. Sind mehrere Antwortalternativen richtig und sollen auch als Punkte gewertet werden, ohne dass die Aufgabe im Ganzen als falsch bewertet wird, muss eine Fehlerkorrektur durchgeführt werden (Minuspunkte für falsche Antworten). Es ist bei Mehrfach-Wahlaufgaben darauf zu achten, dass Lösungsstrategien nicht die Ergebnisse verzerren. Beispielsweise könnte vorsichtiges Ankreuzen belohnt werden, indem Personen versuchen, Punktabzug (Minuspunkte) zu vermeiden.

Beispiel 3.4 Beispiel einer Leistungstestaufgabe aus dem IST-2000 R (Intelligenz-Struktur-Test, revidierte Form A, Amthauer, Brocke, Liepmann & Beauducel, 2001), einem Intelligenztest:

Aus sechs gegebenen Wörtern sollen die beiden mit einem gemeinsamen Oberbegriff gewählt (markiert) werden (Lösung in Fettdruck: Lebensmittel):

a) Messer

b) **Butter**

c) Zeitung

d) **Brot**

e) Zigarre

f) Armband

Beispiel einer Leistungstestaufgabe aus dem LPS (Leistungsprüfsystem, Horn, 1983), einem Intelligenztest (Bei dieser Aufgabe muss der Proband Fehler in der Rechtschreibung korrigieren):

Afriga → richtige Antwort: Afrika

Beispielitem aus dem BDI, einem Depressionsfragebogen (Beck-Depressions-Inventar, Hautzinger, Bailer, Worall & Keller, 1994) (zutreffende Aussagen markieren):

0 Ich bin nicht traurig.

1 Ich bin traurig.

2 Ich bin die ganze Zeit traurig und komme nicht davon los.

3 Ich bin so traurig oder unglücklich, dass ich es kaum noch ertrage.

Beispielitem aus einer Klausur zur Testkonstruktion (zutreffendes ankreuzen):

In einem Test kann man verschiedene Aufgabenarten verwenden. Welche der folgenden Aufgabenarten haben ein gebundenes Antwortformat?

☒ Multiple-Choice-Items

☐ Ergänzungsaufgabe

☒ Ratingskala

☒ Zuordnungsaufgabe

☐ Kurzaufsatzaufgabe

Nachteile von Mehrfach-Wahlaufgaben Antwortalternativen zu finden ist eventuell schwierig (alle „falschen" Antwortalternativen sollten gleichwahrscheinlich gewählt werden). Das Antwortformat sollte ausbalanciert sein: Richtige Antworten sollen auf die Itempositionen gleich verteilt sein, also sollte das richtige Item einmal an Position „eins", „zwei" und an jeder anderen Position stehen. Problematisch an diesem Aufgabentyp kann sein, dass nur ein Wiedererkennen von Material oder Wissen verlangt wird, keine Reproduktion. Dies ist nicht für alle Konstrukte sinnvoll (z.B. „Kreativität“). Außerdem können die Antworten schon Hinweise auf die richtige Lösung enthalten. Zudem existieren nach Kubinger (1996) bei Multiple-Choice-Aufgaben qualitativ unterschiedliche Lösungsstrategien. Dies wirkt sich auf die Dimensionalität der Skala oder des Tests aus. Das heißt, der Test ist nicht mehr eindimensional und misst somit mehr als nur eine Eigenschaft oder Fähigkeit. Zu beachten ist, dass die Ratewahrscheinlichkeit bei Mehrfachwahlaufgaben nicht nur von der Anzahl der Antwortmöglichkeiten abhängt, sondern auch von der Qualität der Distraktoren (falschen Antwortmöglichkeiten). So reduziert sich die Ratewahrscheinlichkeit, wenn die falschen Antwortmöglichkeiten sehr schwer sind. „Schwer“ heißt in diesem Fall, dass sie von Personen mit höherer Wahrscheinlichkeit gewählt werden. Die Ratewahrscheinlichkeit erhöht sich, wenn die falschen Antwortalternativen leicht sind, dass heißt, wenn die richtige Lösung leicht zu erkennen ist und falsche Lösungen selten gewählt werden.

Zuordnungsaufgabe

Bei Zuordnungsaufgaben werden bestimmte Zeichen oder Inhalte anderen Zeichen oder Inhalten zugeordnet.

Beispiel 3.5

Item aus dem CFT-1-Intelligenztest (Culture Fair Intelligence Test, Weiss & Osterland, 1996): Bei diesem Test müssen den Bildsymbolen (z.B. Bleistift, Uhr) die entsprechenden Zeichen (z.B. I oder O) zugeordnet werden. Der Test besteht aus Zeilen mit Bildsymbolen, unter die dann das entsprechende Zeichen eingetragen werden muss.

Auch für Klausurarbeiten ist dieses Antwortformat anwendbar: Eine Aufgabe kann z.B. darin bestehen, verschiedene Formeln jeweils einem Begriff zuzuordnen.

Vorteile von Zuordnungsaufgaben Durchführung und Auswertung sind ökonomisch. Die zufällige Beantwortung ist bei diesem Aufgabentyp unproblematisch. Dieser Aufgabentyp eignet sich auch zur Überprüfung von Wissen.

Nachteile von Zuordnungsaufgaben Antwortalternativen zu finden ist eventuell schwierig (alle „falschen“ Antwortalternativen sollten gleichwahrscheinlich gewählt werden). Statt Reproduktion wird nur Wiedererkennen von Material verlangt, was nicht für alle Konstrukte sinnvoll ist.

Umordnungsaufgabe

Bei Umordnungsaufgaben müssen vorgegebene Fragmente der Reihenfolge entsprechend sortiert werden.

Beispiel 3.6

Fiktives Beispiel:

Herrn	seinen	ein	rettete	treuer	Hund
(6)	(5)	(1)	(4)	(2)	(3)

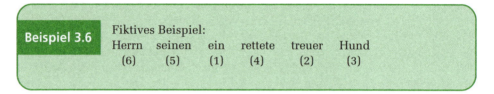

Vorteile von Umordnungsaufgaben Dieser Aufgabentyp ist bei Materialbearbeitungstests einsetzbar. So wird er beispielsweise beim HAWIE-R (Hamburg-Wechsler-Intelligenztest für Erwachsene, revidierte Form, Tewes, 1991) eingesetzt, in dem verschiedene Bildtafeln so geordnet werden müssen, dass sie eine Geschichte ergeben.

Nachteile von Umordnungsaufgaben Speziell bei Gruppentestungen muss das Material, falls es sich um Kärtchen oder Ähnliches handelt, in großen Stückzahlen verfügbar sein. Es muss für jeden Probanden vollständig vorhanden sein. Für den HAWIE-R (Tewes, 1991) ist eine Gruppentestung gar nicht möglich. Darüber hinaus ist das Itemformat nur für wenige spezifische Fragestellungen anwendbar.

3.2.2 Allgemeine Probleme gebundener Itemformate

Der Nachteil gebundener Itemformate besteht darin, dass sie für manche Konstrukte schwierig anzuwenden sind, z.B. zur Erfassung von Kreativität oder sprachlichen Fertigkeiten. Außerdem können sich absichtliches Verfälschen, Raten und so genannte Antworttendenzen des Probanden auf die Itembeantwortung auswirken. Man unterscheidet zwei grundsätzliche Arten von Verfälschung: **Simulation** (fake good) und **Dissimulation** (fake bad). Mit „Simulation" ist das Vortäuschen von Verhalten oder Symptomen gemeint, welche der Proband normalerweise nicht zeigt. Unter „Dissimulation" versteht man das Verschleiern oder Verbergen von Symptomen oder Verhalten, welche der Proband normalerweise zeigt. Bortz und Döring (2002, S. 230) verstehen unter Simulation auch den Versuch, besonders hohe Testwerte zu erzielen, und unter Dissimulation, durch „Dummstellen" besonders niedrige Testwerte zu erzielen. Simulation und Dissimulation betreffen objektive Leistungstests und Fragebogenverfahren gleichermaßen. Dabei ist anzumerken, dass objektive Leistungstests wahrscheinlich nur schwer oder gar nicht nach oben verfälschbar sind.

Soziale Erwünschtheit

Bei Testverfahren, die eine Selbstbeschreibung der Probanden beinhalten, ermöglicht die Vorgabe von Antwortalternativen oder Antwortskalen zwar eine standardisierte Erfassung, allerdings können die Angaben der Probanden trotzdem verzerrt sein. Die so genannte „soziale Erwünschtheit" kann insbesondere bei der Bearbeitung von Fragebögen (Selbstbeschreibungen) eine ernsthafte Verzerrung der Testergebnisse zur Folge haben. Soziale Erwünschtheit wird nach Bortz und Döring (2002, S. 230) als eine Darstellungsweise definiert, durch die ein Proband versucht, positives Verhalten, besonders günstige Eigenschaften oder Merkmale in den Vordergrund zu stellen und gleichzeitig unerwünschtes Verhalten, Eigenschaften oder Merkmale zu verbergen. Sie tritt nach Fowler (1995, S. 28 f.) insbesondere in Situationen auf, in denen man sich besser darstellen möchte, als man ist (z.B. Bewerbungssituation), wenn ein Testergebnis eine negative Konsequenz für die Person nach sich ziehen könnte (z.B. Verlust von sozialem Ansehen, Strafverfolgung, Verlust des Arbeitsplatzes) oder eine Person ein positives Bild von sich aufrechterhalten will (z.B. aus Gründen des Selbstschutzes oder aufgrund von „Wunschdenken").

Auswirkungen von Verfälschung Viswesvaran und Ones (1999) untersuchten in einer Meta-Analyse mit 51 Studien die Auswirkungen von „Fake bad"- und „Fake good"-Instruktionen auf globale Persönlichkeitsdimensionen. Beide Instruktionen führten zu deutlichen Verzerrungen der Skalenwerte. Diese Verzerrung fällt bei „Fake bad"-Instruktion noch deutlicher aus als bei „Fake good"-Instruktion. Dies macht deutlich, dass Normen eines Fragebogens nur für die Situationen gelten können, in denen sie erhoben wurden. Das heißt jedoch nicht, dass der Fragebogen keine Validität im Hinblick auf die Vorhersage eines bestimmten Kriteriums (z.B. „Berufserfolg") besitzt. Gleiches gilt für die Struktur der Fragebögen. Will man also einen Persönlichkeitstest für die Bewerberauslese entwickeln, sollte man bereits bei der Testentwicklung eine Stichprobe in einer solchen Bewerbungssituation heranziehen und Normen und Strukturanalysen anhand solcher Stichproben erstellen (Merydith & Wallbrown, 1991, S. 902).

Strategien gegen Verfälschung Bortz und Döring (2002, S. 235) berichten, dass die Aufforderung zu korrekter Testbearbeitung in der Instruktion zu keinen besseren Ergebnissen führt als die Zusicherung von absoluter Anonymität, in der es für die Untersuchungsteilnehmer keine Veranlassung gibt, den Test zu verfälschen. Auch Andeutungen oder Warnungen, dass nicht korrektes Testverhalten erkannt wird, sind nach Bortz und Döring (2002, S. 235) wenig effektiv. Im Gegensatz dazu berichten Hossiep, Paschen und Mühlhaus (2000, S. 61) von Untersuchungen, in denen eine Warnung vor nicht korrekter Bearbeitung einen reduzierenden Effekt auf die Verfälschung hatte. Auch wenn solche Strategien nicht oder nicht immer helfen, soziale Erwünschtheit oder Antworttendenzen zu eliminieren, heißt dies nicht, dass es nicht notwendig ist, Vertraulichkeit und Datenschutz – wenn möglich – zuzusichern oder auf die Wichtigkeit einer korrekten (ehrlichen) Testbearbeitung hinzuweisen (Fowler, 1995).

Ein Weg, um den Einfluss der sozialen Erwünschtheit auf die Itembeantwortung zu minimieren, besteht in der Verwendung von so genannten **Forced-Choice-Items**. Bei dieser Itemart werden dem Probanden verschiedene Aussagen vorgegeben, und er muss sich für mindestens eine Aussage entscheiden. Dabei ist zu beachten, dass dieses Antwortformat lediglich Aussagen über die relative Ausprägung einer Eigenschaft im Vergleich zu anderen Eigenschaften einer Person zulässt. Nehmen wir als Beispiel an, Matthias füllt einen Berufsinteressentest aus. Das Ergebnis zeigt, dass Matthias bei neun von zehn Items einen Gärtnerberuf einem Büroberuf vorgezogen hat. Das heißt, Matthias präferiert den Gärtnerberuf gegenüber dem Büroberuf. Auch Birgit bearbeitet den Fragebogen und wählt jeden Beruf genau fünfmal, bevorzugt also beide Berufe gleichermaßen. Es ist nicht möglich, die absolute Präferenzhöhe zu ermitteln. Somit lässt sich nicht sagen, ob der Wunsch, Gärtner zu werden, bei Matthias größer ist als bei Birgit. Vergleiche zwischen Personen sind somit nicht möglich. Es kann zum Beispiel sein, dass der Gärtnerberuf für Matthias zwar interessanter ist als der Büroberuf, aber ihn beide Berufe eigentlich nur wenig interessieren. Für Birgit sind beide Berufe gleich attraktiv, jedoch insgesamt vielleicht auch unattraktiv. Dieses Antwortformat ist nicht unumstritten. Beispielsweise werden die vorgefertigten globalen Aussagen auf einzelne Probanden immer mehr oder weniger zutreffen, was bei der Itembeantwortung nicht miterfasst wird. Die am ehesten zutreffenden Aussagen können bezüglich des Genauigkeitsgrades der Beschreibung einer Person stark variieren und so zu relativ ungenauen Beschreibungen führen. Neue Forschungsergebnisse zeigen allerdings, dass auch Forced-Choice-Items durch bewusste Verfälschung beeinflusst werden können. So kommen Heggestad, Morrison, Reeve und McCloy (2006) nach zwei Studien zum Schluss, dass Forced-Choice-Items zur Kontrolle von Simulation in der Personalauswahl ungeeignet sind.

Beispiel 3.7

Beispiel eines Forced-Choice-Items:

In einem Beispiel werden Ihnen vier Aussagen vorgegeben: A, B, C und D. Ihre Aufgabe besteht darin, jeweils die Aussage auszuwählen, die für Sie am meisten und am wenigsten zutrifft. Markieren Sie die am meisten zutreffende Aussage mit einem „M" und die am wenigsten zutreffende Aussage mit einem „W".

Ich bin ein Mensch, der ...
A) gerne Freunde um sich hat. ____
B) gerne Parties organisiert. ____
C) mit Stress gut zurechtkommt. ____
D) Abwechslung sucht. ____

Zur Überprüfung von Effekten der sozialen Erwünschtheit werden häufig spezielle Fragebögen zur sozialen Erwünschtheit herangezogen. Pauls und Crost (2004) konnten jedoch zeigen, dass auch diese Fragebögen gegenüber der Verfälschung, die sie messen sollen, selbst anfällig sind. Probanden merken, was gemessen werden soll, und verfälschen den Fragebogen, z.B. in Richtung geringer sozialer Erwünschtheit. Das heißt unter anderem, dass die bloße Korrelation zwischen Fragebögen zur sozialen Erwünschtheit und Persönlichkeitsfragebögen nichts über die Verfälschbarkeit des Persönlichkeitsfragebogens aussagt. Soziale Erwünschtheit muss sich zudem nicht zwangsläufig negativ auf die Reliabilität (durch konsistentes Antworten) und Validität eines Tests auswirken. Ones und Viswesvaran (1998) konnten in einer Meta-Analyse zeigen, dass sie die Validität von Persönlichkeitstests nicht verändert.

Validitätsskalen Um Testergebnisse besser interpretieren zu können, wurden verschiedene so genannte Validitätsskalen entwickelt. Der MMPI-II (Minnesota Multiphasic Personality Inventory, deutsche Bearbeitung von Engel, 2000), ein klinischer Persönlichkeitstest, besitzt drei Validitätsskalen. Die erste Skala (L-Skala) erfasst sozial erwünschte Antworten. Dazu werden Aussagen vorgegeben, die sozial erwünscht sind, aber selten angekreuzt werden (z.B. „Ich bin immer objektiv") und Aussagen, die häufig vorkommen, aber sozial unerwünscht sind (z.B. „Manchmal bin ich auch ungerecht"). Wird erstere mit Ja und letztere mit Nein beantwortet, so wird daraus geschlossen, dass der Proband im ganzen Test sozial erwünscht geantwortet hat. Die zweite Skala wird als Validitätsskala (F-Skala) bezeichnet, die sowohl sozial unerwünschte als auch sehr selten vorkommende Aussagen enthält (z.B. „Manchmal rede ich mit Außerirdischen"). Die dritte Skala, die so genannte K-Skala, enthält Items, die häufig vorkommen, aber sozial unerwünscht sind (z.B. „Zuweilen möchte ich am liebsten etwas kaputtschlagen"). Die Anzahl der Nein-Antworten wird als Indikator für eine Abwehrhaltung gegenüber dem Test aufgefasst. Hohe Ausprägungen auf diesen Validitätsskalen sollen dem Anwender Hinweise darauf geben, ab wann ein Testergebnis mit Vorsicht zu interpretieren ist. Sie liefern jedoch nur Indizien für eine mögliche Verzerrung der Antworten, aber keine Fakten. Sie dürfen keinesfalls inhaltlich interpretiert werden.

Antworttendenzen

Auch Antworttendenzen können Itemkennwerte, wie Schwierigkeiten und Trennschärfen, verzerren. Zu den häufigsten Antworttendenzen gehören die Ja-sage- (Zustimmungs-) oder die Nein-sage-Tendenz (Ankreuzen von überwiegend mittleren oder extremen Antworten). Die Ja-sage-Tendenz wird auch als Akquieszenz bezeichnet. Zur Kontrolle dieser Antworttendenzen werden eine Reihe von Maßnahmen vorgeschlagen, z.B. das Auszählen von Ja-Antworten oder extremen Antwortkategorien. Meist kann damit das jeweilige Antwortverhalten bestimmt werden, jedoch ist die Interpretation kritisch: Das Vorliegen eines bestimmten Antwortverhaltens ist nur ein Indikator für eine Antworttendenz, sichert diese aber nicht ab. Murphy und Davidshofer (2001, S. 224) weisen darauf hin, dass zum Erkennen von Antworttendenzen oftmals die Betrachtung mehrerer Validitätsskalen notwendig ist.

Motivation

Die Genauigkeit der Itembeantwortung hängt auch von der **Motivation** des Probanden ab, den Test zu bearbeiten. Sie kann sich während der Testbearbeitung ändern. Die Motivation, ein einzelnes Item korrekt zu beantworten, kann wiederum auch von den Testeigenschaften abhängen. Je komplexer die Items formuliert sind, je schwerer die Items zu beantworten sind und je länger der Test dauert, desto wahrscheinlicher ist es, dass die Motivation des Probanden abnimmt. Es empfiehlt sich also, die Länge eines Fragebogens auf möglichst wenige Items zu begrenzen. Allerdings sollten die späteren Skalen oder Untertests eine ausreichende Messgenauigkeit und Inhaltsvalidität besitzen (so kurz wie möglich und so lange wie nötig).

Reihenfolgeeffekte

Abhängig von seiner Position kann die Antwort auf ein Testitem zwischen Versuchspersonen variieren. Bei Speed-Tests sind die Items meist gleich schwer, und die Reihenfolge der Items hat nur einen geringen Einfluss auf die Itembeantwortung. Bei Intelligenztests hingegen werden die Items nach ihrer Schwierigkeit geordnet dargeboten. Diese wird empirisch anhand einer Stichprobe bestimmt. Es sollte bedacht werden, dass eine vorausgegangene Aufgabe keine Hinweise zur Lösung einer nachfolgenden Aufgabe geben sollte. Betrachten wir z.B. folgende Items eines Wissenstests: „Wie viele Zentimeter hat ein Dezimeter?" und „Wie viele Dezimeter ergeben einen Meter?". Wer nicht weiß, was ein Dezimeter ist, wird beide Fragen falsch beantworten. In manchen Fällen (z.B. Items eines Persönlichkeitstests), bei denen die Zusammenhänge zwischen den Items nicht so offensichtlich sind (z.B. durch das Bewusstmachen eines Problems), können so genannte Pufferitems (Items mit neutralem Inhalt) Reihenfolgeeffekte vermindern (Rost, 1996, S. 75). Bei Fragebögen empfiehlt es sich, eine zufällige Itemreihenfolge zu wählen.

3.2.3 Die freie Aufgabenbeantwortung

Eignet sich ein freies Antwortformat für meinen Test? Wenn ja, welches?

Für die Aufgabenbeantwortung werden keine festen Kategorien vorgegeben, sondern sie ist frei oder teilstrukturiert. Teilstrukturiert bedeutet, dass Teile der Lösung vorgegeben sind. (Hinweis: Die im Folgenden ohne Quellenangabe dargestellten Itembeispiele wurden nicht aus bestehenden Testverfahren entnommen. Sie sind rein fiktiv.) Im Anschluss werden folgende freie Antwortformate näher erläutert:

- Ergänzungsaufgabe
- Kurzaufsatz

Ergänzungsaufgabe

Im Folgenden werden verschiedene Formen von Ergänzungsaufgaben anhand von Beispielen vorgestellt.

Beispiel 3.8

Offene Fragen:

In welchem Land liegt die Stadt Lima? ____________
Der absolute Nullpunkt liegt bei? ____________
Apfel verhält sich zu Obst wie Weizen zu? ____________

Lösungen: Peru, –273°C, Getreide

Ergänzen Sie bei dem folgenden Text die fehlenden Wörter: Die Reliabilität eines Tests bezeichnet inhaltlich die ____________ eines Tests. Dabei bestimmt die Höhe der Reliabilität die ________________ in Kombination mit der ________________.

Lösungen: Messgenauigkeit, Anzahl der Items, mittleren Interitemkorrelation

Objektiv sind diese Aufgaben dann, wenn Antwortkategorien vorgegeben sind. Diese sind standardisiert auszuwerten, beispielsweise in dieser Form (vgl. Beispiel Lückentext):

a) Messgenauigkeit

b) Itemanzahl

c) mittleren Interitemkorrelation

Ergänzen Sie bei dem folgenden Text die fehlenden Worthälften:

Die Korrelation einer Var________ mit einem Krit________ hängt unter anderem davon ab, ob Aus________ die Korrelation verfä________.

Lösungen: iablen, erium, reißer, lschen

Vorteile von Ergänzungsaufgaben Zufallslösungen sind bei dieser Aufgabenform kaum möglich, eventuell ist aber der Lösungsweg erkennbar. Es kann daher eine qualitative Auswertung dieser Aufgaben vorgenommen werden. Inhaltlich besteht die Möglichkeit der Konstruktion komplexer Aufgaben.

Nachteile von Ergänzungsaufgaben Es wird nur eine Reproduktion von Wissen abgefragt, was nicht für alle Konstrukte sinnvoll ist. Eventuell ergibt sich eine Suggestivwirkung der Fragestellung. Ketteneffekte können auftreten. Wird beispielsweise ein Wort nicht erkannt oder gewusst, kann das nächste Wort wahrscheinlich auch nicht gefunden werden. Der Zeitaufwand bei der Bearbeitung ist größer als bei anderen Aufgabentypen, und es kann sich eine eingeschränkte Auswertungsobjektivität ergeben, wenn mehrere Begriffe passen. In einem solchen Fall sollten a priori alle möglichen Begriffe, die als richtig gezählt werden, in einer Musterlösung aufgeführt sein.

Kurzaufsatz

Bei Kurzaufsätzen müssen auf Fragen kurze, freie Antworten niedergeschrieben werden.

Beispiel 3.9 *Wie kommen Sommer und Winter zustande?* Antworten:

- Die Sonne steht im Winter am tiefsten und im Sommer am höchsten.
- Die Sonne scheint im Sommer lang, im Winter hingegen nur kurz.
- Die nördliche Halbkugel der Erde, auf der wir leben, ist der Sonne im Sommer zugewandt, im Winter abgewandt.
- Die Wetterlage und die klimatischen Bedingungen ändern sich rhythmisch.

Vorteile von Kurzaufsätzen Die freie Reproduktion von Wissen ist möglich. Bei bestimmten Fragestellungen ist diese Methode unerlässlich, z.B. bei der Erfassung von stilistischer Begabung oder der Reproduktion von Wissen beispielsweise durch einen Gedächtnistest. Zufallslösungen sind nicht möglich.

Nachteile von Kurzaufsätzen Eventuell besteht eine eingeschränkte Auswertungsobjektivität, da es sehr schwierig ist, eindeutige Auswertungskriterien (Klassifikation als eindeutig richtig oder eindeutig falsch) festzulegen. Es ist daher sehr aufwändig, Inhaltsanalysen durchzuführen.

3.2.4 Atypische Aufgabenbeantwortung

Welche sonstigen Aufgabenformate gibt es noch?

Bei der atypischen Aufgabenbeantwortung handelt es sich um eine Restkategorie. In dieser sind die Antwortformate aufgeführt, die sich den oben erwähnten Kategorien nicht zuordnen lassen.

Beispiel 3.10 Beispielitem ähnlich wie aus dem Zahlenverbindungstest, ZVT (Oswald & Roth, 1987), einem speziellen Intelligenztest (Verbinden Sie die Zahlen in aufsteigender Reihenfolge!):

①	⑨	⑦
③	②	⑥
⑤	④	⑧

3.2.5 Probleme bei der Formulierung von Fragebogenitems

Worauf muss ich bei der Formulierung achten?

Itempolung Es hat sich gezeigt, dass insbesondere negativ formulierte Items einen Einfluss auf das Antwortverhalten haben bzw. Probanden verwirren (vgl. Angleitner & Riemann, 1996, S. 434), beispielsweise: „Ich bin nicht oft traurig“ (als Antwortformat: trifft zu, trifft nicht zu). Die negative Formulierung wird dazu eingesetzt, einer Zustimmungs- oder Ja-sage-Tendenz entgegenzuwirken, welche als Akquieszenz bezeichnet wird (Hossiep, Paschen & Mühlhaus, 2000). Greenberger, Chen, Dimitrieva und Farruggia (2003) konnten für eine Selbstwirksamkeitsskala zeigen, dass die Verwendung von entweder positiven oder negativen Items die faktorielle Struktur beeinflusst (vgl. Wang, Siegal, Falck & Carlson, 2001). Während sich für den aus positiven sowie negativen Items zusammengesetzten Fragebogen zwei Faktoren ergaben, enthielten die Fragebögen aus nur positiven oder nur negativen Fragen jeweils eine einfaktorielle Lösung. Es zeigten sich auch geringfügig andere Validitäten (Korrelationen mit anderen Fragebögen). Ähnliche Ergebnisse fanden Kelloway, Loughlin, Barling und Nault (2002) für einen Fragebogen, der Organizational Citizenship Behavior (prosoziales Verhalten in Organisationen) erfassen soll. In konfirmatorischen Faktorenanalysen (siehe *Kapitel 6*) wiesen sie neben drei inhaltlichen Faktoren einen schwachen Methodenfaktor negativ formulierter Items nach. Im Gegensatz dazu gibt es auch Untersuchungen, in denen nur geringe Effekte der Itempolung gefunden wurden, wie z.B. von Burke (1999). Die Ergebnisse zur Itempolung variieren und sind somit uneinheitlich. Allerdings ist anhand der hier angeführten Literatur davon auszugehen, dass ein Effekt der Itempolung auftreten kann. Wenn man positiv und negativ gepolte Items verwendet, dann sollte das Verhältnis zumindest ausgeglichen sein. In manchen Fällen scheitert eine unterschiedliche Itempolung jedoch an der Umsetzbarkeit. Es ist nicht immer möglich, Items negativ zu formulieren. Eine generelle Empfehlung, auf negativ gepolte Items zu verzichten, kann nicht gegeben werden. Dies hängt von vielen Faktoren ab. Ein wichtiger Faktor ist die zu untersuchende Stichprobe: Führt eine negative Polung der Items zu einem falschen Gebrauch der Skala, ist es günstig, darauf zu verzichten. Dies kann z.B. im Rahmen eines qualitativen Vortests mit der Kognitiven Survey-Technik erkannt werden. Es ist auch zu prüfen, ob sich positiv und negativ gepolte Items in ihren Mittelwerten unterscheiden. Es mag einen Unterschied darstellen, ob gefragt wird, ob das „Glas“ halb voll oder halb leer ist.

Doppelte Verneinungen Insbesondere in Übersetzungen von englischsprachigen Fragebögen werden häufig doppelte Verneinungen verwendet. Diese sind unter Umständen schwer zu verstehen und können zu einer nicht gewollten falschen Antwort des Probanden führen (Beispiel: „Ich würde mich nicht als jemanden bezeichnen, der nicht traurig ist"). Von wesentlicher Bedeutung im Zusammenhang mit doppelten Verneinungen ist die verwendete Stichprobe. Während für Studenten z.B. komplexere Fragen oder doppelte Verneinungen ein weniger großes Problem darstellen, kann die Beantwortung für bestimmte Personengruppen (z.B. Patienten mit niedrigem Bildungsgrad) problematisch werden. Solche Verständnisschwierigkeiten und infolgedessen eine geringere Motivation, den Fragebogen auszufüllen, können ein zusätzlicher unerwünschter Effekt doppelter Verneinungen sein. Daher ist von doppelten Verneinungen in der Regel dringend abzuraten.

Registrierung von Verhaltenshäufigkeit Nach Becker, Spörrle und Försterling (2003) gibt es verschiedene Stufen der Itembeantwortung (vgl. auch Tränkle, 1993, S. 237). Zuerst erfolgen die Interpretation der Frage und die Einordnung in ein Bezugssystem, danach erfolgt das Suchen von relevanten Informationen. Aus diesen relevanten Informationen werden dann geeignete ausgewählt und dem Antwortformat angepasst. Schließlich wird die Frage beantwortet. Becker, Spörrle und Försterling (2003) nehmen an, dass es zwei Beantwortungsstrategien gibt. Das so genannte „Optimizing" beinhaltet die komplette, gründliche Ausführung aller Stufen der Itembeantwortung, während „Satisfying" nur eine oberflächliche und weniger gründliche Bearbeitung beinhaltet. Sie berichten weiterhin, dass klar fassbares, seltenes und wichtiges Verhalten genauer erinnert wird als banales, vages und sehr häufiges Verhalten. Sie sprechen sich dafür aus, bei der Registrierung von Verhaltenshäufigkeiten die Probanden konkret nach der Häufigkeit zu fragen und keine Antwortvorgaben zu machen. Dabei muss jedoch berücksichtigt werden, dass wahrscheinlich gerade bei banalem, vagem und häufigem Verhalten die Angaben der Probanden ungenau sein können bzw. die Probanden nicht in der Lage sind, einen genauen Wert anzugeben.

Fazit: Janke (1973, S. 47) fasst die Problematik bei der Konstruktion von Fragebögen in sehr anschaulicher und systematischer Weise zusammen:

„Die Itemsätze unserer Fragebögen stellen aber ein merkwürdiges Gemisch aus Fragen völlig unterschiedlicher logischer und empirischer Bezüge dar. Fragen nach konkreten biographischen Daten, nach Verhalten und Erleben in spezifischen Situationen stehen neben solchen, bei denen der Proband über Zeit und Intensität Verhalten und Erleben in spezifischen oder völlig vagen (etwa „aufregenden") Situationen zu integrieren hat oder zu entscheiden hat, ob ein Verhalten bei ihm häufiger oder intensiver als bei einem nicht-spezifizierten anderen ist. Daneben werden Interessen, Präferenzen, Einstellungen, Bewertungen eigener oder fremder Verhaltensweisen erfragt. Zusätzlich wird er als „Konstrukt-Konstrukteur" oder „Konstruktvalidierer" eingesetzt in direkten Fragen wie „Ich bin ein ängstlicher, ein neurotischer Mensch". Items im Sinne von „habits", „traits" und „types" stehen nebeneinander in einem einzigen Fragebogen; Verhaltensweisen und Teilaspekte eben dieser Verhaltensweisen werden bedenkenlos summiert. Einige Items erfragen Häufigkeiten von Verhalten, andere – im gleichen Fragebogen aufgeführte – erfragen Reaktionsintensitäten. Andere Items wiederum stellen Gemische dar aus Häufigkeit und Intensitäten (Beispiel: „Ich reagiere manchmal in bestimmten Situationen stark")."

Angleitner, John und Löhr (1986, S. 69) haben ein sehr nützliches Kategoriensystem entwickelt, das helfen kann, Fragebogenitems zu systematisieren:

- Beschreibung eigener Reaktionen:
  - prinzipiell beobachtbar („Ich gehe oft auf Parties")
  - internal und nicht prinzipiell beobachtbar („Ich grüble viel")
  - Symptome („Ich schwitze viel")
- Eigenschaftszuschreibungen („Ich bin ein geselliger Mensch")
- Wünsche und Interessen („Ich wäre gern Blumenhändler")
- Biografische Fakten („In meiner Jugend bin ich schon mal mit dem Gesetz in Schwierigkeiten gekommen")
- Einstellungen und Überzeugungen („Ich glaube an die Wiederkunft Christi")
- Reaktionen anderer gegenüber der Person („Meine Familie ist mit dem Beruf, den ich gewählt habe, nicht einverstanden")
- Bizarre Items („Man wollte mich schon einmal vergiften")
- Ergänzt von Tränkle (1993, S. 243): Frage nach Motiven („Warum sind Sie dieser Meinung?")

3.2.6 Hilfen zur Aufgabenkonstruktion

Im Folgenden werden einige Aspekte der Aufgabenkonstruktion, die bereits behandelt worden sind, anhand von Beispielen erläutert und durch weitere ergänzt.

- Begriffe mit mehreren Bedeutungen sollten vermieden werden.

Beispiel 3.11

Ich bin in Gesprächen *angriffslustig*.

Trifft nicht zu ①–②–③–④–⑤ Trifft zu

In diesem Beispiel ist unklar, ob „angriffslustig" positiv im Sinne von „Ich vertrete meine Meinung offensiv" oder negativ in Form von „Ich mache andere nieder" gemeint ist.

- Begriffe und Formulierungen vermeiden, die nur einem Teil der in Aussicht genommenen Zielgruppe (im Beispiel: Fragebogen für Kinder) geläufig sind.

Beispiel 3.12

Ich fühle mich *depressiv*.

Trifft nicht zu ①–②–③–④–⑤ Trifft zu

- Jedem Item nur einen sachlichen Inhalt/Gedanken zugrunde legen.

Beispiel 3.13

Ich fahre sehr gerne und sehr schnell Auto.

Trifft nicht zu ①–②–③–④–⑤ Trifft zu

In diesem Item sind zwei Aussagen vermischt, die voneinander unabhängig sein können. Man kann gerne Auto fahren, aber nicht unbedingt „schnell" fahren. Besser ist es, eine solche Frage in zwei Teilfragen zu zerlegen:

Beispiel 3.14

Ich fahre sehr gerne Auto.

Trifft nicht zu ①–②–③–④–⑤ Trifft zu

Ich fahre sehr schnell Auto.

Trifft nicht zu ①–②–③–④–⑤ Trifft zu

- Keine doppelten Verneinungen verwenden, da diese die Verständlichkeit verringern und zu einer längeren Aufgabenbearbeitung führen können.

Beispiel 3.15

Ich bin *nicht* oft traurig.

Trifft nicht zu ①–②–③–④–⑤ Trifft zu

- Verallgemeinerungen vermeiden.

Beispiel 3.16

Alle Kinder machen Lärm.

Trifft nicht zu ①–②–③–④–⑤ Trifft zu

Formulierungen, wie „immer", „alle", „keiner", „niemals" sollten vermieden werden. Es kann sein, dass Befragte solche pauschalen Aussagen ablehnen. In spezifischen Kontexten, z.B. zur Erfassung irrationaler Einstellungen, können sie jedoch sinnvoll sein.

- Umständliche Längen und telegrafische Kürzen vermeiden.

Beispiel 3.17 *U. U.* ist es *m. E.* legitim, gegen Friedensbewegungsbefürworter mit Polizeigewalt vorzugehen.

Trifft nicht zu ①–②–③–④–⑤ Trifft zu

- Wichtiges durch Fettdruck oder Unterstreichen oder Ähnliches hervorheben. Allerdings sollte mit Hervorhebungen sparsam umgegangen werden, da sie sonst unübersichtlich sind und verwirren.
- Bei positiv und negativ gepolten Items sollte man sich bei späteren Analysen daran erinnern, dass beide Items bis auf eine unterschiedliche Polung den gleichen Inhalt erfassen sollen, aber bei Analysen zu Artefakten führen können (z.B. Faktorenanalyse: zwei Faktoren, Faktor „positive Items" und Faktor „negative Items").

Beispiel 3.18 Beispiel von zwei Items, die etwas Ähnliches wie Extraversion erfassen könnten:

Item 1: Ich gehe gerne aus. Trifft nicht zu ①–②–③–④–⑤ Trifft zu

Item 2: Ich gehe nicht gerne aus. Trifft nicht zu ①–②–③–④–⑤ Trifft zu

- Der Zeitpunkt bzw. die Zeitspanne, auf die Bezug genommen wird, sollte eindeutig definiert sein.

Beispiel 3.19 In den letzten Wochen war ich häufig niedergeschlagen.

Trifft nicht zu ①–②–③–④–⑤ Trifft zu

In diesem Beispiel ist der Zeitrahmen nicht klar. Ein Proband könnte als „letzte Wochen" die letzten zwei Wochen als Basis nehmen, ein anderer drei oder vier Wochen. Dementsprechend ändern sich auch die Häufigkeitsangaben. Gleiches gilt natürlich für den Begriff „häufig"; wann etwas „häufig" auftritt, kann von Probanden subjektiv unterschiedlich interpretiert werden. Ein weiteres Problem ist die Verwendung von Häufigkeitsangaben im Antwortstamm. Bortz und Döring (2002, S. 256) geben ein schönes Beispiel für die Unsinnigkeit von quantifizierenden Beschreibungen wie „fast", „kaum" oder „selten": „Ich gehe selten ins Kino." Der Antwortmodus ist dabei „nie-selten-gelegentlich-oft-immer". Besser ist, in einer solchen Frage den Zeitrahmen und die Häufigkeitsangaben genauer zu spezifizieren:

Beispiel 3.20 In den letzten zwei Wochen hatte ich jeden Tag mindestens einmal das Gefühl, niedergeschlagen zu sein.

Trifft nicht zu ①–②–③–④–⑤ Trifft zu

Fowler (1995, S. 78 f.), Osterlind (1983) und Bortz und Döring (2002, S. 255) geben darüber hinaus folgende Richtlinien zur Gestaltung von Items:

- Es sollte ein hohes Maß an Kongruenz zwischen jedem Item und dem zu messenden Merkmal bestehen. Erst dann können valide Interpretationen eines Testwertes vorgenommen werden.
- Items, bei denen von vornherein klar ist, dass die Probanden ihnen immer zustimmen bzw. sie immer ablehnen, sollten vermieden werden; sie enthalten keine Information über das Verhalten der untersuchten Personen.
- Das Itemformat sollte an das Ziel des Tests angepasst sein. So erfordern einfache Ziele auch einfache Items, z.B. sollten die Items in einem Speedtest möglichst einfach gestaltet sein, wohingegen die Aufgaben eines Intelligenztests ein breites Spektrum an Schwierigkeiten abdecken sollten, um das komplexe Konstrukt der Intelligenz adäquat in allen Fähigkeitsbereichen zu erfassen.
- Falls es notwendig ist, Definitionen zu geben, sollten diese genannt werden, bevor die eigentliche Frage gestellt wird.
- Die Frage sollte in sich geschlossen sein. Wenn es Antwortalternativen gibt, sollten diese im Anschluss an die Frage dargeboten werden.

3.2.7 Erkennen eines Itembias

Wie erkenne ich unterschiedliche Antwortstrategien?

Tests können einen **Item- oder Antwortbias** aufweisen. Nach Osterlind (1983, S. 10 f.) bezeichnet dies einen systematischen Fehler im Prozess des Messens. Er beeinflusst alle Messungen in der gleichen Weise. Hierbei kann es sich um einen verstärkenden oder auch einen mindernden Effekt handeln. In der Testtheorie wird ein Item als biasfrei bezeichnet, wenn die Erfolgswahrscheinlichkeit, das Item zu lösen, für alle Personen mit gleicher Fähigkeit und aus derselben Untergruppe (z.B. Geschlecht oder Alter) gleich ist.

Eine sorgfältige Itemkonstruktion schützt nicht vor dem Auftreten eines Antwort- oder Itembias. Der Bias muss nicht alle Items betreffen und ist dem Probanden nicht unbedingt bewusst. Das heißt, man kann aufgrund eines Antwortbias einer Person nicht auf eine bewusste Verfälschung schließen. Methoden zum Identifizieren eines Antwort- oder Itembias stellt die Item-Response-Theorie (IRT) zur Verfügung (Osterlind, 1983, 1989, S. 302 ff.). Diese Technik liefert auf einen Blick sehr viele Informationen über die Beantwortung von Testitems. Allerdings erfordert sie ein umfangreiches Verständnis der IRT, ausreichend große Stichprobengrößen und den Einsatz spezieller Software. Das Erkennen eines Antwortbias im Rahmen der IRT wird in den *Abschnitten 7.3.3* und *7.5.2* näher dargestellt.

Eine sehr einfache, wenn auch nicht perfekte Methode, um einen Itembias zu identifizieren, stellt ein Vergleich der Rangreihen der Itemschwierigkeiten in zwei Stichproben dar. Diese beiden Stichproben können entweder zufällig aufgeteilt oder gematcht sein. Gematcht bezieht sich darauf, dass sich zu jeder Person in der einen Stichprobe eine vergleichbare Person in der anderen finden lässt. Reihen sich die Items in diesen beiden Gruppen nicht in ähnlicher Weise auf, kann dies ein Anzeichen für einen Antwortbias sein. Die relativen Rangreihen der Itemschwierigkeiten werden für jedes Item nebeneinander abgetragen, um eine gute Vergleichbarkeit herzustellen (siehe *Tabelle 3.1*).

Tabelle 3.1

Rangreihe der Itemschwierigkeiten (p) für einen fiktiven Test (aus Osterlind, 1989, S. 306)

Item	Rangplatz des Items in Gruppe 1	Rangplatz des Items in Gruppe 2
1	3 (p = .62)	2 (p = .64)
2	1 (p = .93)	1 (p = .81)
3	4 (p = .55)	3 (p = .51)
4	2 (p = .71)	5 (p = .19)
5	5 (p = .28)	4 (p = .38)

Anmerkungen: Der Buchstabe p steht für die „Itemschwierigkeit" (relativer Anteil der Probanden, die das Item gelöst haben) und wird in Kapitel 3.4.5 *näher erläutert.*

Es wird ersichtlich, dass Item 2 in beiden Stichproben am leichtesten ist, das heißt, es wird von 93 bzw. 81 Prozent der jeweiligen Gruppe richtig bearbeitet. Dabei spielt es keine Rolle, dass die Personen in Gruppe 1 eine substanziell höhere Lösungswahrscheinlichkeit haben. Entscheidend ist nur der Rangplatz des Items. Weiterhin ist zu erkennen, dass die Items 1, 3 und 5 in beiden Gruppen einen ähnlichen Rangplatz aufweisen. Lediglich Item 4 entspricht nicht den Erwartungen. Der Itembias könnte sich in diesem Item dahingehend äußern, dass eine konsistente Unterschätzung der Leistung von Gruppe 2 besteht. Um zusätzlich statistisch festzustellen, ob substanzielle Abweichungen in der Rangreihe der Schwierigkeiten von Items zwischen zwei Gruppen vorliegen, kann Spearman's Rho (r_{rho}), ein Rangkorrelationskoeffizient (*Kapitel 7* „Korrelationen"), berechnet werden. Läge dieser Koeffizient bei r_{rho} = .80 oder darüber, könnte man von einer ausreichenden Ähnlichkeit zwischen den Rangreihen ausgehen. Für das oben angeführte Beispiel lässt sich ein Koeffizient von r_{rho} = .40 berechnen. Dieser vergleichsweise geringe Wert stützt die Annahme, dass ein Itembias vorliegt (das Beispiel dient rein illustrativen Zwecken und wird zusätzlich durch die geringe Anzahl an Items verzerrt).

3.3 Skalenniveau

Welche Messeigenschaften besitzen Items, Skalen oder Testkennwerte?

Steyer und Eid (2001) benennen zwei Phasen im Forschungsprozess, eine theoretische und eine empirische. In der theoretischen Phase werden Merkmale, Fähigkeiten oder Eigenschaften definiert und strukturiert. Anschließend werden in der empirischen Phase Theorien geprüft, gegebenenfalls neu formuliert und wieder getestet. Dazu ist es notwendig, so genannte Messmodelle abzuleiten, die Theorie und Empirie verknüpfen. Steyer und Eid (2001) bezeichnen die Verknüpfung von Theorie und Empirie als „Überbrückungsproblem“ oder „Operationalisierung“.

In diesem Zusammenhang ist die Frage zu beantworten, ob Relationen zwischen Objekten (empirisches Relativ) möglichst exakt in Zahlen (numerisches Relativ) umgesetzt werden können. Ist dies der Fall, bezeichnet man dies als **homomorphe Abbildung**. Soll beispielsweise die Länge von Stöcken gemessen werden, so ist zu beachten, dass die Stocklängen ganz bestimmte Eigenschaften (empirisches Relativ) haben. Beispielsweise kann Stock A doppelt so lang wie Stock B sowie A und B zusammen so lang wie C sein. Bei der Messung werden den Stocklängen (empirisches Relativ) Zahlen (numerisches Relativ) zugeordnet. Hat das numerische Relativ die gleichen Eigenschaften wie das empirische Relativ, so ist dies eine homomorphe Abbildung. In unserem Beispiel liegt eine homomorphe Abbildung vor, wenn A = 2 cm, B = 1 cm und C = 3 cm lang ist. Ein Beispiel für eine nicht homomorphe Abbildung wäre, wenn man C den Wert 4 zuweisen würde, denn A + B würden dann zusammen nicht mehr C entsprechen. Die Zuordnung vom empirischen Relativ zum numerischen Relativ wird im Skalenniveau systematisiert (für einen Überblick siehe Bortz & Döring, 2002, S. 68 ff.). Im Folgenden werden sechs Skalenniveaus näher beschrieben:

- Nominalskalenniveau
- Ordinalskalenniveau
- Intervallskalenniveau
- Differenzskalenniveau
- Verhältnisskalenniveau
- Absolutskalenniveau

Zum Beispiel kann die Persönlichkeitseigenschaft „Extraversion“ messbar gemacht werden, indem verschiedene Beobachtungen (Items), die Ausdruck von „Extraversion“ sein sollen, einer Skala „Extraversion“ zugeordnet werden. Zentral dabei ist der Iteminhalt. Mit welchem Antwortformat (z.B. Richtig-Falsch-Items oder Ratingskalen) Beobachtungen oder Aussagen registriert werden, stellt die **Operationalisierung** dar. Denn das Antwortformat weist jeder Beobachtung oder Ausprägung einen Zahlenwert zu. Erst damit ist die Messung eines Merkmals, einer Fähigkeit oder einer Eigenschaft möglich. In anderen Worten: Im Antwortformat wird festgelegt, welche Zahl welchem Verhalten zugeordnet wird, und somit, wie differenziert (Anzahl und Qualität der Antwortkategorien) und mit welcher Methode (z.B. Ratingskala) Merkmale, Eigenschaften oder Fähigkeiten gemessen werden. Der Messvorgang kann wiederum durch situationale Effekte, Personenmerkmale (z.B. Müdigkeit) und Ungenauigkeit der Messinstrumente fehlerhaft sein. Eine sehr detaillierte Übersicht über den Messvorgang an sich und Probleme des Messens geben Steyer und Eid (2001).

Vor der Testkonstruktion muss genau überlegt werden, welche Interpretationen später mit den Testergebnissen möglich sein sollen. Es lassen sich verschiedene Ebenen (Skalenniveaus) unterscheiden, auf denen gemessen werden kann. Jedes Skalenniveau zeichnet sich durch bestimmte Eigenschaften aus. Entsprechend muss das Antwortformat so gewählt werden, dass die resultierenden Daten ein **Skalenniveau** haben, welches die gewünschte Interpretation ermöglicht. Im folgenden Abschnitt werden die möglichen Skalenniveaus dargestellt und erläutert, welche Interpretationen damit möglich sind.

Nominalskalenniveau Antwortformate, die lediglich eine Zuordnung in „wertfreie" Kategorien verlangen (ja-nein o.Ä.) haben Nominalskalenniveau. Die Anzahl der Kategorien ist dabei beliebig. Die daraus resultierenden Daten erlauben nur Aussagen über **Gleichheit/Ungleichheit** bzw. zwischen Anteilswerten (relative Häufigkeiten oder Prozentwerte). Im Freiburger Persönlichkeitsinventar, revidierte Form (FPI-R, Fahrenberg, Hampel & Selg, 2002), werden Probanden beispielsweise Aussagen vorgegeben, die mit „nein" (0) oder „ja" (1) beantwortet werden müssen. Items mit zwei Antwortkategorien werden auch als „dichotome" Items bezeichnet. Die Antworten „nein" und „ja" drücken eine Unterschiedlichkeit aus, die Antwort „ja" ist nicht besser oder schlechter als die Antwort „nein".

Ordinalskalenniveau Daten, die vergleichende Aussagen (**größer/kleiner** oder **besser/schlechter** und **gleich/ungleich**) zulassen, haben Ordinalskalenniveau. Dies lässt sich am Beispiel von Schulnoten verdeutlichen. Die Note „1" steht für eine bessere und andere Leistung als die Noten „2" oder „3". Schulnoten voneinander abzuziehen, macht dagegen wenig Sinn, denn der Leistungsunterschied zwischen einer „1" und einer „3" müsste dann dem Leistungsunterschied zwischen einer „4" und einer „6" entsprechen. Zwar beträgt der Abstand jeweils zwei Notenstufen, jedoch kann nicht gesagt werden, dass beide Abstände für die gleiche Leistungsdifferenz sprechen. Auch ein dichotomes Item kann Ordinalskalenniveau besitzen. Als Beispiel lässt sich eine Klausur am Ende des Semesters anführen, bei der nur Bestehen und Nichtbestehen geprüft werden. Dabei stellt das „Bestehen" eine bessere Leistung dar als das „Nichtbestehen". Hier wird deutlich, dass es oftmals auch auf die Intention ankommt, ob die Daten eine gewisse Wertigkeit (im Sinne von besser oder schlechter) besitzen oder nicht.

Intervallskalenniveau Daten, die Differenzbildung (**A – B = C – D**), Relationen (**größer/kleiner** oder **besser/schlechter**) und Aussagen über Unterschiede (**Gleichheit/Ungleichheit**) zulassen, haben Intervallskalenniveau. Als Beispiel lassen sich Maßeinheiten wie Zentimeter oder Kilogramm anführen. Der Unterschied zwischen 20 cm und 10 cm ist exakt der gleiche wie zwischen 90 cm und 80 cm: also in beiden Fällen genau 10 cm (was exakt der gleichen Länge entspricht).

Differenzskalenniveau Ein Skalenniveau, das über dem Intervallskalenniveau liegt, ist das Differenzskalenniveau. Hier lassen sich dieselben Aussagen machen wie bei der Intervallskala. Zusätzlich haben Differenzskalen einen künstlichen Nullpunkt. Das heißt, dass die Skala an einem bestimmten Punkt des Eigenschafts- oder Fähigkeitsbereiches auf null gesetzt wird. Dabei muss die Null nicht die kleinste Ausprägung sein, auch negative Werte sind möglich. Fähigkeits- oder Eigenschaftsausprägungen besitzen im Rahmen des Rasch-Modells Differenzskalenniveau (siehe *Kapitel 7*).

Verhältnisskalenniveau Eigentlich besitzen Maßeinheiten wie Zentimeter (cm) oder Meter (m) sogar Verhältnisskalenniveau (siehe *Tabelle 3.2;* vgl. Borg & Staufenbiel, 1997, S. 3), denn auch Verhältnisse sind sinnvoll interpretierbar: Ein Flugzeug, das 80 Meter lang ist, ist doppelt so groß wie ein Flugzeug, das 40 Meter lang ist. Allerdings ist die Einheit bzw. die Zentimeter oder Metereinheit willkürlich gewählt. Es gibt auch andere Längenmaße, die andere Einheiten verwenden, z.B. Inch. Diese Skalen besitzen jedoch einen festgelegten Nullpunkt. Die Länge Null bedeutet, dass ein Objekt „keine" Länge hat.

Absolutskalenniveau Ein Beispiel für Absolutskalenniveau sind Häufigkeiten, z.B. wie oft eine Person gelächelt hat oder ein anderes Verhalten gezeigt hat. Solche Skalen haben eine feste Einheit. Das heißt, es ist nicht sinnvoll, diese Einheit zu verändern, da sie für sich genommen aussagekräftig ist. Deshalb darf sie auch keinen Änderungen (Transformationen) unterzogen werden.

Wie aus der Beschreibung der Skalenniveaus zu sehen ist, beinhaltet das höhere Skalenniveau die Eigenschaften der niedrigeren Skalenniveaus. Die Information, die die Daten haben, nimmt mit zunehmendem Skalenniveau ebenfalls zu. Damit sind mehr Aussagen möglich, wenn das Skalenniveau steigt.

Nicht nur vor der Testkonstruktion, sondern auch vor der Auswertung sollte das Skalenniveau betrachtet werden. Dabei ist zu beachten, dass das Skalenniveau zuerst einmal nichts über die Auswertungsmethode aussagt. So ist es nach Bortz und Döring (2002, S. 181) zwar möglich, nicht-intervallskalierte Werte einer Varianzanalyse oder einem t-Test zu unterziehen, denn die Anforderungen für die Durchführung solcher Analysen können unabhängig vom Skalenniveau gegeben sein. Allerdings kann die inhaltliche Interpretation kritisch sein. Ein Mittelwert ist zum Beispiel dann schwer interpretierbar, wenn er für unterschiedliche Stufen einer Ordinalskala zustande gekommen ist. Bleiben wir bei dem Notenbeispiel. Nehmen wir an, eine Mathematik-Klassenarbeit würde folgendermaßen bewertet: Note „1" = 0 Fehler; Note „2" = 1 bis 2 Fehler; Note „3" = 3 bis 7 Fehler; Note „4" = 8 bis 16 Fehler; Note „5" = 17 bis 20 Fehler; Note „6" = ab 21 Fehler. Der Leistungsdurchschnitt, der anhand dieser ordinalskalierten Notengebung gebildet wird (z.B. 3.0), spiegelt nur sehr ungenau das Leistungsniveau der Klasse wider im Vergleich zum Mittelwert der mindestens intervallskalierten Fehler (z.B. 14). Gleiches gilt für subjektiv unterschiedliche Auffassungen von Stufen einer Ratingskala. Insgesamt wäre eine Überprüfung der Skalenqualität wünschenswert. Steyer und Eid (2001) beschreiben in ihrem Lehrbuch eine solche Prüfung, ein weiteres Beispiel findet sich auch bei Bortz (1999, S. 25). Eine solche Prüfung wird allerdings nur selten durchgeführt (vgl. Bortz, S. 27), da es sich bei den meisten Messungen um „Per fiat"-Messungen (Annahme eines bestimmten Skalenniveaus ohne Prüfung) handelt. Im Gegensatz dazu prüft die Probabilistische Testtheorie, ob Antwortmuster, die durch das Rasch-Modell erwartet werden, sich auch empirisch finden lassen. Das heißt, wenn das Rasch-Modell gilt, sind die Testkennwerte messtheoretisch fundiert und eine Summation der Messwerte (Itemantworten) ist zulässig. Da im Rasch-Modell vom konkreten Zählen von Itemausprägungen zum abstrakten Messen übergegangen wird, liegt bei Modellgültigkeit für Item- und Personenkennwert (auch als Item- und Personenparameter bezeichnet) mindestens Intervallskalenniveau vor (vgl. Moosbrugger, 2002; Näheres findet sich bei Fischer, 1996). Das Skalenniveau von Item- und Personenparameter wird häufig auch als Differenzskalenniveau bezeichnet, wie oben bereits erwähnt. Eine zusammenfassende Darstellung verschiedener Skalenniveaus enthält *Tabelle 3.2*.

Tabelle 3.2

Überblick über verschiedene Skalenniveaus

Skala	Forderung	Beispiel
Nominal	Verschiedenheit	ICD-Diagnosen
Ordinal	+ Ordnung	Rangplätze beim Autorennen
Intervall	+ Abstand gleich	Grad Celsius
Differenz	+ Einheit liegt fest (aber keine natürliche Einheit)	Personenparameter im Rasch-Modell
Verhältnis	+ natürlicher Nullpunkt (aber keine natürliche Einheit)	Längenmaße, Temperatur in Kelvin
Absolut	+ natürliche Maßeinheit	diskrete Häufigkeiten

3.4 Ermittlung der Itemrohwerte

Wie erhalte ich einen Rohwert für einen Probanden und ein Item?

Jeder Proband erhält für die Beantwortung eines Items einen Wert, z.B. wenn ein Item richtig beantwortet wurde, den Wert „Eins" oder eine Reaktionszeit von 205 ms auf ein akustisches Signal oder er hat 370 Zeichen eines Konzentrationstests bearbeitet (Durchstreichen von bestimmten Zielitems). Probandenrohwerte können aber auch über mehrere Items zusammengefasst werden. Man bezeichnet solche zusammengefassten Werte bei Persönlichkeitstests als Skalenwerte oder bei Leistungstests als Untertestkennwerte. Sie ergeben sich dadurch, dass man Itemantworten eines Probanden über mehrere Items summiert oder mittelt. Dabei können einfache und korrigierte Probandenrohwerte unterschieden werden. Korrigierte Rohwerte können beispielsweise aufgrund einer Rate-, Gewichtungs- oder Inangriffnahmekorrektur verändert werden. Dies soll im Folgenden genauer beschrieben werden.

Einfache Rohwertermittlung

Der Probandenrohwert ist der Wert eines Probanden bei der Beantwortung eines einzelnen Items. Werden solche Probandenrohwerte über die Probanden in einer Stichprobe summiert oder gemittelt, spricht man von einem Itemmittelwert. Dieser **Itemmittelwert** kennzeichnet auch gleichzeitig die **Itemschwierigkeit**. Dabei wird davon ausgegangen bzw. unterstellt, dass die verwendeten Skalen intervallskaliert sind. Werden Probandenrohwerte über die Probanden in einer Stichprobe für eine bestimmte Anzahl von inhaltsähnlichen Items zusammengefasst (Summation oder Mittelung), erhält man so genannte Skalen- oder Untertestmittelwerte. Man kann die einzelnen Items vor der Summation oder Mittelung auch unterschiedlich gewichten. Diese Gewichtung muss inhaltlich sinnvoll sein und kann beispielsweise anhand von Ladungsgewichten einer Faktorenanalyse (siehe *Kapitel 5*) vorgenommen werden, z.B. Multiplikation der Gewichtungskoeffizienten mit den Itemrohwerten und anschließend Summation. Man erhält dann einen gewichteten Summenwert.

Ermittlung des Itemrohwerts mit Zufallskorrektur

Eine Zufallskorrektur berücksichtigt die Anzahl der Antwortkategorien. Sie wird eher bei Leistungstests durchgeführt, da es bei diesen immer eine richtige Antwort gibt, was bei Persönlichkeitstests eher selten der Fall ist. Je größer die Anzahl der vorgegebenen Antwortkategorien, desto geringer ist die Wahrscheinlichkeit, hohe Itemrohwerte durch Raten zu erzielen. Man kann sich dies am folgenden Beispiel verdeutlichen: Nehmen wir einen Intelligenztest mit 20 Aufgaben. Jedes Item besteht aus einer Frage und zwei Multiple-Choice-Antworten. Würde eine Person keine Aufgabe lösen können, aber bei jeder Aufgabe raten, würde man etwa zehn richtige Lösungen dieser Person durch zufälliges Ankreuzen erwarten. Gibt man stattdessen vier Multiple-Choice-Antworten pro Item vor, liegt die erwartete Anzahl an Zufallslösungen nur noch bei fünf Items, bei fünf Multiple-Choice-Antworten bei etwa vier Zufallslösungen.

Bei **Mehrfachwahlaufgaben** wird der zufallskorrigierte Personensummenwert wie folgt ermittelt:

$$X_i = R_i - \frac{F_i}{m-1}$$

Dabei ist:

- m = Anzahl der Wahlmöglichkeiten
- R_i = Anzahl der Richtigen
- F_i = Anzahl der Falschen
- X_i = Personensummenwert zufallskorrigiert

Bei **Richtig-Falsch-Aufgaben** ergibt sich folgende Korrekturformel (aus oben genannter Formel):

$$X_i = R_i - F_i$$

Dabei ist:

- R_i = Anzahl der Richtigen
- F_i = Anzahl der Falschen
- X_i = Personensummenwert zufallskorrigiert

3.4.1 Verteilungen: Maße der zentralen Tendenz und Dispersion

Was muss ich vor der weiteren Analyse über meine Testitems wissen?

Verteilungen spielen bei der Testkonstruktion eine wichtige Rolle, da sie sich auf nachfolgende Berechnungen, wie z.B. die Korrelationshöhe, auswirken können. Zum Teil müssen sie ermittelt werden, weil bestimmte Analysemethoden spezielle Verteilungen voraussetzen. Die wohl bekannteste Verteilungsform ist die Normalverteilung. In *Abbildung 3.1a* ist eine Normalverteilungskurve aufgezeichnet. Unter dieser Normalverteilungskurve könnte sich beispielsweise die Messwertverteilung eines beliebigen Tests befinden. Normalverteilungen haben folgende Eigenschaften: Die Verteilung hat einen glockenförmigen Verlauf und ist symmetrisch. Innerhalb einer Standardabweichung (ist in der Grafik nicht eingezeichnet, Berechnung siehe unten) links und rechts vom Mittelwert liegen 68 Prozent der Probanden. Innerhalb von zwei Standardabweichungen links und rechts vom Mittelwert liegen 95 Prozent der Probanden. Auch andere Verteilungsformen kommen häufig vor, z.B. links- und rechtssteile Verteilungen, schwach monoton steigende und fallende Verteilungen sowie zwei- oder mehrgipflige Verteilungen und Gleichverteilungen (siehe *Abschnitt 3.4.7*). Verteilungen werden durch Histogramme dargestellt. Dabei ist auf der x-Achse ein Item-, Skalen- oder Testwert – der für einen Wertebereich steht – vermerkt und auf der y-Achse die absolute (N) oder relative (N%) Häufigkeit der Probanden, die einen bestimmten Testwert erzielt haben.

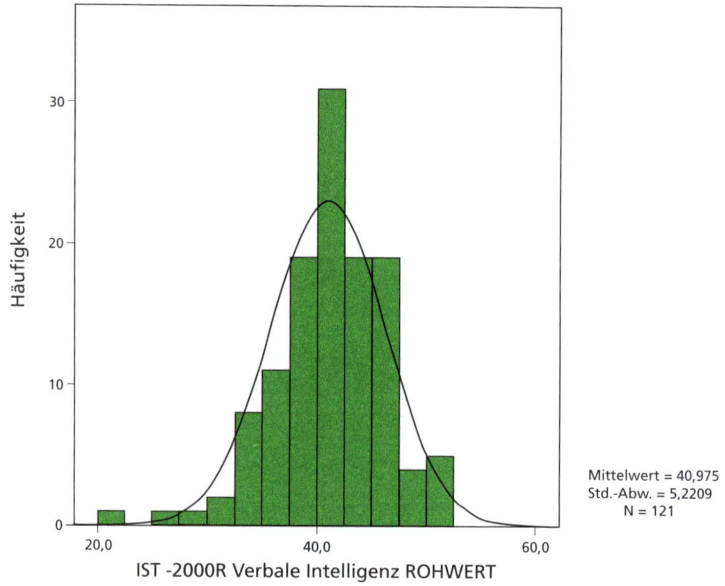

Abbildung 3.1a: Darstellung einer Normalverteilung

Um Verteilungen zu beschreiben, werden verschiedene Kennwerte bzw. statistische Maße berechnet. Die wichtigsten Maße sind die zentrale Tendenz (Mittelwert, Median und Modus/Modalwert) und die Dispersion (Standardabweichung, Quartilabstand und Spannweite). Zusätzlich sind Schiefe und Exzess zur Beschreibung der Verteilung hilfreich. Je nach Skalenart und Verteilungsform werden unterschiedliche Maße zur Beschreibung der Skalen herangezogen: (1) Für nominale/kategoriale Items der Modus; (2) für ordinale Items der Median und der Interquartilabstand sowie (3) für intervallskalierte Items der Mittelwert und die Standardabweichung.

Im Folgenden werden die verschiedenen Kennwerte, die zur Beschreibung von Verteilungen nötig sind, näher erläutert.

Zentrale Tendenz

Mittelwert (*M*):

$$M = \frac{\sum_{x=1}^{n} x_i}{n}$$

Der Mittelwert ist somit die an der Stichprobengröße relativierte Summe der Messwerte. **Der Mittelwert wird als Schwierigkeitsindex für Ratingskalen-Items verwendet.**

Median (*Md*):
Der Median stellt den Wert dar, der die Stichprobe in zwei gleiche Hälften zu je 50 Prozent teilt.

Modus (*Mo*):
Der Modus ist der häufigste Wert, der in einer Verteilung vorkommt (auch Modalwert genannt). In *Abbildung 3.1b* sind Modus, Median und Mittelwert für eine schiefe Verteilung aufgeführt. Bei einer symmetrischen Verteilung fallen alle drei Werte zusammen, bei einer schiefen Verteilung unterscheiden sie sich.

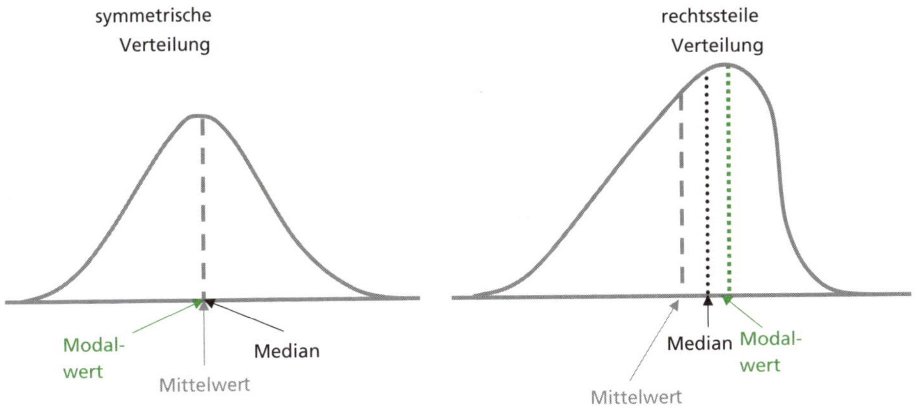

Abbildung 3.1b: Darstellung von Modus, Median und Mittelwert

Dispersion

Varianz (S^2):

$$S^2 = \frac{\sum_{x=1}^{n} (x_i - M)^2}{n}$$

Standardabweichung oder Streuung (*S*):

$$S = \sqrt{\frac{\sum_{x=1}^{n} (x_i - M)^2}{n}}$$

In SPSS werden die Varianz und die Standardabweichung mit $n - 1$ im Nenner berechnet, da die Stichprobenvarianz keine erwartungstreue Schätzung der Populationsvarianz darstellt. Nicht erwartungstreu heißt, dass die Populationsvarianz unterschätzt wird. Auch die Stichprobenwerte für Schiefe und Exzess werden in SPSS korrigiert.

Interquartilabstand: $QA = P_{75} - P_{25}$

Spannweite: Höchster Wert – niedrigster Wert

Dabei ist:

- x_i = Messwert eines Probanden auf einem Item
- n = Anzahl der Probanden
- M = Mittelwert eines Items
- P_{75} = Itemwert, unter dem die Messwerte von 75 Prozent der Probanden liegen
- P_{25} = Itemwert, unter dem die Messwerte von 25 Prozent der Probanden liegen

Für den Median und den Interquartilabstand können die Perzentile aus der Häufigkeitsverteilung abgelesen werden (SPSS: ANALYSIEREN, DESKRIPTIVE STATISTIKEN, HÄUFIGKEITEN). Ein Perzentil definiert den Punkt einer Verteilung, unter dem sich ein bestimmter Prozentsatz der Verteilung befindet. Nehmen wir als Beispiel die Verteilung von IQ-Werten in einer von uns getesteten Stichprobe. Das P_{50}-Perzentil liegt in der Stichprobe bei IQ = 100. Dann haben 50 Prozent der Probanden einen IQ kleiner 100.

Schiefe und Exzess

Schiefe und Exzess (Maß für die Schmal- oder Breitgipfligkeit einer Verteilung) sind wichtig, um Verteilungsvoraussetzungen von Items zu prüfen, wenn sie weiteren statistischen Analysen unterzogen werden sollen (z.B. linearen Strukturgleichungsmodellen, siehe *Kapitel 6*).

Schiefe:

$$Sch = \frac{M - Mo}{S}$$

Dabei ist:

- M = Mittelwert eines Items
- Mo = Modalwert eines Items
- S = Streuung eines Items

Diese Formel ist eine näherungsweise Schätzung der Schiefe nach Bortz (1999, S. 46). Anhand der Schiefe können folgende Aussagen über die Verteilung vorgenommen werden (siehe *Abbildungen 3.8* bis *3.19*):

Sch < 0 rechtssteile Verteilung
Sch > 0 linkssteile Verteilung
Sch = 0 symmetrische Verteilung

Exzess:

$$Ex = \frac{P_{75} - P_{25}}{2 \cdot (P_{90} - P_{10})}$$

Auch diese Formel ist eine näherungsweise Schätzung für den Exzess (Bortz, 1999, S. 47). Der Exzess gibt an, ob die Verteilung schmal- oder breitgipflig ist. Je größer der Exzess eines Items ist, desto breitgipfliger ist das Item verteilt.

Dabei ist:

- P_{75} = Perzentilwert, unter dem die Messwerte von 75 Prozent der Probanden liegen
- P_{25} = Perzentilwert, unter dem die Messwerte von 25 Prozent der Probanden liegen
- P_{90} = Perzentilwert, unter dem die Messwerte von 90 Prozent der Probanden liegen
- P_{10} = Perzentilwert, unter dem die Messwerte von 10 Prozent der Probanden liegen

3.4.2 Erstellen eines Histogramms und Prüfung auf Normalverteilung mit SPSS

Wie erstelle ich eine Verteilung meiner Kennwerte?

Wählen Sie zunächst in SPSS ANALYSIEREN → DESKRIPTIVE STATISTIKEN → EXPLORATIVE DATENANALYSE aus. Es öffnet sich das in *Abbildung 3.2* dargestellte Fenster. Markieren Sie die Items, die Sie analysieren wollen, und klicken Sie auf die Schaltfläche ▸. Um die Ausgabe übersichtlich zu halten, sollen im ersten Schritt nur die Diagramme ausgegeben werden. Klicken Sie dazu die Option DIAGRAMME unter ANZEIGEN an. Um die Art der Diagramme näher zu bestimmen, klicken Sie auf die Schaltfläche DIAGRAMME rechts unten.

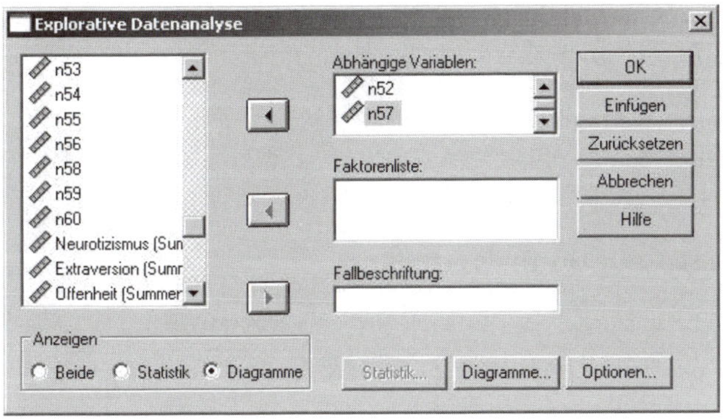

Abbildung 3.2: SPSS-Fenster EXPLORATIVE DATENANALYSE

Nun erscheint das Fenster in *Abbildung 3.3*. Hier kann als Option eine Prüfung auf Normalverteilung ausgewählt werden (Kolmogorov-Smirnov-Test, K-S-Test), und es können Normalverteilungsdiagramme der Items erzeugt werden. Markieren Sie dazu die jeweiligen Kästchen vor HISTOGRAMM unter DESKRIPTIV und vor NORMALVERTEILUNGSDIAGRAMM MIT TESTS. Um die Ausgabe übersichtlich zu halten, wurde unter BOXPLOTS die Option KEINER gewählt, sowie das Kästchen vor STENGEL-BLATT entmarkiert. Klicken Sie danach auf Weiter und dann im Fenster, wie in *Abbildung 3.2* dargestellt, auf OK.

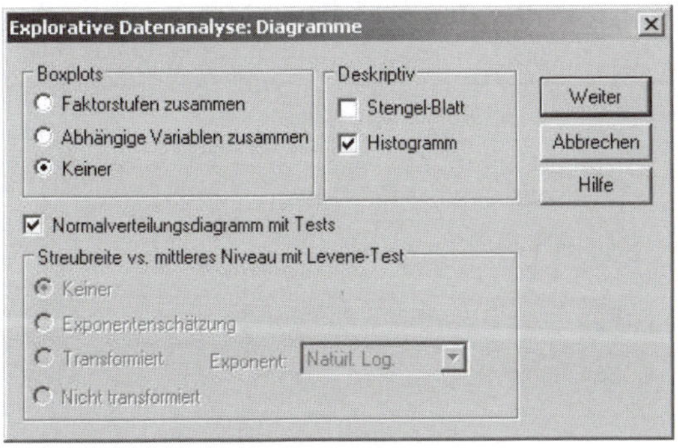

Abbildung 3.3: SPSS-Fenster EXPLORATIVE DATENANALYSE DIAGRAMME

3.4.3 Beispiel für die Normalverteilungsprüfung mit SPSS

Wie sieht ein Ergebnisausdruck von SPSS zur Normalverteilungsprüfung aus?

Prüfen wir nun an einem Beispiel die Verteilung der Items einer Skala aus dem NEO-FFI (Borkenau & Ostendorf, 1993). Hier sind alle Items der Skala „Extraversion" dargestellt. Beim Test auf Normalverteilung lautet die Nullhypothese, dass eine Normalverteilung vorliegt. Es ist die Signifikanz für den K-S-Test für jedes Item angegeben, welche zusätzlich noch korrigiert ist (Korrektur nach Lilliefors). Die Shapiro-Wilk-Statistik sollte bei Stichproben kleiner 50 angewandt werden. Die Überschreitungswahrscheinlichkeit (p) liegt, wie in *Abbildung 3.4* ❶ dargestellt, in allen Fällen unter $\alpha < .001$. Selbst wenn man aufgrund der vielen durchgeführten Tests eine Alpha-Adjustierung vornehmen würde (α adjustiert = Irrtumswahrscheinlichkeit/Anzahl der durchgeführten Hypothesentests), um sich vor zufälligen Signifikanzen zu schützen, weichen alle Items signifikant von einer Normalverteilung ab (Genaueres zur Alpha-Adjustierung findet sich bei Bortz, 1999, S. 260 ff.). Verletzungen der Normalverteilung haben beispielsweise Auswirkungen auf den Modelltest, der im Rahmen von konfirmatorischen Faktorenanalysen durchgeführt wird (siehe *Kapitel 6*), bzw. auf die Höhe von Trennschärfen (siehe *Abschnitt 3.5*).

Tests auf Normalverteilung

	Kolmogorov-Smirnov(a)			Shapiro-Wilk		
		df	Signifikanz ❶	Statistik	df	Signifikanz
n2	,239	101	,000	,877	101	,000
n7	,225	101	,000	,873	101	,000
n12	,253	101	,000	,867	101	,000
n17	,270	101	,000	,791	101	,000
n22	,177	101	,000	,913	101	,000
n27	,193	101	,000	,895	101	,000
n32	,282	101	,000	,865	101	,000
n37	,294	101	,000	,853	101	,000
n42	,222	101	,000	,902	101	,000
n47	,258	101	,000	,869	101	,000
n52	,267	101	,000	,867	101	,000
n57	,192	101	,000	,890	101	,000

a Signifikanzkorrektur nach Lilliefors

Abbildung 3.4: Ausgabe TESTS AUF NORMALVERTEILUNG im Rahmen einer explorativen Datenanalyse aus SPSS

3.4.4 Schwierigkeitsanalyse

Wie beurteile ich die Schwierigkeit eines Items?

Zur Messung der Aufgabenschwierigkeit werden Schwierigkeitsindizes verwendet. Es werden verschiedene Indizes unterschieden, die je nach Bedarf anzuwenden sind. In diesem Abschnitt werden hauptsächlich Schwierigkeitsindizes für dichotome Items behandelt. Bei Ratingskalen (z.B. Likert-Skalen) wird fast immer der Mittelwert als Schwierigkeitsindex herangezogen, da bei Ratingskalen in der Regel Intervalldatenniveau unterstellt wird. Eigentlich ist dies nicht korrekt (siehe *Abschnitt 3.3*); adäquat wäre hier der Median als Schwierigkeitsindex.

Schwierigkeitsindex ohne Korrektur

Dieser Index wird beispielsweise zur Schwierigkeitsanalyse bei Persönlichkeitstests eingesetzt, bei denen Raten eine untergeordnete Rolle spielt:

$$P = \frac{N_R}{N} \cdot 100$$

Beispiel 3.21

$$P = \frac{240}{360} \cdot 100 = 66.6$$

Dabei ist:

- N_R = Anzahl der Probanden, die die Aufgabe richtig (im Sinne des Aufgabenkriteriums) gelöst haben
- N = Anzahl aller Probanden
- P = Schwierigkeitsindex

Eigentlich handelt es sich nicht um einen Schwierigkeitsindex, sondern um einen „Leichtigkeitsindex“, denn ein hoher Prozentwert steht für eine leichte Aufgabe. Geringe Schwierigkeitsindizes stehen dagegen für eine schwere Aufgabe. Bei Persönlichkeitstests ist der Begriff „Schwierigkeit“ inhaltlich schwer anzuwenden und daher lediglich beschreibend.

Schwierigkeitsindex mit Zufallskorrektur

Dieser Index wird vorwiegend bei Leistungstests eingesetzt, bei denen es eine richtige Lösung gibt, oder bei Fragebögen, bei denen eine zufällige Itembearbeitung eine Rolle spielt.

$$P_{ZK} = \frac{N_R - \frac{N_F}{m-1}}{N} \cdot 100$$

Beispiel 3.22

$$P_{ZK} = \frac{240 - \frac{120}{5-1}}{360} \cdot 100 = 58.3$$

Dabei ist:

- N_F = Anzahl der Probanden, die die Aufgabe falsch (im Sinne des Aufgabenkriteriums) gelöst haben
- m = Anzahl der Wahlmöglichkeiten
- P_{ZK} = Schwierigkeitsindex mit Zufallskorrektur

Besteht der Test nur aus zwei Antwortkategorien, verkürzt sich die Formel auf:

$$P_{ZK} = \frac{N_R - N_F}{N} \cdot 100$$

Beispiel 3.23

$$P_{ZK} = \frac{240 - 120}{360} \cdot 100 = 33.3$$

Die Itemschwierigkeit ändert sich (1) mit der **Differenz zwischen Richtig- und Falschantworten**. Der Schwierigkeitsindex eines Items wird geringer, je mehr Personen ein Item falsch beantwortet haben. Die Anzahl der Falschantworten stellt dabei einen Korrekturfaktor dar. Damit wird der Zähler geringer und der Nenner ist konstant, denn er enthält die Gesamtanzahl der Personen. Wird der Zähler geringer bei gleichzeitig unverändertem Nenner, sinkt der Schwierigkeitsindex, da das Ergebnis des Bruchs kleiner wird. Ein geringer Schwierigkeitsindex bedeutet, dass das Item schwer ist. Dass das Item „schwer" ist, heißt, dass wenige Probanden das Item lösen. Die Itemschwierigkeit hängt aber auch von (2) der **Anzahl der Antwortalternativen** ab, denn je höher die Anzahl der Antwortalternativen ist, desto kleiner ist der Korrekturfaktor, da die Ratewahrscheinlichkeit sinkt. Damit wird der Schwierigkeitsindex weniger stark nach unten korrigiert. Als Schätzer für das Ausmaß, in dem ein Item durch Raten beeinflusst wird, wird die Anzahl aller Falschantworten für dieses Item herangezogen. Man geht dabei davon aus, dass alle falschen Antworten durch Raten und nicht durch mangelnde Fähigkeit entstanden sind. Durch Raten erhält man aber nicht nur falsche, sondern auch richtige Antworten. Um die Anzahl der richtigen Antworten zu korrigieren, werden dann die falschen Antworten als Indikator für das Ausmaß des Ratens abgezogen. Man unterstellt dabei, dass ein Teil der Probanden, die die Aufgaben richtig beantwortet haben, geraten haben.

Betrachten wir zur Veranschaulichung der Sinnhaftigkeit der Ratekorrektur folgendes Beispiel: Ein Intelligenztest besteht aus zwei Antwortalternativen, von denen eine richtig ist. Eine völlig unfähige Person A würde bei einem Verfahren ca. 50 Prozent aller Aufgaben allein durch Raten richtig lösen. Sie würde somit das gleiche Ergebnis erzielt haben wie eine mittelmäßig befähigte Person B, die auf Raten verzichtet, 50 Prozent der Aufgaben aufgrund ihres Wissens richtig löst, aber die übrigen Aufgaben unbearbeitet lässt. Beide Personen unterscheiden sich damit nicht in der Anzahl der richtig gelösten Aufgaben, sondern in der Anzahl der falsch gelösten Aufgaben. Zu einem angemessenen Testergebnis käme man in einem solchen Fall, wenn als Testergebnis nicht die Anzahl der richtig gelösten Aufgaben, sondern die Anzahl der richtig gelösten Aufgaben abzüglich der falsch gelösten Aufgaben verwendet würde. Person A hätte dann 0 Punkte und Person B die Hälfte der möglichen Punktzahl.

Achtung: Es ist darauf zu achten, dass der Schwierigkeitsindex mit Zufallskorrektur sowie der Schwierigkeitsindex mit Rate- und Inangriffnahmekorrektur bei extrem vielen Falschantworten und einer geringen Kategorienanzahl einen negativen Wert annehmen kann. Ein negativer Schwierigkeitsindex ist aber nicht definiert. In einem solchen Fall wird die Ratewahrscheinlichkeit schlicht überschätzt. Es ist daher besser, Raten schon durch die Auswahl geeigneter Antwortformate und geeigneter Distraktoren zu unterbinden, so dass keine Ratekorrektur mehr nötig ist.

Eine Möglichkeit, den Effekt des Ratens zum Teil zu kontrollieren, besteht darin, in der Instruktion alle Probanden darauf hinzuweisen, ein Item auch dann zu bearbeiten und anzukreuzen, wenn sie die Lösung nicht wissen (z.B. das anzukreuzen, was ihrer Meinung nach am ehesten zutrifft). In diesem Fall wirkt sich das Raten auf den Personenrohwert für alle Probanden gleich aus.

Die effektivste Methode, Raten zu unterbinden, besteht jedoch darin, angemessen schwierige Distraktoren zu entwickeln und die Anzahl der Distraktoren zu erhöhen. Mit diesem Vorgehen wird die Möglichkeit, den Test durch Raten zu verfälschen, minimiert. Eine sorgfältige Testkonstruktion ist also auch unter diesen Gesichtspunkten zu empfehlen.

Schwierigkeitsindex mit Inangriffnahmekorrektur

Diese Korrektur wird beispielsweise bei zeitbegrenzten Intelligenztests angewandt oder bei zeitbegrenzten Niveautests, bei denen aufgrund der Zeitbegrenzung nicht alle Aufgaben von allen Probanden gelöst bzw. in Angriff genommen werden können. Die Korrektur erfolgt meist mit einer zusätzlichen Ratekorrektur (siehe nächster Abschnitt).

$$P_{IK} = \frac{N_R}{N_B} \cdot 100$$

Dabei ist:

- N_R = Anzahl der Probanden, die die Aufgabe richtig (im Sinne des Aufgabenkriteriums) gelöst haben
- N_B = Probanden, die die Aufgabe bearbeitet haben
- P_{IK} = Schwierigkeitsindex mit Inangriffnahmekorrektur

Schwierigkeitsindex mit Zufallskorrektur und Inangriffnahmekorrektur

Bei dieser Methode wird sowohl berücksichtigt, dass Probanden geraten haben könnten (Zufallskorrektur), als auch die Tatsache, dass manche Probanden Items aufgrund von Zeitmangel nicht bearbeitet haben bzw. die Itembearbeitung begonnen, aber nicht fertig gestellt haben (Inangriffnahmekorrektur).

$$P_{ZK,IK} = \frac{N_R - \frac{N_F}{m-1}}{N_B} \cdot 100$$

Beispiel 3.24

$$P_{ZK,IK} = \frac{240 - \frac{40}{5-1}}{280} \cdot 100 = .82$$

Beziehung des Schwierigkeitsindex zu anderen Werten

Mittlere Schwierigkeitsindizes **(*P*-Werte)** bei dichotomen Items erhöhen die Wahrscheinlichkeit für **hohe Streuungen** der Items und gewährleisten damit eine maximale Differenzierung zwischen den Probanden. Eine **ausreichende Merkmalsstreuung** ist eine notwendige (nicht hinreichende) Voraussetzung für hohe Korrelationen. Mittlere Schwierigkeiten begünstigen daher die **Itemhomogenität**, garantieren diese aber nicht. Eine breite Streuung der Schwierigkeitskoeffizienten wird angestrebt, weil extreme Schwierigkeiten eine Differenzierung in Randbereichen der Eigenschafts- oder Fähigkeitsbereiche ermöglichen. Die **Standardabweichung** einer Aufgabe mit dichotomem Itemformat hängt sogar rechnerisch vom **Schwierigkeitsindex** ab:

$$S = \sqrt{p \cdot q}$$

Dabei ist:

- S = Standardabweichung Item i
- p = Schwierigkeitsindex / 100
- $q = 1 - p$

Extreme Schwierigkeiten führen aber meist zu *reduzierter Homogenität* (Interkorrelation der Items) und zu *reduzierten Trennschärfen* (Korrelation eines Items mit dem Skalenwert). Diese Aspekte spielen bei der Reliabilitätsschätzung eine wichtige Rolle und werden in *Kapitel 4* näher erläutert.

3.4.5 Ermitteln von deskriptiven Statistiken mit SPSS

Wie kann ich Itemschwierigkeiten mit SPSS ermitteln?

Klicken Sie auf das Menü ANALYSIEREN und anschließend auf das Menü DESKRIPTIVE STATISTIKEN und in der nächsten Menüauswahl wieder auf DESKRIPTIVE STATISTIKEN. Es erscheint das Fenster DESKRIPTIVE STATISTIK. Markieren Sie die gewünschten Variablen und klicken Sie auf den Pfeil ▸ zwischen beiden Fenstern (siehe *Abbildung 3.5)*.

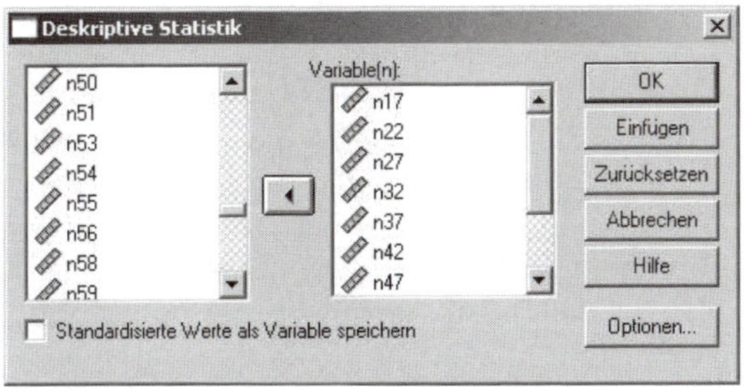

Abbildung 3.5: SPSS-Fenster DESKRIPTIVE STATISTIK

Anschließend klicken Sie auf OPTIONEN (*Abbildung 3.6*) und markieren die gewünschten Statistiken mit einem Mausklick auf die entsprechenden Kästchen vor den Optionen. Bei den deskriptiven Statistiken eignet sich die Angabe MINIMUM und MAXIMUM gut, um Eingabefehler bei Fragebogendaten zu kontrollieren. Liegt beispielsweise der Wertebereich eines Items zwischen 0 und 5, dann darf kein Wert größer als 5 bei den deskriptiven Statistiken unter Maximum angegeben sein, sonst liegt ein Eingabefehler vor. Wenn Sie dichotome Daten haben (0 = falsch gelöst, 1 = richtig gelöst), drücken die Mittelwerte, die Sie unter den deskriptiven Statistiken erhalten, den relativen Anteil an Probanden aus, die das Item richtig beantwortet haben. Multiplizieren Sie diesen relativen Anteil mit 100, erhalten Sie den Schwierigkeitsindex. Den Schwierigkeitsindex mit Inangriffnahmekorrektur erhalten Sie, wenn Sie für jedes nicht gelöste Item als fehlenden Wert das entsprechende Feld im SPSS-Datenfenster leer lassen, für eine falsche Antwort die Zahl „0“ und für eine richtige Antwort die Zahl „1“ eingeben.

Wenn Sie in *Abbildung 3.6* die Kästchen SCHIEFE und KURTOSIS (Exzess) markieren, werden diese zusätzlich zu den anderen Statistiken angezeigt. Sie ermöglichen Ihnen einen schnellen Überblick über die Verteilungsform.

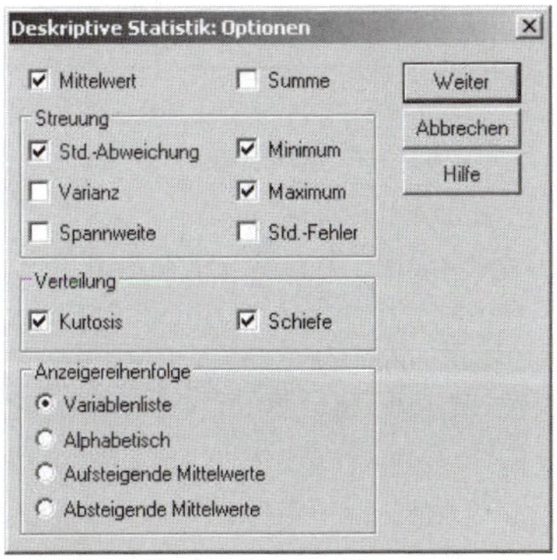

Abbildung 3.6: SPSS-Fenster DESKRIPTIVE STATISTIK: OPTIONEN

3.4.6 Beispiel für die Durchführung einer Schwierigkeitsanalyse mit SPSS

Wie führe ich eine Schwierigkeitsanalyse mit SPSS durch?

Abbildung 3.7 zeigt die deskriptiven Statistiken der NEO-FFI-(Borkenau & Ostendorf, 1993)-Items. Item N12 „Ich halte mich nicht für besonders fröhlich" fällt dabei besonders auf, denn bei diesem Item wurde die Breite der Antwortkategorien nicht ausgenutzt. Es handelt sich um ein invertiertes Item. Der Antwortmodus des NEO-FFI reicht von starker Ablehnung („SA") bis zu starker Zustimmung („SZ"). Die Antworten wurden dabei von 0 bis 4 kodiert und für invertierte Items wieder umkodiert: „4" zu „0", „3" zu „1", „2" zu „2", „1" zu „3" und „0" zu „4". Das Item N12 ist in unserem Beispiel bereits umgepolt. Das heißt, die Antwortkategorie „SZ" wurde von keinem Probanden gewählt. Damit waren wohl keine „nicht fröhlichen" Probanden in unserer Stichprobe. Es fällt weiterhin auf, dass die Items N22, N42 und N47 besonders stark streuen (die Probanden unterscheiden sich in der Beantwortung dieser Items sehr). Die Items mit den extremsten Schwierigkeiten sind Item N17 und N47.

Deskriptive Statistik

	N	Minimum	Maximum	Mittelwert ❻	Standardabweichung	Schiefe		Kurtosis	
		Statistik	Statistik	Statistik	Statistik	Statistik	Standardfehler	Statistik	Standardfehler
n2	101	0	4	2,28	,960	–,102	,240	–,912	,476
n7	101	0	4	2,81	,913	–,418	,240	–,199	,476
n12	101	1	4	2,65	,974	–,311	,240	–,849	,476
n17	101	0	4	3,13	,833	❸ –1,202	,240	2,543	,476
n22	101	0	4	❼ 1,83	1,059	❶ ,035	,240	–,638	,476
n27	101	0	4	2,00	,980	❷ –,065	,240	–,742	,476
n32	101	0	4	2,11	,871	❹ ,434	,240	,000	,476
n37	101	0	4	2,66	,816	–,544	,240	,467	,476
n42	101	0	4	2,35	1,081	–,393	,240	-,458	,476
n47	101	0	4	❽ 1,68	1,048	❺ ,670	,240	–,095	,476
n52	101	0	4	2,58	,828	–,382	,240	,176	,476
n57	101	0	4	❾ 1,93	,962	–,203	,240	-,693	,476

Abbildung 3.7: Ausgabe der Deskriptiven Statistiken mit SPSS

Aus der Prüfung auf Normalverteilung wissen wir, dass keines der Items der Skala „Extraversion" normalverteilt ist, „Schiefe" und „Exzess" vermitteln eher einen Eindruck der Verteilungen. Eine negative Schiefe deutet eine eher rechtssteile Verteilung an und eine positive Schiefe eine eher linkssteile Verteilung. Ist der Exzess kleiner als null, ist die Verteilung eher breitgipflig.[2] Ist der Exzess hingegen größer null, ist die

2 Dem aufmerksamen Leser ist sicher aufgefallen, dass dies auf S. 80 noch anders erklärt wurde. SPSS verwendet jedoch eine andere Formel für die Berechnung des Exzess und somit auch eine andere Logik.

Verteilung eher schmalgipflig. Nehmen Schiefe und Exzess den Wert Null an, handelt es sich um eine symmetrische Verteilung. Wie die Verteilungen konkret aussehen, zeigt erst die Betrachtung der Histogramme.

Abbildung 3.7 sowie die Histogramme in den *Abbildungen* von *3.8* bis *3.19* zeigen, dass alle Items bis auf Item N32 ❹ und 47 ❺ rechtssteil verteilt sind und Item N47 als einziges Item linkssteil. Die Items N22 ❶ und N27 ❷ weisen eine relativ symmetrische Verteilung auf (Schiefe nahe null). Die ungewöhnlichste Verteilung weist Item N17 ❸ auf (höchste Schiefe aller Items). Mit Ausnahme der N22 ❼, N47 ❽ und N57 ❾ kommen nur Antworten über der Skalenmitte (> 2) vor (siehe Spalte „Mittelwert" ❻).

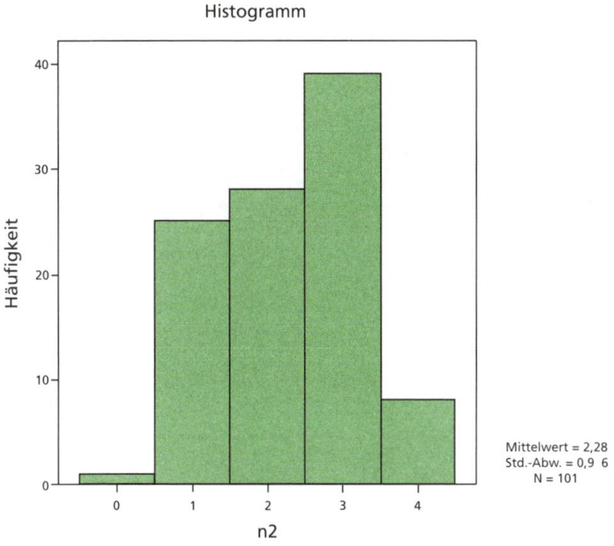

Abbildung 3.8: Item N2 *„gerne viele Leute um sich"*

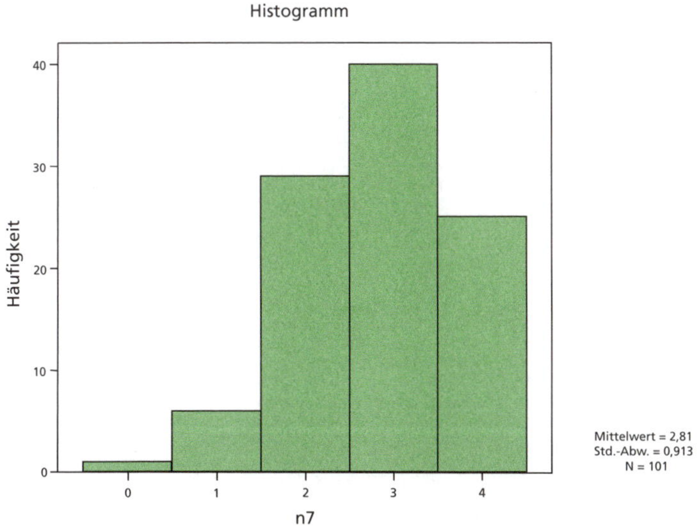

Abbildung 3.9: Item N7 *„leicht zum Lachen zu bringen"*

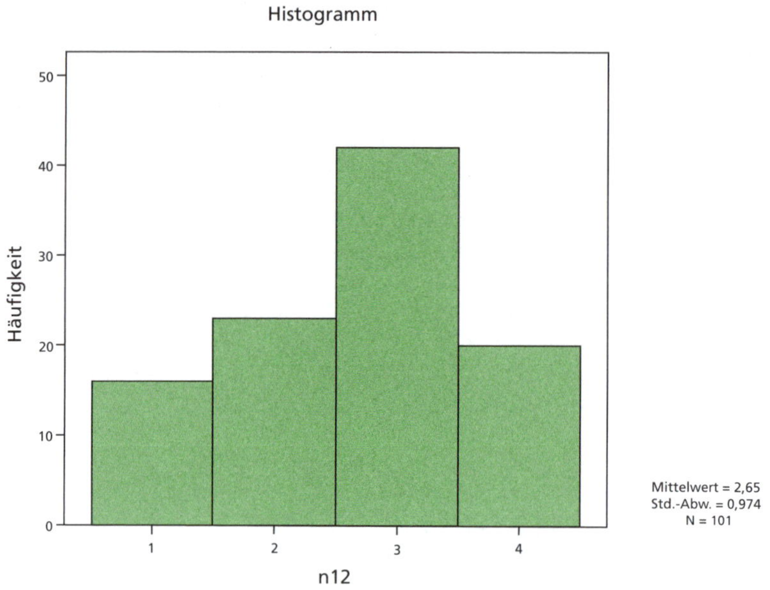

Abbildung 3.10: Item N12 *„nicht besonders fröhlich"*

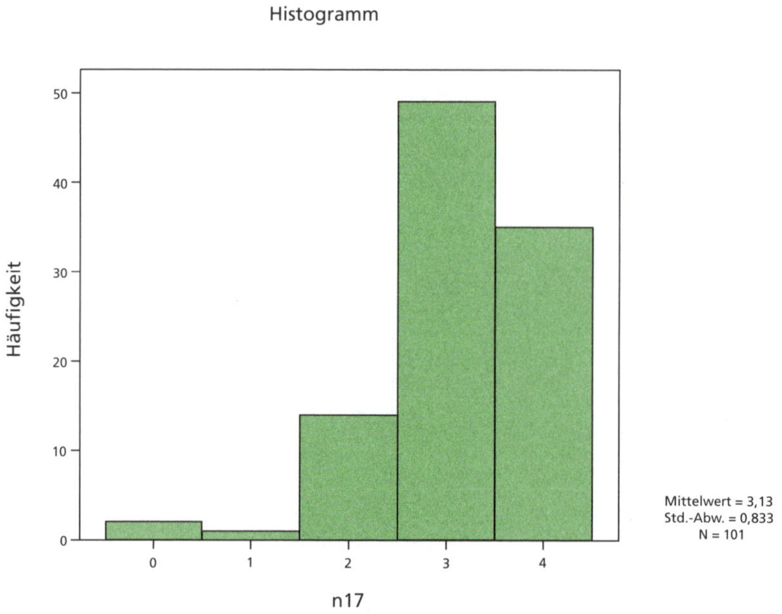

Abbildung 3.11: Item N17 *„gerne mit anderen unterhalten"*

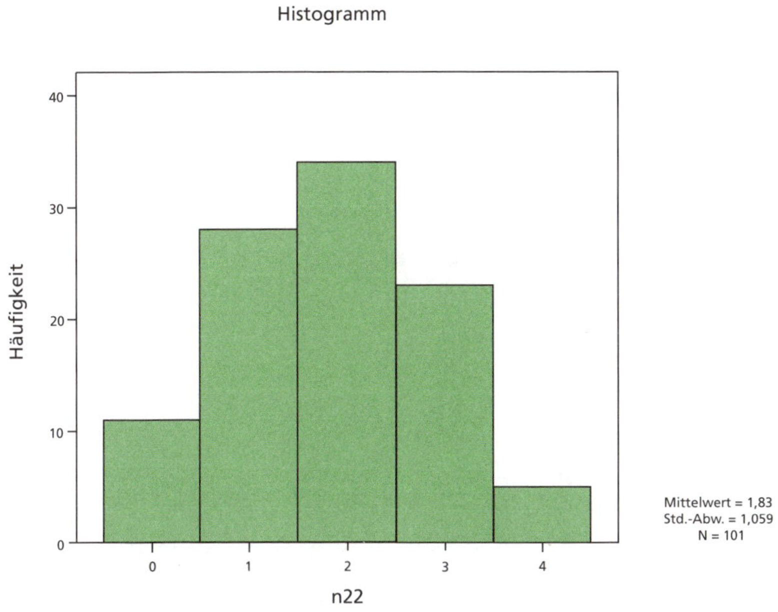

Abbildung 3.12: Item N22 *„gern im Mittelpunkt stehen"*

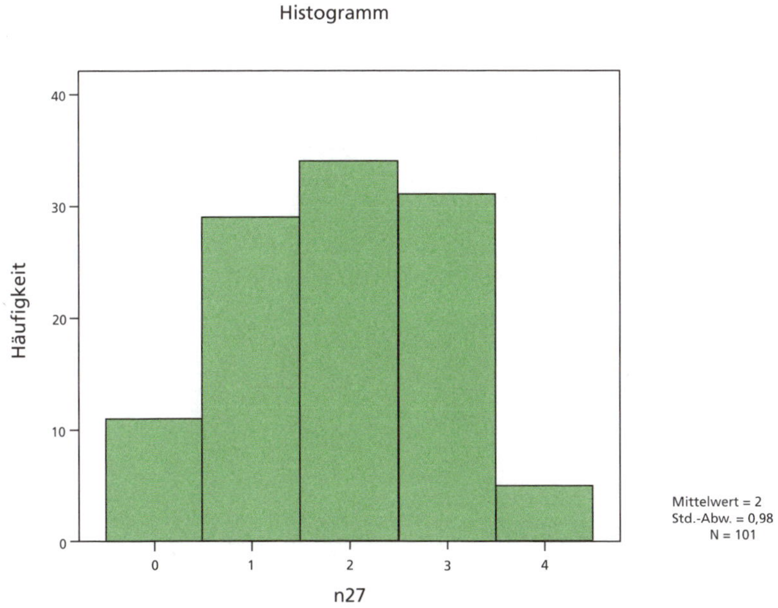

Abbildung 3.13: Item N27 *„vorziehen, Dinge alleine zu tun"*

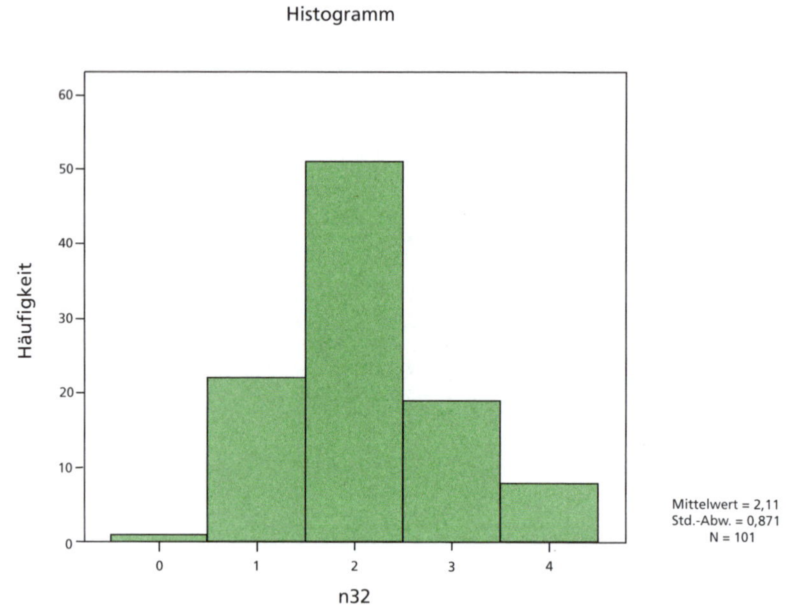

Abbildung 3.14: Item N32 *„vor Energie überschäumen"*

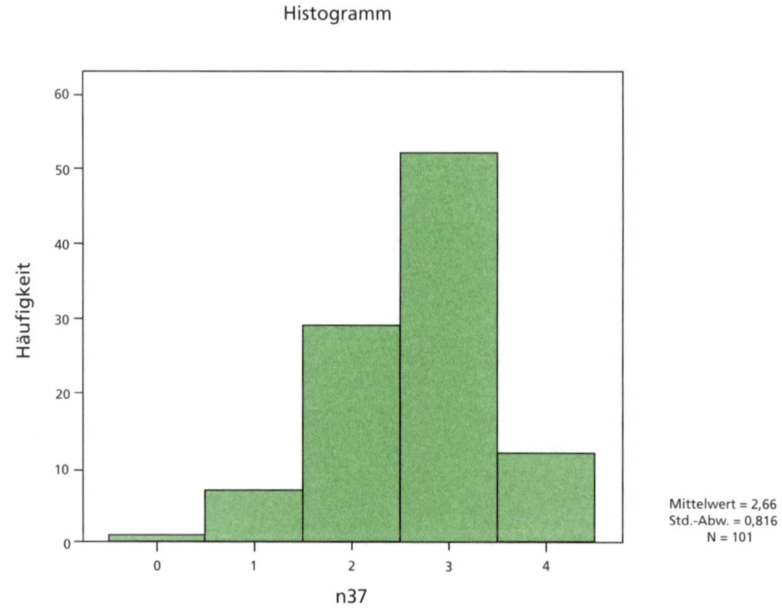

Abbildung 3.15: Item N37 *„fröhlicher Mensch"*

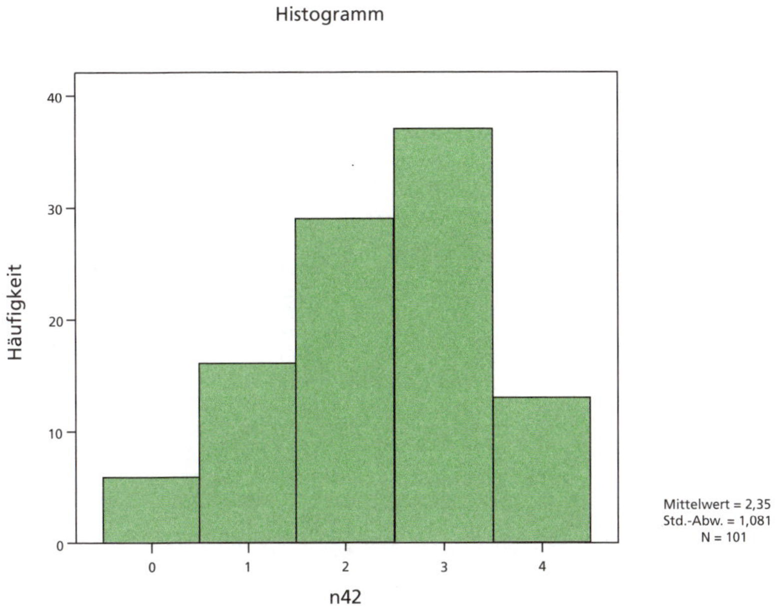

Abbildung 3.16: Item N42 *„kein gut gelaunter Optimist"*

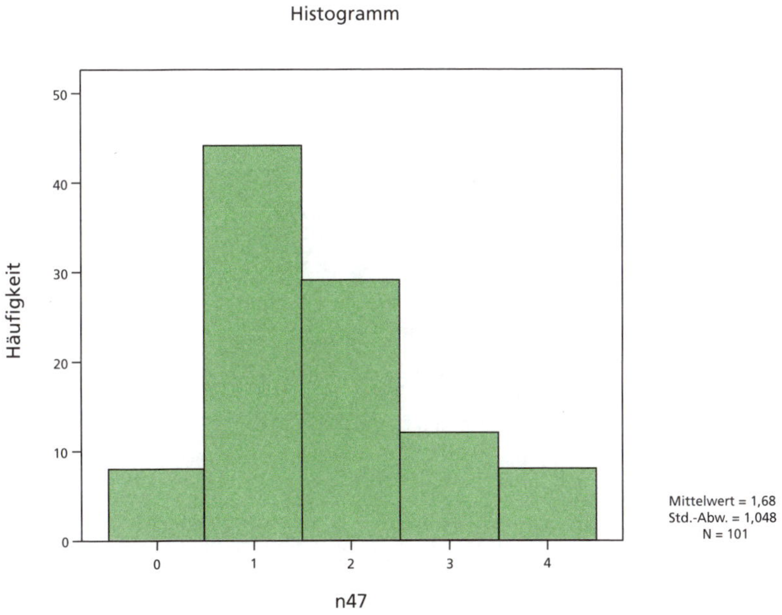

Abbildung 3.17: Item N47 *„hektisches Leben"*

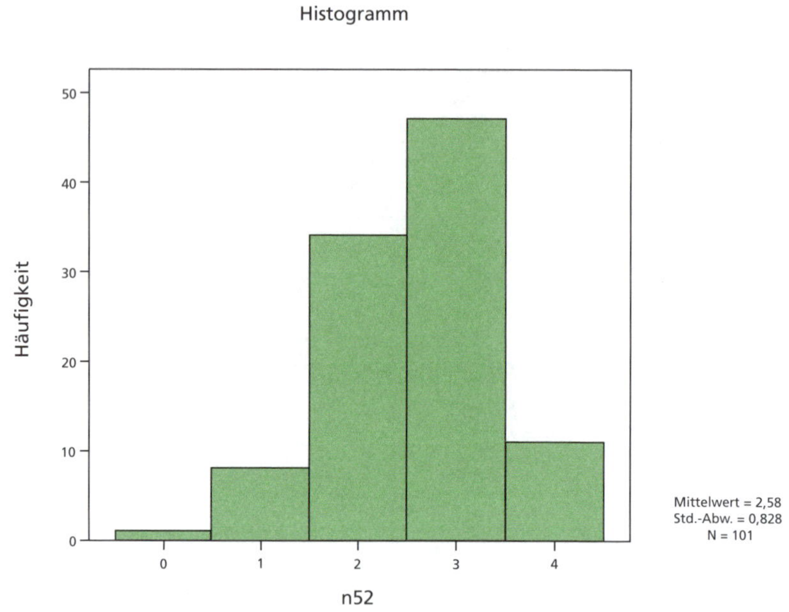

Abbildung 3.18: Item N52 *„aktiver Mensch sein"*

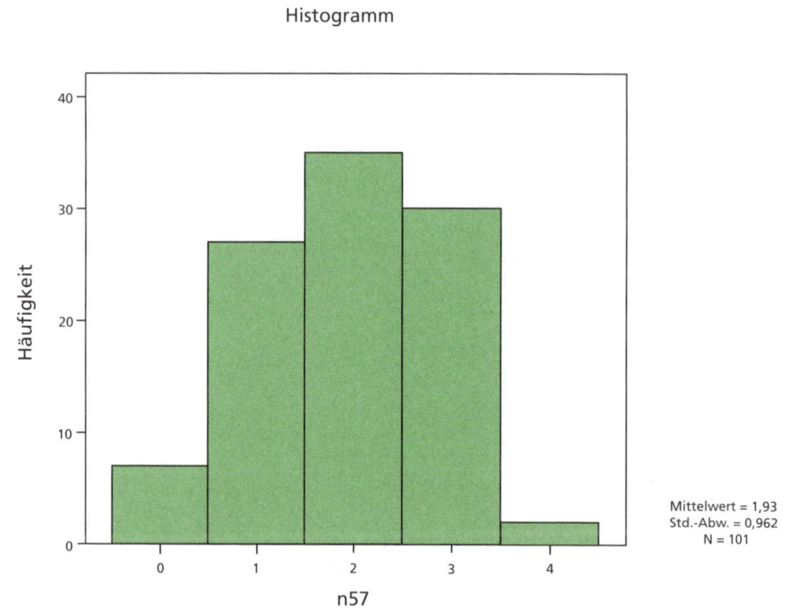

Abbildung 3.19: *Item N57 „lieber eigene Wege gehen"*

3.5 Trennschärfenanalyse

Was ist eine Trennschärfe?

Eine Trennschärfe stellt die korrigierte Korrelation (Part-whole-Korrektur s.u.) einer Aufgabe mit einer Skala dar. Inhaltlich drückt eine Trennschärfe aus, wie gut ein Item eine Skala, die aus den restlichen Items gebildet wird, widerspiegelt bzw. wie prototypisch ein Item für diese Skala ist. Die Skala besteht aus mehreren aufsummierten oder gemittelten Items, die inhaltlich dieselbe Eigenschaft oder dieselbe Fähigkeit erfassen. Solche Trennschärfen werden auch als Eigentrennschärfen bezeichnet. Davon unterscheidet man Fremdtrennschärfen: Fremdtrennschärfen sind Korrelationen von Items mit den Skalen oder Testwerten anderer Fragebögen oder Kriterien (z.B. „Berufserfolg"). Eine Trennschärfe ist also eine Korrelation zwischen einem Item und einer Skala und liegt daher immer zwischen „minus eins" und „plus eins".

Part-whole-Korrektur Vor der Berechnung der Trennschärfe (Korrelation) mit der Skala wird eine Part-whole-Korrektur (Formel siehe *Abschnitt 3.5.1)* vorgenommen, da das betreffende Item sonst mit in den Skalenwert eingeht, was zu einer Überschätzung der Trennschärfe führen würde. Ohne Part-whole-Korrektur ginge nämlich ein Teil der Skalenstreuung auf das entsprechende Item zurück, mit dem die Skala korreliert wird. Der unkorrigierte Wert stellt damit also eine partielle Eigenkorrelation dar.

Auswirkung der Part-whole-Korrektur In machen Fällen wirkt sich eine Part-whole Korrektur nur geringfügig auf die Trennschärfen aus: Je größer die Itemanzahl einer Skala ist, desto geringer sind die Auswirkungen der Korrektur auf die Trennschärfe, denn mit zunehmender Itemzahl wird der Beitrag eines einzelnen Items relativ zum Gesamtskalenwert geringer. Je homogener eine Skala ist, desto weniger ändern sich die Trennschärfen durch eine Part-whole-Korrektur. Sehr homogene Skalen bestehen aus inhaltlich ähnlichen und hoch korrelierten Items, das heißt, sie beinhalten redundante Items. Erfassen alle Items etwas Ähnliches, reichen wenige beliebige Items zur Messung einer Skala aus. Jedoch ist dann der erfasste Verhaltensausschnitt meist gering. Bei der Verkürzung einer Skala auf relevante Items muss darauf geachtet werden, dass die Messgenauigkeit (Reliabilität) der verkürzten Skala noch in einem befriedigenden Bereich liegt (siehe *Kapitel 4*).

Negative Trennschärfen Nicht nur die absolute Höhe der Trennschärfen ist von Bedeutung, sondern es kommt vor allem darauf an, dass die Unterscheidungen, die das Item trifft (gelöst vs. nicht gelöst), im Sinne der Erwartung ausfallen. Das heißt, dass Probanden, die ein Item lösen, auch einen hohen Skalenwert erhalten und Probanden, die ein Item nicht lösen, einen niedrigen. Diese Erwartung muss nicht eintreffen, denn einzelne Items können auch entgegen der Erwartung mit dem Skalenwert korrelieren. In diesem Fall ergeben sich negative Trennschärfen; diese sind in der Regel für die Testkonstruktion ungeeignet. Werden negativ gepolte Items verwendet, sollten diese vor der Trennschärfenanalyse umgepolt werden, da sie zu negativen Trennschärfen führen können.

Gründe für verzerrte Trennschärfen Verzerrte Trennschärfen können durch extreme Streuungen, durch Teilstichproben innerhalb einer Gesamtstichprobe oder durch Ausreißerwerte bedingt sein. Beispielsweise können sich Probanden, die einen Test bearbeitet haben, in Teilstichproben mit extrem unterschiedlicher Leistungsfähigkeit oder einem anderen Antwortstil aufteilen. Diese Gruppenbildung kann sich auf die Höhe eines Zusammenhangs sowohl positiv (im Sinne einer Erhöhung) als auch negativ (im Sinne einer Reduzierung) auswirken. Items mit verzerrten Trennschärfen sind für die Testkonstruktion ungeeignet und sollten für die Testendform nicht weiter berücksichtigt werden. Sowohl Ausreißer als auch die beschriebene Gruppenbildung können durch die Inspektion eines bivariaten Streudiagramms (siehe *Abschnitt 8.10*) erkannt werden. Auch die Verteilung eines Items kann gravierende Auswirkungen auf die Trennschärfen haben. Unterscheidet sich die Schiefe der Items deutlich, können diese Items bedingt durch ihre Verteilung nicht „optimal" korrelieren. Nicht optimal heißt, ihre Korrelation kann nicht maximal werden und Werte von +1 bzw. –1 annehmen. An dieser Stelle ist anzumerken, dass diese maximalen Werte bei Items aufgrund ihrer nicht perfekten Messgenauigkeit wahrscheinlich nicht erreicht werden können.

Es kann jedoch sehr sinnvoll sein, schiefe Items in einem Test zu haben. Diese Items sind entweder sehr leicht oder sehr schwierig, differenzieren also auch in den Randbereichen. Daher ist bei der späteren Itemselektion darauf zu achten, dass Items nicht alleine aufgrund ihrer Trennschärfe aus dem Test entfernt werden, sondern auch die Verteilung der Items berücksichtigt wird und vor allem der Iteminhalt (Stichwort: Inhaltsvalidität).

Skalen- und Kriteriumsreliabilität Lienert und Raatz (1998, S. 96) weisen darüber hinaus darauf hin, dass die Trennschärfen auch von der Reliabilität des Kriteriums bzw. der Skala abhängen. Das heißt, erfasst ein Kriterium oder eine Skala ein Merkmal, eine Fähigkeit oder Eigenschaft nur sehr ungenau, dann sind keine hohen Trennschärfen zu erwarten.

Arten von Trennschärfen Es werden hauptsächlich zwei Arten von Trennschärfen unterschieden: (1) Trennschärfen (Produkt-Moment-Korrelation) zwischen intervallskalierten Items und Skalen sowie (2) Trennschärfen zwischen dichotomen Items und intervallskalierten Skalen (punktbiseriale Korrelationen). Im Weiteren werden diese beiden Arten von Trennschärfen genauer erläutert.

Transformation auf ein niedrigeres Datenniveau Es ist in der Regel nicht sinnvoll, Daten mit einem höherem Datenniveau in ein niedrigeres Datenniveau zu transformieren. Beispielsweise könnten Probanden mit hohen und niedrigen Ausprägungen auf den Skalen „Extraversion" und „Neurotizismus" (= Emotionale Stabilität) aufgeteilt werden. Dazu kann man die Probanden mit Hilfe des Medians beider Skalen in je zwei Gruppen aufteilen: Probanden, deren Skalenwert über dem Median liegt, und Probanden, deren Skalenwert unter dem Median liegt. Beide Ausprägungen liegen dann nur noch in einem dichotomen Format vor: „Extravertiert" ja-nein und „emotional stabil" ja-nein. Dies führt in der Regel zu einem Informationsverlust. Aus diesem Grund werden diese Techniken zur Berechnung von dichotomen Items mit künstlich dichotomen Skalenwerten nicht dargestellt. In einem solchen Fall stellt das Lehrbuch „Testaufbau und Testanalyse" (6. Auflage) von Lienert und Raatz (1998) Berechnungsprozeduren bereit.

3.5.1 Berechnung von Trennschärfen

Wie berechne ich eine Trennschärfe?

Produkt-Moment-Korrelation als Trennschärfe

Die Trennschärfe entspricht einer Produkt-Moment-Korrelation (r), die auch als Pearson-Korrelation oder als bivariate Korrelation bezeichnet wird. Eine quadrierte Produkt-Moment-Korrelation (r^2) entspricht dem Anteil gemeinsamer Varianz zwischen zwei Merkmalen und wird als Determinationskoeffizient bezeichnet.

Folgende Formel wird zur Berechnung der part-whole-korrigierten Trennschärfe zwischen einem intervallskalierten Item (z.B. „Ich bin ein offener Mensch" trifft zu ❶-❷-❸-❹-❺ trifft nicht zu) und einer intervallskalierten Skala („Extraversion") herangezogen:

Produkt-Moment-Korrelation part-whole-korrigiert:

$$r_{j(t-j)} = \frac{r_{jt} \cdot S_t - S_j}{\sqrt{S_t^2 + S_j^2 - 2 \cdot r_{jt} \cdot S_t \cdot S_j}}$$

Dabei ist:

- $r_{j(t-j)}$ = Trennschärfekoeffizient der Aufgabe j mit der Skala t, bei der Aufgabe j nicht berücksichtigt ist
- r_{jt} = Korrelation des Items j mit der Skala t
- S_j = Standardabweichung des Items j
- S_t = Standardabweichung der Skala t

Eine positive Trennschärfe bedeutet an diesem konkreten Beispiel, je mehr die Probanden dem Item „Ich bin ein offener Mensch" zustimmen, desto höher fällt ihr Skalenwert „Extraversion" ohne das entsprechende Item aus.

Bei Produkt-Moment-Korrelationen stellen **Ausreißerwerte** bzw. **Extremwerte** ein gravierendes Problem dar, das sich auf die Korrelationshöhe auswirkt. Man spricht in einem solchen Fall von artifiziell erhöhten oder erniedrigten Korrelationen. Solche Artefakte sollten bei der Trennschärfenberechnung vermieden werden. Deshalb ist es ratsam, die Items vor der Trennschärfenberechnung auf Ausreißer zu untersuchen. Dazu reicht es meist aus, sich die bivariate Verteilung der Items und der Skala (Streudiagramm zwischen Item und Skala) anzuschauen und die Ausreißer gegebenenfalls aus dem Datensatz zu entfernen. Dabei ist zu beachten, dass es umso schwieriger wird, Ausreißer zu entdecken, je weniger Antwortkategorien vorliegen. Dazu müssen die Items entweder eine starke Differenzierung erlauben (z.B. zehnstufiges Antwortformat), oder der Ausreißer muss extrem von der restlichen Verteilung abweichen: Beispielsweise sind bei einem fünfstufigen Antwortformat nur die obersten beiden Kategorien (4 und 5) besetzt, und eine Person hat die niedrigste Antwortkategorie (1) gewählt.

Punktbiseriale Korrelation als Trennschärfe

Grundlage bildet auch hier die Produkt-Moment-Korrelation, wobei ein dichotomes Item (z.B. Beispiel „Ich gehe gerne aus" Ja-Nein) mit einer in der Regel intervallskalierten Skala (z.B. „Extraversion") korreliert wird. Man bezeichnet diese Korrelation als punktbiseriale Korrelation. Diese wird ebenfalls part-whole-korrigiert. Die entsprechende Formel lautet:

Punktbiseriale Korrelation part-whole-korrigiert:

$$r_{j(t-j)} = \frac{r_{jt} \cdot S_t - \sqrt{p_j \cdot q_j}}{\sqrt{S_t^2 + p_j \cdot q_j - 2 \cdot r_{jt} \cdot S_t \cdot \sqrt{p_j \cdot q_j}}}$$

Dabei ist:

- $r_{j(t-j)}$ = Trennschärfekoeffizient der Aufgabe j mit der Skala t, bei der Aufgabe j nicht berücksichtigt ist
- r_{jt} = Korrelation des Items j mit der Skala t
- p_j = Schwierigkeitsindex des Items j
- q_j = $1 - p_j$
- S_t = Standardabweichung der Skala t

Eine positive Trennschärfe bedeutet an diesem konkreten Beispiel, dass Probanden, die das Item „Ich gehe gerne aus" eher mit „Ja" beantworten, auch eher höhere Werte auf der Skala „Extraversion" erzielen als Probanden, die diese Frage mit „Nein" beantworten.

3.5.2 Inhaltliche Erläuterungen zu Trennschärfe- und Schwierigkeit

Wie hängen Schwierigkeit und Trennschärfe zusammen?

Trennschärfe, Itemschwierigkeit und Itemstreuung sind nicht völlig unabhängig voneinander zu betrachten, sondern stehen in einer gewissen Abhängigkeit zueinander. Dies soll im folgenden Abschnitt verdeutlicht werden. Die Trennschärfe steht – wie bereits erwähnt – dafür, wie gut ein Item inhaltlich alle anderen Items der Skala widerspiegelt. Der Schwierigkeitsindex gibt an, wie schwer oder leicht ein Item von den Probanden gelöst werden kann, und die Streuung, wie sehr sich die Itemantworten der Probanden in Bezug auf ein Item unterscheiden.

Zunächst erfolgt die Betrachtung dichotomer Items. Wenn 50 von 100 Probanden ein Item richtig lösen, so differenziert dieses Item zwischen jedem der 50 Probanden, die das Item gelöst bzw. nicht gelöst haben. Damit sind mit diesem Item insgesamt $50 \cdot 50 = 2500$ Unterscheidungen zwischen Probanden möglich. Wenn nun 20 von 100 Probanden ein Item richtig lösen, können nur $20 \cdot 80 = 1600$ Unterscheidungen getroffen werden. Lösen nur fünf von 100 Probanden ein Item richtig, so sind nur noch $5 \cdot 95 = 475$ Unterscheidungen möglich. Das Gleiche gilt, wenn 95 von 100 Probanden ein Item richtig lösen. Dies bedeutet, dass Items mit **mittlerer Schwierigkeit** zwischen Probanden, die ein Item lösen („Löser"), und Probanden, die ein Item nicht lösen („Nicht-Löser"), am besten differenzieren oder trennen.

Reichen Itemschwierigkeiten an den Rand der Antwortskala, spricht man von Boden- oder Deckeneffekten. Ein Deckeneffekt tritt also auf, wenn Antwortkategorien am oberen Itempol häufig gewählt werden: beispielsweise, wenn die Schwierigkeit eines Items so gering ist, dass fast jeder Proband den maximalen Itemwert erzielt. Bodeneffekte hingegen treten auf, wenn die Schwierigkeit eines Items so groß ist, dass selbst Probanden mit hoher Eigenschafts- oder Fähigkeitsausprägung nur niedrige Itemwerte erzielen. Beide Effekte haben zur Folge, dass mit diesen Items zwischen Individuen mit verschiedenen Merkmalsausprägungen nicht mehr ausreichend differenziert werden kann. Dies kann, muss aber keine geringe Streuung zur Folge haben. Hohe Itemstreuungen begünstigen, sowohl bei dichotomen als auch bei intervallskalierten Items, hohe Trennschärfen, sichern diese aber nicht.

Es folgt ein Beispiel zur Erklärung, wie bei **denselben Itemschwierigkeiten** unterschiedliche Trennschärfen auftreten können: Bei der Bearbeitung eines mittelschweren Intelligenztestitems werden zwei Gruppen von Probanden gebildet: eine Gruppe, die das Item gelöst hat, und eine Gruppe, die das Item nicht gelöst hat. Eine sehr gute Trennschärfe liegt vor, wenn jeder Proband aus der Gruppe der „Löser" einen Testwert (z.B. „IQ") über 100 und jeder Proband aus der Gruppe der Nicht-Löser einen Testwert („IQ") unter 100 aufweist. Eine geringe Trennschärfe liegt vor, wenn in der Gruppe der Probanden mit einem IQ von über 100 geringfügig mehr Probanden das entsprechende Item gelöst oder nicht gelöst haben und dies auch für die Gruppe der Probanden mit einem IQ von unter 100 zutrifft. Eine Trennschärfe um null wird erzielt, wenn die zahlreichen Differenzierungen bei dem mittelschweren Item rein zufällig und unabhängig vom IQ-Testwert der Probanden sind. Eine negative Trennschärfe liegt vor, wenn mehr Probanden mit niedrigem IQ-Testwert die Aufgabe lösen als solche mit höherem IQ-Testwert.

Insgesamt differenzieren Tests mit **homogen mittelschweren** Items am besten bei mittleren Merkmalsausprägungen. Da bei mittlerer Itemschwierigkeit die Wahrscheinlichkeit für hohe Trennschärfen ansteigt, ist für solche Skalen auch eine höhere **Reliabilität** zu erwarten als für Skalen, deren Items einen breiten Schwierigkeitsbereich abdecken. Um auch in Randbereichen eines Merkmalsbereichs zu differenzieren, muss die Skala auch extremere Schwierigkeitsbereiche mit Items abdecken. Dabei sollte gleichzeitig die Trennschärfe hoch sein. Meist erreichen Items mit extremen Schwierigkeiten geringere Trennschärfen als mittelschwere Items. Dies reduziert die Itemhomogenität, und daher sind für solche Skalen nicht ganz so hohe Reliabilitäten wie für Skalen mit ausschließlich mittelschweren Items zu erwarten. Führt man eine Itemselektion nur anhand der Itemtrennschärfen durch, besteht die Gefahr, in hohem Maße Items mit extremer Schwierigkeit aus dem Test zu eliminieren. Dabei kann es sich auch um ein methodisches Artefakt handeln, wie Moosbrugger und Zistler (1993) gezeigt haben. Die Autoren schlagen ein alternatives Verfahren vor: Das Verfahren der „schwierigkeitsproportionalen Stichprobenverteilung" (SPS-Verfahren, Näheres dazu siehe Moosbrugger & Zistler, 1993, S. 27 ff.). Damit gerade bei dichotomen Items die Itemauswahl nicht zu sehr vom Schwierigkeitsindex abhängt, kann die part-whole korrigierte Trennschärfe für jedes Item ermittelt und auf dieser Basis der **Selektionskennwert (*SK*)** bestimmt werden (Lienert & Raatz, 1998):

$$SK = \frac{r_{it}}{2 \cdot S_i}$$

Dabei ist:

- r_{it} = Korrelation des Items *i* mit der Skala *t*
- S_i = Standardabweichung des Items *i*

Die Verwendung des Selektionskennwerts führt dazu, dass die Trennschärfe von Items mit extremer Schwierigkeit nach oben korrigiert wird. Nehmen wir als Beispiel an, dass der Schwierigkeitsindex für Item *A* mit $p = .80$ extrem ist. In der Itemanalyse ergibt sich dann auch eine geringe Trennschärfe von $r_{it} = .10$. Die Standardabweichung des Items ist entsprechend der Formel von S. 86 (*S* ist Wurzel aus *p* mal *q*) $S = .4$. Item *B* hingegen hat einen mittleren Schwierigkeitsindex von $p = .5$, eine mittlere Trennschärfe von $r_{it} = .50$ und die Standardabweichung beträgt $S = .5$. Berechnet man nun für Item *B* den Selektionskennwert, muss die Trennschärfe $r_{it} = .50$ durch die mit zwei multiplizierte Standardabweichung ($S = .5$) geteilt werden. Der Selektionskennwert beträgt demnach .50 und entspricht der Trennschärfe. Für das Item A mit der extremeren Schwierigkeit wird die Trennschärfe von r_{it} = .10 durch .8 (2 mal *S*) geteilt und somit fällt der Selektionskennwert (*SK* = .125) größer aus als die Trennschärfe. Generell ist es so, dass je weiter sich der Schwierigkeitsindex den Randbereichen null und eins nähert, desto stärker die Korrektur ausfällt. Damit werden Items mit extremeren Schwierigkeitsindizes im Rahmen der Testanalyse nicht so leicht aus einem Test entfernt. Items mit einem Schwierigkeitsindex von eins und null können mit dieser Formel nicht korrigiert werden. Die Division durch (zweimal) null ist beispielsweise nicht erlaubt. Solche Items sind ungeeignet.

Trennschärfen hängen aber nicht nur von der Itemschwierigkeit ab. Wie die Itemselektion am besten vorzunehmen ist, muss der Testkonstrukteur entscheiden. Ein Intelligenztest für Hochbegabte sollte beispielsweise viele Items mit extremer Schwierigkeit, d.h. Items, die nur von sehr intelligenten Probanden gelöst werden, enthalten. Denn nur in diesem Bereich will man Unterscheidungen treffen. Spezifische Möglichkeiten der Itemselektion beschreiben Lienert und Raatz (1994; S. 117, S. 127 und S. 130) oder Fisseni (1997) für homogene Tests (S. 60) und für heterogene Tests (S. 62). Es wird deutlich, dass bei der Itemselektion die Merkmale der getesteten Stichprobe und das Testziel mit berücksichtigt werden müssen.

3.5.3 Fremdtrennschärfen

Was versteht man unter einer Fremdtrennschärfe?

Von **Fremdtrennschärfen** wird gesprochen, wenn eine Korrelation zwischen einem Item und einem Kriteriumswert erhoben wird. Es werden nur die Items ausgewählt, die hoch mit dem Kriterium korrelieren, die restlichen Items werden ausgesondert. Fremdtrennschärfen maximieren damit die Kriteriumsvalidität eines Tests, während Eigentrennschärfen die Homogenität eines Tests maximieren. Dies lässt sich an einem hypothetischen Beispiel verdeutlichen: Es wird die Konstruktion eines Eingangseignungstests für Bewerber beabsichtigt, der in der Lage ist, besonders gut die Abschlussnote der betrieblichen Ausbildung vorherzusagen. Für den Betrieb ist es wichtig, für die Ausbildung besonders qualifizierte Bewerber auszuwählen, die mit großer Sicherheit die Abschlussprüfung bestehen. Dazu kann es nötig sein, dass viele unterschiedliche Fähigkeiten erfasst werden müssen. Das heißt, die Homogenität des Tests (= mittlere Interitemkorrelation der Skalenitems) ist nicht von übergeordneter Bedeutung. Viel wichtiger ist die Frage, inwieweit der Test in der Lage ist, das relevante Kriterium, in unserem Fall die Abschlussnote am Ende der Ausbildung, vorherzusagen.

Zur weiteren Verdeutlichung dient *Abbildung 3.20*. Angenommen, mit dem zuvor beschriebenen Eingangstest wurden Bewerber für eine betriebliche Ausbildung ausgewählt, und dann wurde zwei Jahre später die Leistung im Abschlusstest (erzielte Punkte) gemessen. *Abbildung 3.20* zeigt die Korrelation der einzelnen Testitems im Eingangstest mit der Gesamtpunktzahl im Abschlusstest (= Kriterium für Ausbildungserfolg). Aus der Abbildung geht hervor, dass insbesondere die Items 18 und 19 besonders gut geeignet sind, die Leistung im Abschlusstest vorherzusagen, da sie hoch mit den Punkten im Abschlusstest korrelieren. Lediglich auf Item 9 würde man wahrscheinlich verzichten, da es eine extrem geringe Fremdtrennschärfe aufweist. Wäre dieses Item besonders schwer (nur von wenigen Probanden gelöst), könnte es auch sinnvoll sein, dieses Item beizubehalten.

Der Unterschied zur Validität besteht darin, dass bei Fremdtrennschärfen einzelne Items mit einem Kriterium korreliert und ausgewählt werden. Validitätskoeffizienten bestehen entweder aus Korrelationen zwischen Skalen oder Testwerten mit Kriterien oder aus Korrelationen zwischen Skalen oder Testwerten miteinander. Einzelne Items werden nicht betrachtet.

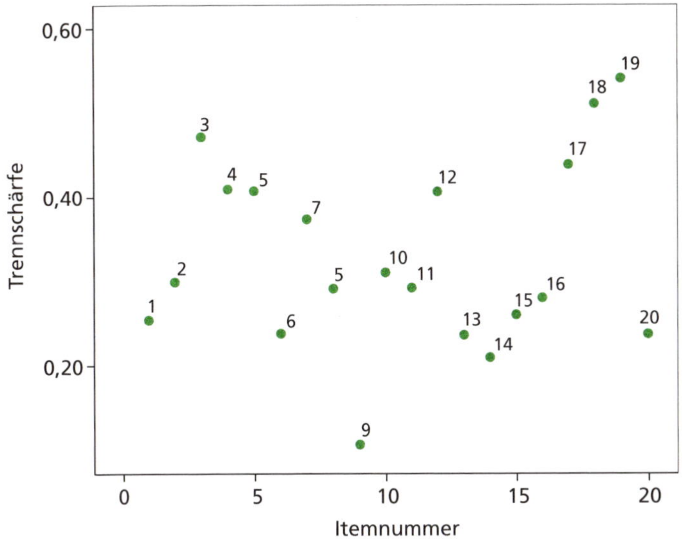

Abbildung 3.20: Fremdtrennschärfen zwischen einem Eignungstest und der Abschlussnote am Ende der Berufsausbildung

3.5.4 Berechnung von Trennschärfen mit SPSS

Wie führe ich eine Trennschärfenanalyse mit SPSS durch?

Um eine Trennschärfenanalyse durchzuführen, klicken Sie in der SPSS-Menüleiste auf ANALYSIEREN, dann SKALIEREN und schließlich auf RELIABILITÄTSANALYSE. Es erscheint das Fenster RELIABILITÄTSANALYSE (siehe *Abbildung 3.21*).

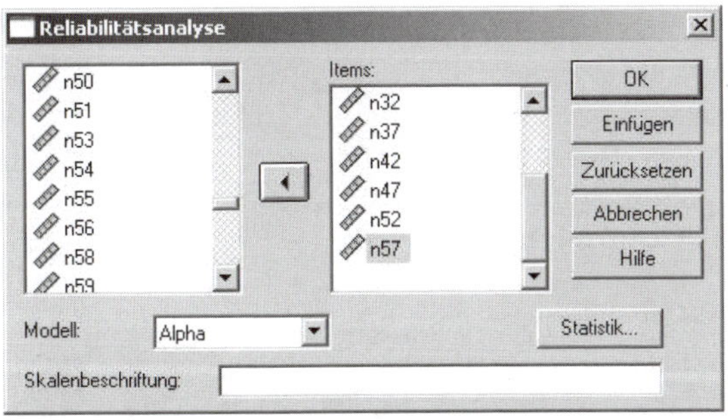

Abbildung 3.21: SPSS-Fenster RELIABILITÄTSANALYSE

Die Items N2, N7, N12, N17, N22, N27, N32, N37, N42, N47, N52 und N57 wurden durch Doppelklick auf die jeweiligen Items in das Fenster ITEMS eingefügt. In den Platzhalter hinter SKALENBESCHRIFTUNG kann der Skala ein Name zugewiesen werden. Die voreingestellte Reliabilitätsart „Alpha" kann so beibehalten werden. Die verschiedenen Arten der Reliabilitätsanalyse werden in *Kapitel 4* („Reliabilität") näher erläutert.

Durch Betätigen der Schaltfläche STATISTIK... öffnet sich das Fenster RELIABILITÄTSANALYSE: STATISTIK. In der Box DESKRIPTIVE STATISTIKEN FÜR markieren Sie durch Klicken das Kästchen SKALA, WENN ITEM GELÖSCHT (siehe *Abbildung 3.22*); außerdem kann zusätzlich die Option ITEM gewählt werden, um sich die Itemschwierigkeit (Itemmittelwerte) anzeigen zu lassen.

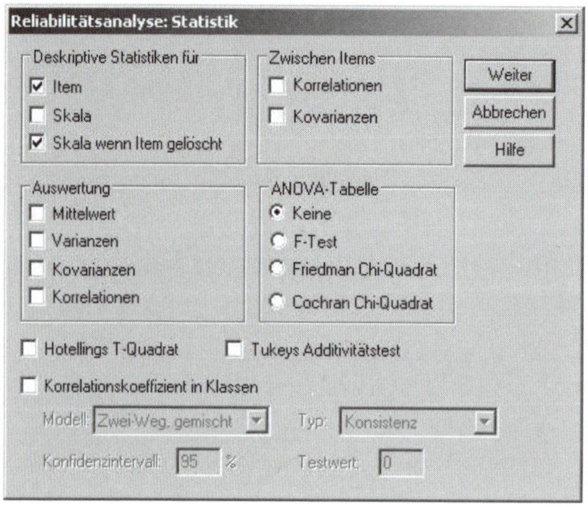

Abbildung 3.22: SPSS-Fenster RELIABILITÄTSANALYSE: STATISTIK

3.5.5 Beispiel einer Trennschärfenanalyse

Führt man eine Trennschärfenanalyse wie oben beschrieben durch, erhält man die SPSS-Ausgabe in *Abbildung 3.23*. Zunächst erfolgt die Betrachtung der Ausgabe der Mittelwerte und Streuungen. Es ergeben sich im ersten Teil der SPSS-Ausgabe keine Veränderungen zu den zuvor bereits betrachteten deskriptiven Statistiken in *Kapitel 3.4.7* (❶ = Itemmittelwert, ❷ = Itemstreuung, ❸ = Anzahl der Probanden).

Zunächst fällt auf, dass die Itemschwierigkeit von 1.68 bis 3.13 variiert. Es werden etwa 29 Prozent (Range: 3.13 – 1.68 = 1.44) der theoretisch möglichen Breite der fünfstufigen Antwortskala im Mittel ausgeschöpft, dabei zu einem größeren Anteil die rechte Skalenhälfte (Zustimmung). Die Itemstreuungen bewegen sich in einem Bereich von .82 bis 1.08. Bei der Betrachtung der Itemtrennschärfen in *Abbildung 3.23* fällt auf, dass Item N47 „Ein hektisches Leben führen" eine sehr geringe Trennschärfe („Korrigierte Item-Skala-Korrelation" ❻) aufweist. Diese geringe Trennschärfe wirkt sich auch auf die Messgenauigkeit der Skala negativ aus: Das Cronbach-α ohne Item N47 ❺ steigt im Vergleich zum Cronbach-α der Skala mit allen zwölf Items ❽ an, wenn man das Item nicht in die Skala aufnehmen würde (**Cronbachs Alpha, wenn Item weggelassen** ❼).

Reliabilitätsstatistiken

Cronbachs Alpha	Anzahl der Items
❽ ,725	12

Itemstatistiken

	❶ Mittelwert	❷ Std.-Abweichung	❸ Anzahl
n2	2,28	,960	101
n7	2,81	,913	101
n12	2,65	,974	101
n17	3,13	,833	101
n22	1,83	1,059	101
n27	2,00	,980	101
n32	2,11	,871	101
n37	2,66	,816	101
n42	2,35	1,081	101
n47	1,68	1,048	101
n52	2,58	,828	101
n57	1,93	,962	101

Item-Skala-Statistiken

	Skalenmittelwert, wenn Item weggelassen	Skalenvarianz, wenn Item weggelassen	❻ Korrigierte Item-Skala-Korrelation	❼ Cronbachs Alpha, wenn Item weggelassen
n2	25,74	25,673	,574	,678
n7	25,21	29,326	,204	,727
n12	25,37	27,294	,387	,704
n17	24,89	27,718	,430	,700
n22	26,19	28,094	,264	,722
n27	26,02	26,160	,505	,687
n32	25,91	28,322	,334	,711
n37	25,36	26,712	,569	,683
n42	25,67	27,062	,351	,709
n47	26,34	30,246	❹ ,072	❺ ,748
n52	25,44	27,828	,420	,701
n57	26,09	28,142	,305	,715

Abbildung 3.23: SPSS-Ausgabe

Allerdings sollten die Itemtrennschärfen immer im Zusammenhang mit der Itemschwierigkeit betrachtet werden. Es ist günstig, wie folgt vorzugehen: Zunächst wird in SPSS eine neue Datendatei geöffnet. In die erste Spalte wird die Itemnummer, in die zweite die Trennschärfe, in die dritte Spalte die Itemschwierigkeit und schließlich in die vierte Spalte die Itemstreuung eingetragen. Zuletzt erfolgt die Erstellung von Streudiagrammen (siehe *Kapitel 8* „Korrelationen"). In *Abbildung 3.24* ist ein Streudiagramm zwischen Schwierigkeit und Trennschärfe zu sehen. Es zeigt sich, dass die Items N47, N7 und N17 extreme Schwierigkeiten aufweisen, da sie an den Endpunkten der Schwierigkeitsverteilung liegen. Betrachtet man weiter die Itemschwierigkeit, sind auch die Items N37, N52 und N12 mindestens genauso weit oder weiter als das Item N47 von der **Skalenmitte** mit dem Wert 2 entfernt. Sie weisen somit einen mindestens vergleichbaren Schwierigkeitsgrad auf. Im Gegensatz dazu weisen sie aber höhere Trennschärfen als Item N47 auf. Allerdings ist das Item N47 als einziges Item der gesamten Skala linkssteil verteilt (siehe *Abbildung 3.17*), während die Items N37, N52 und N12 rechtssteil verteilt sind (ähnlich wie die anderen Items der Skala). Item N17 und N47 weisen die extremsten Schiefen unter allen Items auf. Daher ist für diese Items eine reduzierte Trennschärfe zu erwarten. Darüber hinaus kann auch die geringe Itemschwierigkeit für die geringe Trennschärfe des Items N47 verantwortlich sein. Aber auch für Items mit extremen Schwierigkeiten und damit auch einer extremen Schiefe sind relativ hohe Trennschärfen möglich, wie die Trennschärfe des Items N17 zeigt.

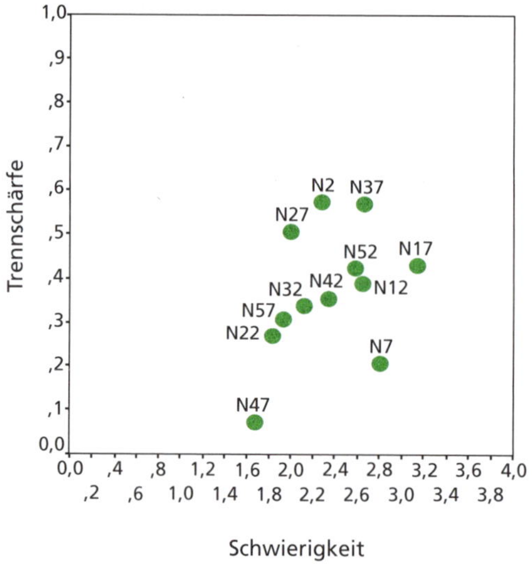

Abbildung 3.24: Zusammenhang zwischen Trennschärfe und Itemschwierigkeit bei den NEO-FFI-Items in der vorliegenden Stichprobe

Lienert und Raatz (1998, S. 31) geben an, dass mittelschwere Items in der Regel die höchsten Streuungen aufweisen. Bei extremen Schwierigkeiten (geringe oder hohe) nimmt dagegen die Wahrscheinlichkeit für hohe Streuungen ab. Dieser Zusammenhang spiegelt sich in unserem Beispiel gut wider. In *Abbildung 3.25* ist ein Streudiagramm zwischen Schwierigkeit und Itemstreuung zu sehen. Items, deren Schwierigkeiten um die mittlere Antwortkategorie (2) liegen, weisen höhere Streuungen auf als Items, die die Randbereiche der Skala abdecken. In unserem Beispiel sind die Items mit extremer Schwierigkeit nach links von der Skalenmitte (2) verschoben. Items, deren Itemschwierigkeit unter der Skalenmitte liegt, kommen in unserem Beispiel fast nicht vor. Auch für solche Items ist die Wahrscheinlichkeit groß, dass die Itemstreuung umso geringer ausfällt, je weiter die Itemschwierigkeit nach rechts von der Mittelkategorie (Wert 2) abweicht. In dieser Stichprobe weisen die Items jedoch so genannte Deckeneffekte (s.o.) auf, das heißt, viele Probanden weisen das erfragte Merkmal auf. In unserem Beispiel bedeutet dies eine hohe Ausprägung der Eigenschaft „Extraversion".

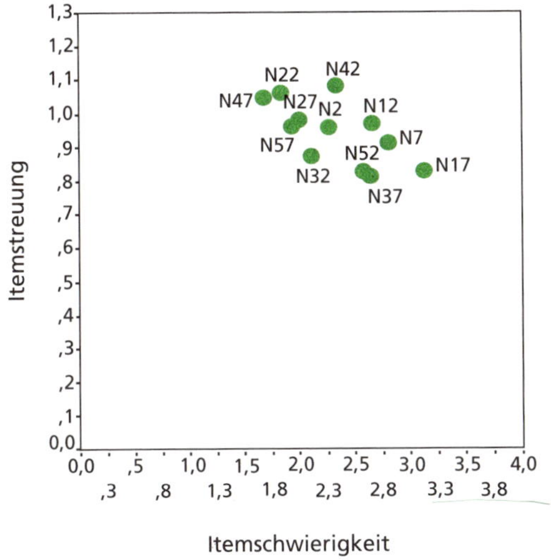

Abbildung 3.25: Zusammenhang zwischen Itemschwierigkeit und Itemstreuung bei den NEO-FFI-Items in der vorliegenden Stichprobe

In *Abbildung 3.26* ist der Zusammenhang zwischen Streuung und Trennschärfe in einem Streudiagramm dargestellt. Es lässt sich im Beispiel kein positiver Zusammenhang zwischen Streuung und Trennschärfe finden. (Je höher die Streuung, desto höher die Trennschärfe: Im Idealfall liegen die Punkte auf einer Geraden von links unten nach rechts oben.) In der Regel korrelieren Items mit einer hohen Streuung (die Antworten zwischen den Probanden unterscheiden sich stark) mit größerer Wahrscheinlichkeit mit den anderen Items oder Kriterien als Items, in denen sich Probanden wenig unterscheiden (geringe Streuung). Dies trifft allerdings nur dann zu, wenn es sich um systematische und nicht um zufällige (durch Messfehler bedingte) Streuungen handelt. Das Beispiel zeigt, dass die Streuung des Items N47 im Vergleich zu anderen höher ausfällt, jedoch die Trennschärfe gering ist. Im Gegensatz dazu ist die Streuung des Items N17 im Vergleich zu den anderen Items geringer, aber die Trennschärfe dennoch hoch. Das heißt, dass sich die Antworten der Probanden auf Item N47 zwar stark unterscheiden, diese Unterscheidungen aber nur in einem geringen Maße im Sinne der Erwartung ausfallen: Aus diesem Grunde ist nur ein geringer Zusammenhang zwischen Item N47 und den restlichen Items der Skala feststellbar. Für Item N17 trifft genau das Gegenteil zu. Item N2 weist im Vergleich zu den anderen Items eine relativ hohe Streuung auf und auch eine hohe Trennschärfe. Das heißt, je höher die Ausprägungen der Probanden auf Item N2 sind, desto höher fallen auch die Ausprägungen auf den restlichen Items der Skala aus. Bisher ging man davon aus, dass hohe Trennschärfen generell wünschenswert sind. Gleichzeitig glaubte man, dass geringere Trennschärfen nur dann in Kauf genommen werden sollten, wenn die Schwierigkeit extrem ausfällt. Es gibt mittlerweile begründete Zweifel an dieser Strategie.

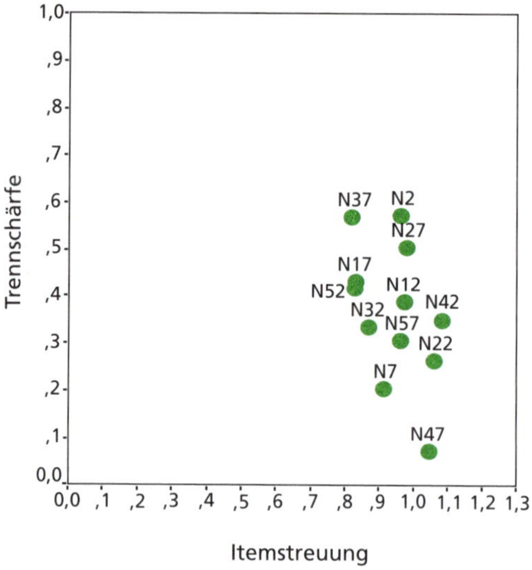

Abbildung 3.26: Zusammenhang zwischen Trennschärfe und Itemstreuung bei den NEO-FFI-Items in der vorliegenden Stichprobe

Items mit hoher Streuung und geringer Trennschärfe sollten auf jeden Fall näher analysiert werden, bevor sie in die Testendform aufgenommen werden. Hierfür könnten unterschiedliche Antwortstrategien oder Ausreißerwerte verantwortlich sein. Um dies zu erkennen, kann eine Inspektion der Histogramme hilfreich sein (z.B. zweigipflige Itemverteilungen bzw. extreme Werte im Histogramm).

Exkurs: Itemtrennschärfen als Gütemaßstab

Zusammenfassend wird hier nochmals aufgeführt, durch welche Einflussgrößen die Trennschärfe mitbestimmt wird:

- Inhaltliche Passung zur Skala
- Messgenauigkeit eines Items
- Itemschwierigkeit
- Itemstreuung

An diesen verschiedenen Einflussgrößen wird schon deutlich, dass ein so einfach anmutender Itemkennwert wie die Trennschärfe nicht leicht zu interpretieren ist. Betrachtet man ein einfaches Beispiel, wird schnell klar, dass auch das Kriterium, nur Items mit hohen Trennschärfen auszuwählen, nicht besonders günstig ist. Nehmen wir an, wir hätten zehn Items mit perfekter Trennschärfe ($r_{it} = 1$), dann wären neun Items zur Beschreibung der Skala redundant, da in diesem Fall alle Items dasselbe Konstrukt messen. Die neun verbleibenden Items liefern keine zusätzliche Information über die Skala mehr.

Würden wir zehn Items mit einer Trennschärfe von null ($r_{it} = 0$) betrachten, dann würde jedes Item etwas anderes als die Skala messen. Beide Extremfälle sind aus Sicht des Testkonstrukteurs, möchte er *ein* Konstrukt *breit* erfassen, wenig interessant. Im Fall der perfekten Trennschärfe erfasst man ein Konstrukt aber sehr eng. Im Fall von Null-Trennschärfen erfasst man so viele Konstrukte wie Items. Wenn wir uns vorstellen, dass ein guter Test sowohl homogen als auch prädiktiv valide sein soll, dann können daraus mehrere Konsequenzen abgeleitet werden. Zuerst einmal muss das durch den Test zu untersuchende Verhalten und dessen Generalitätsebene genau analysiert werden. Soll mit dem Test ein kleiner Teilausschnitt von Verhalten vorhergesagt werden, dann sollten die Items auch angemessen homogen sein. Das heißt, Test und Verhaltensausschnitt sollten auf der gleichen Generalitätsebene liegen. Wird hingegen angestrebt, ein breites Verhaltensspektrum zu erfassen, muss der Test auch hinreichend heterogene Items enthalten. Dies deutet darauf hin, dass im Zweifelsfall inhaltliche Überlegungen über den Verbleib des Items in der Skala entscheiden sollten und nicht statistische Kriterien. Statistische Kriterien können aber helfen, redundante Items bzw. schlecht formulierte Items zu entdecken. Wie im Rahmen der probabilistischen Testtheorie deutlich wird (siehe *Kapitel 7*), sind gleiche Trennschärfen ein besseres Gütekriterium für einen Test als stark variierende hohe Trennschärfen. Niedrige Trennschärfen können vorteilhafter als hohe Trennschärfen sein, wenn z.B. die Erfassung eines heterogenen Merkmals angestrebt wird (z.B. Neurotizismus) und die Validität des Tests im Vordergrund steht (siehe Fremdtrennschärfen). Trennschärfenanalysen, wie sie in diesem Kapitel vorgestellt worden sind, sind noch aus einem anderen Grund problematisch. Diese Analysen berücksichtigen nur die Korrelation mit *einer* Skala und nicht mit anderen Skalen. Wir finden in unserem Beispiel nur heraus, ob ein Item hoch mit der Skala *Extraversion* korreliert, nicht aber, ob es beispielsweise auch mit der Skala *Neurotizismus* oder *Offenheit für Erfahrung* hoch korreliert. Diese Information wäre aber wünschenswert. Nehmen wir an, ein Item würde auch noch mit diesen beiden Skalen hoch korrelieren. Was ist nun dafür verantwortlich, dass ein Proband bei diesem Item eine hohe Antwortkategorie wählt? Ist die Person emotional stabil (Neurotizismus), extravertiert oder offen für neue Erfahrungen? Wir können den hohen Wert, den eine Person bei diesem Item angegeben hat, nicht mehr eindeutig auf *eine* Eigenschaft zurückführen. Dies ist aus diagnostischer Sicht unbefriedigend, denn wir möchten schon genau wissen, welche Eigenschaft bei einer Person hoch oder niedrig ausgeprägt ist. Wie man Items erkennen kann, die mehrere Eigenschaften messen, wird in *Kapitel 5* (exploratorische Faktorenanalyse) dargestellt.

Eine weitere nützliche Betrachtungsweise der Items besteht darin, auf Itemstufen eines Items die Mittelwerte der restlichen Items einer Skala abzubilden. Dies lässt sich am Beispiel der Extraversion verdeutlichen. Die Probanden, die auf dem Item N47 eine geringe Ausprägung aufweisen, sollten auch auf allen anderen Items der Skala „Extraversion“ eine niedrige Ausprägung aufweisen. Das heißt, betrachtet man die Probanden, die Item N47 mit „starker Ablehnung“ beantwortet haben, sollten diese einen niedrigeren Skalenwert „Extraversion“ aufweisen als Probanden, die Item N47 mit „Ablehnung“ beantwortet haben. Dazu erstellt man einen Boxplot. Zuvor ist es aber notwendig, den Summenwert der Skala ohne das entsprechende Item (im Beispiel Item N47) zu bilden. Das Vorgehen ist dabei folgendermaßen: In SPSS wird in der Menüleiste TRANSFORMIEREN und dann BERECHNEN ausgewählt. Es öffnet sich das in *Abbildung 3.27* dargestellte Fenster. Die Zielvariable wird „ex_gn47" genannt und steht für „Extraversion: Gesamtskala ohne Item N47". Danach werden durch Doppelklick auf das entsprechende Item (oder Markieren des Items und Klick auf den Pfeil) ein Item nach dem anderen in das Feld NUMERISCHER AUSDRUCK übertragen und mit einem Pluszeichen verbunden. Nach vollständiger Eingabe wird durch Bestätigen der Schaltfläche OK die entsprechende Variable gebildet.

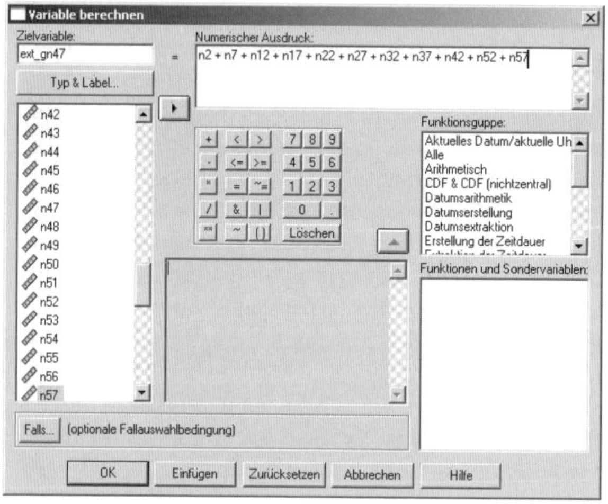

Abbildung 3.27: SPSS-Fenster VARIABLE BERECHNEN

Im nächsten Schritt klicken Sie auf die Menüleiste GRAFIKEN und BOXPLOT. Im sich öffnenden Fenster BOXPLOTS (*Abbildung 3.28a*) können Sie die vorgegebenen Standardeinstellungen belassen und gleich auf DEFINIEREN klicken. Im nun erscheinenden Fenster EINFACHEN BOXPLOT DEFINIEREN: AUSWERTUNG ÜBER KATEGORIEN (*Abbildung 3.28b*) geben Sie den Summenwert „ex_gn47" als VARIABLE ein und als KATEGORIENACHSE das Item „N47". Wählen Sie dann als FALLBESCHRIFTUNG die Variable „vpn".

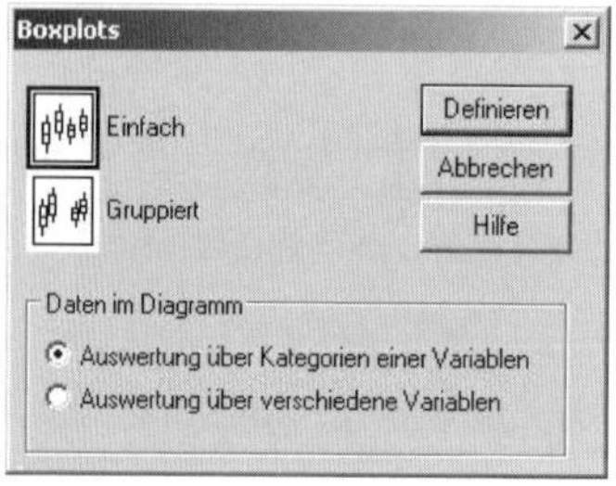

Abbildung 3.28a: SPSS-Fenster zum Erstellen eines Boxplots

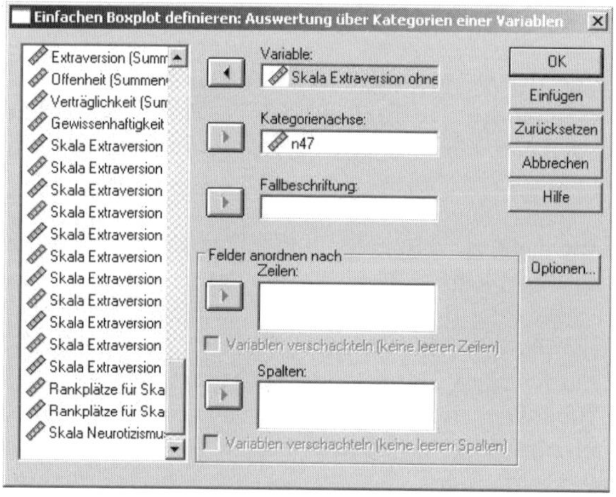

Abbildung 3.28b: SPSS-Fenster zum Erstellen eines Boxplots

Wie in *Abbildung 3.29* dargestellt, werden durch dieses Vorgehen (Bildung der Summenwerte) der Median (Balken in der Mitte), das 25- und 75-Prozent-Perzentil (untere und obere Begrenzung des farbig unterlegten Bereichs) sowie der kleinste und größte nicht-extreme Wert (Querstriche unterhalb und oberhalb des grün unterlegten Bereichs) angezeigt. Ausreißerwerte werden durch Punkte dargestellt (deren Abstand vom 25- bzw. 75-Prozent-Perzentil zwischen dem 1.5- und dem dreifachen Interquartilabstand bzw. Boxhöhe liegt), während Extremwerte durch Sternchen gekennzeichnet werden (in Abbildung nicht vermerkt: deren Abstand vom 25- bzw. 75-Prozent-Perzentil muss mindestens das Dreifache des Interquartilabstands betragen). Es lässt sich nun erkennen, ob mit zunehmender Ausprägung auf dem jeweiligen Item auch die mittlere Ausprägung auf den restlichen Items ansteigt. Denn genau diese Annahme müsste man treffen, wenn ein Item hoch mit der Skala korreliert. Im vorliegenden Beispiel ist dies für Item N47 nicht der Fall (siehe *Abbildung 3.29*). Die geringe Trennschärfe und Itemschwierigkeit sowie die nichtkonforme Erwartung, dass mit zunehmender Itemausprägung auch die Ausprägung der restlichen Items ansteigt, sprechen dafür, Item N47 auszusondern. *Abbildung 3.30* zeigt den gleichen Boxplot für ein trennscharfes Item. Es lässt sich erkennen, dass mit zunehmender Itemausprägung auch die Ausprägung auf der Skala „Extraversion“ ansteigt.

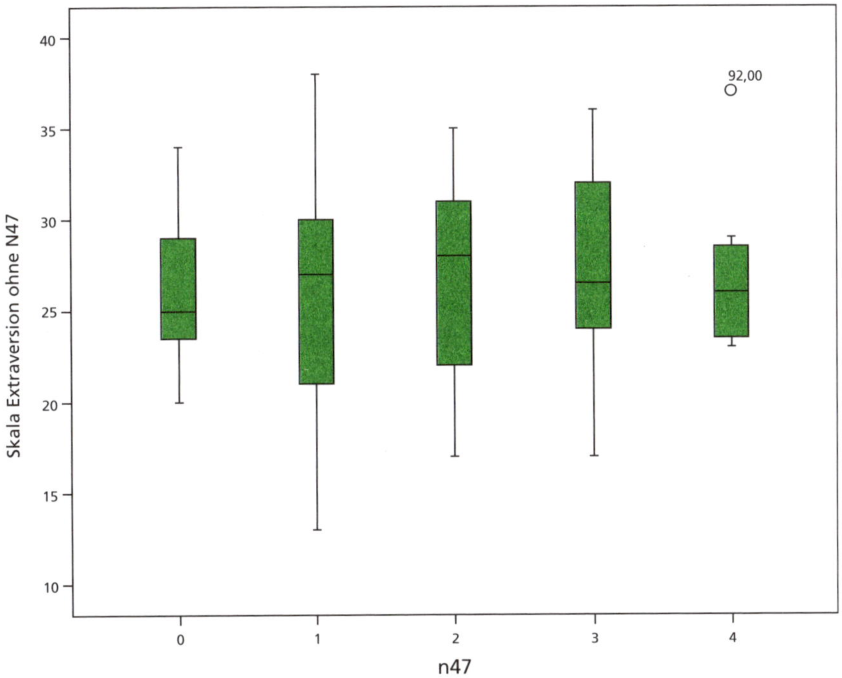

Abbildung 3.29: Boxplot der Skala „Extraversion" auf den Antwortstufen des NEO-FFI-Items N47

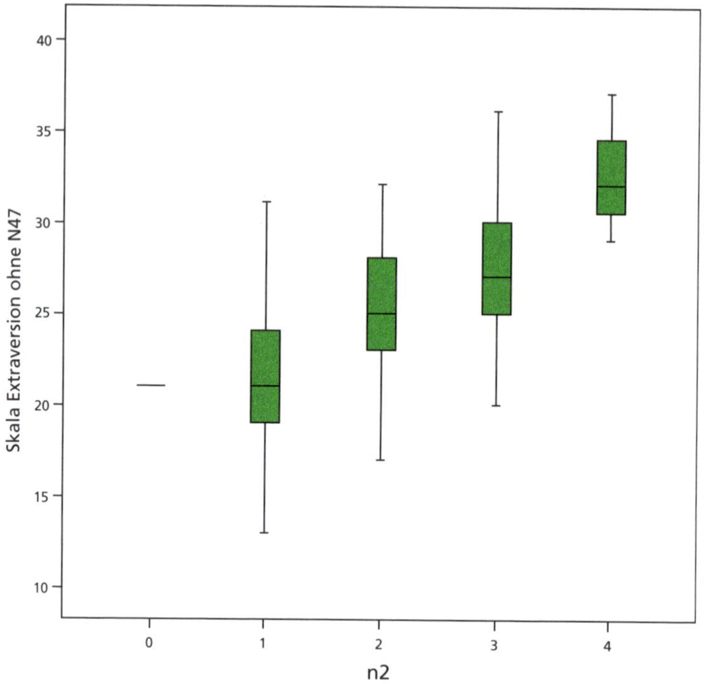

Abbildung 3.30: Boxplot der Skala „Extraversion" auf den Antwortstufen des NEO-FFI-Items N2

3.6 Normierung und Hypothesentests

3.6.1 Normierung

Wie kann ich schnell erkennen, wie gut eine Person im Vergleich zu anderen ist?

Das Ziel einer Testung besteht meist darin, das Testergebnis einer Person mit dem anderer Personen zu vergleichen. Dieses Vorgehen ermöglicht es, Aussagen über Leistungen, Fähigkeiten, Eigenschaften oder Merkmale von Personen zu machen. Nehmen wir beispielsweise die Frage, ob ein zwölfjähriger Schüler hochbegabt ist oder nicht. Hierfür wird ein Intelligenztest durchgeführt und das erzielte Ergebnis mit einer so genannten Normstichprobe (Eichstichprobe) verglichen. Damit kann man feststellen, wie stark der Intelligenzquotient (IQ) des Schülers vom „Norm(alen)"-IQ der zwölfjährigen Schüler abweicht. Erst wenn er im Vergleich zur Norm besonders hoch ausfällt, spricht man von Hochbegabung.

Wie kommt eine Normstichprobe zu Stande?

Im optimalen Fall steht bei der Normierung des Tests eine repräsentative Stichprobe zur Verfügung. Repräsentativ bedeutet, dass die Stichprobe bezüglich der Merkmale (z.B. Alter, Geschlecht, Bildung usw.) und der Merkmals-, Fähigkeits- oder Eigenschaftsausprägung mit der Grundgesamtheit vergleichbar ist. Verschiedene Grundgesamtheiten oder Populationen können unterschieden werden, z.B. alle Frauen, alle

Abiturienten, alle Zwölfjährigen usw. Zuerst sollte man sich entscheiden, für welche Gruppen der Test normiert werden soll, und dann sollten aus den entsprechenden Grundgesamtheiten möglichst viele Probanden getestet werden. Die beste Methode der Normerstellung ist sicherlich, wenn im Voraus alle Mitglieder der Grundgesamtheit bekannt sind. Aus diesen Mitgliedern der Grundgesamtheit wird dann eine Zufallsstichprobe von Probanden gezogen. Diese sollten dann in verschiedenen Merkmalen (z.B. Alter, Geschlecht etc.) der Grundgesamtheit entsprechen und alle Leistungs-, Fähigkeits-, Merkmals- oder Eigenschaftsbereiche der Grundgesamtheit abdecken. Ist beispielsweise die Normstichprobe in ihrer Leistung „schlechter" als die Grundgesamtheit, werden getestete Personen im Vergleich zu dieser Norm konsistent zu gut beurteilt.

Wie normiert man einen Test?

Zunächst liegen die Ergebnisse eines Tests als Rohwerte vor. Die Rohwerte werden dann auf Normalverteilung geprüft bzw. das Histogramm per Inspektion. Liegt diese vor, können die Rohwerte in z-Werte umgerechnet (standardisiert) werden. Die z-Werte können wiederum mittels einer linearen Transformation in verschiedene andere Normskalen (z.B. IQ-Wert) transformiert werden. Bei einer linearen Transformation wird ein Messwert (x) mit einer Zahl (a) multipliziert und eine Zahl, bzw. genauer eine Konstante (b), wird hinzuaddiert ($f[x] = a \cdot x + b$). Dabei ist wichtig, dass die Relationen zwischen den einzelnen Werten nicht geändert werden, d.h. die Unterschiede zwischen den einzelnen Werten einer Skala bleiben über die Transformation hinweg erhalten. Sind die Rohwerte nicht normalverteilt, können sie mit Hilfe einer so genannten „Flächentransformation" normalisiert, d.h. in eine Normalverteilung überführt werden. Die Umrechnung der Rohwerte in z-Werte bei normalverteilten Werten erfolgt mit folgender Formel:

z-Wert:

$$z = \frac{X - M}{S}$$

Dabei ist:

- X = Testrohwert
- M = Mittelwert der Testrohwerte in der Normierungsstichprobe
- S = Standardabweichung der Testrohwerte in der Normierungsstichprobe

Die so erzielten Werte können nun durch weitere Transformationen in die gewünschte(n) Normskala/-skalen transformiert werden.

In *Abbildung 3.31* sind die gebräuchlichsten Normen aufgeführt. Im oberen Teil sind die Abweichungen vom Mittelwert in Standardabweichungen angegeben und der relative Anteil der Probanden in Prozent, der bis zu diesem Wert unter der Normalverteilung liegt. Bei der IQ-Norm beträgt der Mittelwert 100 und die Standardabweichung 15.

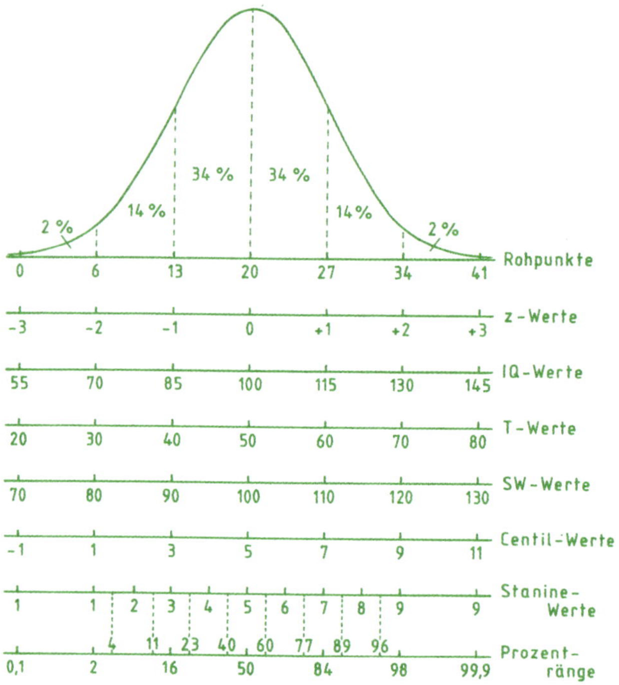

Abbildung 3.31: Darstellung der gebräuchlichsten Normen (aus Stelzl, 1993, S. 58)

Durch folgende Formeln können unterschiedliche Normwerte – wie z.B. *T*-, *SW*- oder *C*-Werte – erzeugt werden:

Beispiel 3.25 Beispiel für eine Transformation von *z*-Werten in andere Normwerte:

- $SW = 100 + 10 \cdot z$
- $T = 50 + 10 \cdot z$
- $IQ = 100 + 15 \cdot z$
- C-Wert $= 5 + 2 \cdot z$ (sie erstrecken sich von –1 bis 11)

T- und *SW*-Werte werden häufig für die Normierung von Leistungstests herangezogen, während Stanine-Werte häufig als Norm für Persönlichkeitstests verwendet werden. Bei **Stanine-Werten** (Stanine steht für „standard nine“) handelt es sich um eine Reduzierung der *C*-Skala auf neun Werte. Die Extremwerte „1“ und „9“ beinhalten alle *C*-Werte über „9“ und unter „1“.

Eine Transformation in Stanine-Werte kann auch direkt auf Grundlage von Prozenträngen erfolgen (Tent & Stelzl, 1993, S. 59); dazu werden die Stanine-Werte entsprechend den in *Tabelle 3.3* aufgeführten Prozenträngen vergeben.

Tabelle 3.3

Umrechnung von Prozenträngen in Stanine-Werte nach Tent und Stelzl (1993, S. 59)

Prozentrang	Stanine	Relative Häufigkeit
0 – 4	1	4%
> 4 – 11	2	7%
> 11 – 23	3	12%
> 23 – 40	4	17%
> 40 – 60	5	20%
> 60 – 77	6	17%
> 77 – 89	7	12%
> 89 – 96	8	7%
> 96 – 100	9	4%

Anmerkung: Es ist eine relative Häufigkeit von Probanden in Prozent zwischen den entsprechenden Stanine-Wert-Grenzen angegeben.

Prozentränge (*PR*) eignen sich im Gegensatz zu den anderen Normen auch zur Beschreibung schief verteilter Testwerte; sie stellen keine lineare Transformation der Itemrohwerte dar. Was bedeutet es, wenn ein Proband einen Prozentrang von 90 erzielt? In diesem Fall haben 90 Prozent der in der Population gemessenen Probanden den gleichen oder einen niedrigeren Wert erzielt, 10 Prozent haben ein besseres Ergebnis erreicht. Die Prozentränge sind, wie oben bereits erwähnt wurde, bei nicht normalverteilten Stichproben von großer Bedeutung. Diese Norm ist für Laien sehr gut verständlich, da die Einteilung in Prozent im alltäglichen Leben häufig verwendet wird. Allerdings suggeriert diese Einteilung eine Scheingenauigkeit, die den meisten Testwerten nicht angemessen ist. Wie in *Kapitel 4* gezeigt wird, ist jeder Test messfehlerbehaftet. Das heißt, psychologische Tests messen die Eigenschaft oder Fähigkeit, die sie zu messen beanspruchen, nicht genau. Vor diesem Hintergrund ist es **nicht** akzeptabel, Prozentränge mit zwei Stellen hinter dem Komma anzugeben. Die Verwendung von Prozenträngen beinhaltet zudem eine weitere Gefahrenquelle, wenn man Differenzen betrachten will: Angenommen, wir haben vier Personen, A, B, C, D, die alle denselben Intelligenztest bearbeitet haben. Person A löst 10, B löst 15, C löst 40 und D löst 45 Aufgaben. Die Maximalpunktzahl beträgt 50 Punkte. Der Abstand zwischen A und B und C und D beträgt jeweils fünf Punkte. Allerdings ist der Intelligenztest sehr schwer, und die Verteilung der Normstichprobe ist linkssteil. Das heißt, es gibt viele Personen, die einen niedrigen Punktwert erzielen, und wenige, die einen hohen Punktwert erzielen. In unserem Beispiel würde Person A einen Prozentrang von 10 und Person B einen Prozentrang von 15 erhalten, Person C erhält einen Prozentrang von 80 und Person D von 95. Das heißt, obwohl die Leistungsunterschiede jeweils fünf Punkte betragen haben, ist die Prozentrangdifferenz deutlich größer. Die Folgerung aus diesem Beispiel ist, dass Prozentrangdifferenzen nicht direkt in Leistungsdifferenzen übertragbar sind. Es liegt lediglich Ordinalskalenniveau vor, das heißt, man kann nur sagen, ob jemand besser war als eine andere Person, aber nicht, um wie viel.

Stanine-Werte fassen die Prozentränge zusammen und entsprechen dann unter bestimmten Bedingungen einer Normalverteilung. Schiefe Verteilungen können durch diese Transformation also in eine Normalverteilung überführt werden. Dies gelingt allerdings nicht immer. Bei extrem schief verteilten Variablen kann auch eine Stanine-Transformation keine Normalverteilung erzeugen.

Wann gebe ich welche Norm an?

Bei nicht-normalverteilten Kennwerten einer Stichprobe sollten nur Prozentränge und Stanine-Werte angegeben werden. Stanine-Werte haben – wie bereits erwähnt – den Vorteil, dass sie die schiefe Verteilung unter Umständen normalisieren, was für die Berechnung von Konfidenzintervallen von Vorteil ist (*Abschnitt 4.8*). Wie oben gezeigt wurde, können zwar über den Umweg der Prozentränge und der Stanine-Werte andere Normen berechnet werden, aber dies macht aus einem nicht normalverteilten Itemrohwert keinen „echten" normalverteilten Itemrohwert. Die Transformation bewirkt, dass die Abstände zwischen den Stanine-Werten (oder Prozenträngen) nicht mehr den Abständen zwischen den Itemrohwerten der Personen in der Stichprobe entsprechen, sondern jenen, die bei Vorliegen einer Normalverteilung zu erwarten wären. Die Reliabilität der Rohwerte lässt sich nicht auf die Reliabilität der nicht-linear transformierten Werte übertragen, da sich die Varianzverhältnisse ändern. Daher sollte eine getrennte Reliabilitätsschätzung für Stanine-Werte vorgenommen werden, z.B. nach der Split-Half-Methode (siehe auch *Kapitel 4*).

Ist der Testkennwert normalverteilt, so ist es sinnvoll, die verwendete Norm dem Differenzierungsgrad des Tests anzupassen. So können die Normen für reliable Testkennwerte, die in einem breiten Spektrum differenzieren (Differenzierung im oberen, mittleren und unteren Bereich des Merkmals, der Eigenschaft oder der Fähigkeit), ebenfalls sehr differenziert sein. Hingegen empfiehlt sich bei unreliablen und undifferenzierten Testkennwerten eher die Anwendung von groben Normen.

Dabei sollten auch Konventionen berücksichtigt werden, z.B. ist es für einen Intelligenztest sinnvoll, IQ-Normen anzugeben.

Was muss ich bei der Normenerstellung und Interpretation berücksichtigen?

In dem oben genannten Schülerbeispiel ist es von großer Bedeutung, dass die Normen nicht nur für Schüler ab 14 Jahren vorliegen, da der zu untersuchende Schüler erst zwölf Jahre alt ist. Außerdem ist es wichtig, wie gut die Normstichprobe die Grundpopulation repräsentiert: Ist die Normstichprobe zu gut im Vergleich zur Grundgesamtheit, würde der Schüler vielleicht noch als überdurchschnittlich (IQ 115 – 130) zählen und nicht als hochbegabt (IQ > 130) (seine Leistung würde unterschätzt werden), wohingegen er bei einer repräsentativen Stichprobe als hochbegabt einzustufen wäre (seine Leistung würde richtig eingeschätzt werden). Hieran ist zu erkennen, dass auf Grund schlecht erstellter Normen dem Anwender schwer wiegende Fehler unterlaufen können. Sollten Normen eines Tests nicht optimal sein, ist es für den Anwender wichtig zu wissen, in welchen Punkten bei der Normierung „Schwierigkeiten" aufgetreten sind, damit er dies bei Interpretation seiner Testergebnisse berücksichtigen kann.

3.6.2 Hypothesentests

Wozu dienen Hypothesentests im Kontext der Testentwicklung?

Eine für die Testentwicklung relevante Anwendung von Hypothesentests besteht darin, zu prüfen, ob sich ein Testkennwert für bestimmte Gruppen unterscheidet. Wird ein Unterschied signifikant (das heißt, die Gruppen unterscheiden sich überzufällig), kann dies zur Folge haben, dass für die Testnormierung unterschiedliche Normen zur Verfügung gestellt werden müssen.

Standardfehler des Mittelwertes

Wann genau kann ich einen Mittelwert der Grundgesamtheit schätzen?

Vor der Überprüfung von Unterschieden zwischen Gruppen ist es günstig, mit Hilfe des Standardfehlers festzustellen, ob der Mittelwert der Stichprobe vom Mittelwert der Grundgesamtheit (Population) signifikant abweicht und wie genau ein Stichprobenmittelwert den Populationsmittelwert schätzt. Dies ist jedoch nur dann möglich, wenn Angaben zur Population vorliegen. Der Standardfehler ist je nach Art der Stichprobe mehr oder weniger aussagekräftig. Nach Bortz (1999) können folgende Stichproben unterschieden werden: (1) Zufallsstichproben, (2) Klumpenstichproben und (3) Ad-hoc-Stichproben. Erstere ist dadurch definiert, dass jedes Element mit gleicher Wahrscheinlichkeit aus der Grundgesamtheit ausgewählt werden kann (Bortz, 1999, S. 87). Ein Beispiel dafür wäre, wenn von allen hessischen Schülern eine zufällige Auswahl von Schülern gezogen werden würde. Zufällig heißt hier, dass alle hessischen Schüler in eine Art virtuelle Urne gegebenen werden und dann aus allen Mitgliedern der Population eine Zufallsauswahl gezogen wird. Klumpenstichproben dagegen bestehen aus Probanden einer zufällig ausgewählten vorgruppierten Teilmenge einer Grundgesamtheit. Dazu könnte man alle Schüler einzelner zufällig gezogener hessischer Schulen heranziehen. Würde man nur eine Schule untersuchen, spricht man von einer Ad-hoc-Stichprobe.

Die Normwerte einer Stichprobe repräsentieren die Grundgesamtheit unterschiedlich genau. Je mehr Probanden man dabei aus einer Grundgesamtheit untersucht, desto genauer wird der Mittelwert der Grundgesamtheit geschätzt. Gerade bei der Normierung von Tests kann es wichtig sein, zu wissen, wie genau der entsprechende Stichprobenparameter den Mittelwert der Grundgesamtheit schätzt.

Dazu wird die Berechnung des Standardfehlers des Mittelwertes (SE_M) benötigt. Dieser repräsentiert die geschätzte Streuung von Mittelwerten aus gleichgroßen Zufallsstichproben einer Grundgesamtheit[3] (Bortz, 1999, S. 89).

Standardfehler des Mittelwerts:

$$SE_M = \sqrt{\frac{S^2}{N}}$$

3 Als Grundgesamtheit oder Population bezeichnet man alle Personen oder Objekte, die ein gemeinsames oder auch mehrere gemeinsame Merkmale aufweisen können, z.B. alle Frauen oder alle Frauen über 20 Jahre.

Standardabweichung der Grundgesamtheit, geschätzt durch die Stichprobe:

$$S = \sqrt{\frac{\sum_{i=1}^{n}(x_i - M)^2}{N-1}}$$

Dabei ist:

- SE_M = Messwert eines Probanden auf einem Item
- N = Anzahl der Probanden in der Stichprobe
- M = Stichprobenmittelwert
- x_i = Rohwert eines Probanden
- S = Schätzung der Standardabweichung in der Grundgesamtheit

Mit Hilfe einer Formel wird unter Verwendung des Standardfehlers ein Bereich festgelegt, in dem sich der Populationsmittelwert mit einer bestimmten Wahrscheinlichkeit befindet. Einen guten Überblick zu dieser Thematik geben Bortz und Döring (2002, S. 414 – 422).

Beispiel: Eine Zufallsstichprobe von 234 Studenten einer Universität wurde zur Normierung eines IQ-Tests mit 180 Aufgaben herangezogen ($M_{\text{Rohwert}} = 118$; Standardabweichung, geschätzt durch die Stichprobe, $S = 18$). Wie stark weicht der Stichprobenmittelwert vom Mittelwert der Grundgesamtheit ab? Dazu berechnen wir zuerst den Standardfehler des Mittelwerts:

$$SE_{Mgeschätzt} = \sqrt{\frac{18^2}{234}} \approx 1.18$$

Dieser Wert stellt also die geschätzte Standardabweichung von Stichprobenmittelwerten gleicher Größe aus der Gesamtpopulation dar. Die Verteilung dieser Mittelwerte ist normal, das heißt, der Stichprobenmittelwert liegt mit 68-prozentiger Wahrscheinlichkeit höchstens 1.18 Punkte vom Mittelwert der Grundgesamtheit entfernt und mit 95-prozentiger Wahrscheinlichkeit höchstens 2.36 (2 · 1.18) Punkte. Hier ist zu beachten, dass es sich um eine Zufallsauswahl aus einer Klumpenstichprobe handelt und nicht um eine echte Zufallsstichprobe aller deutschen Universitäten. Dies reduziert den Wert der angegebenen Norm, unabhängig von der Stichprobengröße. Es ist nämlich nicht auszuschließen, dass die gewählte Universität Besonderheiten (z.B. eigenes Auswahlverfahren zur Aufnahme besonders leistungsfähiger Studenten) aufweist, die bei anderen Universitäten nicht vorliegen. Dies kann zu Verzerrungen der Stichprobenkennwerte führen. Letztendlich ist auch der Standardfehler nur für Zufallsstichproben definiert. Liegen keine echten Zufallsstichproben vor, kann der Standardfehler des Mittelwerts nur als ungefährer Anhaltspunkt für die Abweichung des erfassten Stichprobenmittelwerts vom Populationsmittelwert gelten. Je geringer der Standardfehler ist, desto wahrscheinlicher ist es, dass der Stichprobenmittelwert nah am Populationsmittelwert liegt.

Prüfung auf Mittelwertsunterschiede

Was muss ich bei der Normierung beachten?

In der Testkonstruktion sind Mittelwertsunterschiede zwischen Gruppen aus mindestens zwei Perspektiven interessant: (1) Wie viele Teilstichproben sollten bei einer Normierung berücksichtigt werden, und (2) ist es zulässig, Werte verschiedener Untergruppen zusammenzuführen? Unterscheiden sich Untergruppen einer Normstichprobe stark, kann sich dies auf die Struktur eines Tests oder Fragebogens auswirken. Man sollte in einem solchen Fall die Struktur für Teilstichproben überprüfen.

Unterschiedshypothesen können mit Hilfe statistischer Verfahren, wie zum Beispiel t-Tests oder Varianzanalysen, geprüft werden. Unterschiedshypothesen prüfen beispielsweise, ob der Unterschied zwischen den Mittelwerten zweier Normstichproben null oder von null verschieden ist. Varianzanalysen und t-Tests werden bei Bortz (1999, 133 ff., sowie 238 ff.) beschrieben und die Umsetzung mit SPSS bei Diehl und Staufenbiel (2001, S. 219 – 250). Mit Hilfe von Varianzanalysen und t-Tests können so genannte F- und t-Werte ermittelt werden, welche die Grundlage für eine Signifikanzprüfung darstellen. Mit Signifikanztests können sehr unterschiedliche Fragestellungen (z.B. auch Korrelationsunterschiede) beantwortet werden.

Bei jedem Signifikanztest[4] können zwei Hypothesenarten unterschieden werden: die **Nullhypothese** (H_0) und die **Alternativhypothese** (H_1). Beim Vergleich von Mittelwerten lautet die Nullhypothese wie folgt: Die in den Stichproben vorgefundenen Mittelwerte unterscheiden sich nicht und gehören damit zur selben Grundgesamtheit. Die Alternativhypothese lautet: Die in der Stichprobe vorgefundenen Mittelwerte unterscheiden sich und gehören damit zu verschiedenen Grundgesamtheiten. In einem solchen Fall ist es nötig, getrennte Normen zur Verfügung zu stellen. Es können auch gerichtete Hypothesen formuliert werden, z.B. Männer sind extravertierter als Frauen, oder Frauen sind extravertierter als Männer.

Bei der Berechnung von Signifikanztests wird immer ein **α-Fehler (Fehler 1. Art)** festgelegt. Der α-Fehler bezeichnet die so genannte Irrtumswahrscheinlichkeit. Der Irrtum bezieht sich darauf, dass die Nullhypothese (Mittelwerte sind gleich und gehören zur selben Population) zu Unrecht abgelehnt wird. In anderen Worten bedeutet dies, dass ein Mittelwertsunterschied angenommen wird, obwohl keiner vorhanden ist, und beide Mittelwerte derselben Population angehören. Als Sicherheitswahrschein-

4 Nach Gigerenzer (2004) werden drei Vorgehensweisen bei der Signifikanztestung unterschieden: zum einen das Vorgehen nach Fisher und zum anderen das Vorgehen nach Neyman und Pearson sowie ein Mischmodell. Fisher empfiehlt folgendes Vorgehen: Stellen Sie eine Hypothese auf und berichten Sie einfach den exakten p-Wert. Diese Methode sollte seiner Ansicht nach nur verwendet werden, wenn man nichts Genaues über die vorliegende Problemstellung weiß. Neyman und Pearson empfehlen folgendes Vorgehen: Stellen Sie eine Null- und eine Alternativhypothese auf und legen Sie dann a priori einen α- und β-Fehler fest. Überlegen Sie sich dann, welche Effektstärke einen praktisch bedeutsamen Unterschied zwischen zwei Stichproben darstellt. Berechnen Sie dann die Stichprobengröße, um mit dem festgelegten α- und β-Fehler ihrer Hypothesen zu testen. Ist der beobachtete p-Wert größer als 5%, entscheiden Sie sich für die Nullhypothese, sonst für die Alternativhypothese. Dabei zählt nicht, wie klein der p-Wert tatsächlich ausfällt, da es kein signifikant, signifikanter am signifikantesten gibt (auch nicht bei Fisher). Es zählt nur, ob der p-Wert über oder unter 5% liegt: Überschreitung ja oder nein (!). Im Mischmodell wird die Teststärke für den vorgefundenen Effekt im Nachhinein ermittelt. Für die Normierung wäre es sinnvoll, sich vorher zu überlegen, ab welchen Mittelwertsunterschieden separate Normen bereitgestellt werden sollen.

lichkeit wird $1 - \alpha$ bezeichnet. Sie gibt an, mit welcher Wahrscheinlichkeit der gefundene Mittelwertsunterschied beobachtet werden kann, wenn beide Mittelwerte zu derselben Grundgesamtheit gehören. Die Wahrscheinlichkeit für den Fehler 1. Art wird dabei per Konvention (5 Prozent oder 1 Prozent) festgelegt und als Signifikanzniveau (α) bezeichnet. Neben dem Fehler 1. Art gibt es auch einen **Fehler 2. Art**. Dieser wird auch als **β-Fehler** bezeichnet. Der β-Fehler ist die Wahrscheinlichkeit, anzunehmen, dass die Mittelwerte zu einer Grundgesamtheit gehören (Mittelwerte sind gleich), obwohl dies nicht der Fall ist. Dies bedeutet, die Alternativhypothese wird zu Unrecht verworfen. Die Teststärke 1-β gibt an (vgl. *Abbildung 3.32*), wie wahrscheinlich es ist, dass ein tatsächlich bestehender Unterschied entdeckt wird (die Wahrscheinlichkeit, die Alternativhypothese statistisch nachzuweisen, falls sie zutreffend ist). Im Gegensatz zur Wahrscheinlichkeit des Fehlers 1. Art kann die Wahrscheinlichkeit des Fehlers 2. Art nicht willkürlich festgelegt werden, ohne den Fehler 1. Art zu verändern bzw. anzupassen. Beide Fehlerarten sind in *Abbildung 3.33* zusammenfassend dargestellt.

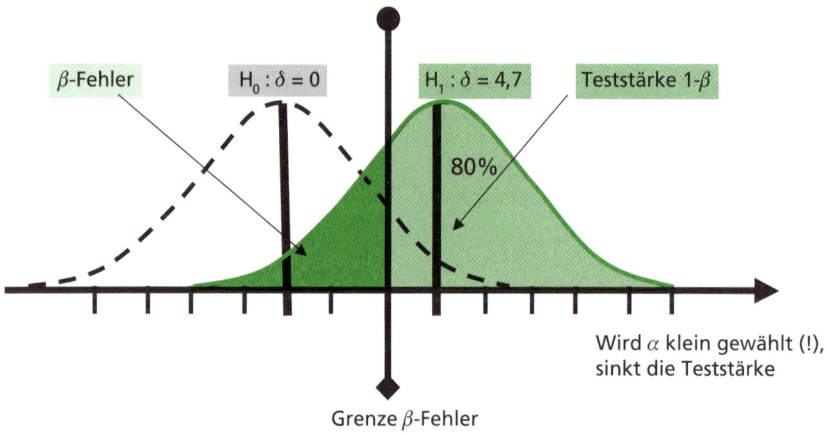

Abbildung 3.32: Grafische Darstellung der Teststärke und der β-Fehler (α-Fehler entspricht der hellgrünen Fläche unter der gestrichelten Normalverteilungskurve bis zur Grenze β-Fehler)

Signifikanztests sagen demnach nichts über die Gültigkeit der Hypothesen aus, sondern nur über ihre Auftretenswahrscheinlichkeit. Die Hypothesen H_0 und H_1 repräsentieren dabei Alternativen, von denen nur eine zutrifft. Ob sie auch wahr ist, kann durch den Signifikanztest nicht ermittelt werden. Es kann lediglich auf Wahrscheinlichkeiten für das Zutreffen oder Nicht-Zutreffen solcher Hypothesen in der Population aufgrund von Stichprobendaten geschlossen werden.

Beispiel 3.26 Dass eine Hypothese auch falsch sein kann, verdeutlicht Lefrancois (1994, S. 5 f.) an einem markanten Beispiel, das hier verkürzt wiedergeben wird: In einem Experiment wird ein Floh dressiert, auf das Kommando „Spring!“ zu springen. Nun entfernt der Experimentator dem Floh die Beine. Wieder fordert er den Floh auf: „Spring!“. Der Floh springt nicht. Der Experimentator folgert, dass der Floh durch die Beinamputation taub geworden ist. Hier wird deutlich, dass einer Verhaltensbeobachtung durchaus unterschiedliche Hypothesen zugrunde liegen können.

Im Rahmen des Hypothesentestens ist es wichtig, welche Hypothese „angenommen“ werden soll. Grundsätzlich sollte man es sich so schwer wie möglich machen, die bevorzugte Hypothese anzunehmen. Bei den meisten psychologischen Fragestellungen geht es darum, Unterschiede zu finden. Dabei sollte man es sich so schwer wie möglich machen, die Alternativhypothese „Es besteht ein Unterschied“ anzunehmen und so lange wie möglich die Nullhypothese „Es besteht kein Unterschied“ beizubehalten. In diesem Fall muss der α-Fehler klein gehalten werden. In manchen Fällen ist die bevorzugte Hypothese jedoch die Nullhypothese. In diesem Fall muss die Alternativhypothese „Es besteht ein Unterschied“ so lange wie möglich beibehalten werden und man sollte es sich schwer machen, die Nullhypothese „Es besteht kein Unterschied“ anzunehmen. Im Rahmen der in Kapitel 6 und Kapitel 7 geschilderten χ^2-Tests ist die Nullhypothese die bevorzugte Hypothese. Sie steht inhaltlich für die „Passung“ eines bestimmten Modells mit den Daten. In einem solchen Fall muss der β-Fehler klein gehalten werden. Der α-Fehler ist hier von untergeordnetem Interesse. Es gibt Empfehlungen, in einem solchen Fall den α-Fehler größer zu wählen (z.B. α = .25), da dann der β-Fehler sinkt. Dies ist jedoch nur eine grobe Richtlinie. Diese Problematik wird hier nur angerissen und in den entsprechenden Kapiteln dann ausführlicher diskutiert.

Entscheidung aufgrund der Stichproben-daten ↓:	In der Population gilt (ist „wahr“):	
	H_0	H_1
für H_0	☺ $1-\alpha$ Sicherheitswahrscheinlichkeit	β-Fehler/ Fehler 2. Art
für H_1	α-Fehler/ Fehler 1. Art **Irrtumswahrscheinlichkeit**	☺ $1-\beta$ Teststärke (auch als Power bezeichnet)

Abbildung 3.33: Darstellung von Fehlerrisiken im Rahmen des Hypothesentests

Des Weiteren ist zu beachten, dass das festgelegte Signifikanzniveau keine Aussagen über die Größe des gefundenen Unterschieds zulässt. Signifikant heißt meist nicht mehr, als dass sich der Unterschied zwischen zwei Mittelwerten mit einer bestimmten Wahrscheinlichkeit überzufällig von null unterscheidet. Deshalb ist neben der Berechnung des Signifikanztests auch die Berechnung der **Effektstärke** (Effektgröße) notwendig. Bei der Berechnung der Effektstärke wird die Differenz der Mittelwerte entweder durch die gemeinsame Standardabweichung der beiden Stichproben oder die Standardabweichung einer der beiden Stichproben geteilt. Dies ist hypothesenabhängig. Soll zum Beispiel getestet werden, ob sich eine Stichprobe von der Population unterscheidet, wird die Populationsstandardabweichung verwendet. Das Ergebnis dieser Berechnung gibt an, wie viele Standardabweichungen die beiden Mittelwerte auseinander liegen. Es folgt die Darstellung der Formeln zur Berechnung der Effektstärken:

t-Test, unabhängige Stichproben:

$$d_{Effektstärke} = \frac{M_1 - M_2}{S_{gesamt}}$$

$$S_{gesamt} = \frac{(N_1 \cdot S_1) + (N_2 \cdot S_2)}{N_1 + N_2}$$

t-Test, abhängige Stichproben:

$$d_{Effektstärke} = \frac{M_1 - M_2}{S_{Differenz}}$$

Varianzanalysen:

$$\eta^2{}_{partial} = \frac{SS_{Effekt}}{SS_{Effekt} + SS_{Fehler}}$$

$$\omega^2 = \frac{df_{Effekt} \cdot (MS_{Effekt} - MS_{Fehler})}{SS_{Total} + MS_{Fehler}}$$

Dabei ist:

- M_1 = Mittelwert Stichprobe 1
- M_2 = Mittelwert Stichprobe 2
- MS_{Fehler} = Mittlere Quadratsumme Fehler
- MS_{Effekt} = Mittlere Quadratsumme Effekt
- df_{Effekt} = Freiheitsgerade Effekt
- S_{gesamt} = Standardabweichung gesamt (gepoolt)
- S_1 = Standardabweichung Stichprobe 1
- S_2 = Standardabweichung Stichprobe 2
- $S_{Differenz}$ = Standardabweichung der Differenzen zwischen M_1 und M_2
- SS_{Effekt} = Quadratsumme Effekt
- SS_{Fehler} = Quadratsumme Fehler
- SS_{total} = Totale Quadratsumme
- N_1 = Anzahl Probanden Stichprobe 1

- N_2 = Anzahl Probanden Stichprobe 2
- ω^2 = Omega²
- η^2 = Partial eta² bei einer 1-faktoriellen Varianzanalyse ohne Messwiederholung

Während Partial eta² nur Aussagen über Stichprobeneffekte zulässt, schätzt Omega² die Effektstärke in einer Population.

Ein weiterer Grund für die Notwendigkeit der Effektstärke ist die Abhängigkeit des Signifikanztests von der Stichprobengröße. Die Effektstärke hingegen ist weitgehend unabhängig von der Stichprobengröße. Diese Zusammenhänge werden im Weiteren näher erläutert.

Angenommen, in einer Stichprobe mit 59 000 Probanden hat ein Item den Mittelwert 4.40 und ein anderes den Mittelwert 4.36, die Standardabweichung ist 1.47. Dieser Unterschied von .04 wäre aufgrund der großen Stichprobe statistisch signifikant. Wird allerdings die Effektstärke berechnet, so beträgt diese lediglich .03. Die Mittelwerte liegen also gerade einmal .03 Standardabweichungen auseinander. Dies ist eine sehr kleine Abweichung. Folgende Klassifikation wird für Effektstärken (vgl. Bortz & Döring, 2002, S. 603 ff.) vorgeschlagen:

Effektstärke *d*:

- $d = .20$ kleiner Effekt
- $d = .50$ mittlerer Effekt
- $d = .80$ starker Effekt

Effektstärke eta²:

- eta² = .01 kleiner Effekt
- eta² = .06 mittlerer Effekt
- eta² = .14 starker Effekt

Die Kenntnis der Effektgrößen ist vor allem dann sinnvoll, wenn für Teilgruppen unterschiedliche Normen in einem Test angegeben werden sollen. Normen sollen sich aus großen Stichproben zusammensetzen, um möglichst genaue Schätzungen der Grundgesamtheit zu erhalten. Zieht man einen Signifikanztest heran, um zu prüfen, ob unterschiedliche Teilnormen nötig sind, werden unter Umständen sehr viele Teilgruppen entstehen, da die Stichprobe sehr groß ist und infolgedessen die Teststärke stark ansteigt. Damit werden schon kleine Unterschiede signifikant. Deshalb ist es sinnvoll, zusätzlich noch die Effektstärken zu kennen. Ausschlaggebend für die Bereitstellung unterschiedlicher Normen sollten neben statistischen aber vor allem inhaltliche Überlegungen sein.

Bortz und Döring (2002, S. 603 ff.) geben Hinweise zur Interpretation und Berechnung von Effektstärken. Die Interpretation von Effektstärken im Kontext der Testkonstruktion kann sich an diesen Richtlinien nicht orientieren und muss vorsichtiger sein. Im Mittelpunkt über die Entscheidung, ob eine bestimmte Gruppe separate Normen erhält oder nicht, müssen inhaltliche Erwägungen stehen. Signifikanzen und Effektstärken können nur als statistische Hilfen angesehen werden. So ist beispielsweise bei einer sehr großen Stichprobe ein signifikantes Ergebnis verbunden mit einer sehr geringen Effektstärke kein zwingendes Argument, separate Normen bereitzustellen. Anderseits kann ein nicht signifikantes Ergebnis bei kleinen Stichproben verbunden mit großen Effektstärken durchaus ein Argument für eine getrennte Angabe von Normen sein.

Reliabilität

4

ÜBERBLICK

Woran erkenne ich die Messgenauigkeit eines Tests?

Der Begriff „Reliabilität" stammt, wie bereits erläutert, aus der Klassischen Testtheorie. In diesem Kapitel werden Methoden zur Reliabilitätsberechnung vorgestellt sowie Bewertungskriterien und Anwendungsgebiete der Reliabilität aufgezeigt. Die Reliabilität gibt den Anteil der Varianz der wahren Werte an der Varianz der beobachteten Werte an.

$$Reliabilität = \frac{S^2_{wahreWerte}}{S^2_{beobachteteWerte}}$$

Nimmt man beispielsweise eine Reliabilität von $r_{tt} = .50$, dann bestimmen die systematische Varianz (50 Prozent) und der Messfehler (50 Prozent) den Testwert zu gleichen Anteilen. Ein solcher Test besitzt folglich eine unbefriedigende Reliabilität oder Messgenauigkeit. Streng genommen ist die Aussage über die Reliabilität eines Tests irreführend, da immer nur ein Messwert eine bestimmte Messgenauigkeit aufweisen kann. Darüber hinaus werden im Rahmen eines Testverfahrens häufig mehrere Messwerte ermittelt, die eine unterschiedliche Reliabilität aufweisen können. Weiterhin handelt es sich bei der Ermittlung der Reliabilität streng genommen nur um Schätzungen der Reliabilität, da die Varianz der wahren Werte nicht bekannt ist und nicht berechnet werden kann. Die Reliabilitätsschätzungen sind mehr oder weniger präzise und benötigen zudem bestimmte Voraussetzungen (siehe *Abschnitt 4.1*).

Die Reliabilität begrenzt unter anderem die Höhe, in der Tests miteinander korrelieren können (siehe *Abschnitt 2.4.1*). Schließlich wird die Reliabilität auch noch zur Beurteilung von Testergebnissen einzelner Personen herangezogen (siehe *Abschnitt 4.4*).

Wichtig für die Reliabilitätsschätzung ist die **Äquivalenz** (Gleichwertigkeit) von Messungen. Reliabilitätsschätzungen beruhen auf der Annahme, dass Messungen unter vergleichbaren Bedingungen wiederholt durchgeführt wurden. Nun sind diese Annahmen nicht immer gegeben. Das heißt, die Qualität wiederholter Messungen ist unterschiedlich (z.B. durch Ermüdungseffekte oder Übung), und manchmal liegt auch nur eine Messung vor. Reliabilitätskoeffizienten liefern nur dann eine präzise Schätzung der Reliabilität, wenn zwei oder mehr Messungen gewisse Äquivalenzeigenschaften besitzen. Diese Eigenschaften beziehen sich darauf, ob in zwei oder mehr Messungen derselbe wahre Wert gemessen wird, z.B. in Test A und Test B. Messungen variieren bezüglich des Mittelwertes, der Standardabweichung und der Reliabilität. Um die Äquivalenz festzustellen, werden beobachtete Werte herangezogen. Messungen können dabei Tests, Testteile oder aber auch Items sein. Inwieweit Eigenschaften zwischen zwei Messungen übereinstimmen, sagt etwas über die Äquivalenz der Messungen aus. Man unterscheidet folgende Arten der Äquivalenz von Messungen: (1) streng parallel, (2) im Wesentlichen (essenziell) parallel, (3) tau-äquivalent, (4) im Wesentlichen (essenziell) tau-äquivalent und (5) tau-kongenerisch. Diese Eigenschaften von Messungen lassen sich wie folgt formal beschreiben:

Parallele Messungen:

$$T' = T \text{ und } \sigma^{2'}_{(E)} = \sigma^2_{(E)} \text{ (streng parallel)} \quad (1)$$

$$T' = T + \gamma \text{ und } \sigma^{2'}_{(E)} = \sigma^2_{(E)} \text{ (im Wesentlichen oder essenziell parallel)} \quad (2)$$

Tau-äquivalente Messungen:

$$T' = T \text{ (tau-äquivalent)} \tag{3}$$

$$T' = T + \gamma \text{ (im Wesentlichen oder essenziell tau-äquivalent)} \tag{4}$$

Tau-kongenerisch:

$$T' = \beta \cdot T + \gamma \tag{5}$$

Dabei ist:

- T' = wahrer Wert in Test A
- T = wahrer Wert in Test B
- $\sigma^{2'}_{(E)}$ = Fehlervarianz in Test A
- $\sigma^{2}_{(E)}$ = Fehlervarianz in Test B
- γ = additive Konstante (gamma)
- β = multiplikative Konstante (beta)

Bei **parallelen Messungen** sind für jede Person wahrer Wert T und Messfehler (Fehlervarianz $\sigma^2_{(E)}$) in beiden Messungen gleich. Das heißt, eine Person erzielt in Test A denselben wahren Wert wie in Test B und die Messfehler beider Tests sind gleich. Nur unter diesen Bedingungen ist die Korrelation von zwei Messungen eine Schätzung der Reliabilität. Parallele Tests messen also dieselbe Eigenschaft mit derselben Skala und für alle Personen gleich gut (Lord & Novick, 1968, S. 48). Daraus ergeben sich nach Fischer (1974, S. 34) folgende Eigenschaften der Tests: Die Korrelationen der beiden Messungen mit einem oder mehreren beliebigen Außenkriterien sind gleich hoch. Zudem ist die Höhe der Reliabilität und der Validität (Korrelationen mit Außenkriterien = Kriteriumsvalidität) für beide Messungen gleich, genauso wie die Mittelwerte und Varianzen der parallelen Tests bzw. Testteile oder Items. Bei **im Wesentlichen (essenziell) parallelen Messungen** ist der wahre Wert in einem Test, Testteil oder Item für jede Person lediglich um eine additive Konstante verschoben. Durch eine konfirmatorische Faktorenanalyse (siehe *Kapitel 6.9*) kann auch geprüft werden, ob alle Items, Testteile eines Faktors im Wesentlichen parallel sind: Dies ist der Fall, wenn alle Faktorladungen gleich hoch und alle Fehlervarianzen gleich hoch sind.

Bei **tau-äquivalenten Messungen** gilt, dass für jede Person der wahre Wert in beiden Messungen gleich ist. Allerdings besitzen die Messungen eine unterschiedliche Messgenauigkeit, denn der Messfehler zwischen den Messungen kann variieren. Dies bedeutet, dass die Reliabilität und die Validität der Tests, Testteile oder Items verschieden sein können. Allerdings sollten die **minderungskorrigierten Korrelationen** (Korrelationen der Kennwerte, wenn man beide Kennwerte perfekt messen könnte, $r_{tt} = 1$) der beiden Tests, Testteile oder Items mit Außenkriterien bzw. anderen Tests gleich sein. Für Tau-äquivalente Messungen wird gefordert, dass die Mittelwerte der Tests, Testteile oder Items gleich sind. Bei **essenziell oder im Wesentlichen tau-äquivalenten Messungen** ist der wahre Wert in einer Messung für jede Person lediglich um eine Konstante verschoben. In einer konfirmatorischen Faktorenanalyse impliziert essenzielle Tau-Äquivalenz gleich hohe Ladungen der Items auf einem Faktor bei unterschiedlich hohen Fehlervarianzen (Osburn, 2000, S. 345).

Tau-kongenerische Messungen bilden, abgesehen von einer additiven Konstanten und einer um die multiplikative Konstante ß unterschiedlichen Maßeinheit, dieselbe Fähigkeit ab. In der Anwendung bedeutet das, dass Tests, Testteile oder Items unterschiedliche Maßeinheiten, Mittelwerte, und Fehlervarianzen aufweisen dürfen, aber die wahren Werte perfekt miteinander korrelieren. Items sind kongenerisch, wenn sie eindimensional sind. Das heißt, der Test erfasst nur ein Merkmal, eine Eigenschaft oder eine Fähigkeit. Diese Art der Äquivalenz von Messungen ist besonders im Zusammenhang mit Faktorenanalysen von Bedeutung. Laden in einer Faktorenanalyse alle Items nur auf einen Faktor, wobei die Faktorladungen und Fehlervarianzen der Items variieren können, spricht man von Tau-kongenerischen Items (Osburn, 2000, S. 345). Es gibt Formeln zur Schätzung der Reliabilität, die genau für diese Art von Äquivalenzbedingung definiert sind.

In *Abbildung 4.1* sind die verschiedenen Äquivalenzarten grafisch veranschaulicht. In der Grafik sind essenzielle parallele, essenzielle tau-äquivalente, tau-kongenerische Modelle dargestellt. Dabei stellt ξ (sprich xi) den Faktor bzw. die latente Variable dar, $\sigma^2{}_E$ Fehlervarianzen und λ Faktorladungen.

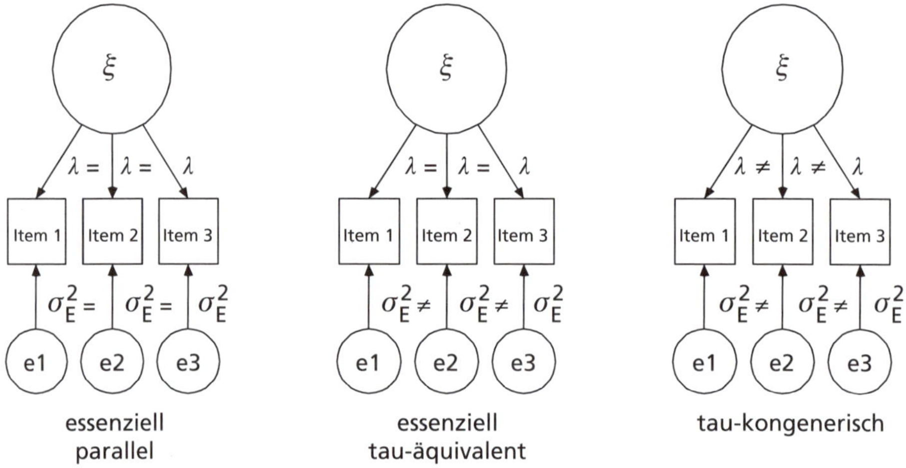

Abbildung 4.1: Äquivalenzarten

4.1 Einsatz und Bewertung der Methoden zur Reliabilitätsbestimmung

Welche Reliabilität bezieht sich auf welchen Aspekt der Messgenauigkeit?

Bei der Reliabilitätsbestimmung werden mehrere Methoden unterschieden. Die meisten Methoden beruhen statistisch gesehen auf **Korrelationen** zwischen (1) Tests, die aus zwei oder mehreren Testteilen bestehen, (2) einem Test, der innerhalb eines bestimmten Retest-Intervalls zweimal vorgegeben wird, (3) zwei „parallelen Tests", die direkt hintereinander folgen. Diese „Mehrfachmessung" eines Merkmales dient als Hilfsmittel, um die Parameter T (wahrer Wert) und E (Fehler) schätzen zu können. Die Grundüberlegung ist in etwa die folgende: Der Grad, in dem zwei oder mehrere Messungen übereinstimmen, ist eine Schätzung ihrer Messgenauigkeit. Der Grad der Nichtübereinstimmung ist eine Schätzung ihres Messfehlers. Wie die Höhe einer Reliabilität praktisch zu bewerten ist, wird in *Kapitel 4.5* dargestellt.

Innere (oder interne) Konsistenz (Testhalbierungsmethoden)

Testhalbierung Testhalbierungskoeffizienten sind Konsistenzkoeffizienten mit zwei Testhälften oder mehreren Testteilen. Ein Test wird einmal an einer Stichprobe durchgeführt. Der Test wird dann nach bestimmten Methoden in zwei Testhälften aufgeteilt. Beide Testhälften sollten parallel sein, das heißt, der wahre Wert und der Messfehler eines Messwerts für jede Person sollten in beiden Testhälften gleich sein. Dies hat zur Folge, dass die Mittelwerte und Standardabweichungen beider Testhälften gleich sein müssen.

Berechnung: Zuerst wird die Korrelation der Rohwertpaare beider Testhälften ermittelt. Danach wird diese Korrelation mit Hilfe einer Korrekturformel aufgewertet. Dies ist deshalb nötig, da nur „halbe" Tests miteinander korreliert werden. Praktisch wird jedoch der ganze Test vorgegeben. Aus diesem Grund wird die Reliabilität für einen Messwert hochgerechnet, der die ganze Testlänge berücksichtigt. Es gibt die folgenden Aufteilungstechniken der Items in zwei Testhälften: (1) **Odd-Even**: Items mit gerader Reihungsnummer werden in die eine Testhälfte, diejenigen mit ungerader Reihungsnummer in die andere Testhälfte aufgenommen. (2) **Zufällige Aufteilung**: Items werden zufällig zwei Testhälften zugewiesen. (3) **Itemzwillinge**: Es können Aufgabenpaare mit je zwei Aufgaben ähnlicher Schwierigkeit und Trennschärfe gebildet werden. Die Itemzwillinge werden dann getrennt und jeweils per Zufall einer Testhälfte zugewiesen. (4) **Aufteilung der Aufgaben nach Testzeit**: Bei Halbierung von Schnelligkeits- (Speed-)Tests ist eine Aufteilung der Aufgaben nach Testzeit sinnvoll. Beispielsweise wird nach der Hälfte der Zeit ein Zeichen gegeben, dann notiert jeder Proband, wie weit er gekommen ist, und arbeitet anschließend weiter.

Anwendung: Die Testhalbierungsmethode wird häufig bei Schnelligkeitstests angewandt. Dabei wird als Rohwert die Bearbeitungszeit verwendet oder innerhalb einer begrenzten Zeitspanne die Anzahl der Richtigen oder die Anzahl der bearbeiteten Zeichen (vgl. Test d2, Brickenkamp 2002). Die Odd-Even-Methode ist nach Stelzl und Tent (1993) deshalb so beliebt, weil, durch die Aufteilung bedingt, sich Übungs- oder Ermüdungseffekte gleichmäßig auf die Testteile verteilen. Sie führt jedoch trivialerweise zu einer hohen Reliabilität (vorausgesetzt, es unterlaufen den Probanden kaum Fehler). Dies ist deshalb so, weil sich die Testaufgaben in Speed-Tests kaum unterscheiden. Angemessener wäre die Berechnung einer Paralleltest-Reliabilität, einer Halbierung nach Testzeit oder einer Retest-Reliabilität. Letztere sagt am ehesten etwas über die Reproduzierbarkeit des Ergebnisses im Sinne einer gedachten Testwiederholung aus. Die Testhalbierungsmethode eignet sich grundsätzlich nur dann zur Reliabilitätsschätzung, wenn die beiden Testhälften dasselbe Merkmal bzw. dieselbe Eigenschaft messen. Diese Äquivalenzannahme kann, wie bereits erwähnt, mit Hilfe eines Strukturgleichungsmodells überprüft werden.

Innere (oder interne) Konsistenz Der Test wird einmalig in einer Stichprobe dargeboten. Es erfolgt eine Überprüfung des inneren Zusammenhangs der Items. Der Test wird in so viele „Untertests" zerlegt, wie er Items oder Aufgaben besitzt. Der Test kann aber auch in beliebig viele äquivalente Teile (Zusammenfassung inhaltlich gleicher Items) zerlegt werden.

Berechnung: Die Berechnung erfolgt auf Basis von Itemstreuungen, Korrelationen oder Kovarianzen.

Anwendung: Konsistenzanalysen können immer dann sinnvoll eingesetzt werden, wenn homogene Merkmalsbereiche erfasst werden sollen, wie beispielsweise durch Niveau- oder Persönlichkeitstests. Dies gilt auch, wenn nur eine einmalige Messung eines homogenen Merkmals sinnvoll ist, wie bei Befindensfragebögen, die momentane Zustände erfassen. Bei Tests, die heterogene Aufgaben enthalten, ist die Konsistenzanalyse nicht sinnvoll. Ziel eines solchen Tests kann es zum Beispiel sein, mit möglichst heterogenen (wenig korrelierten Items) und vielfältigen Aufgaben eine Aussage über ein bestimmtes Kriterium zu treffen. Außerdem sollten Konsistenzanalysen – von begründeten Ausnahmen abgesehen (z.B. Fehlerwerte) – nicht bei Schnelligkeitstests verwendet werden. Das Material von Schnelligkeitstests ist in der Regel immer homogen. Das heißt, es werden nur wenig unterschiedliche Items verwendet. Daher erzielen solche Tests meist hohe Konsistenzen. Für Schnelligkeitstests sollten daher eher Paralleltest- oder Retest-Reliabilitäten bestimmt werden.

Retestmethode

Bei der Retestmethode handelt es sich um die wiederholte Darbietung ein- und desselben Tests an ein- und derselben Stichprobe in einem angemessenen Zeitabstand. Welcher Zeitraum angemessen ist, kann nur im Einzelfall entschieden werden. Es ist zu beachten, dass sich der gewählte Zeitabstand auf die Höhe des Korrelationskoeffizienten auswirken kann, beispielsweise durch Übungs- und Lerneffekte oder durch zwischenzeitlich auftretende Ereignisse (z.B. Medikamenteneinnahme, Krankheiten). In der Regel fällt die Retest-Reliabilität geringer aus, je weiter zwei Testungen auseinander liegen. Lienert und Raatz (1998, S.180) beschreiben auch, dass wenige Aufgaben, die besonders leicht einzuprägen sind, die Retest-Reliabilität steigern können.

Berechnung: Die Berechnung erfolgt durch die Korrelation der Rohwertpaare zwischen der ersten Testung und der Testwiederholung mit demselben Test oder einem Paralleltest. Die Verwendung eines Paralleltests hat den Vorteil, dass Erinnerungseffekte weniger wahrscheinlich sind und sich daher nicht auf das Retestergebnis auswirken können.

Anwendung: Diese Methode wird häufig bei Schnelligkeits- (Speed-)Tests durchgeführt, da hier die innere Konsistenz meist hoch ist. Dies gilt aber in der Regel nur für die Tempowerte der Testbearbeitung, nicht für die Fehlerwerte. Die hohe innere Konsistenz ist meist durch die Homogenität der Items bedingt. Außerdem wird die Retestmethode bei Persönlichkeits- und Leistungstests durchgeführt, die zeitlich stabile Merkmale erfassen sollen. Generell ist die Retestmethode bei allen Tests sinnvoll verwendbar, die von Lern- oder Übungseinflüssen unabhängig sind. Lern- und Übungseffekte können zu einer Erhöhung oder Erniedrigung der Retest-Reliabilität führen. Bei der Durchführung der Retestmethode ist zu beachten, dass die Durchführungsbedingungen zu beiden Testzeitpunkten gleich sein sollten. Die Wahl des Retestintervalls sollte sich an praktischen Erwägungen orientieren. Soll beispielsweise durch einen Intelligenztest Berufserfolg vorhergesagt werden, ist ein Retestintervall von drei Wochen sicherlich nicht ausreichend. Ideal zur Bestimmung der Retest-Reliabilität ist die Verwendung eines Paralleltests, weil dadurch die Wahrscheinlichkeit von Erinnerungseffekten, oder auch Übungseffekten, reduziert werden kann.

Paralleltestmethode

Es werden zwei Parallelformen eines Tests bei ein- und derselben Stichprobe vorgegeben. Parallelität impliziert auch hier gleiche Mittelwerte und gleiche Varianzen der parallelen Tests. Es muss natürlich möglich sein, zwei Parallelformen herzustellen. Dies ist bei Aufgaben mit einmaligem Charakter oft schwierig.

Berechnung: Die Korrelation der Rohwertepaare aus beiden Testformen wird ermittelt. Alternativ können unverzerrte Maximum-Likelihood-Schätzungen (spezielle aufwändige Berechnungsmethode) der Reliabilität berechnet werden.

Anwendung: Man wendet die Paralleltestmethode bei Niveautests (Powertests) und Schnelligkeits- (Speed-)Tests an. Allerdings muss auch bei parallelen Tests mit Übungs- bzw. Transfereffekten gerechnet werden: Test A führt nach Durchführung zu besseren Leistungen in Test B, als wenn Test A nicht durchgeführt worden wäre, und umgekehrt. Um diese Effekte zu kontrollieren, verwendet man ein „cross over design". Das heißt, die Testabfolge wird variiert:

- Gruppe 1: Test A – Test B
- Gruppe 2: Test B – Test A

4.2 Formeln zur Schätzung der Reliabilität

Wie berechne ich die für mein Problem passende Reliabilität?

Wie bereits berichtet, gibt es mehrere Methoden der Reliabilitätsschätzung: Testhalbierungskoeffizienten, Konsistenzkoeffizienten, Retestkoeffizienten und Paralleltestkoeffizienten. Die beiden ersten Methoden sind gute Schätzer der Reliabilität, während Paralleltestkoeffizienten und Retestkoeffizienten die wahre Reliabilität sowohl unterschätzen (z.B. nach einem langen Retest-Intervall, das heißt, zwischen zwei Testungen mit dem gleichen Test liegt eine große Zeitspanne) als auch überschätzen können (z.B. durch Gedächtniseinflüsse, vgl. Lienert & Raatz, 1998; S. 180). Dies ist leicht ersichtlich, da die Annahme der Stabilität der wahren Werte in der Praxis fast nie erfüllt ist. Die Stabilität der wahren Werte kann durch Übungs- und Erinnerungseffekte zwischen zwei Messzeitpunkten beeinflusst werden. Für die Paralleltest-Reliabilität gilt, dass es in der Regel sehr schwer ist, zwei homogene Itemmengen zu generieren, die in ihrer Trennschärfe und Schwierigkeit exakt vergleichbar sind. Eine sehr umfassende Darstellung von Formeln zur Reliabilitätsschätzung ist in dem Buch von Lienert und Raatz (1998, S. 180 ff.) zu finden. An dieser Stelle werden nur die geläufigsten Reliabilitätsmaße dargestellt.

4.2.1 Formeln zur Berechnung von Testhalbierungskoeffizienten

Wie berechne ich Testhalbierungskoeffizienten?

Testhalbierung bedeutet, dass man aus den vorliegenden Testitems zwei oder mehr Testteile bildet. Man summiert entweder die entsprechenden Testitems auf oder mittelt sie. Wenn in beiden Testhälften die Itemzahl und Standardabweichungen gleich sind und es sich damit um parallele Messungen handelt, verwendet man die unten aufgeführte **Spearman-Brown-Formel** zur Berechnung der Testhalbierungsreliabilität eines Tests. Diese Methode wird in der Praxis häufig eingesetzt. Wird die Annahme der Parallelität nicht überprüft, kann dies zu einer Überschätzung oder Unterschätzung der Reliabilität führen (vgl. Kristof, S. 557).

Spearman-Brown-Formel: $$r_{tt} = \frac{2 \cdot r_{12}}{1 + r_{12}}$$

Dabei ist:

- r_{tt} = Reliabilität
- r_{12} = Korrelation zwischen Testhälfte 1 und Testhälfte 2

Wenn sich in beiden Testhälften die Standardabweichungen als ein Aspekt von Parallelität unterscheiden, verwendet man die Formel von Flanagan (in Rulon, 1930). Diese liefert eine konservativere Schätzung als die Spearman-Brown-Formel, geht aber bei gleichen Standardabweichungen in die Spearman-Brown-Formel über. Bis auf Rundungsfehler ergeben die Formeln von Rulon (1930) und Guttman (1945) ähnliche Ergebnisse (vgl. Lienert & Raatz, 1998, S. 186). Die **Formel von Guttman** (1945) stellt einen Spezialfall des α-Koeffizienten von Cronbach (siehe *Kapitel 4.2.2*) für zwei Testteile dar. Diese ist sicherlich die rechnerisch einfachste Form der Reliabilitätsschätzung und wird deshalb hier vorgestellt:

Formel von Guttmann: $$r_{tt} = 2 \cdot \left(1 - \frac{S_1^2 + S_2^2}{S_x^2}\right)$$

Dabei ist:

- r_{tt} = Reliabilität
- S_x = Gesamtstreuung des Tests
- S_1 = Streuung Testhälfte 1
- S_2 = Streuung Testhälfte 2

Die oben angegebenen Formeln unterschätzen die Reliabilität bei kleinen Stichprobengrößen. Hier sollte für eine erwartungstreue[1] Schätzung der Reliabilität die **Formel von Kristof** (1963) angewandt werden. Die Formel von Kristof (1963) lautet:

Formel von Kristof: $$r_{tt} = \frac{2}{N-1} + \frac{N-3}{N-1} \cdot \left(\frac{4 \cdot S_1 \cdot S_2 \cdot r_{12}}{S_1^2 + S_2^2 + 2 \cdot S_1 \cdot S_2 \cdot r_{12}}\right)$$

Dabei ist:

- N = Anzahl der Probanden
- r_{12} = Korrelation zwischen Testhälfte 1 und 2
- S_1 = Standardabweichung Testhälfte 1
- S_2 = Standardabweichung Testhälfte 2

1 Erwartungstreu ist eine Schätzung nach Bortz (1999, S. 95) dann, wenn der Kennwert in der Stichprobe dem Kennwert in der Grundgesamtheit entspricht.

Wird ein Test aus irgendwelchen Gründen in mehrere **ungleich große Testteile** aufgeteilt, führt dies bei den oben genannten Formeln zu einer Unterschätzung der Reliabilität. Auch wenn die Korrektureffekte nur gering sind, sollten in einem solchen Fall die folgenden Formeln angewandt werden: Horst (1951), Feldt (1975) und Raju (1977). Die Formel von Feldt soll hier exemplarisch dargestellt werden:

Formel von Feldt: $$r_{tt} = \frac{4 \cdot S_1 \cdot S_2 \cdot r_{12}}{S_x^2 - \left(\frac{S_1^2 - S_2^2}{S_x}\right)^2}$$

Dabei ist:

- r_{12} = Korrelation zwischen Testhälfte 1 und 2
- S_x = Gesamtstandardabweichung des Tests
- S_1 = Standardabweichung Testhälfte 1
- S_2 = Standardabweichung Testhälfte 2

Folgender Entscheidungsbaum verdeutlicht die Anwendung von Testhalbierungskoeffizienten. Meist sind die Unterschiede zwischen den aufgeführten Koeffizienten jedoch gering.

- Messungen parallel
  – Formel von Spearman-Brown
- Standardabweichungen zwischen Messungen nicht vergleichbar
  – Formel von Guttman
- Stichprobe klein
  – Formel von Kristof
- Testteile ungleich
  – Formel von Feldt

4.2.2 Formeln zur Berechnung von Konsistenzkoeffizienten

Wie berechne ich Konsistenzkoeffizienten?

Werden die Testteile in so viele Teile wie Items zerlegt, verwendet man Konsistenzkoeffizienten. Es gibt mehrere Formeln zur Schätzung von Konsistenzkoeffizienten. Hier sollen nur die wichtigsten dargestellt werden: Cronbach-α (Spezialfall für Cronbach-α bei dichotomen Items: Kuder-Richardson) und Guttman's Lambda$_2$ (λ_2). Dabei ist zu beachten, dass die Items zumindest essenziell bzw. im Wesentlichen τ-äquivalent sein müssen. Unter dieser Voraussetzung ist Cronbach-α exakt gleichzusetzen mit der wahren Reliabilität (Osburn, 2000, S. 345). Ist diese Voraussetzung nicht erfüllt, stellen Cronbach-α und Guttman's Lambda$_2$ untere Grenzen der Reliabilität dar. Das bedeutet, die wahre Reliabilität fällt mindestens so hoch – wahrscheinlich höher – aus als dieser Wert. Sind genau drei Testteile vorhanden, kann die **Formel von Kristof** (1974) und bei beliebig vielen Testteilen unterschiedlicher Länge auch der **Betakoeffizient von Raju** (1977) angewandt werden.

Der **Cronbach-α-Koeffizient** (Cronbach, 1951) stellt heute die Standardmethode zur Schätzung der **inneren Konsistenz** dar und wird deshalb ausführlicher erläutert. Cronbach-α liefert dann eine genaue Schätzung der Reliabilität, wenn es sich bei allen Items um im Wesentlichen oder essenziell tau-äquivalente Messungen handelt. Dabei ist Cronbach-α wie folgt definiert.

Cronbach-α:

$$\alpha = \frac{c}{c-1} \cdot \left(1 - \frac{\sum_{i=1}^{j} S_i^2}{S_x^2} \right)$$

Dabei ist:

- S_i^2 = Varianz des Testitems/Testteils
- c = Anzahl der Testitems/Testteile
- S_x^2 = Varianz des Gesamtwerts der Skala

Bei **Cronbach-α** ist zu beachten, dass die Höhe des Koeffizienten vom Verhältnis der Summe der einzelnen Itemvarianzen (S_i^2) zur Gesamtvarianz (S_x^2) des Tests abhängt. Im Folgenden setzen wir die Anzahl der Testteile gleich der Anzahl der Items. Man könnte zunächst vermuten, dass Cronbach-α mit zunehmender Itemanzahl sinkt, da $c/(c-1)$ kleiner wird, dabei stellt c die Anzahl der Items dar. Allerdings handelt es sich hierbei nur um einen Korrekturfaktor. Ist nämlich die summierte Varianz über alle Einzelitems (ΣS_i^2) in etwa genauso groß wie die Gesamtvarianz (S_x^2) des Tests oder der Skala, ergibt sich für das Verhältnis $\Sigma S_i^2 / S_x^2$ ein hoher Wert.[2] Zieht man diesen hohen Wert von 1 ab ($1 - [\Sigma S_i^2 / S_x^2)]$), ergibt sich daraus wiederum ein kleiner Wert.

Davon unabhängig fällt der Cronbach-α-Koeffizient mit größerer Itemanzahl höher aus. Dies gilt aber nur für Items, die positiv mit den anderen Items korrelieren. Items, die mit anderen Items negativ korrelieren, reduzieren das Cronbach-α. Dies wird deutlich, wenn man sich die Itemstreuung näher betrachtet:

Gesamtvarianz am Beispiel für zwei Items oder Testteile: $S_x^2 = S_1^2 + S_2^2 + (2 \cdot r_{12} \cdot S_1 \cdot S_2)$

Das heißt, je mehr Items inhaltlich zu einer Skala passen, desto größer wird die Gesamtvarianz (S_x^2) durch den Term ($+ [2 \cdot r_{12} \cdot S_1 \cdot S_2]$), damit steigt auch der Cronbach-α-Koeffizient. Dies gilt unter der Voraussetzung positiver Korrelationen (r_{12}) auch, wenn die zusätzlichen Items inhaltlich nur „schlecht" zur Skala passen. Inhaltlich „schlechte" Items meint, dass sie eine geringe positive Korrelationen mit der Skala – gebildet aus den restlichen Items – aufweisen und somit eine geringe Trennschärfe besitzen.

Dies trifft nicht zu, wenn Items negativ korrelieren (r_{12} ist negativ). Dadurch wird die Gesamtvarianz geringer und Cronbach-α ebenfalls, wie man aus den beiden folgenden Formeln sieht:

$$+\left(2 \cdot \left[-r_{12}\right] \cdot S_1 \cdot S_2\right) = -\left(2 \cdot r_{12} \cdot S_1 \cdot S_2\right)$$

2 Die Summe der Varianzen der Items kann dabei maximal dem Wert der Varianz für den Gesamtwert entsprechen. In diesem Fall weisen die Items untereinander eine Korrelation von null auf. Cronbach-α wird dann ebenfalls null.

Im Extremfall, bei hohen negativen Korrelationen zwischen den Items, kann die Summe der Einzelvarianzen (ΣS_i^2) in Relation zur Gesamtvarianz (S_x^2) größer als 1 werden. In diesem Fall wird Cronbach-α negativ. Der Cronbach-α-Koeffizient gibt also in Abhängigkeit von der Itemanzahl die Höhe der mittleren Itemzusammenhänge an. Bei **unterschiedlichen Itemtrennschärfen** (tau-kongenerische Messungen) oder unterschiedlich hohen Faktorladungen (McDonald, 1999, S. 92) stellt Cronbach-α eine Mindestschätzung der Reliabilität dar.

Für die wenigen Fälle, in denen das Cronbach-α negativ ausfällt, können folgende Gründe verantwortlich sein: (1) **Negativ gepolte Items** sind mit positiv gepolten Items vermengt oder einzelne Items weisen hohe negative Trennschärfen auf (Lösung: Umpolung oder Aussondern der Items). (2) **Die Items sind nicht eindimensional.** Man erkennt dies daran, dass der Wert für die Präzision von Cronbach-α (siehe unten P_α) hoch ist und/oder eine konfirmatorische Faktorenanalyse ergeben hat, dass die Skala nicht eindimensional ist. (3) **Geringe Probandenzahlen** produzieren hohe Stichprobenfehler, die in der Kovarianzmatrix (eine nicht standardisierte Korrelationsmatrix, siehe *Kapitel 7* „Korrelationen") der Population zwar positiv werden, aber durch die kleine Stichprobenzahl verzerrt sind. (4) **Ausreißerwerte** oder Inkonsistenzen in der Beantwortung können zu negativen Kovarianzen führen. Eine Möglichkeit, Ausreißer zu entdecken und dann zu entfernen, besteht darin, bivariate Streudiagramme zu betrachten. Dies ist insbesondere bei kleinen Fallzahlen sinnvoll, da hier einzelne wenige Ausreißerwerte die bivariate Korrelation stark verzerren können.

Cortina (1993) gibt Hinweise zur richtigen Interpretation des Cronbach-α-Koeffizienten. Er ist **kein Homogenitätsindex**, sondern lediglich ein kombinierter Index, der die mittleren Itembeziehungen und gleichzeitig die Itemanzahl berücksichtigt. Ein Homogenitätsmaß (= in welchem Ausmaß die Items das Gleiche messen) stellt im Gegensatz zu Cronbach-α die Höhe der mittleren Interitemkorrelation (MIC) aller Skalenitems dar. Aber auch dieses Maß kann irreführend sein, wenn manche Items hoch und manche niedrig miteinander korrelieren. Daher ist es sinnvoll, einen weiteren Indikator für die Itemhomogenität zu betrachten, wie die Präzision von alpha, P_α (Cortina, 1993, S. 100):

Präzision von alpha: $$P_\alpha = \frac{S_r}{\sqrt{\left(\frac{1}{2} \cdot c \cdot [c-1]\right) - 1}}$$

Dabei ist:

- c = Anzahl der Items/Testteile
- S_r = Standardabweichung der mittleren Interitemkorrelation

Die Präzision von alpha stellt ein Abweichungsmaß dar. Das heißt, je höher der Wert für die Präzision von alpha, desto heterogener sind die Korrelationen zwischen den Items eines Tests. Somit soll der Wert für die Präzision von alpha einen kleinen Wert annehmen, um ein Indikator für Eindimensionalität zu sein. Cortina (1993) zeigt, dass schon sehr kleine Werte von P_α (P_α = .01) auf Mehrdimensionalität hindeuten können. Es ist auf jeden Fall zu empfehlen, neben dem Cronbach-α auch (1) **die mittlere Interitemkorrelation** und (2) die **Präzision von alpha** zu betrachten. Fällt die mittlere Interitemkorrelation angemessen (vgl. Briggs & Cheek, 1986) hoch aus und ist der Wert für die Präzision von alpha niedrig, ist dies nicht mehr als *ein* Hinweis auf Eindimensionalität. Cronbach-α ist erst dann unbedenklich zu interpretieren, wenn die Items einen Faktor mit ähnlich hohen Faktorladungen (in der Itemanalyse: Trennschärfen) bilden und keine korrelierten Fehlervarianzen auftreten. Dies entspricht dem Modell tau-äquivalenter Messungen.

Es soll an dieser Stelle darauf hingewiesen werden, dass die Methode zur Berechnung von Cronbach-α unter Verletzung der Annahme unkorrelierter Fehler sowohl zu einer Über- als auch zu einer Unterschätzung des Cronbach-α-Koeffizienten führen kann (Osburn, 2000, S. 352; Shevlin, Miles, Davies & Walker, 2000, S. 235 f.; siehe auch *Kapitel 2*). Shevlin, Miles, Davies und Walker (2000, S. 237) empfehlen, vor der Berechnung von Cronbach-α eine **konfirmatorische Faktorenanalyse** durchzuführen, um zu testen, ob (1) eine Skala tatsächlich eindimensional ist und (2) ob und welche Art korrelierter Messfehler vorliegen. Eine exploratorische Faktorenanalyse halten sie für diesen Zweck nicht geeignet, da nicht getestet werden kann, ob ein einfaktorielles Modell auf die Daten passt oder nicht. Exploratorische Faktorenanalysen dienen lediglich der „Erkundung" der Teststruktur, wenn über diese wenig bekannt ist. Sie bemerken weiterhin, dass Cronbach-α vor allem dann artifiziell hoch ausfällt, wenn neben dem interessierenden Konstrukt auch ein systematischer Messfehler (positiv korrelierter Messfehler) mit erfasst wird. Dies ist zum Beispiel der Fall, wenn eine Skala neben der Persönlichkeit auch soziale Erwünschtheit erfasst, also beide Eigenschaften gleichzeitig. Es kann auch vorkommen, dass negative Itemkovarianzen auftreten. In diesem Fall sollte Lambda$_2$ von **Guttman** berechnet werden (vgl. Lord & Novick, 1968, S. 94). Negative Itemkovarianzen treten beispielsweise bei unterschiedlich gepolten Items auf. Nach Kristof (Lord & Novick, 1974[3]) ist Lambda$_2$ vor allem aus diesem Grund eine bessere oder zumindest gleichwertige Schätzung der Reliabilität als Cronbach-α. Lambda$_2$ ist wie folgt definiert:

Guttmans λ_2: $$\lambda_2 = 1 - \frac{\sum_{i=1}^{j} S_i^2}{S_x^2} + \frac{\sqrt{\frac{c}{c-1}\sum_{i\neq}\sum_{j}\text{cov}_{ij}}}{S_x^2}$$

Dabei ist:

- c = Anzahl der Testitems/Testteile
- S_x^2 = Varianz der Gesamtrohwerte
- S_j^2 = Summe der Varianz der Testitems/Testteile bei dichotomen Items = $p \cdot q$, wobei p = Schwierigkeit und $q = 1 - p$
- $\sum_{i\neq}\sum_{j}\text{cov}_{ij}^2$ = Summe der quadrierten (!) Kovarianzen je zweier Items

Ein Anwendungsaspekt der Reliabilität bezieht sich auf die Absicherung von Einzelfallergebnissen. Das Intervall, in dem sich der wahre Wert einer Person mit einer festgelegten Wahrscheinlichkeit befindet, variiert in Abhängigkeit von der Reliabilität und des Standardmessfehlers (siehe dazu *Kapitel 4.8* „Das Reliabilitätskonzept in der psychometrischen Einzelfalldiagnostik").

3 Diese Formel wird sowohl bei Fischer (1974), Lord und Novick (1968) als auch in der ersten Auflage dieses Buches als lambda$_3$ bezeichnet. Dies ist nicht korrekt, wie in der 2. Auflage von Lord und Novick (1974) nachzulesen ist.

4.3 Minderungskorrekturen

Welche Rolle spielt die Reliabilität bei der Korrelation zwischen zwei Merkmalen?

Nehmen wir an, wir würden die Korrelation zwischen zwei Testkennwerten ermitteln, die jeweils in zwei unterschiedlichen Stichproben (Stichprobengröße ist jeweils $N = 150$) bestimmt wurden. Nun finden wir unterschiedlich hohe Korrelationen zwischen den Testkennwerten in beiden Stichproben. Worauf könnten diese unterschiedlichen Korrelationskoeffizienten zurückzuführen sein? Möglicherweise messen die Tests in den Stichproben eine unterschiedliche Fähigkeit. Allerdings könnten die Unterschiede auch auf die unterschiedliche Reliabilität der Tests in den verschiedenen Stichproben zurückzuführen sein. Unterscheidet sich die Reliabilität der Testkennwerte innerhalb der Stichproben, sind die Korrelationen zwischen den Stichproben nicht vergleichbar. Erst wenn man die Korrelation in beiden Stichproben anhand der Reliabilität aufgewertet hat, sind die Korrelationen direkt vergleichbar. Dazu verwendet man z.B. die **doppelte** oder **einfache Minderungskorrektur**. Dazu müssen aber folgende wichtige Voraussetzungen erfüllt sein: Die Skala (= Summen- oder Mittelwert mehrerer Items) muss eindimensional und die Voraussetzungen für den jeweiligen Reliabilitätskoeffizienten müssen erfüllt sein. Nehmen wir an, wir haben eine Korrelation zwischen einem Schulleistungstest und einem Intelligenztest. Die Korrelation beträgt in der Gruppe der Hauptschüler $r = .20$ ($N = 150$) und in der Gruppe der Gymnasiasten $r = .40$ ($N = 150$). Die Reliabilität des Schulleistungstests und des Intelligenztests betrage in der Stichprobe der Hauptschüler $r_{tt} = .70$ und $r_{tt} = .50$ und in der Gruppe der Gymnasiasten $r_{tt} = .95$ und $r_{tt} = .85$. In diesem Beispiel muss die doppelte Minderungskorrektur angewendet werden. Nachfolgend werden sowohl die Formeln für die einfache als auch die doppelte Minderungskorrektur angegeben.

Da Reliabilitätsschätzungen stichprobenabhängig sind, ist eine Minderungskorrektur sinnvoll, wenn man prüfen will, ob die Reliabilität den Zusammenhang zwischen jeweils denselben Merkmalen in verschiedenen Stichproben beeinflusst. Eine minderungskorrigierte Korrelation berücksichtigt in diesem Fall, dass Korrelationsunterschiede nicht auf die stichprobenbedingten Reliabilitätsunterschiede von Tests zurückzuführen sind. Die Reliabilität kann aber auch den Zusammenhang zwischen Merkmalen in einer Stichprobe beeinflussen. Dies ist dann der Fall, wenn eines oder beide Merkmale ungenau gemessen werden. Auch hier kann eine Minderungskorrektur der Korrelation vorgenommen werden. In diesem Fall gibt die minderungskorrigierte Korrelation dann den Zusammenhang zwischen den „wahren" Werten an.

Die einfache Minderungskorrektur wird angewendet, wenn nur die Reliabilität eines Wertes bekannt ist oder ein Messwert perfekt gemessen werden kann (z.B. Gehalt als Kriterium).

Allerdings ist an dieser Stelle Vorsicht geboten. Psychologische Tests sind nicht messgenau. Das heißt, mit der Minderungskorrektur wird lediglich ein optimales Szenario geliefert, welches von der Realität stark abweichen kann.

Einfache Minderungskorrektur:

$$r_{\text{mind.einfach}} = \frac{r_{12}}{\sqrt{r_{tt_1}}}$$

Doppelte Minderungskorrektur: $$r_{\text{mind.doppelt}} = \frac{r_{12}}{\sqrt{r_{tt1} \cdot r_{tt2}}}$$

Dabei ist:

- r_{tt1} = Reliabilitätskoeffizient von Test 1 (oder Kriterium)
- r_{tt2} = Reliabilitätskoeffizient von Test 2
- r_{12} = Korrelation des Tests 1 mit dem Test 2

Damit lauten die doppelt minderungskorrigierten Korrelationen in der Stichprobe der Hauptschüler $r = .34$ und der Gymnasiasten $r = .45$. Diese minderungskorrigierten Korrelationen unterscheiden sich weniger stark als die nicht minderungskorrigierten Korrelationen. Die anfänglichen Korrelationsunterschiede können also auch auf die unterschiedliche Messgenauigkeit der Tests in den Teilstichproben zurückzuführen sein.

Es ist durchaus möglich, dass minderungskorrigierte Korrelationen größer als 1 werden (vgl. Lord & Novick, 1968, S. 138). Dies ist immer dann der Fall, wenn die Reliabilität der Tests unterschätzt wird. Dafür sind mehrere Gründe vorstellbar: (1) Die Voraussetzungen für die Berechnung (z.B. bei Cronbach-α: tau-Äquivalenz) des jeweiligen Reliabilitätsschätzers sind verletzt (Schmidt & Hunter, 1999, S. 190). (2) Die Skala ist nicht eindimensional. In diesen Fällen führt die Minderungskorrektur zu einer Überschätzung der Korrelationen. In diesem Zusammenhang ist darauf hinzuweisen, dass nur unter der strengen Voraussetzung von Eindimensionalität minderungskorrigierte Korrelationen als Maß für die tatsächliche Korrelation auf Konstruktebene interpretiert werden können. Einen sehr guten Überblick über Messfehler und Minderungskorrekturen geben Schmidt und Hunter (1999).

Auch korrelierte Messfehler mindern oder erhöhen die Korrelation zwischen zwei Werten. Nach Zimmermann und Williams (1977, S. 148) sind korrelierte Fehler dann unproblematisch, wenn beide Werte hoch reliabel sind. Dann ist die Korrelation der beobachteten Werte fast identisch mit der Korrelation der wahren Werte. Ist aber die Reliabilität der beiden Werte gering, haben Messfehler einen starken Einfluss auf die Korrelation zwischen zwei Werten. Korrelieren die Messfehler zwischen zwei Werten negativ, führen die in 4.2.1 und 4.2.2 aufgeführten Formeln zu einer Unterschätzung der wahren Reliabilität. Sind die Messfehler zweier Werte positiv miteinander korreliert, überschätzen diese Formeln die wahre Reliabilität. Eine Minderungskorrekturformel für die Korrelationen zwischen zwei Messwerten unter Einbeziehung der Messfehlerkorrelationen stellen Zimmermann und Williams (1977, S. 141) zur Verfügung.

4.4 Faktoren, die die Reliabilität beeinflussen

Welche Faktoren beeinflussen die Reliabilität eines Tests?

Es gibt unterschiedliche Faktoren, die die Reliabilität beeinflussen; dazu gehören die Homogenität oder Heterogenität der Testitems, die Streuung der Testkennwerte und unterschiedliche Arten von Messfehlern.

Homogenität Homogene Tests sind fast immer hoch reliabel, da sie meist ähnliche oder gleiche Items bzw. Aufgaben enthalten (z.B. Schnelligkeitstests enthalten sehr ähnliche sowie leicht lösbare Aufgaben und sind aus diesem Grunde homogen). Heterogene Tests (z.B. Berufseignungstests) enthalten sehr unterschiedliche Items oder Aufgaben und sind in der Regel nur bedingt reliabel. Die Höhe der inneren Konsistenz hängt neben der mittleren Interitemkorrelation (Homogenität) auch von der **Testlänge** ab. Je mehr *homogene* Items einer Skala hinzugefügt werden, desto höher fällt das Cronbach-α aus (siehe Absatz „Vorhersage der Reliabilität nach Testverlängerung").

Streuung der Testkennwerte Die Streuung der Testkennwerte kann ebenfalls die Reliabilität beeinflussen. Eine hohe Streuung führt meist auch zu hohen Reliabilitäten, wohingegen eine geringe Merkmalsstreuung eine hohe Korrelation unwahrscheinlich werden lässt. Die Streuung hängt unter bestimmten Bedingungen von der **Aufgabenschwierigkeit** ab (siehe „dichotome Items", *Kapitel 3.5* „Trennschärfenanalyse"). Nehmen wir an, 100 Probanden bearbeiten folgendes Item:

Ich gehe gerne aus. Trifft nicht zu ①–②–③–④–⑤–⑥–⑦–⑧ Trifft zu

Dabei ergibt sich ein Mittelwert von $M = 1.25$ bei einer Streuung von $S = .3$. Für das Item bedeutet dies, dass die meisten Probanden nicht gerne ausgehen und kein oder nur ganz wenige Probanden angeben, gerne auszugehen. Allgemein resultieren aus diesem Antwortverhalten folgende Probleme: Immer wenn ein Großteil der befragten Probanden bevorzugt Randbereiche einer Antwortskala benutzt, führt dies entweder zu hohen oder geringen Itemschwierigkeiten. Die eingeschränkte Streuung deutet an, dass die Antwortskala von den Probanden entweder nicht ausgenutzt wird und damit zu differenziert ist oder sich in der Stichprobe tatsächlich nur Probanden befinden, die nicht gerne ausgehen. Geringe Streuungen können zu geringeren Trennschärfen und Reliabilitäten führen. Die Trennschärfe ist bei einem solchen Antwortverhalten in der Regel niedrig, da die Personen aufgrund ihres sehr ähnlichen Antwortverhaltens (geringe Streuung) schlecht zu unterscheiden sind. Es kann sich aber auch trotz einer geringen oder großen Schwierigkeit eine hohe Streuung ergeben. Dies kann verschiedene Ursachen haben. (1) Die erhöhte Streuung kann durch einen oder mehrere Ausreißer zustande kommen. Ausreißer sind sehr wenige Personen, die ein Item anders bearbeiten als die restlichen Personen. Dafür verantwortlich kann ein unterschiedliches Antwortverhalten, zufällige Testbearbeitung oder eine missverständliche Itemauffassung seitens der Probanden sein. (2) Ein weiterer Grund können unterschiedliche Teilpopulationen sein. Dies liegt oft daran, dass eine Stichprobe sehr heterogen ist und sich die Homogenität der Items zwischen Teilstichproben unterscheidet. Nehmen wir an, wir messen Depression mit einem Depressionsfragebogen und untersuchen „Depressive" und „Nicht-Depressive" zusammen. Beide Stichproben werden sich deutlich im Mittelwert unterscheiden. Nimmt man die Gesamtstichprobe, wird die Streuung deutlich höher als in den Teilstichproben ausfallen. In manchen Fällen wirkt sich eine hohe Streuung aber auch negativ auf die Reliabilität aus. Dies ist dann der Fall, wenn in Teilstichproben die Items in unterschiedlicher Richtung miteinander korrelieren. (3) Das Antwortformat kann von den Probanden unterschiedlich gebraucht werden. Ein großer Teil der Probanden könnte beispielsweise zu extremen Antworten neigen, ein geringerer Teil der Probanden zu mittleren Urteilen. Es wäre auch möglich, dass eine kleine Gruppe von Probanden die Mittelkategorie gewählt hat, weil sie die Frage eigentlich nicht beantworten kann und dann die neutrale Antwortkategorie noch die aus ihrer Sicht geeignetste darstellt. Müller (1999) bezeichnet daher diese Kategorie auch als Mülleimerkategorie. Die Probabilistische Testtheorie bietet Möglichkeiten, unterschiedliches Ankreuzverhalten sichtbar zu machen (siehe *Kapitel 7.3.4*).

Messfehler Schmidt und Hunter (1999) unterscheiden verschiedene Messfehler: (1) **Zufällige Antwortmessfehler** innerhalb eines Erhebungszeitpunkts (random response errors of measurement), die beispielsweise durch unterschiedliche Müdigkeit oder Ablenkbarkeit bedingt sein können. Davon grenzen sie (2) **vorübergehende Fehler von Messungen** (transient errors of measurement) ab, z.B. wenn ein Messfehler von einem Messzeitpunkt zum anderen variiert. Dies können ebenfalls Unterschiede in der Müdigkeit, emotionalen Verfassung oder Ähnliches sein. Allerdings kann der Fehler über verschiedene Messzeitpunkte auch (3) **systematisch** (systematic errors) sein, wie z.B. Übungseffekte oder Antworttendenzen (z.B. Neigung zu extremen Antworten). Darüber hinaus werden (4) **spezifische Messfehler** (specific errors of measurement) unterschieden. Diese beinhalten unterschiedliche Auffassungen von Personen bezüglich gleicher Begriffe. Wenn beispielsweise Personen über ihre Aufmerksamkeit befragt werden, kann dieser Begriff unterschiedlich aufgefasst werden, z.B. als „schnell reagieren" oder „auf mehrere Dinge gleichzeitig achten". Schmidt und Hunter (1999, S. 193) nennen noch ein anderes Beispiel, wie spezifische Messfehler entstehen können: Wenn eine Arbeitsprobe aus verschiedenen Teilaufgaben erstellt wird, können es durch Zufall gerade solche Aufgaben sein, die ein Arbeiter nur schlecht bearbeiten kann.

Weitere Fehlerquellen sind eine zufällige Test- oder Itembearbeitung, Verständnisschwierigkeiten der Itemformulierungen oder Motivationsverlust über lange Testungen. Im Folgenden werden Möglichkeiten aufgeführt, die zu einer Verbesserung der Reliabilität führen können.

Möglichkeiten der Reliabilitätsverbesserung

Klare Testinstruktionen (wenn nötig mit Übungsbeispielen) können dazu dienen, Verständnisschwierigkeiten als Fehlerquelle auszuschalten. Neben der Testinstruktion sollten auch die Items klar formuliert werden (Vermeidung von doppelten Verneinungen, Fremd- oder Fachbegriffen, siehe *Kapitel 3.1*). Ebenso sollten, wie in *Kapitel 2* und *3* beschrieben, klare Auswertungsregeln verwendet werden, um die Auswertungsobjektivität, die eine Voraussetzung für eine gute Reliabilität ist, zu gewährleisten. Eine andere Möglichkeit, die Reliabilität zu verbessern, besteht darin, Items mit geringen Trennschärfen bzw. Items, die bei der Aufnahme in die Testendform die Reliabilität verringern (Prinzip der alpha-Maximierung) aus dem Test zu entfernen. Dabei besteht aber die große Gefahr, besonders leichte oder schwere Items aus dem Test zu entfernen. Dies hätte zur Konsequenz, dass der Test nicht mehr in allen Bereichen des Fähigkeits- oder Eigenschaftsspektrums unterscheiden kann. Darüber hinaus besteht die Gefahr, dass der Test durch die vorgenommene Homogenisierung nur noch sehr kleine Verhaltensausschnitte erfasst. Daher sollten bei der Itemauswahl vor allem inhaltliche Überlegungen mit einbezogen werden. Eine weitere Methode zur Reliabilitätsverbesserung ist die Testverlängerung mit homogenen Items (im Sinne des zu erfassenden Merkmals). Diese Methode wird im Folgenden beschrieben.

Vorhersage der Reliabilität nach Testverlängerung

In der Regel ist es möglich, zu planen, wie hoch die Reliabilität eines Tests bei Hinzunahme inhaltshomogener Items wird. Damit kann unter bestmöglicher Abwägung von Testlänge und Reliabilitätshöhe ein optimiertes Verfahren erstellt werden. Mit der folgenden Formel kann die Reliabilität nach Testverlängerung vorhergesagt werden:

Spearman-Brown-Korrekturformel (Testverlängerung):

$$r'_{tt} = \frac{\frac{n'}{n} \cdot r_{tt}}{1 + \left(\frac{n'}{n} - 1\right) \cdot r_{tt}}$$

Dabei ist:

- r'_{tt} = Reliabilität des verlängerten Tests
- n' = Itemanzahl des verlängerten Tests
- r_{tt} = Reliabilität des bisherigen Tests
- n = Itemanzahl des bisherigen Tests

Bei dieser Formel und Umformungen dieser Formel ist zu beachten, dass die Items parallel sein müssen, um eine korrekte Reliabilitätsschätzung zu erhalten. Parallele Items sind in der Praxis selten. Dies kann sowohl zu einer Über- als auch zu einer Unterschätzung der wahren Reliabilität durch diese Formel führen. Das heißt, wenn keine parallelen Items hinzugefügt werden, ist die durch diese Formel vorhergesagte Reliabilität nur eine sehr grobe Schätzung der wahren Reliabilität. Es ist ebenso möglich, eine gewünschte Reliabilität vorzugeben und durch Umstellung der obigen Formel die Anzahl der Aufgaben zu berechnen, die hinzugenommen werden müssen, um die gewünschte Reliabilität zu erreichen:

Anzahl der zur Verlängerung notwendigen Items:

$$n' = n \cdot \frac{r'_{tt} \cdot (1 - r_{tt})}{r_{tt} \cdot (1 - r'_{tt})}$$

Dabei ist:

- r'_{tt} = Reliabilität des verlängerten Tests
- n' = Itemanzahl des verlängerten Tests
- r_{tt} = Reliabilität des bisherigen Tests
- n = Itemanzahl des bisherigen Tests

4.5 Beurteilung der Höhe von Testkennwerten

Wie beurteilt man Item- bzw. Testkennwerte?

Eine generelle Beurteilung von Schwierigkeitsindizes, Trennschärfen, Reliabilitäten und Validitäten ist schwierig, denn diese hängt in den meisten Fällen vom Kontext ab, wie zum Beispiel der Art des verwendeten Tests (objektiver Test, Persönlichkeitstest, projektiver Test), der untersuchten Stichprobe (homogen/heterogen), der Art und Breite des gemessenen Merkmals (breiter oder enger Merkmalsausschnitt). Eine ungefähre Richtlinie bilden dennoch die Angaben von Fisseni (1997, siehe *Tabelle 4.1*).

Tabelle 4.1

Beurteilungsrichtlinien für Testkennwerte und Gütekriterien

Kennwert	Kürzel	Niedrig	Mittel	Hoch
Schwierigkeit	p	> .80	.80 – .20	< .20
Trennschärfe (korrigiert)	r_{itc}	< .30	.30 – .50	> .50
Objektivität (Auswerter)	r_k	< .60	.60 – .90	> .90
Reliabilität	r_{tt}	< .80	.80 – .90	> .90
Validität (unkorrigiert)	r_{tc}	< .40	.40 – .60	> .60
Größe der Eichstichprobe	N	< 150	150 – 300	> 300

Anmerkungen: Validitätskoeffizienten allein besagen wenig über die Bedeutung eines Tests, wenn man nur den absoluten Betrag bewertet. Betrachtet werden muss auch der Beitrag, den ein Test zur Lösung einer gegebenen Fragestellung leisten kann. Quelle: Fisseni (1997), S. 124.

4.6 Durchführung einer Reliabilitätsanalyse mit SPSS

Wie berechne ich die Reliabilität mit SPSS?

Nach dem Öffnen der Datei:

- Klicken Sie auf den Menüpunkt ANALYSIEREN.
- Klicken Sie danach auf den Menüpunkt SKALIEREN.
- Klicken Sie dann auf den Menüpunkt RELIABILITÄTSANALYSE.
- Es öffnet sich das Fenster RELIABILITÄTSANALYSE (*Abbildung 4.2*).

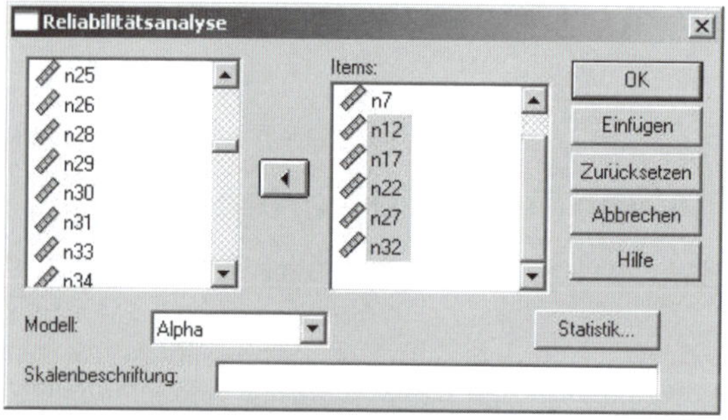

Abbildung 4.2: SPSS-Fenster RELIABILITÄTSANALYSE

Markieren Sie nun die entsprechenden Items einer Skala oder eines Untertests, mit denen Sie eine Reliabilitätsanalyse durchführen möchten, und klicken Sie dann auf den Pfeil zwischen den beiden Fenstern. Wählen Sie anschließend eine Reliabilitätsmethode aus, indem Sie auf den Menüpunkt MODELL (standardmäßig ist *alpha* eingestellt) klicken. Sie können in SPSS 14.0 die Skala auch beschriften, indem Sie in die Leerzeile neben dem Menüpunkt SKALENBESCHRIFTUNG eine Skalenbezeichnung eintragen. Folgende Reliabilitätsmodelle sind verfügbar:

Alpha (voreingestellt) Es handelt sich um den Cronbach-α-Koeffizienten bei metrischen Items und um die Kuder-Richardson-Formel 20 (KR-20, Lienert & Raatz, S.193) bei dichotomen Items.

Split-Half Bei diesem Modell wird die Skala in zwei Hälften geteilt und die Korrelation zwischen den Hälften berechnet. Werden beispielsweise vier Items einer Reliabilitätsanalyse in SPSS unterzogen, bilden die ersten beiden Items die erste Testhälfte und die restlichen Items die zweite Testhälfte. Man kann den Test auch nach eigenen Kriterien (z.B. per Zufall) in zwei Testteile aufteilen und die so gebildeten Summen- oder Mittelwerte der Testhälften in die SPSS-Analyse einfügen. Die Korrelation zwischen beiden Testhälften wird dann mit Hilfe der Spearman-Brown-Formel aufgewertet (Lienert & Raatz, 1998, S. 185). Dabei ist zu beachten, dass die Streuungen beider Testhälften gleich hoch sein müssen. Zusätzlich wird eine Reliabilitätsschätzung nach Guttman angezeigt (siehe Guttman-Formel unter 4.2.1; vgl. auch Lienert & Raatz, 1998, S. 186). Diese ist dann anzuwenden, wenn die Streuungen in beiden Testhälften nicht gleich hoch sind. Es wird auch eine Aufwertung für eine ungerade Anzahl von Testteilen angegeben (in SPSS unter RELIABILITÄTSSCHÄTZUNGEN → SPEARMAN-BROWN-KOEFFIZIENT → UNGLEICHE LÄNGE).

Guttman Bei diesem Modell werden Guttman's untere Grenzen für die wahre Reliabilität berechnet. Es wird Lambda_1 bis Lambda_6 angegeben. Relevant ist hier vor allem Lambda_2. Lambda_3 entspricht dabei dem Cronbach-α-Koeffizienten. Lambda_4 stellt die Guttman-Split-half-Reliabilität dar (siehe *Abschnitt 4.2.1*). Lambda_5 sollte dann angewandt werden, wenn ein Item mit allen anderen Items der Skala hoch korreliert und die anderen Items untereinander nur gering. Lambda_6 wird dann empfohlen, wenn die mittlere Interitemkorrelation in Relation zur quadrierten multiplen Korrelation (jeweils eines Items auf die anderen Items) gering ausfällt.

Parallel Bei diesem Modell wird angenommen, dass alle Items gleiche Varianzen (bzw. Fehlervarianzen) aufweisen. Dabei müssen die Items normalverteilt sein. Unter diesen Annahmen wird eine Maximum-Likelihood-Schätzung der Reliabilität vorgenommen. Diese Maximum-Likelihood-Schätzung ist im Falle paralleler Items Cronbach-α (in SPSS unter RELIABILITÄTSSTATISTIKEN und RELIABILITÄT DER SKALA). In der SPSS-Ausgabe wird unter RELIABILITÄTSSTATISTIKEN und RELIABILITÄT DER SKALA (UNVERZERRT) auch ein unverzerrter Schätzer der Reliabilität angegeben, da die Maximum-Likelihood-Schätzung nicht erwartungstreu ist (vgl. Fischer, 1974, S. 66). In der SPSS-Ausgabe wird angezeigt, ob Parallelität vorliegt oder nicht. Ein signifikantes Ergebnis von $p < .05$ (in der SPSS Ausgabe: TEST DER ANPASSUNGSGÜTE DES MODELLS unter CHI-QUADRAT und SIG.) bedeutet (Nullhypothese: Tests sind parallel), dass keine Parallelität vorliegt.

Streng parallel Bei diesem Modell gelten die Annahmen des streng parallelen Modells, und es wird zusätzlich zum parallelen Modell die Gleichheit der Mittelwerte der Items angenommen. Auch hier muss eine Normalverteilung der Items angenommen werden. Unter diesen Voraussetzungen wird eine Maximum-Likelihood-Schätzung der Reliabilität vorgenommen. Sie basiert auf einer Modifikation von Cronbach-α und wird geringer als Cronbach-α, wenn die Mittelwerte der Items nicht gleich sind.

Auch hier wird ein unverzerrter Schätzer angegeben. Die entsprechenden Werte sind in der SPSS-Ausgabe an denselben Stellen wie für das parallele Modell zu finden. In der Ausgabe wird angezeigt, ob die Annahme der strengen Parallelität zutrifft oder nicht. Ein signifikantes Ergebnis von $p < .05$ bedeutet, dass keine strenge Parallelität vorliegt. Die SPSS-Ausgabe entspricht der für parallele Tests.

Klicken Sie dann auf die Schaltfläche STATISTIK rechts unten im Menü RELIABILITÄTSANALYSE. Es öffnet sich das Fenster RELIABILITÄTSANALYSE: STATISTIK (*Abbildung 4.3*). Aktivieren Sie hier das Kästchen SKALA WENN ITEM GELÖSCHT in der Box DESKRIPTIVE STATISTIKEN FÜR, damit Sie die korrigierten Itemtrennschärfen erhalten. Markieren Sie das Kästchen ITEM, um die Itemmittelwerte (Schwierigkeiten), Streuungen und die Anzahl gültiger Fälle angezeigt zu bekommen. Wenn zusätzlich noch Mittelwerte und Standardabweichungen für die gesamte Skala angezeigt werden sollen, aktivieren Sie das Kästchen SKALA. Wenn Sie außerdem noch in der Box AUSWERTUNG das Kästchen KORRELATIONEN aktivieren, wird Ihnen die mittlere Interitemkorrelation zwischen allen ausgewählten Items angegeben. Klicken Sie auf die Schaltfläche WEITER, um wieder zum Fenster RELIABILITÄTSANALYSE zu gelangen. Klicken Sie auf die Schaltfläche OK.

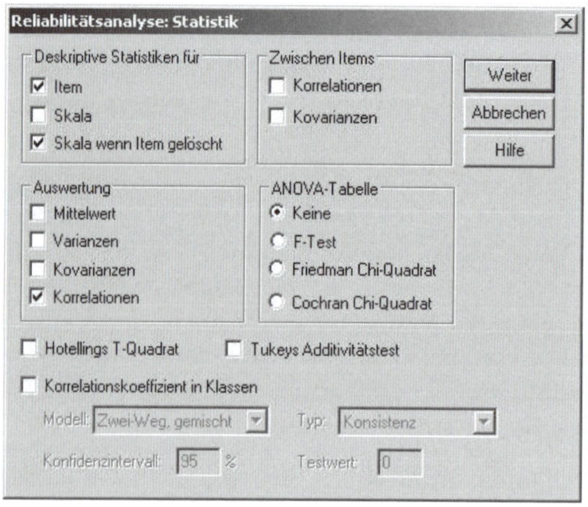

Abbildung 4.3: SPSS-Fenster RELIABILITÄTSANALYE: STATISTIK

Informationen zu den weiteren Optionen finden Sie bei Diehl und Staufenbiel in „Statistik mit SPSS-Version 11.0“ (2003).

4.7 Beispiel einer Item- und Reliabilitätsanalyse mit SPSS

Es erfolgt die beispielhafte Darstellung einer Item- und Reliabilitätsanalyse mit SPSS 14.0. Die Items der folgenden Analyse bilden die Skala „Extraversion“ im NEO-FFI. Menschen mit hohen Ausprägungen auf dieser Skala beschreiben sich als gesellig, gesprächig, selbstsicher, aktiv, energisch, heiter und optimistisch. In *den folgenden Abbildungen* ist eine Reliabilitätsanalyse anhand der Items dieser Skala dargestellt.

In *Abbildung 4.3* sind Statistiken zu den verarbeiteten Fällen dargestellt. Diese sind im Fall vollständiger Daten von untergeordnetem Interesse. Liegen jedoch fehlende Werte bei einzelnen Items vor, sind diese Statistiken interessant. SPSS nimmt dann einen listenweisen Fallausschluss vor. Das heißt, die Itemwerte von Personen mit mindestens einem fehlenden Wert werden aus der folgenden Reliabilitätsanalyse komplett ausgeschlossen. Eine Möglichkeit, mit fehlenden Werten umzugehen, ist, diese mit Hilfe von SPSS ersetzen zu lassen. Allerdings muss im Fall von Fragebogen-items kritisch hinterfragt werden, ob die fehlenden Werte tatsächlich zufällig fehlen (Missing at Random), denn nur dann ist ein Ersetzen der fehlenden Werte zulässig.

Zusammenfassung der Fallverarbeitung

		Anzahl	%
Fälle	Gültig	101 ❶	100.0
	Ausgeschlossen[a]	0 ❷	0.0
	Insgesamt	101 ❸	100.0

[a] Listenweise Löschung auf der Grundlage aller Variablen in der Prozedur.

Abbildung 4.4: Ausgabe der Reliabilitätsanalyse: Fallverarbeitung

In *Abbildung 4.4* ist eine Zusammenfassung der Fallverarbeitung dargestellt. In dieser Analyse wurden von 101 gültigen Fällen ❶ keine Fälle ❷ ausgeschlossen, und 101 Probanden ❸ gehen folglich in die Analyse mit ein.

Reliabilitätsstatistiken

Cronbachs Alpha ❶	Cronbachs Alpha für standardisierte Items ❷	Anzahl der Items ❸
,725	,735	12

Abbildung 4.5: Ausgabe der Reliabilitätsanalyse: Cronbach-α

In *Abbildung 4.5* wird in der ersten Spalte ❶ **Cronbach-α** als Reliabilitätsschätzung unter Berücksichtigung aller zwölf Items ❸ angegeben. Das standardisierte alpha (**Cronbach-α für standardisierte Items**) ❷ basiert, anders als **Cronbach-α**, auf Korrelationen und nicht auf Kovarianzen. Vor der Berechnung werden alle Items z-standardisiert und weisen damit gleiche Varianzen auf. Es führt bei identischen Itemvarianzen zu denselben Ergebnissen wie Cronbach-α. Sind die Itemvarianzen stark unterschiedlich, sollte das standardisierte alpha verwendet werden. Im vorliegenden Fall fällt das **Cronbach-α für standardisierte Items** geringfügig höher aus (.725 versus .735). Das Cronbach-α der Skala „Extraversion" ist damit in der vorliegenden Stichprobe als gering zu bewerten (**Cronbach-α** = .725).

In *Abbildung 4.6* sind die **deskriptiven Statistiken** der Items (Mittelwert, Std.-Abweichung = Standardabweichung, Anzahl = Anzahl der Fälle) aufgeführt. SPSS bezieht bei der Reliabilitätsanalyse bei fehlenden Werten in der Datendatei immer nur vollständige Datensätze in die Berechnung mit ein. Das kann bedeuten, dass sich durch fehlende Werte die Stichprobengröße in der Analyse reduziert.

Bevor man die Ergebnisse betrachtet, empfiehlt es sich, immer die Verteilung der Antworthäufigkeiten der einzelnen Items in einem Histogramm zu betrachten. Dies wurde bereits in *Kapitel 3.4.7* vorgenommen. In den meisten Fällen macht schon die Betrachtung des Histogramms Abweichungen von der Normalverteilung deutlich. Auch eine Prüfung auf Normalverteilung wurde bereits in *Kapitel 3.4.4* vorgenommen. Von den hier analysierten Items ist kein Item (K-S Test: $p < .005$) normalverteilt.

Itemstatistiken

	Mittelwert	Std.-Abweichung	Anzahl
n2	2,28	,960	101
n7	2,81	,913	101
n12	2,65	,974	101
n17	3,13	,833	101
n22	1,83	1,059	101
n27	2,00	,980	101
n32	2,11	,871	101
n37	2,66	,816	101
n42	2,35	1,081	101
n47	1,68	1,048	101
n52	2,58	,828	101
n57	1,93	,962	101

Abbildung 4.6: Ausgabe der Reliabilitätsanalyse: Itemstatistiken

Exkurs: dichotomes Antwortformat

Bei dichotomen Antwortformaten entspricht der mit 100 multiplizierte Mittelwert der prozentualen Lösungshäufigkeit, also der Schwierigkeit des Items. Möchte man die Reliabilität eines Intelligenztests mit dem Eingabeformat „Aufgabe gelöst [1]" bzw. „nicht gelöst [0]" bestimmen, muss man darauf achten, dass man auch fehlende Werte mit [0] kodiert.

Auswertung der Itemstatistiken

	Mittelwert ❶	Minimum ❷	Maximum ❸	Bereich ❹	Maximum/ Minimum	Varianz ❺	Anzahl der Items
Inter-Item-Korrelationen	,188	–,290	,440	,730	–1,514	,018	12

Abbildung 4.7: Ausgabe der Reliabilitätsanalyse: Itemstatistiken

In *Abbildung 4.7* ist die mittlere Interitemkorrelation (**Inter-Item-Korrelation**) ❶ aufgeführt. Es handelt sich um die mittlere Korrelation zwischen den Items. Diese stellt einen Homogenitätsindex dar, der in der Regel zwischen .20 und .40 liegt. Sie basiert nicht (!) auf Fisher-Z-transformierten Korrelationen (vgl. Bortz, 1999, S. 209 ff.). Das heißt, wenn die mittlere Interitemkorrelation aus vielen stark unterschiedlichen Interitemkorrelationen besteht, wird die mittlere Korrelation durch SPSS unterschätzt.

Die wichtigsten Ergebnisse der Reliabilitätsanalyse der Skala „Extraversion" aus dem NEO-FFI lassen sich folgendermaßen beschreiben: Das Alpha ist gering, **Alpha** = .725 (siehe *Abbildung 4.4*), ebenso wie die mittlere Interitemkorrelation, **Inter-Item Korre-**

lation (MIC) = .188. Aus *Abbildung 4.6* kann weiterhin entnommen werden, dass die Inter-Item-Korrelationen in einem weiten Bereich von minimal –.29 ❷ bis .44 ❸ streuen (Bereich .73 ❹). Wird aus der Varianz der mittleren Interitemkorrelationen ❺ die Wurzel gezogen (ergibt .134), kann die Präzision von alpha bestimmt werden:

$$P_\alpha = \frac{S_r}{\sqrt{\left(\frac{1}{2}\cdot c\cdot[c-1]\right)-1}} = \frac{.134}{\sqrt{\left(\frac{1}{2}\cdot 12\cdot[12-1]\right)-1}} = .017$$

Damit fällt die Präzision von alpha nicht besonders befriedigend aus, da, wie bereits erwähnt, schon Werte ab .01 darauf hinweisen, dass die analysierte Skala nicht eindimensional ist. Dies ist allerdings erst ein Hinweis. Die Überprüfung erfolgt dann mit einer konfirmatorischen Faktorenanalyse (siehe *Kapitel 6*).

Item-Skala-Statistiken

	Skalenmittelwert, wenn Item weggelassen	Skalenvarianz, wenn Item weggelassen	Korrigierte Item-Skala-Korrelation ❶	Quadrierte multiple Korrelation ❷	Cronbachs Alpha, wenn Item weggelassen ❸
n2	25,74	25,673	,574	,367	,678
n7	25,21	29,326	❹ ,204	,191	❻ ,727
n12	25,37	27,294	,387	,235	,704
n17	24,89	27,718	,430	,271	,700
n22	26,19	28,094	,264	,189	,722
n27	26,02	26,160	,505	,328	,687
n32	25,91	28,322	,334	,143	,711
n37	25,36	26,712	,569	,431	,683
n42	25,67	27,062	,351	,378	,709
n47	26,34	30,246	❺ ,072	,258	❼ ,748
n52	25,44	27,828	,420	,211	,701
n57	26,09	28,142	,305	,157	,715

Abbildung 4.8: Ausgabe der Reliabilitätsanalyse: Itemstatistiken

In *Abbildung 4.8* ist die SPSS-Ausgabe für die Item-Skala-Statistiken dargestellt. Die **Korrigierte Item-Skala-Korrelation** ❶ ist die part-whole-korrigierte Trennschärfe (r_{it}). Die **Quadrierte multiple Korrelation** ❷ zeigt an, wieviel Varianz des Items jeweils durch alle anderen Items erklärt werden kann (siehe *Kapitel 7* „Korrelationen"). Je höher die quadrierte multiple Korrelation ist, desto repräsentativer ist dieses Item für alle anderen Items. **Cronbachs Alpha, wenn Item weggelassen** ❸ kennzeichnet die Reliabilität der verbleibenden Items, falls das vorliegende Item ausgesondert werden würde.

Besonders fällt die geringe Trennschärfe des Items N47 mit **Korrigierte Item-Skala-Korrelation** = .072 ❺ ins Auge. Die Eliminierung dieses Items hätte eine Erhöhung der Reliabilität auf **Cronbachs Alpha, wenn Item weggelassen** = .748 ❼ zur Folge. Gleiches gilt in geringerem Maße für das Item N7 (**Korrigierte Item-Skala-Korrelation** = .204 ❹, **Cronbachs Alpha, wenn Item weggelassen** = .727 ❻). Neben möglichen inhaltlichen

Gründen für die geringe Trennschärfe sind zwei weitere Gründe denkbar. Zum einen handelt es sich bei dem Item N47 um das Item mit der extremsten Schwierigkeit ($M = 1.68$, siehe *Abbildung 4.5*) im Vergleich mit den anderen Itemmittelwerten. Zum anderen ist es im Gegensatz zu allen anderen Items deutlich linkssteil verteilt (Betrachtung der Histogramme, siehe *Kapitel 3.4.7*). Die extreme Schiefe des Items könnte auch dafür **mit**verantwortlich sein, dass es eine im Vergleich zu allen anderen Itemtrennschärfen niedrigere Itemtrennschärfe aufweist. Besitzt ein Item eine andere Schiefe als der um das Item korrigierte Skalenwert, können Item und Skalenwert nicht maximal korrelieren (+ 1 oder – 1). Daher müssen die Verteilungen des Items und des korrigierten Skalenwerts bei der Trennschärfeanalyse mitberücksichtigt werden. Leider ist dies nicht so einfach, da die Verteilungen der korrigierten Skalenwerte nicht in SPSS automatisch angezeigt werden. Diese müssen „per Hand" mit SPSS erzeugt werden (TRANSFORMIEREN, dann BERECHNEN und schließlich die Erstellung der Histogramme).

Im Folgenden werden die Ergebnisse einer erneuten Reliabilitätsanalyse ohne das Item N47 beschrieben. Dieses Vorgehen der Reliabilitätssteigerung nennt man **alpha-Maximierung**. Dabei empfiehlt es sich, sukzessiv vorzugehen. Das heißt, es wird zunächst nur ein Item aus der Analyse ausgeschlossen. Dadurch ändern sich die Summenwerte der Skala und auch alle Trennschärfen. So ist beispielsweise die Trennschärfe deskriptiv für Item N7 nach Aussonderung des Items N47 von .204 auf .226 (siehe *Abbildung 4.11* ❸) gestiegen. Auch Cronbach-α ist von .725 auf .748 (siehe *Abbildung 4.9* ❶) angestiegen, wie es in *Abbildung 4.8* angegeben war. Man kann diesen Prozess fortsetzen, bis das Cronbach-α nach Elimination eines Items nicht mehr ansteigt. In *Abbildung 4.9* bis *Abbildung 4.11* sind die Ergebnisse einer Reliabilitätsanalyse ohne Item N47 dargestellt.

Reliabilitätsstatistiken

Cronbachs Alpha	Anzahl der Items
❶ ,748	11

Abbildung 4.9: Ausgabe der Reliabilitätsanalyse: Cronbach-α

Itemstatistiken

	Mittelwert	Std.-Abweichung	Anzahl
n2	2,28	,960	101
n7	2,81	,913	101
n12	2,65	,974	101
n17	3,13	,833	101
n22	❷ 1,83	1,059	101
n27	2,00	,980	101
n32	2,11	,871	101
n37	2,66	,816	101
n42	2,35	1,081	101
n52	2,58	,828	101
n57	1,93	,962	101

Abbildung 4.10: Ausgabe der Reliabilitätsanalyse: Itemstatistiken

Item-Skala-Statistiken

	Skalenmittelwert, wenn Item weggelassen	Skalenvarianz, wenn Item weggelassen	Korrigierte Item-Skala-Korrelation	Cronbachs Alpha, wenn Item weggelassen
n2	24,06	23,896	,578	,704
n7	23,52	27,252	❸ ,226	,750
n12	23,68	25,319	,406	,728
n17	23,21	25,746	,450	,723
n22	24,50	26,652	,226	,754
n27	24,34	24,526	,490	,716
n32	24,23	26,678	,312	,739
n37	23,67	24,782	,591	,707
n42	23,99	24,470	,431	,725
n52	23,75	26,288	,385	,731
n57	24,41	26,284	,308	,741

Abbildung 4.11: Ausgabe der Reliabilitätsanalyse: Trennschärfen

Nachdem das Item N47 ausgesondert wurde, ändern sich natürlich auch der neu gebildete Skalenwert und damit die Trennschärfen der verbleibenden Items. Anhand der neuen Itemanalyse könnten aufgrund ihrer „relativ" niedrigen Trennschärfe zwei weitere Items, N7 und N22, ausgesondert werden. Doch hier ist Vorsicht geboten, denn ein Test kann auch „zu Tode" homogenisiert oder optimiert werden. Das bedeutet, dieser Prozess wird so lange fortgesetzt, bis inhaltlich nur noch sehr ähnliche Items übrig bleiben. Folgendes hypothetische und extrem gewählte Beispiel soll dies verdeutlichen: Angenommen, nach einer alpha-Maximierung verbleiben lediglich die beiden Items „Ich gehe gerne aus" und „Ich gehe abends gerne weg". Jetzt wäre sicherlich das Cronbach-α befriedigend hoch, allerdings messen die beiden verbliebenen Items keine unterschiedlichen Aspekte des Konstrukts mehr, sondern inhaltlich fast das Gleiche. Nachdem Item N7 und N22 eliminiert wurden, lässt sich die Reliabilität nicht mehr durch die Elimination weiterer Items der Skala steigern. Sie erreicht alpha = .75. An dem Mittelwert des Items N22 kann man sehen, dass es sich um das Item mit der jetzt (ohne N47) extremsten Schwierigkeit ($M = 1.83$ ❷, *Abbildung 4.10*) handelt. Die niedrige Trennschärfe des Items N7 lässt sich möglicherweise dadurch erklären, dass dieses Item verteilungsbedingt eine andere Schiefe aufweist als der Skalenwert ohne Item N7. Dies können Gründe für die geringeren Trennschärfen der Items N7 und N22 sein. Zwar liegen die Trennschärfen unter denen der anderen Items, sind aber immer noch hoch genug, um beide Items nicht zu eliminieren.

Es gibt keine feste Untergrenze, ab der man Items nicht weiter berücksichtigt; diese Grenze richtet sich danach, wie homogen oder heterogen eine Skala sein soll. Ein schwaches Kriterium könnte sein, dass die Trennschärfe signifikant ist. Die Signifikanz von Trennschärfen wird von SPSS nicht angegeben. Um diese zu ermitteln, muss erst ein Skalenwert ohne das entsprechende Item (in unserem Fall N22) ermittelt und dann das Item mit dem so korrigierten Skalenwert korreliert werden: ANALYSIEREN → KORRELATION → BIVARIAT → PEARSON, EINSEITIG → man erwartet positive Trennschärfen, größer als null.

Insgesamt sollte man beachten, dass es mehrere Gesichtspunkte bei der Itemauswahl zu berücksichtigen gibt. Es gibt zwei Hauptgründe, Items zu eliminieren: (1) **statistische Kriterien**, z.B. M, S, r_{it}, und (2) **inhaltliche Gründe**, z.B. schlechte Formulierung (wenn sie inhaltlich nicht stimmig oder missverständlich formuliert sind). Der Inhalt der Items muss bei der Itemanalyse immer mit einbezogen werden. Möglicherweise ist eine Revision der Itemformulierung sinnvoller als ein Aussondern des Items, unter der Bedingung, dass das Item inhaltlich passt.

Fazit: Man muss sich vorher genau überlegen, ob man einen homogenen oder heterogenen Test konstruieren will. Im Falle des NEO-FFI ist es sinnvoll, aufgrund inhaltlicher Aspekte alle Items in der Skala zu belassen, denn es handelt sich um einen Persönlichkeitstest, der Persönlichkeit auf einer hohen Abstraktionsebene erfasst. Die mittlere Interitemkorrelation (MIC) beträgt in unserem Beispiel nur $r = .188$ im Gegensatz zu einem alpha-Koeffizienten von $r_{tt} = .725$. Die Präzision von alpha ist mit $P_\alpha = .0167$ über der kritischen Grenze von $P_\alpha = .01$ und deutet an, dass es sich um einen heterogenen Test handeln könnte. Die mittlere Interitemkorrelation liegt nach Briggs und Cheek (1986) am unteren Ende des Vertretbaren. Sie sollte $MIC = .20$ nicht unterschreiten und $MIC = .40$ nicht überschreiten. Allerdings ist bei solch starren Regeln immer zu bedenken, dass es auch Ausnahmen gibt. So ist es zum Beispiel bei extrem kurzen Fragebögen – wenn man eine hohe Messgenauigkeit benötigt – mit Skalen aus drei oder vier Items durchaus sinnvoll, homogenere Items mit einer MIC > .40 heranzuziehen.

An dieser Stelle sei angemerkt, dass die Trennschärfenanalyse eigentlich kein gutes Instrument ist, um „schlechte“ Items aus einem Test zu entfernen. Es gibt einfach zu viele Einflussgrößen (Schwierigkeit, Verteilung, Standardabweichung), die die Trennschärfe beeinflussen können, und so besteht immer die Gefahr, eine Skala „zu Tode“ zu homogenisieren. Weiterhin wird durch die Trennschärfenanalyse nicht klar, ob ein Item tatsächlich nur eine Eigenschaft oder Fähigkeit misst. Um dies festzustellen, eignet sich die exploratorische Faktorenanalyse besser. Dabei werden immer auch die Nebenladungen eines Items angezeigt (siehe *Kapitel 5*). Die beste Möglichkeit der Itemanalyse besteht jedoch sicherlich im Rahmen des Rasch-Modells (siehe *Kapitel 7*). Hier ist eine eindeutige Interpretation der Itemkennwerte möglich.

Veränderung der Reliabilität (Alpha) nach Elimination einzelner Items Die Elimination einzelner Items wirkt sich auch auf die Reliabilität aus. Cronbach-α ist eine Möglichkeit, die Reliabilität eines Tests oder Fragebogens zu bestimmen. Erhöht sich das Cronbach-α bei der Elimination eines Items im Verhältnis zum Cronbach-α der gesamten Skala, kann dieses Item ausgesondert werden, da es inhaltlich „nicht gut“ zu der Skala passt (niedrige Trennschärfe) und die Messgenauigkeit (Cronbach-α) bei Aufnahme des Items in die Skala sinkt. Allerdings ist bei dieser Methode Vorsicht angebracht. Es kann nicht Ziel und Zweck der Testkonstruktion sein, ausschließlich die Homogenität der Skalen zu erhöhen. So sollte zum Beispiel bei Erfassung von Depression nicht nur der gleiche Iteminhalt mit jeder Frage erfasst werden.

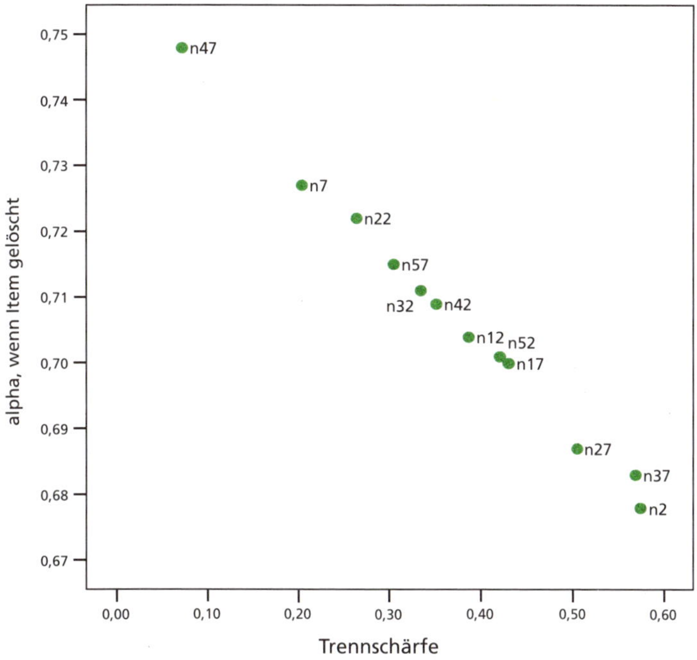

Abbildung 4.12: Zusammenhang zwischen Trennschärfe und Cronbach-α (Cronbach-α, wenn entsprechendes Item in der Skala nicht berücksichtigt wird)

Abbildung 4.12 zeigt den Zusammenhang zwischen Itemtrennschärfe und Cronbach-α, wenn Item gelöscht. Auf der x-Achse ist die Trennschärfe aufgetragen. Auf der y-Achse ist das Cronbach-α, wenn das entsprechende Item (Itembezeichnung über Punkt in Grafik) in der Skala nicht berücksichtigt wird, abgetragen. Je höher die Trennschärfe eines Items ist, desto geringer wird das Cronbach-α der Skala, wenn man das entsprechende Item in der Skala nicht berücksichtigt. Ab einer gewissen (meist geringen) Trennschärfe wird Cronbach-α höher, wenn man das Item nicht in die Skala aufnimmt. Solche Items verringern die Messgenauigkeit der Skala und daher können sie wegfallen. In unserem Beispiel beträgt das Cronbach-α der gesamten Skala (mit Item N47) .725. In *Abbildung 4.12* kann man erkennen, dass das Cronbach-α der Skala auf knapp unter .75 ansteigen würde, wenn man Item N47 nicht in der Skala berücksichtigen würde. Nimmt man beispielsweise Item N2, so würde das Cronbach-α der gesamten Skala auf unter .68 fallen, wenn dieses Item nicht berücksichtigt würde. Ob Item N22 in die gesamte Skala aufgenommen würde oder nicht, ändert dagegen nur wenig an der Höhe von Cronbach-α, aber möglicherweise an der Inhaltsvalidität. Gleiches gilt natürlich auch für Item N47.

4.8 Das Reliabilitätskonzept in der psychometrischen Einzelfalldiagnostik

Welche Auswirkung hat die Messgenauigkeit eines Tests auf den Einzelfall?

Die Reliabilität eines Messwerts sagt etwas über seine Messgenauigkeit aus. Diese Messgenauigkeit wirkt sich auch auf die Interpretation von Testergebnissen einer Person aus. Angenommen, zwei Intelligenztestergebnisse einer Person liegen vor, und der eine Intelligenztest misst Intelligenz sehr genau (hohe Reliabilität), der andere nicht (niedrige Reliabilität). In diesem Fall ist das Ergebnis des messgenauen Tests vertrauenswürdiger als das Ergebnis des messungenauen Tests. Die Messgenauigkeit eines Messwerts muss bei der Beurteilung eines Einzelfalls berücksichtigt werden. Je genauer ein Messwert eine Fähigkeit misst, desto wahrscheinlicher liegt der wahre Wert der Person nahe dem beobachteten Wert. Wird beispielsweise die Weite eines Weitspringers mit einem Metermaß, auf dem nur Einheiten von einem Meter abgetragen sind, gemessen, ist die Messung relativ ungenau und es kann nur ein ungefährer Bereich angegeben werden, in dem die Weite des Weitspringers liegt. Handelt es sich bei der Einheit um Zentimeter, kann die Weite genauer gemessen werden. Dies gilt nicht nur für die Ergebnisse eines Weitspringers, sondern auch für den Vergleich zwischen verschiedenen Weitspringern. Messwerte psychologischer Tests sind nicht perfekt messgenau, daher können die Ergebnisse einzelner Probanden nicht ohne Weiteres verglichen werden. Vielmehr muss die mangelnde Messgenauigkeit bei der Interpretation von Messwerten berücksichtigt werden. Dazu wird ein Bereich berechnet, in dem der wahre Wert eines Probanden mit einer gewissen Wahrscheinlichkeit (Sicherheitswahrscheinlichkeit) liegt. Dieser Bereich wird auch als Vertrauensintervall oder Konfidenzintervall bezeichnet. Berechnungen von Vertrauensintervallen werden in *Abschnitt 4.8.1* dargestellt. Vorher sollen aber noch einige Anmerkungen erfolgen, die bei der Berechnung bedacht werden müssen.

Hintergrund Der beobachtete Messwert einer Person in einem Test wird nach Huber (1973) als Realisation einer intraindividuellen Zufallsvariable angesehen. Die Verteilung dieser Zufallsvariable erhielte man, wenn man die Person unter identischen Bedingungen unendlich oft untersuchen würde (vgl. Bortz & Döring, 2002, S. 592). Je geringer diese (intraindividuellen) Messungen einer Person über unendlich viele Messgelegenheiten schwanken würden (intraindividuelle Fehlervarianz der Messwerte), desto genauer könnte man den Testwert einer Person bestimmen. Dies ist in der Praxis aber nicht möglich. Auch die Annahme, man könnte Personen unter identischen Bedingungen wiederholt untersuchen, ist nicht haltbar (Gedächtnis- und Übungseffekte, Müdigkeit usw.). Man versucht deshalb in der Klassischen Testtheorie, die intraindividuelle Fehlervarianz der Messwerte einer Person durch die interindividuelle Fehlervarianz der Messwerte vieler Personen zu schätzen. Die Übertragbarkeit dieser ermittelten Gruppenstatistiken (spezifische Gruppenfehlervarianz interindividueller Messungen) auf den Einzelfall (testspezifische Fehlervarianz) ist aber nach Huber (1973) nur unter bestimmten Voraussetzungen erlaubt: Wenn die testspezifischen Fehlervarianzen innerhalb einer bestimmten Probandenpopulation von Individuum zu Individuum nur geringfügig differieren, dann kann die spezifische Gruppenfehlervarianz eines Tests als guter Näherungswert für die testspezifische Fehlervarianz eines Probanden betrachtet werden, der dieser Population angehört (Huber, 1973, S. 61). Dies impliziert, je reliabler ein Test ist, desto unproblematischer ist die Interpretation von

Testergebnissen. Allerdings bemerkt Fischer (1974), dass die Annahme gleich großer interindividueller Fehlervarianzen (testspezifische Fehlervarianzen nach Huber, 1973) nicht haltbar ist; bei extremen Ausprägungen ist die Fehlervarianz eines Kennwertes größer als bei mittleren Ausprägungen. In anderen Worten heißt das, Tests messen extreme Eigenschafts- und Fähigkeitsausprägungen weniger messgenau.

Auch wenn man die Annahmen, die zur Berechnung von Vertrauensintervallen gemacht werden, durchaus kritisieren kann (vgl. Krauth, 1995, S. 208 ff.) bzw. einige nicht haltbar sind, so führt doch kein Weg an der Absicherung der individuellen Testwerte mit einem Vertrauensintervall vorbei. **Der Verzicht auf Vertrauensintervalle, wie es in der Praxis zum Teil weit verbreitet ist, stellt einen groben Fehler dar und ist nicht entschuldbar.** Bei aller Kritik wird durch das Vertrauensintervall dem Umstand Rechnung getragen, dass die Werte, die wir durch Tests erhalten, nicht perfekt gemessen werden und unter wiederholten Bedingungen nicht identisch ausfallen.

Methoden Zur statistischen Absicherung von beobachteten Testwerten stehen in der Klassischen Testtheorie im Wesentlichen zwei Methoden zur Verfügung: Absicherung des individuellen Testergebnisses mit Hilfe des Standardmessfehlers (Äquivalenzhypothese) und des Standardschätzfehlers (Regressionshypothese). Die Äquivalenzhypothese geht davon aus, dass der beobachtete Wert des Probanden eine gute Annäherung (Schätzung) an den wahren Wert des Probanden darstellt. Im Gegensatz dazu geht die Regressionshypothese davon aus, dass der wahre Wert des Probanden erst aus dem beobachteten Wert des Probanden geschätzt werden muss. Aus den genannten Hypothesen kann man Formeln (siehe folgende Abschnitte) für so genannte Vertrauens- oder Konfidenzintervalle ableiten. Diese Vertrauensintervalle geben einen Bereich an, in dem sich der wahre Wert der Person mit einer festgelegten Wahrscheinlichkeit (z.B. 95 Prozent) befindet. Das heißt nicht, dass er in diesem Bereich liegt. Es besteht immer noch eine gewisse Wahrscheinlichkeit (1 – 95 = 5 Prozent), dass er nicht in diesem Bereich liegt. Bei der Berechnung dieses Vertrauensbereiches wird neben dem beobachteten Wert der Person auch die Messgenauigkeit des Tests berücksichtigt. Bei hohen Reliabilitäten führen Äquivalenz- und Regressionshypothese zu ähnlichen Ergebnissen (vgl. Huber, 1973, S. 125).

Klassifikation Die Beurteilung einer Person erfolgt meist im Vergleich zu einer Normstichprobe. Um das Testergebnis einer Person zu beschreiben, gibt es bestimmte Kategorien, wie beispielsweise „unterdurchschnittlich", „durchschnittlich" und „überdurchschnittlich". Diese Kategorien werden anhand der Standardabweichung der Normstichprobe gebildet: Der Bereich innerhalb einer Standardabweichung über und unter dem Mittelwert der Normstichprobe wird als **durchschnittlich**, der Bereich unter einer Standardabweichung als **unterdurchschnittlich** und über einer Standardabweichung als **überdurchschnittlich** bezeichnet. Eine Klassifikation von **unterdurchschnittlich bis durchschnittlich** oder **durchschnittlich bis überdurchschnittlich** ergibt sich bei Überschneidungen der individuellen Vertrauensintervalle mit den unterschiedlichen Intervallen der Standardabweichung um den Mittelwert der Normstichprobe. Diese Einteilung hat den Vorteil, dass sie übersichtlich ist und dem Umstand Rechnung trägt, dass die beobachteten Werte nicht genau gemessen werden können. *Abbildung 4.13* veranschaulicht dies noch einmal grafisch für ein fiktives Beispiel mit IQ-Werten. Die Vertrauensintervalle sind von oben nach unten geordnet: unterdurchschnittlich, unterdurchschnittlich bis durchschnittlich, durchschnittlich, durchschnittlich bis überdurchschnittlich und überdurchschnittlich. **Dabei ist zu beachten, dass der Testwert unabhängig von der angegeben Klassifizierung als durchschnittlich zu klassifizieren ist, wenn der Mittelwert der Normstichprobe in dem Vertrauensintervall enthalten ist.**

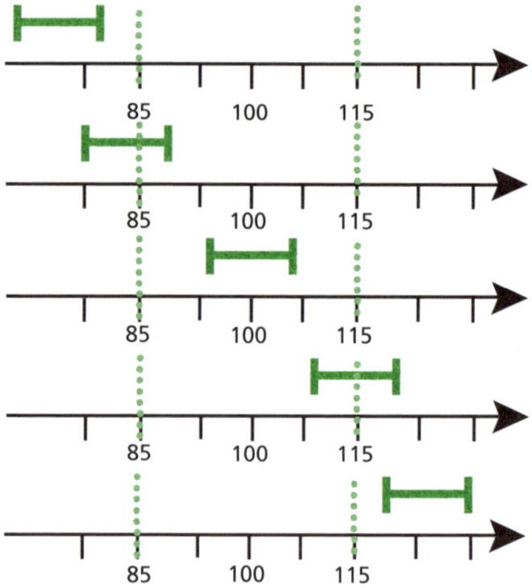

Abbildung 4.13: Darstellung der Klassifizierung von Vertrauensintervallen entsprechend der Normstichprobe

Sicherheitswahrscheinlichkeit Die Breite des Vertrauensintervalls hängt nicht nur von der Reliabilität des Tests ab, sondern auch von inhaltlichen Überlegungen. Huber (1973, S. 115) vertritt dazu die folgende Ansicht: „*Der Diagnostiker darf sich bei der Beurteilung der Fehlerrisiken auf keinen Fall von Konventionen leiten lassen, sondern muss sich ausschließlich an den nachteiligen Folgen orientieren, die einem bestimmten Probanden aus einer Fehldiagnose erwachsen würden.*“ Er bemerkt weiterhin, dass für die Absicherung der Testergebnisse oftmals ein Sicherheitsbereich von 80 Prozent oder 90 Prozent ausreichend ist. Dabei ist immer darauf zu achten, ob einseitig oder zweiseitig getestet wird. Auch von dem beobachteten Messwert selbst hängt die Breite des Vertrauensintervalls ab. Die Klassische Testtheorie nimmt an, dass die Breite des Vertrauensintervalls unabhängig vom beobachteten Wert ist. Dies ist jedoch unzutreffend (vgl. Rost, 1999, S. 144). Ist der beobachtete Wert extrem hoch oder extrem niedrig, ist seine Messgenauigkeit geringer als bei einem Wert mit mittlerer Ausprägung, was zu einem breiteren Vertrauensintervall führen müsste. Diesem Sachverhalt trägt weder die Regressions- noch die Äquivalenzhypothese Rechnung. Bei beiden fallen die Vertrauensintervalle für alle Abschnitte des Eigenschafts- oder Fähigkeitsspektrums gleich groß aus. Der Anwender sollte sich bei der Interpretation eines Vertrauensintervalls nach der Regressions- bzw. Äquivalenzhypothese jedoch im Klaren darüber sein, dass durchschnittliche Messergebnisse eigentlich ein kleineres Vertrauensintervall aufweisen als extreme Werte. Im Rahmen der Probabilistischen Testtheorie ist es möglich, für jeden Messwert einen eigenen Vertrauensbereich zu berechnen. Dabei wird die unterschiedliche Messgenauigkeit in verschiedenen Bereichen berücksichtigt (siehe *Kapitel 7.3.2*).

Wahl des Kennwertes Man kann sowohl um den Rohwert als auch um den Normwert ein Vertrauensintervall bilden. Für normierte Werte gilt dabei die geschätzte Reliabilität in gleichem Maße wie für Rohwerte (Huber, 1973, S. 77). Ziel einer Normierung ist es, Rohwerte verschiedener Skalen so aufzubereiten, dass sie den gleichen Mittelwert und die gleiche Standardabweichung aufweisen. Dies hat den Vorteil, dass die Skalen- oder Untertestwerte nach der Normierung direkt vergleichbar sind. Außerdem wird so die Position einer Person im Vergleich zu einer Normstichprobe sichtbar (siehe Klassifikation). In *Abbildung 4.14* sind die gebräuchlichsten Normwerte aufgeführt. Dabei ist zu beachten, dass es sich bei Stanine-Werten um nichtlineare Transformationen der Rohwerte handelt, das heißt, dass für Stanine-Werte die Reliabilitätsschätzung erneut berechnet werden muss.

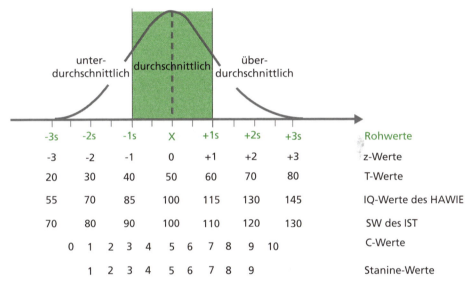

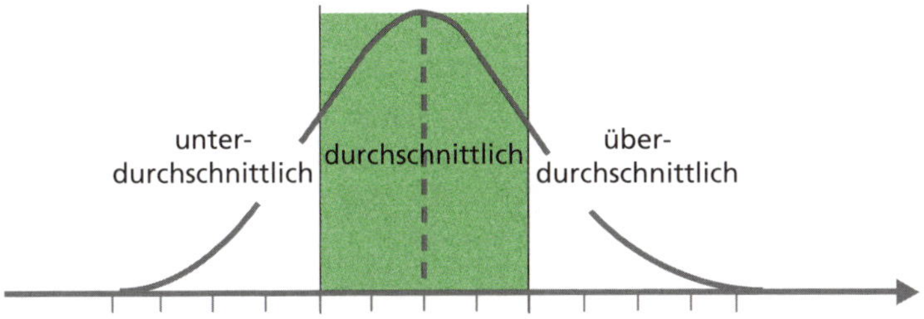

-3s		-2s		-1s		X		+1s		+2s		+3s	Rohwerte
-3		-2		-1		0		+1		+2		+3	z-Werte
20		30		40		50		60		70		80	T-Werte
55		70		85		100		115		130		145	IQ-Werte des HAWIE
70		80		90		100		110		120		130	SW des IST
	0	1	2	3	4	5	6	7	8	9	10		C-Werte
		1	2	3	4	5	6	7	8	9			Stanine-Werte

Abbildung 4.14: Gebräuchliche Normwerte

Breite des Vertrauensintervalls Insgesamt stehen dem Diagnostiker folgende Möglichkeiten zur Verfügung, die Größe des Vertrauensintervalls vor der Berechnung zu beeinflussen:

- *Art des Vertrauensintervalls*
  Im Allgemeinen sind die Vertrauensintervalle, die durch die Anwendung der Regressionshypothese gebildet werden, schmaler als die Vertrauensintervalle, die durch die Äquivalenzhypothese berechnet werden. Bei extremen Werten nimmt die Regressionshypothese eine Korrektur zur Mitte vor, da bei einer erneuten Testung ein weniger extremer Wert zu erwarten ist (Regression zur Mitte). Durch dieses Vorgehen soll der wahre Wert genauer geschätzt werden. Allerdings führt – wie bereits erwähnt – die Anwendung der Regressionshypothese zur Berechnung eines schmaleren Vertrauensintervalls als bei der Äquivalenzhypothese. Berücksichtigt man, dass extreme Werte ungenauer gemessen werden können als mittlere Werte, fällt das so berechnete Vertrauensintervall für extreme Werte zu schmal aus. Die Äquivalenzhypothese nimmt zwar keine Korrektur zur Mitte vor, allerdings bietet sie den Vorteil, dass breitere Vertrauensintervalle bei Extremwerten eine angemessenere Schätzung des Vertrauensintervalls darstellen.

- *Wahl einer angemessenen Sicherheitswahrscheinlichkeit*
  Der Wert für die Sicherheitswahrscheinlichkeit unterscheidet sich für ein- ($z_{1-\alpha}$) bzw. zweiseitige Fragestellungen ($z_{1-\alpha/2}$). Angenommen, es liegt keine spezifische Fragestellung bezüglich der Intelligenzausprägung einer Person vor (z.B. „Liegt bei einem Kind in der Schule eine Über- oder Unterforderung vor?"), wird zweiseitig getestet. Liegt hingegen eine gerichtete Fragestellung vor (z.B. „Ist ein Kind hochbegabt?"), wird einseitig getestet. Eine einseitige Fragestellung ist nur dann gerechtfertigt, wenn begründete Annahmen und nicht nur vage Vermutungen vorliegen, z.B. extrem gute Schulleistungen. Nehmen wir sehr vereinfachend (!) an, das Kriterium für Hochbegabung sei, dass die untere Grenze des Vertrauensintervalls über einem IQ von 130 liegt (zwei Standardabweichungen über dem Mittelwert). Durch die einseitige Testung wird nun das Vertrauensintervall für den Probanden kleiner. Dabei interessiert nur die untere Grenze des Vertrauensintervalls, nicht die obere. Im vorliegenden Beispiel hat es damit das hochbegabte Kind „leichter", mit der unteren Grenze des Vertrauensintervall einen IQ von 130 zu überschreiten. Das nicht hochbegabte Kind hingegen wird den Wert von 130 wahrscheinlich nur mit der oberen Grenze des Vertrauensbereichs erreichen und nicht, wie gefordert, mit der unteren Grenze. Die obere Grenze ist aber bei dieser einseitigen Fragestellung nicht von Interesse. *Abbildung 4.15* veranschaulicht diesen Sachverhalt. In *Tabelle 4.2* sind für unterschiedliche Sicherheitswahrscheinlichkeiten die entsprechenden z-Werte angegeben. Diese werden zur Berechnung der Vertrauensintervalle benötigt.

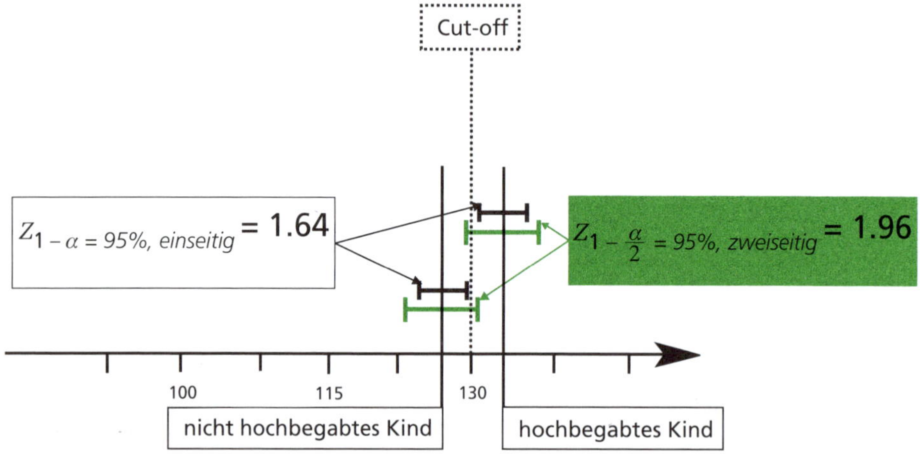

Abbildung 4.15: Veranschaulichung einseitiges und zweiseitiges Vertrauensintervall

Tabelle 4.2

Sicherheitswahrscheinlichkeit zur Berechnung von Vertrauensintervallen und entsprechende z-Werte

	z-Wert einseitig	z-Wert zweiseitig
99 Prozent	2.33	2.58
95 Prozent	1.64	1.96
90 Prozent	1.28	1.64
80 Prozent	.84	1.28

■ *Wahl des geeigneten Reliabilitätskoeffizienten*

Um Vertrauensintervalle zu bilden, werden Reliabilitätsschätzungen der Messwerte benötigt. Es ist unbedingt darauf zu achten, dass der Reliabilitätskoeffizient verwendet wird, der anhand der Stichprobe ermittelt wurde, die als Vergleich zur Einordnung des Probanden verwendet wird. Das heißt, wird ein Proband mit Gymnasiasten zwischen 16 und 18 Jahren verglichen, muss die Reliabilitätsschätzung des Messwerts an der Stichprobe der 16- bis 18-jährigen Gymnasiasten ermittelt worden sein. Nur wenn kein spezifischer Wert im Testhandbuch angegeben wird, sollte eine andere geeignete Reliabilitätsschätzung herangezogen werden. Die Wahl der geeigneten Reliabilitätsschätzung hängt von der Fragestellung ab. Soll eine **Prognose** gemacht werden, so sollte die **Retest-Reliabilität** verwendet werden, da sie ein Maß für die Stabilität eines Merkmals ist. Wenn die Retestreliabilität nicht vorhanden ist, dann sollte die Interne Konsistenz (Cronbach-α oder Split-Half-Reliabilität) oder die Paralleltest-Reliabilität herangezogen werden. Interessiert lediglich die Prüfung eines **aktuellen Status**, sollte die **interne Konsistenz** bzw. die Split-Half-Reliabilität oder die Paralleltest-Reliabilität verwendet werden. Bei Speed-Tests ist die Paralleltest-Reliabilität bzw. **Retest-Reliabilität** der internen Konsistenz oder Split-Half-Reliabilität in der Regel vorzuziehen. Die Interne Konsistenz muss aufgrund der Verwendung von fast identischen Items zwangsläufig hoch ausfallen. Dies gilt allerdings nur für Tempowerte, nicht für Fehlerwerte. Diese treten selten auf und sind daher erst nach entsprechender Testverlängerung reliabel erfassbar.

Im diagnostischen Prozess können verschiedene Fragestellungen interessant sein, die sich mit Hilfe der Regressions- bzw. Äquivalenzhypothese beantworten lassen. Zwei der möglichen Fragestellungen werden im Folgenden dargestellt und anhand von Beispielen erläutert.

4.8.1 Vertrauensintervalle um den beobachteten Wert einer individuellen Testleistung

Wie gut kann ich mich auf das Testergebnis verlassen?

Der Standardmessfehler charakterisiert nach Stelzl (1993) die Messgenauigkeit des Tests, der Standardschätzfehler die Vorhersagegenauigkeit. Folgende Voraussetzungen müssen bei der Anwendung der Äquivalenzhypothese (Standardmessfehler) beachtet werden: Die Fehlervarianz eines Tests ist in allen Skalenbereichen gleich groß (Homoskedastizität, vgl. Stelzl, 1993, S. 47; S. 55), die Messfehler sind normalverteilt, und die spezifische Testfehlervarianz der Probanden unterscheidet sich zwischen den Probanden einer bestimmten Probandenpopulation (z.B. 18- bis 25-jährige männliche Gymnasiasten) nur geringfügig (Huber, 1973, S. 61). Erst unter diesen Bedingungen kann die testspezifische Fehlervarianz eines Probanden durch die spezifische Gruppenfehlervarianz eines Tests (ermittelt über die Stichprobe) ersetzt werden. Bei der Regressionshypothese muss zusätzlich die gemeinsame Normalverteilung der Messfehler und der wahren Werte vorliegen (Huber, 1973, S. 118). Diese Voraussetzungen sind in der Regel durch eine bivariate Normalverteilung der Kennwerte gegeben (Stelzl, 1993, S. 55). Das bedeutet, dass zumindest die univariaten Normalverteilungen der Messwerte geprüft werden sollten. Dies stellt nur eine notwendige, aber keine hinreichende Bedingung für eine bivariate Normalverteilung dar, ist aber besser als keine Prüfung. Wie bereits oben erwähnt, muss immer, selbst wenn die Voraussetzungen verletzt sind oder nicht geprüft werden können, eine Absicherung gegenüber dem Messfehler erfolgen.

Wichtig ist in diesem Zusammenhang, dass diese Formeln nicht angewandt werden können, wenn ein Untertest- und ein Gesamttestwert auf Unterschiedlichkeit geprüft werden sollen oder zwei Skalen- oder Untertestkennwerte, die eine gewisse Anzahl an Untertests oder Items teilen (siehe Stelzl, 1982). **In einem solchen Fall ist die Annahme unkorrelierter Messfehler verletzt.** Nehmen wir als Beispiel den Reasoning-Gesamtwert aus dem I-S-T 2000 R und die verbale Intelligenz aus dem I-S-T 2000 R: In die Berechnung des Reasoning-Werts geht der Kennwert der verbalen Intelligenz mit ein. Damit sind die Messfehler des Kennwerts der verbalen Intelligenz im Reasoning-Kennwert enthalten. Die Annahme unkorrelierter Messfehler ist damit verletzt.

Äquivalenzhypothese (Standardmessfehler):

Es wird angenommen, dass der wahre Wert dem beobachteten Wert entspricht.

Standardmessfehler: $SE_X = S_X \cdot \sqrt{1 - r_{tt}}$

Vertrauensintervall um den beobachteten Wert:

$$VI_{u,o} = X_i \pm SE_X \cdot z_{1-\frac{\alpha}{2}} = X_i \pm S_X \cdot \sqrt{(1 - r_{tt})} \cdot z_{1-\frac{\alpha}{2}}$$

Regressionshypothese (Standardschätzfehler):

Es wird angenommen, dass der wahre Wert erst aus dem beobachteten Wert geschätzt werden muss.

Standardschätzfehler: $SE_T = S_X \cdot \sqrt{r_{tt} \cdot (1 - r_{tt})}$

Schätzung des „wahren" Wertes:

$$\tau_i' = r_{tt} \cdot X_i + M \cdot (1 - r_{tt})$$

Vertrauensintervall um den geschätzten „wahren" Wert:

$$VI_{u,o} = \tau_i' \pm SE_T \cdot z_{1-\frac{\alpha}{2}} = \tau_i' \pm S_X \cdot \sqrt{(r_{tt} \cdot (1 - r_{tt})} \cdot z_{1-\frac{\alpha}{2}}$$

Dabei ist:

- $VI_{(u,o)}$ = Vertrauensintervall (untere, obere Grenze)
- X_i = Beobachteter Wert des Probanden
- τ_i' = Geschätzter wahrer Wert des Probanden
- M = Populationsmittelwert
- S_x = Standardabweichung des Tests
- r_{tt} = Reliabilität des Tests
- $z_{1\text{-}\alpha/2}$ = Sicherheitsbereich bei zweiseitiger Testung

Beispiel 4.1

Ein Proband erreicht im IST-2000 R einen IQ von 111. Der Mittelwert der IQ-Norm beträgt 100 und die Standardabweichung $S = 15$. Das Cronbach-α wird für den Gesamttest mit r_{tt} =.94 angegeben. Die Sicherheitswahrscheinlichkeit soll 95 Prozent ($z_{1\text{-}\alpha/2}$ = 1.96) und 90 Prozent ($z_{1\text{-}\alpha/2}$ = 1.64) bei zweiseitiger Testung betragen. Der Testanwender möchte nun wissen, in welchem Bereich sich der „wahre" Wert des Probanden mit einer Wahrscheinlichkeit von 95 Prozent liegt.

Für 95 Prozent Sicherheitswahrscheinlichkeit:

Äquivalenzhypothese:

$$SE_X = 15 \cdot \sqrt{1 - .94} = 3.67$$

$$VI_{u,o} = 111 \pm 3.67 \cdot 1.96 = 111 \pm 15 \cdot \sqrt{(1 - .94)} \cdot 1.96$$

$$VI_{u,o} = 111 \pm 3.67 \cdot 1.96 = 103.8 - 118.2$$

Klassifikation: durchschnittlich bis überdurchschnittlich

Regressionshypothese:

$$SE_T = 15 \cdot \sqrt{.94 \cdot (1 - .94)} = 3.56$$

$$110.3 = .94 \cdot 111 + 100 \cdot (1 - .94) = 110.3$$

$$VI_{u,o} = 110.3 \pm 3.56 \cdot 1.96 = 110.3 \pm 15 \cdot \sqrt{(.94 \cdot (1 - .94)} \cdot 1.96$$

$$VI_{u,o} = 103.3 - 117.3$$

Klassifikation: durchschnittlich bis überdurchschnittlich

Für 90 Prozent Sicherheitswahrscheinlichkeit:

Äquivalenzhypothese:

$$3.67 = 15 \cdot \sqrt{1-.94}$$

$$VI_{u,o} = 111 \pm 3.67 \cdot 1.64 = 111 \pm 15 \cdot \sqrt{(1-.94)} \cdot 1.64$$

$$VI_{u,o} = 111 \pm 3.67 \cdot 1.64 = 105.0 - 117.0$$

Klassifikation: durchschnittlich bis überdurchschnittlich

Regressionshypothese:

$$SE_T = 15 \cdot \sqrt{.94 \cdot (1-.94)} = 3.56$$

$$110.3 = .94 \cdot 111 + 100 \cdot (1-.94) = 110.3$$

$$VI_{u,o} = 110.3 \pm 3.56 \cdot 1.64 = 110.3 \pm 15 \cdot \sqrt{(.94 \cdot (1-.94)} \cdot 1.64 = 104.5 - 116.1$$

Klassifikation: durchschnittlich bis überdurchschnittlich

Der Proband mit einem IQ von 111 wäre in allen Fällen als durchschnittlich bis überdurchschnittlich intelligent einzustufen. Bei einer niedrigeren Reliabilität (z.B. r_{tt} =.80) können die Unterschiede zwischen Äquivalenz- und Regressionshypothese deutlicher ausfallen. Die Regressionshypothese ist dann konservativer und sollte je nach Fragestellung in diesem Fall der Äquivalenzhypothese vorgezogen werden.

4.8.2 Bedeutsamkeit von Untertestdifferenzen

Wie groß müssen die Leistungsunterschiede eines Probanden in zwei Tests sein, um als abgesichert gelten zu können?

Zur Beantwortung der Frage, ob sich die Leistungen eines Probanden in zwei Untertests oder Tests unterscheiden, wird die Interne Konsistenz als Reliabilitätsschätzer zur einzelfalldiagnostischen Auswertung benötigt, da lediglich eine Aussage über den momentanen Status und keine Prognose verlangt wird. Im Folgenden ist die Absicherung von Testwertdifferenzen zwischen unterschiedlichen Skalen bei einem Probanden dargestellt. Voraussetzung ist bei unterschiedlichen Tests, dass gleiche Normwerte vorliegen (z.B. zweimal IQ-Norm). Dazu wird die intraindividuelle kritische Differenz bestimmt, und zwar nach folgenden Verfahren:

Messfehlerkritische Unterschiede (Äquivalenzhypothese, Standardmessfehler)

Sind die Reliabilitäten der Tests unterschiedlich:

$$D_{\text{krit.intra}} = z_{1-\frac{\alpha}{2}} \cdot S_x \cdot \sqrt{2-(r_{tt1} + r_{tt2})}$$

Sind die Reliabilitäten der Tests gleich (z.B. bei Retestung mit dem gleichen Test), kann man folgende vereinfachte Formel verwenden:

$$D_{\text{krit.intra}} = z_{1-\frac{\alpha}{2}} \cdot S_x \cdot \sqrt{2 \cdot (1 - r_{tt})}$$

Unterschiede in der diagnostischen Valenz

$$D_{\text{krit.intra}} = z_{1-\frac{\alpha}{2}} \cdot S_x \cdot \sqrt{1 - r_{12}^2}$$

Dabei ist:

- r_{tt1} = Reliabilität Test 1
- r_{tt2} = Reliabilität Test 2
- r_{12} = Korrelation zwischen Test 1 und Test 2
- S_x = Standardabweichung des Tests (unter der Bedingung $S_1 = S_2$)
- $z_{1\text{-}\alpha/2}$ = Sicherheitsbereich bei zweiseitiger Testung
- $D_{\text{krit.intra}}$ = kritische Differenz zwischen zwei Testwerten eines Probanden

Es muss gelten: Standardabweichungen beider Tests sind gleich ($S_1 = S_2$); dies ist bei der Verwendung von Normwerten in der Regel gegeben.

Beispiel 4.2

Ein Proband erreicht im HAWIE-R einen Verbal-IQ von 121 und einen Handlungs-IQ von 101. Die IQ-Norm hat einen Mittelwert von 100 und eine Standardabweichung von $S = 15$. Das Cronbach-α beträgt für den Verbalteil $r_{tt} = .97$ und für den Handlungsteil $r_{tt} = .91$. Dabei soll die Sicherheitswahrscheinlichkeit 95 Prozent ($z_{1\text{-}\alpha/2} = 1.96$, zweiseitig) betragen. Die Korrelation zwischen HAWIE-R-Handlungs- und -Verbalteil wird dabei mit $r_{12} = .73$ angegeben.

Unterschiede in der Reliabilität (Äquivalenzhypothese):

$$D_{\text{krit.intra}} = 1.96 \cdot 15 \cdot \sqrt{2 - (.91 + .97)} = 10.2$$

Es kann angenommen werden, dass sich der Handlungs-IQ und der Verbal-IQ unterscheiden, da die gemessene Differenz von 121 – 101 = 20 größer ist als die kritische Differenz von 10.2. Leistungsunterschiede zwischen Personen in beiden Untertests, die größer als 10.2 IQ-Punkte ausfallen, sind bei zweiseitiger Testung und einer Sicherheitswahrscheinlichkeit von 95 Prozent nicht auf den Messfehler der beiden Untertests zurückzuführen.

Unterschiede in der diagnostischen Valenz und Schätzung der wahren Testwertdifferenz (Regressionshypothese):

Zunächst werden die gemessenen Werte unter Verwendung der Formel zur Schätzung der wahren Werte zur Mitte korrigiert:

$$X'_{V-IQ=121} = .97 \cdot 121 + 100 \cdot (1 - .97) = 120.4$$

$$X'_{H-IQ=101} = .91 \cdot 101 + 100 \cdot (1 - .91) = 100.9$$

$$X'_D = 120.4 - 100.9 = 19.5$$

Nach der Korrektur zur Mitte erfolgt die Berechnung der kritischen Differenz:

$$D_{\text{krit.intra}} = 1.96 \cdot 15 \cdot \sqrt{1-.73^2} = 20.1$$

Es kann angenommen werden, dass sich der Handlungs-IQ und der Verbal-IQ nicht unterscheiden, da die Differenz der zur Mitte korrigierten Werte (19.5) kleiner ist als die kritische Differenz (20.1). Hier wurde die unterschiedliche Validität (Korrelation) der Verfahren berücksichtigt, nämlich die Tatsache, dass die Tests verschiedene Fähigkeiten messen.

Berücksichtigt man bei der Interpretation der Messwertdifferenz einer Person die Reliabilität oder diagnostische Valenz, führt dies zu unterschiedlichen Interpretationen. Während bei der Absicherung gegenüber dem Messfehler geprüft wird, ob die Unterschiede in der Testleistung auf die Messgenauigkeit der Tests zurückzuführen sind, wird bei der diagnostischen Valenz geprüft, ob der Unterschied in der Testleistung dadurch bedingt ist, dass beide Tests eine ähnliche bzw. unterschiedliche Eigenschaft oder Fähigkeit messen. Dabei werden die „wahren" Werte der Person noch mit Hilfe der Regressionshypothese geschätzt. Wenn beide Tests nur gering korrelieren, ist es nicht verwunderlich, wenn die Messwerte stark, aber dennoch zufällig voneinander abweichen. Ist dagegen die Korrelation beider Testverfahren sehr hoch, wären schon kleinere Abweichungen der Messwerte bemerkenswert. Diesem Umstand trägt die Absicherung nach der diagnostischen Valenz Rechnung. Meist unterscheiden sich Messwerte zweier Tests in ihrer Reliabilität und in ihrer diagnostischen Valenz. Das heißt, sie sind nicht messgenau und korrelieren nicht perfekt miteinander. Möchte man prüfen, ob eine beobachtete Differenz weder auf die Unreliabilität der Untertests noch auf deren unterschiedliche Korrelation zwischen den Tests (unterschiedliche Valenz) zurückzuführen ist, empfiehlt es sich, eine Absicherung anhand der Messgenauigkeit und der diagnostischen Valenz vorzunehmen. Dies wird im nächsten Abschnitt beschrieben.

4.8.3 Eine messfehler- und valenzkritische Analyse von Testwertdifferenzen

Der Leistungsunterschied eines Probanden in zwei Tests kann also durch die unterschiedlichen Reliabilitätsschätzungen der beiden Tests und die unterschiedliche Korrelation zwischen beiden Tests (Validität) bedingt sein. Möchte man sichergehen, dass für das Zustandekommen der Leistungsdifferenz in beiden Tests weder die unterschiedliche Reliabilität noch die unterschiedliche Validität verantwortlich ist, sollte eine mess- und schätzfehlerkritische Absicherung durchgeführt werden.

Möchte man Messwertdifferenzen zwischen Skalen oder Untertests prüfen, sollte die Reliabilität der Untertests gleich sein. Man kann eine unterschiedliche Reliabilität zwischen Skalen oder Untertests durch eine spezielle Normierung berücksichtigen. Man unterscheidet zwischen der x- und der tau-Normierung (Huber, 1973, S. 68 ff.). Liefern die Normierungen Vergleichsmaßstäbe für **beobachtete Werte**, bezeichnet man diese als **x-Normierung**. Nach Huber (1973, S. 71 f.) lassen sich praktisch alle Normen, die in der Testkonstruktion angewandt werden, als x-Normierungen bezeichnen. Die **tau-Normierung** orientiert sich im Gegensatz zur x-Normierung an der Verteilung der **wahren Test-**

werte in der Normpopulation. Dabei wird angenommen, dass die wahren Werte zumindest einer ähnlichen Verteilung wie die beobachteten Werte folgen. Zur Beurteilung von intraindividuellen Differenzen können x-normierte Kennwerte nur dann verwendet werden, wenn ihre Gruppenfehlervarianzen (S_e^2) gleich sind. Zur Beurteilung der Gruppenfehlervarianzen wird folgende Formel für beide Tests verwendet (dabei sollten für beide Untertests die gleichen Normwerte verwendet werden):

$$S_e^2 = S_X^2 \cdot (1 - r_{tt})$$

Dabei ist:

- r_{tt} = Reliabilität des Tests
- S_e^2 = Gruppenfehlervarianz des Tests
- S_x^2 = Varianz des x-normierten Testkennwertes

Bestehen zwischen einem Test A und B unterschiedliche Gruppenfehlervarianzen, muss eine tau-Normierung beider individueller Messwerte (X_i) nach folgender Formel erfolgen:

$$Y_{\tau,i} = \frac{X_i}{\sqrt{r_{tt}}} + M \cdot \left(1 - \frac{1}{\sqrt{r_{tt}}}\right)$$

Dabei ist:

- r_{tt} = Reliabilität des Tests
- $Y_{T(i)}$ = tau-normierter Messwert einer Person
- X_i = beobachteter Wert des Probanden
- M = Populationsmittelwert

Mit den tau-normierten Testwerten kann eine z-verteilte Prüfgröße für den Unterschied der beiden Messwerte, zunächst ohne Berücksichtigung der unterschiedlichen Validität, nach folgender Formel berechnet werden:

$$z_{Diff(Y_{(\tau,i1)},Y_{(\tau,i2)})} = \frac{Y_{(\tau,i1)} - Y_{(\tau,i2)}}{S_x \sqrt{\frac{1 - r_{tt1}}{r_{tt1}} + \frac{1 - r_{tt2}}{r_{tt2}}}}$$

Dabei ist:

- z(Diff) = kritischer z-Wert der messkritischen Differenz
- $Y_{T(i,1)}$ = tau-normierter Messwert einer Person i im Test 1
- $Y_{T(i,2)}$ = tau-normierter Messwert einer Person i im Test 2
- r_{tt1} = Reliabilität Test 1
- r_{tt2} = Reliabilität Test 2
- S_x = Standardabweichung des Normwertes

Sind die tau-normierten Messwerte der Probanden unterschiedlich, erfolgt die Prüfung auf einen diagnostisch bedeutsamen Leistungsunterschied unter Berücksichtigung der Reliabilität und der unterschiedlichen Validität der Tests mit folgender Formel:

$$z^*_{Diff(Y_{(\tau,i1)},Y_{(\tau,i2)})} = \frac{Y_{(\tau,i1)} - Y_{(\tau,i2)}}{S_x\sqrt{\frac{1}{r_{tt1}} + \frac{1}{r_{tt2}} - \frac{2 \cdot r_{12}}{r_{tt1} \cdot r_{tt2}}}}$$

Dabei ist:

- $z^*(\text{Diff})$ = kritischer z-Wert der mess- und schätzkritischen Differenz
- $Y_{T(i,1)}$ = tau-normierter Messwert einer Person *i* im Test 1
- $Y_{T(i,2)}$ = tau-normierter Messwert einer Person *i* im Test 2
- r_{tt1} = Reliabilität Test 1
- r_{tt2} = Reliabilität Test 2
- r_{12} = Korrelation Test 1 und Test 2
- S_x = Standardabweichung des Normwertes

Beispiel 4.3 Ein Proband erreicht im HAWIE-R einen Verbal-IQ von 121 und einen Handlungs-IQ von 100. Die Standardabweichung beträgt $S = 15$ und Cronbach-alpha beträgt für den Verbalteil .97 und für den Handlungsteil .91. Dabei soll der Sicherheitsbereich 95 Prozent ($z_{1-\alpha/2} = 1.96$, zweiseitig) betragen. Die Korrelation zwischen HAWIE-R-Handlungs- und -Verbalteil wird dabei mit $r_{12} = .73$ angegeben.

Prüfung auf Unterschiede der Gruppenfehlervarianzen

$$S^2_{e,Verbal} = 15^2 \cdot (1 - .97) = 6.75$$

$$S^2_{e,Handlung} = 15^2 \cdot (1 - .91) = 20.25$$

Die Diskrepanz zwischen den Werten ist groß, und man kann davon ausgehen, dass sich die Gruppenfehlervarianzen unterscheiden. Daher ist eine tau-Normierung der Testwerte nach folgender Formel notwendig:

$$Y_{\tau,i,Verbal} = \frac{121}{\sqrt{.97}} + 100 \cdot \left(1 - \frac{1}{\sqrt{.97}}\right)$$

$$Y_{\tau,i,Handlung} = \frac{100}{\sqrt{.91}} + 100 \cdot \left(1 - \frac{1}{\sqrt{.91}}\right)$$

Als Nächstes wird der Frage nachgegangen, ob der Unterschied auf die Unreliabilität des Handlungs- und Verbalteils des HAWIE-R zurückzuführen ist. Dies wird mit folgender Formel überprüft:

$$z_{Diff(Y_{(\tau,i1)},Y_{(\tau,i2)})} = \frac{121.3 - 100}{15\sqrt{\frac{1-.97}{.97} + \frac{1-.91}{.91}}} = 3.94$$

Da $z_{Diff} = 3.94 > z_{1-\alpha/2} = 1.96$ ist, handelt es sich bei der IQ-Punkte-Differenz um einen Wert, der durch die Unreliabilität des HAWIE-R-Verbal- und -Handlungsteils nicht erklärt werden kann. Als Nächstes wird geprüft, ob der Wert einen tatsächlich bedeutsamen Leistungsunterschied unter Berücksichtigung der Reliabilität *und* der Validität des Testverfahrens darstellt:

$$z_{Diff(Y_{(\tau,i1)},Y_{(\tau,i2)})} = \frac{121.3-100}{15\sqrt{\frac{1}{.97}+\frac{1}{.91}-\frac{2\cdot .73}{.97\cdot .91}}} = 2.06$$

Da $z_{Diff} = 2.06 > z_{1-\alpha/2} = 1.96$ ist, handelt es sich bei der IQ-Punkte-Differenz um einen Wert, der nicht mehr im Bereich zufälliger Ergebnisschwankungen der Eichstichprobe bezüglich der gemeinsamen Verteilung der Handlungs- und Verbal-IQ-Werte liegt. Auch unter Berücksichtigung der Reliabilität und der Validität der Untertests liegt eine diagnostisch bedeutsame Testwertdifferenz vor. Dieser Unterschied kann damit auf die unterschiedliche Fähigkeit der Person in beiden Untertests zurückgeführt werden.

4.8.4 Richtlinien zur Interpretation von diskrepanten Testbefunden

Was mache ich bei widersprüchlichen Ergebnissen?

Besteht ein Test aus mehreren Einzeltests, so haben Gesamttestwerte grundsätzlich ein größeres Befundgewicht als Einzeltestwerte. Gesamttestwerte sollten aber kritisch überprüft werden, wenn „polarisierte" Profilverläufe vorliegen, das heißt, fast ausschließlich – relativ zur mittleren Profilhöhe – hohe und niedrige Einzeltestwerte. Ein Profilverlauf ist die Darstellung der Leistung einer Person in den verschiedenen Untertests eines Tests. Ein „polarisierter" Profilverlauf liegt zum Beispiel vor, wenn bei einer Person die Ergebnisse in einigen Untertests extrem hoch oder niedrig ausfallen. Bei der Berechnung des Gesamttestwertes mitteln sich diese extremen Ausprägungen aus. Der Gesamttestwert spiegelt dann eine Leistung vor, die in fast keinem Untertest auch nur annähernd erreicht wird. Damit ist der Gesamttestwert kein guter Schätzer der Untertestleistungen. Dies sollte bei der Interpretation im Befund angemerkt werden.

In inhaltsähnlichen Tests sollte ein Proband gleiche Testergebnisse aufweisen. Ist dies nicht der Fall, so können bei der Interpretation folgende Gründe in Frage kommen: mangelnde Durchführungsobjektivität, motivationale Gründe und/oder Ermüdung. Bei Patienten in neurologischen Kliniken und Psychiatrien könnten auch Medikamente zu Beeinträchtigungen oder zu Einbußen der Testleistung führen (insbesondere ist darauf zu achten, wenn an zwei unterschiedlichen Terminen getestet wird).

Einzeltestergebnisse, die diskrepant zu den Gesamttestwerten von Breitbanddiagnostika ausfallen, können gegebenenfalls bei Übereinstimmung mit inhaltsähnlichen Untertests der eingesetzten Testbatterien als auffallende Begabungsstärken oder -schwächen interpretiert werden. Wenn eine Person beispielsweise in einem Intelligenztest in allen numerischen Untertests besonders gut abschneidet, insgesamt aber nur einen durchschnittlichen Gesamtwert erreicht, so kann die numerische Fähigkeit der Person als Stärke angesehen werden.

Bei gleichgewichtigen Einzelbefunden in inhaltsähnlichen Verfahren, die sehr diskrepant ausfallen, sollte eine „entscheidungsorientierte“ Nachuntersuchung angeregt und keine endgültige definitive Diagnose gestellt werden. „Entscheidungsorientiert“ bedeutet hier, dass „inhaltsähnliche“ Verfahren eine Befunddominanz hervorbringen sollen. Das heißt, die meisten inhaltsähnlichen Tests (nicht alle) sprechen für einen bestimmten Befund. Allerdings ist bei der wiederholten Testung mit ähnlichen oder inhaltsähnlichen Verfahren auf Übungseffekte zu achten. Bleibt immer noch eine gewisse Inkonsistenz der Befunde erhalten, muss diese bei der Interpretation entsprechend berücksichtigt dargestellt werden.

4.8.5 Unterscheiden sich zwei Probanden in ihrer Leistung?

In manchen Fällen möchte man wissen, ob sich zwei Probanden in ihren Testergebnissen bei dem gleichen Testverfahren unterscheiden. Dies kann unter Verwendung der interindividuellen kritischen Differenz mit der folgenden Formel überprüft werden:

$$D_{\text{krit.inter}} = z_{1-\frac{\alpha}{2}} \cdot S_x \sqrt{2 \cdot (1 - r_{tt})}$$

Dabei ist:

- D_{krit} = kritische Differenz
- $z_{1-\alpha/2}$ = Sicherheitsbereich bei zweiseitiger Testung
- S_x = Standardabweichung des Tests
- r_{tt} = Reliabilität des Tests

Beispiel 4.4

Proband A erreichte im HAWIE-R-Handlungsteil einen IQ von 94 und Proband B von 108. Die Differenz zwischen beiden Probanden beträgt 14 IQ-Punkte. Die Reliabilität des Handlungsteils beträgt $r_{tt} = .91$ und die Standardabweichung $S_x = 15$.

$$D_{\text{krit.inter}} = 1.96 \cdot 15\sqrt{2 \cdot (1 - .91)} = 12.5$$

Der beobachtete Unterschied (14) ist größer als die berechnete kritische Differenz (12.5). Daher liegt ein Leistungsunterschied (Sicherheitswahrscheinlichkeit 95 Prozent, zweiseitig) zwischen den Probanden vor, der nicht auf die Messungenauigkeit des Untertests zurückgeführt werden kann.

4.8.6 Psychometrische Einzelfalldiagnostik mit KONFI

Das Computerprogramm KONFI bietet die Möglichkeit, Vertrauensintervalle für verschiedene Fragestellungen der psychometrischen Einzelfalldiagnostik zu berechnen. In *Abbildung 4.16* ist die Oberfläche des Programms KONFI abgebildet. Nach dem Start des Programms muss im ersten Schritt eine Berechnungsoption gewählt werden. Drei Optionen stehen zur Verfügung:

- **Vertrauensintervall um einen beobachteten Wert:**

  In welchem Bereich liegt die wahre Fähigkeit oder Eigenschaftsausprägung einer Person?

- **Kritische Differenz für den Unterschied zwischen zwei Werten einer Person:**

  Besitzt eine Person unterschiedliche Fähigkeiten oder Eigenschaftsausprägungen?

- **Kritische Differenz für den Unterschied zwischen zwei Testwerten zweier Personen im gleichen Test:**

  Unterscheiden sich zwei Personen in ihrer Fähigkeit oder Eigenschaftsausprägung?

Im Folgenden werden die in den *Abschnitten 4.8.1, 4.8.2, 4.8.3* und *Abschnitt 4.8.5* bearbeiteten Fragestellungen vertieft und die entsprechenden Vertrauensintervalle (in KONFI als Konfidenzintervalle bezeichnet) und kritischen Differenzen mit dem Programm KONFI berechnet. Das Programm KONFI kann gegen einen geringen Unkostenbeitrag von der Web-Seite *http://www.it-cstein.de/konfi/* heruntergeladen werden.

4.8.7 Vertrauensintervall um einen beobachteten Wert

Wie bereits in *Abschnitt 4.8.1* dargestellt, soll zunächst folgende Fragestellung beantwortet werden: „Liegt bei einem Gymnasiasten eine kognitive Über- oder Unterforderung vor?" Es handelt sich um die Feststellung des aktuellen Ist-Zustandes (Querschnittsdiagnostik) und daher wird ein Konsistenzmaß zur Schätzung der Reliabilität herangezogen. Die Fragestellung ist nicht gerichtet und damit zweiseitig. Dabei wird eine Sicherheitswahrscheinlichkeit von 95 Prozent ($z_{1-\alpha/2} = 1.96$) gewählt, da davon ausgegangen wird, dass eine extreme Diagnose für den Schüler gravierende Konsequenzen hätte, u.a. einen Schulwechsel. Es sei bereits an dieser Stelle darauf hingewiesen, dass die Abwägung negativer Konsequenzen für den Schüler hier sehr vereinfacht vorgenommen wird, ebenso wie die Diagnostik von Unter- oder Überforderung vereinfachend nur mit einem Intelligenztest erfasst wird. Der interessierte Leser sei hier auf umfangreiche und fundierte Nachschlagewerke der pädagogischen Psychologie verwiesen (z.B. Rost, 2001). Der Testanwender möchte nun wissen, in welchem Bereich unter Berücksichtigung der Messgenauigkeit der wahre Wert des Probanden mit einer Sicherheitswahrscheinlichkeit von 95 Prozent liegt. Der Schüler erreichte im I-S-T 2000 R einen IQ-Normwert von 111 im Vergleich zu gleichaltrigen Gymnasiasten. Das Cronbach-α wird für den Reasoning-Wert im I-S-T 2000 *R* mit .94 angegeben. Eine Über- bzw. Unterforderung wird diagnostiziert, wenn die obere *und* die untere Grenze des Vertrauensintervalls im unter- oder überdurchschnittlichen Bereich liegen.

Im KONFI-Fenster (*Abbildung 4.16*) wählen wir per Mausklick die erste Option: KONFIDENZINTERVALL UM EINEN BEOBACHTETEN WERT und berechnen damit ein Vertrauensintervall um den beobachteten Wert des Gymnasiasten. Durch Klicken auf KONFIDENZINTERVALL UM EINEN BEOBACHTETEN WERT gelangen Sie zum nächsten Dialogfenster.

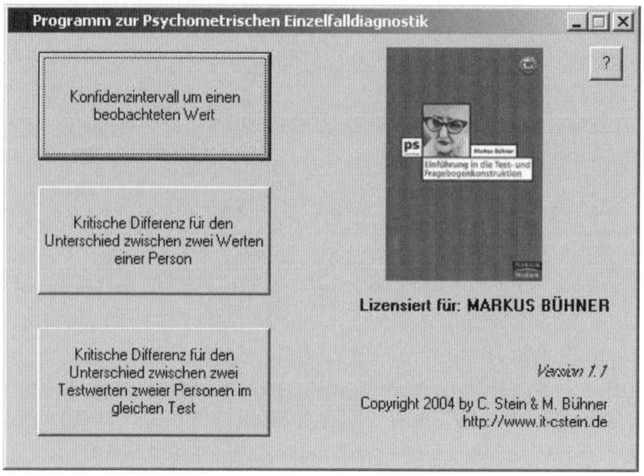

Abbildung 4.16: Programmoberfläche KONFI

Wie *Abbildung 4.17* zeigt, stellt KONFI zwei Arten der Berechnung des Vertrauensintervalls zur Verfügung: Absicherung des individuellen Testergebnisses mit Hilfe des Standardmessfehlers (Äquivalenzhypothese) und des Standardschätzfehlers (Regressionshypothese).

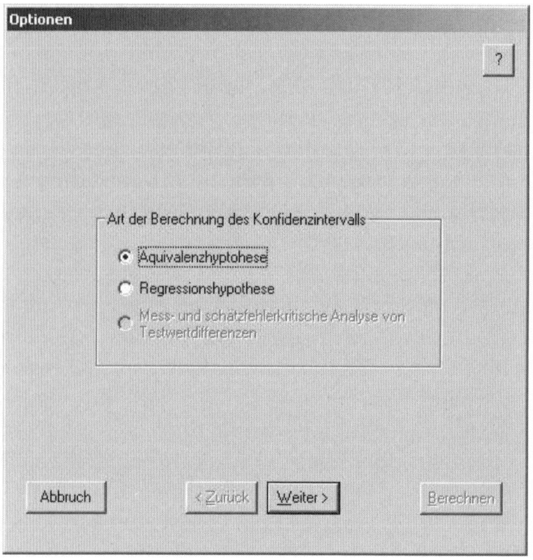

Abbildung 4.17: KONFI-Fenster: Optionen zur Einstellung der Art des Vertrauensintervalls

Die Äquivalenzhypothese geht davon aus, dass der beobachtete Wert einer Person eine gute Annäherung (Schätzung) an den wahren Wert der Person darstellt. Im Gegensatz dazu geht die Regressionshypothese davon aus, dass der wahre Wert der Person erst aus dem beobachteten Wert der Person geschätzt werden muss. Aus den genannten Hypothesen können Formeln für die Berechnung von Vertrauensintervallen abgeleitet werden. Bei einer hohen Messgenauigkeit des Tests führen beide Methoden zu ähnlich breiten Vertrauensintervallen. Allerdings ist die Berechnung von Vertrauensintervallen mit Hilfe des Standardmessfehlers an weniger statistische Voraussetzungen gebunden. Daher ist eine Ermittlung des Vertrauensintervalls mit dieser Methode in vielen Fällen weniger problematisch als die Berechnung mit Hilfe des Standardschätzfehlers. Daher entscheiden wir uns für die Äquivalenzhypothese. Dazu wählen wir die Option ÄQUIVALENZHYPOTHESE unter ART DER BERECHNUNG DES KONFIDENZINTERVALLS. Die Berechnung des Vertrauensintervalls erfolgt mit dem Standardmessfehler. Durch Klicken auf die Taste WEITER gelangen Sie zum nächsten Dialogfenster.

Im KONFI-Fenster (siehe *Abbildung 4.18*) muss nun die Art der Testung festlegt werden, und zwar, ob einseitig oder zweiseitig getestet werden soll. Zusätzlich wird abgefragt, welche Sicherheitswahrscheinlichkeit der Berechnung des Vertrauensintervalls zugrunde gelegt werden soll.

Wir legen die Sicherheitswahrscheinlichkeit durch Klicken auf SICHERHEITSWAHRSCHEINLICHKEIT (%) und Wahl des entsprechenden Werts auf 95 Prozent fest. Es können Sicherheitswahrscheinlichkeiten von 80, 90, 95 und 99 Prozent ausgewählt werden. Für diese Entscheidung sind inhaltliche Überlegungen ausschlaggebend. Die Wahl der Sicherheitswahrscheinlichkeit sollte sich an den nachteiligen Folgen orientieren, die einer Person aus einer Fehldiagnose entstehen können (Huber, 1973). In diesem Fall soll eine „gravierende Diagnose“ vermieden werden, da diese einen Schulwechsel zur Konsequenz haben könnte. Auch die Art der Testung (einseitig, zweiseitig) hängt von der Fragestellung ab, nämlich davon, ob diese gerichtet oder ungerichtet ist. In unserem Fall ist die Fragestellung zweiseitig (Unter- oder Überforderung), und wir entscheiden uns durch Markieren der Option ZWEISEITIGE TESTUNG unter ART DES KONFIDENZINTERVALLS für eine zweiseitige Testung. Ein Beispiel für eine einseitige Fragestellung wäre in unserem Fall das folgende gewesen: „Liegt eine kognitive Unterforderung in der Schule vor?”

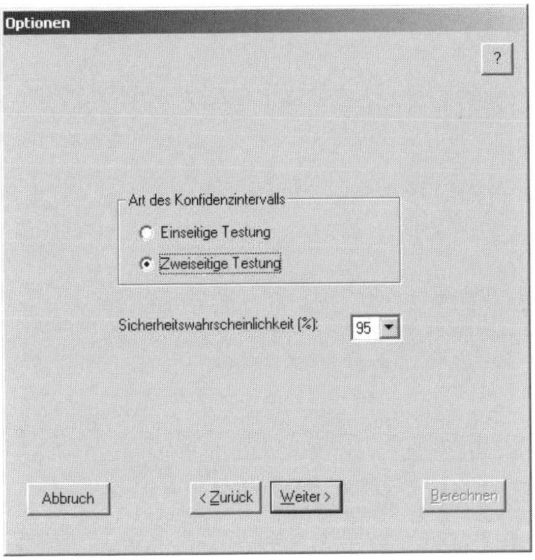

Abbildung 4.18: KONFI-Fenster: Optionen zur Einstellung der Art des Vertrauensintervalls (Sicherheitswahrscheinlichkeit)

Hier ist anzumerken, dass es sich um ein relativ vages Szenario handelt. Im Ernstfall ist eine Abwägung der negativen Konsequenzen weitaus komplexer und schwieriger. Viele Informationen müssen berücksichtigt und abgewogen werden. Wir gehen in unserem Fall davon aus, dass eine Diagnose in Form sowohl einer kognitiven Unter- als auch Überforderung die negativsten Auswirkungen für den Schüler darstellen. Daher machen wir es uns durch die Wahl einer hohen Sicherheitswahrscheinlichkeit und der zweiseitigen Testung schwer, die Diagnose „Über- oder Unterforderung liegt vor" anzunehmen. Nach Auswahl dieser Optionen gelangen wir durch Klicken auf WEITER zum nächsten Dialogfenster.

Wie in *Abbildung 4.19* dargestellt, ist es im Rahmen von KONFI möglich, Vertrauensintervalle mit Rohwerten und mit normierten Werten zu berechnen. Normierte Werte sind wiederum auf verschiedene Arten aus Rohwerten berechenbar (siehe *Abschnitt 3.6*). Das Programm KONFI enthält Optionen zur Berechnung der Vertrauensintervalle für die gebräuchlichsten Normwerte. In unserem Beispiel wurde für den Gymnasiasten ein IQ-Wert ($M = 100$, $S = 15$) zur Leistungsbeurteilung herangezogen. Durch Markieren der Option IQ-WERT unter ART DES EINZUGEBENDEN WERTES wird die IQ-Norm als Basis für die weitere Berechnung des Vertrauensintervalls herangezogen. Durch Klicken auf die Taste WEITER gelangen Sie zum nächsten Dialogfenster.

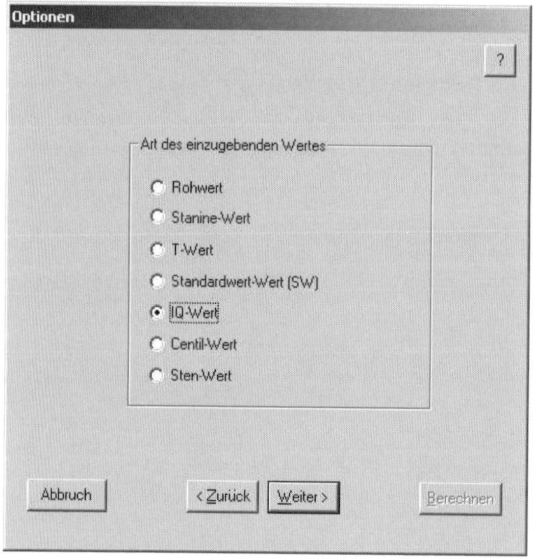

Abbildung 4.19: KONFI-Fenster: Optionen zur Einstellung der Art des einzugebenden Wertes

Wie in *Abbildung 4.20* dargestellt, müssen nun nur noch der beobachtete Wert und die Reliabilitätsschätzung für den Messwert eingetragen werden. In unserem Beispiel wird unter BEOBACHTETER WERT der Messwert 111 eingetragen und unter RELIABILITÄT die Reliabilitätsschätzung des Messwerts von .94. Würden Rohwerte vorliegen, müsste für die Berechnung des Vertrauensintervalls zusätzlich noch die Standardabweichung des Messwerts eingetragen werden. Durch Klicken auf die Taste BERECHNEN gelangen Sie schließlich zum Ergebnisfenster.

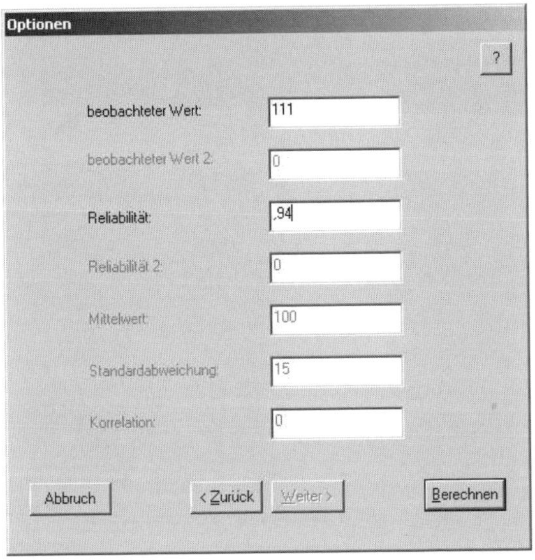

Abbildung 4.20: KONFI-Fenster: Optionen zur Eingabe des beobachteten Werts und der Reliabilität des Messwerts

Das abschließende Fenster BERECHNUNGSERGEBNIS (*Abbildung 4.21*) enthält nochmals die von uns ausgewählten Angaben: Äquivalenzhypothese (ausgewählte Methode), zweiseitige Testung (Art der Fragestellung) und 95 Prozent Sicherheitswahrscheinlichkeit. Das Vertrauensintervall um den beobachteten IQ-Wert von 111 hat unter Verwendung des Standardmessfehlers mit einer Sicherheitswahrscheinlichkeit von 95 Prozent bei zweiseitiger Testung eine Untergrenze von 103.80 und eine Obergrenze von 118.20. Als Vergleichsgruppe dienten gleichaltrige Gymnasiasten. Das heißt, bildet man ein Vertrauensintervall um den beobachteten Messwert der Person, liegt der „wahre“ Wert der Person mit 95-prozentiger Wahrscheinlichkeit innerhalb dieser beiden Grenzen: 103.8 und 118.2. Da das Vertrauensintervall sowohl in den Durchschnittbereich als auch in den überdurchschnittlichen Bereich hineinreicht und den Mittelwert nicht beinhaltet, bietet das Programm die Interpretation „durchschnittlich bis überdurchschnittlich" an. Der Gymnasiast ist im Vergleich zu gleichaltrigen Gymnasiasten unter Berücksichtigung der Messgenauigkeit des Messwerts durchschnittlich bis überdurchschnittlich intelligent (Äquivalenzhypothese, Sicherheitswahrscheinlichkeit 95 Prozent, zweiseitige Testung). Das Vertrauensintervall liegt nicht, wie im *Voraus* festgelegt, gänzlich im unter- oder überdurchschnittlichen Bereich. Auf die Fragestellung bezogen bedeutet das, dass eine intelligenzbedingte Unter- oder Überforderung unwahrscheinlich ist. An dieser Stelle sei darauf hingewiesen, dass in einem psychologischen Gutachten exakt dargelegt werden muss, wie ein Vertrauensintervall oder eine kritische Differenz berechnet wurde.

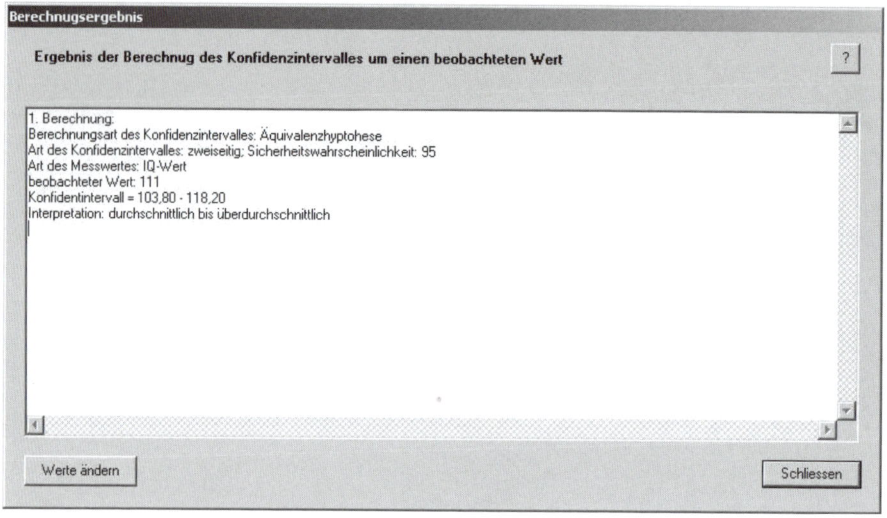

Abbildung 4.21: KONFI-Fenster: Berechnungsergebnis

4.8.8 Kritische Differenz für den Unterschied zwischen zwei Messwerten einer Person im selben Test

Die zweite Berechnungsoption von KONFI dient der Beantwortung der Frage, ob sich die Leistungen eines Probanden in zwei (Unter-)Tests unterscheiden. Die Standardabweichungen der beiden Skalen müssen dabei gleich sein ($S_1 = S_2$), und zusätzlich dürfen die verglichenen Skalenmesswerte nicht dieselben Items beinhalten, da in einem solchen Fall korrelierte Messfehler vorliegen würden. Ermittelt wird eine kritische Differenz. Liegt die beobachtete Differenz der Messwerte über der ermittelten kritischen Differenz, so liegt ein bedeutsamer Messwertunterschied vor. Das heißt, dass der beobachtete Messwertunterschied nicht dadurch erklärbar ist, dass die Messwerte beider Tests unterschiedlich messgenau sind. Eine valenzkritische Absicherung von Messwertunterschieden ist in der Regel nicht sinnvoll, da dadurch die primäre Fehlerquelle von Messwerten, die mangelnde Messgenauigkeit, nicht berücksichtigt wird. Daher lautet die Beispielfragestellung, ob eine bedeutsame Leistungsdifferenz eines Probanden zwischen dem Verbal- und Handlungs-IQ des HAWIE-R vorliegt, die nicht auf die unterschiedliche Messgenauigkeit der Messwerte zurückgeführt werden kann (vgl. *Abschnitt 4.8.2*). Daraus ergibt sich die Wahl der Äquivalenzhypothese und einer zweiseitigen Fragestellung. Auch hier liegt eine Frage nach dem Ist-Zustand vor, und ein Konsistenzmaß (Cronbach-α) wird zur Reliabilitätsschätzung herangezogen. Die Fragestellung ist deshalb zweiseitig, da nicht gerichtet angegeben wird, ob beispielsweise der Verbal-IQ höher als der Handlungs-IQ ausfällt. Die Sicherheitswahrscheinlichkeit soll 95 Prozent ($z_{\alpha/2}$ = 1.96, zweiseitig) betragen. Der Proband erreichte im HAWIE-R einen Verbal-IQ von 121 und einen Handlungs-IQ von 100. Es werden IQ-Normwerte im Vergleich zur repräsentativen Normalbevölkerung verwendet. Im HAWIR-R wird das Cronbach-α in dieser bevölkerungsrepräsentativen Stichprobe für den Verbalteil mit $r_{tt} = .97$ und für den Handlungsteil mit $r_{tt} = .91$ angegeben. Um diese Fragestellung zu beantworten, muss im KONFI-Dialogfenster, wie in *Abbildung 4.22* dargestellt, die Option KRITISCHE DIFFERENZ FÜR DEN UNTERSCHIED ZWISCHEN ZWEI WERTEN EINER PERSON gewählt werden. Danach gelangt man zum nächsten KONFI-Dialogfenster.

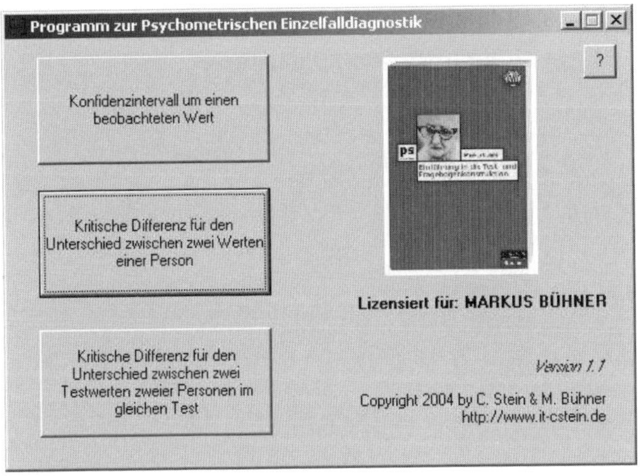

Abbildung 4.22: Programmoberfläche KONFI

Auch bei dieser zweiten Berechnungsoption wird im folgenden Dialogfenster, wie in *Abbildung 4.23* dargestellt, nach der gewünschten Berechnungsart des Vertrauensintervalls gefragt. Wir entscheiden uns gemäß der Fragestellung für die *Äquivalenzhypothese* und markieren die Option ÄQUIVALENZHYPOTHESE UNTER ART DER BERECHNUNG DES KONFIDENZINTERVALLS. Zur Berechnung des Vertrauensintervalls wird nun der Standardmessfehler herangezogen. Geprüft wird, ob der Fähigkeitsunterschied messfehlerbedingt ist. Durch Klicken auf die Taste WEITER gelangen Sie zum nächsten Dialogfenster.

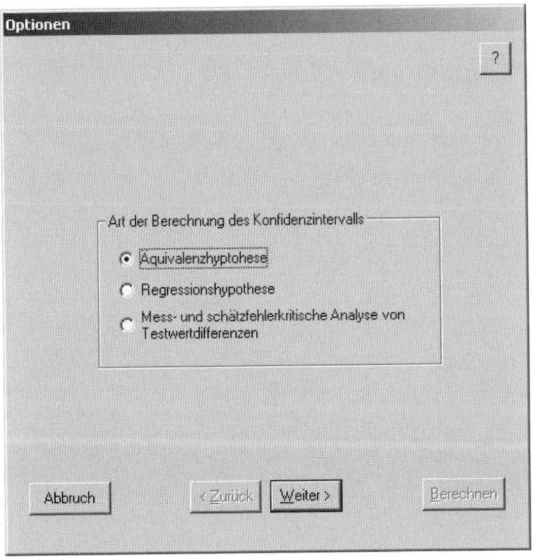

Abbildung 4.23: KONFI-Fenster: Optionen zur Einstellung der Art des Vertrauensintervalls

Im KONFI-Dialogfenster, wie in *Abbildung 4.24* dargestellt, können wieder die gewünschte Art der Testung (einseitig, zweiseitig) und ein Wert für die Sicherheitswahrscheinlichkeit gewählt werden. Wir entscheiden uns durch Klicken auf ZWEISEITIGE TESTUNG für eine zweiseitige Testung und wählen unter SICHERHEITSWAHRSCHEINLICHKEIT (%) eine Sicherheitswahrscheinlichkeit von 95 Prozent aus. Durch Klicken auf die Taste WEITER gelangen Sie zum nächsten Dialogfenster.

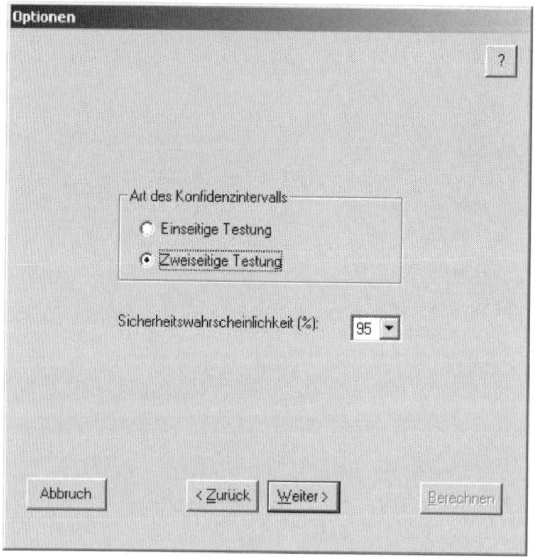

Abbildung 4.24: KONFI-Fenster: Optionen zur Einstellung der Art des Vertrauensintervalls (Sicherheitswahrscheinlichkeit)

In *Abbildung 4.25* muss nun die Art des einzugebenden Kennwerts angegeben werden. Da es sich in unserem Fall wiederum um IQ-Werte handelt, klicken wir IQ-WERT unter ART DES EINZUGEBENDEN WERTES an. Durch Klicken auf die Taste WEITER gelangen Sie zum nächsten Dialogfenster.

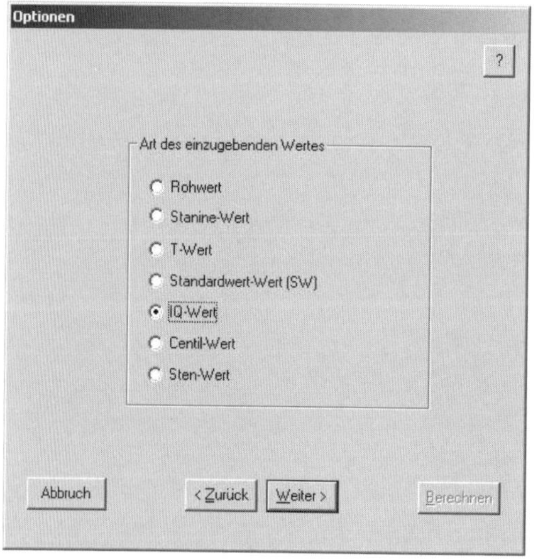

Abbildung 4.25: KONFI-Fenster: Optionen zur Einstellung der Art des einzugebenden Wertes

In *Abbildung 4.26* sind die beobachteten Werte der Person in den beiden Untertests einzugeben: BEOBACHTETER WERT 1 (121) und BEOBACHTETER WERT 2 (100). Danach werden die Reliabilitätsschätzungen beider Messwerte in die entsprechenden Felder eingetragen: RELIABILITÄT 1 (.97) und RELIABILITÄT 2 (.91). Dabei ist darauf zu achten, dass zum jeweiligen beobachteten Wert auch immer die korrespondierende Reliabilität eingetragen wird. An dieser Stelle sei auch nochmals darauf hingewiesen, dass immer die **Reliabilitätsschätzung aus der Normstichprobe** zu verwenden ist, **der auch der getestete Proband zugeordnet werden kann**. Durch Klicken auf BERECHNEN gelangen Sie zum Ergebnisfenster.

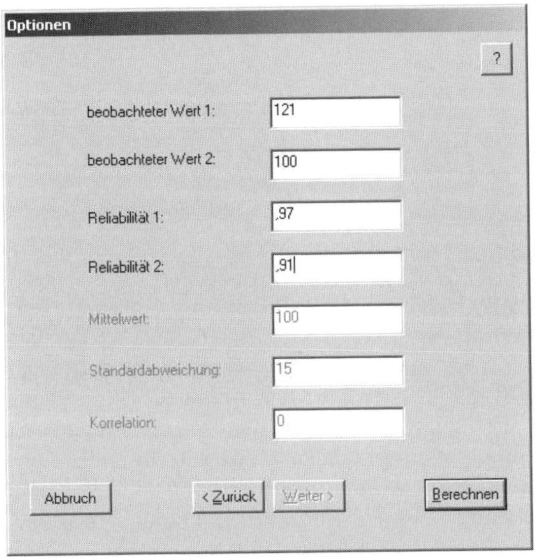

Abbildung 4.26: KONFI-Fenster: Optionen zur Eingabe der beobachteten Werte, der Reliabilität der Messwerte

In *Abbildung 4.27* sind nun die Ergebnisse aufgeführt. Auch hier werden zunächst noch einmal die Voreinstellungen aufgeführt: Äquivalenzhypothese, zweiseitige Testung, Sicherheitswahrscheinlichkeit von 95 Prozent und IQ-Werte. Die kritische Differenz (Standardmessfehler) beträgt 10.18 IQ-Punkte. Die beobachtete Differenz hingegen beträgt 20 IQ-Punkte. Da die beobachtete Differenz deutlich über der kritischen Differenz liegt, kann davon ausgegangen werden, dass der Unterschied der Messwerte im Verbal- und Handlungs-IQ nicht auf die Messungenauigkeit der Messwerte beider Untertests zurückzuführen ist, sondern wahrscheinlich auf eine unterschiedliche Fähigkeitsausprägung oder Begabung des Probanden. Unklar bleibt, ob der Messwertunterschied nicht auch durch die unterschiedliche Validität der Tests bedingt sein kann. Am besten eignet sich daher ein gestufter Entscheidungsprozess, um Messwertdifferenzen aus Untertests zu beurteilen (vgl. *Abschnitt 4.8.3*). Dazu dient die mess- und valenzkritische Analyse.

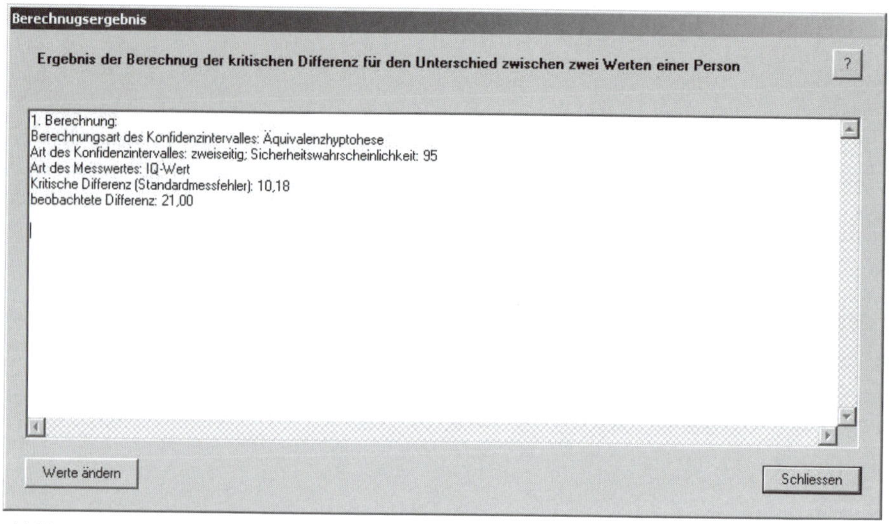

Abbildung 4.27: KONFI-Fenster: Berechnungsergebnis

Mess- und valenzkritische Absicherung von Messwertdifferenzen Zur Berechnung der mess- und valenzkritischen Analyse von Testwertdifferenzen ist es notwendig, dass die Reliabilitätsschätzungen für beide Untertests gleich sind. Ist dies nicht der Fall, muss eine tau-Normierung der Messwerte durchgeführt werden. Dies nimmt KONFI automatisch vor (vgl. *Abbildung 4.28*). Zuerst wird geprüft, ob der Unterschied zwischen den beiden tau-normierten Messwerten auf ihre Messungenauigkeit zurückzuführen ist. Liegt ein bedeutsamer Unterschied vor, wird in einem zweiten Schritt geprüft, ob der Unterschied zusätzlich dadurch bedingt sein könnte, dass die Messwerte der beiden Tests eine unterschiedliche Validität aufweisen. Ist dieser Unterschied ebenfalls signifikant, so ist der Unterschied in der Fähigkeits- bzw. Eigenschaftsausprägung weder auf die Messungenauigkeit der Messwerte noch auf deren unterschiedliche Validität zurückzuführen. Es wird dann angenommen, dass der Unterschied durch eine unterschiedliche Fähigkeits- oder Eigenschaftsausprägung bedingt ist. Um eine mess- und schätzfehlerkritische Analyse von Messwerten durchzuführen, müssen nur wenige Änderungen gegenüber den vorangegangenen Analysen vorgenommen werden. Zuerst wird im KONFI-Dialogfenster (siehe *Abbildung 4.28*) die Option MESS- UND SCHÄTZFEHLERKRITISCHE ANALYSE VON TESTWERTDIFFERENZEN gewählt. Durch Klicken auf die Taste WEITER gelangen Sie zum nächsten Dialogfenster. Danach werden dieselben Einstellungen wie in *Abbildung 4.24* und *Abbildung 4.25* vorgenommen: zweiseitige Testung sowie die Wahl einer Sicherheitswahrscheinlichkeit von 95 Prozent (beide Einstellungen *Abbildung 4.24*) und IQ-Norm (*Abbildung 4.25*). Durch Klicken auf die Taste WEITER gelangen Sie dann jeweils zum nächsten Dialogfenster.

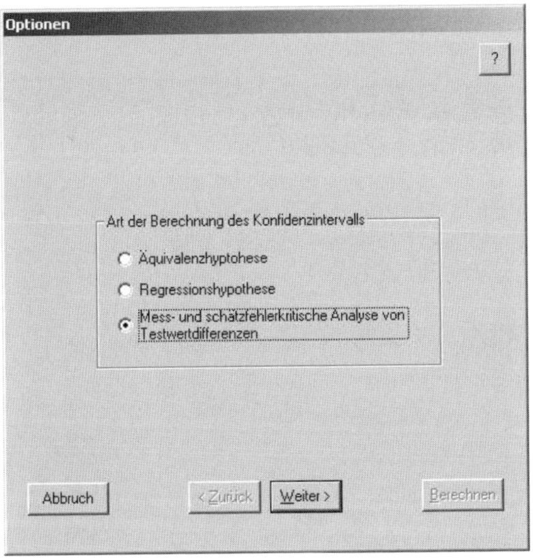

Abbildung 4.28: KONFI-Fenster: Optionen zur Einstellung der Art des Vertrauensintervalls

In *Abbildung 4.29* ist das KONFI-Dialogfenster zum Eintragen der IQ-Normwerte, der Reliabilitätsschätzungen und Korrelation zwischen beiden Messwerten dargestellt. Diese Angaben werden nun in die entsprechenden Felder eingetragen: in das Feld neben BEOBACHTETER WERT 1 und BEOBACHTETER WERT 2 die Werte 121 und 100. Anschließend werden die Reliabilitätsschätzungen beider Messwerte in die entsprechenden Felder eingetragen: in das Feld neben RELIABILITÄT 1 und RELIABILITÄT 2 die Werte .97 und .91. Schließlich wird in das Feld neben KORRELATION die Korrelation beider Messwerte von .73 eingefügt. Durch Klicken auf BERECHNEN gelangen Sie zum Ergebnisfenster.

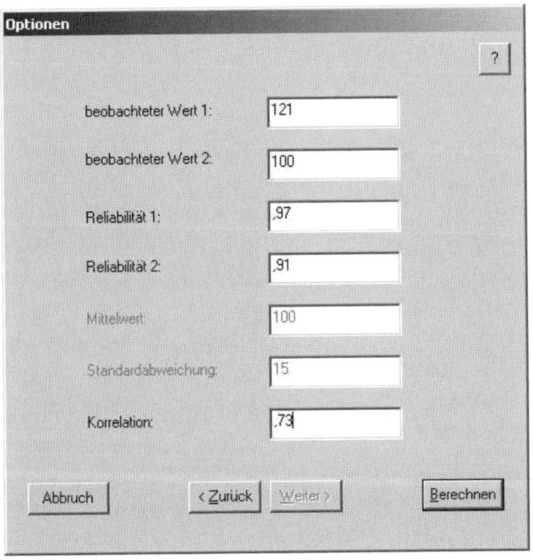

Abbildung 4.29: KONFI-Fenster: Optionen zur Eingabe der beobachteten Werte, der Reliabilität der Messwerte und der Korrelation beider Messwerte

In *Abbildung 4.30* sind die Ergebnisse der mess- und valenzkritischen Analyse dargestellt. Auch hier werden nochmals die gewählten Optionen angegeben. Die Analyse zeigt zuerst die tau-normierten Messwerte: 121.32 und 100. Die Unterschiede zwischen den beiden tau-normierten Messwerten sind signifikant, wenn man die unterschiedliche Messgenauigkeit der Tests berücksichtigt ($z_{1-\alpha/2}$ = 3.95). Der Unterschied bleibt signifikant, wenn man zusätzlich auch noch die unterschiedliche Validität der Verfahren mit einbezieht ($z_{1-\alpha/2}$ = 2.06). Damit ist der Unterschied zwischen beiden Messwerten wahrscheinlich auf die unterschiedliche Fähigkeitsausprägung bzw. auf eine unterschiedliche Begabung des Probanden in beiden Untertests zurückzuführen.

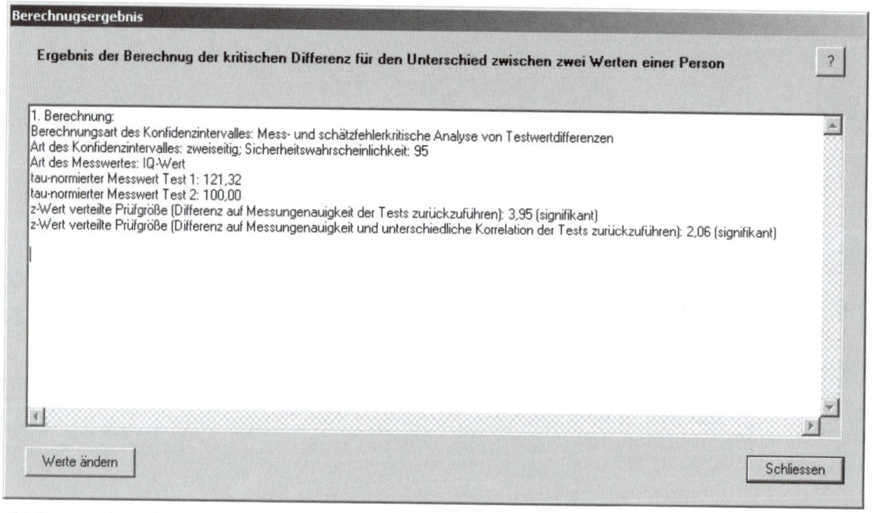

Abbildung 4.30: KONFI-Fenster: Berechnungsergebnis

4.8.9 Kritische Differenz für den Unterschied zwischen den Messwerten zweier Personen im gleichen Test

Mit Hilfe der dritten Berechnungsoption von KONFI lassen sich Aussagen darüber treffen, ob sich zwei Probanden in ihren Testergebnissen im selben Testverfahren unterscheiden: KRITISCHE DIFFERENZ FÜR DEN UNTERSCHIED ZWISCHEN ZWEI TESTWERTEN ZWEIER PERSONEN IM GLEICHEN TEST. Dazu wählen wir diese Option, wie in *Abbildung 4.31* abgebildet. Zur Veranschaulichung ziehen wir folgendes Beispiel heran (wie in *Abschnitt 4.8.5* dargestellt): Proband Markus erreichte im HAWIE-R-Handlungsteil einen IQ von 94 und Proband Jürgen einen IQ von 108. Die Differenz zwischen beiden Probanden beträgt 14 IQ-Punkte. Nun soll geprüft werden, ob diese Differenz auf die unterschiedliche Messgenauigkeit der Tests zurückgeführt werden kann. Dazu wird zweiseitig getestet, da a priori keine Hypothese darüber vorliegt, welche Person besser abschneidet als die andere. Zusätzlich wird eine Sicherheitswahrscheinlichkeit von 95 Prozent gewählt, um es sich schwer zu machen, einen Unterschied anzunehmen. Die Reliabilität des Handlungsteils beträgt $r_{tt} = .91$ und die Standardabweichung $S_x = 15$. Zunächst muss wieder, wie in *Abbildung 4.24* und *Abbildung 4.25* dargestellt, festgelegt werden, ob einseitig oder zweiseitig getestet werden soll, danach die Sicherheitswahrscheinlichkeit sowie die Art der einzugebenden Werte. Durch Klicken auf die Taste WEITER gelangen Sie dann jeweils zum nächsten Dialogfenster.

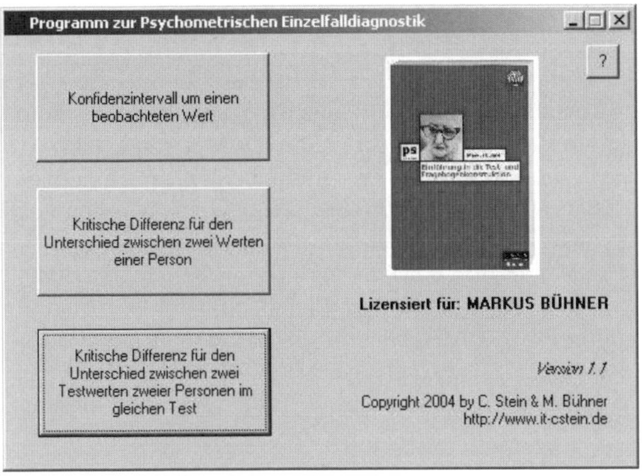

Abbildung 4.31: Programmoberfläche KONFI

In *Abbildung 4.32* ist das KONFI-Dialogfenster zum Eintragen der IQ-Normwerte und der Reliabilitätsschätzung für den Test dargestellt. Diese Angaben werden nun in die entsprechenden Felder eingetragen: BEOBACHTETER WERT 1 und BEOBACHTETER WERT 2: 94 und 108. Danach wird die Reliabilitätsschätzung der Messwerte in das Feld RELIABILITÄT eingetragen: .91. Nun sind alle notwendigen Eingaben vorgenommen, und durch Klicken auf BERECHNEN gelangen Sie zum Ergebnisfenster.

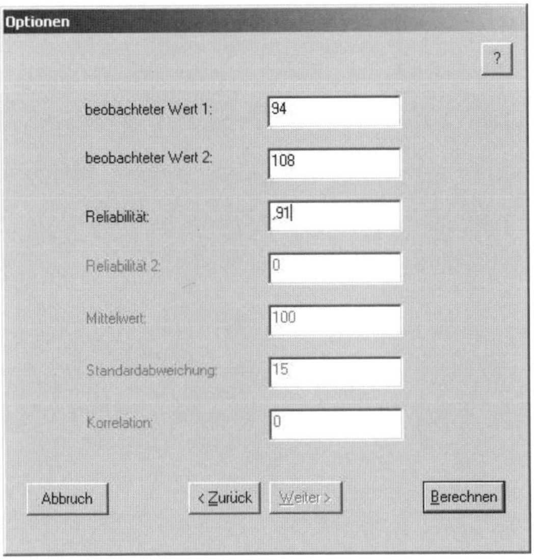

Abbildung 4.32: KONFI-Fenster: Optionen zur Eingabe der beobachteten Werte, der Reliabilität der Messwerte

Aus *Abbildung 4.33* kann entnommen werden, dass die beobachtete Differenz zwischen den Messwerten der beiden Probanden den Wert 14,00 aufweist und damit größer als die kritische Differenz von 12,47 ausfällt. Die Leistungen beider Probanden unterscheiden sich somit bedeutsam, wenn man die unterschiedliche Messgenauigkeit des Untertests berücksichtigt. Dabei wurde zweiseitig getestet und eine Sicherheitswahrscheinlichkeit von 95 Prozent verwendet. Gleichzeitig müssen sich Probanden um mindestens 13 IQ Punkte unterscheiden, damit man von Leistungsunterschieden ausgehen kann, die nicht messfehlerbedingt sind. Dies ist insbesondere in Auswahlsituationen relevant: Erreicht eine Person, die unter 20 Bewerbern am besten abschneidet, einen IQ von 120, unterscheiden sich Personen mit einem IQ-Wert von 108 bis 119 unter Berücksichtigung der Messgenauigkeit des Tests nicht bedeutsam von dieser Person. Dies wird in der praktischen Anwendung oft übersehen. Häufig werden auch Prozentränge mit zwei Nachkommastellen verwendet, um die Leistung verschiedener Probanden zu beurteilen. Diese täuschen dem Testanwender eine Scheingenauigkeit vor, die mit psychologischen Tests nicht messbar ist. Gleichzeitig wirken hier die Unterschiede zwischen Probanden viel dramatischer und größer als bei der Verwendung anderer Normen. Unter der Annahme normalverteilter IQ-Werte entspricht ein IQ-Wert von 108 in etwa einem Prozentrang von 70 und ein IQ-Wert von 120 einem Prozentrang von 90 Prozent.

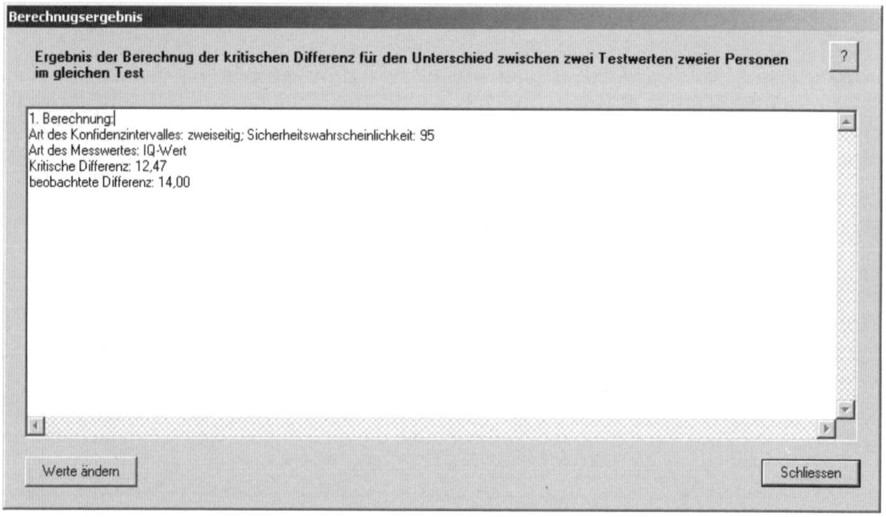

Abbildung 4.33: KONFI-Fenster: Berechnungsergebnis

Exploratorische Faktorenanalyse

5

ÜBERBLICK

Man unterscheidet generell zwischen exploratorischen (EFA) und konfirmatorischen (CFA) Faktorenanalysen. Die exploratorische Faktorenanalyse dient dazu, Faktoren zu finden. Das heißt, man weiß im Voraus nicht, welche Items bestimmte Fähigkeiten oder Eigenschaften abbilden bzw. beschreiben. Die konfirmatorische Faktorenanalyse nutzt man zur Überprüfung einer bereits angenommen Faktorenstruktur. Die CFA wird im nächsten Kapitel (*Kapitel 6*) ausführlich dargestellt.

5.1 Ziel der Faktorenanalyse

Was kann ich durch eine Faktorenanalyse erreichen?

Mit einer Faktorenanalyse können verschiedene Ziele verfolgt werden. Zum einen kann sie eingesetzt werden, um Daten zu reduzieren, und zum anderen, um Zusammenhänge zwischen Items auf latente Variablen zurückzuführen. Ein drittes Ziel kann darin bestehen, einen komplexeren Merkmalsbereich in homogenere Teilbereiche zu untergliedern oder auszudifferenzieren. In diesem Zusammenhang gibt es verschiedene Auffassungen des Begriffes **Homogenität;** zumindest im Kontext der Klassischen Testtheorie ist der Begriff mehrdeutig (Fischer, 1974). In allen Deutungen soll jedoch Homogenität den Grad angeben, in dem die Items eines Tests oder einer Skala dieselbe Eigenschaft oder Fähigkeit messen (Fischer, 1974).

Um die Homogenität von Items zu beurteilen, werden die **Korrelationen zwischen verschiedenen Items** betrachtet. Die Korrelationen zwischen Items des gleichen Konstrukts sollten höher sein als Korrelationen zwischen Items unterschiedlicher Konstrukte. So sollten beispielsweise die Items „Ich finde philosophische Diskussionen langweilig" und „Poesie beeindruckt mich wenig oder gar nicht" als Beispielitems der Skala „Offenheit für Erfahrungen" aus dem NEO-FFI (Borkenau & Ostendorf, 1993) hoch korrelieren. Im Gegensatz dazu sollten alle Items der Skala „Offenheit für Erfahrungen" gering mit den Items der Skala „Verträglichkeit" korrelieren.

Die Beurteilung vieler einzelner Korrelationen ist jedoch mühsam. So erfordert beispielsweise die Beurteilung des Zusammenhanges zwischen 30 Variablen die Betrachtung von $30 \cdot (30 - 1)/2 = 435$ einfachen Korrelationen. Solche Einzelanalysen wären sehr aufwändig. Ein effektives Verfahren zur Beurteilung vieler einzelner Korrelationen stellt die Faktorenanalyse dar, insbesondere wenn man a priori keine Annahmen über die Struktur eines Konstruktes bzw. verschiedener Konstrukte hat. Die Faktorenanalyse ordnet Items oder Testkennwerte quasi nach ihrer korrelativen Ähnlichkeit.

Die Zuordnung eines Items zu einer latenten Dimension (= Faktor) oder die Zusammenfassung von Items zu einer Komponente erfolgt aufgrund der **Ähnlichkeit** der Itemantworten. Die Ähnlichkeit der Itemantworten wird immer durch die vorliegende Stichprobe mitbestimmt. Als Maß für die Ähnlichkeit werden neben **Korrelationen** auch **Kovarianzen** zwischen Items herangezogen. Analysiert wird dann die Varianz-Kovarianzmatrix oder die Korrelationsmatrix der Items. Die Information in Form von Zusammenhängen und Varianzen in dieser so genannten **Ausgangsmatrix** wird dann auf ökonomische Weise durch weniger Komponenten bzw. Faktoren reproduziert bzw. erklärt. Das heißt, es wird versucht, die Information aller Items möglichst ohne Informationsverlust durch weniger Komponenten bzw. Faktoren zu beschreiben bzw. zu erklären. Die Interpretation der Faktorenanalyse erfolgt ebenfalls wieder anhand einer Matrix (siehe *Tabelle 5.2*). Wie eng ein Item mit einem Faktor zusammenhängt, wird durch Ladungen des Items auf jedem Faktor angegeben. Im Folgenden werden die

Grundgedanken der Faktorenanalyse und das Vorgehen bei der Berechnung genauer beschrieben. Bei wenigen Vorkenntnissen von multivariaten Verfahren wird empfohlen, zuerst *Kapitel 8* (Korrelationen) und *Kapitel 5.3* (Grundbegriffe) zu lesen.

5.2 Grundgedanken und Schritte der Faktorenanalyse

Wie gehe ich bei einer Faktorenanalyse vor?

Der Faktorenanalyse liegt folgende Annahme zugrunde: **Der Wert einer Person auf einer Variable (Item/Testwert) kann durch eine Kombination aus gewichteten Faktorwerten und einem Fehler beschrieben werden.** Dieses Modell wird auch als **Modell mehrerer gemeinsamer Faktoren** bezeichnet. Wird keine Fehlerkomponente berücksichtigt, ergibt sich das so genannte **Komponentenmodell** (Gorsuch, 1983, S. 20). Auf den Unterschied zwischen beiden Modellen wird später noch genauer eingegangen (siehe *Kapitel 5.6*). Das Modell mehrerer gemeinsamer Faktoren kann in folgender Formel ausgedrückt werden (vgl. Moosbrugger & Hartig, 2003, S. 138; vgl. auch Russell, 2002, S. 1630):

$$z_{im} = f_{i1} \cdot a_{m1} + f_{i2} \cdot a_{m2} + f_{i3} \cdot a_{m3} \ldots\ldots + f_{ij} \cdot a_{mj} + \ldots\ldots f_{iq} \cdot a_{mq} + e_i$$

Dabei ist:

- z_{im} = z-Wert einer Person i auf einem Item m
- f_{i1} = Faktorwert der Person i auf Faktor 1
- a_{m1} = Ladung des Items m auf Faktor 1
- f_{ij} = Faktorwert der Person i auf Faktor j
- a_{mj} = Ladung des Items m auf Faktor j
- q = Anzahl der Faktoren
- e_i = Fehlerkomponente, die durch die extrahierten Faktoren nicht erklärt werden kann

Bevor man eine Faktorenanalyse durchführt, muss man sich für eine faktorenanalytische Methode entscheiden. Die wichtigsten Methoden sind die **Hauptachsenanalyse (P**rinciple **A**xis **F**actor Analysis, **PAF)** und die **Maximum-Likelihood-Faktorenanalyse (ML).** Hinzu kommt noch die **Hauptkomponentenanalyse (P**rinciple **C**omponent **A**nalysis, **PCA)**, wobei diese streng genommen nicht zu den faktorenanalytischen Methoden zählt (sie stellt ein Hilfsmittel zur Berechnung der Hauptachsenanalyse dar). Sie dient lediglich zur Datenreduktion und Beschreibung der Items durch Komponenten. Die eigentlichen faktorenanalytischen Methoden haben dagegen das Ziel, Zusammenhänge zwischen Items „ursächlich" zu erklären (auf eine latente Variable zurückzuführen). Diese (latente) Variable heißt im Fall der PCA „Komponente" und im Fall der PAF und ML „Faktor". **Im Folgenden wird beides der Einfachheit halber „Faktor" genannt.** Auf die einzelnen Methoden wird in *Abschnitt 5.6* genauer eingegangen.

Nach der Auswahl der Methode stellt sich ein schwerwiegendes Problem: Wie viele Faktoren sind überhaupt für die Beschreibung einer bestimmten Itemanzahl notwendig? Zur Beantwortung dieser Frage stehen verschiedene Extraktionskriterien zur Verfügung. Dabei sind die bekanntesten Extraktionskriterien der Scree-Test und das Kriterium „Eigenwert > 1". Allerdings ist keines dieser Kriterien in der Lage, die Anzahl relevanter Faktoren zuverlässig festzustellen. Dazu sind umfangreiche weitere Überlegungen notwendig, wie später noch ausführlicher beschrieben wird (siehe *Kapitel 5.7*).

Faktorenanalysen und Hauptkomponentenanalysen gehen bei der Extraktion von Faktoren nach einem bestimmten Prinzip vor, dem **Prinzip der Varianzmaximierung**. Das heißt, zuerst wird der Faktor gesucht, der die meiste Varianz aller Items aufklärt. Ist danach noch unaufgeklärte Varianz vorhanden, wird ein zweiter orthogonaler (unkorrelierter) Faktor gesucht, der die restliche Varianz möglichst gut aufklärt. Es werden so lange weitere orthogonale Faktoren gesucht, bis nahezu keine Itemvarianz mehr aufzuklären ist. Dieses Prinzip kann auch grafisch veranschaulicht werden. Die Darstellung hier ist stark vereinfacht. Items stellen Punkte in einem Raum dar. Viele Items ergeben eine Art Punktewolke. Faktoren stellen Geraden dar. Die erste Gerade (Faktor) wird nun so durch die Punktewolke (Items) gelegt, dass sie die Punkte (Items) möglichst gut beschreibt (Abstände der Punkte zur Geraden sind minimal → Prinzip der Varianzmaximierung). Die zweite Gerade wird im rechten Winkel auf die erste Gerade so in den Raum gelegt, dass sie wiederum die Punkte gut beschreibt. Solche auch als unrotierte Lösungen bezeichnete Faktorlösungen sind aber schwer interpretierbar, weil die meisten Items mit dem ersten Faktor am höchsten korrelieren und mit den folgenden Faktoren zum Teil geringere Korrelationen aufweisen. Werden psychologische Leistungstests einer Faktorenanalyse unterzogen, wird der erste unrotierte Faktor auch häufig als *g*-Faktor bezeichnet. Dies wird so interpretiert, dass den Tests ein genereller Faktor zugrunde liegt, der die Testleistung erklärt. Ein mehr oder weniger starker erster Faktor ist durch die Methode bedingt zu erwarten (Varianzmaximierung). Auch bei gänzlich unkorrelierten Faktoren kann eine erste Hauptkomponente ermittelt werden.

Um eine bessere Zuordnung der Items zu den Faktoren zu erreichen, werden verschiedene so genannte **Rotationstechniken** angewandt (siehe *Abschnitt 5.3* und *5.8*). Sie führen in vielen Fällen dazu, dass Items mit einem Faktor besonders hoch und mit anderen besonders niedrig korrelieren (siehe *Abschnitt 5.3*). Durch **Rotationen** ist es möglich, **unabhängige bzw. unkorrelierte** (orthogonale) oder **korrelierte** (oblique) **Faktoren** zu erzeugen. Die Auswahl der Rotationstechnik richtet sich dabei nach theoretischen Überlegungen. So bietet sich beispielsweise eine oblique Rotation an, wenn in den analysierten Daten hoch korrelierte Faktoren angenommen werden oder Faktoren höherer Ordnung (Faktor über den Faktoren).

Ein weiteres Problem der Faktorenanalyse stellt die Ermittlung von Faktorwerten dar. Faktorwerte sind in der Regel standardisierte Werte, die der Ausprägung einer Person auf dem Faktor entsprechen. Nur im Rahmen von Hauptkomponentenanalysen können diese eindeutig berechnet werden.

Fazit: Folgende Entscheidungen müssen getroffen werden, um eine Faktorenanalyse durchzuführen:

(1) Art der Analyse (PCA, PAF, ML)
(2) Festlegung der Anzahl zu extrahierender Faktoren (z.B. Scree-Test)
(3) Rotationstechnik (orthogonale oder oblique Rotation)
(4) Methode zur Ermittlung der Faktorwerte

Hier ist anzumerken, dass es sich empfiehlt, wenn vorher über die Korrelationen zwischen den Faktoren nichts bekannt ist, zuerst einmal korrelierte Faktoren anzunehmen. Erweisen sich diese dann im Nachhinein als unkorreliert, kann auch eine Faktorenanalyse mit einer Rotationstechnik durchgeführt werden, die zu unkorrelierten Faktoren führt, da diese Lösung leichter zu interpretieren ist.

5.3 Grundbegriffe der Faktorenanalyse

Welche Begriffe muss ich kennen?

Nach dieser kurzen Einführung sollen einige Grundbegriffe der Faktorenanalyse näher erläutert werden. Die Begriffsklärung beginnt mit der Darstellung des „Ergebnisses“ einer Faktorenanalyse, nämlich der fertigen Ladungsmatrix. Eine Ladungsmatrix setzt sich aus Zeilen und Spalten zusammen. In den Zeilen aus *Tabelle 5.2* sind die Untertestkennwerte aus dem HAWIE-R (Tewes, 1991), einem Intelligenztest, eingetragen und in die Spalten zwei und drei die Faktoren. Die Items sind dem Faktor zugeordnet, auf dem sie die höchste Ladung aufweisen. Es wurde hier eine Hauptkomponentenanalyse mit Varimax-Rotation durchgeführt.

Ladung (a) Eine Ladung ist bei einer orthogonalen Rotation (unkorrelierte Faktoren) die Korrelation eines Items mit einem Faktor. Die quadrierte Ladung (a^2) kann in diesem Fall als gemeinsamer Varianzanteil zwischen Faktor und Item interpretiert werden.

Bei obliquen Faktorenanalysen werden ebenfalls Korrelationen zwischen Item und Faktor bestimmt und in einer speziellen Matrix angegeben, der **Strukturmatrix**. Daneben werden in einer separaten **Mustermatrix** auch partielle standardisierte Regressionsgewichte dargestellt. Partiell heißt in diesem Fall, dass bei jedem Item die Zusammenhänge, die zu den anderen Faktoren bestehen, auspartialisiert werden. Es handelt sich, wie in *Abbildung 5.1* (die beiden linken Grafiken) dargestellt, um den grün gepunkteten Überschneidungsbereich. Dieser wird relativiert an der Fläche des Faktors (Kreis) abzüglich der Fläche des jeweils korrelierten Faktors. Damit wird der Varianzanteil, den ein Item mit den restlichen Faktoren gemeinsam hat, nicht berücksichtigt. Die partiellen standardisierten Regressionsgewichte beschreiben nach Nunnally und Bernstein (1994) die Änderung des Itemwerts, wenn sich der Faktorwert um eine Standardabweichung ändert, wobei alle anderen Faktoren konstant gehalten werden.

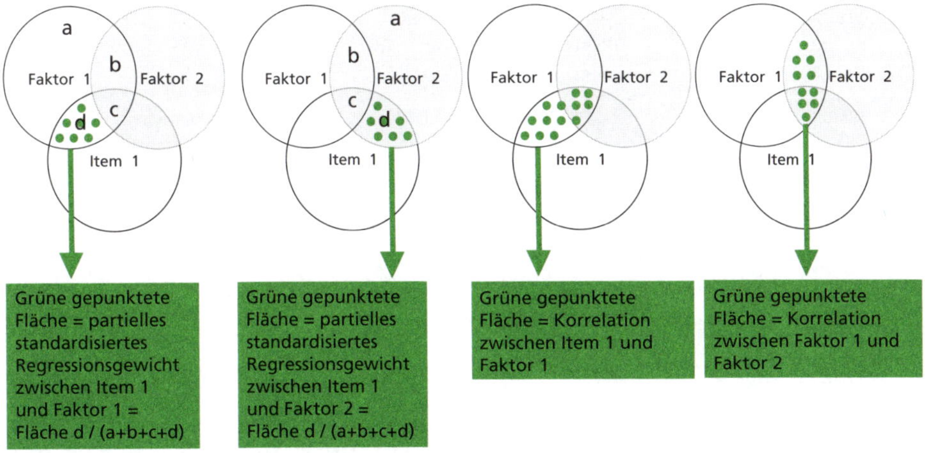

Abbildung 5.1: Grafische Veranschaulichung einer Korrelation und eines partiellen standardisierten Regressionsgewichts

Ist die Korrelation zwischen den Faktoren null, dann sind Korrelationen und partielle standardisierte Regressionsgewichte identisch. Je höher die Faktoren korrelieren, desto stärker unterscheiden sich Korrelationen und partielle standardisierte Regressionsgewichte. Als Ladungen werden sowohl partielle standardisierte Regressionsgewichte als auch Korrelationen mit dem Faktor bezeichnet. Diese begriffliche Überschneidung führt häufig zu Missverständnissen. Es ist günstig, immer anzugeben, was unter dem Begriff „Ladung" zu verstehen ist.

Bei einer obliquen Rotation werden Korrelationen mit dem Faktor in der so genannten **Strukturmatrix** angegeben und partielle standardisierte Regressionsgewichte in der so genannten **Mustermatrix** (siehe *Tabelle 5.1*). Partielle standardisierte Regressionsgewichte können im Gegensatz zu Korrelationen größer als plus/minus eins werden. Bei einer obliquen Rotation sind beide Matrizen (Muster- und Strukturmatrix) zur Beurteilung der Ergebnisse nötig. Dargestellt wird aber meist nur die Mustermatrix mit den partiellen standardisierten Regressionsgewichten. Soll die gemeinsame Varianz (r^2) eines Items mit einem Faktor bei obliquer Rotation bestimmt werden, müssen die Korrelationen mit dem Faktor in der Strukturmatrix betrachtet und dabei zuvor quadriert werden. Bei orthogonaler Rotation sind Struktur- und Mustermatrix identisch und enthalten die Korrelationen der Items mit den Faktoren.

Tabelle 5.1

Darstellung der Ladungsmatrizen in der exploratorischen Faktorenanalyse

Matrix	Oblique	Orthogonal
Komponenten/ Faktormatrix	Korrelationen zwischen Item und unrotierten Faktoren	Korrelationen zwischen Item und unrotierten Faktoren
Mustermatrix	Partielles standardisiertes Regressionsgewicht des Items mit den rotierten Faktoren	–[a]
Strukturmatrix	Korrelationen zwischen Item und rotierten Faktoren	Korrelationen zwischen Item und rotierten Faktoren
Komponenten-korrelationsmatrix	Korrelationen zwischen den Faktoren	–[b]

[a] identisch mit der Strukturmatrix (wird in SPSS als rotierte Komponenten- oder Faktormatrix bezeichnet). [b] Faktoren bei orthogonaler Rotation (z.B. Varimax) unkorreliert.

In *Tabelle 5.2* ist eine Hauptkomponentenanalyse mit orthogonaler Rotation dargestellt. Der Untertest „Allgemeines Wissen" lädt auf dem ersten Faktor mit $a = .767$ ❶. Das heißt, er korreliert hoch mit dem Faktor „Verbal-IQ", bzw. die gemeinsame Varianz zwischen dem Untertest „Allgemeines Wissen" und dem Faktor „Verbal-IQ" beträgt etwa 59 Prozent (quadrierte Ladung).

Tabelle 5.2

Strukturmatrix und Kommunalitäten einer Hauptkomponentenanalyse mit Varimax-Rotation der Untertests aus dem HAWIE-R nach Tewes (1991)

	Komponenten (Faktoren):			
Untertests:	**Verbal ($F1$)**	**Handlung ($F2$)**	h^2 ❷	**Rel**
Allgemeines Wissen	.767 ❶	.277	.665	.89 α
Zahlennachsprechen	.516	.315	.366	.87 α
Wortschatz-Test	.856	.237	.789	.90 α
Rechnerisches Denken	.531	.475	.508	.82 α
Allgemeines Verständnis	.754	.034	.569	.81 α
Gemeinsamkeiten finden	.722	.333	.632	.87 α
Bilderergänzen	.210	.709	.547	.76 α
Bilderordnen	.340	.635	.519	.76 α
Mosaik-Test	.355	.705	.623	.82 α
Figurenlegen	.006	.776	.602	.77 α
Zahlen-Symbol-Test	.382	.481	.377 ❸	.95 r_{tt}
Eigenwert nach Rotation	3.39 ❹	2.81	6.20	
Varianzaufklärung nach Rotation	.308	.256	.563	

Anmerkungen: Für den Zahlensymboltest wurde die Retest-Reliabilität als Reliabilitätsschätzung herangezogen, da die innere Konsistenz bei Speed-Tests nur bedingt aussagekräftig ist. F 1 = Faktor 1. F2 = Faktor 2. Rel = Reliabilität der Untertests [Cronbach-alpha (α) bzw. Retest (r_{tt})].

Einfachstruktur Einfachstruktur ist ein Begriff, der sich auf die Struktur der Mustermatrix bezieht. Einfachstruktur liegt vor, wenn die partiellen standardisierten Regressionsgewichte eines Items auf einem Faktor sehr hoch sind und auf den restlichen Faktoren sehr gering (nahe null). Für eine genaue Definition siehe Kline (1994, S. 65).

Die in *Tabelle 5.2* dargestellte Strukturmatrix kommt diesem Kriterium nicht sehr nahe (vgl. Ladungen in den grün unterlegten Kästchen – Hauptladungen – mit den Ladungen in den weiß unterlegten Kästchen – Nebenladungen). Liegen wie hier orthogonale (unkorrelierte) Faktoren vor, enthalten Struktur- und Mustermatrix dieselben Werte. Das Vorliegen einer Einfachstruktur erleichtert die Interpretation der Faktorenstruktur.

Eigenwert Der Eigenwert ($\Sigma_m a_{mj}^2$) ❹ eines Faktors entspricht der Summe der quadrierten Ladungen aller Items über einen Faktor in der jeweiligen Spalte (Summe der quadrierten Ladungen).

In unserem Beispiel ermittelt sich der Eigenwert des ersten Faktors aus der Summe aller quadrierten Ladungen in der ersten Spalte. Der relative Anteil, den ein Faktor an der Gesamtvarianz aller Items aufklärt, gibt die „Wichtigkeit" des Faktors wieder. Sie kann ermittelt werden, indem der Eigenwert des Faktors durch die Anzahl der Items geteilt und mit 100 multipliziert wird. Gehen in die Analyse zehn Items ein, kann ein Eigenwert maximal 10 werden (gilt nur für Hauptkomponentenanalyse). Wäre dies der Fall, würden alle Items perfekt miteinander korrelieren ($r = +/-1$). Da die Varianz (s^2) eines Items bedingt durch die implizite z-Standardisierung bei der Korrelationsberechnung eins ist, beträgt die Gesamtvarianz, die aufgeklärt werden kann, zehnmal eins (Bortz, 1999, S. 505). Durch die Methode bedingt, klärt der erste unrotierte Faktor am meisten Varianz auf. Je mehr weitere orthogonale unrotierte Faktoren extrahiert werden, desto geringer werden die Eigenwerte der Faktoren. Durch die Rotation ändert sich zwar der Anteil der aufgeklärten Varianz *aller* Faktoren an der Gesamtvarianz *nicht*, jedoch die Verteilung der aufgeklärten Varianz auf die Faktoren. Sie verteilt sich nun „gleichmäßiger" über die rotierten Faktoren. Daher ist es sinnvoll, die aufgeklärte Varianz der Faktoren vor und nach der Rotation anzugeben. Dabei ist zu beachten, dass im Falle obliquer Faktorenlösungen die Summe der Eigenwerte über die extrahierten Faktoren vor (Komponenten- oder Faktormatrix) und nach der Rotation (Strukturmatrix) nicht mehr identisch ist. Dazu müssten die Faktoreninterkorrelationen mitberücksichtigt werden (siehe *Abschnitt 5.11*, erklärte Gesamtvarianz).

In *Tabelle 5.2* sieht man beispielsweise, dass nach der Rotation der Eigenwert des ersten Faktors 3.39 ($.767^2 + .516^2 + \ldots + .382^2$) beträgt und der des zweiten Faktors 2.81. Werden die Eigenwerte (z.B. 3.39) durch die Anzahl der Tests (11) geteilt und mit 100 multipliziert, ergibt sich der Anteil der aufgeklärten Varianz an der Gesamtvarianz der Tests ($30.8 = 3.39 / 11 \cdot 100$) (siehe *Tabelle 5.2*, Spalte „Verbal").

Kommunalität (h^2) Die Kommunalität ❷ ($\Sigma_j a_{mj}^2$) eines Items ist die durch alle extrahierten Faktoren aufgeklärte Varianz (quadrierte Ladungen a^2) eines Items (Summe der quadrierten Ladungen in der Zeile). Sie gibt an, wie gut ein Item durch alle Faktoren repräsentiert wird.

Die Berechnung $\Sigma_j a_{mj}^2$ führt nur bei orthogonaler Rotation zur Kommunalität. Das bedeutet, die Ladungsquadrate eines Items m werden über alle Faktoren q aufsummiert: $h^2 = a_{m1}^2 + a_{m2}^2 + a_{m3}^2 + a_{mq}^2$. Die Kommunalität eines Items lässt sich in der Regel (aber nicht immer und nicht beliebig) dadurch steigern, dass man mehr Faktoren extrahiert, da so die Anzahl an zu summierenden quadrierten Ladungen ansteigt. Darüber hinaus stellt die Kommunalität auch eine Mindestschätzung der Reliabilität dar.

Im Falle obliquer Faktorenlösungen entsprechen die summierten quadrierten Korrelationen in der Strukturmatrix nicht mehr der Kommunalität. Dazu müssten die Faktoreninterkorrelationen mitberücksichtigt werden (Amelang und Bartussek, 1997, S. 95). Die Kommunalität eines Items ändert sich jedoch durch die Rotation nicht, sie entspricht der Kommunalität der unrotierten Lösung und muss demzufolge aus der Komponentenmatrix berechnet werden. Die Ladungen der Items hingegen, die sich aufgrund der Rotation ergeben, ändern sich durch die Rotation.

In *Tabelle 5.2* sieht man beispielsweise, dass die Kommunalität des Zahlensymboltests nur $h^2 = .377$ ❸ beträgt. Das heißt, nur ein kleiner Teil der systematischen Varianz dieses Tests wird durch die beiden Faktoren „Verbale Intelligenz" und „Handlungsintelligenz" aufgeklärt.

Faktorwert Ein Faktorwert repräsentiert den Wert einer Person auf einem Faktor (Ausprägungsgrad einer Person auf diesem Faktor).

Der Mittelwert eines Faktorwerts ist null und die Standardabweichung eins. Hohe positive Werte stehen in der Regel für eine hohe Ausprägung einer Person auf einem

Faktor (hier ist die Itempolung zu beachten). Hohe negative Werte stehen für eine geringe Ausprägung einer Person auf einem Faktor. Faktorwerte unterscheiden sich je nach eingesetzter Methode. Für die Hauptkomponentenanalyse können die Faktorwerte exakt berechnet werden; für die Hauptachsen- und Maximum-Likelihood-Faktorenanalyse können sie zwar auch exakt berechnet werden, es gibt jedoch theoretisch für jede Person unendlich viele Faktorwerte, die dem Faktormodell genügen und zur Ladungsmatrix passen. Dies wird als „Factor Indeterminacy"-Problem bezeichnet.

Zudem können verschiedene Methoden zur Schätzung verwendet werden: Regression, Bartlett und Anderson-Rubin. Wird in SPSS eine Hauptkomponentenanalyse durchgeführt, führen alle drei Methoden zu denselben Faktorwerten, weil man im Rahmen einer Hauptkomponentenanalyse die Faktorwerte eindeutig (!) berechnen kann. Erst bei Verwendung der Hauptachsenanalyse unterscheiden sich die Faktorwerte je nach angewandter Methode (Regression, Bartlett und Anderson-Rubin). Man verwendet Faktorwerte beispielsweise, um Korrelationen mit Außenkriterien zu berechnen (z.B. zwischen dem Faktorwert „Extraversion" im NEO-FFI und einer Lehrerbeurteilung) oder um Faktorwerte erneut einer Faktorenanalyse „höherer Ordnung" zuzuführen. Es besteht eine wichtige Unterscheidung zwischen Faktorwerten und Summenwerten. Der Faktorwert einer faktorenanalytisch gebildeten Skala ist nicht identisch mit dem Summenwert derselben Items. Der Faktorwert ist ein gewichteter Wert, während der Summenwert ungewichtet ist (vgl. Nunnally & Bernstein, 1994, S. 507 ff.). Die Verwendung von Faktorwerten ist kritisiert worden. Russell (2002) meint, dass die Ladungsgewichte stark stichprobenabhängig sind, und schlägt deshalb vor, anstatt der Faktorwerte den Summenwert einer Skala als Messwert für die Ausprägung einer Person zu verwenden. Eigentlich ist dieses Vorgehen inkonsequent, da Faktorwerte die exakteren Schätzungen der Personenfähigkeit auf dem Faktor darstellen. Verwendet man Summenwerte, tut man so, als ob jedes Item denselben Beitrag zum Faktorwert beisteuert. Dies ist jedoch nicht so. Items mit höheren Faktorladungen gehen in den Faktorwert stärker gewichtet ein. Im Rahmen der Hauptachsen- und Maximum-Likelihood-Analyse können sich jedoch die Schwierigkeiten bei der Ermittlung der Faktorwerte negativ auf deren Validität auswirken. Daher wird empfohlen, wenn möglich Faktorwerte mit Hilfe der Hauptkomponentenanalyse zu ermitteln. Im Rahmen der Hauptachsen- oder ML-Faktorenanalyse wird die Verwendung von Faktorwerten nach der Bartlett-Methode empfohlen.

Fehler (1 – Rel) Der Fehler bezeichnet den Messfehler eines Items (siehe *Kapitel 4*). An dieser Stelle soll die Fehlerproblematik nicht weiter vertieft werden, da sie erst im Zusammenhang mit der Anwendung faktorenanalytischer Methoden sinnvoll diskutiert werden kann. Für den Untertest „Allgemeines Wissen" beträgt der Fehler also 1 – .89 = .11.

Spezifität (S = Rel – h^2) Die Spezifität bezeichnet die systematische Varianz eines Items oder einer Variablen, die nicht durch die extrahierten Faktoren erklärt wird.

Betrachtet man den Zahlen-Symbol-Test und den Test „Zahlennachsprechen" aus *Tabelle 5.2*, so wird deutlich, dass hier hohe Spezifitäten bestehen: .95 – .377 = .573 (Zahlen-Symbol-Test) und .87 – .366 = .504 („Zahlennachsprechen"). Dies bedeutet, dass beide Tests über 50 Prozent spezifische Varianz beinhalten, die durch die beiden HAWIE-R-Faktoren „Verbale Intelligenz" und „Handlungsintelligenz" nicht erklärt wird.

Einzigartigkeit ($1 - h^2$) Die Einzigartigkeit bezeichnet die Varianz eines Items oder Testkennwertes, die dieses Item oder dieser Testkennwert mit keinem anderen Item oder Testkennwert teilt. Dies gilt unter der unrealistischen Annahme, dass alle möglichen Variablen, die mit diesen Items oder diesem Testkennwert korrelieren können, in der Faktorenanalyse enthalten sind. Die Einzigartigkeit setzt sich aus der Spezifität und dem Messfehler eines Items zusammen. Dabei ist zu beachten, dass sich die Spezifität eines Items aus der „wahren" Spezifität zusammensetzt und einem Varianzanteil, der durch Items, die nicht in der Faktorenanalyse enthalten sind, erklärt werden könnte ($a^2_{??}$, siehe *Abbildung 5.2*). Die Fragezeichen als Index bedeuten, dass sich die Ladungen eines Items auf bestehenden Faktoren durch die Hinzunahme weiterer Items verändern können bzw. ein weiterer Faktor hinzukommen kann. Beide Maßnahmen führen zu einer Änderung der Kommunalität und somit auch der Spezifität und der Einzigartigkeit.

Zusammenfassung Die vollständige Varianzzerlegung eines fiktiven Items ist in *Abbildung 5.2* dargestellt. Hauptachsen- und Hauptkomponentenanalyse unterscheiden sich darin, welcher Varianzanteil der Items einer Faktorenanalyse unterzogen wird (siehe *Abschnitt 5.6*). In der Hauptachsenanalyse ist das der gemeinsame Varianzanteil aller Items (R^2) und in der Hauptkomponentenanalyse die gesamte Varianz eines Items (S^2 = 100 Prozent).

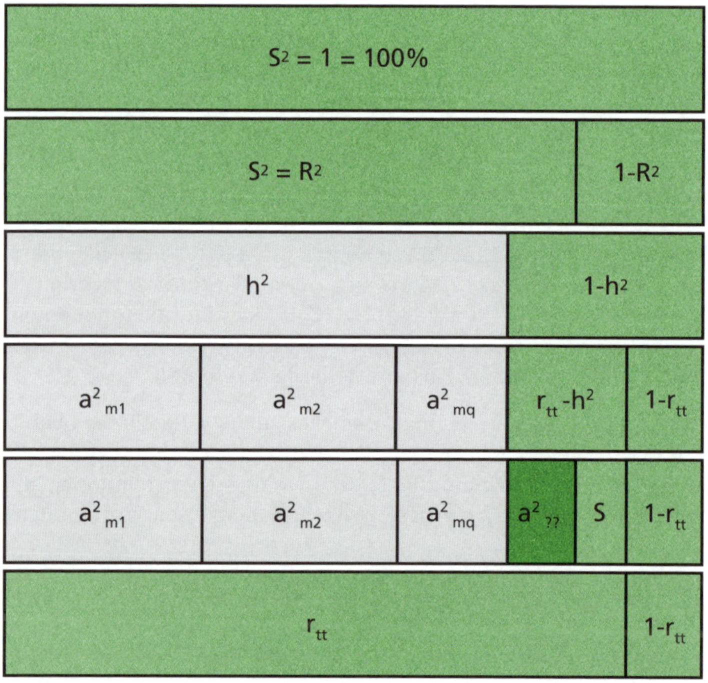

Abbildung 5.2: Dargestellt ist die Varianzzerlegung eines Items. In die Faktorenanalyse gehen entweder 100 Prozent der Varianz eines Items ein (PCA) oder die Varianz (R^2) eines Items, die durch die Varianz aller anderen Items „vorhergesagt" werden kann (PAF). a^2 = quadrierte Ladung: gemeinsame Varianz des Items mit dem Faktor. h^2 = Kommunalität. S = Spezifität. r_{tt} = Reliabilität. S^2 = Varianz. $a^2_{??}$ = Varianzanteil, der durch Items, die nicht in der Faktorenanalyse enthalten sind, erklärt werden könnte.

5.4 Geometrische Modelle

Wie kann ich mir eine Faktorenanalyse bildlich vorstellen?

Mit Hilfe des so genannten geometrischen Modells lässt sich veranschaulichen, was bei einer Hauptkomponentenanalyse geschieht. Dabei werden zwei Räume unterschieden:

1. **Personenraum**: Wird der Personenraum betrachtet, so stellen die Achsen des Koordinatensystems n Versuchspersonen dar und die Punkte m Items.
2. **Faktorraum**: Wird der Faktorraum betrachtet, so stellen die Achsen q Faktoren und die Punkte m Items dar.

Personenraum Das geometrische Modell der Faktorenanalyse besagt, dass die Punkte in dem n-dimensionalen Personenraum m Items darstellen. Die Itemwerte sind dabei z-standardisiert. In *Abbildung 5.3* sind zwei Versuchspersonen dargestellt (x-Achse Person 1 und y-Achse Person 2). Jede Versuchsperson hat einen bestimmten z-Wert auf einem Item (Werte auf den Achsen). Der Schnittpunkt der Werte dieser zwei Probanden bestimmt die Lage der Punkte (Items) im Personenraum. Person 1 hat auf Item A einen z-Wert von 1.02 erzielt und Person 2 ebenfalls 1.02. Auf diese Weise erhalten alle Items einen Punkt im Versuchspersonenraum. Die aufgespannten Winkel zwischen den Itemvektoren lassen sich in Korrelationen umrechnen und spiegeln den Zusammenhang zwischen den Items wider. Itemvektoren stellen dabei Geraden vom Ursprung des Koordinatensystems zu den Endpunkten der Items dar (siehe *Abbildung 5.3*). Je enger die Winkel sind, desto höher ist der Zusammenhang. Der Zusammenhang zwischen den Items lässt sich nach z-Standardisierung der Items geometrisch durch den Cosinus des Winkels zwischen den Itemvektoren definieren. Itemvektoren, die einen geringen Winkel einschließen, weisen einen hohen Zusammenhang auf, Itemvektoren, die in einem 90°-Winkel aufeinander stehen, weisen keinen Zusammenhang auf (sind orthogonal). In *Abbildung 5.3* schließen beispielsweise die Vektoren der Items A und B einen Winkel von 30° ein. Die Korrelation zwischen beiden Items entspricht damit dem Cosinus von (30°), also einer Korrelation von $r = .87$. Die Vektoren der Items A und C schließen einen Winkel von 120° ein, und damit entspricht die Korrelation dem Cosinus (120°), also einer Korrelation in der Höhe von $r = -.50$. Die Vektoren der Items B und C schließen einen Winkel von 90° ein, was einer Korrelation von $r = .00$ entspricht.

Faktorraum Nach dem Prinzip der Varianzmaximierung werden nun in diesen Personenraum q Faktoren als neue Achsen gelegt. Dabei soll die Dimensionalität (Anzahl der Faktoren) des neuen Koordinatensystems die Zusammenhänge der Items möglichst genau und vollständig repräsentieren. Zuvor werden jedoch die Itemvektoren des Versuchspersonenraums auf eine Vektorlänge von 1 normiert (siehe Amelang & Bartussek, 1997), indem alle Itemvektoren durch Wurzel aus n (Anzahl der Versuchspersonen) dividiert werden. Nach der Normierung der Itemvektoren auf die Vektorlänge von 1 werden die Personenachsen im Personenraum „gelöscht" und es wird nun versucht, die Positionen, die die Items zueinander haben, mit Hilfe von wenigen neuen Achsen (Faktoren) zu beschreiben. Diese Achsen stellen die Faktoren dar und spannen den Faktorraum auf. Dadurch ergibt sich aus dem Personenraum der Faktorraum. Mit der ersten Achse (oder Gerade) wird versucht, die meisten Items gut zu beschreiben. Gut beschreiben heißt, dass die Winkel zwischen Itemvektoren und dem ersten Faktor sehr klein sein sollen (hohe Korrelationen mit dem Faktor aufweisen). Danach wird eine zweite Achse (oder Gerade), die orthogonal zur ersten Achse ist, in den Faktorraum gelegt. Diese Achse soll wiederum die Items gut beschreiben. Gut beschreiben heißt auch hier, dass die Winkel zwischen Itemvektoren und der neuen Faktorenachse sehr klein sein sollen. Man nennt dies auch eine unrotierte Faktorlösung. In weiteren Schritten wird durch Rotation des Koordinatensystems versucht, möglichst kleine Winkel (hohe Korrelationen) zwischen den Itemvektoren und einem einzigen Faktor und möglichst 90°-Winkel (Nullkorrelationen) mit den restlichen Faktoren zu erzielen. Dabei unterscheidet man oblique und orthogonale Rotationen. Dies wird im Folgenden beschrieben.

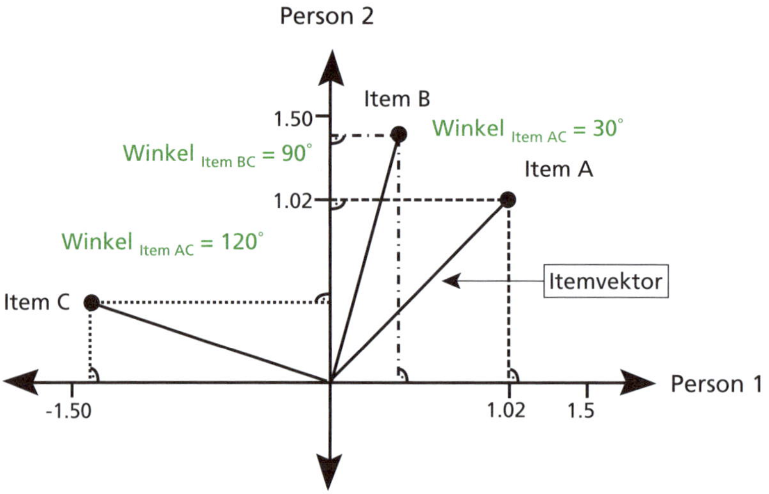

Abbildung 5.3: Beispiel eines Personenraums mit zwei Probanden (Personen 1 und 2) und drei Items (A, B, C)

Orthogonale Rotation Die Korrelationen zwischen Item und Faktor können nicht nur durch den Cosinus des Winkels bestimmt werden. Die Korrelationen der Items mit dem Faktor bilden bei orthogonaler Rotation auch die Schnittpunkte der Itemvektor-Endpunkte auf die Faktorachsen (Lot von Itemvektor-Endpunkt auf die Faktorachse fällen: Wert auf der Faktorachse, siehe *Abbildung 5.4*). Item A lädt auf Faktor 1 mit a = .42 und auf Faktor 2 mit a = .85. Item B lädt auf Faktor 1 mit a = .80 und auf Faktor 2 mit a = .60. Die Summe der quadrierten Faktorladungen über die extrahierten Faktoren ergibt dabei die Kommunalität (Erklärung siehe *Abschnitt 5.3*) der Variablen und die Wurzel aus der Kommunalität die Vektorlänge im Faktorraum.

Oblique Rotation Bei obliquer Rotation werden zur Ermittlung der partiellen standardisierten Regressionsgewichte Parallelen zu den Faktoren gebildet, die bis zum Endpunkt des Itemvektors verschoben werden. Der Schnittpunkt (Wert auf der Faktorachse) dieser parallelen Faktoren (schwarze gepunktete Linien) mit den anderen nicht verschobenen Faktorachsen ergibt die partiellen standardisierten Regressionsgewichte (schwarze gepunktete Linie). In *Abbildung 5.4* lädt Item A auf Faktor 1 mit a = .18 und auf Faktor 2 mit a = .97 (partielle standardisierte Regressionsgewichte). Die Korrelationen mit dem Faktor erhält man bei einer obliquen Rotation, wenn man vom Vektorendpunkt des Items ein Lot auf den Faktor (Wert auf der Faktorachse) fällt, so dass im Fußpunkt ein 90°-Winkel entsteht (grüne Linie). Der Schnittpunkt auf dem Faktor ergibt die Korrelation. Damit korreliert Item A mit Faktor 1 mit r = .38 und mit Faktor 2 etwa mit r = .97. Die Ausführungen über den Faktorraum beziehen sich auf das Hauptkomponentenmodell. Für das Modell mehrerer gemeinsamer Faktoren ist die geometrische Darstellung komplexer (siehe Gorsuch, 1983, S. 72).

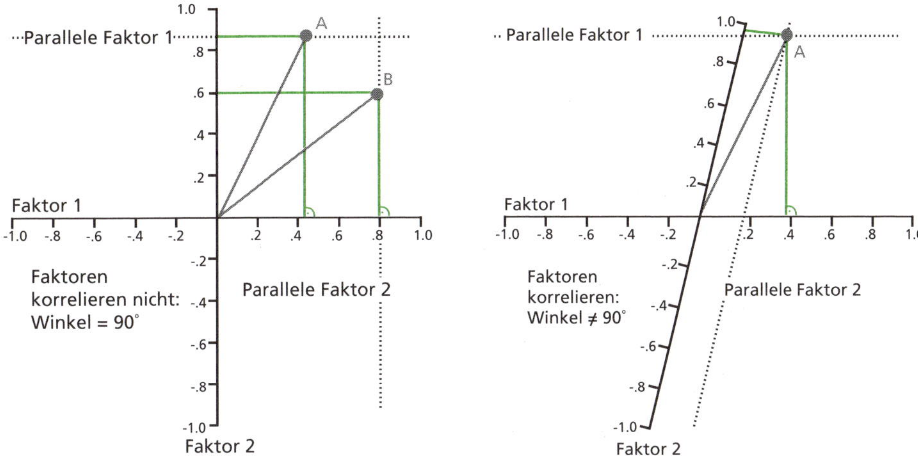

Abbildung 5.4: Darstellung von Faktorladungen und Faktorkorrelationen bei orthogonaler und obliquer (schiefwinkliger) Rotation

5.5 Voraussetzungen für die Berechnung einer Faktorenanalyse

Wann darf ich eine Faktorenanalyse rechnen?

Linearität Es müssen ausreichend hohe lineare Zusammenhänge bzw. Korrelationen zwischen den Items bestehen (z.B. je höher die Werte von Item A, desto höher sind die Werte von Item B). Aber auch schwach monotone oder kurvilineare Verläufe lassen sich linear beschreiben, wenn auch nicht adäquat. Optimal ist die Faktorlösung immer dann, wenn Linearität in hohem Maße gegeben ist. Es gibt verschiedene Größen, die die Linearität beeinflussen können und die nachfolgend dargestellt werden. Darüber hinaus werden noch weitere Voraussetzungen diskutiert.

- *Ausreißerwerte*
  Ausreißerwerte können dabei entweder einen linearen Zusammenhang erhöhen oder mindern. Das heißt, vor der Anwendung einer Faktorenanalyse erscheint eine Prüfung der Histogramme jeder Variablen unverzichtbar. Liegen Probanden weit von der Mitte der Verteilung entfernt, bietet sich auch eine Transformation in Anteilsschätzungen der Testkennwerte oder Items an (z.B. Blom-Normalrangwerte, siehe Brosius, 2004, S. 263 ff.). Diese Anteilsschätzungen werden dann in z-Werte transformiert und nach der Transformation als Normalrangwerte bezeichnet. Durch diese nichtlineare Transformation rücken Probanden mit extremen Itemantworten oder Testkennwerten näher an den Mittelwert der Verteilung. Gleichzeitig führt dieses Vorgehen zu einer Normalisierung der Verteilung. Eine andere Möglichkeit

besteht darin, Personen aus inhaltlichen Gründen aus dem Datensatz auszuschließen (z.B. fehlendes Instruktionsverständnis). Personen lediglich auf Basis von statistischen Regeln (z.B. drei Standardabweichungen über oder unter dem Mittelwert) aus dem Datensatz auszuschließen, ist kein überzeugendes Vorgehen.

- *Verteilungen*
  Ein Vorliegen unterschiedlicher Itemverteilungen wirkt sich auf die Korrelationshöhe der Items aus. Unterschiedlich verteilte Items (unterschiedliche Schiefe) erzeugen häufig schwach monotone Zusammenhänge und führen dazu, dass Items nicht maximal (das heißt zu +1/–1) miteinander korrelieren können. Dies muss bei der Interpretation der Ergebnisse berücksichtigt werden. Eine Möglichkeit, die Verteilung eines Items zu ändern, besteht darin, die Verteilung einer nichtlinearen Transformation zu unterziehen. Ein Beispiel für eine nichtlineare Transformation ist eine Logarithmierung. Dabei werden die Messwerte aller Personen für ein schief verteiltes Item logarithmiert. Dies führt zu einer Normalisierung (Tabachnik & Fidell, 2004, S. 81). Auch die oben beschriebene Transformation in Normalrangwerte führt zu einer Normalisierung der Verteilung. *Dabei ist es wichtig, die Effekte der Normalisierung immer mit Hilfe eines Histogramms nachzuprüfen.* Zu beachten ist, dass eine nichtlineare Transformation zu Items führt, die mit den Originalitems nicht mehr ohne Weiteres vergleichbar sind. Insofern wirft eine Normalisierung von Items neue Probleme auf und sollte gründlich überlegt sein.

- *Substanzielle Korrelationen*
  Die Anwendung einer Faktorenanalyse ist nur dann sinnvoll, wenn Items substanziell (ausreichend hoch) korrelieren oder ihre Korrelationen zumindest signifikant von null abweichen. Um zu quantifizieren, ob substanzielle Korrelationen in der Korrelationsmatrix vorliegen, wird unter anderem der Kaiser-Meyer-Olkin-Koeffizient (KMO) ermittelt. Weitere Erläuterungen zur Bedeutsamkeit von Ladungen und zum KMO-Koeffizienten werden in *Abschnitt 5.9* gegeben.

- *Stichprobengröße und Itemanzahl*
  Es ist wichtig, sich vorher zu überlegen, wie viele Faktoren man erwartet. Pro Faktor sollte man mindestens drei Items, möglichst aber vier, fünf oder besser noch mehr Items verwenden. Dabei ist es notwendig, die **psychometrischen Eigenschaften** der Items oder Testkennwerte sowie die **Inhaltsvalidität** zu beachten. Es ist günstig, für jeden erwarteten Faktor die gleiche Itemanzahl zu verwenden, damit die Faktoren dieselbe Generalitätsebene aufweisen. Die Items sollten auch verschiedene Aspekte des Konstruktes in gleicher Gewichtung messen. Gleiche Gewichtung meint, dass für jeden Aspekt des Konstruktes auch dieselbe Itemanzahl verwendet wird. Nur so ist eine inhaltsvalide Abbildung des Konstrukts möglich. Gute Items sind wie ein Puzzle: Sie passen perfekt zueinander. Dennoch ist auf jedem Puzzleteil ein anderer Bildausschnitt zu sehen. Testkennwerte oder Items mit Reliabilitäten unter $r_{tt} = .60$ sollten vermieden werden. Reliabilitäten über $r_{tt} = .60$ sind in der Regel für die meisten Skalenwerte oder Testkennwerte aus Leistungstests gegeben. Für einzelne Items eines Fragebogens ist die Reliabilität bei einer einzigen Messung jedoch schwierig zu bestimmen. Als Mindestschätzung der Reliabilität kann jedoch – wie oben erläutert – die Kommunalität eines Items gelten. Entsprechend sollte die Kommunalität der Items dann $h^2 > .60$ sein. Dies wird jedoch in der Praxis selten erreicht.

MacCallum, Widaman, Zhang und Hong (1999) fanden in einer Monte-Carlo-Studie, dass eine Stichprobengröße von $N = 60$ ausreichend sein kann, wenn die Kommunalitäten eines jeden Items mindestens $h^2 = .60$ sind. Sind die Kommunalitäten $h^2 \approx .50$, sollte die Stichprobengröße mindestens 100 bis 200 Probanden betragen. Grundsätzlich gilt aber, je größer die Stichprobe, desto besser. Betrachtet man Variablen mit geringer Kommunalität und Faktoren mit geringer Variablenbesetzung (drei oder vier Variablen), sollte die Stichprobe mindestens 300 Probanden umfassen. Unter den schlechtesten Konditionen, das heißt, geringe Kommunalitäten und sehr schwache Besetzung der Faktoren mit Variablen, erscheinen 500 Probanden als Minimum. Folgende Richtlinien sind zu beachten:

- $N < 60$ und $h^2 < .60$ – inkompatibel zur Durchführung einer Faktorenanalyse
- $N = 60$ und $h^2 > .60$ – gerade ausreichend
- $N = 100$ – ausreichend
- $N = 200$ – fair
- $N = 300$ – gut
- $N = 500$ – sehr gut
- $N = 1000$ – exzellent

Generell nimmt die Stabilität der Faktorenlösung mit wachsender Stichprobengröße zu. Zusätzlich erhöht sich die Stabilität der Faktorenlösung, wenn die Kommunalitäten bzw. Reliabilitäten der Items ansteigen. Eine Untersuchung von Mundfrom, Shaw und Ke (2005) ergab, dass, je mehr Variablen pro Faktor gemessen werden und je höher die Kommunalität der Items ist, die Stichprobengröße umso kleiner sein kann. Die Ergebnisse basieren auf Simulationsstudien, in denen Maximum-Likelihood-Faktorenanalysen mit Varimax-Rotation durchgeführt wurden. Aus diesem Grund können diese Ergebnisse nicht ohne Weiteres für andere faktorenanalytische Methoden und Rotationstechniken verallgemeinert werden. Dennoch geben sie Anhaltspunkte und sind in *Tabelle 5.3* dargestellt.

Tabelle 5.3

	Hohe Kommunalität (.60 – .80)		Mittlere Kommunalität (.20 – .60)		Niedrige Kommunalität (.20 – .40)	
Kriterium	*p/f*	*n*	*p/f*	*n*	*p/f*	*N*
Ausgezeichnet	4	500	4	900	4	1400
	6	250	6	200	6	260
	8	100	8	130	8	130
Gut	5	130	5	140	5	200
	7	55	8	60	8	80

p = Anzahl der Variablen. *f* = Anzahl der Faktoren. *n* = Stichprobengröße. Als Kriterium wurde die mittlere Übereinstimmung zwischen den Faktorenladungen der Population und der Stichprobe ermittelt.

5.6 Methoden der Faktorenanalyse

Welche Methode verwende ich für meine Fragestellung?

Es werden verschiedene Arten von Faktorenanalysen unterschieden. Dabei stellt, wie bereits erwähnt, die **Hauptkomponentenanalyse eigentlich keine faktorenanalytische Methode** dar. Sie wird hier trotzdem aufgeführt, da Hauptachsen- und Hauptkomponentenanalyse rechnerisch nahezu gleich sind und die Hauptkomponentenanalyse in der Praxis sehr häufig eingesetzt wird. Die Hauptkomponentenanalyse unterscheidet sich jedoch von der Hauptachsenanalyse in der Interpretation. Bevor beide Methoden näher beschrieben werden, erfolgt eine kurze Darstellung des rechnerischen Vorgehens.

Um Faktorenanalysen oder eine Hauptkomponentenanalyse zu berechnen, werden a priori Schätzungen der Kommunalität für jedes Item in der Ausgangskorrelationsmatrix benötigt. Möchte man nicht so viele Faktoren wie Items extrahieren, benötigt man auch noch die Anzahl der zu extrahierenden Faktoren (durch Abbruchkriterium oder Vorgabe). Ebenso kann die Faktorlösung – wenn gewünscht – durch die Vorgabe einer Rotationsmethode optimiert werden. Hauptachsen- und Hauptkomponentenanalysen verwenden unterschiedliche Kommunalitäten, die in die Diagonale der Stichprobenkorrelationsmatrix (siehe *Kapitel 5.11*, *Abbildung 5.12*) eingesetzt werden. Dies soll im Folgenden kurz erläutert werden.

Die Anfangskommunalitäten sind A-priori-Schätzungen, wie gut die Varianz eines Items durch alle Faktoren aufgeklärt wird. Ideal als Schätzung der Anfangskommunalität wäre die Reliabilität eines Items. Die Reliabilität gibt den systematischen Varianzanteil an der Gesamtvarianz eines Items an. Da aber die Reliabilität eines Einzelitems gerade bei Fragebogenitems in der Regel nur schwer ermittelt werden kann, behilft man sich mit Schätzungen der Reliabilität. Bei der **Hauptkomponentenanalyse** wird dagegen angenommen, dass die gesamte Varianz eines Items aufgeklärt werden kann. Als Kommunalität wird anfänglich für jedes Item eine Eins in die Diagonalen der Korrelationsmatrix eingesetzt. Dies ist nur dann annäherungsweise gerechtfertigt, wenn man hoch reliable Leistungstestkennwerte ($r_{tt} > .95$) verwendet. Da aber fast jede Variable oder jedes Item messfehlerbehaftet ist, wird die Reliabilität überschätzt. Bei der **Hauptachsenanalyse** wird meist die quadrierte multiple Korrelation in die Diagonale der Korrelationsmatrix eingesetzt. Es handelt sich um die quadrierte multiple Korrelation eines Items mit den restlichen Items. Diese unterschätzt in der Regel die Itemreliabilität, da es unwahrscheinlich ist, dass man wirklich alle Items in der Faktorenanalyse berücksichtigt hat, um den maximal möglichen Varianzanteil eines jeden Items aufzuklären. Darüber hinaus ist anzunehmen, dass jedes Item auch einen spezifischen Varianzanteil besitzt, der zwar systematisch ist und zur Itemreliabilität beiträgt, aber durch kein anderes Item aufgeklärt werden kann (siehe *Abbildung 5.2*).

Hintergrund der Berechnung: Nach Thompson (2004) werden alle Komponenten, und zwar so viele wie es Items gibt, gleichzeitig berechnet. Natürlich werden diese Komponenten nicht alle beibehalten. Da es leichter zu verstehen ist, wenn man gedanklich von einer sequenziellen Komponentenextraktion ausgeht, wird hier ein solches Vorgehen zur Veranschaulichung gewählt. Zuerst wird erläutert, wie eine Hauptkomponentenanalyse berechnet werden kann, und dann wird die Kommunalitätenschätzung im Rahmen der Hauptachsenanalyse kurz erläutert.

Hauptkomponentenanalyse: Nach dem Einsetzen der Kommunalitäten („Einsen") in die Diagonale der Korrelationsmatrix werden zunächst (1) die Spaltensummen der Korrelationsmatrix gebildet. Die berechneten Spaltensummen stehen in einer neu gebildeten Zeile nebeneinander und stellen damit einen Zeilenvektor (z) mit einer gewissen Anzahl an Elementen (z_i) dar: Aus einer 10 x 10-Item-Korrelationsmatrix resultieren zehn Spaltensummen. Die Länge des Zeilenvektors (z) wird durch (2) Quadrieren der Elemente des Zeilenvektors (z_i^2) und (3) anschließendes Summieren der quadrierten Elemente des Zeilenvektors ($\sum z_i^2$) berechnet, wobei (4) aus den summierten quadrierten Elementen des Zeilenvektors noch die Wurzel gezogen wird:

$$z_{Länge} = \sqrt{\sum_{Zeile} z_i^2}$$

Nun (5) wird jedes Element des Zeilenvektors durch die Zeilenvektorlänge geteilt und so normiert, $z_{i.norm}$:

$$z_{i.norm} = \frac{z_i}{\sqrt{\sum_{Zeile} z_i^2}}$$

Danach (6) wird der normierte Zeilenvektor mit der Korrelationsmatrix multipliziert. Dadurch entsteht ein neuer Zeilenvektor (z_2), der wiederum anhand seiner Länge neu normiert (7) wird. Nach jedem Schritt werden die Differenzen zwischen korrespondieren Elementen der aufeinander folgenden Zeilenvektoren gebildet, danach quadriert und dann summiert. Ist die Summe der quadrierten Differenzen zwischen zwei nacheinander ermittelten Zeilenvektoren kleiner als .00001, wird der Prozess abgebrochen. Das heißt, die Lösung hat konvergiert.

Quadriert man jeweils die $z_{i.norm}$-Werte und summiert diese anschließend, ergibt sich ein Wert von 1 und führt so zu einer Normierung der Vektorlänge auf 1.

Nachdem die Lösung konvergiert ist, stellt der zuletzt berechnete nicht normierte Zeilenvektor den ersten Eigenvektor dar. Die Länge des ersten Eigenvektors entspricht dem Eigenwert der ersten Hauptkomponente. Die Ladungen der Items auf der Komponente erhält man, indem man jedes Element des Eigenvektors mit der Wurzel aus dem Eigenwert multipliziert.

Im Anschluss wird eine Residualmatrix gebildet, aus der der „Einfluss" der ersten Komponente herausgerechnet wurde (Matrix aus dem Kreuzprodukt des Eigenvektors wird von Ausgangskorrelationsmatrix abgezogen). Danach beginnt derselbe iterative Prozess, der bereits für die erste Hauptkomponente dargestellt wurde, für die zweite Hauptkomponente und weitere zu extrahierende Hauptkomponenten. Es werden bis zu einem bestimmten Abbruchkriterium (z.B. Eigenwertkriterium > 1) Hauptkomponenten extrahiert.

Hier enden die Rechenschritte einer Hauptkomponentenanalyse. Ein Beispiel findet sich bei Pett, Lackey und Sullivan (2003, S. 291 ff.). Die hier dargestellte Beschreibung orientiert sich an dem Beispiel dieser Autoren.

Hauptachsenanalyse: Bei einer Hauptachsenanalyse werden in die Diagonalen der Korrelationsmatrix die quadrierten multiplen Korrelationen zwischen jeweils einem Item und den restlichen Items eingesetzt. Danach werden die Schritte einer Hauptkomponentenanalyse durchlaufen und es wird eine erneute Schätzung der Kommunalitäten vorgenommen. Die erste Hauptkomponentenanalyse ergibt eine Ladungsmatrix. Mit dieser kann für jedes Item eine Kommunalität berechnet werden. Diese neu geschätzten Kommunalitäten werden dann wieder in die Diagonale der Korrelationsmatrix eingesetzt und danach werden alle Schritte einer Hauptkomponentenanalyse erneut durchlaufen. Jetzt werden so lange Hauptkomponentenanalysen durchgeführt, bis zwei nacheinander folgende Kommunalitätenschätzungen eine Differenz kleiner .001 aufweisen oder 25 Iterationen erfolgt sind (Kline, 1994). Im Gegensatz zur Hauptkomponentenanalyse erfolgt hier also eine iterative Schätzung der Kommunalitäten. Die Anzahl der Iterationen, die zur Schätzung der Kommunalität benötigt werden, finden sich in der SPSS-Ausgabe unter der Faktorenmatrix. Dieser Prozess muss nicht unbedingt enden. Deswegen gibt es für eine bestimmte Faktorenanzahl in einer Hauptachsenanalyse nicht zwangsläufig eine Lösung. Als Startkommunalität bei einer Hauptachsenanalyse wird in die Diagonale der Korrelationsmatrix wahlweise eine quadrierte multiple Korrelation eingesetzt oder die Kommunalitäten, die sich nach der ersten Hauptkomponentenanalyse ergeben haben.

Methode der Hauptkomponentenanalyse (PCA) Die Hauptkomponentenanalyse verfolgt das Ziel der **Datenreduktion.** Das heißt, Items werden mit dem Ziel zusammengefasst, möglichst viel Information aus den ursprünglichen Daten durch weniger Faktoren zu beschreiben. Die Kommunalitäten in der Diagonale der Korrelationsmatrix werden am Anfang auf „Eins“ gesetzt. Das heißt, man geht davon aus, dass die Varianz eines Items vollständig durch die Faktoren erklärt werden kann. Dies ist nur dann der Fall, wenn die Items frei von Messfehlern sind (Reliabilität = 1.00), was in der Praxis jedoch unwahrscheinlich ist. Werden so viele Faktoren wie Items extrahiert, ist mit der Hauptkomponentenanalyse die gesamte Varianz der Items reproduzierbar. Extrahiert man weniger Faktoren als Items, handelt es sich bei der Restvarianz ($1 - h^2$) um den Varianzanteil, der durch die extrahierten Faktoren nicht reproduziert werden kann. Das heißt, nach der Faktorenextraktion teilt sich die Varianz eines Items in die durch die Faktoren aufgeklärte Varianz (h^2) und die Restvarianz ($1 - h^2$), also nicht durch die Faktoren aufgeklärte Varianz. Die Hauptkomponentenmethode macht nur Aussagen über Verhältnisse in der **Stichprobenkorrelationsmatrix**.

Interpretation: Wie lassen sich die auf einem Faktor hoch ladenden Variablen durch einen Sammelbegriff (Faktor) beschreiben? In der Regel orientiert sich die Beschreibung des Faktors an **allen** Items, die dem Faktor zugeordnet werden. Besonderes Gewicht haben die Items, die den Faktor markieren, also hohe Ladungen auf dem Faktor aufweisen.

Voraussetzungen: Normalverteilung und Intervallskalenniveau sind keine zwingenden Voraussetzungen für die Durchführung einer Hauptkomponentenanalyse. Liegt beides vor, bestehen jedoch optimale Bedingungen für die Durchführung einer Hauptkomponentenanalyse. Auch wenn alle Items, die einer Faktorenanalyse unterzogen werden sollen, dieselbe Schiefe aufweisen, führt dies zu akzeptablen Ergebnissen. Im Falle von dichotomen Items ist zu fordern, dass alle Items ähnlich hohe Itemschwierigkeiten aufweisen, da andernfalls artifizielle Faktorenstrukturen entstehen können. Das heißt, es bilden sich Faktoren, die Items gleicher Schwierigkeit beinhalten (so genannte Schwierigkeitsfaktoren).

Methode der Hauptachsenanalyse (PAF) Wenn das Ziel der Analyse ist, Zusammenhänge zwischen Items auf latente Variablen zurückzuführen, sollte eine Hauptachsenanalyse durchgeführt werden. Analysiert wird ebenfalls die Korrelationsmatrix der Items. Als Kommunalitäten werden am Anfang die quadrierten multiplen Korrelationen in die Diagonale der Korrelationsmatrix eingesetzt. Es wird also nur die Varianz eines Items analysiert, die es mit den restlichen Items teilt (gemeinsame Varianz). Im Gegensatz zur Hauptkomponentenanalyse ist es daher sehr unwahrscheinlich, die gesamte Varianz der Items zu reproduzieren, da dies voraussetzen würde, dass jedes Item perfekt durch alle anderen Items vorhergesagt werden kann ($R^2 = 1$) und auch perfekt messgenau ist. Widaman (1993) konnte in einer Monte-Carlo-Studie (Computersimulation) zeigen, dass die Hauptachsenanalyse der Hauptkomponentenanalyse bei der Schätzung von Itemladungen in der Population überlegen ist. So empfiehlt Russell (2002) generell die Verwendung der Hauptachsenmethode. Sie scheint besser als die Hauptkomponentenanalyse geeignet zu sein, um von der Stichprobe auf die Population zu schließen. Am besten ist sicherlich die ML-Faktorenanalyse in der Lage, von der Stichprobenkorrelationsmatrix auf die Struktur der Items in der Population zu schließen, wenn die Voraussetzungen für die ML-Methode erfüllt sind (siehe folgende Absätze).

Interpretation: Wie lässt sich die „Ursache" bezeichnen, die für die Korrelationen zwischen den Items verantwortlich ist? Auch hier werden alle Items, die einem Faktor zugeordnet werden, inhaltlich zur Interpretation herangezogen, um diese „Ursache" zu benennen. Besonderes Gewicht haben auch hier die Items, die den Faktor markieren, also hohe Ladungen auf dem Faktor aufweisen.

Voraussetzungen: Es gelten dieselben Voraussetzungen wie für die Hauptkomponentenanalyse.

Maximum-Likelihood-Faktorenanalyse (ML) Nach der Maximum-Likelihood-Methode wird aus der beobachteten Stichproben-Korrelationsmatrix die Populations-Korrelationsmatrix geschätzt, aus der dann sukzessive Faktoren extrahiert werden, die möglichst viel Varianz aufklären (Kline, 1994, S. 49; Gorsuch, 1983, S. 127). Die ML-Methode bietet die Möglichkeit, mit einem Modelltest (χ^2-Test) das angenommene Modell auf Signifikanz zu testen (anzunehmen oder zu verwerfen). Mit Hilfe dieses Tests wird ermittelt, ob die Faktorenstruktur der Datenstruktur, wie sie in der Population angenommen wird, entspricht oder nicht. Auch bei der ML-Methode werden in SPSS quadrierte multiple Korrelationen als Anfangskommunalitäten eingesetzt.

Interpretation: Wie lässt sich die „Ursache" in der Grundgesamtheit bezeichnen, die für die Korrelationen zwischen den Items verantwortlich ist? Es gelten die gleichen Interpretationsregeln wie für die Hauptachsenanalyse, jedoch erlaubt sie explizit Rückschlüsse auf Zusammenhänge in der Population.

Voraussetzung: Die ML-Methode sollte mit ausreichend großen Stichproben durchgeführt werden, da hier Populationsparameter geschätzt werden (Kline, 1997, S. 49). Alle eingehenden Variablen müssen multivariat-normalverteilt sein (!). Auf multivariate Normalverteilung zu testen, erweist sich mit Hilfe von SPSS als unmöglich. Das

Programmpaket AMOS stellt die Prüfung einer Teilvoraussetzung der multivariaten Normalverteilung bereit (siehe *Kapitel 6* „Konfirmatorische Faktorenanalyse"). Steht einem diese Software nicht zur Verfügung, sollte man zumindest auf univariate Normalverteilung testen und dies angeben. Dieses Vorgehen garantiert aber keine multivariate Normalverteilung. Curran, Finch und West (1995) geben als grobe Daumenregel für Items eine Schiefe > 2 und einen Exzess > 7 an, ab denen eine ML-Faktorenanalyse nicht mehr durchgeführt werden sollte.

Modelltest: Die Maximum-Likelihood-Faktorenanalyse stellt einen χ^2-Test zur Verfügung, um zu testen, ob die Faktorenstruktur der in der Population geschätzten Datenstruktur entspricht. Liegt keine multivariate Normalverteilung vor, überschätzt der Signifikanztest die richtige Faktorenanzahl. Wie alle Signifikanztests hängt auch dieser vom Stichprobenumfang ab. In diesem Falle spielt die Teststärke eine entscheidende Rolle. Die Modellpassung wird als Nullhypothese formuliert: Das Modell „passt" auf die Daten. Das heißt, mit steigender Teststärke (größer werdender Stichprobe) wird die Wahrscheinlichkeit, dass das Modell abgelehnt wird, höher. Überspitzt ausgedrückt wird das Modell bei einem $N = 1000$ abgelehnt, die Verwendung einer kleinen Stichprobe (z.B. $N = 100$) führt jedoch möglicherweise zur Annahme des Modells. Normalerweise wird die Anzahl der Faktoren bei der ML-Methode durch die Anwendung des Goodness-of-Fit-Tests bestimmt. Wird der Goodness-of-Fit-Test signifikant, muss ein weiterer Faktor extrahiert werden. Diese Prozedur wird so lange wiederholt, bis der Goodness-of-Fit-Test nicht mehr signifikant wird. Im folgenden Beispiel (*Tabelle 5.4*, abgeändert aus Norušius, 1985) sind vier Faktoren zu extrahieren:

Tabelle 5.4

Modelltest für die Faktorenanzahl

Anzahl der Faktoren	χ^2	Signifikanz
1	184.88	.000
2	94.18	.000
3	61.08	.001
4	27.34	.198 ← p-Wert nicht mehr signifikant

Dabei sind in SPSS vier getrennte Faktorenanalysen durchzuführen, jeweils mit voreingestellten 1-, 2-, 3- und 4-faktoriellen Lösungen.

Besonders wenn die exploratorische und die konfirmatorische (Erklärung siehe *Kapitel 6.4*) Faktorenanalyse zusammen angewendet werden, können Ergebnisunterschiede auf die Wahl unterschiedlicher Methoden zurückzuführen sein (z.B. in der exploratorischen Faktorenanalyse die Durchführung einer Hauptkomponentenanalyse und in der konfirmatorischen Faktorenanalyse die Durchführung einer ML-Methode). Daher sollten in diesem Fall die Methoden – wenn möglich – gleich sein.

Wenn die Reliabilitäten oder die Kommunalitäten der Items hoch sind, die Items normalverteilt sind und Intervalldatenniveau aufweisen, unterscheiden sich die Hauptkomponentenanalyse (PCA), die Hauptachsenanalyse (PAF) und die Maximum-Likelihood-Methode (ML) kaum. Unterschiede zeigen sich insbesondere dann, wenn die Kommunalitäten gering sind (z.B. $h^2 = .40$) und/oder nur wenige Items einen Faktor bilden (Fabrigar, Wegener, MacCallum & Strahan, 1999). Eine gute Schätzung für die Kommunalität stellt die Reliabilität eines Tests oder Items dar; leider ist diese nicht immer verfügbar. Umgekehrt ist die Kommunalität eine Mindestschätzung der Reliabilität. Während die Festsetzung der Kommunalität auf „Eins" die Reliabilität überschätzt, gilt die quadrierte multiple Korrelation als Mindestschätzung der Reliabilität.

Sollen Rückschlüsse auf die Struktur in einer Population gezogen werden, empfiehlt sich die Durchführung einer ML-Analyse. Dabei sollte darauf geachtet werden, dass die Voraussetzungen nicht zu stark verletzt sind (Normalverteilung und große Stichproben). Am unkompliziertesten ist sicherlich die Durchführung einer Hauptkomponentenanalyse. Sie führt immer zu einer Lösung und bereitet auch bei der Ermittlung von Faktorwerten keine Probleme. Insbesondere bei Items mit unterschiedlichen Verteilungsformen (schief vs. normalverteilt) muss bei allen Faktorenanalysen darauf geachtet werden, dass sich nicht Items mit gleicher Verteilungsform auf Faktoren zusammenschließen können. Die Faktorenanalyse ist sehr anfällig dafür, so genannte **Schwierigkeitsfaktoren** zu produzieren. Gerade im Falle von dichotomen Daten, wenn unterschiedliche Itemschwierigkeiten vorliegen, kommt es häufig zu Artefakten. Von Fehlern und Fallen bei der Anwendung der Faktorenanalyse in der Persönlichkeitsforschung berichten Moosbrugger und Hartig (2002).

Fazit: Wenn also die Kommunalitäten und die Reliabilitäten der Items hoch sind und/oder die Anzahl der Variablen hoch ist, führen alle Analysen zu einem sehr ähnlichen Ergebnis. Generell führt eine Hauptkomponentenanalyse immer zu einem Ergebnis, während aus der Hauptachsen- und ML-Analyse nicht zwangsweise eine Lösung resultiert. Ist die Datenqualität gut (Normalverteilung) und soll auf Populationsverhältnisse geschlossen werden, ist die ML-Analyse die Methode der Wahl. Steht die Datenreduktion in der Stichprobe im Vordergrund, ist die Hauptkomponentenanalyse die Methode der Wahl. Will man in der Stichprobe Zusammenhänge zwischen Items auf latente Variablen zurückführen, sollte man die Hauptachsenanalyse wählen.

5.7 Extraktionskriterien für Faktoren

Wie viele Faktoren sind bedeutsam?

In der Faktorenextraktion liegt ein generelles Problem der Faktorenanalyse. Es existiert kein allgemein anerkanntes Abbruchkriterium während der Faktorenextraktion, vielmehr müssen mehrere Kriterien gleichzeitig berücksichtigt werden, um eine begründete Anzahl von Faktoren postulieren zu können. Dabei spielt vor allem die inhaltliche Plausibilität der Faktoren eine große Rolle.

Theoretisch können aus einer Itemkorrelationsmatrix so viele Faktoren extrahiert werden wie Items. Dies widerspricht aber dem Gedanken der Faktorenanalyse, nämlich der Datenreduktion bzw. Rückführung von Items auf latente Dimensionen. Deshalb wurden Methoden entwickelt, mit denen sich abschätzen lässt, wie viele Faktoren zu berücksichtigen sind. Die Bekanntesten davon sind die Vorgabe durch eine explizite Theorie (hypothetisches Modell), das Eigenwertkriterium > 1, der Scree-Test, die Parallelanalyse und der Minimum-Average-Partial-Test (MAP-Test). Im Folgenden werden die erwähnten Kriterien näher erläutert.

Hypothetisches Modell Nach diesem Kriterium wird die Anzahl der zu extrahierenden Faktoren vorgegeben. Sie leitet sich aus einer Theorie (z.B. den Big Five) ab und gilt als gut gesichert. Liegen Erkenntnisse über die Struktur vor, ist es günstig, neben anderen Extraktionsmethoden auf jeden Fall auch die theoretisch begründete Faktorenanzahl zu extrahieren.

Eigenwert > 1 Diese Regel kann nur auf Eigenwerte angewandt werden, die im Rahmen von Hauptkomponentenanalysen ermittelt wurden. Ein Eigenwert ist die Summe der quadrierten Ladungen über alle Items auf einem Faktor. Er drückt die „Wichtigkeit“ eines Faktors aus. Ist der Eigenwert eines Faktors größer als eins, klärt er mehr Varianz auf, als ein standardisiertes Item ($M = 0$, $S^2 = 1$) besitzt. Das heißt, ein Faktor soll mehr als nur die Information eines einzigen Items aufklären. Daher werden alle Faktoren als bedeutsam erachtet, deren Eigenwert größer als eins ist. Es gibt folgende Empfehlung für die Anwendung dieses Kriteriums: Man sollte dieses Extraktionskriterium dann anwenden, wenn eine besonders differenzierte Aufgliederung eines Merkmalsbereichs angestrebt wird.

Wird eine Hauptkomponentenanalyse durchgeführt, sollte die Reliabilität der Items bekannt sein, um sicherzugehen, dass vorwiegend systematische Varianz analysiert wird. Dies ist in diesem Fall besonders wichtig, da bei der Hauptkomponentenanalyse die Gesamtvarianz eines Items analysiert wird und diese die Fehlervarianz eines Items mit beinhaltet. In diesem Fall sollte die Kommunalität der Items nicht höher ausfallen als ihre Reliabilität. Dies würde bedeuten, dass die Faktoren nicht nur die systematische Varianz der Items aufklären, sondern auch die Fehlervarianz. Dieses Kriterium eignet sich daher weniger für Fragebogenitems, deren Reliabilität meist unbekannt ist und in der Regel nur über die Kommunalitäten geschätzt werden kann.

Die Kommunalität eines Items kann aber auch niedrig sein, obwohl das Fragebogenitem reliabel ist. Dies ist genau dann der Fall, wenn ein Faktor ein Merkmal sehr breit misst (mit vielen heterogenen Items) und ein reliables Fragebogenitem nur mit einem Teil seiner systematischen Varianz zur Aufklärung dieses Faktors beiträgt. Dabei ist zu beachten, dass mit steigender Anzahl extrahierter Faktoren auch die Wahrscheinlichkeit hoher Kommunalitäten wächst. Damit kann durch mehr Faktoren auch die Reliabilitätsschätzung eines Items erhöht werden.

Nach Zwick und Velicer (1986, S. 439) und Gorsuch (1983, S. 163) überschätzt das Eigenwertkriterium > 1 in der Regel die Anzahl wirklicher Faktoren. In nur sehr wenigen Fällen kommt es laut Zwick und Velicer (1986, S. 439) zu einer Unterschätzung der wirklichen Faktorenzahl durch dieses Kriterium. Nach dem Kaiser-Guttman-Kriterium werden ebenfalls nur Faktoren mit Eigenwerten größer eins extrahiert, allerdings wird dieses Vorgehen anders begründet (siehe dazu Bortz, 1999).

Scree-Test nach Cattell Es wird nach einem bedeutsamen Eigenwertabfall (Knick im Scree-Plot von links nach rechts) gesucht (siehe *Kapitel 5.11*, *Abbildung 5.17*). Nach Bortz (1999) werden nur die Eigenwerte vor dem Knick (ebenso wie Tabatchnick & Fidell, 2004, S. 673) mitgezählt. Dabei wird der Eigenwertverlauf vor der Rotation betrachtet. Diese Methode hat sich zwar bewährt, ist jedoch wegen ihrer Subjektivität kritisiert worden. Objektivere Methoden, wie die Parallelanalyse nach Horn oder der MAP-Test, sind dem Scree-Test vorzuziehen.

Parallelanalyse nach Horn Eine weitere Möglichkeit der Faktorenextraktion stellt die Bildung von Eigenwerten aus normalverteilten oder auch nicht normalverteilten Zufallsvariablen dar (Parallelanalyse nach Horn). Extrahiert werden nur Faktoren, deren empirisch beobachtete Eigenwerte über einem „zufälligen" Eigenwertverlauf liegen. Ein Eigenwertverlauf, der mit zufällig erzeugten Werten berechnet wird, führt mit zunehmender Stichprobengröße zu einer Geraden, auf der sich die Eigenwerte nahezu parallel zur *x*-Achse anordnen. Bei einem Eigenwertverlauf, der aus Werten besteht, die systematische und bedeutsame empirische Zusammenhänge aufweisen, nähern sich die Eigenwerte der Faktoren asymptotisch der *y*-Achse an. Allerdings ist eine zufallskritische Absicherung der Abweichung der empirischen Eigenwerte von den aus Zufallsvariablen produzierten Eigenwerten zu fordern. Zu beachten ist, dass die Stichprobe der zufällig ermittelten Eigenwerte der empirischen Stichprobe in Größe und Itemanzahl entsprechen sollte. Auf eine entsprechende SPSS-Syntaxdatei wird auf der Pearson Companion Website (*http://www.pearson-studium.de* → Psychologie → CWS Zeichen) verwiesen. Diese Methode stellt nach Angaben verschiedener Autoren die beste Extraktionsmethode dar und sollte allen anderen Methoden vorgezogen werden (Zwick & Velicer, 1986; Fabrigar, Wegener, MacCallum & Strahan, 1999).

Folgende Punkte sind jedoch zu beachten: Die wirkliche Anzahl der Faktoren wird in wenigen Fällen überschätzt. Lediglich bei einer ersten starken Hauptkomponente mit hohem Eigenwert führt die Parallelanalyse laut einer Simulationsstudie von Beauducel (2001) zu einer Unterschätzung der wahren Faktorenanzahl. Die Genauigkeit der Parallelanalyse nimmt vor allem dann ab, wenn die Komponenten in der Stichprobe stark korreliert sind. Eine große Anzahl an Probanden kann diese Unterschätzung nur unvollständig kompensieren ($N > 500$). Bei einer hohen Anzahl an Komponenten in der Grundgesamtheit (große Anzahl real existenter Komponenten) nimmt die Genauigkeit der Parallelanalyse ebenfalls ab. Die Ergebnisse von Beauducel (2001) beschränken sich auf die **Hauptkomponentenanalyse.** Für eine Hauptachsenanalyse kann auch eine Parallelanalyse durchgeführt werden; sie führt in der Regel zu mehr Faktoren als die Parallelanalyse mit der Hauptkomponentenanalyse. Meist sind die im Rahmen der Hauptachsenanalyse zusätzlich extrahierten Faktoren von geringer Bedeutung.

Eine große Anzahl an Probanden führt bei der Parallelanalyse zu einem flacheren „zufälligen" Eigenwertverlauf und damit zur Extraktion von mehr Faktoren als bei geringeren Stichprobengrößen (bei gleichem empirischen Eigenwertverlauf). Mit der von O'Connor (2000) angegebenen SPSS-Syntax lassen sich für Hauptkomponenten- und Hauptachsenanalysen Parallelanalysen durchführen.

MAP-Test (Minimum-Average-Partial-Test) von Velicer (O'Connor, 2000)
Eine sehr gute Möglichkeit, die Faktorenanzahl zu bestimmen, stellt der MAP-Test dar. Um den MAP-Test durchzuführen, wird eine Faktorenanalyse durchgeführt. Im ersten Schritt werden nach der Durchführung dieser Faktorenanalyse Faktorwerte für den ersten Faktor bestimmt und dann aus den Korrelationen zwischen den Items in der beobachteten Korrelationsmatrix auspartialisiert. Die daraus entstehende Korrelationsmatrix bezeichnet man als Residualmatrix. Aus dieser Matrix ist die Varianz der ersten Hauptkomponente eliminiert: Das heißt, die Korrelationen in dieser Residualmatrix stellen Partialkorrelationen zwischen den Items nach Auspartialisierung von Faktor eins dar. Die Partialkorrelationen oberhalb (oder unterhalb) der Diagonalen der Residualmatrix werden quadriert und anschließend wird der Durchschnitt gebildet. Dieser wird als mittlere quadrierte Partialkorrelation bezeichnet. Im zweiten Schritt wird aus dieser Residualmatrix der zweite Faktor auspartialisiert. Es wird wiederum die mittlere quadrierte Partialkorrelation dieser Residualmatrix bestimmt. Diese Schritte werden wiederholt, bis so viele Faktoren wie Items (abzüglich eines Items) extrahiert sind. Die Anzahl der auspartialisierten extrahierten Faktoren (1, 2 usw.) und die dazugehörigen mittleren quadrierten Partialkorrelationen werden untereinander dargestellt (siehe *Abschnitt 5.11*). Es wird die Anzahl der Faktoren extrahiert, bei der sich die niedrigste mittlere quadrierte Partialkorrelation ergibt, weil damit die systematischen Varianzanteile zwischen den Items vollständig ausgeschöpft sind.

Andere Extraktionskriterien Neben den gerade genannten Kriterien können durchaus auch weitere Überlegungen zur Faktorenextraktion nützlich sein. Beispielsweise kann es sinnvoll sein, Faktorenlösungen mit unterschiedlicher Faktorenanzahl nach inhaltlichen und formalen Gesichtspunkten zu betrachten. Formale Kriterien können dabei hohe Haupt-, geringe Nebenladungen, geringe Spezifität der Items (bei gleichzeitig hoher Reliabilität), geringe oder moderate Faktoreninterkorrelationen sein. Inhaltliche Kriterien können z.B. hohe bzw. geringe Generalität oder hohe bzw. geringe Konstruktaufspaltung (viele Faktoren) bzw. Zusammenfügung (wenige Faktoren) darstellen.

Es ergibt jedoch, unabhängig von den gewählten Extraktionskriterien, keinen Sinn, eine Anzahl von Faktoren zu extrahieren, die inhaltlich nicht plausibel interpretierbar ist.

Generelle Hinweise & Fazit

Auswirkungen der Reliabilität auf den Eigenwertverlauf Je unreliabler die Items in einer Faktorenanalyse sind, desto flacher fällt der Eigenwertverlauf aus. Dies hat folgenden Grund: Je unreliabler ein Item ist, desto ähnlicher ist es einer Zufallsvariablen. Zufallsvariablen ergeben, wie bei der Parallelanalyse zu sehen ist, einen flachen Eigenwertverlauf (parallel zur x-Achse). Bei reliablen Items ist die Extraktion mehrerer Faktoren eher gerechtfertigt, da mehr systematische Varianz vorhanden ist, die ausgeschöpft werden kann. In einem solchen Fall kann es auch sinnvoll sein, das Eigenwert-Kriterium > 1 anzuwenden.

Sollten lieber mehr oder weniger Faktoren extrahiert werden? Nach Fabrigar, Wegener, MacCallum & Strahan (1999) ist eine Überfaktorisierung (zu viele Faktoren werden extrahiert) unproblematischer als eine Unterfaktorisierung (zu wenige Faktoren werden extrahiert). Werden Testkennwerte faktorisiert, deren Reliabilität bekannt ist, kann auch die Spezifität verwendet werden, um zu entscheiden, ob ein weiterer Faktor extrahiert werden soll. Allerdings sollte die Kommunalität bei der Extraktion eines weiteren Faktors nicht die Reliabilität übersteigen. Das heißt, die Faktoren sollten nicht mehr Varianz eines Tests aufklären, als dieser an systematischer Varianz (Reliabilität) aufweist. Dies setzt aber auch voraus, dass die Reliabilitätsschätzung nicht fehlerhaft ist bzw. nicht nur eine untere Schranke der Reliabilität darstellt. Die Spezifität einzelner Tests sollte sich nach der Extraktion eines weiteren Faktors deutlich verringern. Mit anderen Worten können maximal so lange Faktoren extrahiert werden, bis die Spezifität eines Tests ausgeschöpft ist (die Kommunalität eines Tests der Reliabilität entspricht).

Ist eine Replikation[1] der Faktorenanzahl ein Hinweis auf ihre Richtigkeit? Die Anzahl der extrahierten Faktoren beeinflusst unter Umständen die Replizierbarkeit der Faktorenanalyse, insbesondere bei Faktoren mit geringer Variablenzahl. Dies kann dadurch bedingt sein, dass eine zu große Anzahl an Faktoren extrahiert wurde. Die Replizierbarkeit einer Faktorenstruktur spricht aber nicht für die Richtigkeit des Modells. Es können auch konkurrierende Faktorlösungen in gleicher Weise replizierbar sein. Darüber hinaus ist es aus wissenschaftstheoretischer Sicht nur möglich, Modelle zu widerlegen. Spätestens an dieser Stelle wird klar, dass faktorenanalytisch gewonnene Ergebnisse mit Umsicht zu interpretieren sind. Häufig kritisiert wird an der Faktorenanalyse, dass je nach Rotationstechnik eine unterschiedliche Lösung resultiert. Werden in aufeinander folgenden Untersuchungen unterschiedliche Rotationstechniken angewandt, wird eine Replikation von Faktorstrukturen erschwert. Ebenso kann die Replikation einer Struktur von der gewählten Methode abhängen (PCA, PAF, ML). Daher ist bei Replikationsversuchen darauf zu achten, dass Methode, Rotationstechnik und Faktorenanzahl exakt mit der vorangegangenen Studie übereinstimmen.

Fazit: Es ist günstig, mehrere Extraktionskriterien anzuwenden. Im Vordergrund sollte dabei die Interpretierbarkeit der Faktoren stehen. Liegen bereits Annahmen über die Anzahl der Faktoren vor, sollte die angenommene Faktorzahl zuerst extrahiert werden. Dies heißt nicht, dass nicht nach alternativen Strukturen gesucht werden sollte. Es ist im Zweifelsfall weniger kritisch, zu viele als zu wenige Faktoren zu extrahieren. Als besonders geeignete Methoden, um die Faktorenanzahl zu bestimmen, haben sich der MAP-Test und die Parallelanalyse erwiesen. Betrachtet man das Ziel der Faktorenanalyse, so lange Faktoren zu extrahieren, bis die Korrelationsmatrix keine systematische Varianz mehr enthält, kommt der MAP-Test dieser Überlegung am nächsten. Daher wird auch am Ende dieses Abschnittes diese Methode zur Faktorenextraktion empfohlen, obwohl von vielen anderen Autoren die Parallelanalyse favorisiert wird.

5.8 Rotationstechniken

Welche Rotationstechnik ist für meine Fragestellung geeignet?

Um die Faktorenstruktur besser interpretieren zu können, existieren verschiedene Rotationstechniken. Durch die Rotationen ändert sich nicht die Position der Items im Faktorraum, sondern die Art und Weise, wie die Items durch die Faktoren beschrie-

1 Hier ist die erneute Prüfung der Struktur an einer anderen Stichprobe gemeint.

ben werden (die Lage der Faktoren). Mit verschiedenen Rotationstechniken werden unterschiedliche Ziele verfolgt. In der Regel soll mit einer Rotation eine möglichst eindeutige Beschreibung der Items durch die Faktoren erzielt werden. Daher werden meist Rotationen durchgeführt, die eine so genannte **Einfachstruktur** erzielen sollen: hohe Ladungen eines Items auf einem Faktor und gleichzeitig niedrige Ladungen auf den anderen Faktoren. In seltenen Fällen wird diese Einfachstruktur erreicht, indem eine orthogonale Rotation durchgeführt wird, was bedeutet, dass die Faktoren nicht miteinander korrelieren. Ist durch eine orthogonale Rotation keine Einfachstruktur zu erzielen, werden häufig oblique Rotationen gewählt, bei denen die Faktoren korrelieren können. Es gibt Fälle, in denen sich die Rotationstechnik zwingend aus den theoretischen Vorstellungen ergibt, wenn z.B. a priori korrelierte oder unkorrelierte Konstrukte angenommen werden. *Abbildung 5.5* stellt Fälle dar, in denen unterschiedliche Rotationstechniken zur Darstellung der Items nötig sind. Die Darstellung bezieht sich auf den Faktorraum. Die x-Achse und die y-Achse bilden jeweils die Faktoren. Im ersten Fall werden die Punktwolken (Items im Faktorraum) nur durch im Winkel veränderte (rotierte, in Abbildung schwarze Achsen) Faktoren gut beschrieben. Im zweiten Beispiel passt die orthogonale Lösung schon sehr gut, allerdings liegt, durch die eingekreiste Punktwolke gekennzeichnet, zwischen Faktor 1 und Faktor 2 ein weiterer Faktor. Im dritten Fall sind die Items so unsystematisch über beide Faktoren verteilt, dass keine befriedigende Abbildung der Punktwolke durch die Faktoren gelingt. Im vierten Fall handelt es sich um eine eindeutig orthogonale Lösung. Die Punktwolken werden durch die Faktoren, die im 90°-Winkel zueinander stehen, gut abgebildet.

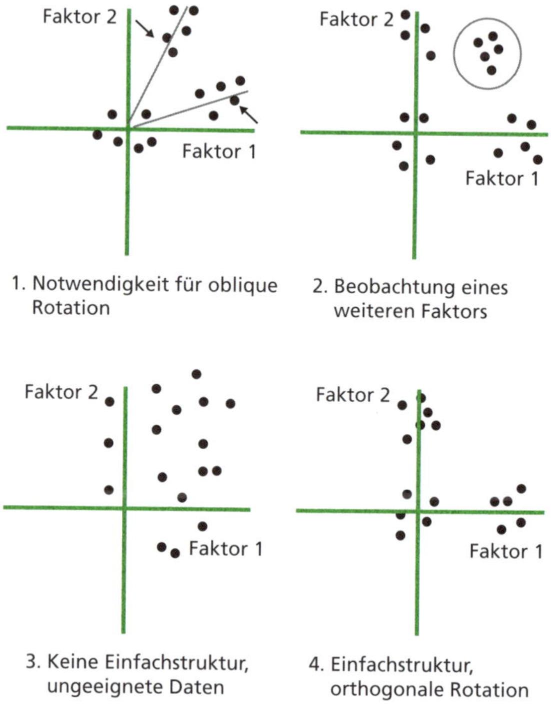

Abbildung 5.5: Faktorenräume für unterschiedliche Item-Konstellationen

Orthogonale Rotationstechniken (führen zu *unkorrelierten* Faktoren):

- *Varimax*
  Die Varimax-Rotation maximiert die Varianz (s^2) der quadrierten Ladungen (a^2) der Items innerhalb der Faktoren (Spalte der Strukturmatrix). Dadurch werden nach Nunnally und Bernstein (1994) für jeden Faktor einige Ladungen höher und andere geringer (Ziel: Einfachstruktur). Nach Gorsuch (1983) ist die Rotation unangemessen, wenn aus theoretischer Sicht ein genereller übergeordneter Faktor postuliert wird. Die Varimax-Rotation ist die am meisten angewandte orthogonale Rotationstechnik.

- *Quartimax*
  Die Quartimax-Rotation minimiert die Komplexität der Items, indem hohe Ladungen eines Items höher werden und niedrige Ladungen geringer. Es könnte zum Beispiel sein, dass ein Item auf zwei Faktoren hohe Ladungen aufweist und auf zwei weiteren eher niedrigere. In diesem Fall maximiert die Rotation die beiden hohen Ladungen und minimiert die niedrigen Ladungen. Diese Prozedur minimiert damit die Anzahl der Faktoren, die zur Erklärung der Items verwendet werden können (minimiert daher die Komplexität der Items). Diese Rotation eignet sich, um einen ersten starken generellen Faktor und mehrere Gruppenfaktoren zu extrahieren. Nach Gorsuch (1983, S.184) tendiert die Rotation dazu, eine Lösung mit allen Hauptladungen (moderat bis hoch) auf dem ersten Faktor zu erzeugen und mit geringeren Ladungen auf den restlichen Faktoren.

- *Equamax*
  Die Equamax-Rotation minimiert die Komplexität der Faktoren und Items und stellt damit einen Kompromiss zwischen Varimax- und Quartimax-Rotation dar. Mit dieser Rotationstechnik wird die Varianz der Faktorladungen gleichmäßig über die Faktoren verteilt. Nach Tabatchnik & Fidell (2004) führt diese Rotation oft zu falschen Resultaten, wenn man die Anzahl der Faktoren nicht sicher kennt.

Oblique Rotationstechniken (führen zu *korrelierten* Faktoren):

- *Direct Oblimin*
  Diese Rotationstechnik vereinfacht Faktoren bei Minimierung von Kreuzprodukten der Ladungen. Um den Grad der Faktorinterkorrelation zu bestimmen, können Delta-Werte in SPSS verwendet werden. Es können Delta-Werte von –4 bis 0 eingesetzt werden (siehe *Abbildung 5.9*). Wird ein Delta-Wert = 0 eingesetzt, bedeutet das, dass die Faktoren maximal korrelieren (Voreinstellung). Wird ein Delta-Wert = –4 eingesetzt, heißt das, dass die Faktoren orthogonal sind. Bei der Durchführung dieser Methode sollte unbedingt der Delta-Wert mit angegeben werden.

- *Direct Quartimin*
  Diese Methode vereinfacht die Faktorenstruktur bei Minimierung der Kreuzprodukte der quadrierten Ladungen der „Mustermatrix“ (siehe unten) und führt zu hoch korrelierenden Faktoren. Sie entspricht in SPSS der Direct-Oblimin-Methode mit einem Delta-Wert von null. Nach Fabrigar, Wegener, MacCallum und Strahan (1999) stellt Direct Quartimin die am häufigsten angewandte oblique Rotationstechnik dar.

- *Promax*
  Ursprünglich orthogonale Faktoren werden im Winkel verändert, so dass die Faktoren korrelieren können. Die orthogonalen Ladungen werden mit den Exponenten 2, 4 oder 6 potenziert. Diese Einstellungen können mit SPSS ebenfalls vorgenommen werden. Dazu muss der Kappa-Wert verändert werden (siehe *Abbildung 5.9*). Der

Wert 4 ist voreingestellt. Mit dieser Methode werden sowohl geringe als auch hohe Ladungen reduziert. Dies hat den Vorteil, dass moderate oder kleine Ladungen fast null werden, hohe Ladungen aber nur geringfügig reduziert werden. Die Promax-Rotation führt zu guten Lösungen (Gorsuch, 1983, S. 204).

Für oblique Rotationen werden zwei unterschiedliche Matrizen ausgegeben, die **Mustermatrix** und die **Strukturmatrix**. Die Mustermatrix besteht aus partiellen standardisierten Regressionsgewichten der Items auf den Faktoren, die Strukturmatrix aus Korrelationen zwischen den Items und den Faktoren. In der Regel wird die Mustermatrix interpretiert (siehe Beispiel in *Kapitel 5.11*, *Abbildung 5.22*). **Es ist jedoch bei korrelierten Faktoren wichtig, darauf hinzuweisen, dass, selbst wenn in der Mustermatrix keine „Nebenladungen" für Items auftreten, alle Items mit den restlichen Faktoren substanziell korrelieren (siehe dazu die Strukturmatrix). Die Korrelationen der Items mit anderen Faktoren fallen umso höher aus, je höher die Faktoren untereinander korrelieren.**

Es kann durchaus sinnvoll sein, sowohl oblique als auch orthogonale Faktorenanalysen nacheinander zu berechnen. Solche unterschiedlichen Analysen können Aufschluss darüber geben, ob die Faktorenstruktur **methodeninvariant** ist. Das heißt, wenn die unterschiedlichen Rotationstechniken (orthogonal: Faktoren korrelieren nicht miteinander; oblique: Faktoren korrelieren miteinander) zur gleichen Zuordnung der Items zu den Faktoren führen, spricht dies für eine sehr stabile Faktorenstruktur. Die orthogonale Faktorenlösung ist in diesem Fall bei der Interpretation vorzuziehen, denn sie ist am einfachsten zu interpretieren, da keine abhängigen (korrelierten) Faktoren auftreten. Als orthogonale Rotationstechnik empfiehlt sich die Varimax-Rotation und als oblique die Promax-Rotation.

Fazit: Es ist günstig, zuerst eine oblique Rotation durchzuführen. Sind die Faktoren nur gering korreliert (z.B. < .10), kann dann auch eine orthogonale Rotation durchgeführt werden. Die Höhe der Faktorkorrelationen ist in der SPSS-Ausgabe angegeben (siehe *Abbildung 5.24*) und sollte immer angegeben werden. Ergebnisse orthogonaler Rotationen sind leichter zu interpretieren, da nur eine Ladungsmatrix interpretiert werden muss, die die Korrelationen der Items mit den Faktoren enthält. Bei obliquer Rotation stellt die Promax-Rotation die Methode der Wahl dar, bei orthogonaler Rotation die Varimax-Rotation.

5.9 Zusätzliche Prozeduren

Kaiser-Meyer-Olkin-Koeffizient Der KMO-Koeffizient gibt Anhaltspunkte, ob die Itemauswahl für eine Faktorenanalyse geeignet ist, und berechnet sich nach folgender Formel:

$$KMO = \frac{\sum\sum r_{ij}^2}{\sum\sum r_{ij}^2 + \sum\sum r_{ij.z}^2}, \quad j \neq j$$

Dabei ist:

- r_{ij}^2 = quadrierter Korrelationskoeffizient zwischen Variablen i und j
- $r_{ij.z}^2$ = quadrierter Partialkorrelationskoeffizient zwischen Variablen i und j nach Auspartialisierung der restlichen Variablen
- $i \ldots j$ = Korrelationen der Variablen mit sich selbst werden nicht berücksichtigt

Es wird der gemeinsame Varianzanteil (r_{ij}^2) aller Items miteinander bestimmt und durch den gemeinsamen Varianzanteil (r_{ij}^2) zwischen allen Items plus den quadrierten Partialkoeffizienten ($r_{ij.z}^2$) geteilt. Besitzen Items einen hohen spezifischen Varianzanteil, den sie mit keinem der anderen Items teilen, wird der KMO-Koeffizient klein. Dies geschieht dadurch, dass die quadrierten Partialkorrelationen große Werte annehmen und so der Nenner im Vergleich zum Zähler größer wird.

Es gibt folgende Anhaltspunkte für die Bewertung der Höhe des KMO-Koeffizienten:

- <.50 – inkompatibel mit der Durchführung
- .50-.59 – schlecht
- .60-.69 – mäßig
- .70-.79 – mittel
- .80-.89 – gut
- > .90 – sehr gut

Bartlett's Test auf Sphärizität: Testet die Nullhypothese, dass alle Korrelationen der Korrelationsmatrix gleich null sind. Wird der Test signifikant, sind alle Korrelationen der Korrelationsmatrix größer null. Wird der Test nicht signifikant, sind die Items unkorreliert und für die Durchführung einer Faktorenanalyse nicht geeignet. Dieser Test hängt, wie alle Signifikanztests, von der Stichprobengröße ab. Das heißt, je größer die Stichprobe ist, desto leichter wird die Nullhypothese „alle Korrelationen sind gleich Null" abgelehnt.

MSA-Koeffizienten (Measure of Sample Adequacy) sind ähnlich wie KMO-Koeffizienten, jedoch werden nur Korrelationen bzw. Partialkorrelationen zwischen jeweils einem Item und den noch verbleibenden Items betrachtet und nicht die der ganzen Korrelationsmatrix. Es gelten dieselben Anhaltspunkte für die Bewertung wie für KMO-Koeffizienten. Während der KMO-Koeffizient die Eignung der gesamten Korrelationsmatrix für eine Faktorenanalyse bewertet, betrachtet der MSA-Koeffizient die Eignung eines einzelnen Items. An dieser Stelle ist anzumerken, dass ein Item nicht nur aufgrund statistischer Kennwerte aus einem Test entfernt werden sollte.

Anti-Image-Matrix Dieser Begriff geht auf Guttman zurück. Das **Image** eines Items ist die durch eine multiple Regression der restlichen Items aufgeklärte Varianz eines Items. Das **Anti-Image** ist derjenige Teil der Varianz, der von den anderen Variablen unabhängig ist. Die Werte der in SPSS angegebenen Anti-Image-Kovarianz- und Korrelationsmatrix sollten nahe null sein (siehe Backhaus, 2000, S. 268).

Signifikanz von Faktorladungen Um sicherzustellen, dass eine Ladung nicht zufällig von null abweicht, kann die Signifikanz einer Ladung abgeschätzt werden. Nach Stevens (2002) ist die Signifikanz von Faktorladungen nicht analog zu Signifikanzen von Korrelationen. Der Standardfehler von Ladungen ist demnach höher. Cudeck und O'Dell (1994) weisen weiter darauf hin, dass die Signifikanz von Faktorladungen keine Funktion ihrer Höhe ist. Das heißt, hohe Faktorladungen können durchaus nicht signifikant werden, geringere dagegen signifikant. Weiter ist zu bedenken, dass viele Ladungen gleichzeitig betrachtet werden und somit eine Alpha-Adjustierung erforderlich ist (siehe *Abschnitt 3.62* „Hypothesentests"). Stevens gibt folgende Ad-hoc-Regel für die Signifikanz (Alpha = .01, zweiseitig) von Ladungen an:

- $N = 50 - r > .361$
- $N = 100 - r > .256$

- $N = 140 - r > .217$
- $N = 180 - r > .192$
- $N = 200 - r > .182$
- $N = 250 - r > .163$
- $N = 300 - r > .149$
- $N = 400 - r > .129$
- $N = 600 - r > .105$
- $N = 800 - r > .091$
- $N = 1000 - r > .081$

Statistische Bedeutsamkeit Stevens verwendet als Bezeichnung für die Ladung ein r und nicht, wie sonst üblich, ein a. Damit soll der Unterschied zwischen einer orthogonalen und einer obliquen Rotation berücksichtigt werden. Bei letzterer entspricht die Ladung nicht der Korrelation mit dem Faktor. Um die Ad-hoc-Regeln von Stevens für oblique Rotationen anzuwenden, muss die Strukturmatrix betrachtet werden. **Es ist zu beachten, dass unter Berücksichtigung der globalen Fehlerwahrscheinlichkeit (nominelles Alpha = .05) die Werte der Tabelle als Ad-hoc-Regel immer verdoppelt werden sollten** (Stichwort: Alpha-Adjustierung, siehe dazu Clauß, Finze, Partzsch, 1995, S. 262 f.). Bei anderen Stichprobengrößen ist eine Interpolation sinnvoll. Nehmen wir an, Item X lädt mit $a = .34$ auf einem Faktor. Die Stichprobe besteht aus 180 Probanden. Die angegebene Grenze liegt bei $r > .192$ und verdoppelt ($2 \cdot .192$) bei .384; damit ist die Ladung $a = .34$ nicht signifikant, weil sie unter $a = .384$ liegt.

Praktische Bedeutsamkeit Allerdings ist zu beachten, dass statistische Bedeutsamkeit nicht immer mit psychologischer Bedeutsamkeit einhergeht. So sollten die Ladungen mindestens $a = .30$ sein (Kline, 1994, S. 53), um sinnvoll interpretiert werden zu können. Eine genaue Anleitung zur Berechnung von Signifikanzen für Faktorladungen geben Cudeck und O'Dell (1994). Die von Stevens (2002) aufgestellten Ad-hoc-Regeln stellen nur ungefähre Maßstäbe dar, berücksichtigen zumindest die Stichprobengröße und können „grob" per Daumenregel alpha-adjustiert werden.

Interpretation von Faktoren und Ladungen Die Interpretation eines Faktors erfolgt anhand aller Items, die dem Faktor zugeordnet werden. Ein Item wird in der Regel dem Faktor zugewiesen, auf dem es am höchsten lädt. Diese Zuordnung kann aber unzureichend sein, wenn ein Item nur gering auf einem Faktor lädt. Eine strengere Zuordnungsregel stellt Fürntratt (1969) auf, das so genannte Fürntratt-Kriterium. Er schlägt vor, dass ein Item dann einem Faktor zugeordnet werden sollte, wenn die quadrierte Ladung (a^2) des Items auf diesem Faktor mindestens 50 Prozent der Itemkommunalität ausmacht: $a^2/h^2 > .5$.

Es gibt nach Bortz (1999, S. 534) Ad-hoc-Richtlinien zur Interpretation Varimax-rotierter Faktoren. Hier sind einige Kriterien aufgeführt, die zur Beurteilung der Interpretierbarkeit nützlich sind: Faktoren mit vier oder mehr Ladungen über $a = .60$ sind interpretierbar, unabhängig von der Stichprobengröße. Faktoren mit zehn oder mehr Variablen, deren Ladungen ungefähr $a = .40$ betragen, sind interpretierbar bei einer Stichprobe $N > 150$. Faktoren mit geringen Ladungen $a < .40$ sollten bei einer Stichprobengröße unter $N = 300$ nicht interpretiert werden.

Fazit: Bei der Beurteilung von Faktorladungen sollte in der Regel die praktische Bedeutsamkeit der Faktorladungen im Vordergrund stehen ($a > .30$) bzw. inhaltliche Überlegungen. Wer Faktorladungen auch statistisch absichern will, sollte große Stichproben verwenden. Je mehr Items eine Faktorenanalyse enthält, desto umfangreicher sollte die Stichprobe sein. Ein generelles Problem stellen bei der Beurteilung der Ladungen Items mit stark unterschiedlichen Verteilungen dar. Unterscheiden sich die Verteilungen der Items stark, können die Items auch nicht maximal miteinander korrelieren. Daher kann, wenn die Items einer Skala stark linkssteil verteilt sind, jedoch ein Item normalverteilt ist, dieses Item nicht maximal mit den anderen Items korrelieren. Dies muss bei der Interpretation der Items mitberücksichtigt werden.

Reliabilität von Faktoren Die Reliabilität von Faktoren kann direkt berechnet werden. Cliff (1988) gibt dazu eine Formel an:

$$r_{ttp} = \frac{\lambda_p - (1 - r_m)}{\lambda_p}$$

Dabei ist:

- λ_p = Eigenwert des p-ten Faktors
- r_{ttp} = Reliabilität des Faktors
- r_m = durchschnittliche mittlere Interitemkorrelation der Korrelationsmatrix (Ermittlung über Fisher-Z-transformierte Korrelationen)

Der Fisher-Z-Wert lässt sich wie folgt ermitteln:

$$Z = \frac{1}{2} \cdot \ln\left(\frac{1+r}{1-r}\right)$$

Jede Korrelation muss in eine Fisher-Z-Korrelation überführt werden und der daraus gemittelte Fisher-Z-Wert muss wieder in eine Pearson-Korrelation umgerechnet werden:

$$r = \frac{e^{2Z} - 1}{e^{2Z} + 1}$$

Dabei ist:

- e = Eulersche Zahl 2.718
- Z = gemittelter Fisher-Z-Wert
- r = zurückgerechnete Pearson-Korrelation

Reproduzierte Korrelationsmatrix Ein Ziel der Faktorenanalyse ist es, mit möglichst wenig Informationsverlust Items auf möglichst wenige grundlegende Faktoren bzw. Komponenten zu reduzieren. Dabei kommt es darauf an, die Zusammenhänge in der Ausgangskorrelationsmatrix (Stichprobenkorrelationsmatrix) möglichst exakt durch die Faktoren zu replizieren. Aus den Faktorladungen können wiederum Korrelationen zwischen den Items zurückgerechnet werden (reproduzierte Korrelationsmatrix). Bildet man die Differenz zwischen der Ausgangskorrelationsmatrix und der reproduzierten Korrelationsmatrix (Differenz entspricht der **Residualmatrix**), sollten alle Differenzen möglichst nahe um null liegen. In diesem Fall wäre die Ausgangskorrelationsmatrix mit der reproduzierten Korrelationsmatrix identisch und die Faktoren würden die Verhältnisse der Stichprobenkorrelationsmatrix exakt widerspiegeln. Diese Methode kann unter anderem dazu genutzt werden, um eine faktorenanalytische Methode (Hauptkomponenten-, Hauptachsen- und Maximum-Likelihood-Analyse) auszuwählen. Die Methode, die am besten die ursprünglichen Stichprobenkorrelationen repliziert, könnte demnach verwendet werden.

Leitfaden Am Ende dieses Abschnittes soll eine Art Kurzanleitung für die Durchführung einer Faktorenanalyse dargestellt werden. Sie ist, wie alle Kurzanleitungen, mit Vorsicht zu verwenden.

Vor der Faktorenanalyse (Dateneignung)

- KMO- und MSA-Koeffizienten > .60
  - Bei KMO < .60 keine Faktorenanalyse durchführen.
  - Items mit MSA < .60:
    - Verteilungen checken → ist das Item als einziges schief verteilt?
      - Wenn ja, geringe Korrelation verständlich, Item beibehalten.
    - Bei geringer Relevanz des Items für das zu messende Konstrukt Item entfernen.
    - Bei hoher Relevanz des Items für das zu messende Konstrukt Item beibehalten.
- Bartlett-Test
  - signifikant, dann weiter
  - nicht signifikant
    - Stichprobengröße zu klein?
    - große Stichprobe → keine Faktorenanalyse

Durchführung der Faktorenanalyse

- Methode wählen:
  - **Hauptkomponentenanalyse**, wenn
    - Reproduktion der Korrelationsmatrix durch weniger Faktoren gewünscht wird;
    - nur eine Beschreibung der Faktoren in der Stichprobe geplant ist.
  - **Hauptachsenanalyse**, wenn
    - Analyse der gemeinsamen Varianz aller Items geplant ist;
    - Erklärung der Korrelationen zwischen Items in der Stichprobe erfolgen soll.
  - **Maximum-Likelihood-Analyse**, wenn
    - Analyse der gemeinsamen Varianz aller Items geplant ist;
    - Erklärung der Korrelationen zwischen Items erfolgen soll;
    - auf eine Population verallgemeinert werden soll;
    - das Ergebnis mit einer konfirmatorischen Faktorenanalyse kreuzvalidiert werden soll.
- Anzahl zu extrahierender Faktoren wählen:
  - Oberster Maßstab für die Anzahl der zu extrahierenden Faktoren ist, dass sinnvoll zu interpretierende Faktoren daraus resultieren.
  - Im Zweifelsfall zu viele Faktoren extrahieren.

- Immer mehrere Kriterien wählen!
  - **Eigenwertkriterium > 1** wählen, wenn
    - die Reliabilität der Items bekannt und hoch ist;
    - der Merkmalsbereich sehr differenziert aufgegliedert werden soll.
  - **MAP-Test & Parallelanalyse**
    - MAP-Test immer durchführen!
    - Parallelanalyse nicht verwenden
      - bei starker erster Hauptkomponente (dazu **Scree-Test** checken!)
      - bei starker Korrelation der Komponenten untereinander;
      - wenn die Annahme besteht, dass viele Komponenten existieren.
  - Bei einem vorgegebenen hypothetischen Modell die angenommene Faktorenanzahl zuerst per Voreinstellung wählen, daneben weitere Extraktionsmethoden verwenden.

- Rotationsmethode wählen:
  - Orthogonale Rotation bei unkorrelierten Faktoren wählen,
    - am besten **Varimax-Methode** wählen.
  - Oblique Rotation bei korrelierten Faktoren wählen oder wenn dies a priori unklar ist,
    - am besten **Promax-Methode** wählen.
    - Zeigen sich unkorrelierte Faktoren in der Faktorkorrelationsmatrix, dann orthogonal rotieren, am besten mit der Varimax-Methode, da dies die Interpretierbarkeit erleichtert.

Interpretationshilfen

- Zur besseren Übersichtlichkeit **Ladungen < . 30 unterdrücken**.
- Bei obliquer Rotation Mustermatrix betrachten:
  - Liegt keine Einfachstruktur vor, Items mit Doppel- oder Mehrfachladungen aus dem Test entfernen.
- Bei orthogonaler Rotation und **tatsächlich** unkorrelierten Faktoren Items mit Doppel- oder Mehrfachladungen aus dem Test entfernen.
- Auch bei Items mit niedrigen Ladungen vor der Eliminierung auf die Inhaltsvalidität achten. Ist das Item für das Konstrukt wichtig, dann trotz geringer Ladung beibehalten.
- Sind positive und negative Faktorladungen auf einem Faktor vorhanden, Itempolung checken.

5.10 Faktorenanalyse mit SPSS

Um eine Faktorenanalyse durchzuführen, klicken Sie in der Menüleiste auf ANALYSIEREN, dann auf DIMENSIONSREDUKTION und schließlich auf FAKTORENANALYSE. Es öffnet sich das Fenster FAKTORENANALYSE wie in *Abbildung 5.6* dargestellt. Das Fenster FAKTORENANALYSE untergliedert sich in zwei Fenster (linkes und rechtes Fenster, *Abbildung 5.6*). Im linken Fenster befindet sich die Variablenliste der Datendatei. In das rechte, mit der Überschrift VARIABLEN: versehene Fenster müssen die Variablen eingefügt werden, die in die Faktorenanalyse aufgenommen werden sollen. Dazu müssen die entsprechenden Variablen (N2, N7, N12, N17, N22, N27, N32, N37, N42, N47, N52 und N57 für die Skala „Extraversion" und N1, N6, N11, N16, N21, N26, N31, N36,

N41, N46, N51 und N56 für die Skala „Neurotizismus") im linken Fenster mit einem Mausklick markiert und dann durch einen Mausklick auf den Pfeil ▸ zwischen den beiden Fenstern in das rechte Fenster übertragen werden. In der unteren Hälfte des Fensters „Faktorenanalyse" befinden sich die Schaltflächen DESKRIPTIVE STATISTIK..., EXTRAKTION..., ROTATION..., WERTE... und OPTIONEN..., mit denen weitere Fenster geöffnet werden können. In den nächsten Abschnitten werden diese erklärt.

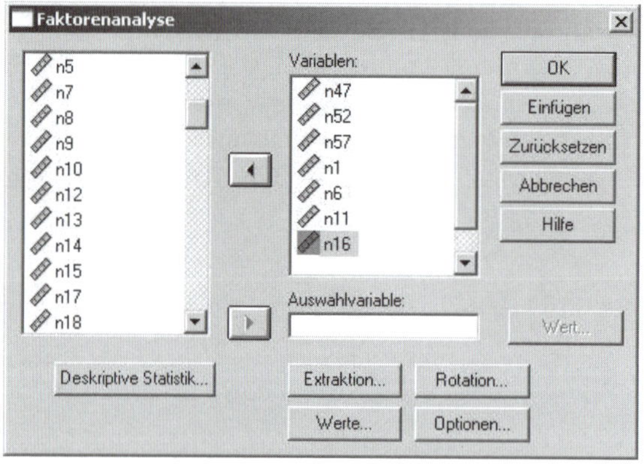

Abbildung 5.6: SPSS-Fenster FAKTORENANALYSE

Die Items der Skala „Extraversion" und „Neurotizismus" aus der Beispieldatendatei sind in das Fenster VARIABLEN eingefügt.

„Deskriptive Statistiken..." Durch Klicken auf die Schaltfläche DESKRIPTIVE STATISTIKEN (*Abbildung 5.7*) öffnet sich das Fenster FAKTORENANALYSE: DESKRIPTIVE STATISTIKEN. Folgende Statistiken sind für die Analyse sinnvoll: (1) unter der Überschrift STATISTIK | UNIVARIATE STATISTIKEN (= Mittelwerte und Standardabweichungen der Variablen) und unter der Überschrift (2) KORRELATIONSMATRIX KMO UND BARTLETT-TEST AUF SPHÄRIZITÄT, ANTI-IMAGE, REPRODUZIERT (reproduzierte Korrelationsmatrix und Residualmatrix). Die ANFANGSLÖSUNG ist bei SPSS voreingestellt und sollte beibehalten werden. Die gewünschten Statistiken werden durch Anklicken des entsprechenden Kästchens in die Analyse aufgenommen. Schließen Sie das Fenster wieder mit Weiter.

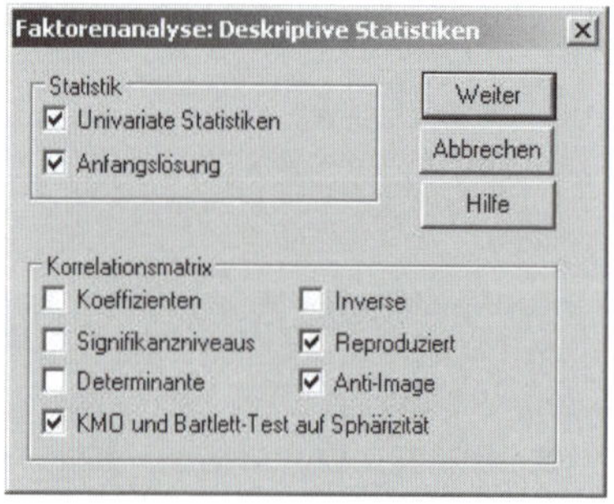

Abbildung 5.7: SPSS-Fenster FAKTORENANALYSE: DESKRIPTIVE STATISTIKEN

„Extraktion…" Wenn Sie das Fenster FAKTORENANALYSE: DESKRIPTIVE STATISTIKEN geschlossen haben, gelangen Sie wieder zum Fenster FAKTORENANALYSE. Klicken Sie dort bitte auf die Schaltfläche EXTRAKTION…. Das Fenster in *Abbildung 5.8* öffnet sich (FAKTORENANALYSE: EXTRAKTION). Wählen Sie unter den angegebenen Extraktionsmethoden im oberen Bereich des Fensters aus. Folgende Methoden wurden in *Kapitel 5.6* beschrieben: (1) Hauptachsenmethode, (2) Hauptkomponentenmethode, (3) Maximum-Likelihood-Methode. Markieren Sie unter ANZEIGEN das Kästchen SCREEPLOT, um den Eigenwertverlauf optisch in der SPSS-Ausgabe zu überprüfen. Möglicherweise müssen Sie in machen Fällen die maximale Anzahl der Iterationen für die Konvergenz der Kommunalitätenschätzung erhöhen, falls eine Analyse fehlschlägt. Dies wird Ihnen durch eine SPSS-Fehlermeldung (im SPSS-Ausgabefenster) angezeigt. Schließen Sie das Fenster mit [Weiter].

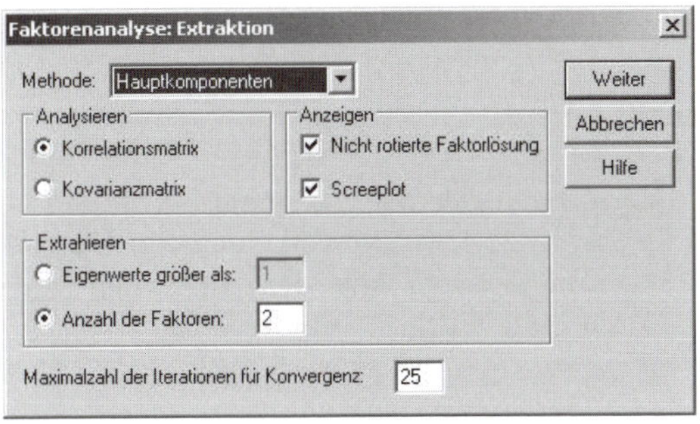

Abbildung 5.8: SPSS-Fenster FAKTORENANALYSE: EXTRAKTION

„Rotation…" Im Fenster FAKTORENANALYSE klicken Sie nun auf die Schaltfläche ROTATION…. Es öffnet sich das Fenster FAKTORENANALYSE: ROTATION (siehe *Abbildung 5.9*). Wählen Sie die gewünschte Rotationsmethode per Mausklick aus (in unserem Beispiel wurde PROMAX ausgewählt). Verschiedene Rotationstechniken wurden in *Kapitel 5.8* beschrieben. Belassen Sie bei der Promax-Rotation die Voreinstellung von Kappa auf 4. Sie ist in vielen Fällen geeignet. Was in dieser Einstellung genau geändert wird, wird in *Kapitel 5.8* unter Promax genauer erläutert. Tragen Sie bei OBLIMIN einen Delta-Wert von 0 ein, um maximal korrelierende Faktoren zu erhalten (0 führt zu maximal korrelierenden Faktoren, –4 führt zu schwach korrelierenden Faktoren). Schlägt die Rotation in SPSS fehl, muss möglicherweise die Maximalzahl der Iterationen für die Konvergenz erhöht werden. Dies wird Ihnen ebenfalls durch eine SPSS-Fehlermeldung angezeigt (im SPSS-Ausgabefenster). Schließen Sie das Fenster mit [Weiter].

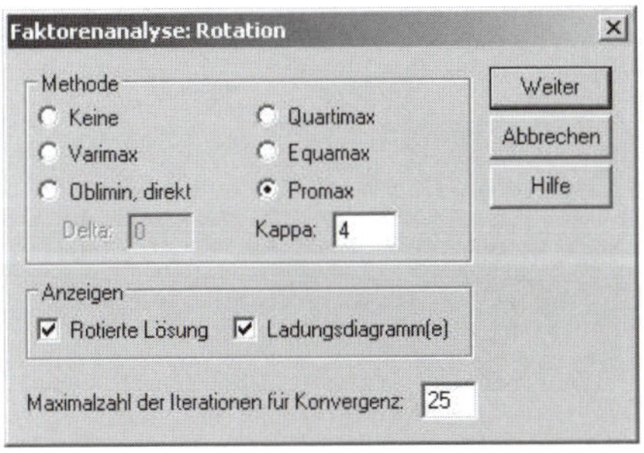

Abbildung 5.9: SPSS-Fenster FAKTORENANALYSE: ROTATION

„Werte..." Im Fenster FAKTORENANALYSE betätigen Sie die Schaltfläche WERTE.... Es erscheint das Fenster FAKTORENANALYSE: FAKTORWERTE. Falls gewünscht, können die individuellen Werte einer Person z.B. über die Methode REGRESSION in der Datendatei gespeichert und damit weiterverarbeitet werden (siehe *Abbildung 5.10*). Mit diesen Faktorwerten kann dann wiederum eine Faktorenanalyse höherer Ordnung durchgeführt werden. In diesem Fall muss das Kästchen ALS VARIABLEN SPEICHERN per Mausklick markiert werden. Schließen Sie das Fenster mit Weiter.

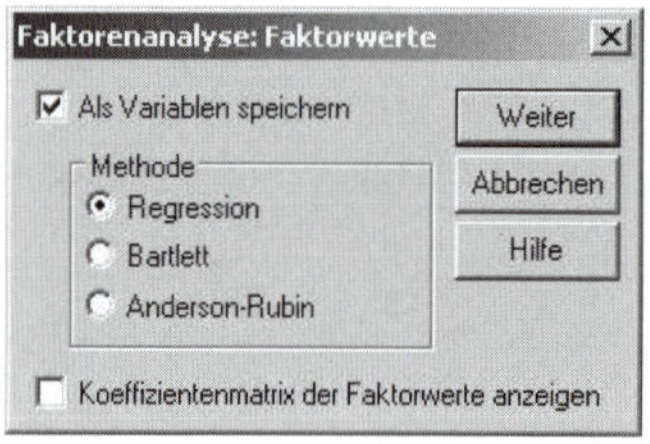

Abbildung 5.10: SPSS-Fenster FAKTORENANALYSE: FAKTORWERTE

„Optionen..." Im Fenster FAKTORENANALYSE betätigen Sie die Schaltfläche OPTIONEN.... Es erscheint das Fenster FAKTORENANALYSE: OPTIONEN. Wählen Sie für den Umgang mit Fällen (Brosius 2002, S. 759), in denen fehlende Werte enthalten sind, zwischen den folgenden Optionen (siehe *Abbildung 5.11*):

- *Listenweiser Fallausschluss*:

  Fälle, die in mindestens einer der in die Faktorenanalyse einbezogenen Variablen einen fehlenden Wert aufweisen, werden vollständig aus der Analyse ausgeschlossen.

- *Paarweiser Fallausschluss*:

  Bei der Berechnung der Korrelationen werden alle Fälle berücksichtigt, die für das betreffende Variablenpaar zwei gültige Werte aufweisen, auch wenn diese Fälle in anderen in die Analyse einbezogenen Variablen einen fehlenden Wert enthalten.

- *Durch Mittelwert ersetzen*:

  Fehlende Werte werden durch den Mittelwert der jeweiligen Variablen ersetzt, so dass alle Fälle in die Analyse einbezogen werden. Wichtig ist dabei, dass das Ersetzen der fehlenden Werte sich nur auf die aktuelle Faktorenanalyse und nicht auf die Datendatei auswirkt.

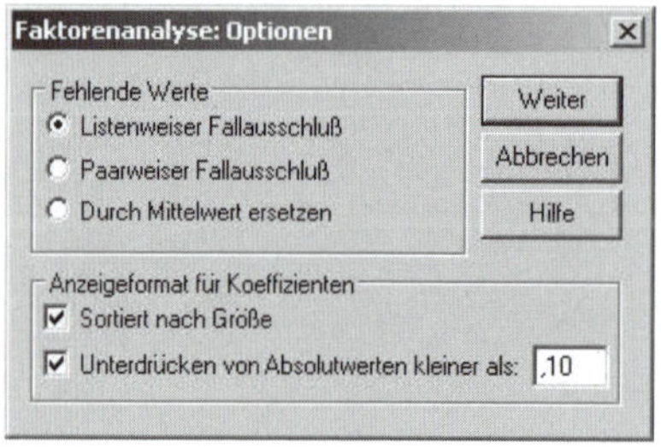

Abbildung 5.11: SPSS-Fenster FAKTORENANALYSE: OPTIONEN

Zu empfehlen ist LISTENWEISER FALLAUSSCHLUSS. Bei paarweisem Fallausschluss können Schätzprobleme auftreten und zu SPSS-Fehlermeldungen führen. Nur wenn viele fehlende Werte vorliegen, sind die Optionen DURCH MITTELWERT ERSETZEN oder PAARWEISER FALLAUSSCHLUSS sinnvoll. Zusätzlich ist der Übersichtlichkeit halber als Anzeigeformat für die Ladungen eine Kombination der beiden folgenden Optionen zu empfehlen:

- *Sortiert nach Größe*:

  Faktorladungs- und Faktorstrukturmatrizen werden nach der Größe der Werte sortiert, so dass Variablen, die auf demselben Faktor hohe Ladungen aufweisen, zusammen erscheinen.

- *Unterdrücken von Ladungen*:

  Diese Option schließt Koeffizienten mit einem Betrag unterhalb des angegeben Wertes aus den SPSS-Ergebnisdarstellungen aus. Damit werden nur die besonders relevanten Werte aufgeführt (beispielsweise kann die Signifikanzgrenze der Ladungen eingegeben werden). Nach Kline (1994) kann es durchaus sinnvoll sein, Ladungen $a < .30$ zu unterdrücken, das heißt, alle Variablen, die mit dem Faktor weniger als 10 Prozent ($a^2 < .10$) gemeinsame Varianz aufweisen. Auch kann es sinnvoll sein, sich nur signifikante Ladungen anzeigen zu lassen (vgl. Richtlinien von Stevens, 2002, siehe *Kapitel 5.9*).

5.11 Beispiel einer Faktorenanalyse mit SPSS

Wie interpretiert man die SPSS-Ausgabe einer Faktorenanalyse?

An einem Beispiel soll die Durchführung einer Faktorenanalyse mit SPSS beschrieben werden. Es handelt sich hier um eine Analyse der NEO-FFI-Skalen „Extraversion" und „Neurotizismus" mit einer Stichprobe von $N = 101$ Studenten. Es werden vergleichend eine Hauptkomponentenanalyse (PCA), eine Hauptachsenanalyse (PAF) und eine Maximum-Likelihood-Analyse (ML) mit Promax-Rotation und für die ML-Methode zusätzlich noch mit Variamax-Rotation dargestellt. In *Abbildung 5.12* ist die Korrelationsmatrix der NEO-FFI-Items dargestellt. (Vorgehen: ANALYSIEREN, KORRELATION und BIVARIAT mit den Items der Skalen „Extraversion" und „Neurotizismus"). Die Tabellen sind gegenüber der SPSS-Originalausgabe leicht modifiziert. Es wurde eine Rundung auf zwei Stellen nach dem Komma durchgeführt und Tabellen zusammengefügt.

Die erste Schwierigkeit tritt schon bei der Berechnung der Pearson-Korrelationen der Itemrohwerte auf. Es handelt sich größtenteils um nicht normalverteilte Werte (siehe *Abschnitt 3.4.4*). Meist sind bei der Korrelation zwischen schief verteilten Items keine eindeutigen linearen Zusammenhänge zu erwarten. Vielmehr sind häufig schwach monotone Zusammenhänge zu erwarten. Dennoch enthalten auch schwach monotone Zusammenhänge einen linearen Anteil. Auch handelt es sich streng genommen um Ranginformationen. In *Abbildung 5.12* ist die Korrelationsmatrix der NEO-FFI-Items dargestellt. Die Korrelationen reichen von $r = -.54$ bis $r = .69$.

Korrelationsmatrix

	N2	N7	N12	N17	N22	N27	N32	N37	N42	N47	N52	N57	N1	N6	N11	N16	N21	N26	N31	N36	N41	N46	N51	N56
N2	1,00	,17	,32	,37	,32	,32	,19	,40	,36	,08	,32	,26	-,06	-,22	-,15	-,22	-,30	-,24	-,10	-,14	-,08	-,24	-,05	-,03
N7	,17	1,00	,15	,33	-,10	,23	,03	,29	,08	-,07	,05	,08	-,11	,04	-,07	,00	-,13	,08	,02	-,16	-,02	,02	-,09	,09
N12	,32	,15	1,00	,20	,09	,17	,20	,42	,32	-,02	,23	,12	-,20	-,18	-,13	-,18	-,36	-,15	-,15	-,16	-,15	-,20	-,18	,05
N17	,37	,33	,20	1,00	,09	,31	,19	,39	,26	-,02	,17	,14	-,03	-,11	,02	-,01	-,13	-,13	,11	,01	-,07	-,05	-,10	,00
N22	,32	-,10	,09	,09	1,00	,13	,22	,07	,12	,22	,19	,13	,18	-,05	-,05	,03	,02	-,14	,04	,14	-,01	-,01	,12	-,03
N27	,32	,23	,17	,31	,13	1,00	,19	,43	,27	,15	,26	,35	-,09	-,09	-,06	-,33	-,29	-,05	,04	-,09	-,21	-,30	-,08	,06
N32	,19	,03	,20	,19	,22	,19	1,00	,22	,17	,16	,23	,09	,16	-,13	-,13	-,04	-,04	-,06	,05	,08	-,06	-,13	,07	,06
N37	,40	,29	,42	,39	,07	,43	,22	1,00	,44	,00	,28	,17	-,16	-,35	-,06	-,54	-,42	-,29	-,23	-,16	-,08	-,49	-,24	-,08
N42	,36	,08	,32	,26	,12	,27	,17	,44	1,00	-,29	,16	,15	-,09	-,21	-,20	-,45	-,32	-,50	-,08	-,16	-,33	-,44	-,24	-,01
N47	,08	-,07	-,02	-,02	,22	,15	,16	,00	-,29	1,00	,23	,04	,01	,02	,13	,00	,26	,09	-,03	,22	,12	,04	,06	-,10
N52	,32	,05	,23	,17	,19	,26	,23	,28	,16	,23	1,00	,20	-,14	-,12	,07	-,11	-,17	-,10	-,12	-,16	-,27	-,11	-,16	-,17
N57	,26	,08	,12	,14	,13	,35	,09	,17	,15	,04	,20	1,00	,03	-,30	-,11	-,18	-,15	-,27	,04	-,18	-,43	-,09	-,14	,05
N1	-,06	-,11	-,20	-,03	,18	-,09	,16	-,16	-,09	,01	-,14	,03	1,00	,14	,07	,18	,21	,10	,28	,24	,06	,22	,11	,11
N6	-,22	,04	-,18	-,11	-,05	-,09	-,13	-,35	-,21	,02	-,12	-,30	,14	1,00	,30	,29	,39	,42	,16	,23	,27	,36	,33	,09
N11	-,15	-,07	-,13	,02	-,05	-,06	-,13	-,06	-,20	,13	,07	-,11	,07	,30	1,00	,27	,46	,37	,24	,17	,38	,27	,13	,01
N16	-,22	,00	-,18	-,01	,03	-,33	-,04	-,54	-,45	,00	-,11	-,18	,18	,29	,27	1,00	,39	,47	,39	,16	,09	,69	,33	-,02
N21	-,30	-,13	-,36	-,13	,02	-,29	-,04	-,42	-,32	,26	-,17	-,15	,21	,39	,46	,39	1,00	,32	,14	,23	,27	,53	,28	,06
N26	-,24	,08	-,15	-,13	-,14	-,05	-,06	-,29	-,50	,09	-,10	-,27	,10	,42	,37	,47	,32	,100	,30	,20	,40	,48	,38	-,04
N31	-,10	,02	-,15	,11	,04	,04	,05	-,23	-,08	-,03	-,12	,04	,28	,16	,24	,39	,14	,30	1,00	,32	,13	,24	,09	,15
N36	-,14	-,16	-,16	,01	,14	-,09	,08	-,16	-,16	,22	-,16	-,18	,24	,23	,17	,16	,23	,20	,32	1,00	,19	,29	,22	-,01
N41	-,08	-,02	-,15	-,07	-,01	-,21	-,06	-,08	-,33	,12	-,27	-,43	,06	,27	,38	,09	,27	,40	,13	,19	1,00	,17	,33	,15
N46	-,24	,02	-,20	-,05	-,01	-,30	-,13	-,49	-,44	,04	-,11	-,09	,22	,36	,27	,69	,53	,48	,24	,29	,17	1,00	,37	-,06
N51	-,05	-,09	-,18	-,10	,12	-,08	,07	-,24	-,24	,06	-,16	-,14	,11	,33	,13	,33	,28	,38	,09	,22	,33	,37	1,00	,11
N56	-,03	,09	,05	,00	-,03	,06	,06	-,08	-,01	-,10	-,17	,05	,11	,09	,01	-,02	,06	-,04	,15	-,01	,15	-,06	,11	1,00

Abbildung 5.12: Korrelationsmatrix der SPSS-Ausgabe

KMO-Wert und Bartlett-Test

Maß der Stichprobeneignung nach Kaiser-Meyer-Olkin		,70
Bartlett-Test auf Sphärizität	Ungefähres Chi-Quadrat	760,49
	df	276
	Signifikanz nach Bartlett	,000

Abbildung 5.13: SPSS-Ausgabe KMO-Wert und Bartlett-Test

In *Abbildung 5.13* wird der KMO-Koeffizient (Kaiser-Meyer-Olkin Measure of Sampling Adequacy) angegeben. Er zeigt an, ob substanzielle Korrelationen vorliegen, die die Durchführung einer Faktorenanalyse rechtfertigen. Der Wert liegt bei .70, was für eine gerade noch passable Eignung der Daten spricht (*Abschnitt 5.9*). Der Bartlett-Test (BARTLETT-TEST AUF SPHÄRIZITÄT) prüft die Nullhypothese, dass alle Korrelationen der

Korrelationsmatrix gleich null sind. Die Prüfgröße ist χ^2-(Chi-)verteilt, und im obigen Fall beträgt der χ^2-Wert 760.49 bei 276 Freiheitsgeraden und ist damit signifikant (p = .000). Das heißt, die Korrelationen weichen signifikant von null ab. Zu bedenken ist, dass bei einem großen N der Bartlett-Test fast immer signifikant wird (höhere Teststärke).

Anti-Image-Matrizen

	N1	N6	N11	N16	N21	N26	N31	N36	N41	N46	N51	N56	N2	N7	N12	N17	N22	N27	N32	N37	N42	N47	N52	N57
N1	**,69**	-,11	,00	,03	,00	-,01	-,16	-,05	,05	-,13	,08	-,10	-,03	,10	,18	,03	-,18	,08	-,21	-,08	,02	,03	,13	-,05
N6	-,11	**,82**	-,11	,04	-,17	-,13	,05	-,12	-,01	-,01	-,17	-,04	,03	-,17	-,08	,02	,02	-,15	,11	,23	-,07	,07	-,08	,21
N11	,00	-,11	**,61**	-,22	-,39	-,13	-,09	-,07	-,34	,12	,11	,01	,10	,16	-,02	-,02	,08	-,05	,23	-,23	-,06	,05	-,28	-,16
N16	,03	,04	-,22	**,70**	,06	-,08	-,34	,21	,32	-,41	-,16	,04	-,07	-,09	-,09	-,19	-,16	,19	-,15	,28	,27	,05	,07	,25
N21	,00	-,17	-,39	,06	**,73**	-,01	,09	,11	,04	-,35	,01	-,13	,10	,03	,27	-,05	-,07	,18	-,17	,09	-,15	-,37	,19	-,01
N26	-,01	-,13	-,13	-,08	-,01	**,80**	-,19	,01	-,17	-,13	-,19	,20	,03	-,14	-,12	,15	,15	-,26	-,06	,02	,30	,09	-,05	,15
N31	-,16	,05	-,09	-,34	,09	-,19	**,60**	-,30	-,15	,12	,16	-,13	,06	-,02	,09	-,08	,02	-,12	-,01	,12	-,22	,02	,03	-,20
N36	-,05	-,12	-,07	,21	,11	,01	-,30	**,64**	,09	-,26	-,08	,02	,05	,15	,06	-,10	-,13	,07	-,11	-,06	,02	-,24	,18	,18
N41	,05	-,01	-,34	,32	,04	-,17	-,15	,09	**,60**	-,08	-,20	-,17	-,20	-,02	,05	-,05	-,11	,20	-,07	-,09	,24	-,08	,27	,39
N46	-,13	-,01	,12	-,41	-,35	-,13	,12	-,26	-,08	**,77**	-,13	,15	,04	-,13	-,15	-,07	,06	,05	,19	,12	,06	,15	-,15	-,22
N51	,08	-,17	,11	-,16	,01	-,19	,16	-,08	-,20	-,13	**,76**	-,14	-,08	,15	,15	,07	-,11	-,06	-,13	-,06	-,07	,02	,09	-,09
N56	-,10	-,04	,01	,04	-,13	,20	-,13	,02	-,17	,15	-,14	**,33**	,03	-,15	-,21	,02	,05	-,13	-,05	,18	,10	,15	,06	-,08
N2	-,03	,03	,10	-,07	,10	,03	,06	,05	-,20	,04	-,08	,03	**,82**	-,06	-,09	-,20	-,20	-,05	,05	-,04	-,20	-,09	-,17	-,17
N7	,10	-,17	,16	-,09	,03	-,14	-,02	,15	-,02	-,13	,15	-,15	-,06	**,57**	,06	-,19	,07	-,06	,02	-,28	,00	-,01	,05	-,03
N12	,18	-,08	-,02	-,09	,27	-,12	,09	,06	,05	-,15	,15	-,21	-,09	,06	**,71**	,01	-,06	,14	-,14	-,25	-,20	-,14	,02	-,04
N17	,03	,02	-,02	-,19	-,05	,15	-,08	-,10	-,05	-,07	,07	,02	-,20	-,19	,01	**,74**	,05	-,17	-,07	-,23	-,07	,06	-,01	,02
N22	-,18	,02	,08	-,16	-,07	,15	,02	-,13	-,11	,06	-,11	,05	-,20	,07	-,06	,05	**,63**	-,09	-,02	,00	-,08	-,11	-,13	-,06
N27	,08	-,15	-,05	,19	,18	-,26	-,12	,07	,20	,05	-,06	-,13	-,05	-,06	,14	-,17	-,09	**,72**	-,06	-,15	-,10	-,23	,01	-,20
N32	-,21	,11	,23	-,15	-,17	-,06	-,01	-,11	-,07	,19	-,13	-,05	,05	,02	-,14	-,07	-,02	-,06	**,57**	-,10	-,10	-,07	-,23	-,03
N37	-,08	,23	-,23	,28	,09	,02	,12	-,06	-,09	,12	-,06	,18	-,04	-,28	-,25	-,23	,00	-,15	-,10	**,81**	-,06	,04	-,07	,03
N42	,02	-,07	-,06	,27	-,15	,30	-,22	,02	,24	,06	-,07	,10	-,20	,00	-,20	-,07	-,08	-,10	-,10	-,06	**,74**	,39	-,01	,19
N47	,03	,07	,05	,05	-,37	,09	,02	-,24	-,08	,15	,02	,15	-,09	-,01	-,14	,06	-,11	-,23	-,07	,04	,39	**,42**	-,23	,00
N52	,13	-,08	-,28	,07	,19	-,05	,03	,18	,27	-,15	,09	,06	-,17	,05	,02	-,01	-,13	,01	-,23	-,07	-,01	-,23	**,65**	,03
N57	-,05	,21	-,16	,25	-,01	,15	-,20	,18	,39	-,22	-,09	-,08	-,17	-,03	-,04	,02	-,06	-,20	-,03	,03	,19	,00	,03	**,59**

Abbildung 5.14: SPSS-Ausgabe Anti-Image-Matrizen. Fett: Maß der Stichprobeneignung, in der SPSS-Ausgabe mit (a) vermerkt

Die Anti-Image-Matrix aus *Abbildung 5.14* enthält über und unter der Diagonalen der Korrelationsmatrix die Partialkorrelationen der Items. Das heißt, aus dem entsprechenden Zusammenhang zwischen zwei Items sind alle anderen Items der Matrix auspartialisiert. Die Partialkorrelationen sollten nahe null sein. Wichtiger sind die Werte der Diagonalen in der Matrix (durch Fettdruck hervorgehoben). Dort sind die MSA-Koeffizienten eingetragen. Ein hoher Wert (> .80) deutet (analog zum KMO-Koeffizienten) eine gute Eignung der Testkennwerte für die Faktorenanalyse an. Für einige Items ist die Eignung nicht gegeben (MSA < .50), wie für die Items „N56“ (MSA = .33) und „N47“ (MSA = .42). Dennoch ist es ungünstig, Items alleine aufgrund statistischer Kennwerte aus dem Test zu entfernen. Daher sollen diese Items zuerst einmal beibehalten werden.

Kommunalitäten

	Hauptkomponenten-analyse		Hauptachsenanalyse		Maximum-Likelihood-Analyse	
	Anfänglich	Extraktion	Anfänglich	Extraktion	Anfänglich	Extraktion
N1	1,000	,152	,247	,096	,247	,079 ❶
N6	1,000	,341	,402	,290	,402	,270
N11	1,000	,281	,486	,223	,486	,203
N16	1,000	,500	,700	,466	,700	,557
N21	1,000	,481	,597	,431	,597	,407
N26	1,000	,482	,580	,442	,580	,433
N31	1,000	,264	,428	,187	,428	,185
N36	1,000	,261	,355	,184	,355	,142
N41	1,000	,240	,551	,191	,551	,139
N46	1,000	,552	,668	,529	,668	,609
N51	1,000	,303	,371	,242	,371	,230
N56	1,000	,006	,226	,003	,226	,001 ❷
N2	1,000	,483	,424	,420	,424	,398
N7	1,000	,098	,310	,073	,310	,124
N12	1,000	,274	,367	,225	,367	,232
N17	1,000	,365	,367	,287	,367	,347
N22	1,000	,251	,281	,137	,281	,096 ❸
N27	1,000	,420	,474	,345	,474	,338
N32	1,000	,279	,290	,170	,290	,139
N37	1,000	,560	,639	,536	,639	,573
N42	1,000	,428	,582	,382	,582	,390
N47	1,000	,175	,419	,091	,419	,054 ❹
N52	1,000	,284	,382	,207	,382	,192
N57	1,000	,206	,433	,153	,433	,130

Abbildung 5.15: Vergleichende Darstellung der SPSS-Kommunalitätenschätzungen und der anfänglichen Kommunalitäten für unterschiedliche Methoden, Extraktionsmethode: Hauptkomponentenanalyse, Hauptachsenanalyse, Maximum-Likelihood-Analyse

Dargestellt ist in *Abbildung 5.15* die Höhe der Kommunalitäten vor der Faktorenextraktion und nach der Faktorenextraktion. Bei der Hauptkomponentenanalyse steht unter der Spalte „Anfänglich“ für jedes Item der Wert 1, bei der Hauptachsenanalyse und der Maximum-Likelihood-Analyse wird die quadrierte multiple Korrelation (R^2) eingesetzt (siehe *Kapitel 8*). Die Testkennwerte sind nicht multivariat normalverteilt (aus der Abbildung nicht zu erkennen), allerdings ist bei allen Items die Schiefe kleiner als 1.21 und der Exzess kleiner als 2.55. Diese Ausgabe ist im Kontext der Faktorenanalyse nicht erhältlich und muss über „Deskriptive Statistiken" erzeugt werden (siehe *Abschnitt 3.4.6*). Es ist also anzunehmen, dass die ML-Methode keine gravierend verzerrten Resultate erbringt. Die Ermittlung der Kommunalitäten bezieht sich hier auf die Extraktion von zwei Faktoren. In der Regel fallen die Kommunalitäten umso höher aus, je mehr Faktoren extrahiert werden. Die Kommunalitäten der Items N1 ❶, N56 ❷, N22 ❸ und N47 ❹ sind bei der Hauptachsenmethode bzw. der ML-Methode sehr gering ($h^2 < .10$). Das heißt, diese Items werden in beiden Analysen nur unzureichend von den zwei Faktoren erfasst: Der Anteil aufgeklärter Varianz der Items durch beide Faktoren ist kleiner als 10 Prozent.

Interessant ist in diesem Zusammenhang, dass in diesem Bespiel die Kommunalitäten der Hauptkomponenten- und Hauptachsenanalyse zu $r = .984$ korrelieren (nicht aus dieser Ausgabe ersichtlich). Die Kommunalitäten der Hauptkomponentenanalyse ($M = .32$, $S = .14$) fallen im Schnitt etwa eine halbe Standardabweichung höher aus als bei der Hauptachsenanalyse ($M = .26$, $S = .15$). Das heißt, sie unterscheiden sich deutlich in der Höhe, aber nicht in der Rangreihe, was durch die hohe Korrelation von $r = .984$ ersichtlich wird. Items, die einen hohen Varianzanteil über alle Faktoren in der Hauptkomponentenanalyse aufklären, tun dies also auch in der Hauptachsenanalyse. Jedoch ist der gemeinsame Varianzanteil eines Items mit beiden Faktoren (Kommunalität) in der Hauptachsenanalyse geringer.

Der Eigenwertverlauf (siehe *Abbildung 5.16*) in Spalte „Anfängliche Eigenwerte" deutet an, dass nach dem Eigenwertkriterium > 1 eine 7-faktorielle Lösung ❶ angemessen wäre. Sieben Faktoren erklären zusammen etwa 61 Prozent ❷ der Gesamtvarianz. Aufgrund vorheriger Analysen und Annahmen wurden jedoch nur zwei Faktoren („Extraversion" und „Neurotizismus") extrahiert, die zusammen etwa 32 Prozent ❸ der Gesamtvarianz aufklären, der erste etwa 22 Prozent und der zweite etwa 10 Prozent. Dies spiegelt die Verhältnisse vor der Rotation wider. Diese Verhältnisse ändern sich nach der Rotation. Teilt man die Eigenwerte in der Spalte „Rotierte Summe" durch die Anzahl der Variablen und multipliziert sie mit hundert, erhält man die aufgeklärte Varianz der beiden Faktoren nach der Rotation. In unserem Fall klärt der erste Faktor etwa 20 Prozent ❹ ($4.919 / 24 \cdot 100$) auf und der zweite 16 Prozent ❺ ($3.945 / 24 \cdot 100$). Vergleicht man die Varianzaufklärung vor und nach der Rotation, ergeben sich deutliche Unterschiede. Dies ergibt sich daraus, dass die summierten Eigenwerte der ersten beiden Faktoren vor und nach der Rotation nicht identisch sind. Der Grund dafür ist, dass hier korrelierte Faktoren vorliegen. Bei der Berechnung der Eigenwerte müsste die Korrelation zwischen den Faktoren mitberücksichtigt werden. Jeder Eigenwert enthält einen „Teil", der auch schon im anderen Faktor enthalten ist. Würde hier eine Varimax-Rotation durchgeführt werden, wären die summierten Eigenwerte der ersten beiden Faktoren vor und nach der Rotation gleich. Daher kann bei obliquer Rotation anhand des Eigenwerts zwar ein Vergleich der „Wichtigkeit" der Faktoren vorgenommen werden, die Summe der Eigenwerte ist aber vor und nach der Rotation nicht mehr gleich. Daher ist es wenig sinnvoll, die aufgeklärte Varianz nach einer obliquen Rotation anzugeben. Die angegebene aufgeklärte Varianz der Faktoren an der Gesamtvarianz der Items überschätzt in diesem Fall die eigentliche aufgeklärte Varianz der Faktoren an der Gesamtvarianz der Items.

Erklärte Gesamtvarianz

Komponente	Anfängliche Eigenwerte			Summen von quadrierten Faktorladungen für Extraktion			Rotierte Summe[a]
	Gesamt	% der Varianz	Kumulierte %	Gesamt	% der Varianz	Kumulierte %	Gesamt
1	5,368	22,367	22,367	5,368	22,367	22,367	4,919 ❹
2	2,320	9,665	32,032	2,320	9,665	32,03 ❸	3,945 ❺
3	1,673	6,972	39,004				
4	1,540	6,419	45,423				
5	1,456	6,067	51,490				
6	1,168	4,865	56,355				
7	1,103 ❶	4,596	60,950 ❷				
8	,978	4,076	65,027				
9	,914	3,809	68,835				
10	,891	3,714	72,549				
11	,847	3,528	76,077				
12	,781	3,254	79,331				
13	,721	3,004	82,336				
14	,674	2,810	85,146				
15	,557	2,322	87,468				
16	,514	2,143	89,611				
17	,498	2,076	91,686				
18	,400	1,668	93,354				
19	,376	1,566	94,921				
20	,338	1,406	96,327				
21	,280	1,168	97,495				
22	,249	1,037	98,532				
23	,199	,828	99,359				
24	,154	,641	100,000				

Abbildung 5.16: Darstellung der SPSS-Ausgabe „Erklärte Gesamtvarianz", Extraktionsmethode: Hauptkomponentenanalyse. a) Wenn Komponenten korreliert sind, können die Summen der quadrierten Ladungen nicht addiert werden, um eine Gesamtvarianz zu erhalten.

Faktorenextraktion: Scree-Plot

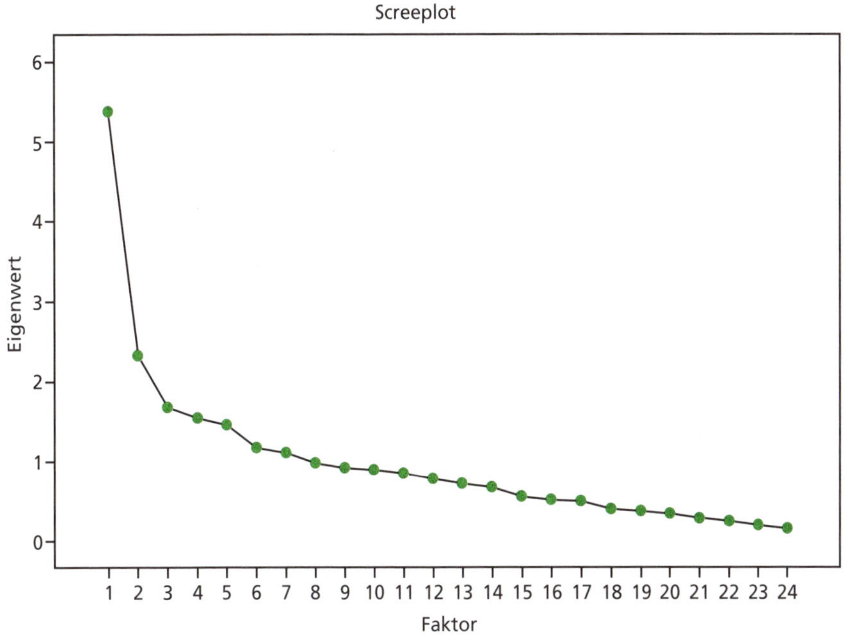

Abbildung 5.17: Scree-Plot aus der SPSS-Ausgabe (leicht modifiziert)

In *Abbildung 5.17* ist ein Scree-Plot dargestellt. Auf der *x*-Achse ist die Anzahl der Faktoren aufgetragen und auf der *y*-Achse der dazugehörige Eigenwert. Als Extraktionskriterium kann man die Anzahl der Faktoren bis zum Knick (von links nach rechts) im Eigenwertverlauf verwenden, in diesem Beispiel entweder zwei oder fünf Faktoren (Bortz, 1999). Im Folgenden werden weitere Methoden der Faktorenextraktion vorgestellt, darunter der MAP-Test und die Parallelanalyse.

Parallelanalyse

Im Folgenden *(Abbildung 5.18)* wird die SPSS-Ausgabe einer Parallelanalyse nach O'Connor (2000) dargestellt.

Bei dieser Prozedur werden zufällige Eigenwerte vieler **Hauptkomponentenanalysen** (oder Hauptachsenanalysen) erzeugt. Diese ist nicht über die visuelle SPSS-Oberfläche erhältlich, sondern wird mit Hilfe der SPSS-Syntax erzeugt. Diese Syntax ist bei O'Connor (2000) abgedruckt. Nach Eingabe der entsprechenden Werte (Anzahl der Fälle: ncases; Anzahl der Variablen: nvars; Anzahl der Stichproben: ndatsets; Perzentil: percent) erzeugt SPSS für unser Beispiel mit Hilfe der Syntax automatisch jeweils 1000 Datendateien (Stichproben) ❸ mit 101 Fällen ❶ und 24 Zufallsvariablen ❷. Je mehr Datendateien simuliert werden, desto genauer kann die Verteilung der Eigenwerte bestimmt werden. Es muss außerdem voreingestellt werden, welche Art der Faktorenanalyse berechnet werden soll: Hauptachsen- oder Hauptkomponentenanalyse. Dies kann eingestellt werden durch „compute kind = ". Wird der Wert 1 gewählt, erfolgt die Durchführung einer Hauptkomponentenanalyse, wird der Wert 2 gewählt, erfolgt die Durchführung einer Hauptachsenanalyse.

Run MATRIX procedure:
PARALLEL ANALYSIS:
Principal Components
Specifications for this Run:

Ncases	101	❶
Nvars	24	❷
Ndatsets	1000	❸
Percent	95	

Random Data Eigenvalues

Root	Means	Prcntyle	❹	empirischer Eigenwertverlauf
1,000000	2,015747	2,186831	<	5,368
2,000000	**1,840348**	**1,962085**	**<**	**2,320 <- zwei Faktoren**
3,000000	1,707017	1,808901	>	1,673
4,000000	1,591329	1,679670	>	1,540
5,000000	1,489395	1,571834	>	1,456
6,000000	1,396395	1,463334		
7,000000	1,311796	1,379956		
8,000000	1,233978	1,296046		
9,000000	1,160332	1,220034		
10,000000	1,090024	1,152830		
11,000000	1,023255	1,079921		
12,000000	,957441	1,013656		
13,000000	,896340	,944204		
14,000000	,837692	,885282		
15,000000	,781684	,832437		
16,000000	,726454	,777626		
17,000000	,671833	,723077		
18,000000	,619821	,669599		
19,000000	,569819	,619019		
20,000000	,518637	,566383		
21,000000	,468848	,516212		
22,000000	,419027	,466130		
23,000000	,366186	,414991		
24,000000	,306601	,362218		

------ END MATRIX -----

Abbildung 5.18: Ergebnis einer Parallelanalyse in SPSS

Theoretisch können so viele Faktoren wie Items extrahiert werden, für unser Beispiel also 24 Faktoren. Daraus folgt, dass für jede einzelne der 24 möglichen Komponenten oder Faktoren eine Verteilung von 1000 „zufälligen" Eigenwerten resultiert. Anhand dieser Verteilung wird eine Grenze definiert (95 Prozent), ab der Eigenwerte von Zufallsdaten nur noch mit einer Wahrscheinlichkeit von fünf Prozent auftreten. Eigenwerte in dieser Größe sind damit extrem unwahrscheinlich auf den Zufall zurückzuführen. Es wird dann davon ausgegangen, dass Eigenwerte, die über dieser Grenze liegen, nicht mehr der Verteilung der zufälligen Eigenwerte angehören, sondern empirisch bedeutsam sind. Diese Grenze ist das 95-Prozent-Perzentil ❹. Betrachten wir das Beispiel oben: Das 95-Prozent-Perzentil der Verteilung zufällig erzeugter Eigenwerte der ersten drei Komponenten liegt bei: 2.186831, 1.962085, 1.808901. Der empirisch beobachtete Eigenwertverlauf beträgt: 5.368, 2.320, 1.673. Dieser wird in der Ausgabe nicht dargestellt und wurde zusätzlich vermerkt. Die empirischen Eigenwerte können aus *Abbildung 5.16* „Anfängliche Eigenwerte“ der Spalte „Gesamt“ entnommen werden. Es werden die Komponenten oder Faktoren extrahiert, deren empirischer Eigenwertverlauf über dem zufälligen Eigenwertverlauf liegt. Das heißt, der empirisch beobachtete Eigenwert liegt nur für die ersten beiden Komponenten über der Grenze von 95 Prozent der zufällig erzeugten Eigenwerte. Damit werden diese ersten beiden Komponenten als statistisch bedeutsam erachtet. Je mehr Probanden in eine Parallelanalyse mit aufgenommen werden, desto flacher wird der Eigenwertverlauf, das heißt, bei einem geringen N werden weniger Faktoren extrahiert als bei einem hohen N.

MAP-Test

Im Folgenden (siehe *Abbildung 5.19*) wird die SPSS-Ausgabe eines MAP-Tests nach O'Connor (2000) dargestellt.

Dieser Test beruht auf Partialkorrelationen der jeweiligen extrahierten Komponenten (Hauptkomponentenanalyse) aus der ursprünglichen Korrelationsmatrix. Prozeduren zur Berechnung mit SPSS stellt O'Connor (2000) zur Verfügung. Im oberen Teil der Ergebnisdarstellung in *Abbildung 5.19* sind die Eigenwerte der Faktoren dargestellt. Im unteren Teil der Ergebnisdarstellung ist in der ersten Spalte die Anzahl der auspartialisierten Komponenten dargestellt und in der zweiten Spalte die mittlere quadrierte Partialkorrelation. Hinter der Zahl ,00000 ❶ ist die mittlere quadrierte Korrelation r^2 der Ausgangskorrelationsmatrix aufgeführt. Es wird die Anzahl an Faktoren extrahiert, bei der die mittlere Partialkorrelation zwischen den Items nach Auspartialisierung der entsprechenden Komponenten am geringsten ist ❷. Nach der Auspartialisierung der dritten Komponente steigt die Partialkorrelation wieder an. Auch nach dem MAP-Test ❸ sind also zwei Faktoren zu extrahieren.

```
Velicer's Minimum Average Partial (MAP) Test:

Eigenvalues
   5,368263
   2,319585
   1,673445
   1,540507
   1,456823
   1,167354
   1,102695
    ,978321
    ,914143
    ,892314
    ,846928
    ,780636
    ,720605
    ,674568
    ,557434
    ,514247
    ,497431
    ,400737
    ,375746
    ,336945
    ,280596
```

```
      ,248339
      ,198580
      ,15375

Velicer's Average Squared Correlations
       ,000000     ,047835 ← mittleres r² ❶
      1,000000     ,020843
      2,000000     ,019312 ← kleinstes partielles mittleres r² ❷
      3,000000     ,020772
      4,000000     ,023000
      5,000000     ,023464
      6,000000     ,026032
      7,000000     ,030242
      8,000000     ,034136
      9,000000     ,039249
     10,000000     ,043625
     11,000000     ,048924
     12,000000     ,056162
     13,000000     ,065647
     14,000000     ,078211
     15,000000     ,094928
     16,000000     ,111447
     17,000000     ,135653
     18,000000     ,156703
     19,000000     ,185101
     20,000000     ,228566
     21,000000     ,314963
     22,000000     ,488468
     23,000000    1,000000

The smallest average squared correlation is
      ,019312

The number of components is
  2 ❸

------ END MATRIX -----
```

Abbildung 5.19: Darstellung eines Minimum Average Partial Test (MAP) mit SPSS

Hintergrund: Wie bereite ich eine Korrelationsmatrix so auf, dass ich einen MAP-Test durchführen kann? Zuerst erstellt man eine Korrelationsmatrix mit SPSS (ANALYSIEREN → KORRELATIONEN → BIVARIAT). Die entsprechenden Items werden dann in das Variablenfenster gezogen und mit der Schaltfläche OK bestätigt. Im SPSS-Ausgabefenster wird dann die Korrelationsmatrix mit einem Doppelklick auf die Ausgabe geöffnet. Danach werden durch gedrückt Halten der rechten Maustaste die Felder „Signifikanz (2-seitig)" und „*N*" markiert. In jeder Zeile der Korrelationstabelle werden diese Felder nun mit der Farbe Schwarz markiert. Anschließend wird der Mauszeiger auf die in schwarzer Farbe markierten Felder geführt und die rechte Maustaste betätigt. Es öffnet sich ein Kontextmenü. Nun muss der Menüpunkt AUSWÄHLEN und anschließend DATENZELLEN gewählt werden.

Jetzt sind alle Datenzellen in schwarzer Farbe markiert. Mit einem Druck auf die Taste „Entf" der Tastatur werden die entsprechenden Felder gelöscht. Nun klicken Sie auf eine Zelle „Korrelation nach Pearson", drücken wieder die rechte Maustaste und wählen die Menüpunkte AUSWÄHLEN und anschließend DATENZELLEN. Wiederum sind alle Zellen der Datenmatrix mit schwarzer Farbe markiert. Drücken Sie nun die Steuerungstaste und den Buchstaben C auf der Tastatur (STRG+C).

Anschließend öffnen Sie das Programm Microsoft Word und drücken die Tastenkombination Steuerungstaste und den Buchstaben V (STRG+V). Gehen Sie nun auf die Menüleiste BEARBEITEN und ERSETZEN. Geben Sie unter SUCHEN NACH: ein Komma (,) ein und unter ERSETZEN DURCH: einen Punkt (.). Klicken Sie danach auf ALLE ERSETZEN. Löschen Sie jetzt den Punkt wieder und klicken Sie auf ERWEITERN und SONSTIGES und TABSTOPPZEICHEN. Klicken Sie nun auf ERSETZEN und geben Sie unter ERSETZEN DURCH: ein Komma (,) ein; klicken Sie anschließend wieder auf SONSTIGES und TABSTOPPZEICHEN. Klicken Sie nun auf ALLE ERSETZEN. Markieren Sie schließlich die ganze Korrelationsmatrix mit der Tastenkombination STRG+C und verlassen Sie Microsoft Word.

Öffnen Sie unter SPSS das Syntaxfenster durch DATEI → ÖFFNEN → SYNTAX. Suchen Sie das Verzeichnis, in dem Ihre MAP-Test-Syntax-Datei gespeichert ist, und öffnen Sie diese. Gehen Sie hinter die geschweifte Klammer „{„ und löschen Sie die vorhandene Korrelationsmatrix bis zur geschweiften Klammer „}". Fügen Sie zwischen diese beiden Klammern die von Ihnen kopierte Korrelationsmatrix mit der Tastenkombination STRG+V ein. Nun müssen Sie manuell hinter jede Zeile ein Semikolon (;) einfügen, bis auf die letzte Zeile vor der geschweiften Klammer „}". Klicken Sie nun im SPSS-Syntax-Fenster auf AUSFÜHREN und ALLES. Anschließend öffnet sich das SPSS-Ausgabefenster mit dem MAP-Test.

Einfacher gestaltet sich die Durchführung des MAP-Tests, wenn man sich den Korrelationsbefehl (ANALYSIEREN → KORRELATIONEN → BIVARIAT → EINFÜGEN, zur Berechnung einer Korrelation siehe *Abschnitt 8.11*) über die Schaltfläche EINFÜGEN in das Syntax-Fenster ausgeben lässt und noch den Befehl MATRIX OUT =*.COR einfügt. Dadurch kann man eine Korrelationsmatrix abspeichern, die in der MAP-Syntax dann über den MGET-Befehl eingelesen werden kann.

```
CORRELATIONS
    /VARIABLES=n2 n7 n12 n17 n22 n27 n32 n37 n42 n47 n52 n57 n1 n6 n11 n16 n21
    n26 n31 n36 n41 n46 /MISSING=LISTWISE /ANALYSIS n2 n7 n12 n17 n22 n27 n32
    n37 n42 n47 n52 n57 n1 n6 n11 n16 n21 n26 n31 n36 n41 n46
    /PRINT=TWOTAIL NOSIG
    matrix=out ('c:\data.cor').
```

Reproduzierte Korrelationen und Residuen

	N2	N7	N12	N17	N22	N27	N32	N37	N42	N47	N52	N57	N1	N6	N11	N16	N21	N26	N31	N36	N41	N46	N51	N56
Reproduzierte Korrelation																								
N2	,40	,20	,30	,35	,17	,37	,22	,45	,32	,05	,28	,22	-,07	-,20	-,08	-,25	-,27	-,19	-,04	-,09	-,15	-,26	-,13	-,02
N7	,20	,12	,14	,21	,11	,19	,13	,20	,12	,05	,15	,10	,00	-,05	,02	-,04	-,07	-,02	,04	,00	-,04	-,04	-,01	-,01
N12	,30	,14	,23	,24	,11	,27	,15	,36	,28	,01	,20	,17	-,08	-,19	-,11	-,25	-,25	-,21	-,08	-,11	-,14	-,26	-,14	-,01
N17	,35	,21	,24	,35	,18	,32	,22	,34	,21	,09	,25	,18	-,01	-,09	,02	-,09	-,14	-,05	,05	-,01	-,07	-,09	-,03	-,01
N22	,17	,11	,11	,18	,10	,15	,11	,15	,08	,06	,12	,08	,01	-,02	,04	,00	-,03	,01	,05	,02	-,01	,00	,02	,00
N27	,37	,19	,27	,32	,15	,34	,21	,42	,30	,04	,25	,20	-,07	-,19	-,08	-,23	-,25	-,18	-,04	-,09	-,14	-,24	-,12	-,01
N32	,22	,13	,15	,22	,11	,21	,14	,22	,14	,05	,16	,12	-,01	-,06	,00	-,07	-,10	-,04	,02	-,01	-,05	-,07	-,02	-,01
N37	,45	,20	,36	,34	,15	,42	,22	,57	,45	,00	,30	,27	-,14	-,33	-,20	-,44	-,42	-,36	-,16	-,19	-,24	-,46	-,26	-,02
N42	,32	,12	,28	,21	,08	,30	,14	,45	,39	-,04	,21	,21	-,15	-,31	-,22	-,43	-,39	-,37	-,19	-,20	-,22	-,45	-,26	-,02
N47	,05	,05	,01	,09	,06	,04	,05	,00	-,04	,05	,04	,01	,05	,07	,08	,11	,07	,10	,09	,06	,05	,11	,08	,00
N52	,28	,15	,20	,25	,12	,25	,16	,30	,21	,04	,19	,15	-,04	-,12	-,04	-,15	-,17	-,11	-,01	-,05	-,09	-,15	-,07	-,01
N57	,22	,10	,17	,18	,08	,20	,12	,27	,21	,01	,15	,13	-,06	-,14	-,08	-,19	-,19	-,15	-,06	-,08	-,10	-,20	-,11	-,01
N1	-,07	,00	-,08	-,01	,01	-,07	-,01	-,14	-,15	,05	-,04	-,06	,08	,14	,13	,21	,17	,18	,12	,11	,10	,22	,13	,01
N6	-,20	-,05	-,19	-,09	-,02	-,19	-,06	-,33	-,31	,07	-,12	-,14	,14	,27	,22	,39	,33	,34	,20	,19	,19	,40	,24	,02
N11	-,08	,02	-,11	,02	,04	-,08	,00	-,20	-,22	,08	-,04	-,08	,13	,22	,20	,33	,26	,29	,19	,17	,16	,34	,21	,01
N16	-,25	-,04	-,25	-,09	,00	-,23	-,07	-,44	-,43	,11	-,15	-,19	,21	,39	,33	,56	,47	,49	,30	,28	,28	,58	,36	,02
N21	-,27	-,07	-,25	-,14	-,03	-,25	-,10	-,42	-,39	,07	-,17	-,19	,17	,33	,26	,47	,41	,41	,23	,23	,24	,49	,29	,02
N26	-,19	-,02	-,21	-,05	,01	-,18	-,04	-,36	-,37	,10	-,11	-,15	,18	,34	,29	,49	,41	,43	,27	,25	,24	,51	,32	,02
N31	-,04	,04	-,08	,05	,05	-,04	,02	-,16	-,19	,09	-,01	-,06	,12	,20	,19	,30	,23	,27	,18	,16	,14	,31	,20	,01
N36	-,09	,00	-,11	-,01	,02	-,09	-,01	-,19	-,20	,06	-,05	-,08	,11	,19	,17	,28	,23	,25	,16	,14	,14	,29	,18	,01
N41	-,15	-,04	-,14	-,07	-,01	-,14	-,05	-,24	-,22	,05	-,09	-,10	,10	,19	,16	,28	,24	,24	,14	,14	,14	,29	,17	,01
N46	-,26	-,04	-,26	-,09	,00	-,24	-,07	-,46	-,45	,11	-,15	-,20	,22	,40	,34	,58	,49	,51	,31	,29	,29	,61	,37	,02
N51	-,13	-,01	-,14	-,03	,02	-,12	-,02	-,26	-,26	,08	-,07	-,11	,13	,24	,21	,36	,29	,32	,20	,18	,17	,37	,23	,01
N56	-,02	-,01	-,01	-,01	,00	-,01	-,01	-,02	-,02	,00	-,01	-,01	,01	,02	,01	,02	,02	,02	,01	,01	,01	,02	,01	,00
Residuen																								
N2		-,03	,02	,02	,16	-,05	-,03	-,05	,04	,03	,05	,04	,01	-,02	-,07	,03	-,03	-,05	-,05	-,04	,06	,02	,08	-,02
N7	-,03		,01	,13	-,20	,05	-,10	,09	-,04	-,13	-,09	-,03	-,11	,09	-,09	,04	-,06	,10	-,02	-,16	,02	,06	-,08	,10
N12	,02	,01		-,03	-,02	-,11	,04	,06	,05	-,03	,03	-,05	-,12	,02	-,02	,08	-,11	,05	-,07	-,05	-,01	,06	-,03	,07
N17	,02	,13	-,03		-,09	-,01	-,03	,05	,05	-,11	-,08	-,04	-,02	-,02	,00	,08	,01	-,08	,06	,02	,00	,04	-,08	,01
N22	,16	-,20	-,02	-,09		-,03	,10	-,07	,05	,17	,07	,05	,17	-,04	-,08	,03	,06	-,16	-,01	,12	,00	-,01	,11	-,02
N27	-,05	,05	-,11	-,01	-,03		-,02	,01	-,03	,10	,01	,15	-,02	,10	,02	-,09	-,04	,13	,09	,00	-,07	-,06	,04	,08
N32	-,03	-,10	,04	-,03	,10	-,02		,00	,03	,11	,07	-,02	,17	-,07	-,13	,03	,06	-,02	,03	,09	-,01	-,06	,09	,06
N37	-,05	,09	,06	,05	-,07	,01	,00		-,01	,00	-,02	-,10	-,02	-,02	,14	-,10	,01	,07	-,07	,03	,16	-,03	,02	-,06
N42	,04	-,04	,05	,05	,05	-,03	,03	-,01		-,25	-,05	-,06	,06	,10	,02	-,03	,07	-,13	,11	,04	-,11	,01	,02	,01
N47	,03	-,13	-,03	-,11	,17	,10	,11	,00	-,25		,19	,03	-,03	-,05	,04	-,11	,19	-,02	-,11	,15	,07	-,07	-,02	-,10
N52	,05	-,09	,03	-,08	,07	,01	,07	-,02	-,05	,19		,05	-,10	,00	,11	,03	-,01	,01	-,10	-,11	-,18	,04	-,08	-,16
N57	,04	-,03	-,05	-,04	,05	,15	-,02	-,10	-,06	,03	,05		,09	-,16	-,03	,01	,03	-,11	,09	-,10	-,32	,11	-,03	,06
N1	,01	-,11	-,12	-,02	,17	-,02	,17	-,02	,06	-,03	-,10	,09		,00	-,06	-,02	,04	-,09	,17	,14	-,04	,00	-,02	,10
N6	-,02	,09	,02	-,02	-,04	,10	-,07	-,02	,10	-,05	,00	-,16	,00		,08	-,09	,06	,08	-,04	,04	,08	-,04	,09	,08
N11	-,07	-,09	-,02	,00	-,08	,02	-,13	,14	,02	,04	,11	-,03	-,06	,08		-,06	,20	,08	,05	,00	,22	-,07	-,09	-,01
N16	,03	,04	,08	,08	,03	-,09	,03	-,10	-,03	-,11	,03	,01	-,02	-,09	-,06		-,08	-,02	,10	-,11	-,18	,10	-,03	-,04

N21	-,03	-,06	-,11	,01	,06	-,04	,06	,01	,07	,19	-,01	,03	,04	,06	,20	-,08		-,09	-,09	,00	,03	,04	-,02	,04
N26	-,05	,10	,05	-,08	-,16	,13	-,02	,07	-,13	-,02	,01	-,11	-,09	,08	,08	-,02	-,09		,03	-,04	,16	-,03	,07	-,06
N31	-,05	-,02	-,07	,06	-,01	,09	,03	-,07	,11	-,11	-,10	,09	,17	-,04	,05	,10	-,09	,03		,17	-,01	-,07	-,11	,14
N36	-,04	-,16	-,05	,02	,12	,00	,09	,03	,04	,15	-,11	-,10	,14	,04	,00	-,11	,00	-,04	,17		,06	,00	,04	-,02
N41	,06	,02	-,01	,00	,00	-,07	-,01	,16	-,11	,07	-,18	-,32	-,04	,08	,22	-,18	,03	,16	-,01	,06		-,12	,15	,14
N46	,02	,06	,06	,04	-,01	-,06	-,06	-,03	,01	-,07	,04	,11	,00	-,04	-,07	,10	,04	-,03	-,07	,00	-,12		,00	-,08
N51	,08	-,08	-,03	-,08	,11	,04	,09	,02	,02	-,02	-,08	-,03	-,02	,09	-,09	-,03	-,02	,07	-,11	,04	,15	,00		,10
N56	-,02	,10	,07	,01	-,02	,08	,06	-,06	,01	-,10	-,16	,06	,10	,08	-,01	-,04	,04	-,06	,14	-,02	,14	-,08	,10	

Abbildung 5.20: Reproduzierte Korrelationsmatrix der SPSS-Ausgabe, Extraktionsmethode: Maximum-Likelihood. Residuen werden zwischen beobachteten und reproduzierten Korrelationen berechnet. Es liegen 147 (53,0 Prozent) ❶ nicht-redundante Residuen mit absoluten Werten größer 0,05 vor, in SPSS unter Fußnote (a). Grün: reproduzierte Kommunalitäten, in SPSS unter Fußnote (b)

In *Abbildung 5.20* sind zwei Tabellen dargestellt: die reproduzierten Korrelationen und Kommunalitäten (oben) und die Residuen (unten). In der Diagonalen der oberen Matrix sind die reproduzierten Kommunalitäten dargestellt und über und unter der Diagonalen die reproduzierten Korrelationen. Die Residuen in der unteren Matrix (Residualmatrix) stellen die Differenz zwischen beobachteten und mit Hilfe der Faktorenanalyse reproduzierten Korrelationen dar. SPSS gibt die Anzahl nicht redundanter Residuen (Residualkorrelationen > .05) unter der Tabelle als Text an. Nicht redundante Residuen bedeuten, dass die Faktorenanalyse die entsprechenden empirischen Korrelationen nicht gut abbildet. Wenn sehr wenige nicht redundante Residuen auftreten, spricht dies für eine gute Abbildung der Korrelationen durch die Faktorenanalyse. Würde man sieben Faktoren nach einer Hauptkomponentenanalyse mit Hilfe des Eigenwertkriteriums > 1 extrahieren, erhielte man 124 (44.0 Prozent) nicht-redundante Residuen mit Residualkorrelationen > .05 (nicht dargestellt). Bei der hier dargestellten Maximum-Likelihood-Analyse mit einer zweifaktoriellen Lösung treten dagegen 147 (53.0 Prozent) ❶ nicht-redundante Residuen auf. Die Anzahl der nicht-redundanten Residuen hängt von der Anzahl der extrahierten Faktoren ab: Je mehr Faktoren extrahiert werden, desto geringer sind in der Regel die Residuen (dies muss jedoch nicht immer der Fall sein). Die Anzahl bedeutsamer Residuen unterscheidet sich auch aufgrund der Analysemethode (Hauptachsen- oder Hauptkomponentenmethode), wie die folgende Auflistung zeigt:

- Hauptachsenanalyse = 154 (55.0 Prozent)
- Hauptkomponentenanalyse = 162 (58.0 Prozent)
- Maximum-Likelihood-Analyse = 147 (53.0 Prozent)

Betrachtet man die nicht-redundanten Residuen, so ist bei den zweifaktoriellen Lösungen die Maximum-Likelihood-Methode die beste Analysetechnik, trotz Verletzung der Voraussetzungen (fehlende multivariate Normalverteilung, kleine Stichprobe).

Problem der Faktorenextraktion

In dem hier dargestellten Beispiel wurde folgende Anzahl an Faktoren mit den verschiedenen Verfahren ermittelt:

- Eigenwert > 1 = 7 Faktoren
- Scree-Test = 2 oder 5 Faktoren
- Parallelanalyse = 2 Faktoren
- MAP-Test = 2 Faktoren
- Theoretische Vorgabe = 2 Faktoren

Ein Ziel der Faktorenextraktion ist eine sparsame Repräsentation eines Itemsatzes durch weniger latente Dimensionen (Hauptachsenanalyse, ML-Methode) bzw. eine möglichst sparsame Beschreibung der Items (Hauptkomponentenanalyse). In unserem Beispiel sind die Kriterien relativ eindeutig. Die Verwendung des Eigenwert > 1-Kriteriums führt zwar zu den geringsten Residuen zwischen der Korrelationsmatrix und der reproduzierten Korrelationsmatrix, allerdings sind einige Eigenwerte geringer als „zufällig" erzeugte Eigenwerte. Zusätzlich werden bei sieben Skalen und 24 Items auch Skalen mit drei oder weniger Items entstehen. Dies ist unter dem Gesichtspunkt der Reliabilität selbst bei homogenen Items (hohen Faktorladungen) zu wenig. Parallelanalyse und Scree-Test führen zu zwei Faktoren, die eine vernünftige Alternative zwischen Sparsamkeit auf der einen und ausreichender Anzahl (Sättigung) von Items pro Faktor (Reliabilitätsgesichtspunkt) auf der anderen Seite darstellt. Zudem entspricht diese Faktorenanzahl den theoretischen Erwägungen, die für die Itementwicklung zielführend waren. Daher sollte – vorausgesetzt, dass diese Analyse interpretierbar ist – eine zweifaktorielle Lösung berechnet werden. Um zwei Faktoren zu extrahieren, muss im Fenster FAKTORENANALYSE: EXTRAKTION (in *Abbildung 5.8*) vor ANZAHL DER FAKTOREN die Schaltfläche mit der Maus markiert werden. Dann können als Extraktionskriterium zwei Faktoren vorgegeben werden.

Bei der unrotierten Lösung (siehe *Abbildung 5.21*) wird die erste Hauptkomponente so bestimmt, dass sie die meiste Varianz der Items aufdeckt. Diese Matrix zeigt, wie stark die Items auf dem ersten unrotierten Faktor laden, das heißt, in welchem Ausmaß sie etwas Ähnliches messen. Der Übersichtlichkeit halber sind in der Tabelle nur Ladungen $a > .10$ dargestellt. Man sieht hier deutliche Ladungsunterschiede in der Höhe zwischen Hauptkomponenten-, Hauptachsen- und Maximum-Likelihood-Analyse. Der unrotierten Lösung wird meist zu Unrecht wenig Bedeutung geschenkt. Eine starke erste Hauptkomponente deutet an, dass die Items etwas sehr Ähnliches erfassen. Diese Information kann für die Interpretation durchaus nützlich sein. Einfacher zu interpretieren ist die rotierte Lösung. Sie wird im Folgenden dargestellt.

Komponentenmatrix bzw. Faktorenmatrix (unrotierte Faktorenmatrix)

	Komponente (PCA)		**Faktor (PAF)**		**Faktor (ML)**	
	1	**2**	**1**	**2**	**1**	**2**
N1	,28	,27	,25	,18	,31	
N6	,57	,15	,52	,13	,50	
N11	,44	,29	,40	,25	,51	,15
N16	,68	,21	,65	,20	,76	
N21	,67	,17	,64	,14	,57	-,11
N26	,65	,25	,62	,24	,69	
N31	,35	,37	,32	,29	,50	,20
N36	,40	,32	,36	,23	,41	
N41	,47	,12	,42	,10	,35	
N46	,71	,22	,69	,22	,80	
N51	,48	,26	,44	,22	,51	
N56						
N2	-,53	,45	-,50	,41		,62
N7	-,20	,24	-,17	,21	,14	,40
N12	-,49	,19	-,44	,17	-,15	,39
N17	-,33	,51	-,30	,44	,21	,67
N22	-,12	,49	-,10	,36	,18	,36
N27	-,48	,44	-,45	,38		,56
N32	-,22	,48	-,20	,36	,12	,42
N37	-,71	,25	-,69	,25	-,33	,54
N42	-,65		-,62		-,45	,27
N47		,41		,29	,25	,21
N52	-,38	,38	-,34	,30		,45
N57	-,40	,21	-,36	,16	-,11	,29

Abbildung 5.21: Unrotierte Faktorenmatrix in der SPSS-Ausgabe

Mustermatrix (rotierte Faktorenmatrix)

	Komponente (PCA, Promax)		Faktor (PAF, Promax)		Faktor (ML, Promax)		Faktor (ML+Varimax)	
	1	2	1	2	1	2	1	2
N1	,43	,15	,35	,10	,31		,28	
N6	,54		,51		,50		,49	-,16
N11	,57	,11	,52	,12	,51	,15	,45	
N16	,67 ❶		,67 ❶		,76 ❶		,73 ❶	-,16
N21	,64	-,11	,61		,57	-,11	,59	-,24
N26	,68		,68		,69		,65	
N31	,56	,23	,50	,20	,50	,20	,42	
N36	,55	,15	,48	,12	,41		,38	
N41	,45		,41		,35		,35	-,12
N46	,71 ❷		,71 ❷		,80 ❷		,76 ❷	-,16
N51	,57		,53		,51		,48	
N56	❺	❺	❺	❺	❺	❺	❺	❺
N2		,68 ❸		,65 ❸		,62 ❸	-,21	,60 ❸
N7		,33		,30	,14	,40		,35
N12	-,21	,40	-,18	,35	-,15	,39	-,26	,41
N17	,16	,65 ❹	,17	,60 ❹	,21	,67 ❹		,59 ❹
N22	,30	,54	,24	,43	,18	,36		,30
N27		,65		,60		,56	-,20	,55
N32	,22	,58	,18	,48	,12	,42		,37
N37	-,33 ❻	,55 ❻	-,29 ❻	,54 ❻	-,33 ❻	,54 ❻	-,47 ❻	,59 ❻
N42	-,46 ❼	,31 ❼	-,43 ❼	,28 ❼	-,45 ❼	,27 ❼	-,51 ❼	,36 ❼
N47	,40 ❽	,37 ❽	,33 ❽	,28 ❽	,25 ❽	,21 ❽	,18 ❽	,14 ❽
N52		,54		,47		,45	-,11	,42
N57	-,13	,38	-,12	,31	-,11	,29	-,19	,30

Abbildung 5.22: Rotierte Faktorenmatrix in SPSS

In *Abbildung 5.22* ist die Mustermatrix verschiedener faktorenanalytischer Methoden mit Promax-Rotation und mit Varimax-Rotation dargestellt. Auch hier sind in der Tabelle nur Ladungen $a > .10$ dargestellt. Interessant ist, dass die Ladungen der Promax-Rotationen über $r = .92$ miteinander korrelieren (Berechnung ist hier nicht dargestellt), wobei die Faktorladungen für die PCA am höchsten und für die ML-Methode am niedrigsten ausfallen. Wir sehen für den ersten Faktor in allen Promax-Lösungen eine klare Zuordnung der Items der Skala „Neurotizismus" zu Faktor 1, auch wenn manche Ladungen gerade $a = .30$ übersteigen. Die Markeritems (Items mit den höchsten standardisierten partiellen Regressionsgewichten) sind für Faktor 1 (Neurotizismus) Item N16 ❶ und N46 ❷ sowie für Faktor 2 (Extraversion) die Items N2 ❸ und N17 ❹. Item N56 ❺ wird keinem der beiden Faktoren eindeutig zugeordnet, und die Ladung auf beiden Faktoren ist gering ($a < .10$). Dieses Item besitzt eine geringe Kommunalität ($h^2 = .001$, siehe *Abbildung 5.15* ❷) und eine geringe Eignung für die Faktorenanalyse (siehe MSA-Wert). In dieser Stichprobe erfasst dieses Item etwas anderes als „Neurotizismus". Daher verwundert es nicht, dass es nur geringe Ladungen auf den Faktoren aufweist. Für den zweiten Faktor (Extraversion) erweist sich das Item N37 ❻ als problematisch: Es weist auf dem Faktor „Neurotizismus" (Faktor 1) eine bedeutsame Nebenladung[2] von $a = .30$ auf, obwohl es sich um ein partielles standardisiertes Regressionsgewicht handelt. Deutlich wird dies bei der Varimax-Rotation, bei der das Item nahezu gleich hoch auf beiden Faktoren lädt. Die Items N42 ❼ und N47 ❽ werden bei allen Lösungen dem Faktor „Neurotizismus", einmal mit negativem und einmal mit positivem Vorzeichen, zugeordnet, obwohl sie eigentlich zur Skala „Extraversion" gehören (sie sind laut NEO-FFI Handbuch diesem Faktor zugeordnet).

An dieser Stelle ist es wichtig, nochmals anzumerken, dass für manche Items – bei obliquer Rotation – in der Mustermatrix zwar eine Einfachstruktur vorliegt (hohe Ladungen auf einem Faktor, niedrige auf dem anderen Faktor), die Items aber trotzdem mit beiden Faktoren korreliert sind. Die Information über die Korrelationen der Items mit den Faktoren findet sich in der Strukturmatrix.

Welche Methode und welche Rotationstechnik sind nun angemessen?

Dies hängt von den Zielen ab, die man verfolgt. Möchte man möglichst orthogonale, einfach zu interpretierende Skalen erzielen, sollte man eine Varimax-Rotation durchführen und Items entsprechend den Ladungen auf den orthogonalen Faktoren eliminieren (hohe Hauptladung, geringe Nebenladungen). Möchte man möglichst homogene Skalen, die aber auch korrelieren können, dann sollte man eine oblique Rotation durchführen und Items entsprechend den Ladungen eliminieren (hohe Hauptladung, geringe Nebenladungen). Bei der Methodenwahl führt die ML-Methode zu den geringsten Residuen zwischen Ausgangskorrelationsmatrix und reproduzierter Korrelationsmatrix. Daher ist es sinnvoll, sich für die ML-Methode zu entscheiden, auch wenn die Voraussetzungen (große Stichprobe, multivariate Normalverteilung) nicht erfüllt sind.

Nach der ML-Methode mit Promax-Rotation könnte der erste Faktor (Neurotizismus) bis auf Item N56 unverändert bleiben. Dieses Item sollte eliminiert werden. Für den zweiten Faktor (Neurotizismus) würden sich gravierendere Änderungen ergeben. Bereits Item N37 ist kritisch, da es trotz obliquer Rotation und der Verwendung partieller standardisierter Regressionsgewichte eine Nebenladung von $a = -.33$ auf dem Faktor „Extraversion" aufweist. Die Items N42 und N47 werden durch die Faktorenanalyse dem „falschen" Faktor bzw. der falschen Komponente zugeordnet. Die Varimax-rotierte Lösung würde zu keiner anderen Itemselektion führen.

2 Man unterscheidet Haupt- und Nebenladungen. Unter einer Hauptladung versteht man die höchste Ladung eines Items auf einem Faktor. Unter Nebenladung(en) versteht man eine oder mehrere bedeutsame (entweder signifikante oder psychologisch bedeutsame, z.B. $a > .3$) Ladungen eines Items auf anderen Faktoren, außer auf dem Faktor, auf dem das Item eine Hauptladung (= höchste Ladung) aufweist.

Strukturmatrix (rotierte Faktorenmatrix)

	Komponente (PCA)		Faktor (PAF)		Faktor (ML)		Faktor (ML+Varimax)	
	1	2	1	2	1	2	1	2
N1	,37		,30		,31		,28	
N6	,58	-,31	,54	-,32	,50		,49	-,16
N11	,52	-,12	,46	-,15	,51	,15	,45	
N16	,70 ❶	-,35	,68	-,38	,76		,73	-,16
N21	,69	-,38	,65	-,40	,57	-,11	,59	-,24
N26	,69	-,31	,66	-,32	,69		,65	
N31	,47		,40		,50	,20	,42	
N36	,49		,42	-,13	,41		,38	
N41	,49	-,26	,43	-,26	,35		,35	-,12
N46	,74	-,37	,73	-,40	,80		,76	-,16
N51	,55	-,17	,49	-,20	,51		,48	
N56								
N2	-,32	,69	-,34	,65		,62	-,21	,60
N7		,31		,27	,14	,40		,35
N12	-,38	,49	-,36	,45	-,15	,39	-,26	,41
N17	-,11	,59	-,14	,51	,21	,67		,59
N22		,42		,31	,18	,36		,30
N27	-,27	,65	-,29	,59		,56	-,20	,55
N32		,49		,38	,12	,42		,37
N37	-,56	,69	-,57	,69	-,33	,54	-,47	,59
N42	-,59	,50	-,57	,50	-,45	,27	-,51	,36
N47	,25	,20	,18	,12	,25	,21	,18	,14
N52	-,20	,53	-,22	,45		,45	-,11	,42
N57	-,29	,44	-,29	,38	-,11	,29	-,19	,30

Abbildung 5.23: Strukturmatrix in der SPSS-Ausgabe

In *Abbildung 5.23* ist die Strukturmatrix in der SPSS-Ausgabe dargestellt. Sie enthält die Korrelationen zwischen Items und Faktoren. Sie wird in der Regel nicht interpretiert, es sei denn, man möchte wissen, wie hoch der gemeinsame Varianzanteil zwischen Item und Faktor ist. Beispielsweise beträgt der gemeinsame Varianzanteil zwischen Item N16 und dem Faktor „Neurotizismus“ ❶ $70^2 = .49$ (49 Prozent).

Komponentenkorrelationsmatrix/Korrelationsmatrix für Faktoren

Faktor	1	2
1	1,000	-,515
2	-,515	1,000

Abbildung 5.24: Korrelationsmatrix für Faktoren, Extraktionsmethode: Maximum-Likelihood, Rotationsmethode: Promax mit Kaiser-Normalisierung

Abbildung 5.24 zeigt die Korrelationen zwischen den Faktoren nach Durchführung einer ML-Methode. Man sieht, dass Faktor 1 („Neurotizismus") mit Faktor 2 („Extraversion") deutlich negativ korreliert. Die Korrelation zwischen den Faktoren beträgt nach Durchführung einer Hauptachsenanalyse $r = -.519$ und nach Durchführung einer Hauptkomponentenanalyse $r = -.392$.

Faktor-Plots

In *Abbildung 5.25* ist das Diagramm einer unrotierten, einer Varimax-rotierten und einer Promax-rotierten ML-Ladungsmatrix dargestellt. Faktor 1 steht für „Neurotizismus" und Faktor 2 für „Extraversion". Es zeigen sich hier die grafischen Ergebnisse der Ladungsmatrizen. Am nächsten an den Faktoren liegen die Punkte der Promax-rotierten Lösung, aber auch die Varimax-Rotation führt zumindest grafisch zu einem ähnlichen Ergebnis. Dies liegt daran, dass SPSS nicht in der Lage ist, die Faktoren schiefwinklig (korreliert) darzustellen. Es zeigen sich aber Unterschiede der Punkte in der Lage zu den Faktoren. Sie liegen für die Promax-Rotation näher an den Faktoren. Dargestellt sind die partiellen standardisierten Regressionsgewichte aus der Mustermatrix. Betrachtet man das Promax-rotierte Ladungsdiagramm, lädt Item N56 auf beiden Faktoren sehr niedrig (das Item liegt am Schnittpunkt der beiden Faktoren). Das Item N47 lädt gering und auf beiden Faktoren mit positivem Vorzeichen, da es in etwa auf der Winkelhalbierenden zwischen beiden Faktoren steht und im rechten oberen Abschnitt liegt. Die Items N37 und N42 laden moderat hoch und negativ (linker oberer Abschnitt) auf dem Faktor 1 „Neurotizismus", obwohl beide Items eigentlich „Extraversion" messen sollen. Auf dem Faktor „Extraversion" weisen beide Items ebenfalls eine geringe (N42) bis moderate (N37) Korrelation auf. Item 2 und Item 46 laden jeweils hoch auf ihrem Faktor (siehe Werte auf der Faktorachse) und sehr niedrig auf dem anderen Faktor. Wie man den Faktor-Plot und die Faktorwerte erhält, ist auf S. 312 und S. 214 beschrieben.

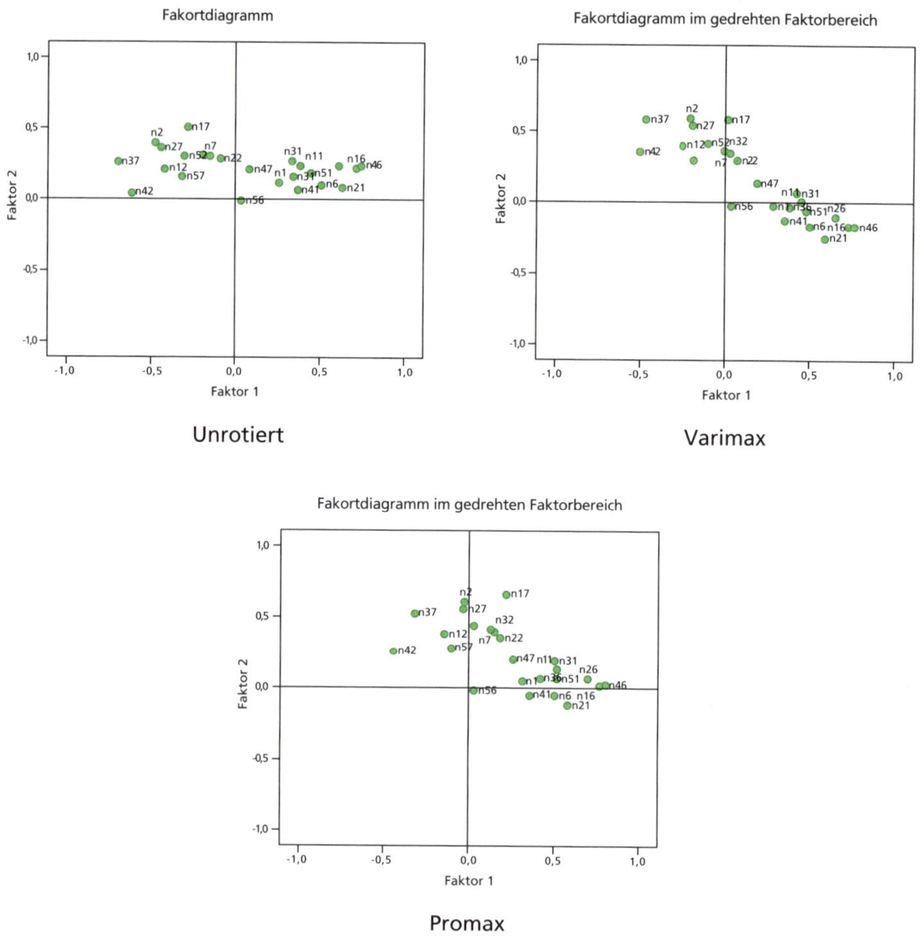

Abbildung 5.25: Faktordiagramme der SPSS-Ausgabe

Welche Faktorenanalyse ist nun die richtige? Wenn wir die Residualkorrelationen betrachten, führt die ML-Methode trotz Verletzung der Voraussetzungen (multivariate Normalverteilung und große Stichprobe) zur besten Reproduktion der Ausgangskorrelationsmatrix. Insofern spricht dies für die Verwendung der ML-Methode. Die oblique Rotation führt am ehesten zu einer Einfachstruktur: hohe Ladungen auf einem Faktor und niedrige Ladungen auf den restlichen Faktoren. Sowohl inhaltliche Überlegungen als auch die meisten Extraktionskriterien legen eine zweifaktorielle Lösung nahe. Insgesamt spricht in diesem Beispiel also viel für eine ML-Analyse mit zwei Faktoren und Promax-Rotation.

Konfirmatorische Faktorenanalyse

6

ÜBERBLICK

6.1 Grundkonzeption

Was kann ich durch eine konfirmatorische Faktorenanalyse erreichen?

Die **konfirmatorische Faktorenanalyse** (**C**onfirmatory **F**actor **A**nalysis – **CFA**) dient dazu, theoretisch oder empirisch gut fundierte Modelle oder auch alternative Modelle auf ihre Modellgüte zu testen. Sie basiert nach Rietz, Rudinger und Andres (1996) auf einer Weiterentwicklung der Faktorenanalyse nach dem Modell gemeinsamer Faktoren und erlaubt es, so genannte „latente Variablen" zu erfassen und die Indikatorvariablen (Items) „kausal"[1] auf diese zurückzuführen. Analysiert werden Kovarianz- oder Korrelationsmatrizen. Unter dem Namen „Strukturgleichungsmodelle" werden meist Pfadanalysen und konfirmatorische Faktorenanalyse zusammengefasst (eine ausführliche Erläuterung gibt Kline, 2005, S. 9 f.). Beide Methoden dienen der Überprüfung von Modellen. Auch das **Allgemeine Lineare Modell (ALM) kann als Untermodell von Strukturgleichungsmodellen angesehen werden. Während Pfadanalysen nur beobachtete oder manifeste Variablen enthalten, beinhaltet die CFA auch latente, also nicht beobachtete, Variablen.**

Im Gegensatz zur exploratorischen Faktorenanalyse (EFA) wird bei der konfirmatorischen Faktorenanalyse primär keine Datenreduktion angestrebt und keine Struktur aus den Daten explorativ ermittelt. Im Rahmen der CFA wird ein schon reduziertes bzw. sparsames Modell auf seine Passung mit den Daten untersucht. Das heißt, ein bestehendes Modell wird auf seine Übereinstimmung mit der empirischen (beobachteten) Kovarianzmatrix getestet.

Zu Beginn einer CFA wird vom Anwender a priori ein Modell spezifiziert. Es besteht aus einer bestimmten Anzahl von latenten Variablen und beobachteten Variablen, die eine bestimmte Struktur aufweisen. Beispielsweise wird im Modell die Annahme formuliert, dass den zwölf Items des NEO-FFI (N2, N7, N12, N17, N22, N27, N32, N37, N42, N47, N52, N57) die latente Dimension „Extraversion" zugrunde liegt. Mit einem Modelltest wird nun die Nullhypothese geprüft, ob das so spezifizierte Modell der **„beobachteten" Varianz-/Kovarianzmatrix** oder Korrelationsmatrix entspricht. Im Folgenden wird der Übersichtlichkeit halber meist nur von der Kovarianzmatrix gesprochen. Dabei werden die beobachteten Kovarianzen für die Population geschätzt (N–1):

$$S = \Sigma$$

- S = aus Stichprobendaten geschätzte Populationskorrelations- oder -kovarianzmatrix
- Σ = modelltheoretische Korrelations- oder Kovarianzmatrix des spezifizierten Modells (Σ = Sigma) in der Population

1 Kausalität kann nur durch das Versuchsdesign erzielt werden und nicht durch die Rechenmethode. Es ist beispielsweise unwahrscheinlich, dass Abiturnoten die Intelligenz im Vorschulalter kausal beeinflussen. Dennoch kann diese Einflussrichtung in einer konfirmatorischen Faktorenanalyse vorgegeben werden. Logisch hingegen wäre es, die Einflussrichtung entgegengesetzt einzutragen. In diesem Fall wird Kausalität durch die zeitliche Ordnung der Messungen erzeugt. Zur Vertiefung dieser Problematik empfiehlt sich das Lehrbuch „Wahrscheinlichkeit und Regression" von Steyer (2002).

Dies geschieht für fast alle Schätzmethoden (*Abschnitt 6.2*) über einen Test, der die Abweichung der **beobachteten Kovarianzmatrix** des a priori vorgegebenen Modells von der so genannten **implizierten Kovarianzmatrix** prüft. Die implizierte Kovarianzmatrix wird aus dem spezifizierten Modell zurückgerechnet. Weiterhin werden nicht-standardisierte bzw. standardisierte Regressionsgewichte, Kovarianzen bzw. Korrelationen sowie Fehlervarianzen geschätzt. Kovarianzen und Korrelationen geben den Zusammenhang zwischen latenten Variablen wieder. Die nicht-standardisierten und standardisierten partiellen Regressionsgewichte verdeutlichen die relative Bedeutsamkeit (**Ladung = partielles standardisiertes Regressionsgewicht**) der Items bezüglich der latenten Variablen. Fehlervarianzen quantifizieren die Varianz, die nicht durch Prädiktoren (manifeste und latente Variablen) aufgeklärt werden kann. Die Schätzung dieser so genannten **Modellparameter** erfolgt über iterative Rechenschritte. Bevor auf die konfirmatorische Faktorenanalyse näher eingegangen wird, soll am Beispiel der Pfadanalyse verdeutlicht werden, wie partielle standardisierte Regressionsgewichte aus mehreren Gleichungen berechnet werden können.

6.1.1 Pfadanalyse

Was versteht man unter einer Pfadanalyse?

Eine Pfadanalyse verwendet im Gegensatz zur konfirmatorischen Faktorenanalyse keine latenten Variablen, sondern nur manifeste Variablen. Manifeste Variablen sind meist Skalenwerte oder Items. In *Abbildung 6.1* ist ein einfaches Pfadmodell dargestellt. Die eckigen Variablen „□“ stellen die Items (manifeste bzw. beobachtete Variablen) dar. Die einfachen Pfeile zeigen Pfade (→), und die Doppelpfeile Korrelationen bzw. Kovarianzen (↔) an. Pfade stehen für einen gerichteten Zusammenhang, das heißt beispielsweise, Variable X „beeinflusst“ Variable Z, genauso wie Variable Y Variable Z beeinflusst. **Pfade** stellen in der Regel **partielle standardisierte Regressionsgewichte** dar. Variable X und Y weisen einen ungerichteten Zusammenhang und damit eine Korrelation auf. Diese Darstellung und die folgende ist aus Kline (2005, S. 81 ff.) entnommen.

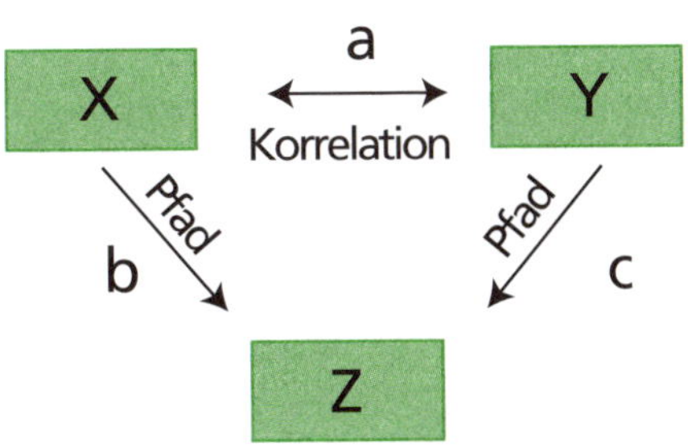

Abbildung 6.1: Pfaddiagramm

Kline (2005, S. 84) illustriert das Vorgehen, wie standardisierte Regressionsgewichte im Rahmen einer Pfadanalyse bestimmt werden können. Die partiellen Regressionsgewichte (Pfade) können anhand der Korrelationen $r_{XY} = .2$, $r_{XZ} = .4$, $r_{YZ} = .45$ und den folgenden Gleichungen wie folgt ermittelt werden:

$$r_{XY} = a \tag{1}$$
$$r_{XZ} = b + (a \cdot c) \tag{2}$$
$$r_{YZ} = c + (a \cdot b) \tag{3}$$

Setzt man die Korrelationen ein, ergeben sich folgende Gleichungen:

$$.20 = a \tag{4}$$
$$.40 = b + (a \cdot c) \tag{5}$$
$$.45 = c + (a \cdot b) \tag{6}$$

An dieser Stelle kann Gleichung (4) in Gleichung (5) und (6) eingesetzt werden und es ergeben sich die Gleichungen (7) und (8):

$$.40 = b + (.20 \cdot c) \tag{7}$$
$$.45 = c + (.20 \cdot b) \tag{8}$$

Um den Parameter b aus dem Gleichungssystem zu nehmen, multiplizieren wir Gleichung (8) mit der Zahl 5 (ergibt Gleichung 8a) und ziehen Gleichung (7) ab:

$$2.25 = (5.00 \cdot c) + b \tag{8a}$$
$$-\,(.40 = (.20 \cdot c) + b) \tag{7}$$

$$1.85 = (4.80 \cdot c) \tag{9}$$

Gleichung (9) kann jetzt nach c umgestellt werden:

$$c = 1.85 \,/\, 4.8 = .385$$

Jetzt kann c in Gleichung (7) eingesetzt und nach b aufgelöst werden:

$$.40 = b + (.20 \cdot .385)$$
$$.40 = b + (.077)$$
$$b = .323$$

Nun sind alle partiellen standardisierten Regressionsgewichte ermittelt. Diese Prozedur ist nach Kline (2005, S. 86) für Modelle mit latenten Variablen weitaus komplizierter und erfordert iterative Methoden wie das Einsetzen von Zahlen (so genannte Startwerte) für die **unbekannten Werte (freie Parameter)** der Gleichungen. Darauf wird im nächsten Kapitel noch näher eingegangen.

Direkte und indirekte Effekte In einem Pfaddiagramm, aber auch in der CFA, können **direkte**, **indirekte** und **totale** Effekte unterschieden werden. Betrachten wir das Pfaddiagramm in *Abbildung 6.2*. Dort ist ein direkter Effekt zwischen den Variablen „Intelligenz" und „Schulerfolg" (z.B. $a = .4$) spezifiziert. „Motivation" hat einen direkten Effekt auf die Variablen „Intelligenz" ($a = .30$) und „Schulerfolg" ($a = .20$) und einen indirekten Effekt über die Variable „Intelligenz" auf die Variable „Schulerfolg". Der indirekte Effekt der „Motivation" auf den „Schulerfolg" ermittelt sich aus dem Produkt der Einzelpfade ($.3 \cdot .4 = .12$). Dies bedeutet, wenn sich der Wert der Variable „Motivation" um eine Standardabweichung verändert, führt dies über die Variable „Intelligenz" zu einer Veränderung der Variablen „Schulerfolg" um .12 Standardabweichungen. Der totale Effekt ($a = .32$) von „Motivation" auf „Schulerfolg" errechnet sich aus der Summe ($.20 + .12 = .32$) des direkten ($a = .20$) und des indirekten ($a = .12$) Effekts.

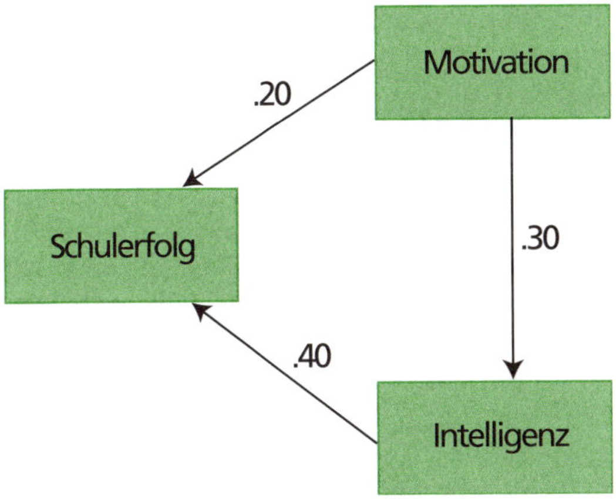

Abbildung 6.2: Darstellung eines Pfaddiagramms ohne Fehlervariablen

Fazit: Eine Pfadanalyse beinhaltet nur beobachtete Variablen, z.B. Skalenwerte, Items, Testkennwerte oder Kriterien (z.B. Gehalt). Es wird wie für die CFA auch ein Modell vom Anwender vorgegeben. Dieses Modell enthält die Beziehungen oder Relationen zwischen den manifesten Variablen. Anschließend werden für dieses vorgegebene Modell Pfade ermittelt. Dies geschieht über eine Reihe von Gleichungen. Ob Pfade (partielle Regressionsgewichte) kausal interpretiert werden können, ist keine Frage der Pfeilrichtung, sondern einer zeitlichen Abfolge oder auch eines theoretisch gut fundierten Modells bzw. logischer Überlegungen.

6.1.2 Konfirmatorische Faktorenanalyse

Wie sehen die Schritte einer konfirmatorischen Faktorenanalyse aus?

Zuerst wird in diesem Abschnitt die grafische Darstellung von Variablen, Parametern und Beziehungen (Kovarianzen oder Korrelationen) zwischen latenten und manifesten Variablen der konfirmatorischen Faktorenanalyse erläutert. Es wird dann auch darauf eingegangen, wann Fehlervariablen in ein Modell aufgenommen werden müssen. Außerdem wird kurz darauf geschildert, welche Schritte vorgenommen werden, um ein Modell für eine konfirmatorische Faktorenanalyse zu erstellen. Schließlich wird in groben Zügen erläutert, wie Modellparameter (z.B. Kovarianzen, Fehlervarianzen) geschätzt werden und welche Rationale hinter dem Modelltest steht.

Grafische Veranschaulichung Im Rahmen der konfirmatorischen Faktorenanalyse werden auch **manifeste oder beobachtete Variablen** betrachtet. Als manifeste Variablen können Items aus dem NEO-FFI dargestellt werden. Dies geschieht grafisch in Form von Rechtecken „□“ (*Abbildung 6.3a*, Item x_1 und x_2). **Latente oder verborgene Variablen**, wie beispielsweise „Neurotizismus“ im NEO-FFI, werden in Form eines Kreises „○“ in einem grafischen Modell spezifiziert (*Abbildung 6.3a*, ξ sprich xi). **Error- oder Fehlervariablen** werden ebenfalls mit einem Kreis „○“ grafisch dargestellt (*Abbildung 6.3a*, ε_1 und ε_2, sprich epsilon). Beziehungen zwischen Variablen werden mit Pfeilen angegeben. Man unterscheidet dabei – wie in der Pfadanalyse – zwei Arten von Pfeilen, nämlich **einfache** und **doppelte Pfeile**. Ein einfacher Pfeil „gibt eine gerichtete Beziehung an (in Form eines partiellen Regressionsgewichts: „→"), während ein doppelter Pfeil für einen ungerichteten Zusammenhang (Kovarianz oder Korrelation: „↔") steht. Bei einfachen Pfeilen zeigt dabei die Pfeilspitze auf die abhängige Variable und damit auf die Variable, die erklärt werden soll. Einfache Pfeile stellen **partielle Regressionsgewichte** dar und werden im Rahmen von konfirmatorischen Faktorenanalysen auch als **Ladungen** bezeichnet. Dabei ist zu beachten, dass für jede Variable, auf die ein einfacher Pfeil (kein Doppelpfeil!) zeigt, unabhängig davon, ob diese Variable beobachtet oder latent ist, eine Fehlervariable spezifiziert werden muss (siehe *Abbildung 6.3a*, x_1 und x_2, *Abbildung 6.4*, x_1 bis x_6 und ε). Dies liegt daran, dass bei der Vorhersage einer Variablen durch einen Prädiktor immer auch ein Varianzanteil „übrig" bleibt, der durch den Indikator nicht erklärt werden kann. Diesen Varianzanteil bezeichnet man als Fehlervarianz, die zu spezifizierende Variable als Fehlervariable. Im Rahmen der CFA ist es auch möglich, Fehlervariablen korrelieren zu lassen; dazu müssen die entsprechenden Fehlervariablen mit einem Doppelpfeil verbunden werden (siehe *Abbildung 6.3b*, ε_4 und ε_6). Auch Doppelladungen können angegeben werden. Dazu wird von zwei latenten Variablen jeweils ein separater Pfeil auf eine einzige manifeste Variable gezeichnet. Die Notation ist in dem folgenden Kasten nochmals zusammenfassend dargestellt. Dabei ist zu beachten, dass die angebene Notation stark vereinfacht dargestellt ist. In LISREL, ein Programm zur Berechnung von Strukturgleichungsmodellen, werden weitere Bezeichnungen verwendet. Für die hier dargestellte Einführung sind die eingeführten Bezeichnungen ausreichend. Für interessierte Leser sei auf das LISREL-Handbuch verwiesen.

Notation:

□	beobachtete oder manifeste Variablen
○	latente Variablen
↔	Korrelation oder Kovarianz
→	Regressionsgewicht (Pfadanalyse = Pfade; CFA = Ladung)
ε	Fehlervariable (epsilon)
ξ	latente unabhängige Variable (latente Variable, von der ein Pfeil ausgeht, xi)
η	latente abhängige Variable (latente Variable, auf die ein Pfeil zeigt, eta)
x	Indikatoren der latenten unabhängigen Variable
y	Indikatoren der latenten abhängigen Variable

Grundgleichungen In diesem Abschnitt werden nur wenige Grundgleichungen anhand eines einfachen Modells (siehe *Abbildung 6.3a*) dargestellt, mit deren Hilfe die Parameter (z.B. Korrelationen) einer konfirmatorischen Faktorenanalyse geschätzt werden können. Zuvor sind jedoch Umformungen der Grundgleichungen nötig, die in den folgenden Abschnitten noch näher beschrieben werden. Zuerst muss jedoch die wichtige Unterscheidung zwischen **Mess- und Strukturmodell** getroffen werden. Ein **Messmodell** definiert, welche beobachteten Variablen Indikatoren einer latenten Variablen darstellen. Dabei wird angenommen, dass die latente Variable die Varianz eines Items bis auf einen Messfehler (Fehlervarianz) vorhersagen kann. Der Messwert einer Person auf einem Item kann demzufolge durch den gewichteten Wert der Person auf der latenten Variable und einen Fehler erklärt werden.

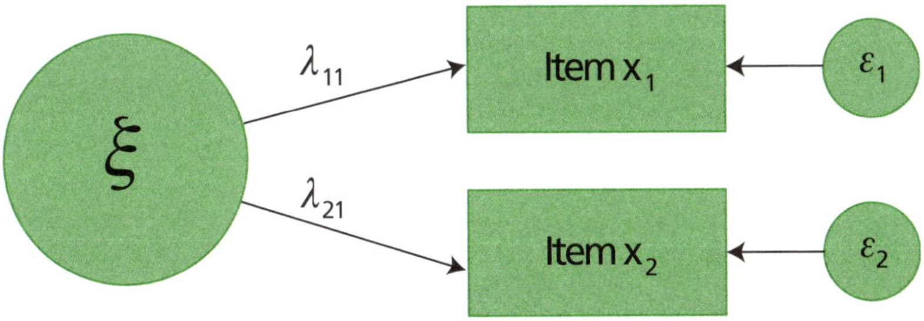

Abbildung 6.3a: Messmodell einer konfirmatorischen Faktorenanalyse mit einer latenten Variablen (ξ), zwei beobachteten Variablen (Item x_1, x_2) und zwei Fehlervariablen (ε_1, ε_2)

Das in *Abbildung 6.3a* dargestellte Messmodell kann in folgende Gleichungen zerlegt werden.

Item $x_1 = \lambda_{11} \cdot \xi + \varepsilon_1$	sprich	Item x_1 = $\text{lambda}_{11} \cdot \text{xi} + \text{epsilon}_1$
Item $x_2 = \lambda_{21} \cdot \xi + \varepsilon_2$	sprich	Item x_2 = $\text{lambda}_{21} \cdot \text{xi} + \text{epsilon}_2$

Das Messmodell der Variablen x_1 und x_2 im vorliegenden Beispiel kann auch allgemein dargestellt werden als $X = \Lambda_x \cdot \xi + \varepsilon$ (großes lambda mal xi plus epsilon). Dieses Modell erinnert stark an die Grundgleichung der exploratorischen Faktorenanalyse sowie an den Grundgedanken der Klassischen Testtheorie X (beobachteter Wert) = T (wahrer Wert) + E (Messfehler). Wie in der exploratorischen Faktorenanalyse entspricht der Wert eines Items einem gewichteten Faktorwert und einem Fehler. Diese hier aufgeführten Gleichungen gelten unter der Annahme, dass die Werte zentriert $\Sigma(x_i - M_x)$ oder z- standardisiert $\Sigma[(x_i - M_x) / S]$ sind. Dadurch entfällt in den Gleichungen eine Konstante ($X = \beta + \Lambda_x \cdot \xi + \varepsilon$) wie sie beispielsweise auch in der multiplen linearen Regression enthalten ist, und die Rechenschritte vereinfachen sich.

Die Grundgleichungen geben in dieser Form inhaltlich an, wie die Itemausprägungen (der konkrete Wert) einer Person auf die Items x_1 und x_2 ermittelt werden können. *Abbildung 6.3a* zeigt das dazugehörige Modell. Die **latente Variable** ξ (xi) ist durch einen Kreis dargestellt. Die Korrelation zwischen Item x_1 (z.B. „Ich gehe gerne aus“) und Item x_2 („Ich bin gesellig“) wird in diesem Modell auf die latente Variable ξ (z.B. Extraversion) zurückgeführt. Daher zeigen die Pfeile auf die Items x_1 und x_2 in den Kästchen (beobachtete Variablen). Die Items x_1 und x_2 weisen bestimmte **Ladungen** (λ_{11}, λ_{12}) auf der latenten Variable auf. Die **Fehlervariablen** sind durch „ε“ gekennzeichnet. Sie stehen für Fehlervarianzen, die wiederum den Varianzanteil der Items quantifizieren, der nicht durch die latente Variable erklärt werden kann.

Das **Strukturmodell** (siehe *Abbildung 6.3b*) definiert die Beziehungen zwischen latenten Variablen. Im Strukturmodell werden darüber hinaus auch gerichtete Beziehungen der beobachteten Variablen auf solche latenten Variablen berücksichtigt, für die die beobachteten Variablen keine Indikatoren sind (siehe u_1 in *Abbildung 6.3b*). Dabei werden jeweils zwei Arten von beobachteten (x- und y-Variablen) und latenten Variablen (xi- und eta-Variablen) unterschieden. Als xi-Variablen (ξ) werden latente unabhängige Variablen bezeichnet, die eine andere latente Variable vorhersagen. Letztere werden wiederum als eta-Variablen (η) bezeichnet. Indikatoren dieser latenten eta-Variablen werden als y-Variablen bezeichnet. Der Wert einer Person auf dieser abhängigen latenten Variable η setzt sich aus dem gewichteten Wert (Ladung: γ sprich gamma) einer Person auf der latenten Variablen ξ und einem Fehler ζ (sprich zeta) zusammen. In dieser Grundgleichung sind der Einfachheit halber die Variable u_1 und die korrelierten Fehlervariablen in *Abbildung 6.3b* nicht berücksichtigt. Unter diesen Bedingungen lässt sich folgende Grundgleichung aufstellen:

$$\text{Strukturmodell: } \eta = \gamma \cdot \xi + \zeta$$

Sind die nötigen Gleichungen aufgestellt, muss zuerst geprüft werden, ob genügend Informationen vorliegen, um alle Parameter (Ladungen, Korrelationen oder Kovarianzen sowie Fehlervarianzen) des aufgestellten Modells schätzen zu können. Dieser Schritt wird als **Identifikation** des Modells bezeichnet.

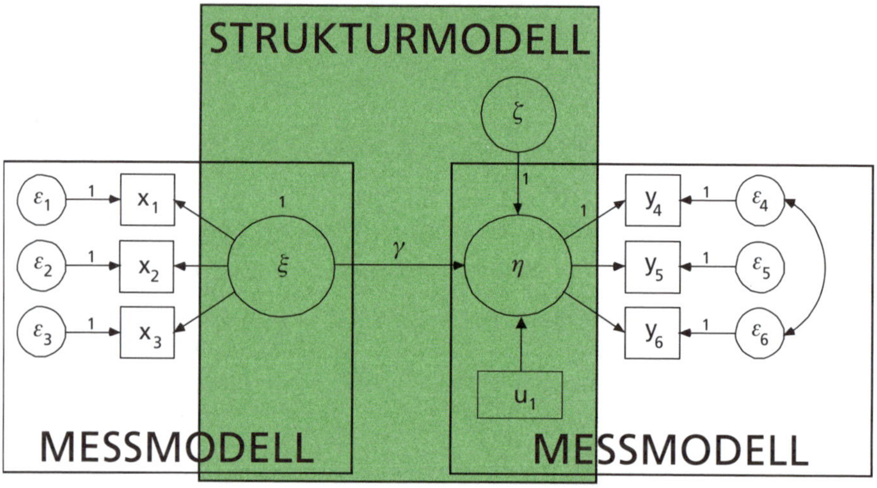

Abbildung 6.3b: Mess- und Strukturmodell einer konfirmatorischen Faktorenanalyse mit zwei latenten Variablen (ξ, η), sechs beobachteten Variablen (Item x_1 bis x_3; y_4 bis y_6), einen manifesten Prädiktor u_1 für eine latente Variable und sechs Fehlervariablen (ε_1 bis ε_6) sowie gamma (γ = Ladung von η auf ξ) und zeta (ζ, Fehlervarianz der latenten Variablen η)

Identifikation Um ein Modell zu identifizieren, müssen zwei Dinge gegeben sein: Jedes Modell muss mindestens genauso viele bekannte wie zu schätzende Parameter aufweisen, und jede latente Variable sowie jede Fehlervarianz muss eine Metrik[2] aufweisen (Kline, 2005, S. 105 ff.). Nur ein identifiziertes Modell lässt sich „eindeutig" berechnen. Hat ein Modell mehr zu schätzende Parameter als bekannte Parameter (beobachtete Korrelationen/Kovarianzen), dann ist es **unteridentifiziert** (underidentified). Es gibt dann viele mögliche Lösungen für die Parameterschätzungen. Kline (2005, S. 105 ff.) gibt dafür ein treffendes Beispiel: $a + b = 6$. In diesem Modell sind „a" und „b" zu schätzende Parameter, und „6" ist die beobachtete Variable. Dieses Gleichungssystem können wir jedoch nicht eindeutig lösen, denn sehr viele Lösungen können den Wert 6 erzeugt haben, z.B. 2 + 4 oder 3 + 3. Um das Modell eindeutig zu identifizieren, muss eine weitere beobachtete Variable hinzugefügt werden, z.B. $a = 2$. Nun ist die Gleichung eindeutig lösbar: $2 + b = 6$, damit ist b auf 4 festgelegt.

2 Wenn der Pfad der beobachteten Variable y_4 auf die latente Variable η auf eins festgelegt wird, führt ein Anstieg um eins der beobachteten Variable zu einem Anstieg von eins in der latenten Variablen. Gleiches gilt für die Fehlerwerte.

Gerade identifizierte Modelle Gerade identifizierte Modelle (just identified) haben so viele zu schätzende Parameter (z.B. *a* und *b*) wie bekannte Parameter (z.B. 6 und 10), und es gibt **eine einzige Lösung**. Allerdings hat ein solches Modell null Freiheitsgrade[3], und damit kann kein Modelltest durchgeführt werden. Die Anzahl der Freiheitsgrade ergibt sich gleich aus der Differenz der bekannten und frei zu schätzenden Parameter eines Modells. Gibt es so viele bekannte wie zu schätzende Parameter, ist die Differenz null. Ein gerade identifiziertes Modell lässt sich an dem Beispiel der folgenden zwei Gleichungen verdeutlichen: $a + b = 6$ und $2a + b = 10$. Für beide Gleichungen zusammen gibt es eine eindeutige Lösung: $a = 4$ und $b = 2$. Das heißt, dieses Modell ist gerade identifiziert. Beispielsweise hat eine Regressionsanalyse, die im Rahmen von Strukturgleichungsmodellen spezifiziert wird, null Freiheitsgrade und ist damit gerade identifiziert.

Überidentifizierte Modelle Überidentifizierte Modelle (overidentified) enthalten mehr bekannte als zu schätzende Parameter und sind meist nur näherungsweise lösbar. Für solche Modelle existieren verschiedene Möglichkeiten, Modellparameter zu schätzen. Gesucht werden die Modellparameter, für die die Diskrepanz zwischen beobachteter Kovarianzmatrix und durch das Modell implizierter Kovarianzmatrix möglichst gering ist. Erst überidentifizierte Modelle ermöglichen einen Modelltest. Sie stellen den häufigsten Fall dar. Die Differenz aus bekannten und geschätzten Parametern ergibt die Anzahl der Freiheitsgrade, die zur Signifikanzprüfung des errechneten χ^2-Werts des Modelltests benötigt werden. Ziehen wir dazu analog zu Kline (2005) folgende Gleichungen heran: $a + b = 6$, $2a + b = 10$ und $3a + b = 12$. Für dieses Gleichungssystem gibt es keine eindeutige Lösung. Jedoch kann es näherungsweise gelöst werden. Die Güte dieser Lösung zeigt sich dadurch, dass die quadrierten Abweichungen (**Diskrepanzfunktion**) zwischen den beobachteten und geschätzten Parametern minimal werden. Dabei kann auch jede andere sinnvolle Diskrepanzfunktion verwendet werden, z.B. eine Maximum-Likelihood-Diskrepanzfunktion. In anderen Worten heißt das, die Fehler, die gemacht werden, wenn Werte für *a* und *b* geschätzt werden, sollen möglichst gering ausfallen. Setzt man für $a = 3$ und für $b = 3.3$ ein, dann werden nach diesem Kriterium die quadrierten Abweichungen zwischen den beobachteten Parametern und den geschätzten Parametern minimal. Für die Gleichung $a + b = 6$ werden nun die Schätzungen für *a* und *b* eingesetzt: $3 + 3.3 = 6.3$. Dies ergibt einen Fehler von $-.3^2$ $(6 - 6.3 = -.3)$, bei den anderen beiden Gleichungen ergeben sich Fehler von $.7^2$ und $-.3^2$. Es gibt keine anderen Zahlen, für die die Quadrate dieser Abweichungen noch geringer ausfallen.

Im Rahmen einer konfirmatorischen Faktorenanalyse ist es günstig, pro latenter Variable mindestens drei Indikatoren (Items) zu spezifizieren. Dadurch werden Probleme bei der Identifikation vermieden. Generell gilt: Um ein überidentifiziertes Modell zu erhalten, müssen mehr Parameter bekannt als zu schätzen sein. Aber auch dies kann in manchen Fällen dazu führen, dass das Modell nicht identifiziert wird (siehe *Abschnitt 6.7*). Wie bereits erwähnt, muss zur Identifikation ein weiteres Kriterium erfüllt sein: Jeder latenten Variable muss eine Metrik zugewiesen werden. Darauf wird im Folgenden eingegangen.

---

3 Freiheitsgrade stellen die Anzahl der frei variierbaren Werte bei der Kennwertberechnung dar (Bortz, 1999, S. 747). Zur Veranschaulichung siehe *Abschnitt 6.11*, Text zu *Abbildung 6.27*.

Metrik der latenten Variablen und Fehlervariablen Die Metrik einer latenten Variablen wird beispielsweise dadurch erzielt, dass für jede latente Variable die Ladung einer manifesten Variablen auf „Eins“ gesetzt wird, z.B. in *Abbildung 6.3b* die Ladung von y_4 auf die latente Variable. Man nennt die beobachtete Variable, deren Ladung auf „Eins“ fixiert wird, auch Referenzvariable. Die **Referenzvariable** sollte der „beste“ Indikator (vermutlich höchstes Regressionsgewicht) für die latente Variable darstellen oder sich durch eine hohe Reliabilität auszeichnen. In Anlehnung an Thompson (2004) kann die Fixierung einer Variable mit dem Wert eins zu einer Referenzvariable wie folgt veranschaulicht werden: Von den drei Personen Markus, Jürgen und Lothar wird die Körpergröße gemessen. Dies kann leicht mit einem Metermaß geschehen. Es ist aber auch möglich, die Höhe von Markus eins zu setzen, und die Höhe der anderen Personen mit Hilfe dieser Metrik zu bestimmen. Das heißt, Jürgen ist 1.2-mal größer als Markus und Lothar ist .8-mal größer als Markus[4]. Es kann auch jede andere beliebige Zahl zur Fixierung einer Variablen zur Referenzvariablen herangezogen werden, dies beeinflusst die Identifizierbarkeit des Modells nicht. Auch die Fehlervariablen sind „latent“, das heißt, sie werden geschätzt und benötigen deshalb eine Metrik. Dazu werden auch die Pfade der Fehlervariablen auf die manifesten Variablen auf „Eins“ gesetzt.

Eine andere Möglichkeit, die Metrik der latenten Variable festzulegen, besteht darin, die **Varianz der latenten Variablen auf „Eins“ zu fixieren**. Dies hat den Vorteil, dass die Signifikanz der Ladungen für jedes Item ermittelt werden kann. Weiterhin entspricht in diesem Fall die Kovarianz zwischen zwei latenten Variablen ihrer Korrelation. Dies ist deshalb so, weil durch diese Fixierungsart der Mittelwert der latenten Variable auf „Null“, und die Varianz auf „Eins“ gesetzt werden. Die latenten Variablen werden also standardisiert und die Kovarianz zwischen standardisierten Variablen entspricht dann ihrer Korrelation (siehe *Kapitel 8*). Die Fixierung der Varianzen auf „Eins“ ist allerdings nicht für Multigruppenanalysen geeignet, das heißt, wenn die Geltung eines Modells in verschiedenen Gruppen nachgewiesen werden soll. Es ist zu beachten, dass es nicht „egal“ ist, welche Variable als Referenzvariable fixiert wird oder ob anstatt einer Referenzvariablen die Varianz der latenten Variablen auf „Eins“ fixiert wird. Dies kann in manchen Fällen zu deutlichen Unterschieden der Parameterschätzungen und auch der Identifizierbarkeit führen. Beispielsweise ist bei der Fixierung der einen Variablen das Modell identifiziert, bei Fixierung einer anderen Variablen nicht. Führen verschiedene Arten der Parameterfixierung zu identischen Ergebnissen, ist man auf der sicheren Seite.

In der exploratorischen Faktorenanalyse wird für jedes Item auf jedem Faktor eine Ladung angegeben. In der konfirmatorischen Faktorenanalyse werden nur theoretisch begründete Ladungen frei geschätzt, andere werden in der Regel gar nicht spezifiziert, d.h. grafisch erstellt (siehe *Abbildung 6.5*). Es wird angenommen, dass diese Ladungen (im Sinne partieller standardisierter Regressionsgewichte) null sind, **auch wenn diese faktisch nicht genau null sind oder zum Teil auch deutlich größer oder kleiner als null sein können**. Letzteres ist wahrscheinlich dann der Fall, wenn das Modell die Daten nicht gut beschreibt. Dabei ist analog zur exploratorischen Faktorenanalyse Folgendes zu beachten: Korrelieren latente Variablen, dann sind die Items der einen latenten Variablen mit jener der anderen latenten Variablen prinzipiell korreliert. Dies

---

4 Wenn der Pfad der latenten Variable η auf die beobachtete Variable y_4 auf „Eins“ festgelegt wird, führt ein Anstieg um eins auf der latenten Variable zu einem Anstieg von eins in der beobachteten Variable. Angenommen, die Ladung von x_5 auf der latenten Variable würde einen Wert von .80 aufweisen. Dies bedeutet, dass die Ladung der Variable x_5 .8-mal der Ladung von x_4 entspricht.

trifft zu, und zwar unabhängig davon, ob Doppelladungen spezifiziert sind, diese Doppelladungen null ausfallen oder auch solche Ladungen nicht in der CFA spezifiziert wurden. Je mehr die latenten Variablen korrelieren, desto höher fallen die wechselseitigen Korrelationen der Items mit den latenten Variablen aus.

Parameter, für die vorab keine Werte festgelegt werden, werden als **freie Parameter** bzw. auf Englisch als „free parameters" bezeichnet. Daneben unterscheidet man **fixierte Parameter** („fixed parameters"). Fixierte Parameter stellen Konstanten dar. Eine Konstante kann beispielsweise auch null sein (oder eins sein bzw. auf einen beliebigen anderen Wert festgelegt werden). Das heißt, dieser Parameter wird nicht frei geschätzt, sondern es wird a priori angenommen, dass dieser Parameter einen bestimmten Wert annimmt. Es ist auch möglich, mehrere Ladungen, Korrelationen oder Kovarianzen sowie Varianzen gleichzusetzen. Dazu wird zwei Parametern derselbe Buchstabe oder dieselbe Zahl zugewiesen. Das heißt, man geht a priori davon aus, dass beide Parameter denselben Wert annehmen. Solche Parameterrestriktionen werden auch als „**equality constraints**" bezeichnet. Eine Überprüfung, ob Ladungen gleich hoch sind, ist z.B. die Prüfung, ob essenzielle tau-Äquivalenz der Items vorliegt. Essenzielle tau-Äquivalenz (siehe *Kapitel 4*) geht davon aus, dass Ladungen auf dem Faktor gleich hoch sind.

Parameterschätzung und Modelltest Wie bereits erwähnt, ist das Ausgangsmaterial der CFA die **beobachtete Kovarianzmatrix**, in der sich die Kovarianzen zwischen den Items befinden. Auch die Kovarianz eines Items mit sich selbst ist in der Kovarianzmatrix zu finden: Diese Kovarianz des Items mit sich selbst stellt die Varianz des Items dar. Varianzen und Kovarianzen lassen sich durch Formeln berechnen (siehe *Kapitel 8*). Die Berechnung der empirischen oder beobachteten Kovarianzmatrix ist einfach. Zur Berechnung werden die beobachteten Messwerte (x_1 bis x_n) verwendet. Dies kann mit Hilfe von SPSS leicht durchgeführt werden.

Dagegen ist die Berechnung der **implizierten Kovarianzmatrix** schwieriger, impliziert deswegen, weil es keine empirisch beobachteten Kovarianzen sind, sondern aus dem Modell zurückgerechnete Kovarianzen. Dazu müssen die Grundgleichungen aus Mess- und Strukturmodell herangezogen werden. Diese Grundgleichungen (z.B. $x_1 = \lambda_{11} \cdot \xi + \varepsilon_1$), die sich aus dem a priori spezifizierten Modell ergeben, beschreiben, wie beobachtete Werte mit Hilfe der im Modell verwendeten Parameter bestimmt werden können. Jetzt ersetzen genau diese Modellgleichungen die beobachteten Werte in den Formeln zur Berechnung der Kovarianzen (siehe Bortz, 1999, S. 463). Exemplarisch wird dies für eine Korrelation mithilfe standardisierter Werte dargestellt:

$$r_{x_1,x_2} = \frac{1}{n}\sum_m z_{1m} \cdot z_{2m} = \frac{1}{n}\sum_m (\lambda_1 \cdot \xi_{1m} + \varepsilon_1) \cdot (\lambda_2 \cdot \xi_{1m} + \varepsilon_2) = \lambda_1 \cdot \lambda_2$$

$$r_{\varepsilon_1,\varepsilon_2} = 0$$

$$r_{\varepsilon_1,\xi_1} = 0$$

$$r_{\varepsilon_2,\xi_1} = 0$$

Dabei ist:

- z_{1m} = z-Wert der Person *m* auf Item 1
- z_{2m} = z-Wert der Person *m* auf Item 2
- λ_1 = Ladung von Item 1 auf der latenten Variablen λ
- λ_2 = Ladung von Item 2 auf der latenten Variablen λ

- ξ_{1m} = Wert der Person m auf der latenten Variablen ξ
- ε_1 = Messfehler von Item 1
- ε_2 = Messfehler von Item 2
- n = Anzahl der Personen
- $r_{\varepsilon 1,\varepsilon 2}$ = Korrelation zwischen den Messfehlern von ε_1 und ε_2
- $r\,\varepsilon_{1,\xi 1}$ = Korrelation zwischen dem Messfehler von ε_1 und der latenten Variable ξ_1
- r_{jk} = Korrelation zwischen dem Messfehler von ε_2 und der latenten Variable ξ_1

Die Umformung der Gleichung, wie gerade dargestellt, ist an Voraussetzungen gebunden, die unter der Formel dargestellt sind: Die Fehlervariablen (1, 2) sind untereinander nicht korreliert und korrelieren nicht mit der latenten Variablen 1. Wenn diese vereinfachenden Annahmen nicht getroffen werden, sind die Rechenschritte komplizierter.

Für jedes Element in der Kovarianzmatrix erhält man so eine Gleichung. Zusammen bilden diese Gleichungen ein Gleichungssystem. Nun können die Informationen, die aus der beobachteten Kovarianzmatrix bekannt sind, in die Gleichungen eingesetzt werden. Würde beispielweise die beobachtete Korrelation $r_{x1,x2} = .52$ betragen, ergäbe sich folgende Gleichung:

$$.52 = \lambda_1 \cdot \lambda_2$$

In unserem Falle ist diese Gleichung nicht eindeutig lösbar, also unteridentifiziert: eine Information, zwei Unbekannte. Würde man annehmen (equality constraints), dass beide Ladungen gleichhoch sind, gäbe es eine eindeutige Lösung: $\lambda_1 = \lambda_2 = .72$ ($.52 = .72 \cdot .72$). Bei gerade identifizierten Modellen lässt sich das Gleichungssystem also exakt lösen. Bei überidentifizierten Modellen können die Parameter nur näherungsweise mit Hilfe von Startwerten bestimmt werden, da es mehr Gleichungen (Anzahl der Varianzen und Kovarianzen) als zu schätzende Parameter gibt. Die Startwerte werden in die Gleichungen eingesetzt, und somit werden mit Hilfe der Startwerte Varianzen und Kovarianzen berechnet. Werden diese in einer Matrix dargestellt, spricht man von einer **implizierten Kovarianzmatrix**.

Wahrscheinlich ist die **Diskrepanz** zwischen der beobachten und der implizierten Kovarianzmatrix nach Einsetzen der Anfangsstartwerte noch sehr groß; deshalb werden die Startwerte in einem iterativen Prozess optimiert, bis sich die Diskrepanz zwischen beiden Matrizen nur noch geringfügig verringern lässt. Das heißt nicht, dass keine Diskrepanz mehr besteht, sondern nur, dass sie sich nicht mehr verringern lässt. Es gibt verschiedene Funktionen, mit denen diese Diskrepanz bestimmt werden kann, z.B. die **ML- (Maximum-Likelihood-)**Methode. Diese unterscheiden sich vor allem darin, wie sie diese Diskrepanz gewichten. Auf diese Weise erhält man die zu schätzenden Parameter eines Modells (Ladungen, Korrelationen oder Kovarianzen, Varianzen, Fehlervarianzen). Voraussetzung dafür ist, dass die Modelle identifiziert sind. Sind die Modelle nicht identifiziert, kann eine Identifikation durch Parameterrestriktionen erreicht werden, z.B. durch Gleichsetzung bestimmter Parameter durch denselben Buchstaben. In *Abbildung 6.4* ist der ganze Prozess schematisch nochmals dargestellt.

Nehmen wir das Beispiel in *Abbildung 6.3b*. Nehmen wir weiter an, wir haben, um dieses Modell zu testen, Daten erhoben. Es lässt sich nun eine beobachtete Kovarianzmatrix erstellen. Das Modell in *Abbildung 6.3b* wird in Grundgleichungen zerlegt. Diese werden wiederum in die Formeln für Varianzen und Kovarianzen eingesetzt.

Danach werden die bekannten Parameter in die Gleichungen für Varianzen und Kovarianzen eingesetzt. Die Ladungen auf der latenten Variable sowie die Fehlervarianzen sind nicht bekannt; sie stellen die freien Parameter dar, die nun zunächst durch **Startwerte** (z.B. Zufallszahlen) geschätzt werden. Die Iterationen beginnen mit diesen **Startwerten**, das heißt also, für die freien Parameter werden vorläufige Werte eingesetzt. Diese Startwerte werden von den Programmen automatisch vorgegeben, können aber auch vom Anwender angegeben werden. Setzt man diese Startwerte in die Gleichungen ein, lässt sich eine Kovarianzmatrix berechnen, die als **implizierte (implied) Kovarianzmatrix** bezeichnet wird. Nach jeder Iteration wird diese implizierte Kovarianz- oder Korrelationsmatrix mit der beobachteten verglichen. Dies geschieht anhand der **gewichteten Differenz beider Matrizen (Residualmatrix)**. Die Gewichtung erfolgt je nach Methode (z.B. ML) unterschiedlich und wird in *Abschnitt 6.2* kurz dargestellt. Wenn die gewichtete Differenz zwischen beiden Matrizen nicht mehr verringert werden kann, stoppt der Iterationsprozess, die Schätzung hat **konvergiert**. Die Konvergenz der Schätzung am Ende der Iterationsschritte ist dabei nicht immer selbstverständlich. Mögliche Gründe für eine fehlende Konvergenz werden in *Abschnitt 6.7* erläutert. Der Unterschied zwischen beobachteter und implizierter Kovarianz- oder Korrelationsmatrix wird dabei gewichtet und zu einem Wert zusammengefasst. Er wird nach Hoyle (1995, S. 6) als „value of the fitting function“ (F) bezeichnet. Je kleiner dieser Wert ist, desto besser repliziert die implizierte Kovarianz- oder Korrelationsmatrix die beobachtete. Dieser Wert wird leicht modifiziert als Prüfgröße für den **χ^2-Goodness-of-Fit-Test** verwendet ($\chi^2 = [N\text{-}1] \cdot F$; N = Stichprobengröße). Der χ^2-Wert, der sich aus der Diskrepanz zwischen beobachteter und implizierter Kovarianzmatrix ableitet, stellt die Prüfgröße für den Modelltest dar. Der Modelltest prüft, ob die mit Hilfe der geschätzten Parameter berechnete modelltheoretische Kovarianzmatrix von der beobachteten signifikant abweicht. Ist dies der Fall, wird das Modell verworfen. Es besteht eine signifikante Diskrepanz zwischen Modell und „beobachteten Daten (Kovarianzmatrix)“.

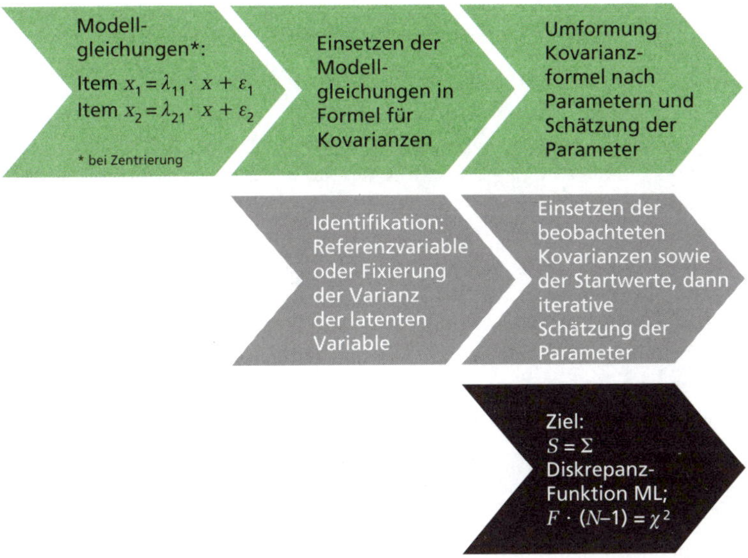

Abbildung 6.4: Schematische Darstellung der Parameterschätzung

Rekursive und nicht-rekursive Modelle Man unterscheidet zwei Arten von Modellen: rekursive und nicht-rekursive Modelle. Rekursive Modelle haben keine korrelierten Fehlervariablen, und alle Pfade zeigen nur in eine Richtung (→). Nicht-rekursive Modelle besitzen korrelierte Fehlervariablen und Pfade, die in unterschiedliche (⇆) Richtungen zeigen. Eine dritte Art von Modellen wird als partiell rekursiv bezeichnet. Solche Modelle enthalten korrelierte Fehlervariablen, aber nur Pfade in eine Richtung. Diese Unterteilung wird an dieser Stelle getroffen, da in der später dargestellten AMOS[5]-Programmausgabe diese Begriffe verwendet werden.

Interpretation von Ladungen Unabhängig davon, ob zwei Faktoren unkorreliert oder korreliert sind, können die Ladungen als Korrelationen interpretiert werden, wenn jedes Item nur eine Ladung auf einem Faktor aufweist. Die quadrierte Ladung gibt dann den gemeinsamen Varianzanteil zwischen Faktor und Item an. Auch wenn korrelierte Fehlervariablen zugelassen werden, handelt es sich nach Thompson (2004) bei den Ladungen immer noch um Korrelationen. Erst wenn Doppelladungen eines Items auf zwei Faktoren auftreten, müssen diese analog zur exploratorischen Faktorenanalyse als **partielle standardisierte Regressionsgewichte** interpretiert werden.

Hier ist anzumerken, dass die Ausgabe in AMOS lediglich Ladungen enthält, die als partielle standardisierte Regressionsgewichte angesehen werden müssen. In den oben genannten Fällen sind diese äquivalent zu den Strukturkoeffizienten (Korrelationen) in der Strukturmatrix. Dies gilt jedoch nicht für nicht spezifizierte Pfade. Die Werte für diese nicht spezifizierten Pfade werden in AMOS standardmäßig nicht angezeigt, können jedoch deutlich von null verschieden sein. Das heißt, obwohl ein Item in einem Modell nur auf einem Faktor laden soll, kann es auf einem anderen Faktor eine zusätzliche substanzielle Ladung aufweisen. Im Falle korrelierter Faktoren ist dies, wie in der EFA, immer mehr oder weniger der Fall. Um zu entscheiden, ob ein Item wirklich ein Indikator für nur eine latente Variable ist, muss die Strukturmatrix mitberücksichtigt werden. Man erhält diese Strukturmatrix in AMOS, indem man die Ausgabeoption VIEW → ANALYSIS PROPERTIES → REGISTER OUTPUT → Markieren des Kästchens ALL IMPLIED MOMENTS wählt.

Fazit: In einer konfirmatorischen Faktorenanalyse werden Mess- und Strukturmodell unterschieden. Ein **Messmodell** definiert, welche beobachteten Variablen Indikatoren einer latenten Variablen darstellen. Das Strukturmodell definiert vereinfacht die Beziehungen zwischen latenten Variablen. Darüber hinaus wird zwischen gerichteten und ungerichteten Beziehungen differenziert: Unter ungerichteten Beziehungen versteht man Korrelationen oder Kovarianzen und unter gerichteten standardisierte oder nicht-standardisierte partielle Regressionsgewichte (Ladungen). Die in Mess- und Strukturmodell spezifizierten Gleichungen dienen zur Berechnung von Modellparametern (Ladungen, Korrelationen oder Kovarianzen, Varianzen der latenten Variablen und Fehlervarianzen). Ist das Modell aufgestellt, muss geprüft werden, ob die in der Korrelations- oder Kovarianzmatrix enthaltene Information ausreicht, um die Parameter im Modell zu schätzen.

5 AMOS: Anwendungsprogramm, um konfirmatorische Faktorenanalysen durchzuführen. Mit Hilfe dieses Programms wird eine konfirmatorische Faktorenanalyse in *Kapitel 6.11* beispielhaft durchgeführt.

Damit die Parameter eines Modells eindeutig berechnet werden können, müssen zwei Dinge gewährleitstet sein: (1) Es müssen zumindest so viele bekannte Parameter wie zu schätzende Parameter in einem Modell enthalten sein (gerade identifiziertes Modell), und (2) jeder latenten Variable sowie jeder Fehlervariable muss eine Metrik zugewiesen werden. Es gibt zwei Möglichkeiten, einer latenten Variable eine Metrik zuzuweisen: (1) durch die Fixierung einer Referenzvariablen oder (2) durch die Fixierung der Varianz der latenten Variablen. Letztere Methode hat den Vorteil, dass die Signifikanz der Ladungen für alle manifesten Variablen einer latenten Variablen möglich ist. Die Modellparameter werden mit Hilfe iterativer Methoden und Startwerten so geschätzt, dass die implizierte und die beobachtete Kovarianzmatrix eine möglichst geringe Diskrepanz aufweisen. Sind die Parameter des Modells „optimal" geschätzt, wird überprüft, wie groß die Diskrepanz zwischen der beobachteten Kovarianzmatrix und der aus dem Modell zurückgerechneten Kovarianzmatrix (implizierte Kovarianzmatrix) ist. Dieser Wert wird als „value of the fitting function" (F) bezeichnet. Die Diskrepanzfunktionen unterscheiden sich je nach Schätzmethode (ML-, GLS-, ULS- und ADF-Methode, siehe *Abschnitt 6.2*) und gewichten die Diskrepanz unterschiedlich. Dieser Wert wird mit $N-1$ multipliziert und ergibt dann einen χ^2-Wert. Ist dieser signifikant, führt dies zur Ablehnung des Modells.

6.2 Schätzmethoden

Welche Methode ist für meine Fragestellung angemessen?

Parameterschätzungen müssen letztendlich zu einer implizierten Kovarianzmatrix führen, die so gut wie möglich der „beobachteten" Kovarianzmatrix entspricht. Dazu ist es nötig, eine Schätzmethode auszuwählen. Es stehen verschiedene Schätzmethoden zur Auswahl, die sich je nach Stichprobengröße, Verteilungen der Items und Skalenniveau anbieten.

Dieses Buch beschränkt sich auf die Darstellung der Schätzmethoden, die auch im Rahmen des Programmpakets AMOS verfügbar sind: **ML** (**M**aximum-**L**ikelihood), **GLS** (**G**eneralized **L**east **S**quares), **ULS** (**U**nweighted **L**east **S**quares) und **ADF** (**A**symptotically **Di**stribution-**F**ree). Die GLS- und ULS-Methode minimieren die quadrierten Abweichungen zwischen beobachteter und durch das Modell festgelegter Kovarianzmatrix.

Für jede Schätzmethode wird die Modellgüte mit Hilfe einer so genannten Diskrepanzfunktion bestimmt. Sie bildet die Basis für den Modelltest. Modellparameter werden so geschätzt, dass die Abweichung zwischen der beobachteten Kovarianzmatrix und der durch das Modell implizierten Kovarianzmatrix so gering wie möglich wird. Wie oben dargestellt, handelt es sich dabei um einen iterativen Prozess, der abgebrochen wird, wenn sich diese Abweichung nicht mehr deutlich verringern lässt. Diese Abweichung kann durch verschiedene Funktionen ausgedrückt werden:

$$F_{ML} = tr(S \cdot \Sigma^{-1}) - p + \ln|\Sigma| - \ln|S|$$

$$F_{GLS} = .5 \cdot tr\left[(S - \Sigma^{-1}) \cdot S^{-1}\right]^2$$

$$F_{ULS} = .5 \cdot tr\left[(S - \Sigma^{-1})\right]^2$$

- tr = Spur einer Matrix (Summe der Varianzen in der Diagonalen einer Varianz-Kovarianzmatrix)
- Σ^{-1} = Inverse der reproduzierten Kovarianzmatrix (Σ^{-1} ist definiert als $\Sigma^{-1} \cdot \Sigma = I$; I ist eine Identity-Matrix, mit Einsen in den Diagonalen und null für die restlichen Elemente der Matrix. Für einen Wert, z.B. Wert für 3, ist der inverse Wert Σ, und dies entspricht $(3)^{-1}$.)
- S = beobachtete empirische Kovarianzmatrix
- ln = Logarithmus
- p = Anzahl der manifesten Variablen in einem Modell
- F = „value of the fitting function"
- $|S|$ und $|\Sigma|$ = Determinante der Matrix S bzw. Determinante der Matrix Σ (siehe Hintergrund)

Hintergrund Die folgende kurze Darstellung orientiert sich an Pett, Lackey und Sullivan (2003, S. 66). Die Determinante einer Matrix ist im Rahmen von ML-Schätzungen eine wichtige Größe (siehe auch *Abschnitt 6.7*). Determinanten einer Matrix können einen Wert von plus bis minus unendlich annehmen. Für Korrelationsmatrizen liegen die Werte für Determinanten zwischen null und eins. Eine Determinante von eins bedeutet, dass alle Korrelationen der Korrelationsmatrix null sind. Ein Wert von null bedeutet, dass lineare Abhängigkeiten in der Korrelationsmatrix enthalten sind. Das heißt, eine Spalte (oder Zeile) der Korrelationsmatrix kann durch eine lineare Transformation der anderen Spalten oder Zeilen dargestellt werden. Zum Beispiel führt die Addition zweier Spalten der Korrelationsmatrix zu einer dritten Spalte, die ebenfalls in der Korrelationsmatrix enthalten ist. Eine Determinante von null tritt bevorzugt dann auf, wenn Variablen hoch korreliert sind oder Skalenwerte zusammen mit einem daraus resultierenden Gesamtwert analysiert werden. Folgende Fehlermeldung erscheint, wenn eine Matrix eine Determinante von null aufweist: **Matrix Is Not Positive-Definite**. In einem solchen Fall sollten hoch korrelierte Items aus dem Datensatz entfernt oder zu einer Variablen aggregiert werden (z.B. z-Transformation und Mittelung).

Wahl der Schätzmethode

ULS-Methode Die ULS-Methode benötigt keine Normalverteilungsannahme, hat jedoch gravierende Nachteile: Die F_{ULS}-Diskrepanzfunktion kann nicht effizient geschätzt werden und ist weder skaleninvariant noch skalenfrei. Sie unterscheidet sich also je nach dem, ob die Kovarianz- oder die Korrelationsmatrix verwendet wird, und ist damit nicht „skaleninvariant". Daneben ergeben sich für die F_{ULS}-Diskrepanzfunktion unterschiedliche Werte, je nachdem, ob Rohwerte bzw. transformierte Werte verwendet werden. Damit ist sie auch nicht „skalenfrei". In der Regel sollte die Schätzung eines Parameters möglichst „wirksam" oder „effizient" erfolgen. Das heißt, die Streuung des Schätzers sollte möglichst gering sein. Dies ist für die F_{ULS}-Diskrepanzfunktion nicht der Fall.

ADF-Methode Die ADF-Methode basiert nach West, Finch und Curran (1995, S. 64) auf einer speziellen Varianz-, Kovarianzmatrix und einer GLS- (Generalized-Least-Squares-)Schätzung. Die ADF-Methode benötigt keine Verteilungsannahmen. Sie ist nach Schermelleh-Engel, Moosbrugger und Müller (2003) dann zu empfehlen, wenn im Modell ordinale bzw. dichotome und kontinuierliche Variablen enthalten sind sowie die kontinuierlichen Variablen deutlich von einer Normalverteilung abweichen.

ML-Methode Die ML-Methode ist die am häufigsten verwendete Methode und wird daher von ihrer Grundidee kurz vorgestellt. Rost (2004, S. 303) bringt die Grundidee auf die einfache „Formel": „Wie wahrscheinlich ist das, was ich beobachte, wenn mein Modell gilt?" Ist ein anderes Modell besser als das getestete, hat es eine höhere Wahrscheinlichkeit, durch die Daten erzeugt zu werden. Die ML-Methode hat den entscheidenden Vorteil, dass sie sich für Rohwerte und transformierte Werte nicht unterscheidet. Damit führt die Verwendung einer Kovarianz- oder Korrelationsmatrix im Rahmen der ML-Methode zu denselben Ergebnissen. Die Wahl der Schätzmethode hängt unter anderem von der **Skalenqualität** (ordinal- oder intervallskaliert), der **Art der Verteilung** (normalverteilt versus schief verteilt) und der **Stichprobengröße** ab. Voraussetzung für die Durchführung der ML-Methode und der GLS-Methode sind eine multivariate Normalverteilung und Intervalldatenniveau (dieses wird häufig nur unterstellt). Liegt keine multivariate Normalverteilung vor, führt dies nach Byrne (2002, S. 268; vgl. Olsson, Foss, Troye & Howell, 2000) zu überhöhten Schätzungen des χ^2-Wertes und zu moderaten bis schwerwiegenden Unterschätzungen der Standardfehler der Parameterschätzungen (Kovarianzen bzw. Korrelation und Ladungen). Diese Standardfehler der Parameterschätzungen werden benötigt, um die Signifikanz der Faktorladungen zu bestimmen. Insgesamt bedeutet dies, dass ein passendes Modell aufgrund des überhöhten χ^2-Wertes zu oft abgelehnt wird. Die Überschreitungswahrscheinlichkeit (p), die anhand der Freiheitsgrade und des χ^2-Wertes bestimmt wird, kann in AMOS mit Hilfe der **Bollen-Stine-Bootstrap-Methode** korrigiert werden. Es empfiehlt sich, diese Korrektur immer dann anzuwenden, wenn der **Mardia-Test** in AMOS signifikant wird. Der Mardia-Test prüft, ob eine multivariate Normalverteilung der Items vorliegt. Außerdem werden Pfade und Korrelationen zwischen beobachteten Variablen, zwischen latenten Variablen oder zwischen beobachteten und latenten Variablen aufgrund der zu geringen Schätzfehler signifikant, obwohl dies in der Population nicht zutrifft (West, Finch & Curran, 1995, S. 73). Die Höhe der Faktorladungen und Korrelationen wird dagegen trotz der Verteilungsverletzungen „richtig" geschätzt.

Während die **ML-Methode** und insbesondere die **GLS-Methode** auch bei geringeren Stichprobengrößen ($N > 100$) anwendbar sind, führt die **ADF-Methode** nur bei extrem großen Stichproben und wenig komplexen Modellen zu genauen Ergebnissen ($N > 500$), vgl. Hu und Bentler (1998). Sie hat allerdings den Vorteil, dass sie formal keine Verteilungsannahmen voraussetzt.

Nach Empfehlungen von West, Curran und Finch (1995) sollte bei geringer Stichprobengröße und einer Schiefe kleiner als Sch < 2 sowie einem Exzess kleiner als Ex < 7 die ML- oder GLS-Methode angewandt werden. McDonald und Ho (2002) bemerken, dass die ML-Methode ausgesprochen robust gegenüber Verletzungen der Normalverteilungsannahme ist. **Bei Stichprobengrößen von N > 100 und multivariater Normalverteilung oder einer Schiefe und einem Exzess innerhalb der von West, Finch und Curran (1995) vorgegebenen Grenzen kann die Durchführung einer ML-Methode als Standard empfohlen werden.** Zu den gleichen Ergebnissen kommen auch Olsson, Foss, Troye und Howell (2000), die die GLS- und die ML-Methode verglichen haben. Sie bemerken, dass die ML-Methode im Vergleich zu GLS weniger sensitiv gegenüber Variationen der Stichprobengröße und der Schiefe ist und darüber hinaus genauer als die GLS-Methode.

Fazit: Es gibt verschiedene Möglichkeiten, Parameter im Rahmen von Strukturgleichungsmodellen zu schätzen. In den meisten Programmen ist die ML-Methode voreingestellt. Sie ist in der Regel allen anderen Methoden vorzuziehen, da sie relativ robust gegenüber Verletzungen der multivariaten Normalverteilung ist. Sollen ordinale oder dichotome Daten analysiert werden, sollte bei ausreichender Stichprobengröße die ADF-Methode verwendet werden. Geeignete Schätzmethoden für ordinale oder dichotome Items sind auch in den Programmen LISREL oder MPlus verfügbar. Wird eine ML-Analyse durchgeführt, sollte geprüft werden, ob eine multivariate Normalverteilung vorliegt. Ist dies nicht der Fall, führt der χ^2-Modelltest zu häufig zur Verwerfung passender Modelle in der Population. Um dies zu korrigieren, ist es günstig, die Bollen-Stine-Bootstrap-Korrektur durchzuführen.

6.3 Modelltestung

Wie erkenne ich, ob ein Modell passt?

Bevor wir uns der Frage zuwenden, woran man ein gutes Modell erkennt, sollen hier zwei Zitate zur Problematik der Modellpassung im Original wiedergegeben werden. Sie verdeutlichen unabhängig davon, mit welcher Methode oder mit welchen Indizes man die Modellgüte beurteilt, die Schwierigkeiten der Modellbeurteilung:

„If the model fits the data, it does not mean that it is the correct model or even the „best" model. In fact, there can be many equivalent models all of which will fit the data equally well as judged by any goodness of fit measure. To conclude that the fitted model is the „best", one must be able to exclude all models equivalent to it on logical or substantive grounds" (Jöreskog, 1993, S. 298; vgl. Cole, 1987).

„It is important to remember that even a model with excellent overall fit indices can be unacceptable because of the components of the model" (Bollen & Long, 1993, S. 7).

Beide Zitate verdeutlichen, dass bei der Beurteilung der Modellgüte theoretische und logische Überlegungen unverzichtbar sind. Das letzte Zitat weist darüber hinaus auf den Umstand hin, dass bei geringen Ladungen in einem Modell die Sensitivität einer CFA stark abnimmt, fehlspezifizierte Modelle zu erkennen. In diesem Fall kann das Modell nicht gut auf die Daten passen, auch wenn eine CFA einen guten Modell-Fit anzeigt.

Generell sollten zwei Informationen zur Beurteilung des Modell-Fits bereitgestellt werden: der χ^2-Test und ausgewählte Fit-Indizes des Modells. Beide Methoden haben Vor- und Nachteile, auf die im Folgenden eingegangen wird.

6.3.1 Exakter Modell-Fit

Wann passt mein Modell exakt?

Der Anwender spezifiziert ein Modell mit gerichteten (Pfade) oder ungerichteten Beziehungen (Korrelationen oder Kovarianzen). Mit der **CFA** wird geprüft, ob ein a priori spezifiziertes Modell anhand der Daten verworfen werden muss oder nicht.

Diese Überprüfung erfolgt mit Hilfe eines χ^2-Tests. Dabei werden folgende Hypothesen geprüft:

- ***H_0*:** Das Modell passt zur Datenstruktur.
- ***H_1*:** Das Modell weicht von der Datenstruktur ab.

Zur Durchführung konfirmatorischer Faktorenanalysen werden größere Stichproben als beispielweise für eine Hauptkomponentenanalyse benötigt. Bei kleinen Stichproben treten, insbesondere im Rahmen von ML-Schätzungen, häufig Schätzprobleme auf (siehe *Kapitel 6.7*). Die Größe der Stichprobe hat auch entscheidende Auswirkungen auf die Modelltestung. Mit zunehmender Stichprobengröße wird der Stichprobenfehler kleiner und die Ergebnisse genauer, was ohne Zweifel ein sinnvolles Prinzip darstellt. Je größer die Stichprobe wird, desto sensitiver wird der χ^2-Test für Modellabweichungen (Teststärke steigt). Das heißt, kleine Abweichungen von einem perfekten Modell führen bereits zur Ablehnung der Nullhypothese. Im Gegensatz dazu zieht die Verwendung von kleinen Stichproben eine geringe Sensitivität des χ^2-Tests nach sich, und große Abweichungen von einem perfekten Modell können zur Annahme des Modells führen. Die Lage wird komplizierter, wenn man berücksichtigt, dass hier die Geltung der Nullhypothese getestet wird. Das heißt, eigentlich sollte der Beta-Fehler betrachtet werden, und nicht der Alpha-Fehler. Dies ist schwierig, da man ein Effektstärkemaß benötigt, um den Beta-Fehler zu bestimmen. Bislang ist dies jedoch nicht üblich. Der Beta-Fehler kann unter anderem dadurch reduziert werden, dass das Alpha-Niveau größer gewählt wird. Das heißt, dass ein Alpha-Fehler-Niveau von .20 bei kleinen Stichproben durchaus angemessen sein kann, um fehlspezifizierte Modelle schneller zu erkennen. Leider sind dies ebenfalls nur sehr grobe Daumenregeln, die keine wirkliche Sicherheit bieten, „schlechte" Modelle zu entdecken. Darüber hinaus ist an dieser Stelle kritisch anzumerken, dass die Annahme der Nullhypothese nicht dafür spricht, dass das Modell das richtige oder gar „wahre" Modell ist. Dies kann mit Hilfe von Hypothesentests nicht entschieden werden. Es ist wahrscheinlich, dass es auch andere äquivalente (gleichwertige) Modelle gibt, die einen exakten Modell-Fit aufweisen. Auch die Replikation eines Modells ist nur ein Hinweis auf die Stabilität der gefundenen Modellstruktur und kein Beleg für die Modellgeltung oder Richtigkeit.

Trotz weit verbreiteter Kritik am Modelltest müssen der χ^2-Wert und der p-Wert immer angegeben werden, denn ein nicht **signifikanter χ^2-Wert** *zeigt an, ob ein Modell einen exakten Modell-Fit aufweist. Unter* **exaktem Modell-Fit** *wird daneben auch verstanden, dass das* **Vertrauensintervall des RMSEA** *den* **Wert Null enthält.**

Die Berechnung des χ^2-Werts wurde bereits erläutert: $\chi^2 = (N - 1) \cdot F$. Dabei ist F ein Kennwert für eine gewichtete Abweichung zwischen beobachteter und implizierter Kovarianz- bzw. Korrelationsmatrix (siehe auch *Kapitel 6.1* und *Kapitel 6.1.2*). Im Idealfall sollte dieser Wert null sein, denn dies würde bedeuten, dass das vom Anwender spezifizierte Modell mit der beobachteten Korrelations- oder Kovarianzmatrix perfekt übereinstimmt. Dieser χ^2-Wert wird dann mit Hilfe der χ^2-Verteilung mit $df = \{[(b) \cdot (b + 1)/2] - f\}$ Freiheitsgraden (b = Anzahl der beobachteten Parameter, f = Anzahl der frei zu schätzenden Parameter) auf Signifikanz getestet. So hat beispielsweise ein einfaktorielles Modell mit einer latenten Variable und mit neun manifesten Variablen 45 Datenpunkte, $[(b) \cdot (b + 1)/2] = [(9) \cdot (9 + 1)/2] = 45$. Dies entspricht 36 Kovarianzen plus neun Varianzen der (Varianz-)Kovarianzmatrix. Für das Modell müssen neun Ladungen und neun Fehlervarianzen (= 18 Parameter) geschätzt werden. Dies ergibt insgesamt 45 – 18 Parameter und damit 27 Freiheitsgrade.

Im Falle eines signifikanten χ^2-Tests kann es sinnvoll sein, sich die einzelnen Residuen in der Residualmatrix der Kovarianzen anzusehen. Das Vorzeichen des Residuums gibt Aufschluss über die Richtung des Unterschieds (Differenz) zwischen beobachteter Kovarianzmatrix (S) und der durch das Modell spezifizierten Kovarianzmatrix (Σ, vgl. Jöreskog & Sörbom, 1993). Ein hohes positives Residuum deutet darauf hin, dass durch das Modell die entsprechende Korrelation oder Kovarianz zweier Items unterschätzt wird, ein hohes negatives Residuum deutet darauf hin, dass durch das Modell die Korrelation oder Kovarianz zweier Items überschätzt wird (Jöreskog, 1993). Bei großen Über- oder Unterschätzungen können dann die so genannten Modifikationsindizes helfen, zusätzliche Ladungen oder Kovarianzen und Varianzen zu spezifizieren, um das Modell anzupassen. *In diesem Fall liegt dann kein konfirmatorisches Testen oder Vorgehen mehr vor, sondern ein exploratives Vorgehen.* Derart modifizierte Modelle sollten kreuzvalidiert werden. **Kreuzvalidieren** heißt, eine erneute Prüfung des modifizierten Modells an einer anderen Stichprobe durchzuführen. Bei großen Stichproben kann die Stichprobe per Zufall in zwei Hälften aufgeteilt werden. In einer Stichprobe kann dann das Modell modifiziert und in der anderen kreuzvalidiert werden.

6.3.2 Approximativer Modell-Fit: Fit-Indizes

Welche Fit-Indizes soll ich verwenden?

Wie bereits erwähnt, führt der χ^2-Modelltest der konfirmatorischen Faktorenanalyse bei großen Stichproben schon bei **geringen Abweichungen** zwischen der empirisch beobachteten Kovarianzmatrix und der implizierten Kovarianzmatrix des getesteten Modells zur Ablehnung des Modells. Der Vorteil von großen Stichproben ist jedoch, dass die Schätzungen der Parameter im Modell umso genauer sind, je mehr sich die Stichprobengröße der Populationsgröße annähert. Die höhere Sensitivität für **Modellfehlspezifikationen** (falsch oder nicht spezifizierte Pfade oder Korrelationen), die mit einer zunehmenden Stichprobengröße einhergeht, kann anhand der Formel zur Berechnung des χ^2-Wertes gezeigt werden ($\chi^2 = [N-1] \cdot F$; N = Stichprobengröße). Umgekehrt führt der χ^2-Test bei kleinen Stichproben möglicherweise zur Annahme eines Modells, obwohl große Abweichungen von einem perfekten Modell vorliegen. Daher behilft man sich mit weiteren Indizes zur Beurteilung der Modellgüte, den so genannten Fit-Indizes.

Fit-Indizes Es gibt viele dieser Fit-Indizes. Sie prüfen mehr oder weniger die Abweichung von einem „**Null-**" oder „**Independence-Modell**". In einem Null- oder Independence-Modell sind alle Parameter auf „Null" fixiert und nur die Varianzen der beobachteten Variablen müssen geschätzt werden (vgl. Kline, 2005; Thompson, 2004; Hair, Black, Babin, Anderson & Tatham, 2006). Andere Fit-Indizes nehmen dagegen einen Vergleich mit einem „**saturated**" Modell vor, das exakt die Stichprobenkovarianz repliziert. In diesem Fall beschreibt das Modell perfekt die Daten.

Fit-Indizes, die einen Vergleich mit dem saturierten Modell vornehmen, werden als **absolute Fit-Indizes** bezeichnet. Sie geben direkt an, wie gut oder schlecht ein A-priori-Modell die Daten im Vergleich zu einem saturierten Modell reproduziert. Ihr Wertebereich liegt in der Regel zwischen null und eins. Wie gut ein Modell die Daten beschreibt, kann mit Hilfe von so genannten **Goodness-of-Fit-Indizes** ermittelt werden, wie z.B. dem **G**oodness-of-**F**it-**I**ndex[6] (GFI). Dieser Index entspricht einem R^2, das heißt, er zeigt an, wie viel Varianz der Gesamtvarianz durch ein Modell aufgeklärt werden kann (vgl. Hu & Bentler, 1998, S. 426). Ein hoher Wert steht für einen guten Modell-Fit. Wie schlecht ein Modell die Daten beschreibt, geben die so genannten **Badness-of-Fit-Indizes an, wie zum Beispiel der Root-Mean-Square-Error of Approximation (RMSEA)**. Hier steht ein hoher Wert für einen schlechten Modell-Fit.

Fit-Indizes, die einen Vergleich mit einem Null-Modell vornehmen, bezeichnet man als **inkrementelle** oder **komparative** Fit-Indizes. Sie zeigen die proportionale Verbesserung der Anpassung gegenüber einem restriktiveren Nullmodell an. Diese inkrementellen Fit-Indizes werden deshalb auch „**komparative Fit-Indizes**" genannt. Es lassen sich drei Typenklassen (Typ-1-, Typ-2- und Typ-3-Index) von inkrementellen oder komparativen Fit-Indizes unterscheiden. Je höher die Typenklasse eines solchen Index ist, desto mehr Parameter gehen in seine Berechnung mit ein. Das heißt, letztendlich stellen Indizes höherer Typenklasse auch bessere Indizes dar, da sie mehr Information berücksichtigen. Aus diesem Grund werden Typ-1-Indizes wie beispielsweise der **NFI** (**N**ormed-**F**it-**I**ndex) nicht dargestellt, sondern nur Typ-3-Indizes, wie der **CFI (Comparative-Fit-Index)**. Auch für die komparativen oder inkrementellen Fit-Indizes liegt der Wertebereich in der Regel zwischen null und eins. Je höher der Wert ausfällt, desto besser ist der Modell-Fit.

Anzugebende Fit-Indizes und ihre Cut-off-Werte Beauducel und Wittmann (2005) empfehlen, folgende Fit-Indizes anzugeben: **χ^2-Wert** und den dazugehörigen ***p*-Wert**, **CFI** (**C**omparative-**F**it-**I**ndex), **RMSEA** (**R**oot-**M**ean-**S**quare-**E**rror of **A**pproximation) und **SRMR** (**S**tandardized-**R**oot-**M**ean-**R**esidual). Diese Fit-Indizes (CFI, RMSEA, SRMR) liefern nach Analysen der Autoren unterschiedliche Informationen über den Modell-Fit. Sie nehmen Werte von null bis eins an. Dabei wird der RMSEA von Raykov (1998, S. 292) insbesondere für die Persönlichkeitsforschung empfohlen. Hu und Bentler (1999) schlagen für die ML-Methode Cut-off-Werte vor. Ein gutes Modell liegt unterhalb oder um die angegebenen Cut-off-Werte für den RMSEA und den SRMR sowie über bzw. um den angegebenen Cut-off-Wert für den CFI. Diese Fit-Indizes sollten, wenn möglich, zur Modellevaluation angegeben werden und werden daher im Folgenden ausführlicher beschrieben.

■ *RMSEA*

$$RMSEA = \sqrt{\frac{\chi^2 - df}{N \cdot df}},\ df > \chi^2;\ \text{dann wird Zähler Null gesetzt}$$

Der *RMSEA* betrachtet hauptsächlich die Abweichung der beobachteten (S) von der implizierten Varianz-Kovarianzmatrix (Σ). Diese Abweichung ist bereits mit der Stichprobengröße multipliziert im χ^2-Wert im Zähler enthalten, $\chi^2 = (N-1) \cdot F$. Der Wert F ist dabei der „value of the fitting function", der die Diskrepanz (bzw. den Unterschied)

6 In der Literatur werden immer wieder GFI (Goodness-of-Fit-Index) und AGFI (Adjusted-Goodness-of-Fit-Index) zur Modellevaluation herangezogen. Beide Indizes sind nach Shevlin, Miles und Lewis (2000, S. 182; vgl. Fan, Thompson & Wang, 1999) stichprobenabhängig und tendieren bei großen Stichproben zu höheren Werten. Ihr Wertebereich liegt zwischen null und eins, dabei stehen höhere Werte für einen besseren Modell-Fit. Daher sind diese Fit-Indizes zwischen Stichproben mit stark variierender Stichprobengröße nicht vergleichbar. Hu und Bentler (1998, S. 5) empfehlen nach umfangreichen Simulationsstudien keinen der beiden Indizes zur Evaluation des globalen Modell-Fits. **Daher ist von der Verwendung von GFI und AGFI dringend abzuraten.**

zwischen beobachteter und Modell-implizierter Varianz-Kovarianzmatrix ausdrückt. Je höher diese Diskrepanz ausfällt, desto größer ist der Wert für den *RMSEA*. Vom χ^2-Wert wird im Zähler die Anzahl der Freiheitsgrade abgezogen. Eine geringe Anzahl an Freiheitsgraden bedeutet, dass das Modell komplex ist. Für komplexe Modelle fällt der Zähler somit größer aus. Die Anzahl der Freiheitsgrade beeinflusst aber auch die Größe des Nenners. Je geringer die Anzahl der Freiheitsgrade ist (komplexes Modell), desto kleiner wird der Nenner. Damit wird bei komplexen Modellen der Zähler größer, der Nenner kleiner und der Wert für den Bruch insgesamt größer, was zu einem höheren *RMSEA* führt. Es ist auch möglich, um den *RMSEA* ein Vertrauensintervall zu bilden. Dies sollte bei der Interpretation mitberücksichtigt werden. Folgende Cut-off-Werte können als Daumenregel angewendet werden:

$N > 250$: $RMSEA \leq .06$

$N < 250$: $RMSEA \leq .08$

- ***SRMR***

$$SRMR = \sqrt{\sum_{j} \sum_{k<j} \frac{r_{jk}^2}{e}}$$

$$r_{jk} = \frac{S_{jk}}{S_j \cdot S_k} - \frac{\hat{\sigma}_{jk}}{\hat{\sigma}_j \cdot \hat{\sigma}_k}$$

$$e = \frac{p \cdot (p+1)}{2}$$

Dabei ist:

- p = Anzahl der Items
- S_j = Standardabweichung des Items j der beobachteten Varianz-Kovarianzmatrix
- S_k = Standardabweichung des Items k
- S_{jk} = Kovarianz zwischen Item j und Item k
- r_{jk} = Korrelation zwischen Item j und k
- $\hat{\sigma}_j$ = Standardabweichung des Items j der implizierten Varianz-Kovarianzmatrix
- $\hat{\sigma}_k$ = Standardabweichung des Items k der implizierten Varianz-Kovarianzmatrix
- $\hat{\sigma}_{jk}$ = Kovarianz zwischen Item i und j der implizierten Varianz-Kovarianzmatrix

Der *SRMR* kennzeichnet die mittlere Abweichung der Residualkorrelationsmatrix. In dieser Matrix finden sich die gemittelten Abweichungen der beobachteten (S) von der implizierten Varianz-Kovarianzmatrix (Σ). Der *SRMR* berücksichtigt nicht, wie der *RMSEA*, die Modellkomplexität. Folgender Cut-off-Wert kann als Daumenregel angewendet werden:

$SRMR \leq .11$

- ***CFI***

$$CFI = 1 - \frac{\chi^2{}_M - df_M}{\chi^2{}_N - df_N}$$

Der *CFI* nimmt einen Vergleich des getesteten Modells mit einem restriktiveren Nullmodell bzw. Independence-Modell vor. Auch hier findet die Diskrepanzfunktion indirekt über den χ^2-Wert Eingang in die Berechnung. Gleichzeitig wird ein Bruch gebildet, der das getestete Modell im Zähler enthält und das Nullmodell im Nenner. Der Wert dieses Bruchs wird von eins abgezogen. Entspricht die Differenz aus dem χ^2-Wert und den Freiheitsgraden des Nullmodells der Differenz des getesteten Modells (ergibt den Wert Eins) resultiert ein *CFI* von null ($1 - 1 = 0$). Das getestete Modell kann dabei nie einen höheren Wert erzielen als das „schlechteste" Nullmodell. Je größer nun der Unterschied dieser beiden Differenzen wird (sehr geringer Wert des Bruchs), desto stärker nähert sich der *CFI* dem Wert Eins an (1 – sehr geringer Wert $\approx$ 1). Folgender Cut-off-Wert kann als Daumenregel angewendet werden:

CFI $\approx$ .95

Tabelle 6.1 enthält zusammenfassend Wertebereiche, Cut-off-Werte sowie besondere Hinweise zur Verwendung der Fit-Indizes. Beispielsweise können sich Fit-Indizes stark aufgrund der angewandten Methode unterscheiden, z.B. zwischen GLS-, ML- oder ADF-Methode (Fan, Thompson & Wang, 1999). Dies gilt auch für große Stichproben und insbesondere für fehlspezifizierte Modelle. Darüber hinaus ist zu beachten, dass die meisten Fit-Indizes einen Wertebereich zwischen null und eins aufweisen. Andere Fit-Indizes können hingegen auch einen Maximalwert von größer als eins annehmen.

Tabelle 6.1

Verwendung von globalen Fit-Indizes nach Hu und Bentler (1998, 1999), ergänzt durch Fan, Thompson und Wang (1999)

Index / Typ / Wertebereich	Beschreibung
CFI (Cut-off $\approx$ .95) (Comparative-Fit-Index) Typ-3-Index Maximalwert = 1 **TLI (Cut-off $\approx$ .95)** (Tucker-Lewis-Index) Typ-2-Index Maximalwert > 1 **BL 89 (Cut-off $\approx$ .95)** (Fit-Index von Bollen, 1989) Typ-2-Index Maximalwert > 1 **RNI (Cut-off $\approx$ .95)** (Relative-Noncentrality-Index) Typ-3-Index Maximalwert > 1	CFI (TLI, BL 89, RNI): ■ moderat sensitiv gegenüber einfacher Modellfehlspezifikation ■ sehr sensitiv gegenüber komplexer Modellfehlspezifikation ■ geringe Sensitivität gegenüber Verteilungsverletzungen und Stichprobengröße ■ mit Ausnahme des TLI auch bei $N < 250$ für die ML-Methode verwendbar ■ bei ADF- und GLS-Methode Unterschätzung des eigentlichen wahren Populationswertes (bei Interpretation berücksichtigen und zusammen mit SRMR verwenden) ■ Werden in AMOS fehlende Werte geschätzt, sind diese Fit-Indizes nicht geeignet, den Modell-Fit anzuzeigen. In solchen Fällen sollte der RMSEA betrachtet werden.
SRMR (Cut-off .11) (Standardized-Root-Mean-Square-Residual) Maximalwert = 1 Absoluter Fit-Index	SRMR: ■ sensitiv gegenüber einfacher Modellfehlspezifikation ■ moderat sensitiv gegenüber komplexer Modellfehlspezifikation ■ geringe Sensitivität gegenüber Stichprobengröße ■ zeigt Fehlspezifikationen im Strukturmodell an (z.B. fehlspezifizierte Faktorkorrelationen) ■ Werden in AMOS fehlende Werte geschätzt, ist dieser Fit-Index nicht verfügbar.

Verwendung von globalen Fit-Indizes nach Hu und Bentler (1998, 1999), ergänzt durch Fan, Thompson und Wang (1999)

Index / Typ / Wertebereich	Beschreibung
RMSEA (Cut-off < .06, < .08) (Root-Mean-Square-Error-of-Approximation Maximalwert = 1 Absoluter Fit-Index **Mc (Cut-off ≈ .90)** (McDonalds-Centrality-Index) Maximalwert > 1 Absoluter Fit-Index	RMSEA (Mc): ■ sehr sensitiv gegenüber fehlspezifizierten Ladungen; moderat sensitiv gegenüber einfacher Modellfehlspezifikation ■ sehr sensitiv gegenüber komplexer Modellfehlspezifikation ■ RMSEA und Mc verwerfen bei kleinen Stichproben zu oft richtige Modelle, daher bei $N < 250$ RMSEA = .08 ausreichend. ■ Wird die ADF-Methode angewandt, so wird weder der RMSEA noch der Mc zur Evaluation des Modell-Fits empfohlen. ■ Benötigt man einen Index, der sich nicht übermäßig zwischen ML- und GLS-Methode unterscheidet, ist der RMSEA angemessen.

Über die Cut-off-Werte, die von Hu und Bentler (1999) bereitgestellt worden sind, ist eine heftige Diskussion entbrannt. An den Simulationsstudien von Hu und Bentler (1999) und anderen wird von Kritikern immer wieder angemerkt, dass sie nur für einen Teil möglicher Modelle und für extrem fehlspezifizierte Modelle gelten. Somit können diese Cut-off-Werte nicht beliebig generalisiert werden (Marsh, Hau & Wen, 2004). Marsh, Hau und Wen (2004) empfehlen Fit-Indizes nur zum Vergleich von konkurrierenden Modellen und berichten, dass die von Hu und Bentler (1998) vorgeschlagenen Cut-off-Kriterien zum Teil auch irreführend sein können. Gerade bei großen Stichproben reicht ihre Sensitivität nicht aus, um „schlechte“ Modelle zu identifizieren. Darüber hinaus berichten die Autoren, dass bei der Analyse von Fragebogenitems die Kriterien von Hu und Bentler (1998, 1999) kaum zu erfüllen sind. Bei starker Modellfehlspezifikation reichen nach ihren Angaben auch moderatere Cut-off-Werte aus, um ein schlechtes Modell zu erkennen. Marsh, Hau und Wen (2004) kommen zu dem Schluss, dass der χ^2-Test das beste Mittel ist, um „schlechte“ Modelle zu identifizieren. In diesem Sinne gibt es Forscher, für die ein guter Modell-Fit erst mit der fehlenden Signifikanz des χ^2-Tests verbunden ist (**exakter Modell-Fit**[7]). Hayduk (via SEMNET) weist als weitere Begründung darauf hin, dass starke Modellfehlspezifikationen zu ungenauen und falschen Parameterschätzungen (Ladungen, Korrelationen, Kovarianzen und Fehlervarianzen) führen können und deshalb ein exakter Modell-Fit notwendig sei, um ein Modell zu evaluieren.

Andere Forscher hingegen orientieren sich an den Cut-off-Werten von Hu und Bentler (1998, 1999) oder Fan, Thompson und Wang (1999) und propagieren, dass ein **näherungsweiser Modell-Fit**, bestimmt durch den RMSEA, ausreicht. In AMOS kann der näherungsweise Fit mit dem Test PCLOSE durchgeführt werden. Er prüft, ob der RMSEA größer als .05 ist. Hinter dem Wert verbirgt sich ein p-Wert. Ist der p-Wert < .05, wird die Nullhypothese, dass der Wert für den RMSEA < .05 ist, abgelehnt. Der RMSEA ist einer

7 Ein exakter Modell-Fit liegt auch dann vor, wenn das Konfidenzintervall des RMSEA den Wert Null enthält. Hier wird der Standpunkt vertreten, dass exakter Modell-Fit nur dann vorliegt, wenn der Modelltest nicht signifikant ausfällt.

von wenigen Werten, für den ein Konfidenzintervall berechnet werden kann. Vor allem Vertreter der Meinung, dass empirische Modelle immer Vereinfachungen oder sparsame Repräsentationen der Realität darstellen (vgl. auch Cheung & Rensvold, 2002), betrachten eher Fit-Indizes und erachten einen näherungsweisen Modell-Fit als ausreichend.

Fazit: Steiger (2000) stellt eine Analogie zur Testung von Mittelwertseffekten her und bemerkt, dass bei unterschiedlichen Stichprobengrößen gleiche p-Werte auf unterschiedlichen Effektstärken basieren und umgekehrt bei unterschiedlicher Stichprobengröße gleiche Effektstärken zu unterschiedlichen p-Werten. Insgesamt muss die Evaluierung primär anhand des χ^2-Tests vorgenommen werden. Daneben sollten SRMR, RMSEA und CFI angegeben werden. Dabei ist es erforderlich, die Ergebnisse des χ^2-Tests und der Cut-off-Werte unter Berücksichtigung der Stichprobengröße zu diskutieren, analog zur Prüfung von Mittelwertseffekten, bei der ebenfalls Signifikanz und Effektstärke angegeben werden. In *Tabelle 6.2* ist dies veranschaulicht. Zu beachten ist, dass bei Analysen von Fragebögen, gerade wenn sie viele Items enthalten, die strengen Cut-off-Werte selten eingehalten werden können und moderatere Cut-off-Grenzen durchaus vertretbar sind. Das heißt jedoch nicht, dass hohe Gütemaßstäbe nicht angestrebt werden sollen. Eine genaue Analyse der Modifikationsindizes kann hier Aufschluss geben, ungeeignete Items zu entdecken (z.B. Items mit korrelierten Messfehlern).

Tabelle 6.2

Schema zur Interpretation des globalen Modell-Fits

	χ^2-Test signifikant	χ^2-Test nicht signifikant
Stichprobe groß	Kein exakter Modell-Fit, Betrachtung der Fit-Indizes erforderlich. Modell wird bei hoher Teststärke abgelehnt, das heißt, geringe Modellfehlspezifikationen liegen vor. Das Ausmaß der Fehlspezifikation kann mit Hilfe der Fit-Indizes bestimmt werden.	Exakter Modell-Fit, Betrachtung der Fit-Indizes nicht zwingend. Modell wird bei hoher Teststärke nicht abgelehnt, das heißt, sehr geringe Modellfehlspezifikationen liegen vor.
Stichprobe klein	Kein exakter Modell-Fit, Betrachtung der Fit-Indizes erübrigt sich. Modell wird bei geringer Teststärke abgelehnt, das heißt, große Modellfehlspezifikationen liegen vor.	Exakter Modell-Fit, Betrachtung der Fit-Indizes erforderlich. Modell wird bei geringer Teststärke nicht abgelehnt, das heißt, es können große Modellfehlspezifikationen vorliegen. Das Ausmaß der Fehlspezifikation kann mit Hilfe der Fit-Indizes bestimmt werden.

6.4 Voraussetzungen von konfirmatorischen Faktorenanalysen

Wann darf ich eine konfirmatorische Faktorenanalyse rechnen?

Nicht für jede Forschungsfrage ist eine konfirmatorische Faktorenanalyse geeignet. Eine konfirmatorische Faktorenanalyse (CFA) ist vor allem dann anzuwenden, wenn theoretisches Vorwissen über das zu testende Modell besteht. Im Unterschied zur exploratorischen Faktorenanalyse werden bei der konfirmatorischen Faktorenanalyse gewöhnlich nicht alle möglichen Ladungen geschätzt, sondern nur die, die vorher als (theoretisch) relevant angenommen wurden. Der Unterschied zwischen einer exploratorischen Faktorenanalyse und einer konfirmatorischen Faktorenanalyse kann in einem Modell sehr anschaulich dargestellt werden: Bei einer exploratorischen Faktorenanalyse werden Itemladungen sowohl auf dem eigenen als auch auf fremden Faktoren zugelassen, während bei der konfirmatorischen Faktorenanalyse in der Regel nur Ladungen auf einem Faktor zugelassen werden (siehe *Abbildung 6.5*: Darstellung der EFA in der Form einer CFA). Die spezifische Varianz $1 - h^2$ der exploratorischen Faktorenanalyse entspricht in diesem Beispiel die standardisierte Fehlervarianz ($\varepsilon = 1 - R^2$) der konfirmatorischen Faktorenanalyse. Nach Fabrigar, Wegener, MacCallum und Strahan (1999) ist die exploratorische Faktorenanalyse der sensiblere Ansatz. Die Autoren empfehlen, beide Methoden an unterschiedlichen Teilstichproben gleichzeitig anzuwenden. Zuerst wird untersucht, wie die Struktur der Daten ist und in welcher Weise sich Faktoren bilden. In einem weiteren Schritt wird an einer neuen Stichprobe das explorativ ermittelte EFA-Modell konfirmatorisch getestet. Es ist auch möglich, mit konfirmatorischen Faktorenanalysen explorativ vorzugehen. Dazu können die so genannten Modifikationsindizes (siehe *Abschnitt 6.6*) herangezogen werden. Ein solches Vorgehen ist dann angemessen, wenn die Ergebnisse theoretisch sinnvoll interpretierbar sind und an einem anderen Datensatz kreuzvalidiert (erneut geprüft) werden. Ist die grundsätzliche Entscheidung für eine konfirmatorische Faktorenanalyse gefallen, dann sind weitere Überlegungen anzustellen. Diese betreffen die Wahl der Methode, die Wahl der zu analysierenden Matrix (Korrelations- oder Kovarianzmatrix) und Voraussetzungen für die Durchführung einer konfirmatorischen Faktorenanalyse (z.B. Stichprobengröße, Verteilung der Items).

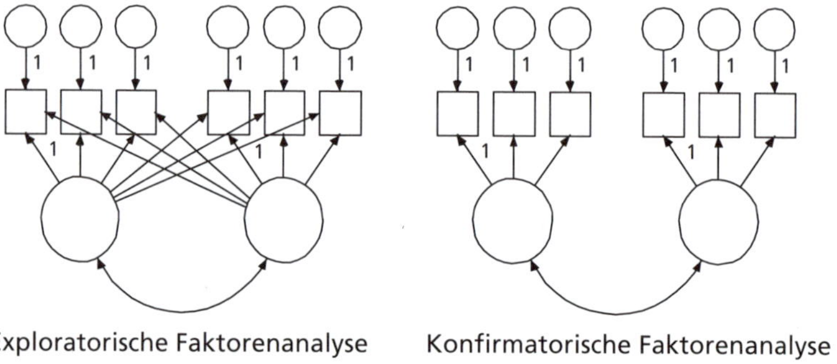

Abbildung 6.5: Unterschied zwischen konfirmatorischer und exploratorischer Faktorenanalyse

Kovarianzen oder Korrelationen Es kann zur Berechnung von konfirmatorischen Faktorenanalysen sowohl die Korrelationsmatrix als auch die Kovarianzmatrix verwendet werden. In vielen Fällen können beide Matrizen zur Berechnung herangezogen werden. In einigen Fällen muss jedoch die Kovarianzmatrix verwendet werden. Die Vor- und Nachteile beider Matrizen und wann sie zur Berechnung eingesetzt werden müssen, wird im Folgenden erläutert.

Werden Items mit demselben Antwortformat verwendet, ist die Analyse der Kovarianzmatrix durchaus sinnvoll. Betrachten wir ein einfaches Pfadmodell, in dem das Item „Ich bin ein geselliger Mensch" das Item „Ich gehe gerne aus" „vorhersagt". Beide Items erfassen Extraversion und wurden mit einer fünfstufigen Likert-Skala vorgegeben („starke Ablehnung" bis „starke Zustimmung"). Die Analyse der Kovarianzmatrix ergibt immer ein nicht-standardisiertes Ladungsgewicht. Nehmen wir an, in unserem Beispiel hat es einen Wert von .5. Dies bedeutet, dass ein Anstieg von einem Punkt auf der Likert-Skala für das Item „Ich bin ein geselliger Mensch" einen Anstieg von .5 bei dem Item „Ich gehe gerne aus" „bewirkt". Unterscheiden sich die Metriken der verwendeten Variablen, beispielsweise Rohwerte aus einem Intelligenz- und einem Extraversionstest, ist eine Kovarianz weniger gut interpretierbar. In diesem Fall lohnt sich eine Standardisierung der Ladung. Nehmen wir an, dass Intelligenz Extraversion vorhersagen soll. Zur Analyse wird die Korrelationsmatrix herangezogen. Eine Analyse der Korrelationsmatrix ergibt immer standardisierte Ladungen. Angenommen, in unserem Beispiel ergibt sich ein standardisiertes Ladungsgewicht von .5. Das heißt, der Anstieg von einer Standardabweichung in der Intelligenz „bewirkt" einen Anstieg von einer halben Standardabweichung in der Extraversion. Die Verwendung der Korrelationsmatrix entspricht also im Prinzip einer Normierung der Zusammenhänge anhand der Standardabweichungen. Diese Normierung wird durch die entsprechenden Anwendungsprogramme, wie z.B. AMOS, auf Wunsch durchgeführt. Es wird zusätzlich zur „nicht-standardisierten" eine „standardisierte" Lösung durch das Programm angeboten. Hinter Ersterer verbirgt sich die Analyse der Kovarianzmatrix, und hinter Letzterer die Analyse der Korrelationsmatrix.

Es kann auch sinnvoll sein, die Items a priori zu standardisieren, wenn sich die beobachteten Variablen in ihrem Antwortformat bzw. ihrer Metrik stark unterscheiden (z.B. Variablen, wie etwa „Einkommen" oder „Lebensalter" in die Analysen mit einfließen). Diese Unterschiede in der Metrik könnten andernfalls Schätzprobleme verursachen. In einem solchen Fall kann entweder eine *z*-Standardisierung der Variablen oder Items sinnvoll sein, oder eine Reduktion bzw. Zusammenfassung der Antwortkategorien. Zum Beispiel könnte man das Alter in Grobkategorien überführen: 20 bis 30 Jahre, 30 bis 40, 40 bis 50, 50 bis 60 Jahre. Dann hätte man zumindest eine vergleichbare Maßeinheit, wie beispielsweise eine vierstufige Likert-Skala.

Es gibt nach Kline (2005, S. 18) Fälle, in denen die Benutzung der Kovarianzmatrix zwingend ist: (1) Bei Multigruppenvergleichen, (2) bei Längsschnittdaten, deren Variabilität sich über die Zeit verändert, und (3) wenn die originale Metrik der Variablen nicht willkürlich gewählt, sondern inhaltlich sinnvoll ist.

Verteilungen Die **ML**- und die **GLS**-Methode erfordern eine multivariate Normalverteilung der Items. Die **ADF**-Methode benötigt formal keine Normalverteilung und eignet sich unter bestimmten Voraussetzungen auch für ordinale Daten. Multivariate Normalverteilung wird mit dem Mardia-Test geprüft. Dieser Test ist in AMOS verfügbar und wird im Rahmen des NEO-FFI-Beispiels (siehe *Kapitel 6.11*) besprochen. Liegt keine multivariate Normalverteilung vor, sollte das Bollen-Stine-Bootstrap-Verfahren bei der ML-Schätzung angewandt werden. AMOS gibt dann einen korrigierten p-Wert für den χ^2-Test aus.

Linearität und Ausreißer Genauso wie eine exploratorische Faktorenanalyse ist eine konfirmatorische Faktorenanalyse nur dann sinnvoll zu interpretieren, wenn die Zusammenhänge zwischen den Variablen (1) linear und (2) nicht durch Ausreißer verzerrt sind. Beide Voraussetzungen müssen in gleichem Maße wie bei der exploratorischen Faktorenanalyse erfüllt sein.

Kollinearität Von Kollinearität wird gesprochen, wenn zwei oder mehrere Items sehr hoch miteinander korrelieren. Sehr hoch korrelierende Items können insbesondere im Rahmen von ML-Schätzungen zu Schätzproblemen führen. Daher sollte als ungefähre Richtlinie darauf geachtet werden, dass keine sehr hoch korrelierenden ($r > .85$) Items in einer CFA verwendet werden, insbesondere dann, wenn sie Schätzprobleme verursachen. Auch für die Konstruktion eines Fragebogens sind solche hohen Korrelationen zwischen Items nicht wünschenswert, da sonst nur ein sehr kleiner Eigenschafts- oder Fähigkeitsausschnitt erfasst wird. Dies geht zu Lasten der Inhaltsvalidität.

Stichprobengröße Für konfirmatorische Faktorenanalysen sollten die Stichproben größer sein als für exploratorische Faktorenanalysen, denn bei kleinen Stichproben ($N = 100$, Marsh, Hau, Balla & Grayson, 1998, S. 213) treten häufiger Schätzprobleme auf. Dabei sollte in etwa eine Stichprobengröße von $N = 200$, besser $N = 250$, angestrebt werden.

Anzahl von Indikatoren pro latenter Variable Nach Kline (2005, S. 112) sollte auch ein bestimmtes Verhältnis zwischen Stichprobengröße und (Item-) Variablenanzahl bestehen. Dieses sollte nicht kleiner als 5:1 sein, besser 10:1. Das heißt, bei zehn Variablen sollte die Stichprobe mindestens $N = 100$ betragen. Eine Möglichkeit, Items zu reduzieren, besteht darin, verschiedene homogene Items zu Aggregaten zusammenzufassen (siehe *Kapitel 6.5*). Die Anzahl von Items pro latenter Variable wirkt sich auf die Ergebnisse einer konfirmatorischen Faktorenanalyse aus. So wird empfohlen, mindestens drei Items pro latenter Variable zu spezifizieren. Damit wird die Identifizierbarkeit des Modells erhöht. Marsh, Hau, Balla und Grayson (1998, S. 213) konnten zeigen, dass mehr Items pro Faktor häufiger zu (1) angemessenen Lösungen, (2) exakteren und stabileren Parameterschätzungen, (3) weniger nicht-konvergierenden Lösungen und (4) reliableren Faktoren führten. Auf die Fit-Indizes zeigten sich keine Auswirkungen. Die Ergebnisse von Marsh, Hau, Balla und Grayson (1998, S. 188) und auch die von anderen Studien zeigen, dass der χ^2-Wert mit zunehmender Anzahl an Items pro Faktor überschätzt wurde und damit passende Modelle durch den χ^2-Test zu häufig als unpassend abgelehnt werden.

Fazit: Im ersten Schritt liegen für die Testkonstruktion in der Regel kleinere Stichproben mit ca. 100 Probanden vor. Dabei handelt es sich meist um Querschnittsdaten. Daher ist die Verwendung der Maximum-Likelihood-Methode angemessen. Liegt keine multivariate Normalverteilung vor, muss ein Bollen-Stine-Bootstrap durchgeführt werden, der einen korrigierten p-Wert für den χ^2-Test bereitstellt. Es ist wichtig, Ausreißerwerte im Vorfeld aus den Daten zu eliminieren.

Weiterhin können Items, die höher als $r > .85$ miteinander korrelieren, zu Schätzproblemen führen und sollten – wenn Schätzprobleme auftreten – aus dem Test entfernt werden. Generell empfiehlt es sich, als Berechnungsgrundlage Kovarianzen heranzuziehen. Interpretiert werden sollte jedoch die standardisierte Lösung, die auf der Korrelationsmatrix beruht, außer bei Multigruppenvergleichen und Längschnittuntersuchungen. Die Ergebnisse von Marsh, Hau, Balla und Grayson (1998, S. 217) sprechen einerseits gegen ein bestimmtes Item-Faktor-Verhältnis und für die Verwendung „vieler" Items pro Faktor. Betrachtet man den Modell-Fit, sind jedoch eher weniger Items pro Faktor wünschenswert. Welches Vorgehen angemessen ist, muss die weitere Forschung zeigen. Die Autoren empfehlen jedenfalls, bei einer Stichprobengröße von $N = 100$ mindestens vier Items pro latenter Variable zu spezifizieren. Wünschenswert sind Stichprobengrößen von 200 bis 250 Probanden. Dabei führt eine höhere Anzahl an Probanden zu genaueren Parameterschätzungen. Dies sollte als erste Richtlinie ausreichen. Die Autoren konnten weiterhin zeigen, dass ein bestimmtes Verhältnis von Stichprobengröße zu Itemzahl nicht zwingend ist.

6.5 Testtheoretische Einbettung

Wie helfen mir konfirmatorische Faktorenanalysen bei der Testkonstruktion?

Wie bereits erwähnt, beschäftigt sich die Testtheorie mit dem Zusammenhang von Testverhalten und dem zu erfassenden psychischen Merkmal (Rost, 1996, S. 20). Ein Testmodell erklärt systematische Zusammenhänge zwischen den Antworten oder Reaktionen der Personen bezüglich der verschiedenen Items dadurch, dass latente Personenvariablen eingeführt werden. Latente Personenvariablen sind Konstrukte. Konstrukte spiegeln abstraktere Fähigkeiten einer Person wider. In der CFA wird geprüft, ob Antworten oder Reaktionen von Personen in einer vorher spezifizierten Art und Weise einer latenten Variable zugeordnet werden können (vgl. lokale Unabhängigkeit). Die CFA prüft mit einem Signifikanztest und Modellgüteindizes, ob die beobachteten Daten ein vorher spezifiziertes Modell stützen oder nicht und mit welcher Güte sie dieses Modell stützen. Letzteres meint, wie stark beispielsweise die Abweichung von einem perfekten Modell ist. Die Frage, ob verschiedene Items die gleiche latente Variable messen, ist insbesondere für die Reliabilitätsberechnung von Bedeutung. Wie bereits in *Kapitel 4* angedeutet wurde, führen korrelierte Fehler zu deutlich verzerrten Reliabilitätsschätzungen. Mit Hilfe der konfirmatorischen Faktorenanalyse kann jede Skala auf Eindimensionalität (Items laden auf nur einem Faktor) geprüft werden. Erst wenn dies vorliegt, ist Cronbach-α eine Mindestschätzung der Reliabilität.

Korrelierte Fehlervariablen CFA-Modelle können aber noch mehr. In der klassischen Testtheorie wird folgende Annahme getroffen: „Korrelationen zwischen Messfehlern eines Tests und/oder den Messfehlern zweier Tests sind gleich null." Mit Hilfe der CFA kann geprüft werden, ob diese Annahmen verletzt sind. Es ist in der Spezifikation der CFA-Modelle möglich, Korrelationen oder Kovarianzen zwischen den Messfehlern zweier Items zuzulassen (siehe dazu auch *Abbildung 6.3b*, rechts). Trifft die Annahme unkorrelierter Messfehler zu, ergeben sich keine signifikanten Korrelationen zwischen den Messfehlern eines Tests und/oder zweier Tests. Dieses Vorgehen ist jedoch sehr umständlich. Einfacher ist es, keine korrelierten Fehler zu spezifizieren und die Modifikationsindizes zu betrachten (siehe *Abschnitt 6.6*). Diese zeigen an, ob korrelierte Messfehler vorliegen. Korrelierte Messfehler führen zu Verzerrungen der Reliabilitätsschätzungen, wie in *Abschnitt 4.3* beschrieben.

Minderungskorrigierte Korrelationen Ein weiterer wichtiger Punkt ist, dass in CFA-Modellen minderungskorrigierte Korrelationen und Pfade auf der Ebene von latenten Variablen verwendet werden (DeShon, 1998, S. 412). Angenommen, Neurotizismus und Depression wurden mit Fragebögen von je zehn Items erfasst. Es wird nun ein Modell spezifiziert, bei dem zehn Items auf der latenten Dimension „Depression" und zehn Items auf der latenten Dimension „Neurotizismus" laden. Zwischen beiden latenten Variablen wird eine Korrelation zugelassen. Die Reliabilität der jeweils zehn Items wird bei der Berechnung des Zusammenhangs zwischen den beiden latenten Variablen (Depression und Neurotizismus) berücksichtigt. Das heißt, die Korrelation zwischen den latenten Dimensionen ist minderungskorrigiert und berücksichtigt somit die unterschiedliche Reliabilität der Skalen (siehe *Abschnitt 4.3*). Sind Skalen nur wenig reliabel, führt dies dazu, dass die Zusammenhänge zwischen den latenten Variablen, die sie messen, stark aufgewertet werden. Daher ist es wichtig, bei der Interpretation der Zusammenhänge zwischen latenten Variablen auch immer die Reliabilität der Indikatorvariablen zu berücksichtigen. Die Reliabilitätsschätzung erfolgt anhand der Kommunalität der Items. In der CFA wird diese durch eine Regression des Items auf die latente Variable ermittelt. Je mehr Varianz eines Items durch die latente Variable erklärt werden kann, desto reliabler ist das Item (und desto höher ist seine Kommunalität). Man muss an dieser Stelle Items und Testkennwerte (über Items aggregierte Skalenwerte) unterscheiden. Die Reliabilität eines Items ist in der Regel unbekannt, und die Kommunalität liefert eine Mindestschätzung der Reliabilität. Für Skalenwerte kann die Reliabilität geschätzt werden, z.B. mit Hilfe von Cronbach-α. Liegt nun die Kommunalitätenschätzung eines Skalenwerts deutlich unter dessen Reliabilitätsschätzung durch Cronbach-α, müssen die minderungskorrigierten Korrelationen zwischen latenten Variablen mit Vorsicht interpretiert werden, da sie in diesem Fall die „wahre" Korrelation überschätzen. Dies wird im Zusammenhang mit Strukturgleichungsmodellen häufig übersehen und führt so zu teilweise gravierenden Fehlschlüssen bezüglich des Zusammenhangs zwischen latenten Variablen.

Eine Möglichkeit, die Reliabilität des Konstrukts zu erfassen, beschreiben Hancock und Mueller (2001) mit dem Koeffizienten H:

$$H = \frac{1}{1 + \left(1 / \left[\sum_{i=1}^{p} \frac{a^2}{1 - a^2}\right]\right)}$$

Dabei ist:

- a^2 = quadrierte standardisierte Ladung auf einer latenten Variablen
- H = Konstruktreliabilität H
- p = Anzahl der Ladungen auf einem Faktor

Es ist zu beachten, dass diese Formel nur dann gilt, wenn keine Ladung null ist. Als Richtlinie sollte die Konstruktreliabilität über $H = .70$ liegen. Die Konstruktreliabilität kennzeichnet die Qualität, mit der ein Konstrukt gemessen wird.

Zusammenfassung von Variablen oder Items Manchmal bietet es sich an, bei der Berechnung einer CFA statt Einzelitems mehrere Items zu Aggregaten (Parceling) zusammenzufassen und diese zu verwenden. Diese können mit Hilfe von exploratorischen Faktorenanalysen oder einfaktoriellen konfirmatorischen Faktorenanalysen gebildet werden. Die Items, die dann auf einen Faktor laden (z.B. zwölf Items „Extraversion"), können per Zufall in zwei oder drei Aggregate (mit jeweils drei oder vier Items) zusammengefasst werden (per Summation oder gemittelte *z*-Werte). Es sind auch andere Aufteilungen möglich. Eine ausführliche Diskussion zu diesem Thema findet sich bei Little, Cunningham, Shahar und Widaman (2002). An dieser Stelle soll nur kurz auf einige Implikationen eingegangen werden. Grundsätzlich führt eine Aggregation von Items, die die gleiche latente Variable erfassen, dazu, dass das Aggregat[8] (1) reliabler als die Einzelitems ist, (2) eine höhere Kommunalität hat, (3) einen höheren Prozentsatz an gemeinsamer Varianz im Vergleich zu spezifischer Varianz aufweist und (4) meist günstigere Verteilungen besitzt (Little, Cunningham, Shahar & Widaman, 2002, S. 154). Problematisch ist eine Zusammenfassung von Items, wenn die Items, die das Aggregat bilden, nur gering miteinander korrelieren oder auch mit anderen latenten Variablen hoch korrelieren (bzw. Doppelladungen aufweisen). Besonders kritisch ist es, wenn Aggregate als Indikatoren einer latenten Variablen spezifiziert werden, die nur gering miteinander korrelieren. Trifft dies auch für eine andere latente Variable zu, wird die Korrelation zwischen den latenten Variablen aufgrund der „Unreliabilität" der heterogenen Aggregate stark minderungskorrigiert (aufgewertet). Items, die ein Aggregat bilden, sollten homogen sein. Das heißt, sie sollten untereinander höher korrelieren als mit anderen Items, die nicht Bestandteil des Aggregats sind. Aggregate, die einer latenten Variable zugeordnet werden, sollen ebenfalls homogen sein. Das heißt, sie sollen untereinander höher korrelieren als mit Aggregaten, die einer anderen latenten Variable zugeordnet werden. Sind die Itemaggregate ausreichend homogen, hat die Zusammenfassung von Items die bereits genannten Vorteile. Darüber hinaus reduziert sich die Anzahl der freien Parameter in einem Modell, da es weniger Ladungen und Fehlervarianzen zu schätzen gibt. Dies ist gerade bei kleinen Stichproben wünschenswert.

Äquivalenz von Messungen Wie in *Kapitel 4* „Reliabilität" angedeutet, können Messungen auf ihre Äquivalenz geprüft werden. Bei der Äquivalenz von Messungen werden parallele, tau-äquivalente und kongenerische Messungen bzw. essenziell parallele und essenziell tau-äquivalente Messungen unterschieden (siehe *Abbildung 6.6*). Die Überprüfung dieser Äquivalenz kann auch bei der Erstellung von parallelen Testformen von Bedeutung sein. Im Kontext der konfirmatorischen Faktorenanalyse kann geprüft werden, ob parallele oder tau-äquivalente oder tau-kongenerische Messungen vorliegen. Faktorenanalytisch betrachtet ist ein Test dann essenziell parallel, wenn alle Faktorladungen und alle Fehlervarianzen der Items gleich hoch sind. Ein Test ist dann essenziell tau-äquivalent, wenn er gleich hohe Ladungen der Items auf einem Faktor bei unterschiedlich hohen Fehlervarianzen der Items aufweist (Osburn, 2000, S. 345). Messungen sind tau-kongenerisch (siehe *Kapitel 4*), wenn sie eindimensional sind, wobei die Faktorladungen und Fehlervarianzen der Items auf dem Faktor frei variieren können (Osburn, 2000, S. 345). Auch die Überprüfung, ob Tests streng parallel bzw. streng tau-äquivalent sind, ist im Rahmen von Strukturgleichungsmodellen möglich. Dies ist allerdings komplizierter und wird deshalb hier nicht dargestellt.

8 Der Messfehler mittelt sich über verschiedene Indikatoren der gleichen latenten Variablen aus (siehe *Kapitel 2*, Testtheorie).

Bei der Prüfung auf essenzielle Parallelität müssen im Modell für die Ladungen und die Fehlervarianzen Konstanten eingesetzt werden, z.B. für alle Ladungen der Buchstabe „a" und für alle Fehlervarianzen der Buchstabe „e". Bei essenziell tau-äquivalenten Messungen benötigt man nur eine Konstante für alle Ladungen, z.B. den Buchstaben „e". Für kongenerische Messungen müssen keine Modellrestriktionen vorgenommen werden. Es reicht aus, nachzuweisen, dass alle Items auf einer latenten Variable laden. Werden die Modelle unter Berücksichtigung der entsprechenden Restriktionen nicht abgelehnt, sind die Items für den jeweiligen Test essenziell parallel, essenziell tau-äquivalent oder kongenerisch.

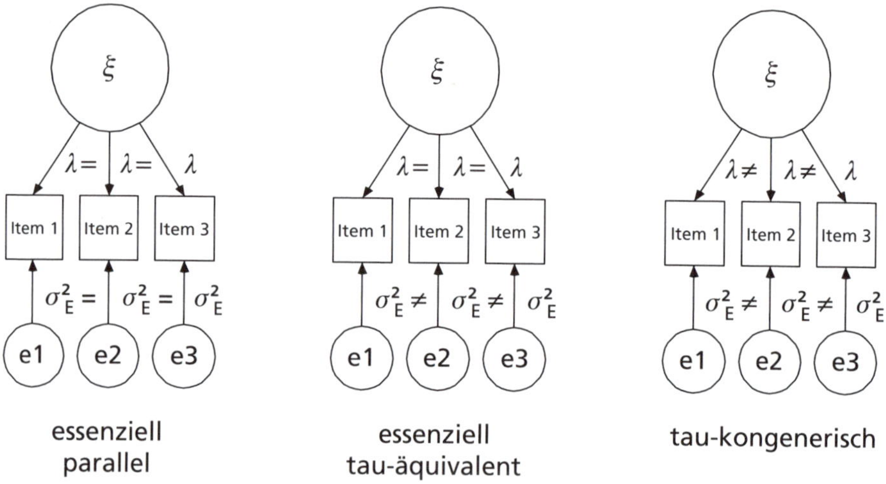

Abbildung 6.6: Darstellung verschiedener Stufen der Äquivalenz von Messungen mit Hilfe linearer Strukturgleichungsmodelle

Multi-Trait-Multi-Method-Ansatz Wie im Abschnitt „Validität" in *Kapitel 2.5* angedeutet, lassen sich mit konfirmatorischen Faktorenanalysen auch Multi-Trait-Multi-Method-Matrizen modellieren. Dazu werden zwei Arten von Modellen unterschieden: Correlated-Trait-Correlated-Method-Modelle (CTCM) und Correlated-Uniqueness-Modelle (CUM). Besonders anschaulich kann dieser Ansatz mit Hilfe der Assessment-Center-Forschung beschrieben werden. Nehmen wir folgendes Beispiel an: In einem Assessment-Center (AC) wurden drei Übungen durchgeführt und drei Kompetenzen erfasst. Die Übungen waren: eine Präsentationsübung (PR), eine Gruppendiskussion (GD) und eine Postkorbübung (PK). Erfasst werden sollten die Kompetenzen „Führungsfähigkeit" (FF), „Analytisches Denken" (AD) und „Unternehmerisches Denken" (UD). Nun wollen wir wissen, wie hoch die Methodenvarianz (Übungsvarianz) und wie hoch die Traitvarianz (Kompetenzvarianz) sind. Das heißt, wie viel Varianz der Leistung auf den Trait (Kompetenz) zurückgeht und wie viel Varianz auf die unterschiedlichen Messmethoden (Übungen). Wünschenswert wäre, wenn die Methodenvarianz gering wäre und nur wenig zu den Leistungsunterschieden der Probanden beitragen würde.

Dazu spezifizieren wir beide Modelle, CTCM (*Abbildung 6.7*) und CUM (*Abbildung 6.8*). Das CU-Modell enthält die drei latenten Variablen „Führungsfähigkeit" (FF), „Analytisches Denken" (AD) und „Unternehmerisches Denken" (UD), denen jeweils die Ratings aus den drei Übungen zugeordnet sind. Im CTCM-Modell sind anstatt der korrelierenden Fehlervariablen eigene Methodenfaktoren spezifiziert (PR, GD, PK). Im CU-

Modell wurden alle Fehlervariablen einer Methode korreliert. In diesen Modellen wird die Gesamtvarianz eines Items additiv in mehrere Teile aufgespalten: in die systematische Varianz, die nur durch die latente Traitvariable erklärt wird, und in die Methodenvarianz, die auf die Anwendung der gleichen Methode zurückzuführen ist, sowie in eine Fehlervarianz. Zu beachten ist bei diesen beiden Methoden, dass die CU-Modelle zu einer Unterschätzung der Methodenvarianz führen können. Ein ausgezeichneter Überblick sowie ein praktisches Beispiel kann bei Lance, Lambert, Gewin, Lievens und Conway (2004) nachgelesen werden. Es muss darauf hingewiesen werden, dass CTCM-Modelle häufig zu Schätzproblemen führen, da das Modell viele zu schätzende Parameter enthält. Um solche Modelle rechnen zu können, müssen häufig Modellparameter mit Konstanten gleichgesetzt oder zusätzlich fixiert werden. Dies kann jedoch die Vergleichbarkeit verschiedener konfirmatorischer Faktorenanalysen stark beeinflussen. Das heißt, werden in verschiedenen Studien unterschiedliche Modellrestriktionen angenommen, können sich die Ergebnisse nur aufgrund dieser Tatsache unterscheiden.

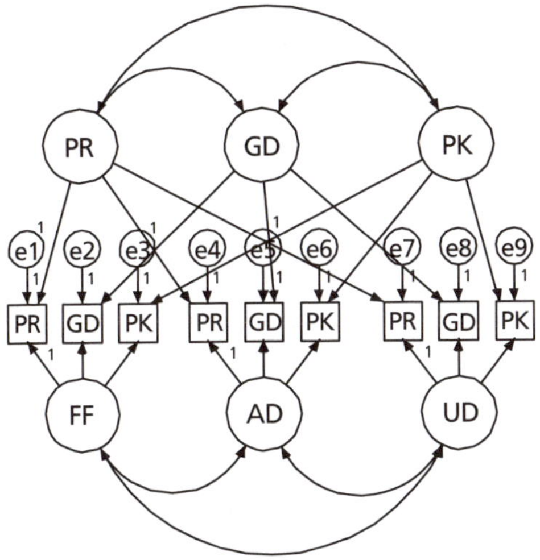

Abbildung 6.7: Correlated-Trait-Correlated-Method-Model (CTCM)

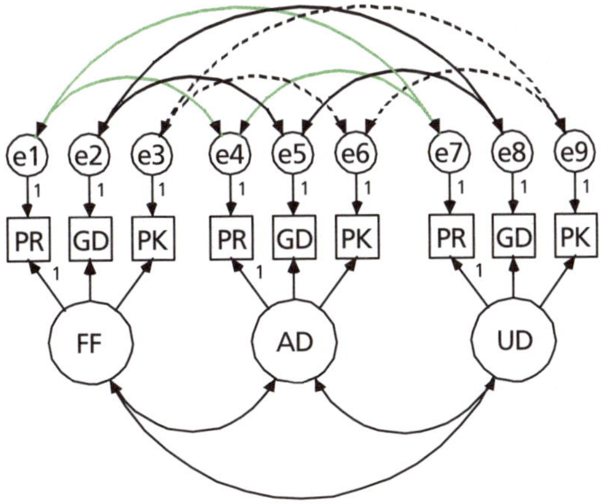

Abbildung 6.8: Correlated-Uniqueness-Model (CUM)

6.6 Modifikation von Modellen

Was mache ich, wenn mein Modell nicht passt?

Je mehr Parameter (Pfade oder Korrelationen bzw. Kovarianzen) modellkonform spezifiziert sind, also je näher das spezifizierte Modell einem „passenden" Modell kommt, desto besser wird der Modell-Fit ausfallen. Im Extremfall können alle möglichen Ladungen und Korrelationen bzw. Kovarianzen spezifiziert werden (df = 0). Allerdings sind sparsame Modelle komplexen Modellen in der Regel vorzuziehen (Gerbing & Anderson, 1993; vgl. Steiger, 1990). Im Umkehrschluss heißt das aber auch, dass Modelle einen schlechten Modell-Fit aufweisen können, wenn einige Ladungen oder Kovarianzen nicht spezifiziert wurden, die im „passenden" Modell enthalten sind. Man kann solche fehlenden Modellspezifikationen mit Hilfe von so genannten **Modifikationsindizes** erkennen. Diese Indizes werden von allen gängigen Softwareprogrammen für Strukturgleichungsmodelle angegeben. Sie zeigen an, wie stark sich der χ^2-Wert reduziert, wenn die entsprechende Modifikation vorgenommen wird. Als Grenze wird häufig ein Wert von nahe 4 angegeben. Dies entspricht bei einem Freiheitsgrad in etwa der Signifikanzgrenze (χ^2 [df = 1] = 3.84). Das heißt, wird die entsprechende Ladung, die Korrelation oder Kovarianz im Modell zusätzlich spezifiziert, führt dies zu einer signifikanten Verbesserung des Modell-Fits (χ^2-Test). Diese signifikante Verbesserung muss nicht direkt zu einem passenden Modell führen. Manchmal sind eine ganze Reihe von Modifikationen notwendig, um einen guten Model-Fit zu erzielen. In machen Fällen helfen auch weitere Ladungen oder Kovarianzen nicht, um einen akzeptablen Modell-Fit zu erreichen. Manche Forscher optimieren anhand der Modifikationsindizes ihr Modell, indem sie die Ladung, die Korrelation oder Kovarianz spezifizieren, die den höchsten Modifikationsindex aufweist, und wiederholen dieses Vorgehen, bis das Modell gut oder sehr gut passt. Dieses rein „statistische" Vorgehen ist nicht zu empfehlen. Korrelierte Fehler, Ladungen oder Kovarianzen bzw. Korrelationen sollten nur dann spezifiziert werden, wenn sie theoretisch/inhaltlich (z.B. bei CUM-Modellen) einen Sinn ergeben. Korrelierte Fehler, Ladungen oder Kovarianzen bzw. Korrelationen sollten zumindest signifikant sein. An dieser Stelle ist auch anzumerken, dass ein solches Vorgehen die konfirmatorische Faktorenanalyse zu einer quasi „exploratorischen" Faktorenanalyse werden lässt. Die Ergebnisse bedürfen in einem solchen Fall einer Kreuzvalidierung, um zu sehen, dass die zusätzlich spezifizierten Ladungen oder Kovarianzen nicht auf eine zufällige Stichprobeneigenart zurückgehen. Werden durch die Berücksichtigung der Modifikationsindizes eine Reihe korrelierter Fehler in das Modell aufgenommen, sollte geprüft werden, ob sich dahinter nicht eine weitere latente Variable verbirgt. Das heißt, statt der korrelierten Fehler würde eine weitere latente Variable in das Modell aufgenommen werden, auf die die Items laden, die korrelierende Fehler aufweisen. Dabei sollte immer darauf geachtet werden, dass auch diese latente Variable sinnvoll interpretiert werden kann.

Interessant sind solche Fälle, in denen beispielweise ein eindimensionales Modell durch den Modelltest nicht verworfen wird, jedoch signifikante korrelierte Messfehler vorliegen. Tritt beides auf, stellt dies einen gewissen Widerspruch dar. Wie in einem solchen Fall zu verfahren ist, ist meines Erachtens offen. Auch an dieser Stelle ist es wichtig, dass korrelierte Fehler replizierbar sind.

6.7 Fehlspezifizierte Modelle und negative Varianzen

Was mache ich, wenn Schätzprobleme auftreten?

Es kann vorkommen, dass AMOS Fehlermeldungen ausgibt, die auf Schätzprobleme hinweisen. Diese Fehlermeldungen treten zusammen auf und lauten: „**The sample covariance matrix is not positive definite**“ und „**The solution is not admissible**“. Diese Fehlermeldungen treten am häufigsten dann auf, wenn die Determinante einer Matrix null wird. Das kann heißen, dass mindestens eine durch das Modell geschätzte Varianz negativ ist oder der Wert einer Korrelation den Wert Eins übersteigt. Es ist klar, dass solche Werte nicht auftreten können, da sie außerhalb ihres zulässigen Wertebereichs liegen. Eine Varianz kann per Definition nicht negativ und eine Korrelation nicht größer eins sein. Auch wenn mindestens ein partielles standardisiertes Regressionsgewicht deutlich größer als eins ausfällt, besteht die Gefahr, dass Schätzprobleme aufgetreten sind. Zwar können partielle standardisierte Regressionsgewichte größer als eins werden, jedoch sind Werte deutlich über eins zumindest ungewöhnlich. In diesem Fall sollte darauf geachtet werden, ob nicht die oben genannten Fehlermeldungen aufgetreten sind. Weitere Ursachen für diese Fehlermeldungen können beispielsweise sein, dass das Modell fehlspezifiziert, die Stichprobe zu klein ist (vgl. Wothke, 1993) oder für eine Matrix keine inverse Matrix gebildet werden kann. AMOS stellt zum Beheben dieses Problems eine Option zur Verfügung „ALLOW NON POSITIVE DEFINITE SAMPLE COVARIANCE“ (VIEW/SET → ANALYSIS PROPERTIES → Register NUMERICAL). Da Probleme mit Determinanten im Rahmen von Maximum-Likelihood-Schätzungen auftreten (siehe ML-Diskrepanzfunktion in *Kapitel 6.2*), bezieht sich diese Option auf die ML-Methode. Wird diese Option markiert, versucht AMOS auch Modelle mit nicht positiv bestimmten Kovarianzmatrizen zu schätzen. Es ist auch möglich, andere Schätzmethoden zu verwenden, z.B. die ULS-Methode. Wie bereits erwähnt sind Fit-Indizes aber zwischen unterschiedlichen Methoden (z.B. ULS- und ML-Methode) nicht vergleichbar. Deshalb ist es sinnvoll, bei einem Vergleich von mehreren Modellen den Modell-Fit mit Hilfe einer Schätzmethode (z.B. ULS) anzugeben und auch den Modellvergleich mit ein und derselben Schätzmethode vorzunehmen.

Es gibt neben den genannten auch noch weitere Gründe, die eine nicht „positiv definite“ Varianz-Kovarianzmatrix verursachen können: (1) Ausreißerwerte in den Ausgangsdaten, (2) Kollinearität in den Ausgangsdaten, (3) fehlende Werte, (4) nicht normalverteilte Kennwerte und (5) stark unterschiedliche Metriken der Items. Ausreißer lassen sich leicht durch die Inspektion der Histogramme identifizieren, ebenso wie eine Verletzung der Normalverteilung. Als Ergebnis sollten Ausreißer entfernt werden, falls das Zustandekommen des Extremwertes durch ein Instruktionsmissverständnis oder Ähnliches erklärt werden kann. Der Umgang mit einer Verletzung der Normalverteilung ist nicht so einfach, wie es scheint. Es ist möglich, eine Schätzmethode, wie z.B. die ADF-Methode, anzuwenden, die keine Verteilungsannahme macht. Dazu sind jedoch große Stichproben nötig.

Es besteht weiterhin die Möglichkeit, eine nichtlineare Transformation der Items vorzunehmen, z.B. die Blom-Normalrangtransformation (siehe *Kapitel 5.5*). Um festzustellen, ob Kollinearität in den Ausgangsdaten vorliegt, empfiehlt es sich, die Korrelationsmatrix der Items anzusehen und bei Items, die Korrelationen > .85 aufweisen, eines der Items aus dem Datensatz zu eliminieren. Bei fehlenden Werten empfiehlt sich das Ersetzen fehlender Werte durch eine Imputationsmethode[9]. Der Umgang mit unterschiedlichen Metriken ist in *Kapitel 6.4* beschrieben.

6.8 Äquivalente Modelle

Gibt es gleich gute Modelle?

Wie bereits erwähnt, kann die Analyse ein und derselben Kovarianz- oder Korrelationsmatrix mit unterschiedlichen Modellen zu identischen Modell-Fits führen. Man bezeichnet solche Modelle als **äquivalent**. *Bevor man eine Interpretation vornimmt, sollte man durchaus auch äquivalente Modelle prüfen.* Stelzl (1986) hat bereits sehr früh auf die Bedeutung von äquivalenten Modellen hingewiesen. Dabei ist zu prüfen, ob äquivalente Modelle inhaltlich sinnvoller interpretiert werden können als das getestete Modell. Kline (2005, S. 220 f.) gibt einen guten Überblick über äquivalente Modelle im Rahmen einer CFA. An dieser Stelle seien nur zwei äquivalente Modelle dargestellt (siehe *Abbildung 6.9*): ein korreliertes dreifaktorielles Modell und ein hierarchisches Modell mit einem Faktor zweiter Ordnung. In *Abbildung 6.9* sind beide Modelle, so wie man sie in AMOS spezifizieren würde, dargestellt. In manchen Fällen ist es wenig sinnvoll, Faktoren zweiter Ordnung anzunehmen, beispielsweise einen generellen Faktor „Persönlichkeit". Im Gegensatz dazu werden in der Intelligenzforschung häufig hierarchische Modelle (Modelle mit Faktoren höherer Ordnung) postuliert (z.B. kristalline und fluide Intelligenz). Das Beispiel in *Abbildung 6.9* bezieht sich auch auf einen Intelligenz-Strukturtest, den I-S-T 2000 R (Amthauer, Brocke, Liepmann & Beauducel, 2001). Auf der untersten Ebene sind Intelligenzuntertests angeordnet, die jeweils einen verbalen (verbal), numerischen (numer) und figuralen (figur) Faktor bilden. In *Abbildung 6.9* oben sind die Korrelationen zwischen den Faktoren aufgeführt. Sie sind ähnlich hoch ($r = .56$). In *Abbildung 6.9* unten ist das I-S-T-Modell hierarchisch aufgebaut. Die verbalen, numerischen und figuralen Faktoren stellen dabei Faktoren erster Ordnung dar. Die Leistung der Faktoren erster Ordnung kann wiederum auf einen Faktor zweiter Ordnung zurückgeführt werden, den Faktor „Reasoning". Aus den Fenstern neben den grafischen Modellen kann entnommen werden, dass beide Modelle dieselben Freiheitsgrade und denselben χ^2-Wert aufweisen. Es handelt sich um äquivalente Modelle. An dieser Stelle ist anzumerken, dass ein hierarchisches Modell und ein Modell mit Korrelationen zwischen den latenten Variablen nicht immer äquivalent sind, sondern in der Regel nur bei zwei- oder dreifaktoriellen Modellen.

9 Fehlende Werte können mit Hilfe von verschiedenen Methoden geschätzt oder ersetzt werden. Eine davon stellt die Gruppe der „Imputation-Methods" dar. Für eine ausführliche Auseinandersetzung mit dem Thema „fehlende Werte" siehe Byrne (2002, S. 287 f.).

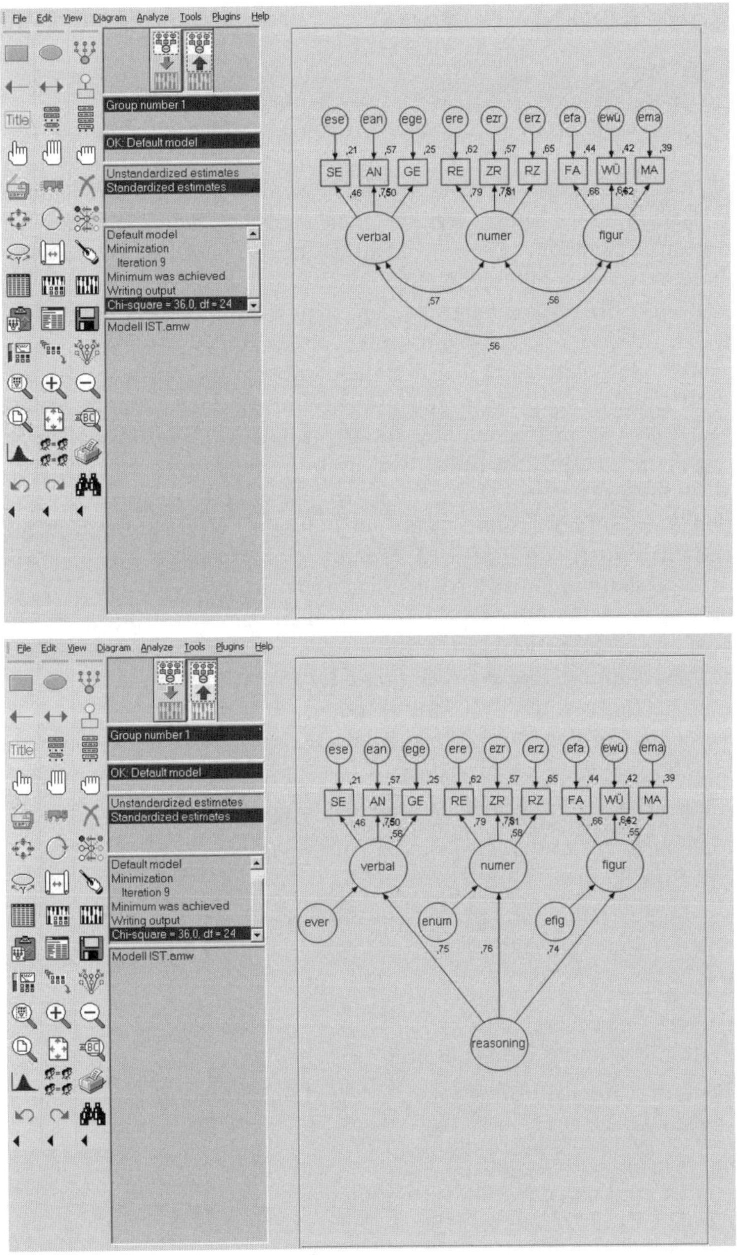

Abbildung 6.9: Äquivalente Modelle: dreifaktoriell korreliert und dreifaktoriell mit einem Faktor höherer Ordnung

6.9 Abschließende Bemerkungen

Worauf muss ich besonders achten?

Kline (2005, S. 274) gibt in einer langen Liste an, was man bei der Anwendung von konfirmatorischen Faktorenanalysen alles falsch machen kann. Sie ist umfangreich und könnte noch beliebig aufgefüllt werden. An dieser Stelle sollen die wichtigsten Punkte zusammengefasst werden: Zuerst benötigt man genügend Items (mindestens drei, besser vier) mit guten psychometrischen Eigenschaften (Reliabilität) pro latenter Variable. Gefährlich ist es, wenn sehr viele Pfade bzw. Korrelationen oder Kovarianzen anhand von Modifikationsindizes spezifiziert werden, so dass ein Modell einen perfekten Modell-Fit aufweist. Dieses Modell ist dann wenig aussagekräftig, wenn sich korrelierende Fehlervariablen oder Ladungen inhaltlich nicht gut begründen lassen. Vor der Durchführung einer CFA müssen auf jeden Fall die Verteilungen der Items inspiziert (durch Histogramm), Ausreißer gegebenenfalls entfernt und die Linearitätsannahme (z.B. durch Streudiagramm) überprüft werden. Für die Interpretation ist zu beachten, dass mindestens zwei Fit-Indizes zur Beurteilung der Modellgüte mit dem χ^2-Test herangezogen werden sollten. Dabei sollte, wenn möglich, ein Konfidenzintervall für den Fit-Index angegeben werden (z.B. RMSEA). Ein guter Fit sagt nur etwas über die Übereinstimmung des Modells mit den beobachteten Daten aus, jedoch nichts über dessen Gültigkeit, es sei denn, Validitätskriterien fließen in das Modell mit ein. Ein passendes Modell bestätigt im Prinzip lediglich die faktorielle Validität. Weitere Validitätsbelege, wie konvergente und divergente Validität oder Kriteriumsvalidität, müssen zusätzlich erbracht werden (z.B. Multi-Trait-Multi-Method-Ansatz).

Das allgemeine Vorgehen bei der Durchführung einer Konfirmatorischen Faktorenanalyse kann wie folgt zusammengefasst werden:

- Vor der Konfirmatorischen Faktorenanalyse (Dateneignung)
  - Normalverteilung der Items und Vorliegen von Ausreißerwerten prüfen
    - Histogramme inspizieren
      - Verletzung der Normalverteilung → Items notieren
      - Ausreißer gegebenenfalls entfernen
  - Items auf Kollinearität prüfen
    - Korrelationsmatrix inspizieren
      - bei Korrelationen > .85 → Items notieren
  - Test auf multivariate Normalverteilung mit AMOS durchführen (dazu muss das Modell schon spezifiziert sein)
    - (multivariate) Ausreißer entfernen
    - Verletzung der multivariaten Normalverteilung
      - ADF-Methode bei großen Stichproben wählen
      - bei ML-Methode Bollen-Stine-Bootstrap durchführen
  - Überprüfung der Linearitätsannahme
    - Inspektion der Streudiagramme zwischen jeweils zwei Items

- Durchführung der Konfirmatorischen Faktorenanalyse
  - Methode wählen
    - **Maximum-Likelihood-Methode**, wenn
      - multivariate Normalverteilung vorliegt, bzw. Schiefe < 2, Exzess < 7
      - Stichprobe klein ist.
      - Stichprobe klein, keine multivariate Normalverteilung
        → Bollen-Stine-Bootstrap durchführen
    - **ADF-Methode**, wenn
      - keine multivariate Normalverteilung vorliegt,
      - Stichprobe groß ist.
- Modell-Fit prüfen
  - Korrelationen, Ladungen und Fehlervarianzen auf Plausibilität prüfen
  - χ^2-Test checken
    - signifikant → kein exakter Modell-Fit liegt vor
      - bei großen Stichproben Fit-Indizes checken
        - Fit-Indizes innerhalb der Cut-off-Grenzen
          → Modell weicht nicht stark von den Daten ab
        - Fit-Indizes außerhalb der Cut-off-Grenzen
          → Modifikationsindizes zur Modelloptimierung zu Hilfe nehmen
    - nicht signifikant → exakter Modell-Fit liegt vor
      - bei kleinen Stichproben Fit-Indizes checken
        - Fit-Indizes innerhalb der Cut-off-Grenzen
          → Modell weicht nicht stark von den Daten ab
        - Fit-Indizes außerhalb der Cut-off-Grenzen
          → Modifikationsindizes zur Modelloptimierung zu Hilfe nehmen
- Interpretationshilfen
  - Strukturmatrix betrachten → Überblick, ob bedeutsame, nicht spezifizierte, Nebenladungen vorliegen

6.10 Durchführung einer konfirmatorischen Faktorenanalyse mit AMOS 6.0

Es gibt einige Anwendungsprogramme (LISREL, EQS, Mplus und AMOS) zur Berechnung einer CFA. Sie bieten einen großen Funktionsumfang. Für Einsteiger steht meist die Benutzerfreundlichkeit im Vordergrund. Dieses Buch verwendet **AMOS Graphics 6.0** zur Beispielberechnung. Es ist aus der Sicht des Autors für Einsteiger am leichtesten zu bedienen. Nachdem Sie AMOS gestartet haben, sehen Sie die in *Abbildung 6.10* abgebildete Programmoberfläche. Das graue Rechteck in der rechten Bildschirmseite stellt die Zeichenfläche dar, auf der das später zu testende Modell grafisch erstellt bzw. spezifiziert wird. In der linken Bildschirmseite finden sich einige Symbole bzw. Icons, die als Werkzeuge zur Erstellung des Modells dienen. Die benötigten Icons und deren Bedeutung sind am Ende dieses Abschnitts dargestellt.

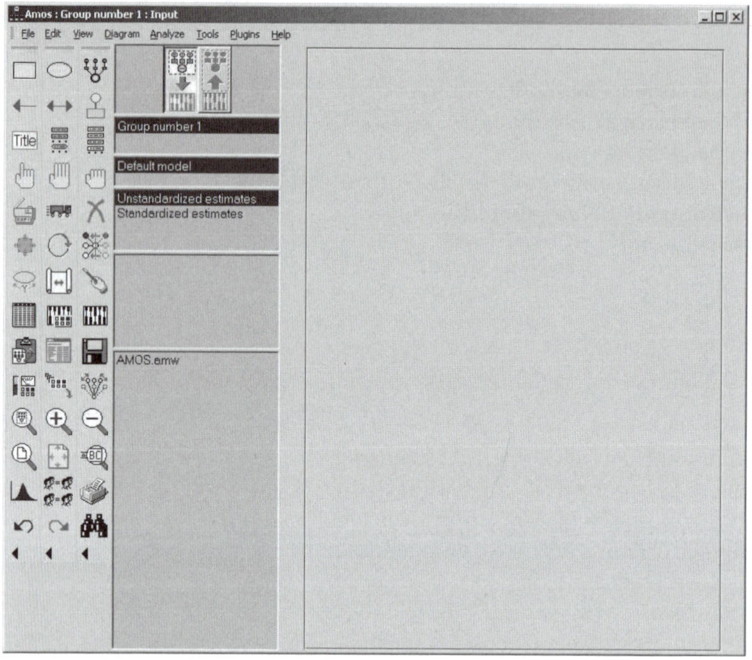

Abbildung 6.10: AMOS Graphics 6.0 – Oberfläche

Einlesen der Daten Nachfolgend wird die Berechnung einer konfirmatorischen Faktorenanalyse mit AMOS 6.0 dargestellt. Zur Berechnung wird zunächst eine Datendatei (im SPSS-Format) benötigt, mit der die Analyse durchgeführt werden soll. Diese wird zuerst in AMOS eingelesen. Dazu klicken Sie zunächst auf den Menüpunkt FILE. Im nun erscheinenden Fenster klicken Sie auf den Menüpunkt DATA FILES. Es erscheint das Fenster DATA FILES (*Abbildung 6.11*). Durch Betätigung der Schaltfläche FILE NAME kann im sich öffnenden Menü die gewünschte Datendatei (z.B. NEOFFI.sav) durch Anklicken ausgewählt werden. Die Auswahl wird anschließend mit der Schaltfläche bestätigt. Nun ist die entsprechende Datendatei in AMOS eingelesen und steht für nachfolgende Berechnungen zur Verfügung.

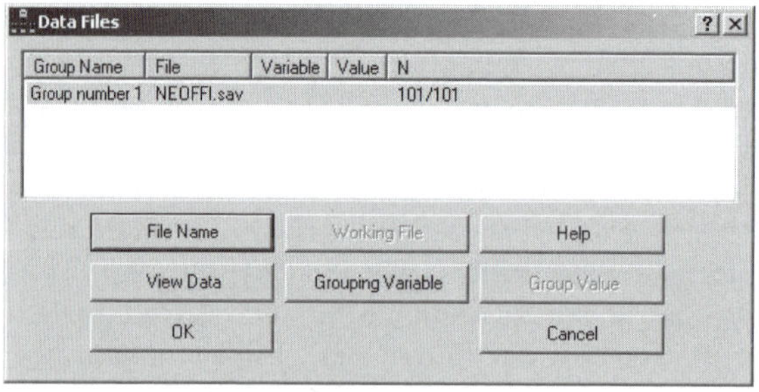

Abbildung 6.11: AMOS-Fenster DATA FILES

Nach dem Einlesen der Datendatei in AMOS erfolgt die Erstellung bzw. Bestimmung des Mess- und Strukturmodells. Dazu müssen beobachtete und latente Variablen sowie Fehlervariablen, Pfade und Korrelationen spezifiziert werden.

Erstellen einer latenten Variablen[10] Als Erstes ist es notwendig, die latenten Variablen zu erstellen, die als relevant erachtet werden. Eine latente Variable wird in AMOS bestimmt, indem in der obersten Reihe der Werkzeugleiste[11] das rechte Symbol (*Draw a latent variable or add an indicator to a latent variable*) durch Anklicken aktiviert wird. Der Mauszeiger verwandelt sich dann in das zuvor betätigte Symbol. Anschließend wird der Mauszeiger auf die Zeichenfläche (graues Feld) bewegt. Wird nun die linke Maustaste gedrückt gehalten und in eine beliebige Richtung bewegt, so entsteht beim Loslassen der Maustaste ein Kreis. Dieser Kreis stellt eine latente Variable dar. Bei der Größe und Form des Kreises sollte beachtet werden, dass mit zunehmender Größe der latenten Variablen auch die Größe der beobachteten Variablen bzw. der Fehlervarianzen zunimmt. Bei komplexen Modellen geht dann schnell der Platz auf der Zeichenfläche aus. Dies ist aber nur der Fall, wenn alle Variablen durch dieses Symbol erstellt werden. Es ist auch möglich, eine latente Variable nur mit Hilfe des Symbols *(Kreis)* in der ersten Reihe der Werkzeugleiste (mittleres Symbol) zu zeichnen; Gleiches gilt für die beobachteten Variablen (rechteckiges Symbol in der ersten Reihe der Werkzeugleiste rechts). Im Falle des hier behandelten NEO-FFI-Beispiels werden zur Veranschaulichung nur zwei latente Variablen betrachtet (Neurotizismus und Extraversion). Entsprechend müssen in AMOS also zwei latente Variablen erstellt werden.

Einfügen von beobachteten Variablen Um den latenten Variablen nun die tatsächlich beobachteten Variablen zuzuordnen, wird erneut das zuvor beschriebene Werkzeug (*Draw a latent variable or add an indicator to a latent variable*) benötigt. Aktivieren Sie das Werkzeug, so dass der Mauszeiger das Symbol anzeigt, und klicken Sie damit auf eine latente Variable (= großer runder Kreis). Dadurch werden eine beobachtete Variable (= Quadrat) und die dazugehörige Fehlervariable (= kleiner Kreis, der mit einem Pfeil auf das Quadrat zeigt) eingefügt. Die Pfeile stellen dabei Pfade dar. Fügen Sie durch Anklicken der entsprechenden latenten Variablen alle beobachteten Variablen in Ihr Modell ein, von denen Sie einen Zusammenhang zur latenten Variablen annehmen. *Abbildung 6.12* stellt die zwei latenten Variablen „Neurotizismus“ und „Extraversion“ mit den dazugehörigen Items dar. Diesen latenten Variablen wurden die Items bzw. beobachteten Variablen zugeordnet, die sich nach den Ergebnissen einer zuvor berechneten konfirmatorischen Faktorenanalyse mit einem Faktor zu jeweils einer gemeinsamen Skala zusammenfassen lassen (Neurotizismus: N46, N26, N6, N16; Extraversion: N7, N12, N17, N27). Aufgrund der Beschränkung der Demo-Version können pro latenter Variable nur vier beobachtete Variablen spezifiziert werden.

10 Ein erstelltes Objekt in AMOS kann jederzeit wieder gelöscht werden, indem in der Werkzeugleiste das Symbol angeklickt wird und dann mit der Maus auf die zu löschende Variable, Pfad, Kovarianz bzw. Korrelation geklickt wird.

11 Die Anordnung der Werkzeugleiste verändert sich je nach Größe des AMOS-Programmfensters. Ist das AMOS-Programmfenster vollständig geöffnet, besteht eine Zeile der Werkzeugleiste nur noch aus zwei Symbolen. Bei den folgenden Beschreibungen wird von drei Symbolen pro Zeile ausgegangen (*Abbildung 6.10*). Eine Beschreibung der Symbole erfolgt auch in *Abbildung 6.21*.

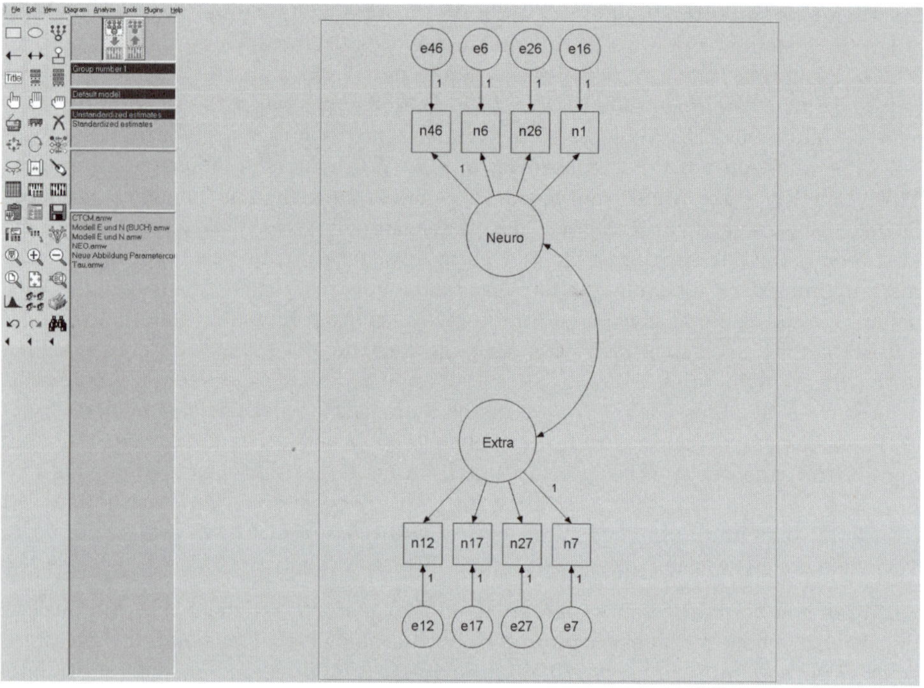

Abbildung 6.12: AMOS-Modell der NEO-FFI-Faktoren Extraversion und Neurotizismus

Einfügen von Kovarianzen oder Korrelationen Wird zwischen den latenten Variablen ein Zusammenhang angenommen, so müssen im Modell die entsprechenden Kovarianzen eingefügt werden. Dazu wird das Werkzeug benötigt, welches einen Pfeil mit zwei Spitzen ↔ darstellt (mittleres Symbol in der zweiten oberen Reihe: *Draw covariances* (DOUBLE HEADED ARROWS)). Klicken Sie das Werkzeug an, so dass unter dem Mauszeiger ein Doppelpfeil erscheint. Anschließend klicken Sie eine latente Variable mit der linken Maustaste an, halten die Taste gedrückt, bewegen den Mauszeiger zu anderen latenten Variablen und lassen die Maustaste los. Die latenten Variablen, bei denen Sie einen Zusammenhang annehmen, sind nun mit einem Doppelpfeil verbunden (*Abbildung 6.12*). In diesem Beispiel wird angenommen, dass die beiden latenten Variablen „Extraversion" und „Neurotizismus" kovariieren bzw. korrelieren.

Benennung einer latenten Variablen Zum besseren Verständnis des Modells ist es sinnvoll, die latenten Variablen zu benennen. Dazu gehen Sie mit dem Mauszeiger auf die latente Variable (= großer runder Kreis) und betätigen die rechte Maustaste. Es erscheint ein Kontextmenü. Aus diesem Kontextmenü wählen Sie den Menüpunkt OBJECT PROPERTIES. Anschließend erscheint das Fenster OBJECT PROPERTIES (*Abbildung 6.13*). Im Kästchen VARIABLE NAME können Sie den gewünschten Namen der Variablen (beispielsweise „*Neuro*" für „Neurotizismus" und „*Extra*" für „Extraversion" wie im Beispiel) eintragen und das Fenster danach wieder schließen.

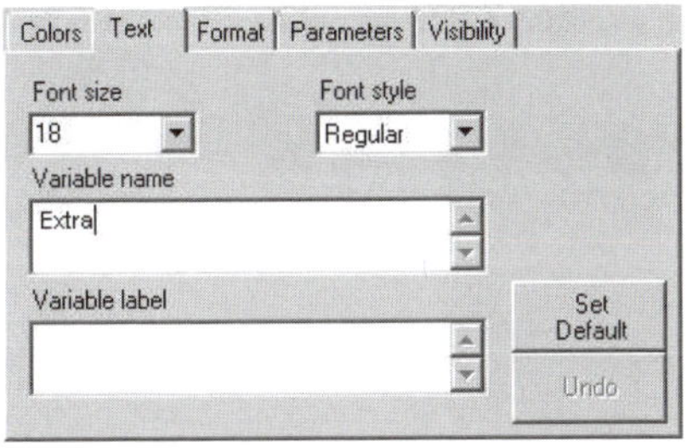

Abbildung 6.13: AMOS-Fenster Object Properties

Fixieren von Pfaden und Varianzen Sie können auch einen Pfad oder die Varianz einer beobachteten oder latenten Variable festsetzen. Wenn Sie einen Pfad festsetzen wollen, klicken Sie mit der rechten Maustaste auf den entsprechenden Pfad und anschließend klicken Sie auf Object Properties, danach auf das Register Parameters. Es erscheint das Fenster in *Abbildung 6.14* (links). Möchten Sie eine Varianz festsetzen, klicken Sie auf die entsprechende Variable, (beobachtete, latente oder Fehlervariable) mit der rechten Maustaste dann auf Object Properties und anschließend auf das Register Parameters. Es erscheint das Fenster in *Abbildung 6.14* (rechts) mit Variance anstelle von Regression weight über dem entsprechenden leeren Feld. Tragen Sie entweder unter Regression weight (für Pfade) oder unter Variance (für latente Variablen und/oder Fehlervariablen) die Zahl 1 ein. Sie können auch einen beliebigen Buchstaben einfügen: Beispielsweise können Sie zwei Pfade unter Parameters auf den Buchstaben „a“ setzen. Damit testet AMOS, dass diese beiden Pfade gleich hohe (un)standardisierte Regressionsgewichte haben. Das heißt, wenn die Pfade nicht gleich hoch sind, wird dies mit einem schlechteren Modell-Fit bestraft (siehe Testung essenzieller tau-Äquivalenz, *Abschnitt 6.5*).

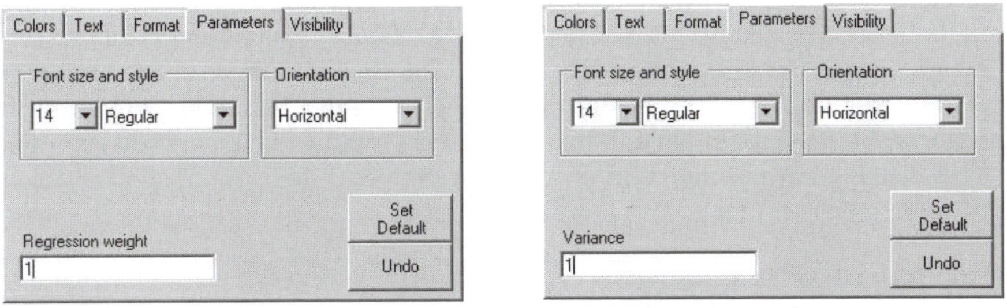

Abbildung 6.14: AMOS-Fenster Object Properties zur Fixierung der Pfade (links) und Varianzen (rechts).

Benennen der beobachteten Variablen Nachdem das zu betrachtende Modell schematisch erstellt wurde, müssen alle beobachteten Variablen inhaltlich bestimmt und benannt werden. Aus diesem Grunde betätigen Sie das Werkzeug *List variables in dataset* (rechtes Symbol in der dritten Reihe von oben). Es erscheint das Fenster Variables in Dataset (siehe *Abbildung 6.15*). Dieses Fenster enthält nun alle Variablen aus der ganz zu Beginn eingelesenen Datendatei. Eine im Modell bereits als Quadrat dargestellte beobachtete Variable wird nun folgendermaßen bestimmt:

1. Klicken Sie mit der linken Maustaste im Fenster Variables in Dataset auf eine Variable.
2. Halten Sie die Maustaste gedrückt.

3. Ziehen Sie die markierte Variable in eines der auf der Zeichenfläche abgebildeten Rechtecke oder Quadrate.
4. Lassen Sie die Maustaste wieder los.

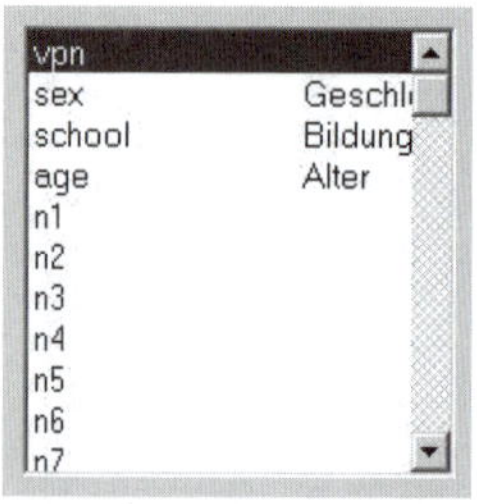

Abbildung 6.15: AMOS-Fenster VARIABLES IN DATASET zur Variablenbenennung

Auf diese Weise bestimmen Sie alle beobachten Variablen. Danach sind der latenten Variablen „*Neurotizismus*" alle Items zugeordnet, die nach den Ergebnissen der zuvor berechneten exploratorischen Faktorenanalyse diese Skala bilden. Zum Schluss wird das entsprechende Fenster VARIABLES IN DATASET durch Anklicken des Kreuzes rechts oben wieder geschlossen.

Benennen der Fehlervariablen Die Fehlervariablen (= kleiner Kreis, der mit einem Pfeil auf das Quadrat zeigt) müssen ebenfalls benannt werden. Dazu klicken Sie mit der rechten Maustaste auf die Fehlervariablen und im Kontextmenü klicken Sie auf OBJECT PROPERTIES. Es erscheint das Fenster OBJECT PROPERTIES. Unter VARIABLE NAME kann nun der Name der Fehlervariable eingetragen werden (siehe *Abbildung 6.16*). Danach wird das entsprechende Fenster mit dem Kreuz in der rechten oberen Ecke des Fensters wieder geschlossen. In der Regel werden die Fehlervariablen dabei einfach durchnummeriert oder analog zu den dazugehörigen beobachteten Variablen benannt. Beispielsweise kann die Fehlervariable des Items N56 mit e56 benannt werden. Haben Sie das Fenster einmal geöffnet, müssen Sie das Öffnen dieses Fensters nicht ständig wiederholen. Tragen Sie die Bezeichnung der Fehlervariable ein und klicken Sie anschließend einmal auf die nächste Fehlervariable. Tragen Sie dann den Namen dieser Fehlervariablen ein und fahren Sie fort, bis alle Fehlervariablen benannt sind.

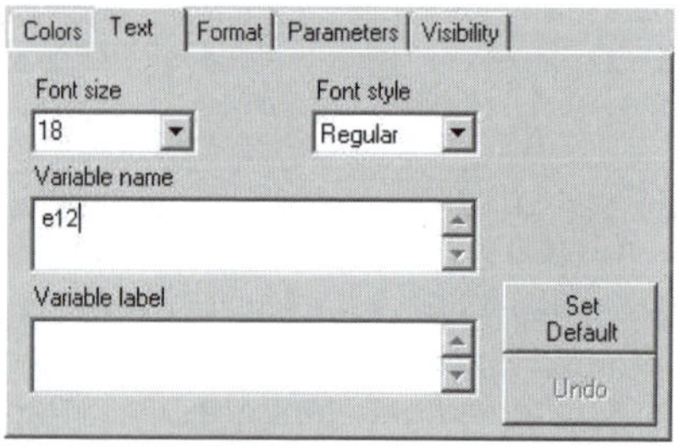

Abbildung 6.16: AMOS-Fenster OBJECT PROPERTIES zur Benennung von Fehlervariablen

Testen des Modells Nachdem die zuvor beschriebenen Schritte durchlaufen wurden, ist das Mess- und Strukturmodell bestimmt. Nun müssen die gewünschten Eigenschaften der folgenden Analyse bestimmt werden. Dazu klicken Sie in der Menüleiste auf VIEW und ANALYSIS PROPERTIES. Es erscheint das Fenster ANALYSIS PROPERTIES (*Abbildung 6.17*). Hier wählen Sie durch Anklicken zunächst in der oberen Hälfte des Fensters ESTIMATION aus. Sie können zwischen verschiedenen Methoden wählen, die bereits in *Kapitel 6.2* besprochen wurden. Wir wählen für das Beispiel die ML-Methode. Durch Klicken auf die Option ESTIMATE MEANS AND INTERCEPTS kann eine Maximum-Likelihood-Schätzung fehlender Werte im Datensatz vorgenommen werden. In diesem Fall kann AMOS keine Modifikationsindizes angeben, keinen Bollen-Stine-Bootstrap durchführen und auch den SRMR nicht berechnen.

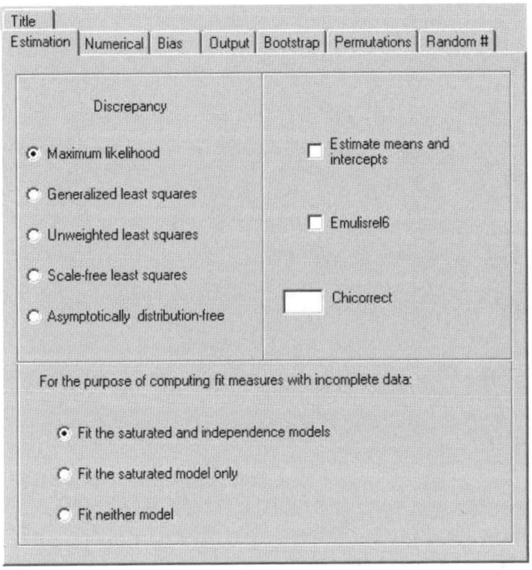

Abbildung 6.17: AMOS-Fenster ANALYSIS PROPERTIES zur Auswahl der Schätzmethode

Als Nächstes wählen Sie ebenfalls in der oberen Hälfte desselben Fensters durch Anklicken OUTPUT aus. Hier kann nun ausgewählt werden, welche Informationen und Kennwerte in der späteren Ergebnisdarstellung gewünscht werden. Voreingestellt ist bereits MINIMIZATION HISTORY. Aktivieren Sie durch Anklicken noch die folgenden Kästchen (siehe *Abbildung 6.18*):

1. **STANDARDIZED ESTIMATES:** Erzeugt eine standardisierte Lösung. Wird diese Option nicht markiert, zeigt AMOS nur die nicht-standardisierte Lösung an.
2. **SQUARED MULTIPLE CORRELATIONS:** Es werden die quadrierten multiplen Korrelationen zwischen den Variablen im Modell angezeigt, auf die ein Pfeil zeigt und von denen jeweils ein Pfeil weggeht. Für Items, die Indikator einer latenten Variable sind, ist dies die Kommunalität.
3. **ALL IMPLIED MOMENTS:** Durch diese Option enthält die Ausgabe später auch die Strukturmatrix.
4. **RESIDUAL MOMENTS:** Hier wird mit Hilfe von AMOS eine standardisierte Residualmatrix angezeigt. Standardisiert wird die Differenz zwischen beobachteter und implizierter Kovarianzmatrix. Die Standardisierung besteht darin, dass die entsprechenden Differenzen durch ihren Standardfehler geteilt werden. Dies ergibt Critical Ratios, die *z*-Werten entsprechen. Diese *z*-Werte geben an, welche Kovarianz sich zwischen beobachteter und implizierter Kovarianzmatrix signifikant unterscheidet.

5. **Modification indices**: Modifikationsindizes können verwendet werden, um die Lösung zu verbessern. Sie geben an, um welchen Betrag der χ^2-Wert sinkt, wenn der entsprechende Pfad, die entsprechende Kovarianz oder Korrelation spezifiziert werden.
6. **Test for normality and outliers**: Er gibt an, ob die Items bzw. Variablen univariat bzw. multivariat normalverteilt sind oder nicht.

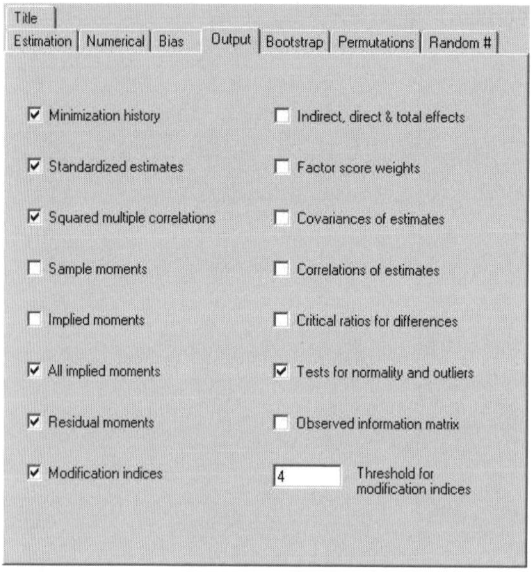

Abbildung 6.18: AMOS-Fenster Analysis Properties zur Wahl der Output-Optionen

Zeigt der Mardia-Test eine Verletzung der multivariaten Normalverteilung an, ist es nötig, einen korrigierten p-Wert für den χ^2-Test anzugeben. Diesen erhält man z.B. durch die Bollen-Stine-Bootstrap-Prozedur. Dazu muss im Fenster Analysis Properties das Register Bootstrap angeklickt werden. Es erscheint ein Fenster, wie in *Abbildung 6.19* dargestellt. In diesem Fenster wählt man dann die Optionen Perform Bootstrap und Bollen-Stine Bootstrap. Dabei ist es durchaus sinnvoll, die voreingestellte Anzahl der Bootstrap samples (Bootstrap-Stichproben) zu erhöhen. Wir haben hier 1000 Bootstrap-Stichproben gewählt. Wenn die standardisierte Lösung als Option unter Analysis Properties angeklickt ist, kann es dazu kommen, dass AMOS eine Fehlermeldung ausgibt: *An error occurred while attempting to fit the model. During the analysis of a bootstrap sample, an attempt was made to compute a standardized regression weight between two variables, one of whose estimated variances failed to be positive. This attempt was made because „standardized estimates“ in the „Analysis Properties" window was checked or because the Standardized method was used.* In diesem Falle muss die Markierung der Option Standardized estimates wieder aufgehoben werden, um die Bootstrap-Prozedur vollständig durchführen zu können.

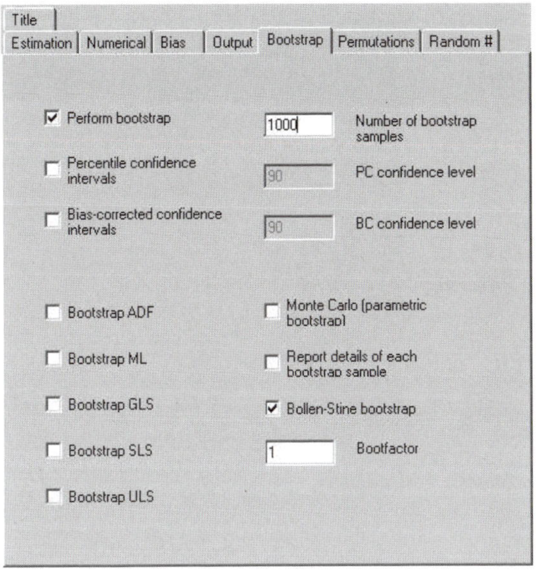

Abbildung 6.19: AMOS-Fenster ANALYSIS PROPERTIES zur Durchführung des Bollen-Stine-Bootstraps

Modellberechnung Nachdem Sie nun bestimmt haben, wie das Modell berechnet wird und welche Kennwerte angegeben werden sollen, erfolgt die eigentliche Berechnung der Modellgüte. Dazu klicken Sie in der Menüleiste auf ANALYSE und anschließend auf CALCULATE ESTIMATES. AMOS berechnet nun anhand der eingelesenen Daten eine konfirmatorische Faktorenanalyse für das von Ihnen zuvor aufgestellte Modell.

Betrachtung und Interpretation der Ergebnisse Wenn Sie sich die von AMOS berechneten Werte direkt im Diagramm anzeigen lassen möchten, klicken Sie auf den großen roten Pfeil rechts oben. Wenn Sie wieder etwas an Ihrem Modell verändern möchten, klicken Sie wieder auf den Pfeil daneben. Wenn Sie in der Menüleiste auf VIEW klicken, erhalten Sie die Ausgabe: TEXT-OUTPUT. Es erscheint das Fenster AMOS OUTPUT (*Abbildung 6.20*). Hier erhalten Sie die Ergebnisse der durchgeführten konfirmatorischen Faktorenanalyse. Die Ausgabe ist analog zur SPSS-Ausgabe aufgebaut. Im linken Fenster sehen Sie einen Verzeichnisbaum aufgeführt. Durch Klicken auf den entsprechenden Eintrag gelangen Sie an einzelne Ergebnisse.

Zudem werden einzelne Werte oder Wörter der AMOS-Ausgabe in blauer Farbe dargestellt, wenn Sie mit der Maus auf die entsprechenden Werte oder Wörter gelangen. Durch Klicken auf die rechte Maustaste öffnen sich Fenster mit Kommentaren, die zumindest Teile der Ausgabe erklären oder Formeln darstellen, die zur Berechnung der Kennwerte benutzt wurden (siehe *Kapitel 6.13*).

Abschließend wird in *Abbildung 6.21* eine Übersicht zur Verfügung gestellt, die zeigt, welche Bedeutung einzelne Symbole in der Werkzeugleiste haben. Mit Hilfe der Werkzeugleiste können Mess- und Strukturmodell sehr schnell erstellt werden. Eine ausführlichere Beschreibung der Funktionen und Beispiele mit AMOS findet sich bei Byrne (2001).

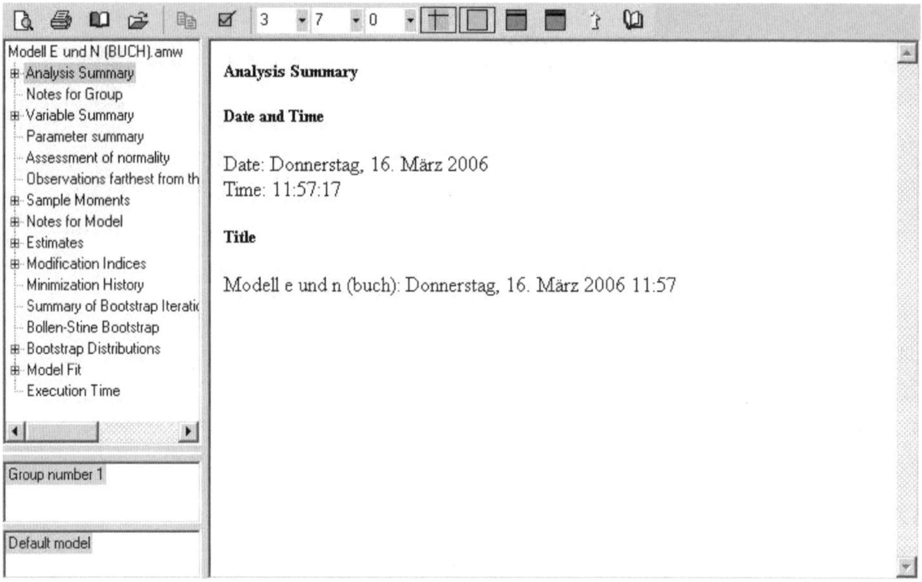

Abbildung 6.20: AMOS-Oberfläche AMOS OUTPUT

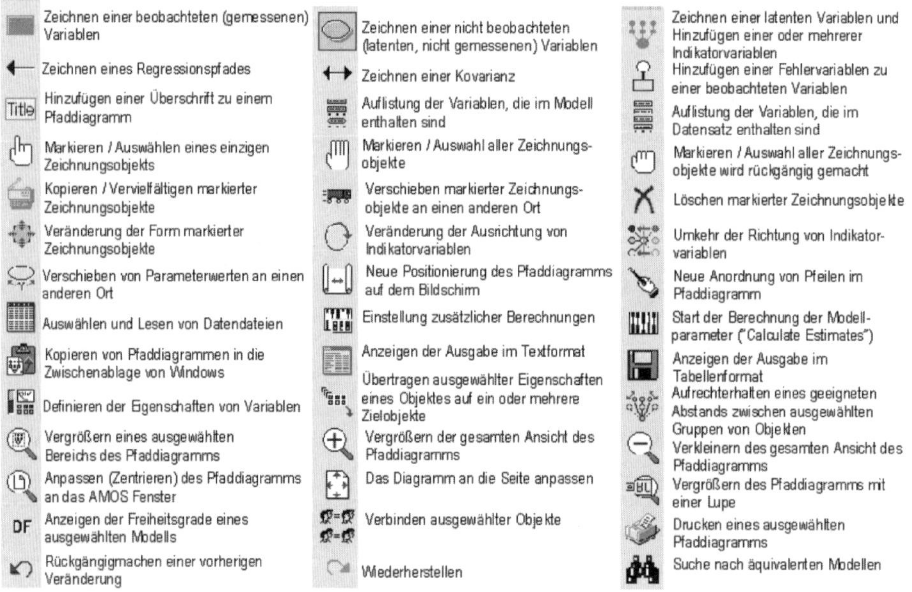

Abbildung 6.21: Beschreibung der Symbole in der Werkzeugleiste

6.11 Beispiel einer konfirmatorischen Faktorenanalyse mit AMOS

Bevor wir unser in *Kapitel 6.10* aufgestelltes Modell testen, prüfen wir, ob die NEO-FFI-Skala „Extraversion" eindimensional ist. Dazu spezifizieren wir nach der eben beschriebenen Vorgehensweise ein einfaktorielles Modell mit einer latenten Variable und acht (begrenzt durch die Demo-Version von AMOS 5.0) beobachteten Variablen. Auf Basis der Faktorenanalyse in *Abschnitt 5.11* wählen wir anhand der ML-Methode (die auch in der CFA durchgeführt wird) und der Mustermatrix die Items aus, die am höchsten auf dem Faktor „Extraversion" laden und keine Nebenladung über $a > .30$ aufweisen. Es ergibt sich das Modell in *Abbildung 6.22*. Dieses Modell testen wir nun auf Eindimensionalität und erhalten die weiter unten folgende AMOS-Ausgabe (im AMOS-Programmfenster auf der linken Seite auf den roten Pfeil klicken und dann auf STANDARDIZED ESTIMATES).

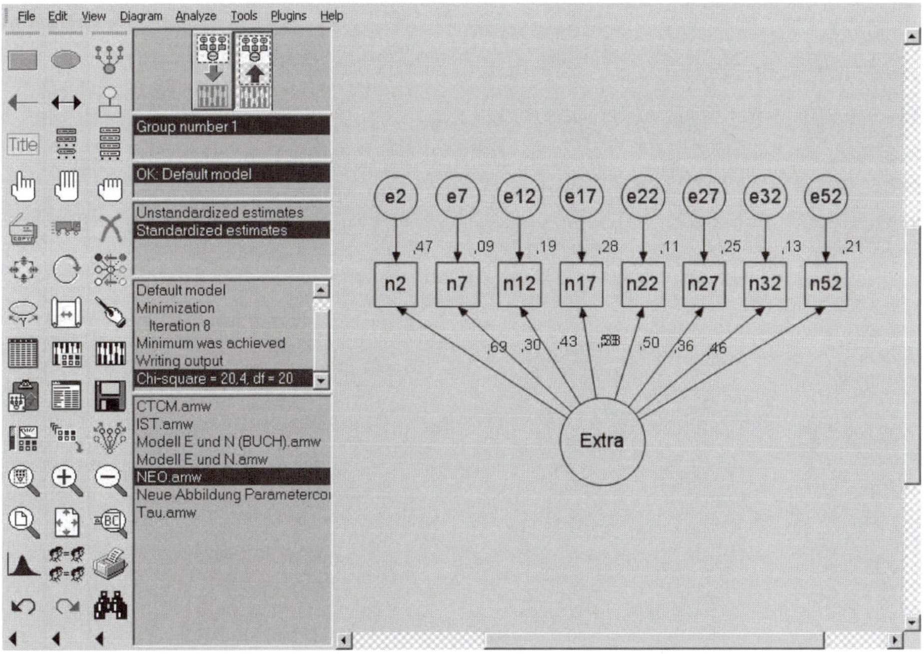

Abbildung 6.22: AMOS-Ausgabe des einfaktoriellen CFA-Modells

Die *Abbildung 6.22* zeigt die komplett standardisierte Lösung für das oben aufgestellte Modell. Auf den Pfeilen sind die Ladungen (partielle standardisierte Regressionsgewichte) abgetragen. Teilweise werden die Ladungen leider durch die AMOS-Ausgabe verdeckt. Die partiellen standardisierten Regressionsgewichte entsprechen hier Korrelationen, da jedes Item nur auf einem Faktor lädt. Die Zahlen, die leicht versetzt auf den beobachteten Variablen stehen, sind multiple quadrierte Korrelationskoeffizienten (R^2). Sie zeigen an, wie viel Varianz eines Items durch die latente Variable erklärt werden kann. Damit stehen diese Werte für die Kommunalitäten der Items. Wie oben beschrieben, sind Kommunalitäten Mindestschätzungen der Itemreliabilität. Die Differenz zwischen eins und der Kommunalität ergibt die standardisierte Fehlervarianz. In unserem Beispiel sieht man, dass die Kommunalitäten als Mindestschätzungen der Reliabilität weit von einem akzeptablen Reliabilitätsmaß entfernt sind. Dies mag daran liegen, dass die Reliabilität eines einzelnen Items nicht so hoch ausfallen kann wie für eine Skala oder einen Testwert, die/der aus mehreren Items besteht. Für Skalen- oder Testwerte sind die Kommunalitätsschätzungen meist höher. Weiterhin müssen hier auch die Verteilungen der Items mitberücksichtigt werden. Items mit unterschiedlicher Schiefe können nicht maximal miteinander korrelieren. Fragebogenitems sind oft nicht normalverteilt und besitzen stark unterschiedliche Werte für die Schiefe, z.B. bei klinischen Fragebögen. Wie oben beschrieben, haben solche niedrigen Kommunalitäten Auswirkungen auf die Korrelation zwischen zwei latenten Variablen: Diese Korrelationen werden in einem solchen Fall stark aufgewertet. Als Nächstes betrachten wir die dazugehörigen relevanten AMOS-Ausgaben Schritt für Schritt:

Anmerkungen zur Stichprobe

```
Notes for Group (Group number 1)

The Model is recursive.
Sample size = 101
```

Abbildung 6.23: AMOS-Ausgabe: Anmerkungen zur Stichprobe

Variablen-Zusammenfassung

```
Variable Summary (Group number 1)
Your model contains the following variables (Group number 1)
Observed, endogenous variables
n2
n7
n12
n17
n22
n27
n32
n52

Unobserved, exogenous variables
Extra
e2
e7
e12
e17
e22
e27
e32
e52

Variable counts (Group number 1)
Number of variables in your model:     17
Number of observed variables:           8
Number of unobserved variable:          9
Number of exogenous variables:          9
Number of endogenous variables:         8
```

Abbildung 6.24: AMOS-Ausgabe: Zusammenfassung der Variablen

In *Abbildung 6.23* sind Anmerkungen zu den Gruppen („*Notes for Group*") aufgeführt. Es wurde demnach eine Stichprobe mit $N = 101$ Probanden und ein rekursives Modell (ohne korrelierte Fehlervariablen und mit Pfaden, die alle in die gleiche Richtung zeigen) getestet.

Wie *Abbildung 6.24* entnommen werden kann, erfolgt zunächst eine namentliche Auflistung aller Variablen (latente, beobachtete und Fehlervariablen), die im Modell enthalten sind. Des Weiteren wird dargestellt, wie viele beobachtete (bekannte) Items („*Number of observed variables*" oder „*Number of endogenous variables*") und wie viele unbeobachtete (freie) Parameter („*Number of unobserved variables*" oder „*Number of exogenous variables*") im Modell aufgenommen sind.

Prüfung auf multivariate Normalverteilung (Mardia-Test)

Assessment of normality (Group number 1)

Variable	min	max	skew	❸ c.r.	kurtosis	c.r.
n52	,000	4,000	-,376	-1,543	,108	,222
n32	,000	4,000	,428	1,756	-,058	-,120
n27	,000	4,000	-,064	-,263	-,764	-1,568
n22	,000	4,000	,035	,143	-,666	-1,366
n17	,000	4,000	❺ -1,184	❹ -4,856	❻ 2,360	4,842
n12	1,000	4,000	-,306	-1,257	-,866	-1,777
n7	,000	4,000	-,412	-1,691	-,248	-,508
n2	,000	4,000	-,101	-,413	-,926	-1,900
Multivariate					❶ 7,968	❷ 3,165

Abbildung 6.25: AMOS-Ausgabe: Prüfung auf Normalverteilung

In der letzten Zeile lässt sich in der vorletzten Spalte ❶ der *Abbildung 6.25* erkennen, dass die multivariate Kurtosis (Exzess) mit 7.968 hoch ausfällt und der „c.r."-Wert (critical ratio, letzte Spalte ❷), der als z-Wert interpretiert werden kann, eine deutliche Verletzung der multivariaten Normalverteilung anzeigt ($z = 3.165$ entspricht einem p von $p < .001$, siehe kritische z-Werte in *Kapitel 4.8, Tabelle 4.2*). Dies bezeichnet man als Mardia-Test. Für jedes Item lässt sich ebenfalls prüfen, ob die Schiefe oder Kurtosis signifikant von null verschieden ist. Für die Schiefe muss beispielsweise die Spalte unter „c.r." ❸ für jedes einzelne Item betrachtet werden. Es zeigt sich, dass insbesondere das Item N17 ❺ ziemlich schief verteilt ist (c.r = –4.856 ❹ und damit deutlich größer als c.r. = 1.96). Allerdings liegen die Werte für „Schiefe" (skewness) ❺ und „Exzess" (kurtosis) ❻ deutlich innerhalb der von West, Curran und Finch (1995) postulierten Grenzen von Schiefe kleiner als zwei und Exzess kleiner als sieben für jedes einzelnes Item. Trotzdem ist aufgrund der Verletzung der Verteilungsannahmen bei der ML-Methode mit einem erhöhten χ^2-Wert zu rechnen (siehe *Abschnitt 6.2*). In unserem Fall sollte auch hier eine Bollen-Stine-Bootstrap-Korrektur des p-Werts vorgenommen werden. Weitere Möglichkeiten, wie man mit nicht-multivariat-normalverteilten Items umgehen kann, finden sich bei Byrne (2001, S. 267 ff.).

Multivariate Ausreißerwerte

Observations farthest from the centroid (Mahalanobis distance) (Group number 1)

Observation number ❶	Mahalanobis d-squared ❷	p1 ❸	p2 ❹
86	25,201 ❺	,001 ❻	,135 ❼
24	22,954 ❽	,003 ❾	,047 ❿
50	20,485	,009	,058
21	19,671	,012	,031
33	19,368	,013	,011
19	19,023	,015	,004
32	16,943	,031	,036
25	15,036	,058	,238

Abbildung 6.26: AMOS-Ausgabe: Test auf multivariate Ausreißer

In *Abbildung 6.26* wird beschrieben, wie mit Hilfe von AMOS „multivariate" Ausreißerwerte identifiziert werden können. Die erste Spalte ❶ zeigt an, welche Versuchpersonennummer die entsprechende Person in der SPSS-Datendatei hat (Zeilennummer). Die zweite Spalte ❷ gibt an, wie weit (Distanz) diese Person vom Zentroid (Schwerpunkt) aller Beobachtungen entfernt liegt. Spalte drei ❸ („*p1*") zeigt die Wahrscheinlichkeit an, mit der unter Annahme einer multivariaten Normalverteilung ein beliebiger Wert den Wert 25.201 ❺ *übertrifft.* Die Wahrscheinlichkeit beträgt $p = .001$ ❻. Spalte vier ❹ („*p2*") gibt die Wahrscheinlichkeit an, mit der die *aktuell beobachtete Distanz der Person 86* unter Annahme einer multivariaten Normalverteilung den Wert 25.201 ❺ übertrifft. Diese Wahrscheinlichkeit beträgt .135 ❼. Die Person 24 weist beispielweise die zweithöchste Distanz (22.954 ❽) vom Zentroid auf. Die Wahrscheinlichkeit, dass unter Annahme einer multivariaten Normalverteilung ein beliebiger Wert den Wert 22.954 ❽ übertrifft, ist gering ($p = .003$ ❾). Die Wahrscheinlichkeit, dass die *zweitgrößte beobachtete Distanz von Person 24* den Wert 22.954 überschreitet, wenn multivariate Normalverteilung vorliegt, ist ebenfalls gering: $p = .047$ ❿. Einen Überblick, welche Werte kritisch sind, gibt die Spalte unter *p*2. Stehen dort kleine Werte, handelt es sich bei diesen um ungewöhnliche Werte unter den Extremwerten. In unserem Beispiel sind dies die Personen 24, 21, 33, 19, 32. Diese Personen weisen *p*-Werte unter $p = .05$ auf. Leider ist die Prüfung auf multivariate Ausreißerwerte stichprobenabhängig und daher problematisch. Die Auswahl oder der Ausschluss von Probanden kann nicht allein auf Basis von statistischen Kennwerten erfolgen, sondern auch inhaltliche Überlegungen müssen hier eine Rolle spielen (vielleicht hat ein Proband wirklich „extremer" geantwortet als andere, vielleicht hat er aber auch aufgrund von Instruktionsmissverständnissen oder Ähnlichem diese Extremwerte erzielt).

Modell

```
Notes for Model (Default model)
Computation of degrees of freedom (Default model)

❶ Number of distinct sample moments:              36
❷ Number of distinct parameters to be estimated:  16
❸ Degrees of freedom (36 - 16):                   20

Result (Default model)
Minimum was achieved
Chi-square = 20,413 ❹
Degrees of freedom = 20 ❸
Probability level = ,432 ❺
```

Abbildung 6.27: AMOS-Ausgabe: Angaben zum Modell

Wie *Abbildung 6.27* zeigt, enthält unser Modell $p \cdot (p + 1) / 2$ beobachtete Variablen (p = Anzahl der Items) und damit 36 beobachtete Parameter (Korrelationen oder Kovarianzen) ❶ („*Number of distinct sample moments*"). Für jede spezifizierte beobachtete Variable (acht Items) müssen ein Pfad und eine Fehlervarianz (ergibt zwei Parameter pro Item) geschätzt werden ($8 \cdot 2$), dies ergibt 16 zu schätzende Parameter ❷ („*Number of distinct parameters to be estimated*"). Zieht man nun die freien von den beobachteten Parametern ab, erhält man 20 Freiheitsgrade ❸ („*Degrees of freedom*") und einen χ^2-Wert („*Chi-square*") von 20.413 ❹. Dieser ist nicht signifikant ($p = .432$, ❺ „*Probability level*"). Damit wird das Modell durch den Modelltest nicht abgelehnt. Der von AMOS berechnete χ^2-Wert wird aufgrund der Verletzung der Voraussetzung „multivariate Normalverteilung" (siehe *Abbildung 6.25*) überschätzt. Das heißt, wenn er trotz dieser Überschätzung nicht signifikant wird, „spricht" dies für unser Modell.

Bollen-Stine-Bootstrap

```
Bollen-Stine Bootstrap (Default model)
The model fit better in 314 bootstrap samples.
It fit about equally well in 0 bootstrap samples.
It fit worse or failed to fit in 686 bootstrap samples.
Testing the null hypothesis that the model is correct,
   Bollen-Stine bootstrap p = ,686
```

Abbildung 6.28: AMOS-Ausgabe: Bollen-Stine Bootstrap

Aus *Abbildung 6.28* kann entnommen werden, dass das Modell in 314 Bootstrap-Stichproben besser passte als in der vorliegenden Stichprobe und in 686 Bootstrap-Stichproben schlechter als in der vorliegenden Stichprobe. Weiterhin wird der korrigierte p-Wert mit $p = .686$ angegeben. Dieser Wert ist höher als der ursprüngliche Wert von $p = .432$. Das heißt, die Verletzung der multivariaten Normalverteilung, welche durch den Mardia-Test angezeigt wurde, wirkt sich auf den p-Wert stark aus, auch wenn dies in unserem Beispiel von untergeordneter Bedeutung ist, da das Modell auch ohne Korrektur nicht verworfen wurde. Bei anderen Modellen muss dies nicht so sein, weshalb sich die Verwendung des Bollen-Stine-Bootstraps immer empfiehlt, wenn AMOS keine multivariate Normalverteilung anzeigt.

In unserem Modell liegt also ein exakter Modell-Fit vor. Da die Stichprobe nicht sehr groß war, ist auch die Teststärke nicht sehr groß, Modellverletzungen zu erkennen. Aus diesem Grund müssen auf jeden Fall auch Fit-Indizes zur Beurteilung der Modellgüte herangezogen werden. Zuvor betrachten wir jedoch die Parameterschätzungen.

Parameterschätzungen

Estimates (Group number 1 - Default model)
Scalar Estimates (Group number 1 - Default model)
Maximum Likelihood Estimates
Regression Weights: (Group number 1 - Default model)

			❶ Estimate	❸ S.E.	❹ C.R.	❺ P	❼ Label
n2	<---	Extra	1,737	,493	3,520	❻ ***	
n7	<---	Extra	,719	,323	2,225	,026	
n12	<---	Extra	1,101	,384	2,864	,004	
n17	<---	Extra	1,156	,360	3,209	,001	
n22	<---	Extra	,928	,385	2,412	,016	
n27	<---	Extra	1,293	,413	3,127	,002	
n32	<---	Extra	,820	,323	2,541	,011	
n52	<---	❷ Extra	1,000				

Abbildung 6.29: AMOS-Ausgabe: Nicht-standardisierte partielle Regressionsgewichte

In *Abbildung 6.29* in der Spalte „*Estimates*“ ❶ handelt es sich um die **partiellen nicht-standardisierten Regressionsgewichte**. N52 <— Extra ❷ zeigt, dass zwischen der latenten Variable „Extraversion“ und Item N52 ein partielles nicht-standardisiertes Regressionsgewicht von eins besteht. Im Falle von Item N52 ist die Signifikanz des partiellen nicht-standardisierten Regressionsgewicht nicht geschätzt worden, da es vorher auf „Eins“ fixiert wurde. Für alle anderen Items ist der p-Wert angegeben. Unter „S.E.“ ❸ ist der Standardfehler angegeben. Dieser variiert unabhängig von der Höhe des partiellen nicht-standardisierten Regressionsgewichtes. In der Spalte daneben steht „C.R.“ ❹ für einen z-Wert und „*P*“ ❺ ist die entsprechende Überschreitungswahrscheinlichkeit dazu. Dabei bedeuten drei Sternchen „***“ ❻, dass der p-Wert kleiner als 0,001 und somit auf dem Niveau $p < .001$ signifikant ist. Im Beispiel ist somit nur der Wert für N2 auf dem $p < .001$-Niveau signifikant. Der „c.r.“-Wert ergibt sich aus dem Wert des partiellen nicht-standardisierten Regressionsgewichts dividiert durch seinen Standardfehler. Die hier angegebenen Signifikanzen für die nicht-standardisierten Regressionsgewichte können auf die partiellen standardisierten Regressionsgewichte übertragen werden. Nehmen wir Item N32: Das nicht-standardisierte partielle Regressionsgewicht beträgt Estimate = .82 und der Standardfehler S.E. .32; damit ist es auf dem $p = .01$ Niveau signifikant. Wie wir wissen, führt eine Verletzung der Normalverteilungsvoraussetzung zu verzerrten (d.h. zu geringen) Standardfehlern. Das heißt, die hier angegebenen Signifikanzen fallen wahrscheinlich zu hoch aus und sind mit Vorsicht zu interpretieren. Unter der Spalte „*Label*“ ❼ werden SPSS-Labels vergeben, falls sie vorher definiert wurden.

Standardisierte Regressionsgewichte

Standardized Regression Weights: (Group number 1 - Default model)

			❶ Estimate
n2	<---	Extra	,688
n7	<---	Extra	❷ ,299
n12	<---	Extra	,430
n17	<---	Extra	,529
n22	<---	Extra	❸ ,334
n27	<---	Extra	,502
n32	<---	Extra	❹ ,359
n52	<---	Extra	,460

Abbildung 6.30: Standardisierte partielle Regressionsgewichte

Die Darstellung in *Abbildung 6.30* orientiert sich an der Darstellung der nicht-standardisierten Regressionsgewichte. In dieser Ausgabe sind die standardisierten Regressionsgewichte ebenfalls unter „*Estimate*" ❶ dargestellt. Wir sehen, dass kein standardisiertes partielles Regressionsgewicht deutlich über eins liegt. Dies ist beruhigend, denn standardisierte partielle Regressionsgewichte deutlich über eins können auf Schätzprobleme hindeuten. Werte knapp über eins sind dagegen in der Regel unproblematisch. Da hier eine einfaktorielle Lösung vorliegt, sind die partiellen standardisierten Regressionsgewichte identisch mit den Korrelationen zwischen Item und Faktor (Mustermatrix = Strukturmatrix). Zum Teil fallen die standardisierten partiellen Regressionsgewichte gering aus, wie z.B. für N7 ❷, N 22 ❸, N32 ❹.

Fehlervarianzen

Variances: (Group number 1 - Default model)

	❶ Estimate	❷ S.E.	❸ C.R.	❹ P	Label
Extra	,144	,071	2,033	,042	
e2	,480	,108	4,454	***	
e7	,752	,111	6,790	***	
e12	,765	,119	6,415	***	
e17	,495	,083	5,936	***	
e22	,987	,147	6,713	***	
e27	,711	,117	6,087	***	
e32	,654	,098	6,648	***	
e52	,535	,085	6,294	***	

Abbildung 6.31: AMOS-Ausgabe Fehlervarianzen

In *Abbildung 6.31* sind in der Spalte „*Estimate*" ❶ die nicht-standardisierten Fehlervarianzen angegeben. Auch hier sind für jede Fehlervarianz ein Standardfehler ❷ („S.E.") und ein „c.r"-Wert ❸ angegeben, der wiederum als *z*-Wert interpretiert werden kann. Die mit „*P*" ❹ bezeichnete Spalte zeigt, dass die Fehlervarianzen aller Items signifikant von null verschieden sind. Das heißt, ein beträchtlicher Varianzanteil der Items ist entweder (1) itemspezifisch, wird (2) durch andere Faktoren erklärt oder ist (3) unsystematisch. Die standardisierte Fehlervarianz ergibt sich aus 1-R^2.

Quadrierte multiple Korrelation

```
Squared Multiple Correlations: (Group number 1 - Default model)

                     ❶ Estimate

n52                      ,211
n32                   ❷ ,129
n27                      ,252
n22                   ❸ ,111
n17                      ,279
n12                      ,185
n7                    ❹ ,090
n2                    ❺ ,474
```

Abbildung 6.32: AMOS-Ausgabe: Quadrierte multiple Korrelationen

In *Abbildung 6.32* ist die quadrierte (multiple im Falle von Doppelladungen) Korrelation der latenten Variable auf das jeweilige Item dargestellt. Nehmen wir als Beispiel Item N2: Unter „*Estimate*" ❶ des Items N2 steht der Varianzanteil des Items N2, der durch die latente Variable erklärt wird. Im Falle von Item N2 ist sie im Vergleich zu den anderen Items zwar relativ hoch (❺ $R^2 = .474$), das heißt, Item N2 wird durch die latente Variable besser „vorhergesagt" als die anderen Items. Es besitzt jedoch absolut gesehen nur eine geringe Kommunalität. Das Item N2 weist auch die geringste standardisierte Fehlervarianz von allen Items auf: $1 - .474 = .526$. Besonders auffällig sind die Items N7 ❹, N22 ❸ und N32 ❷, da diese nur sehr geringe Kommunalitäten besitzen (< 13 Prozent). Die niedrigen Kommunalitäten deuten darauf hin, dass es sich wahrscheinlich um einen relativ heterogenen Faktor handelt.

Modifikationsindizes

```
Modification Indices (Group number 1 - Default model)

Covariances: (Group number 1 - Default model)

                             ❶ M.I.        Par Change

e7     <-->     e22            5,011          -,199
e7     <-->     e17 ❷          5,463           ,153

Variances: (Group number 1 - Default model)

❸M.I.Par Change

Regression Weights: (Group number 1 - Default model)

                                M.I.        Par Change

n22    <---     n7             4,437          -,234
n17    <---     n7             4,850           ,181
n7 ❹   <---     n22            4,298          -,173
```

Abbildung 6.33: AMOS-Ausgabe: Modifikationsindizes

In *Abbildung 6.33* sind die Modifikationsindizes ❶ angegeben. Sie zeigen an, wie stark sich der χ^2-Wert verringert, wenn der entsprechende Pfad oder die entsprechende Kovarianz oder Korrelation spezifiziert wird. Es sind nur die Modifikationsindizes dargestellt, deren Wert größer als vier ist (Voreinstellung). Man geht ab einem

Wert von 3.84 von einer signifikanten Verbesserung des Modell-Fits aus. Würde man beispielweise eine Korrelation zwischen E7 und E17 ❷ zulassen, so würde sich der χ^2-Wert um 5.463 verringern. Kovarianzen oder Korrelationen zwischen latenten Variablen ❸ waren in unserem Modell nicht spezifiziert, deshalb ist hier nichts angegeben. Würde man einen Pfad von Item N22 auf N7 ❹ spezifizieren, dann würde dies eine Reduktion des χ^2-Werts von 4.298 bewirken. Durch solche Maßnahmen würde sich der Modell-Fit deutlich verbessern (Abnahme des χ^2-Werts und Verbesserung der Fit-Indizes). Dies ist jedoch nur dann angebracht, wenn solche Modifikationen theoretisch oder inhaltlich sinnvoll sind. Darüber hinaus sollte ein derart modifiziertes Modell an einer weiteren Stichprobe kreuzvalidiert werden. In der Spalte „Par Change" wird eine ungefähre Schätzung angegeben, wie hoch der entsprechende Parameter ausfallen würde, wenn man ihn frei schätzen ließe. In unserem Fall ergibt sich anstatt der geschätzten Kovarianz von –.199 eine tatsächliche Kovarianz von –.208. Dies ist hier allerdings nicht dargestellt. Es ist zu beachten, dass hier nicht-standardisierte Parameter angegeben werden.

Iterationen

In einem hier nicht dargestellten weiteren Abschnitt der AMOS-Ausgabe (Minimization History) wird die Anzahl der Iterationen dargestellt.

Modell-Fit

CMIN

Model ❷	NPAR	❶ CMIN	DF	P	CMIN/DF
Default model ❸	16	❻ 20,413	20	,432	1,021
Saturated model ❹	36	,000	0		
Independence model ❺	8	100,640	28	,000	3,594

Baseline Comparisons

Model	NFI Delta1	RFI rho1	IFI Delta2	TLI rho2	❼ CFI
Default model	,797	,716	,995	,992	,994
Saturated model	1,000		1,000		1,000
Independence model	,000	,000	,000	,000	,000

RMSEA

Model	RMSEA	LO 90	HI 90	PCLOSE
Default model	❽ ,014	,000	,088	❾ ,701
Independence model	,161	,128	,196	,000

Abbildung 6.34: AMOS-Ausgabe: Darstellung der Fit-Indizes

In *Abbildung 6.34* ist in der jeweils ersten Zeile („*Model*") der jeweilige Fit-Index angegeben ❷, lediglich unter „CMIN" ❶ sind nochmals der χ^2-Wert von 20.413 ❻ (CMIN) und dahinter die Freiheitsgerade „*DF*" sowie das Signifikanzniveau „*P*" dargestellt. Unterhalb der ersten Zeile „Model" ❷ werden drei weitere Zeilen angegeben: „*Default model*" ❸, „*Saturated model*" ❹ und „*Independence model*" ❺. Unter „*Default model*" finden wir die Fit-Indizes für unser Modell. Das „*Independence model*" („schlechtestes Modell") besteht aus unkorrelierten beobachteten Variablen, während das „*Saturated model*“ exakt die Stichprobenkovarianz- oder Korrelationsmatrix repliziert („bestes Modell“). Die unter ***„Default model“*** angegebenen Fit-Indizes sollten nahe denen für das „beste Modell“ sein und weit entfernt von denen für das „schlechteste Modell“. Wir betrachten nur die Werte, die nach Hu und Bentler (1999) zur Beurteilung der Modellgüte herangezogen werden sollen. Beginnen wir mit dem RMSEA ❽. Der RMSEA liegt bei RMSEA = .014, und dessen 90-prozentiges Konfidenzintervall („LO90, HI90“) schließt den Wert .000 („LO90“, untere Grenze) und den Wert .088 („HI90“, obere Grenze) mit ein. Der Punktwert des RMSEA liegt also innerhalb der von Hu und Bentler (1999) geforderten Grenzen (RMSEA = .08 für kleine Stichproben). Allerdings ist mit einer gewissen Wahrscheinlichkeit damit zu rechnen, dass das Modell nicht passt, denn die obere Grenze des Konfidenzintervalls liegt bei RMSEA = .088 („HI90“) und damit über RMSEA = .08. Die Wahrscheinlichkeit unter dem Wert PCLOSE ❾ deutet an, dass der RMSEA nicht signifikant von .05 abweicht. Die Wahrscheinlichkeit, dass der Wert zur Verteilung mit dem Mittelwert .088 gehört, ist nur .33 Prozent (Teststärke). Die Teststärke wird nicht in der AMOS-Ausgabe bereitgestellt, sondern muss separat mit einem Programm bestimmt werden. Wir können also auch bezüglich des RMSEA von einem exakten Fit sprechen.

Der CFI ❼ liegt deutlich über den von Hu und Bentler (1999) geforderten Grenzen (CFI $\approx$ .95) und nahe 1. Der SRMR (*Abbildung 6.35*) wird nicht standardmäßig in der AMOS-Ausgabe angegeben. Sie erhalten diesen Wert, indem Sie in der Menüleiste auf PLUGINS und STANDARDIZED RMR klicken. Anschließend starten Sie die Berechnung durch Klicken auf ANALYSE und CALCULATE ESTIMATES. Das Ergebnis der Berechnung wird in *Abbildung 6.35* dargestellt.

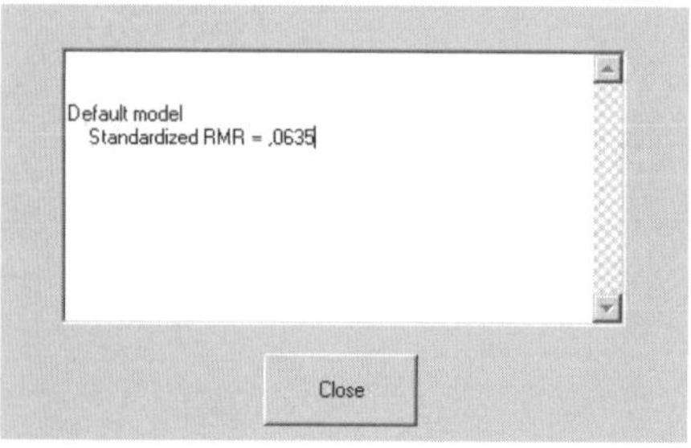

Abbildung 6.35: AMOS-Ausgabe: Standardized RMR

Auch der SRMR liegt deutlich unterhalb der von Hu und Bentler (1999) vorgeschlagenen Grenzen (SRMR $\leq$ .11). Wir können in der Zusammenschau von χ^2-Test und Fit-Indizes (RMSEA < .06; SRMR $\leq$ .11; Wahrscheinlichkeit, dass RMSEA > .05, nicht signifikant; Wahrscheinlichkeit, dass RMSEA .088, gering) davon ausgehen, dass die Skala „Extraversion“, so wie wir sie getestet haben, eindimensional ist, wenn man annimmt, dass die korrelierten Fehler zufällig signifikant geworden sind und auch in Kreuzvalidierung nicht wieder signifikant werden.

In *Abbildung 6.36* ist das zweifaktorielle Modell dargestellt. Es fällt auf, dass alle Items des Faktors „Neurotizismus“ deutlich auf dem eigenen Faktor laden (a = .44 – .85). Im Gegensatz dazu fallen die Ladungen (a = .36 – .58) der Items auf dem Faktor „Extraversion“ geringer aus. Es ist zu beachten, dass die partiellen standardisierten Regressionsgewichte auch hier den Korrelationen mit den Faktoren entsprechen. Darüber hinaus muss beachtet werden, dass die Items des Faktors „Neurotizismus“ auch mit dem Faktor „Extraversion“ korrelieren und umgekehrt, dies wird nur in der Ausgabe nicht dargestellt. Auf den weiteren Seiten wird die Ausgabe zu diesem Modell näher beschrieben.

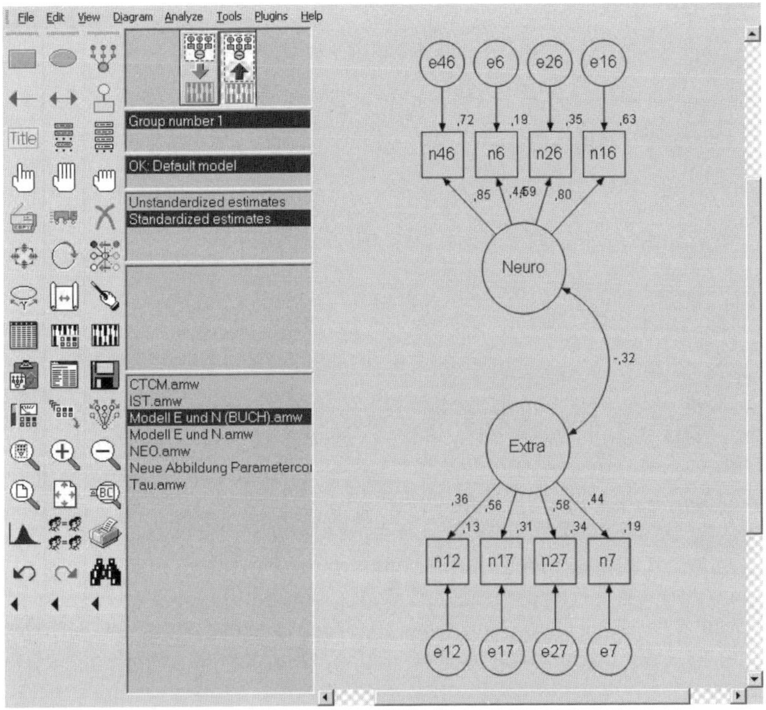

Abbildung 6.36: AMOS-Ausgabe des zweifaktoriellen CFA-Modells

Modell

Notes for Model (Default model)

Computation of degrees of freedom (Default model)

```
Number of distinct sample moments:                 36
Number of distinct parameters to be estimated:     17
Degrees of freedom (36 - 17):                      19
```

Result (Default model)

```
Minimum was achieved
Chi-square = 29,825 ❶
Degrees of freedom = 19 ❷
Probability level = ,054 ❸
```

Abbildung 6.37: AMOS-Ausgabe: Angaben zum Modell

Wie man *Abbildung 6.37* entnehmen kann, führt der χ^2-Test (χ^2 [df = 19 ❷] = 29.825 ❶, p = .054 ❸) gerade noch zur Annahme des Modells. Auch hier ist die Durchführung einer Bollen-Stine-Bootstrap-Korrektur günstig. Führt man sie – wie oben beschrieben – durch, erhält man einen korrigierten p-Wert von p = .115. Auch hier zeigt sich eine deutliche Korrektur. Die multivariate Kurtosis liegt bei 10.108 und die dazu gehörige Critical Ratio bei c.r. = 4.015. In dieser Ausgabe wurde dies nicht berechnet. Damit liegt auch für diese Analyse keine multivariate Normalverteilung vor (z = 4.015, p <. 001).

Parameterschätzungen (Estimates)

Standardized Regression Weights: (Group number 1 - Default model)

			Estimate	C.R.	P
n46	<---	Neuro	,849		
n6	<---	Neuro ❶	,440	4,097	***
n26	<---	Neuro	,594	5,587	***
n16	<---	Neuro	,795	6,892	***
n7	<---	Extra	,439	2,173	,030
n27	<---	Extra ❷	,584	2,320	,020
n17	<---	Extra ❸	,558	2,314	,021
n12	<---	Extra	,358		

Abbildung 6.38: AMOS-Ausgabe: standardisierte partielle Regressionsgewichte

Abbildung 6.38 kann man entnehmen, dass alle Faktorladungen auf dem Faktor „Neurotizismus“ auf dem p < .001-Niveau signifikant sind, während die Ladungen auf dem Faktor „Extraversion“ zwar auch signifikant sind, aber die Höhe der Ladungen geringer ist. Man sieht auch, dass die Ladung N6 auf dem Faktor „Neurotizismus“ mit a = .44 ❶ zwar deutlich geringer ausfällt als die Ladungen der Items N27 ❷ (a = .584) und N17 ❸ (a = .558) auf dem Faktor „Extraversion“, aber N6 ein höheres Signifikanzniveau (p < .001, „***") aufweist als die Items N17 (.021) und N27 (.020). Die Signifikanz hängt also nicht von der absoluten Höhe der partiellen standardisierten Regressionsgewichte ab, sondern vom Verhältnis der nicht-standardisierten Regressionsgewichte und deren Standardfehler. Die Angaben zu „c.r.“ und „p“ wurden dabei in *Abbildung 6.38* aus der AMOS-Ausgabe „*Nicht-standardisierte Regressionsgewichte*“ eingefügt. Für Item N46 und N12 sind keine Signifikanzen angegeben, da die Ladungen dieser Items auf dem Faktor bei der Spezifikation des Modells auf 1 festgelegt wurden. Um auch für diese Ladung eine Signifikanz zu erhalten, kann, anstatt eine Referenzvariable zu fixieren (Pfad einer beobachteten Variable auf den Wert Eins setzen), die Varianz der latenten Variable auf „Eins“ gesetzt werden.

RMSEA

Model	RMSEA	LO 90	HI 90	PCLOSE
Default model	❶ ,075	,000	,125	,199
Independence model	,229	,198	,263	,000

Baseline Comparisons

Model	NFI Delta1	RFI rho1	IFI Delta2	TLI rho2	CFI
Default model	,830	,749	,931	,892	❷ ,927
Saturated model	1,000		1,000		1,000
Independence model	,000	,000	,000	,000	,000

Abbildung 6.39: AMOS-Ausgabe: Fit-Indizes

Betrachten wir die Fit-Indizes in *Abbildung 6.39*. Sowohl der RMSEA ❶ (RMSEA = .075, RMSEA ≤ .06 bzw. ≤ .08) als auch der CFI ❷ (CFI = .927, CFI ≈ .95) liegen an den von Hu und Bentler (1999) empfohlenen Grenzen für einen ausreichenden Modell-Fit. Zwar schließt das 90-prozentige Konfidenzintervall für den RMSEA noch .000 mit ein, dennoch liegt auch die obere Grenze (.125) deutlich über dem von Hu und Bentler (1999) empfohlenen Cut-off-Wert von RMSEA ≤ .08 bei kleinen Stichproben ($N < 250$). Um den SRMR zu berechnen, öffnen Sie zunächst das Standardized-RMR-Fenster, indem Sie im Menü auf PLUGINS und STANDARDIZED RMR klicken. Anschließend starten Sie die Berechnung durch Klicken auf ANALYSE und CALCULATE ESTIMATES.

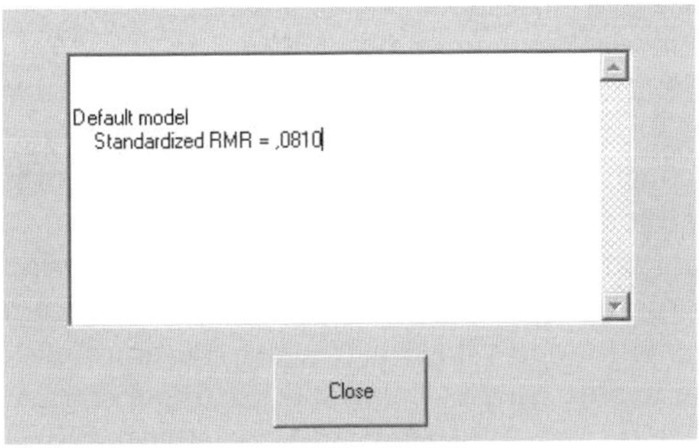

Abbildung 6.40: AMOS-Ausgabe: Standardized RMR

Wie in *Abbildung 6.40* zu sehen, liegt der SRMR (.0810) unter der Grenze von SRMR ≤ .11. Dieser Wert liegt zwar unter den geforderten Cut-off-Werten. Betrachtet man den Modell-Fit jedoch insgesamt, können wir mit dem grenzwertigen Modell-Fit nicht ganz zufrieden sein.

Standardisierte Residuen (Estimates)

	n12	n17	n27	n7 ❶	n16	n26	n6	n46
n12	,000							
n17	,038	,000						
n27	-,406	-,185	,000					
n7	-,061	,874	-,209	,000				
n16	-,826	1,317	-1,751	1,124	,000			
n26 ❷	-,851	-,199	,602	1,687 ❸	-,049	,000		
n6	-1,244	-,320	-,039	1,068	-,521	1,542	,000	
n46	-1,001	1,026	-1,399	1,355	,087	-,181	-,093	,000

Abbildung 6.41: AMOS-Ausgabe: standardisierte residuale Kovarianzmatrix

Der *Abbildung 6.41* kann man die standardisierte residuale Kovarianzmatrix entnehmen, die inhaltlich die Differenz aus beobachteter und modellimplizierter Kovarianzmatrix darstellt. Positive Werte deuten an, dass die beobachtete Kovarianz durch die modellimplizierte Kovarianz unterschätzt wird. Negative Werte deuten an, dass die beobachtete Kovarianz durch die modellimplizierte Kovarianz überschätzt wird. Diese Differenz wird noch durch einen Standardfehler geteilt. Nicht-standardisierte Residuen sind bei Items mit unterschiedlicher Metrik schwer zu interpretieren und damit auch deren Differenzen. Die Werte in dieser Matrix sind dennoch sehr informativ. Die Werte entsprechen z-Werten und geben an, ob sich ein Residuum signifikant von null unterscheidet. Das heißt, Werte, die größer als $\pm$ 1.96 ausfallen, deuten auf ein signifikantes Residuum hin. Die größte Diskrepanz ergibt sich in der *Abbildung 6.41* zwischen Item N7 ❶ und N26 ❷ mit 1.687 ❸. Die beobachtete Kovarianz zwischen beiden Items wird durch die implizierte Kovarianzmatrix deutlich unterschätzt, da der angegebene Wert positiv ist. Er liegt noch unterhalb der Signifikanzgrenze ($z = 1.96$, zweiseitig, $\alpha = 5$ Prozent). Das heißt, es gibt kein signifikantes Residuum. Nach Byrne (2001, S. 89) können die standardisierten Residuen interpretiert werden als Anzahl der Standardabweichungen, die ein beobachtetes Residuum von einem Nullresiduum abweichen würde, wenn der Modell-Fit perfekt wäre. Sie empfiehlt, anders als die AMOS-Hilfe, erst bei einem Residuum von $|z| > 2.58$ von einer starken Abweichung zu sprechen ($z = 2.58$, zweiseitig, $\alpha = 1$ Prozent). Wir finden also durch die standardisierten Residuen keinen Anhaltspunkt, warum unser Modell einen grenzwertigen Modell-Fit aufweist.

Modifikationsindizes

```
Modification Indices (Group number 1 - Default model)
Covariances: (Group number 1 - Default model)

                              M.I.        Par Change
e27    <-->    Neuro          4,061            -,146
e16    <-->    e27            4,023            -,130
e26    <-->    e27            4,024             ,176
e6     <-->    e26 ❶          5,531             ,197

Variances: (Group number 1 - Default model)

                              M.I.        Par Change

Regression Weights: (Group number 1 - Default model)

                              M.I.        Par Change
n27    <---    n16 ❷          5,687       -,208
n26    <---    n6             4,304        ,220
```

Abbildung 6.42: AMOS-Ausgabe: Modifikationsindizes

Wir sehen in *Abbildung 6.42* die Modifikationsindizes (siehe *Kapitel 6.6*). Die beiden größten Modifikationsindizes sind „e6 <--> e26“ ❶ und „N27 <--- N16“❷. Das Item N6 „Ich fühle mich oft unterlegen“ und das Item N26 „Manchmal fühle ich mich wertlos“ haben etwas gemeinsam, was nicht auf das Merkmal „Neurotizismus“ zurückzuführen ist. Man könnte dies als „Depressivität“ bezeichnen. Das Item N16 („Ich fühle mich selten einsam oder traurig“) weist wiederum einen gerichteten Pfad auf Item 27 („Ich ziehe es gewöhnlich vor, Dinge allein zu tun“) auf. Wer sich selten einsam oder traurig fühlt, zieht es gewöhnlich nicht vor, Dinge alleine zu tun. Beide Modifikationen erweisen sich als inhaltlich sinnvoll und führen zu einer Verbesserung des Modells. Man könnte nun auch weitere Pfade oder Kovarianzen bzw. Korrelationen spezifizieren. Allerdings wird das Modell dadurch sehr kompliziert, und die Parameterschätzungen mit zunehmend kleinerem Modifikationsindex werden geringer. Damit lässt sich in der Regel immer ein guter Modell-Fit erzielen. Es handelt sich hierbei aber um eine Anpassung des Modells an die Daten, was nicht das Ziel der Modelltestung sein kann und darf. Auch nur leicht modifizierte Modelle bedürfen dabei immer der Replikation (erneute Testung an einer anderen Stichprobe).

Insgesamt weist unser Modell einen exakten Modell-Fit auf. Es liegt aber eine kleine Stichprobe und keine multivariate Normalverteilung vor. Der χ^2-Test liegt unkorrigiert knapp über der Signifikanzgrenze, nach der Bollen-Stine-Bootstrap-Korrektur deutlich über der Signifikanzgrenze. Die Punktschätzungen der Fit-Indizes liegen innerhalb der vorgeschlagenen Cut-off-Grenzen.

Folgende Liste verdeutlicht nochmals das Vorgehen:

- Mardia-Test: $z = 4.015$, $p <. 001$
  - Mardia-Test ist signifikant.
  - Es liegt keine multivariate Normalverteilung vor.
  - Bollen-Stine-Bootstrap muss durchführt werden.
- **p** $(\chi^2) = .054$
  - Modelltest ist nicht signifikant.
  - → Modell wird nicht abgelehnt.
- **p** $(\chi^2) = .115$
  - „Eigentlich" überflüssig, da schon der unkorrigierte Wert unter Verletzung der multivariaten Normverteilungsannahme nicht signifikant war. Allerdings ist es eine exaktere Schätzung des p-Werts. Daher sollte der korrigierte p-Wert mit dem Zusatz „Bollen-Stine-korrigiert" angegeben werden.

    → Modelltest ist nicht signifikant.
    → Modell wird nicht abgelehnt.
    → Ein exakter Modell-Fit liegt vor.
    → Da aber die Teststärke gering ist, müssen die Fit-Indizes betrachtet werden.
    → Fit-Indizes zeigen an, wie stark ein Modell von einem passenden Modell abweicht.
- RMSEA = .075, 90-prozentiges Konfidenzintervall .000 bis .125.
  - Exakter Modell-Fit liegt vor, untere Grenze RMSEA beinhaltet .000.

    → Mit einer gewissen Wahrscheinlichkeit liegt der Modell-Fit in der Population aber auch über dem Cut-off-Wert von .08.
- SRMR = .0810
  - Innerhalb der vorgeschlagenen Cut-off-Werte: SRMR = .11
- CFI = .927
  - Um den vorgeschlagenen Wert

Das Modell kann durch den Modelltest nicht verworfen werden. Die Fit-Indizes zeigen an, dass die Abweichung von passenden Modellen noch innerhalb eines akzeptierten Rahmens liegt. Allerdings liegen auch signifikante und plausible Korrelationen zwischen Messfehlern vor. Dies sollte beachtet werden. Eine erneute Evaluation mit einer größeren Stichprobe könnte Aufschluss darüber geben, ob sich dieser korrelierte Fehler erneut in dieser Höhe zeigt, signifikant wird und damit als stabil und in seiner Höhe als praktisch bedeutsam angesehen werden kann.

Probabilistische Testtheorie

7

ÜBERBLICK

7.1 Einführung

Warum muss ich etwas über die PTT wissen?

Wie in *Kapitel 1* bereits erwähnt, sind die meisten marktüblichen Tests nach der Klassischen Testtheorie (KTT) entwickelt. Betrachtet man jedoch, wie häufig Tests an Personen durchgeführt werden, gibt es wesentlich mehr Testapplikationen, die nach der Probabilistischen Testtheorie (PTT) entwickelt wurden. Jedes größere Testentwicklungsinstitut (z.B. Educational Testing Service, ETS) konstruiert Tests nach der PTT. Es sei bereits an dieser Stelle darauf hingewiesen, dass es sich in diesem Kapitel nur um eine Einführung handelt. Dem interessierten Leser sei zur Vertiefung der PTT das ausgezeichnete Lehrbuch von Rost (2004) empfohlen. Es enthält ausführlichere Beschreibungen der hier präsentierten Modelle sowie weitere PTT-Modelle.

Der Hauptunterschied zwischen der KTT und der PTT liegt in der **messtheoretischen Fundierung**. Die KTT nimmt an, dass der Summenwert einer Person in einem Test einen Messwert darstellt und dieser Summenwert Intervallskalenniveau besitzt. Im Rahmen der PTT wird dagegen geprüft, ob es sich bei der Summation der Items überhaupt um eine gültige Verrechnungsvorschrift handelt (Gütekriterium der Skalierbarkeit). Streng genommen haben Rohwerte, auch wenn das Rasch-Modell „gilt", nur Ordinalskalenniveau. Das heißt, es wird nur geprüft, ob die Items zu einem Summenwert als hinreichendes Maß der Personenfähigkeit zusammengefasst werden dürfen. Im Rahmen der PTT werden dann Schätzungen der Personenfähigkeit vorgenommen, die mindestens **Intervallskalenniveau** (bzw. genauer **Differenzskalenniveau**) aufweisen. Diese Schätzungen der Personenfähigkeit werden als Personenparameter bezeichnet und quantifizieren die Ausprägung einer Person auf einer latenten Variable.

Anders als in der KTT kann mit Hilfe der PTT eine konkrete **Verhaltensvorhersage** getroffen werden: Im Rahmen der PTT kann ermittelt werden, mit welcher Wahrscheinlichkeit eine Person bei Kenntnis der Itemschwierigkeit und der Personenfähigkeit ein Item löst. Dies ist möglich, da im Rahmen der PTT ein psychologisch plausibler Zusammenhang zwischen Personenfähigkeit und Itemlösungswahrscheinlichkeit angenommen wird.

Neben messtheoretischen Unterschieden existieren weitere, von denen grundlegende im Folgenden kurz erwähnt werden sollen. Zum einen betrachtet die PTT im Unterschied zur KTT **Antwortmuster**. Dabei „... wird angenommen, dass die statistische Verteilung der Antworten von der Ausprägung der Eigenschaft abhängt." (von Davier, 1997, S. 13). Die KTT betrachtet hingegen Rohwertvarianzen bzw. Korrelationen oder Kovarianzen der Itemantworten. Ein weiterer Unterschied zwischen beiden Theorien liegt darin begründet, dass die PTT die Antworten auf Items als manifeste (beobachtbare) **Symptome** einer einzigen latenten Variable ansieht. Mit anderen Worten: Der Test ist bei Geltung des Rasch-Modells „eindimensional". Das heißt, die Itemantworten sind durch eine latente Variable bedingt. Dabei können durchaus verschiedene psychologische Prozesse an der Fähigkeits- oder Eigenschaftsausprägung beteiligt sein. Eine visuelle Aufmerksamkeitsleistung setzt beispielsweise immer eine Wahrnehmungsleistung voraus. Solange immer dieselben psychologischen Prozesse in gleicher Gewichtung an der Itemlösung beteiligt sind, wird die Eindimensionalitätsannahme durch das Rasch-Modell nicht verworfen (vgl. Bejar, 1983, S. 31).

Aufgrund der Eindimensionalitätsannahme bezeichnet man Rasch-Modelle auch als starke **Latent-Trait-Modelle.** Man grenzt davon **Item-Response-Modelle** ab, bei denen die Itemantwort von mehr als einer latenten Fähigkeit abhängt, z.B. von einem Rateparameter oder einem Trennschärfeparameter. Die KTT geht dagegen davon aus, dass eine Eigenschaft oder Fähigkeit erst dann genau gemessen wird, wenn sie unendlich oft hintereinander gemessen werden könnte. Hauptgegenstand der KTT ist also eine Abschätzung des Messfehlers, der im Rahmen von psychologischen Messungen auftritt. Dabei wird vorausgesetzt, dass als Ausgangsmaterial Messwerte vorliegen.

Die Vorteile der PTT gegenüber der KTT sind weitgehend anerkannt und werden in den folgenden Abschnitten besprochen. Dazu gehören die spezifische Objektivität und erschöpfende Statistiken der Item- und Personenkennwerte. Bestritten wird häufig, dass es einen großen Unterschied in der Nützlichkeit (im Sinne einer höheren Kriteriumsvalidität) gibt, je nachdem, ob ein Test nach der KTT oder PTT konstruiert ist. Es gibt eine Vielzahl von probabilistischen Testmodellen. Im Rahmen dieses Einführungswerks sollen jedoch nur die grundlegenden besprochen werden: (1) dichotomes Rasch-Modell; (2) ordinales Rasch-Modell; (3) Mixed-Rasch-Modell.

7.2 Der Messvorgang als Grundlage psychologischer Tests

Wann ist eine Messung eine gute Messung?

Um Eigenschaften oder Fähigkeiten fundiert zu messen, sollten an Messungen bestimmte Forderungen gestellt werden: (1) Messungen sollten voneinander unabhängig sein. (2) Die Ermittlung der Itemschwierigkeit und der Personenfähigkeit sollte unabhängig voneinander erfolgen. (3) Die Einheit für jedes Messinstrument sollte dieselbe sein. (4) Die Skalenqualität der Messwerte sollte mindestens Intervallskalenniveau besitzen. (5) Der Summenwert einer Person sollte alle Informationen über die Ausprägung einer Person enthalten (das heißt, eine erschöpfende Statistik der Personenfähigkeit darstellen, einzelne Antworten müssen nicht mehr betrachtet werden). Auf die ersten vier aufgestellten Forderungen wird im Folgenden genauer eingegangen. Der Begriff der erschöpfenden (suffizienten) Statistiken wird in *Abschnitt 7.2.4* näher erläutert. Um die Messprinzipien zu verdeutlichen, wird wieder das Hochsprungbeispiel verwendet, auf das bereits im Rahmen der KTT eingegangen wurde. Das Ziel der folgenden Abschnitte ist es, die Vorzüge des Rasch-Modells darzustellen, die vor allem in der Erfüllung der oben genannten Forderungen liegen.

7.2.1 Unabhängige Messungen als Grundlage psychologischer Tests

Wann ist eine „Messung" überhaupt eine Messung?

Probleme des Messens lassen sich gut anhand eines Hochsprungwettbewerbs darstellen. Hochsprungwettbewerbe – wie sie typischerweise ablaufen – haben ein fundamentales Messproblem: Die Messungen sind nicht voneinander unabhängig. Dies ist leicht einsichtig, denn wird eine Höhe dreimal nicht übersprungen, dann ist ein Hochspringer aus dem Wettbewerb ausgeschieden. Somit hängt das Überspringen einer Höhe vom Erfolg beim Überspringen der vorangegangenen Höhen ab. Theoretisch wird die Fähigkeit der Hochspringer durch dieses Vorgehen unterschätzt. Es wäre durchaus möglich, dass ein Hochspringer bei einer gewissen Höhe ein kleines Zwischentief hat. Er überspringt eine Höhe (z.B. 1.50 m) dreimal hintereinander nicht, würde aber im Verlauf des Wettbewerbs eine größere Höhe (z.B. 1.80 m) überspringen, da er eigentlich ein fähiger Hochspringer ist.

Beziehen wir dieses Beispiel auf psychologische Tests: Nehmen wir an, eine Person bearbeitet einen zeitbegrenzten **Leistungstest** (z.B. einen Intelligenztest). Die Person schafft von 20 Intelligenztestitems 15 in der Testzeit. Die letzten fünf Items kann die Person wegen der Zeitbegrenzung des Tests nicht in Angriff nehmen. Inhaltlich hängt damit die Leistung in diesem Intelligenztest nicht nur von der Intelligenz (dem schlussfolgernden Denken) der Person ab, sondern auch von der Schnelligkeit, mit der die Person die Items bearbeitet. Nehmen wir an, die Person wäre besonders fähig, aber langsam, dann hätte sie wahrscheinlich im selben Test ohne Zeitbegrenzung mehr Items gelöst als mit Zeitbegrenzung.

Wir können dieses Beispiel auch leicht auf einen **Persönlichkeitstest** beziehen. In einem Persönlichkeitstest wird ein neuartiges Antwortformat verwendet. Am Anfang des Fragebogens benötigen die Personen eine Eingewöhnungsphase, bis sie mit dem Antwortformat gut zurechtkommen. Auch in diesem Beispiel sind die Items nicht voneinander unabhängig: Sie messen neben dem Persönlichkeitsmerkmal auch noch etwas anderes, wie etwa den Umgang mit dem Itemformat.

Wang und Wilson (2005, S. 6 ff.) geben vier Gründe an, die die Annahme lokaler stochastischer Unabhängigkeit (Erklärung des Begriffs siehe unten) fraglich erscheinen lassen: (1) Von mehreren Fragen wird eine Frage generell und die folgenden spezifisch gestellt. Eine Person, die generelle Fragen bearbeitet, könnte bei den folgenden spezifischen Fragen versuchen, konsistent zu antworten. Dies würde wahrscheinlich nicht passieren, wenn die Fragen in einem entsprechenden Fragebogen weit voneinander entfernt wären. (2) Sind Fragen in einem der Person nicht vertrauten Antwortformat gestellt, benötigt sie etwas Zeit, um sich an das Antwortformat zu gewöhnen. Es könnte passieren, dass sich die Itemantworten der Person in der Eingewöhnungsphase von denen der später folgenden Items unterscheiden. (3) In Lückentexten könnte beispielsweise das nicht korrekte Ausfüllen der ersten Lücke dazu führen, dass die weiteren Lücken ebenfalls nicht mehr richtig ausgefüllt werden (so genannte Ketteneffekte). (4) Testitems können durch gemeinsame Stimuli, Itemstämme, Itemstrukturen oder Iteminhalte so genannte Itemcluster (engl. testlets, item bundles) bilden. Abhängigkeit in der Itembeantwortung kann in einem solchen Fall dadurch entstehen, dass eine Person bei bestimmten Iteminhalten über spezielles Wissen verfügt und mit einem bestimmten Itemstamm oder einer Itemstruktur besser zurechtkommt als mit anderen.

Inhaltlich wird an diesen Beispielen in etwa deutlich, was „Unabhängigkeit" heißt. An dieser Stelle sei nochmals darauf hingewiesen, dass an einer Eigenschaft oder Fähigkeit durchaus verschiedene psychologische Prozesse beteiligt sein können. Auch wenn an der Aufgabenlösung zwei Eigenschaften oder Fähigkeiten beteiligt sind, kann trotzdem lokale stochastische Unabhängigkeit (Erklärung des Begriffs siehe unten) erzielt werden. Dies gelingt aber nur dann, wenn beide Fähigkeiten oder Eigenschaften im entsprechenden Testmodell einen getrennten Parameter erhalten. Beispielsweise kann bei einem zeitbegrenzten Intelligenztest lokale stochastische Unabhängigkeit dadurch erzielt werden, dass ein Fähigkeitsparameter und ein Schnelligkeitsparameter in die Formel zur Ermittlung der Itemlösungswahrscheinlichkeit integriert werden.

Wie kann man nun statistisch feststellen, ob Items voneinander unabhängig bzw. eindimensional sind? Es sind zwei Wege denkbar. Der erste Weg besteht darin, Korrelationen zwischen Items auf eine latente Variable zurückzuführen. Items, die eine Fähigkeit oder Eigenschaft messen, korrelieren miteinander; sie sollen ja dieselbe

Fähigkeit oder Eigenschaft messen. Würde man nun Personen mit derselben Fähigkeits- oder Eigenschaftsausprägung untersuchen, dürften keine Korrelationen zwischen den Items mehr bestehen. Würden bei Personen mit gleicher Fähigkeits- oder Eigenschaftsausprägung immer noch Korrelationen (Abhängigkeiten) zwischen den Items bestehen, wären diese nicht auf die konstant gehaltene Fähigkeit oder Eigenschaft zurückzuführen, sondern auf eine andere Eigenschaft oder Fähigkeit. Im Falle eines Intelligenztests würde man z.B. nur Personen mit einem wahren IQ von 100 heranziehen und die Korrelationen zwischen den Items bestimmen. In dieser Teilstichprobe (IQ = 100) müssten die Korrelationen zwischen allen Items null sein. In diesem Fall liegt „Eindimensionalität“ vor und man spricht von **lokaler Unabhängigkeit** (siehe *Abbildung 7.1*).

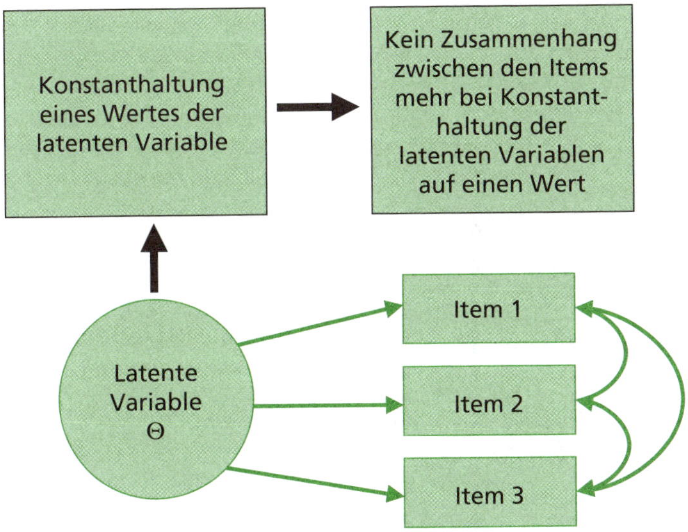

Abbildung 7.1: Darstellung der lokalen Unabhängigkeit

Der zweite Weg besteht darin, Wahrscheinlichkeiten zu betrachten. Inhaltlich geht es darum, dass bei konstanter Personenfähigkeit keine zusätzlichen Fähigkeiten die Lösung eines Items bestimmen. Wie kann man dies veranschaulichen? Nehmen wir als Beispiel eine Person mit einer beliebigen Ausprägung auf der latenten Variablen. Betrachten wir nun die Lösungswahrscheinlichkeit zweier Items für diese *einzelne* Person: Item A (p = .30) und Item B (p = .10). Anschließend ermitteln wir die Wahrscheinlichkeit dafür, dass diese Person Item A und B richtig gelöst hat (p = .03). Entspricht nun das Produkt der Lösungswahrscheinlichkeit der Einzelitems (.30 · .10) der Wahrscheinlichkeit, dass diese Person beide Items löst (p = .03), ergibt sich für diese Person, dass die Beantwortung beider Items stochastisch unabhängig voneinander erfolgt. Denn nur wenn Ereignisse unabhängig voneinander sind, ist eine Multiplikation ihrer Wahrscheinlichkeiten erlaubt (siehe Multiplikationstheorem für unabhängige Ereignisse). Festgehalten wird hier die Fähigkeit oder Eigenschaft der einzelnen Person (deshalb „lokal“). Gilt dies auch für alle anderen getesteten Personen, spricht man auch hier von **lokaler stochastischer Unabhängigkeit** (siehe *Abbildung 7.2*). Nur Items mit dieser Eigenschaft gelten als Indikatoren der latenten Variable.

Lokale stochastische Unabhängigkeit bedeutet nach Stelzl (1993, S. 146) nicht, dass Items in einer Stichprobe von Personen nicht miteinander korrelieren:

Korrelative Unabhängigkeit zweier Items ≠ stochastische lokale Unabhängigkeit ≠ lokale Unabhängigkeit.

Vielmehr ist bei lokaler Unabhängigkeit gegeben, dass die Korrelationen zwischen den Items alleine auf die spezifizierte(n) latente(n) Variable(n) zurückgeführt werden können (siehe *Abbildung 7.1*) und nicht auf andere „Einflüsse" (z.B. auf andere Eigenschaften und Fähigkeiten). Bei der Formalisierung von lokaler stochastischer Unabhängigkeit handelt es sich um einen stochastischen Prozess: Multiplikation von unabhängigen Ereignissen. Daher wird bei dieser Formalisierung von lokaler stochastischer Unabhängigkeit gesprochen und bei dem ersten Weg lediglich von lokaler Unabhängigkeit. Beide Formalisierungen oder Wege, Eindimensionalität auszudrücken, gelten als äquivalent (Ausnahmen siehe Lord & Novick, 1968). Die Annahme von lokaler stochastischer Unabhängigkeit ist jedoch insofern die strengere Annahme, da sie sich auf jedes beliebige einzelne Itempaar bezieht, während sich die lokale Unabhängigkeit lediglich auf Itemkorrelationen (Interkorrelationsmatrix der Items) bezieht. Fischer (1974) bezeichnet lokale stochastische Unabhängigkeit als experimentelle Unabhängigkeit und lokale Unabhängigkeit als linear experimentelle Unabhängigkeit (vgl. auch Huber, 1974).

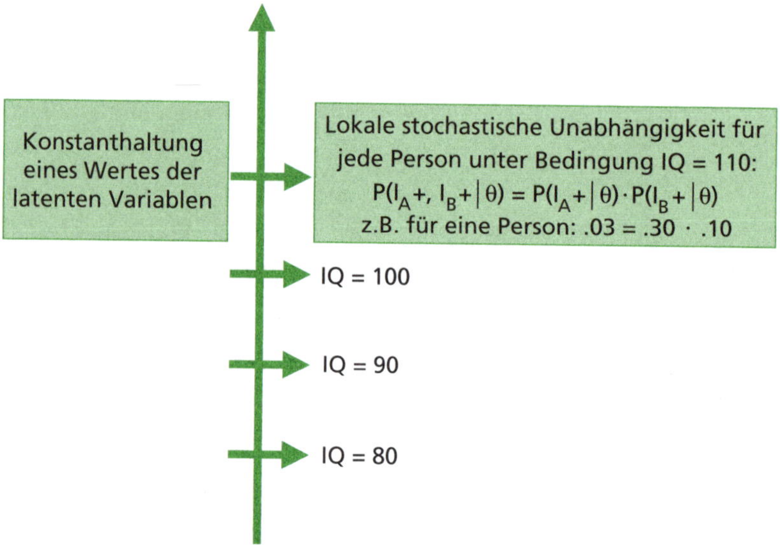

Abbildung 7.2: Veranschaulichung der lokalen stochastischen Unabhängigkeit

Das Fazit dieses Abschnitts lautet: Liegt lokale Unabhängigkeit oder lokale stochastische Unabhängigkeit vor, ist der Test – abgesehen von den oben genannten Ausnahmen – **eindimensional**. Gilt das Rasch-Modell, dann liegen sowohl lokale stochastische Unabhängigkeit als auch weitere wünschenswerte Eigenschaften vor, die in den folgenden Abschnitten besprochen werden.

In *Abbildung 7.3* sind lokale Unabhängigkeit und lokale stochastische Unabhängigkeit in einer Abbildung gemeinsam erklärt. Um den Sachverhalt deutlich zu machen, gehen wir von einer kontinuierlichen Antwortskala für Item 1 und Item 2 aus: Je höher der Wert einer Person auf beiden Items ist, desto höher ist ihre Intelligenz ausgeprägt. Für zwei Items sind die Werte verschiedener Personen mit unterschiedlichen

„wahren" Werten (IQ = 100 und IQ = 110) eingezeichnet. Die Normalverteilungskurven deuten die Verteilung der beobachteten Werte für den wahren Wert 100 (grüne Punkte, grüne Verteilungen) bzw. den wahren Wert 110 (schwarze Punkte, schwarze Verteilungen) an. Greift man aus diesen beiden Verteilungen jeweils eine beliebige Person heraus, muss für diese gelten, dass die Wahrscheinlichkeit, beide Items (Item 1 und Item 2) zu lösen, dem Produkt der Einzellösungswahrscheinlichkeiten entspricht (lokal für eine Person). Eine Korrelation lässt sich hingegen zwischen beiden Items leicht über die beiden unterschiedlichen Fähigkeitsbereiche (IQ = 100 und IQ = 110) hinweg berechnen. Dies zeigt, dass nur die Fähigkeit für die Korrelation zwischen beiden Items „verantwortlich" ist. Betrachtet man diese, erhält man eine positive Korrelation zwischen Item 1 und Item 2.

Wie man sieht, „entsteht" die Korrelation zwischen beiden Items alleine aufgrund der Fähigkeit „Intelligenz". Betrachtet man die Korrelationen zwischen Item 1 und 2 nur für Personen aus einem bestimmten Fähigkeitsbereich (grüne oder schwarze Punktewolke entspricht IQ = 100 und IQ = 110), so ist diese Korrelation innerhalb eines Fähigkeitsbereichs null bzw. stellt eine „runde" Punktewolke dar, in der keine systematische positive oder negative Korrelation mehr zu erkennen ist (lokal auf einer Stufe des Fähigkeitsbereichs = lokale Unabhängigkeit). Das heißt, außer der Fähigkeit „Intelligenz" gibt es keine weiteren Eigenschaften oder Fähigkeiten, die eine Korrelation zwischen Item 1 und Item 2 „verursachen".

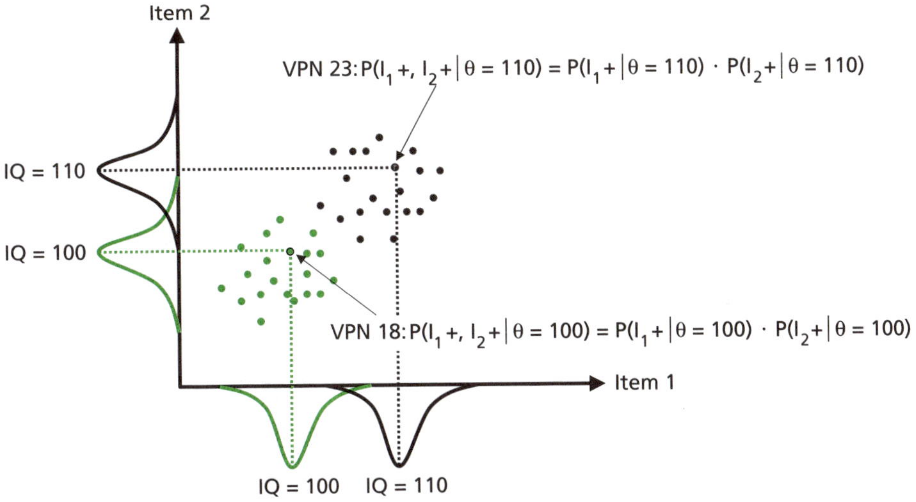

Abbildung 7.3: Korrelation und lokale Unabhängigkeit (angelehnt an Fischer, 1974, S. 31)

7.2.2 Separierbarkeit von Itemschwierigkeit und Personenfähigkeit

Wann kann ich meinen Kennwerten vertrauen?

Die zweite Forderung lautete, dass Itemschwierigkeit und Personenfähigkeit unabhängig voneinander bestimmt werden sollen. Warum dies wichtig ist, wird im Folgenden näher erläutert. Dazu greifen wir wieder auf das Hochsprungbeispiel zurück. Wir konstruieren nun eine Hochsprunganlage auf Basis der KTT. Dabei ist es wichtig, sich in eine Zeit zurückzuversetzen, in der es noch kein Metermaß gab. Wir befinden uns dann in derselben Situation, wie vor der Konstruktion eines psychologischen Tests. Dort kennt man ebenfalls die Einheit der Fähigkeit (z.B. Intelligenz) oder Eigenschaft (z.B. Extraversion) nicht. Sie ist verborgen und muss erst messbar gemacht werden.

Die einfachste Herangehensweise ist die, dass man zwischen zwei senkrechte eine waagerechte Stange platziert und diese in ihrer Höhe variiert. Wir geben insgesamt drei unterschiedliche Höhen vor. Bei der Konstruktion psychologischer Tests greifen wir auch oft auf drei oder mehrere beliebige Items eines Itempools zurück. Da wir uns aber mit Hochspringen beschäftigt haben, kennen wir ungefähr unsere eigene Leistungsfähigkeit und richten die Höhe der Hochsprunganlage an unserer Fähigkeit aus. Das heißt, wir legen die Stangen auf die Höhe, von der wir glauben, dass wir und eine ähnliche Personengruppe sie überspringen können. Auch bei psychologischen Testverfahren wissen wir in der Regel, an welcher Stichprobe wir die Items erproben wollen, und nehmen Items, die innerhalb der Stichprobe gut differenzieren (viele unterschiedliche Items in dem Schwierigkeitsbereich, der interessiert). Nun lassen wir alle Teilnehmer der Forschungsmethoden-Vorlesung in München über die drei Höhen springen und bestimmen die Schwierigkeit der einzelnen Höhen durch den Prozentsatz der Studenten, die die entsprechende Höhe übersprungen haben. Für jeden erfolgreichen Sprungversuch (Höhe übersprungen) bekommt nun eine Person den Wert „Eins“ zugewiesen und für jeden nicht erfolgreichen Versuch den Wert „Null“. Im Anschluss daran ermitteln wir die Fähigkeit jedes Studenten, indem wir den Summenwert der erfolgreich übersprungen Höhen ermitteln. Schon ist unsere Hochsprunganlage fertig. Die Höhe, die die meisten Studenten übersprungen haben, ist die „leichteste“. Die Höhe, die am wenigsten Studenten übersprungen haben, die „schwerste“. Wir haben drei Höhen vorgegeben, das heißt, das Hochsprungergebnis für jede Person liegt zwischen den Werten „Null“ und „Drei“. Nehmen wir an, die erste Höhe haben 68 Prozent der Studenten übersprungen, die zweite Höhe 50 Prozent und die Dritte 2 Prozent (siehe *Abbildung 7.4*).

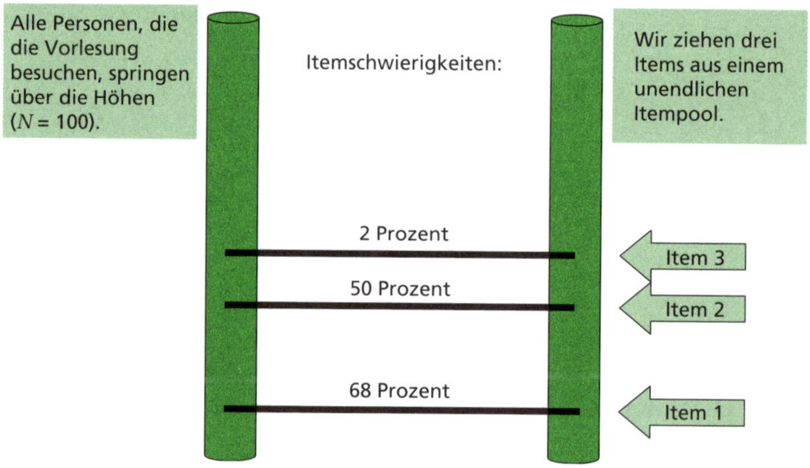

Abbildung 7.4: Hochsprunganlage konstruiert in München

Nun stellen wir fest, dass ausgerechnet an dem Tag, an dem wir die Schwierigkeit der Höhen ermittelt haben, mehrere Studenten nicht anwesend waren. Wir erheben also nach. Unglücklicherweise fehlten gerade unsere leistungsfähigsten Springer. Sie haben zu diesem Zeitpunkt an einem anderen Wettbewerb teilgenommen. Als Konsequenz kann sich die Schwierigkeit der Items durch jeden neuen Hochspringer, der am Wettbewerb teilnimmt, ändern. Auch im psychologischen Test ist die Bestimmung der Itemschwierigkeit nach der KTT abhängig von der getesteten Personenstichprobe. Damit sind Itemschwierigkeiten, die mit unterschiedlich fähigen Personen ermittelt wurden, nicht vergleichbar.

Nehmen wir an, Hochspringen sei eine beliebte Sportart. Deshalb kommt Herr Rost in Kiel auch auf die Idee, eine Hochsprunganlage zu konstruieren. Er hält gerade eine Vorlesung vor Sportpsychologen. Diese sind begeistert. Sie machen sich sogleich an die Konstruktion einer Hochsprunganlage. Auch sie beginnen mit drei Höhen. Da sie ihre Leistung kennen, konstruieren sie drei für sie angemessene Höhen. Da es der Anfang der Vorlesung ist und erst die KTT durchgenommen wurde, konstruieren die Sportstudenten die Anlage nach der KTT. Das Vorgehen ist analog zur Vorlesung in München.

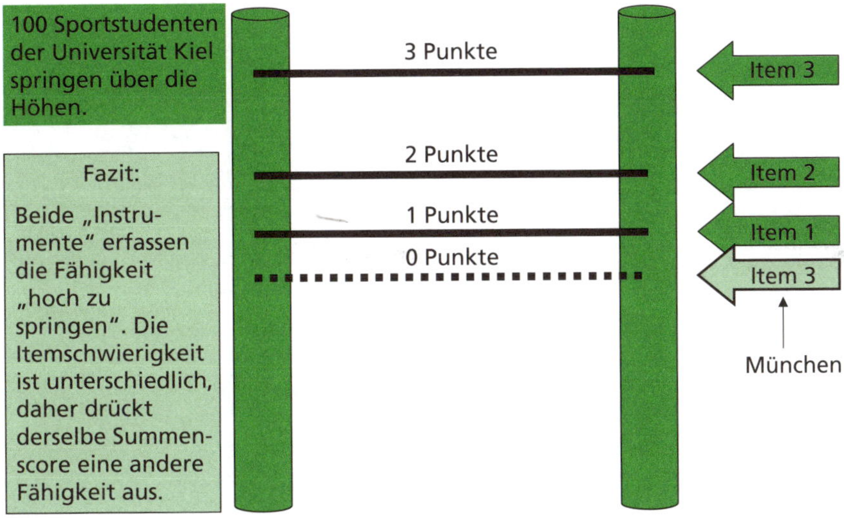

Abbildung 7.5: Hochsprunganalage aus Kiel mit einem Item aus München

Am Ende des Semesters fahre ich zu Besuch nach Kiel und probiere die Hochsprunganlage von Herrn Rost und seinen Sportstudenten aus. In München habe ich drei Punkte erzielt. Nachdem ich in Kiel alle drei Höhen in Angriff genommen habe, teile ich Herrn Rost meine Enttäuschung mit. Ich habe auf seiner Hochsprunganlage null Punkte erzielt. Was ist passiert? Die Antwort findet sich in *Abbildung 7.5*. Die **Sportstudenten** aus Kiel und die **Studenten** aus München haben zwar Hochsprunganlagen nach demselben Prinzip konstruiert, bei denen auch dieselbe Punktezahl erzielt werden kann, jedoch unterscheiden sich die Anlagen in ihrer Schwierigkeit. Damit wird deutlich, dass die Bestimmung der Personenfähigkeit in der KTT von der Verteilung der Schwierigkeit der Itemstichprobe abhängig ist. Damit sind Personenfähigkeiten, die mit unterschiedlich schweren Items ermittelt wurden, nicht vergleichbar.

Es besteht dennoch die Möglichkeit, mein Kieler Ergebnis mit dem der Münchner Studenten zu vergleichen. Dazu müsste jedoch Herr Rost seine Hochsprunganlage in München aufstellen und alle Münchner Studenten würden über die Kieler Hochsprunganlage springen. Die Ergebnisse würden dann wie in *Kapitel 3.6* normiert (z.B. in SW-Werte) und mit der Münchner Normstichprobe verglichen. So könnte also mein

Ergebnis auf der Kieler Hochsprunganlage mit dem Ergebnis der Münchner Studenten verglichen werden. Auch die Normierung hat einen Nachteil, nämlich dass mein Ergebnis davon abhängt, wer vor mir über die Hochsprunganlage gesprungen ist (Normstichprobe). Damit sind auch die Itemstatistiken, die im Rahmen der KTT ermittelt werden, von der Stichprobe, an denen sie ermittelt wurden, abhängig. Das heißt auch, dass ich zwar eine „wahre" Fähigkeit hochzuspringen besitze, sie jedoch je nach Vergleichsstichprobe und Hochsprunganlage zu einer unterschiedlichen Quantifizierung meiner Leistung führt. Um meine Leistung nun „sachgerecht" beurteilen zu können, werden Angaben benötigt, welcher Vergleichsgruppe ich angehöre und wie diese abgeschnitten hat. Das heißt, es muss dafür Sorge getragen werden, dass eine solche Vergleichsstichprobe (Normstichprobe) für den entsprechenden Test existiert. Wie genau meine Leistung gemessen wird, hängt wiederum davon ab, wie gut der Test in der Vergleichsstichprobe differenziert, und damit, wie hoch die Reliabilität in der entsprechenden Vergleichsstichprobe ausfällt.

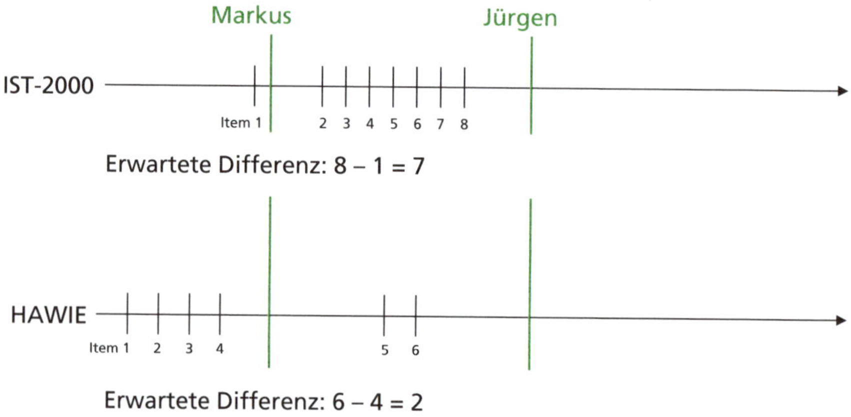

Abbildung 7.6: Fähigkeiten von zwei Personen in zwei Tests

Übertragen wir das Beispiel auf psychologische Tests: Ziehen wir zwei Intelligenztests heran, z.B. den I-S-T 2000 (Amthauer, Brocke, Liepmann & Beauducel, 1999) und den HAWIE-R (Tewes, 1991). Markus hat im I-S-T 2000 im Untertest „Gemeinsamkeiten finden" ein Item richtig gelöst, Jürgen acht Items. An demselben Tag wurde auch noch der HAWIE-R Untertest „Gemeinsamkeiten finden" durchgeführt. Markus löste vier Items und Jürgen sechs Items. Nun drängt sich die Frage auf, ob Markus besser geworden ist bzw. Jürgen schlechter? Die Lösung ist in *Abbildung 7.6* dargestellt. Markus und Jürgen unterscheiden sich in ihren Summenwerten und ihrer Differenz. Allerdings ist nicht davon auszugehen, dass sich ihre Fähigkeit durch die Bearbeitung der Intelligenztests geändert hat. Es ist viel plausibler, dass die Fähigkeit von Markus und Jürgen konstant ist, die Tests aber unterschiedlich schwer sind und dadurch die Leistungsunterschiede zustande kommen. Dies wirft allerdings ein schlechtes Licht auf die Messinstrumente, wenn sich je nach Test sowohl die Punktzahl als auch die vermeintlichen Unterschiede zwischen Personen ändern. Es wäre zumindest wünschenswert, wenn für jede Unterstichprobe (z.B. Männer, Frauen) einer Gesamtstichprobe und für jede Itemteilstichprobe (z.B. ungerade Items) eines Tests immer dieselbe Fähigkeit und auch derselbe Unterschied zwischen Personen gemessen würden (Invarianzeigenschaft). Itemrohwerte weisen hingegen weder Intervallniveau noch die genannten wünschenswerten Invarianzeigenschaften auf, so dass die Rohwerte kein generalisierbares Maß darstellen, wie etwa Grad Celsius. Diese Invarianzeigenschaft der Personenparameter (und auch der Itemparameter) ist bei Geltung des Rasch-Modells gegeben und wird als **spezifische Objektivität** bezeichnet.

Es ist auch möglich, die Items verschiedener Tests gemeinsam zu kalibrieren (englisch: test equating). Dazu wird in zwei Tests eine gewisse Anzahl gleicher Items eingefügt. Mit Hilfe dieser so genannten **Ankeritems** können dann für jeden Test separat Item- und Personenparameter bestimmt werden. Die Parameter der Ankeritems können dann genutzt werden, um eine lineare Verschiebung der Itemwerte (z.B. Addition einer Konstanten) vorzunehmen, die die Parameter von Test A und Test B in eine gemeinsame Skala überführen (Embretson & Reise, 2000, S. 253). Dies ist nur im Rahmen der PTT möglich.

7.2.3 Messinstrumente mit der gleichen Einheit

Wann kann ich Unterschiede zwischen Personen eindeutig interpretieren?

Die dritte Forderung bezog sich auf die Einheit von Messinstrumenten: Es sollte für alle Tests dieselbe Einheit gelten. Bleiben wir bei unserem Hochsprungbeispiel. Nehmen wir weiter an, dass mehrere Hochsprungwettbewerbe durchgeführt werden. Einer findet beispielsweise in Amerika statt und einer in Deutschland. Nachdem wir gesehen haben, dass die Summe der übersprungenen Höhen die Personenfähigkeit nur unbefriedigend misst, gehen wir nun anders vor: Wir nehmen Stöckchen gleicher Länge und gehen zum abstrakten Messen über. Es zählt nicht mehr die Anzahl der übersprungenen Höhen (Summenwert), sondern die Höhe wird abstrakt in „Stöckchenlänge" gemessen. Unglücklicherweise verwenden Amerikaner und Deutsche unterschiedliche Stöckchen. Die Amerikaner nennen ihr Stöckchen „inch" und die Deutschen „cm". Die zwei Personen Jürgen und Markus nehmen nun an diesen Wettbewerben teil. Jürgen springt in Deutschland 200 cm und in Amerika 79 inch. Markus hingegen springt in Deutschland 140 cm und in Amerika 55 inch. In Amerika ist Jürgen um 24 Einheiten besser als Markus und in Deutschland ist Jürgen um 60 Einheiten besser als Markus. Es zeigt sich, dass beide Differenzen nicht vergleichbar sind. Man könnte nun annehmen, dass sich die Springer Jürgen und Markus in den Wettbewerben unterschiedlich stark unterscheiden. Wie wir bereits erahnen, ist diese Unterschiedlichkeit jedoch durch die unterschiedlichen Einheiten der Hochsprunganlagen bedingt. Es wäre nun schön, wenn man für jede Anlage dieselbe Einheit hätte. Gleiches gilt für psychologische Tests.

Vielleicht gibt es ja eine Lösung des Problems und es ist möglich, Leistungen zwischen Springern unabhängig von der aktuellen Einheit zu vergleichen. Eine Möglichkeit besteht darin, das *Verhältnis* zwischen den Höhen der Springer in Deutschland und Amerika zu bilden: Jürgen vs. Markus in Deutschland: 200 / 140 = 1.43; Jürgen vs. Markus in Amerika: 79 / 55 = 1.43. Bis auf Rundungsfehler unterscheidet sich das Verhältnis der Leistungen von Jürgen und Markus in beiden Wettbewerben nicht. Es zeigt sich, dass Verhältnisse (so genannte Ratios) in diesem Fall Vorteile gegenüber Differenzen haben. *Sie bilden Fähigkeitsunterschiede zwischen zwei Personen unabhängig von der Einheit ab.*

Allerdings muss angemerkt werden, dass Ratios nicht immer „funktionieren". Im vorliegenden Beispiel besitzen die Daten schon ein hohes Skalenniveau, das auch die Interpretation von Verhältnissen zulässt. Insofern ist es nicht verwunderlich, dass Verhältnisse zwischen Inch und Verhältnisse zwischen cm gleich ausfallen. Allerdings ergibt sich aus dem „zugewiesenen“ Skalenniveau noch kein Messwert. Ein Messwert entsteht erst dann, wenn ein bestimmtes Skalenniveau empirisch nachgewiesen werden kann. Die Prüfung ist aufwändig und wird selten durchgeführt. Dieses Thema wird intensiv von Steyer und Eid (2001) behandelt. An dieser Stelle sei zur Vertiefung dieser Problematik auf dieses Lehrbuch verwiesen. Für Häufigkeiten, z.B. die Anzahl von 1-Euro-Münzen in einem Portemonnaie, liegt ohne Zweifel Absolutskalenniveau vor. Häufigkeiten dieser Münzen besitzen einen absoluten Nullpunkt, eine feste Einheit, und die Bildung von Verhältnissen ist erlaubt. Auch für die Anzahl richtig gelöster Items in einem Test kann unter der Voraussetzung gleicher Itemtrennschärfen Absolutskalenniveau vorliegen. Gleiche Trennschärfen führen dazu, dass alle Richtiglösungen gleich viel „wert“ sind. Aber auch das garantiert keine Absolutskala (siehe dazu *Abschnitt 7.3.6* „Modelltest“). Im Rahmen der klassischen Testtheorie bezeichnet man Items mit gleichen Trennschärfen als tau-äquivalente Messungen. Gleiche Trennschärfen sind eine wichtige Voraussetzung dafür, dass die Fähigkeitsausprägung einer Person nicht mehr davon abhängt, welche Items die Person in einem Test gelöst hat. Verwendet werden dann Zeilen- und Randsummen der Datenmatrix (Person x Items wie in *Abbildung 7.7*). Das heißt, es werden aggregierte Werte verwendet, die keine Informationen mehr beinhalten, welche Items gelöst wurden, sondern nur wie viele. Man bezeichnet Summenwerte, die alle Informationen über die gelösten Items beinhalten, als erschöpfende Statistiken. Sind die Items unterschiedlich viel „wert“, ist es nicht egal, ob eine Person von zehn Items die ersten fünf, die mittleren fünf oder die letzten fünf bzw. eine beliebige Kombination von fünf aus zehn Items richtig gelöst hat.

7.2.4 Messinstrumente mit Messmodell

Wie kommt man zu einem Messmodell und Intervallskalenniveau?

Unter einem Messmodell für Tests versteht man vereinfacht eine Funktion, mit der man prognostizieren kann, welche Antwort eine Person auf ein Item gibt. Ziehen wir wieder das Hochsprungbeispiel heran, um den Sinn eines Messmodells für Tests zu verdeutlichen. Diesmal nehmen die fünf besten Springer aus den ersten Wettkämpfen teil. Sie müssen sechs Höhen überspringen, dann wird ein Summenwert (Anzahl der übersprungenen Höhen) gebildet. Dieser Summenwert wird als Personenfähigkeit interpretiert. Die Ergebnisse der Sprungversuche sind in *Abbildung 7.7* dargestellt. In diesem Beispiel ist in der ersten Zeile die Höhe aufgeführt (1.00 m bis 1.50 m). Jürgen und Markus haben in diesem Beispiel beide einen Summenwert von zwei Punkten (in *Abbildung 7.7* gekennzeichnet durch dieselbe Zeilenrandsumme). Aus *Abbildung 7.7* kann aber auch leicht abgelesen werden, dass Jürgen deutlich höher gesprungen ist als Markus. Jürgen übersprang eine Höhe von 1.30 und Markus nur eine Höhe von 1.10. Mit Hilfe dieses Beispiels wird deutlich, dass der Summenwert für sich genommen wenig aussagekräftig ist, kennt man die Itemschwierigkeit und das „Antwortmuster“ nicht. Es zeigt sich außerdem, dass der Summenwert in diesem Beispiel ohne Kenntnis des Antwortmusters nicht eindeutig etwas über die Fähigkeit der Person aussagt (**nicht erschöpfend ist**).

Personenfähigkeit steigt an

Item	1.0	1.2	1.3	1.4	1.5	1.6	Σ
Markus	1	1	0	0	0	0	2
Jürgen	1	0	0	1	0	0	2
Thomas	1	0	1	0	0	1	3
Helfried	0	1	1	1	0	0	3
Rolf	1	1	1	0	1	0	4

Höhe steigt an

Abbildung 7.7: Sprungmuster in einem Hochsprungwettbewerb

Betrachten wir nun das Ergebnis eines anderen Wettkampfs (*Abbildung 7.8*). Es wird deutlich, dass hier die Summenwerte eindeutig interpretierbar sind (**erschöpfend**). Aufgrund des Antwortmusters liefert der Summenwert eine eindeutige Aussage und man weiß automatisch, welche Höhe übersprungen wurde. Das in *Abbildung 7.8* beschriebene Muster wird auch als so genannte Guttman-Skala (bzw. Skalogramm) bezeichnet. Dies stellt ein deterministisches Modell dar. Deterministisch heißt, dass das Antwortverhalten vollkommen und ohne Fehler durch eine bestimmte Fähigkeit bestimmt ist. In der Praxis ist jedoch eine Guttman-Skala sehr selten. Liegt beispielsweise ein Antwortmuster der folgenden Form vor: 0100000, ist eine Guttman-Skala bereits widerlegt. Hier wird der Nachteil von deterministischen Modellen ersichtlich: Eine einzige nicht modellkonforme Beobachtung reicht, um das Modell zu widerlegen (siehe Rost, 2004, S. 103).

Personenfähigkeit steigt an

Item	1	2	3	4	5	6	Σ
Markus	1	0	0	0	0	0	1
Jürgen	1	1	0	0	0	0	2
Thomas	1	1	1	0	0	0	3
Helfried	1	1	1	1	0	0	4
Rolf	1	1	1	1	1	0	5

Itemschwierigkeit steigt an

Abbildung 7.8: Guttman-Skala

Aus der Datenmatrix in *Abbildung 7.8* kann eine Funktion (oder ein Messmodell) abgeleitet werden, die beschreibt, wie die Lösungswahrscheinlichkeit für ein Item mit der Personenfähigkeit und der Itemschwierigkeit zusammenhängt (siehe *Abbildung 7.9*). In *Abbildung 7.9* ist auf der *x*-Achse die Personenfähigkeit (Θ, Theta) bzw. die Itemschwierigkeit (σ, sigma) der Items aufgetragen und auf der *y*-Achse die Lösungswahrscheinlichkeit einer Person v für ein Item i. Die Itemschwierigkeiten und die Personenfähigkeiten steigen von links nach rechts an. Wie man leicht erkennen kann, springt die Lösungswahrscheinlichkeit für ein Item (dargestellt durch grüne Linien) bei einer bestimmten Personenfähigkeit vom Wert Null auf den Wert Eins. Daher nennt man diesen Funktionstyp auch „Sprungfunktion“. Der Sprung findet immer dann statt, wenn die Personenfähigkeit der Itemschwierigkeit entspricht. Natürlich kann man sich fragen, ob so eine strenge Annahme in der Praxis wahrscheinlich ist. Das Modell ist sehr streng, denn es gibt dann für jeden Test gerade k+1 Antwortmuster, dabei ist k die Anzahl der Items. Bei einem Test mit k = 20 Items heißt dies, dass gerade einmal 21 von 1 048 576 (2^k) theoretisch möglichen Antwortmustern auftreten. Die auftretenden Antwortmuster müssen dann so aussehen wie in *Abbildung 7.8* dargestellt.

Ein Nachteil der Guttman-Skala liegt darin, dass Vergleiche zwischen Personen nur auf Ordinaldatenniveau vorgenommen werden können. Das heißt, man kann lediglich sagen, dass eine Person A besser oder schlechter ist als eine Person B, da sie mehr oder weniger Items löst. Wie kann man sich das erklären? Man würde die Fähigkeit der Person nur dann ganz genau kennen, wenn die Fähigkeit der Person exakt der Sprungstelle (Itemschwierigkeit an der Sprungstelle) entspricht. In den Bereichen zwischen den Sprungstellen kann die Personenfähigkeit nicht genau bestimmt werden. Das Problem könnte nur dadurch gelöst werden, dass für jede Fähigkeitsausprägung genau ein Item vorhanden wäre. Dies ist jedoch unrealistisch, da der Test dann für jede mögliche Fähigkeitsausprägung einer Person ein Item mit derselben Itemschwierigkeit enthalten müsste.

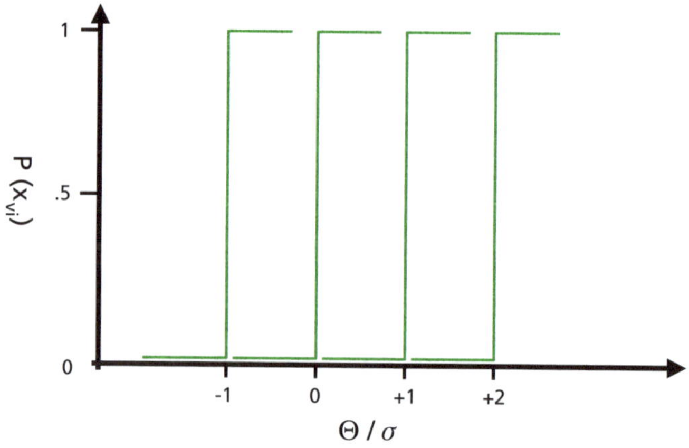

Abbildung 7.9: „Sprungfunktionen" einer Guttman-Skala

Betrachtet man nun die Testpraxis, kommt es vor, dass aus ganz unterschiedlichen Gründen eine fähige Person (z.B. mangelnde Konzentration) auch ein im Verhältnis zu ihrer Fähigkeit leichtes Item nicht löst, während eine weniger fähige Person (z.B. durch Raten) ein im Verhältnis zu ihrer Fähigkeit schweres Item löst. Aus diesem Grund ist noch nicht der ganze Test missraten. Das Guttman-Modell macht strenge Annahmen und ist in der Testpraxis selten. Plausibler ist die Annahme, dass die Wahrscheinlichkeit, ein Item zu lösen, mit steigender Personenfähigkeit zunimmt. Das heißt, zwischen Personenfähigkeit und Itemantwort wird eine probabilistische Beziehung angenommen. Nachdem sich die „Sprungfunktion" im Rahmen des Guttman-Modells als wenig praxistauglich herausstellte, kann man nun nach weiteren Funktionstypen suchen, die eine Prognose der Lösungswahrscheinlichkeit für ein Testitem erlauben. Ein Funktionstyp, der nahe an der Realität liegt, muss gewisse Eigenschaften besitzen: Er müsste berücksichtigen, dass es – wenn auch mit geringer Wahrscheinlichkeit – möglich ist, dass eine fähigere Person ein im Verhältnis leichteres Item nicht löst und eine weniger fähige Person ein im Verhältnis schwereres Item lösen kann. Der Grundgedanke ist also, dass die Itemlösungswahrscheinlichkeit (Antwortverhalten) nicht deterministisch bestimmt ist (entweder null oder eins beträgt), sondern probabilistisch (im Wertebereich zwischen null und eins liegt). Dazu greift man auf einen mathematisch Funktionstyp zurück, der **logistischen Funktion**. Dieser Funktionstyp ist in *Abbildung 7.10* dargestellt und wird auch als Item Charcteristic Curve (ICC, das Item charakterisierende Funktion) bezeichnet.

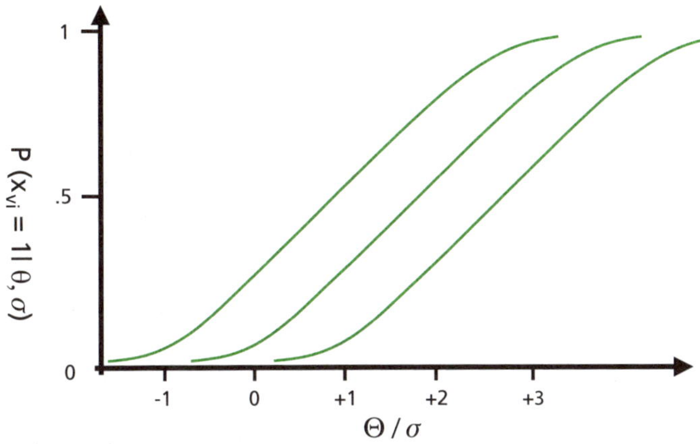

Abbildung 7.10: Darstellung von drei logistischen Funktionen

Aus *Abbildung 7.10* kann man erkennen, dass für jedes Item unabhängig von der Itemschwierigkeit für jede Personenfähigkeit auf der *x*-Achse eine Lösungswahrscheinlichkeit ermittelt werden kann. Dies wird dadurch ermöglicht, dass sich die Enden der logistischen Funktion einer Lösungswahrscheinlichkeit von null und eins asymptotisch annähern. Das heißt, die Wahrscheinlichkeit einer richtigen Lösung oder Ja-Antwort ist immer kleiner als eins und größer als null. Damit ist dieses Modell nicht mehr deterministisch. Je höher die Personenfähigkeit, desto höher ist die Lösungswahrscheinlichkeit für ein Item mit festgelegter Itemschwierigkeit. Die logistische Funktion wird im Rasch-Modell verwendet. Interessante, wissenschaftlich jedoch wenig untersuchte Itemfunktionen findet man bei Rost (2004, S. 88).

7.3 Grundlagen des Rasch-Modells

Welche Grundbegriffe muss ich kennen?

Im Zusammenhang mit Messproblemen ist nun schon einiges über Eigenschaften des Rasch-Modells bekannt. Bevor das Rasch-Modell weiter ausgeführt wird, ist es wichtig, einige weitere Begriffe einzuführen. Die zunächst wichtigsten sind **Itemparameter** und **Personenparameter**: Der Itemparameter bezeichnet die Itemschwierigkeit σ (Sigma) und der Personenparameter die Fähigkeitsausprägung Θ (Theta) der Person. Der Personenparameter kennzeichnet den Ort oder den Wert einer Person auf der latenten Variablen Θ. Erfasst man beispielsweise die latente Variable „Intelligenz", entspricht der Wert einer Person auf der latenten Variablen seiner „Intelligenz". Aus diesem Grund bekommen Personenfähigkeit und latente Variable dieselbe Bezeichnung (Θ, Theta).

Es ist wichtig, sich Folgendes gleich am Anfang zu verdeutlichen: **Es handelt sich bei der Ermittlung der Parameter um Schätzungen, da Populationskennwerte aus Stichprobendaten geschätzt werden** (vgl. Rost, 2004, S. 301). Deshalb wird im Folgenden immer von Schätzungen gesprochen, obwohl auch Parameter mit Hilfe von Formeln errechnet werden können. In vielen Fällen sind jedoch auch iterative Schätzungen mit Hilfe von Startwerten zur Parameterschätzung nötig.

Da man den Ort einer Person auf der latenten Variablen nicht kennt, schätzt man ihn mit Hilfe eines Personenparameters und verwendet dazu die Summenwerte (z.B. Anzahl der gelösten Item). Dazu müssen im Vorfeld die Itemparameter bekannt sein. Die Itemparameter werden wiederum mit Hilfe der Randsummen der Datenmatrix (Person *x* Item) ermittelt. Es gibt verschiedene Methoden, wie Itemparameter ermittelt werden können. Die eleganteste Methode ist die **conditional Maximum-Likelihood-Methode (cML),** auf die in diesem Kapitel noch eingegangen wird. Nachdem die Itemparameter nach der cML-Methode geschätzt wurden, werden im Anschluss daran die Personenparameter geschätzt. Die Parameterschätzung wird in einem der folgenden Abschnitte kurz dargestellt.

Die so geschätzten Item- und Personenparameter erfüllen eine wichtige Forderung von Messungen: Sie besitzen die **gleiche Einheit**. Der **Wertebereich der Personen- und Itemparameter** liegt zwischen **plus und minus unendlich**, in der Regel aber zwischen plus drei und minus drei. Dabei kennzeichnen negative Parameter (Werte) leichte Items oder Personen mit geringerer Fähigkeit und positive Werte schwere Items (von wenigen Personen gelöst bzw. geringe Zustimmung) oder Personen mit höherer Fähigkeit. Es ist auch plausibel, dass sowohl Item- als auch Personenparameter einen Wertebereich von plus bis minus unendlich besitzen: In der Regel gibt es nahezu unendlich viele Möglichkeiten, Items zu konstruieren. Es ist auch wahrscheinlich, dass ein Item aus einem theoretisch unendlichen Itempool noch leichter oder noch schwerer ist als die Items, die man im Test verwendet. Es ist genauso plausibel, dass in Zukunft Personen getestet werden, die eine höhere oder geringere Fähigkeitsausprägung aufweisen als die bisher getesteten Personen.

Kennt man Item- und Personenparameter, kann man direkt berechnen, wie hoch die **Lösungswahrscheinlichkeit** einer Person für ein Item ist. Dabei ist die gleiche Einheit eine Voraussetzung für die Berechnung, da man sonst „Äpfel" mit „Birnen" verrechnen würde. Verantwortlich dafür, ob ein Proband ein Item löst (+) oder nicht (–), sind dabei seine Fähigkeitsausprägung bzw. sein Personenparameter Θ (Theta) und die Schwierigkeit des Items bzw. der Itemparameter σ (Sigma). Je größer die Fähigkeit eines Probanden Θ im Vergleich zur Schwierigkeit des Items σ ist, desto größer wird die Wahrscheinlichkeit (p), die Aufgabe zu lösen (siehe logistische Funktion).

Wie sind nun Personen- und Itemparameter verknüpft? Beide Parameter besitzen Differenzskalenniveau. Dadurch können Parameter additiv (**Additivität**) verknüpft werden (genauer gesagt subtraktiv). Die gleiche Einheit von Item- und Personenparameter sowie deren additive Verknüpfung im Rasch-Modell ermöglichen eine **kriteriumsorientierte** Interpretation der Personenparameter. Entscheidend ist hier vor allem die spezielle Normierung der Itemparameter, worauf noch genauer eingegangen wird. Alle diese Maßnahmen haben zur Konsequenz, dass zur Interpretation eines Personenparameters ein Rückgriff auf eine Normstichprobe nicht unbedingt erforderlich ist. Item- und Personenparameter gemeinsam enthalten auch ohne Normstichprobe Informationen über die Leistungsfähigkeit oder Eigenschaftsausprägung einer Person bzw. die Schwierigkeit eines Items. Es ist möglich, aufgrund des Personen- und Itemparameters die Wahrscheinlichkeit zu bestimmen, mit der eine Person ein Item löst. Eine ähnliche Aussage kann auch für einen Test getroffen werden, dabei stellen die zusammengefassten Testitems das Kriterium dar (siehe Rost, 2004, S. 395) und der Personenparameter die mittlere Lösungswahrscheinlichkeit einer Person hinsichtlich des Kriteriums. Ermöglicht wird dies durch eine spezielle Normierung der Itemparameter, der so genannten **Summennormierung,** auf die in *Abschnitt 7.3.5* näher eingegangen wird.

Es ergibt sich bei Geltung des Rasch-Modells ein weiterer Vorteil: Die Summenwerte einer Person stellen erschöpfende Statistiken (Forderung 5) für ihre Personenparameter dar (Herleitung für zwei Items und eine Person siehe Stelzl, 1993, S. 149): Sie enthalten alle Informationen über die Personenfähigkeit, eine Betrachtung der Antwortmuster ist somit nicht mehr nötig. Deshalb spricht man auch von **suffizienten oder erschöpfenden Statistiken**. Diese Eigenschaft besitzt ein Test, wenn er sich als Rasch-konform erweist.

Ein Konzept von besonderer Bedeutung für Rasch-Modelle ist das Konzept der **spezifischen Objektivität** und stammt von Rasch selbst. Rasch glaubte (zitiert nach Embretson & Reise, 2000, S. 143), dass spezifische Objektivität im Kontext einer psychologischen Messung durch zwei Arten invarianter Vergleiche gekennzeichnet ist: (1) Vergleiche zwischen Personen sind invariant über die spezifischen Items und Maße, die verwendet werden, und (2) Vergleiche zwischen Items sind invariant über die spezifischen Personen, an denen die Items kalibriert werden. Auf diese besondere Eigenschaft der spezifisch objektiven Vergleiche im Rasch-Modell wird noch gesondert eingegangen.

Beispiel 7.1

Spezifisch objektive Vergleiche sollten alle Tests gewährleisten. Wright und Mok (2000) beschreiben eine gute Analogie, die zeigt, was nicht spezifisch objektive Vergleiche bedeuten: Angenommen, man möchte die Fähigkeit, auf einer Schreibmaschine zu schreiben, bei zehn Bewerbern messen. Dazu stehen zehn Schreibmaschinen zur Verfügung. Insgesamt sollen fünf Durchgänge stattfinden, in denen die Bewerber jeweils eine andere Schreibmaschine benutzen. Das Ergebnis sollte unabhängig davon sein, welcher Bewerber an welcher Schreibmaschine saß (welchen Test man bearbeitet). Das Ergebnis eines Bewerbers sollte nicht davon abhängen, welcher andere Bewerber vor ihm an der Schreibmaschine gearbeitet hat (das Ergebnis sollte unabhängig von der Personenstichprobe sein, die den Test bearbeitet hat).

Spezifische Objektivität ist abzugrenzen von genereller Objektivität. **Generelle Objektivität** wird in der Regel nur von physikalischen Messungen erzielt. So sind unterschiedlichste Thermometer in der Lage – absolut gesehen –, immer dieselbe Temperatur anzuzeigen. Die spezifische Objektivität bezieht sich hingegen nur auf Differenzen zwischen Messungen eines Tests. Es wird somit nicht gewährleistet, dass unabhängig vom eingesetzten Test immer derselbe Personenparameter gemessen wird (siehe auch Embretson & Reise, 2000, S. 54 ff.). Dies liegt daran, dass sich verschiedene Tests nach wie vor in ihrer Itemschwierigkeit unterscheiden können, auch wenn sie sich als Rasch-skalierbar erweisen. Wenn nun darüber hinaus der eingesetzte Test für eine Person zu leichte oder zu schwere Items enthält (siehe Embretson & Reise, 2000, S. 146), wird auch der Personenparameter ungenauer geschätzt. Damit wird klar, dass auch Personenparameter im Rahmen des Rasch-Modells Messfehler aufweisen und die *Genauigkeit* der Personenparameterschätzung wesentlich von der Verteilung der Itemparameter der Rasch-homogenen Items abhängt. Liegen die Itemparameter nur in einem engen Bereich des latenten Kontinuums, ist die Genauigkeit der aus dem Test resultierenden Personenparameter nur für Personenparameter in diesem Bereich hoch.

Die Schätzung der Itemparameter eines Tests sollte jedoch unabhängig von der untersuchten Stichprobe und abgesehen von Messfehlern immer ähnlich ausfallen. In *Abbildung 7.11* ist ein Beispiel dargestellt, das sich an Hambleton, Swaminathan und Rogers (1991) orientiert. Die Schätzung eines Itemparameters für zwei Stichproben ist dargestellt. An der x-Achse ist in grüner Farbe die Verteilung der Personenparameter für Haupt- und Realschüler dargestellt. Für beide Stichproben ergibt sich dieselbe ICC (dieselbe Steigung und Schwierigkeit).

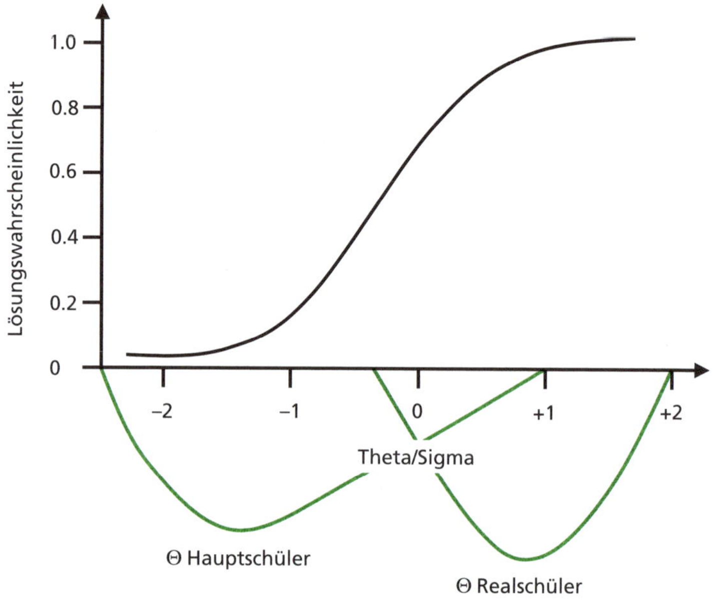

Abbildung 7.11: Darstellung einer ICC, die aus zwei Stichproben geschätzt wurde (Θ = Theta)

Wie verschiedene **Modelltests** funktionieren, wird in den kommenden Abschnitten ebenfalls beschrieben. Grundsätzlich gibt es zwei Möglichkeiten: (1) Likelihood-Quotienten-Tests und (2) der Pearson-χ^2-Test (Chi). Die Bootstrap-Methode simuliert darüber hinaus für verschiedene Modelltests eine Verteilung der Prüfgrößen, da die Verwendung der asymptotischen Prüfgrößen der χ^2-Verteilung an Voraussetzungen geknüpft ist, die im Rahmen des Rasch-Modells selten erfüllt sind. Deskriptiv kann die Modellgeltung auch mit einem grafischen Modelltest überprüft werden oder mit so genannten Informationskriterien, auf die in den folgenden Abschnitten ebenfalls eingegangen wird. Wird das Rasch-Modell durch einen Modell-Test bestätigt, dann treffen zusammenfassend eine Reihe von Annahmen zu:

- Die Lösungswahrscheinlichkeit wird durch eine logistische Funktion beschrieben.
- Summenwerte sind suffiziente oder erschöpfende Statistiken der Personenfähigkeit.
- Vergleiche zwischen Items und Personen sind spezifisch objektiv.
- Items sind – abgesehen von wenigen Ausnahmen – eindimensional (die Forderung der lokalen stochastischen Unabhängigkeit der Items ist erfüllt).

Häufig wird eine **fünfte Annahme** zusätzlich formuliert, und zwar dass alle **Items** die **gleiche Trennschärfe** besitzen. Diese Annahme ist jedoch nur im Rahmen des dichotomen Rasch-Modells notwendig und sie ist eine Grundvoraussetzung für erschöpfende Statistiken. Für ordinale Rasch-Modelle (mehr als zwei geordnete Antwortalternativen, z.B. Likert-Skala) sind gleiche Itemtrennschärfen nicht zwingend, dafür jedoch geordnete Antwortschwellen (siehe *Abschnitt 7.3.3*).

7.3.1 Logistische Modelle für dichotome Daten

Was ist ein Rasch-Modell?

Nachdem einige wichtige Begriffe eingeführt wurden, wird nun auf das dichotome Rasch-Modell und Verallgemeinerungen näher eingegangen. Wie bereits erwähnt, spricht aus psychologischer Sicht einiges dafür, eine logistische Funktion zwischen Itemschwierigkeit und Personenfähigkeit anzunehmen. Das **dichotome Rasch-Modell** (oder auch **1-Parameter-Modell, 1PL**) hat dichotome Daten zum Gegenstand. Häufige Fragen sind z.B. „ich gehe gerne aus" und als Antwortformat Ja/Nein (1 = Ja; 0 = Nein) oder ein Item aus einem Intelligenztest, das entweder richtig „1" oder falsch „0" gelöst wird. Als Funktionstyp, um die Lösungswahrscheinlichkeit einer Person bei einem Item zu berechnen, wird daher auch die **logistische Funktion** herangezogen. Deshalb ist das Rasch-Modell ein logistisches Modell. Daneben wird in diesem Abschnitt auch das **2-Parameter-Modell (Birnbaum-Modell)** und das **3-Parameter-Modell** besprochen. Dabei handelt es sich zumindest beim 2-Parameter Modell (2PL) ebenfalls um ein logistisches Modell, beim 3-Parameter Modell (3PL) streng genommen jedoch nicht mehr.

Wie kann man nun den logistischen Funktionstyp in eine Formel umsetzen? Auch hier gehen wir davon aus, dass zuerst einmal Item- und Personenparameter bekannt sind (die Berechnung wird in *Abschnitt 7.3.5* dargestellt). Anhand der logistischen Funktion lässt sich bei gegebenem Personen- und Itemparameter die Lösungswahrscheinlichkeit eines Items für eine Person bestimmen. Im Rasch-Modell sind Item- und Personenparameter additiv (genauer durch eine Differenz, subtraktiv) verbunden: Das heißt, je mehr die Personenfähigkeit die Itemschwierigkeit übersteigt ($\theta_i - \sigma_i$), desto höher ist die Wahrscheinlichkeit ($p+$), dass eine Person ein Item löst.

Der logistische Funktionstyp lässt sich mit Hilfe einer so genannten **Logit-Transformation** erzielen. Dazu sind zwei aufeinander folgende Transformationen nötig. Zuerst werden **Odds-Ratios** (= Wettquotienten) gebildet: Die Wahrscheinlichkeit, mit der eine Person ein Item löst ($p_{x=1}$), dividiert durch die Gegenwahrscheinlichkeit: $p_{x=0} = 1 - p_{x=1}$. Auf den Vorteil einer Ratio gegenüber einer Differenz wurde bereits hingewiesen. Der Wertebereich eines Wettquotienten liegt dann zwischen null und plus unendlich. Er drückt aus, mit welcher Wahrscheinlichkeit eine Person gegen ein Item gewinnt (z.B. eine Person ist sechsmal besser als das Item). Dabei entspricht der Wettquotient von eins einer Itemlösungswahrscheinlichkeit von 50 Prozent. Diese Wettquotienten werden in einem zweiten Schritt logarithmiert. Das Ergebnis nennt man dann Logit der Lösungswahrscheinlichkeit. Die Logarithmierung bewirkt, dass sich der Wertebereich der logarithmierten Wettquotienten auf den Bereich von plus bis minus unendlich ausdehnt. Der Nullpunkt kennzeichnet eine Itemlösungswahrscheinlichkeit von 50 Prozent. Diese Schritte sind in *Abbildung 7.12* grafisch dargestellt (Abbildung orientiert sich an Rost, 2004, S. 118).

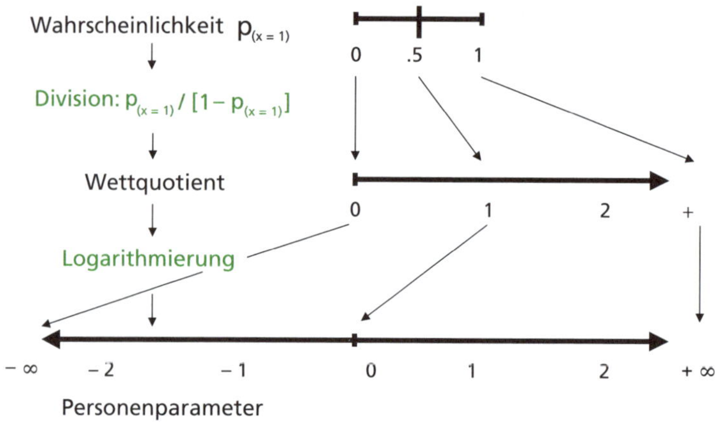

Abbildung 7.12: Darstellung einer Logit-Transformation (vgl. Rost, 2004)

Der Logit der Lösungswahrscheinlichkeit entspricht dabei der Differenz zwischen Personen- (θ) und Itemparameter (σ). Die Ableitung dieser Formel kann bei Fischer (1974) nachgelesen werden.

$$Log \frac{p(x_{vi}=1)}{p(x_{vi}=0)} = \theta_v - \sigma_i$$

- $p(x_{vi} = 1)$ = Wahrscheinlichkeit der Person *v*, das Item *i* richtig zu lösen
- $p(x_{vi} = 0)$ = Wahrscheinlichkeit der Person *v*, das Item *i* falsch zu lösen (Gegenwahrscheinlichkeit)
- θ_v = Personenparameter für eine Person *v*
- σ_i = Itemparameter eines Items *i*
- Log = natürlicher Logarithmus zur Basis *e* ($e \approx 2.718$)

Formt man die obige Gleichung einmal nach dem Nenner p ($x_{vi} = 0$; Person *v* löst Item *i* nicht) und einmal nach dem Zähler p ($x_{vi} = 1$; Person *v* löst Item *i*) um und kombiniert beide Gleichungen, kann schließlich die Wahrscheinlichkeit für einen Wert *x* in Item *i* ermittelt werden[1]:

$$p(X_{vi} = x) = \frac{\exp[x_{vi}(\theta_v - \sigma_i)]}{1 + \exp(\theta_v - \sigma_i)}, \; x = 0, 1$$

- $p(X_{vi} = x)$ = Wahrscheinlichkeit einer Person *v*, bei Item *i* die Antwortkategorie *x* zu wählen
- θ_v = Personenparameter für eine Person v
- σ_i = Itemparameter eines Items i
- exp = Exponentialfunktion (die Umkehrfunktion zum Logarithmus)
- x_{vi} = Wert einer Person *v* auf dem Item *i* (im dichotomen Fall: 0 für „falsch gelöst“ und 1 für „richtig gelöst“)

1 Die Exponentialfunktion e^x als exp (x) geschrieben ist die Umkehrfunktion des Logarithmus. *e* stellt die Eulersche Zahl 2.7188 dar.

Eine Erweiterung des Rasch-Modells (1-Parameter-Modell) stellt das 2-Parameter-Modell (auch Birnbaum-Modell genannt) dar. Es enthält einen so genannten Trennschärfeparameter (β_i).

$$p(X_{vi} = x) \quad = \quad \frac{\exp[x_{vi} \cdot \beta_i(\theta_v - \sigma_i)]}{1 + \exp[\beta_i \cdot (\theta_v - \sigma_i)]}, \; x = 0, 1$$

- $p(X_{vi} = x)$ = Wahrscheinlichkeit einer Person v, bei Item i die Antwortkategorie x zu wählen
- θ_v = Personenparameter für eine Person v
- σ_i = Itemparameter eines Items i
- exp = Exponentialfunktion
- x_{vi} = Wert einer Person v auf dem Item i (im dichotomen Fall: 0 für „falsch gelöst" und 1 für „richtig gelöst")
- β_i = Trennschärfeparameter von Item i

Die Trennschärfe ist in der PTT anders formalisiert als in der KTT. Daher wird an dieser Stelle auf die Trennschärfe eingegangen. Die Trennschärfe in der PTT spiegelt die Steigung der Itemfunktion (Item Characteristic Curve = ICC) wider. Gemeint ist die Steigung einer Tangente (siehe *Abbildung 7.14*) am Wendepunkt (p = .50) der ICC-Funktion. Je höher die Trennschärfe ist, desto steiler ist der Anstieg der ICC. Der Trennschärfeparameter kann Werte zwischen null und plus unendlich annehmen und wird beispielsweise im dichotomen Rasch-Modell für alle Items gleich eins gesetzt. Im 2-Parameter-Modell unterscheiden sich die Trennschärfen einzelner Items. Dies hat erhebliche Konsequenzen für die Interpretation der Personenparameter, was mit Hilfe von *Abbildung 7.13* näher erläutert wird.

Zuerst einmal ist es wichtig, die Itemschwierigkeit zu bestimmen. Die Itemschwierigkeit ist definiert als die Stelle auf der x-Achse, an der die Lösungswahrscheinlichkeit .50 ist. Sie lässt sich grafisch ermitteln, indem man von einer Lösungswahrscheinlichkeit von .50 auf der y-Achse eine Linie zu der entsprechenden ICC zieht und dann ein Lot von dem ICC-Schnittpunkt auf die x-Achse fällt. Damit zeigt sich, dass Item A leichter (σ ca. +1.4) als Item B (σ ca. +1.6) ist. In *Abbildung 7.13* sind die ICCs der Items A und B dargestellt. Item A hat eine größere Steigung als Item B (es ist im Anstieg steiler), das heißt, Item A ist trennschärfer als Item B. Markus löst nun – bedingt durch die unterschiedlichen Itemtrennschärfen – das schwerere Item B mit einer höheren Wahrscheinlichkeit (p = .24) als das leichtere Item A (p = .10). Kommen wir auf das Hochsprungbeispiel zurück. Hier würden unterschiedliche Trennschärfen bedeuten, dass Markus eine Höhe von 1.60 m mit einer höheren Wahrscheinlichkeit überspringt als eine Höhe von 1.40 m. Abgesehen davon, dass es für diesen Sachverhalt schwer ist, eine Begründung zu finden, haben unterschiedliche Trennschärfen auch negative Konsequenzen für die Berechnung der Itemparameter. Die unterschiedlichen Trennschärfen müssen zusätzlich geschätzt werden und erhöhen so die Anzahl der zu schätzenden Parameter. Dies geht auf Kosten der Schätzgenauigkeit. Außerdem ist die einfache Summenwertbildung nicht mehr zulässig, da wegen unterschiedlicher Trennschärfen eine Gewichtung mit der Itemtrennschärfe vorgenommen werden müsste! Daher wird im dichotomen Rasch-Modell die Annahme gemacht, dass alle Trennschärfen gleich sind. Bei Modellgeltung trifft dies dann auch zu.

Die Frage, warum sich die Lösungswahrscheinlichkeiten umkehren, ließe sich allenfalls damit erklären, dass Item B noch eine andere Dimension als die gewünschte Dimension misst. Im Rasch-Modell hingegen trägt jedes Item zum Personenparameter gleich viel bei (konstante Trennschärfe). Wilson (1997) bringt für die Umkehrung von Schwierigkeitsdifferenzen ein weiteres anschauliches Beispiel: Die Umkehrung der Schwierigkeitsdifferenzen zwischen den Items ist analog dazu, als würde sich der Abstand von Korsika nach Sardinien verändern, wenn man sich von Pisa nach Rom bewegt.

Fazit: Abschließend lässt sich feststellen, dass Messwerte nicht nur Intervallskalenniveau implizieren, sondern auch bestimmte Invarianzeigenschaften besitzen müssen: Unterschiede zwischen Itemparametern dürfen nicht von der verwendeten Personenstichprobe abhängen und Unterschiede zwischen Personenparametern nicht von der verwendeten Itemstichprobe (spezifische Objektivität). Das Rasch-Modell wird, wie andere statistische Methoden (z.B. Faktorenanalysen) auch, mit dem Bestreben durchgeführt, zu generalisierbaren Aussagen zu gelangen. Im Wesentlichen müssen jedoch im Rasch-Modell die Daten dem Modell genügen (vgl. Wilson, 1997; Bond & Fox, 2001) und nicht, wie in anderen Bereichen der Statistik, das Modell den Daten, wie etwa dem Prinzip der maximalen Varianzaufklärung in der Faktorenanalyse. Wenn ein Test in verschiedenen Stichproben eine andere Fähigkeit oder Eigenschaft misst (im Sinne einer anderen Struktur oder unterschiedlichen Klassen), dürfen streng genommen auch keine Mittelwertsdifferenzen dieses Messwerts zwischen den Gruppen interpretiert werden. In einem solchen Fall muss die Frage gestellt werden, in welchem Merkmal sich die Personengruppen eigentlich unterscheiden. Das Rasch-Modell stellt daher nicht eine beliebige Auswertungsmethode dar, sondern implementiert eine echte Messtheorie in der Psychologie. Sie ist somit streng genommen die Basis, die die KTT benötigt, um zu belastbaren Aussagen über Fehler von Messungen zu kommen. Wird das Rasch-Modell abgelehnt, liefert es zumindest Anhaltspunkte, an welchen Punkten das Modell gescheitert ist (z.B. Personen- oder Itemhomogenität).

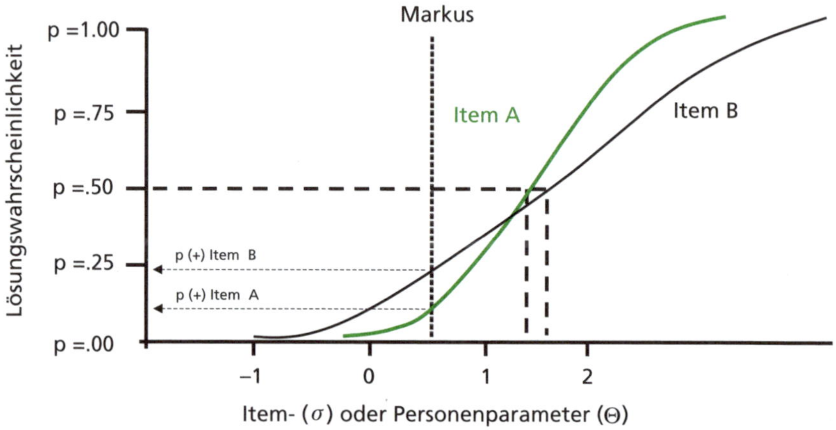

Abbildung 7.13: Darstellung unterschiedlicher Itemtrennschärfen

Um deutlich zu machen, wie stark die ICC ansteigt, wenn unterschiedliche Trennschärfeparameter eingesetzt werden, sind in *Abbildung 7.14* die ICCs für Items mit einer Trennschärfe von 0, 1 und 10 dargestellt. Eine Sprungfunktion, wie es für ein Guttman-Modell zutrifft, hat eine unendliche Trennschärfe (!).

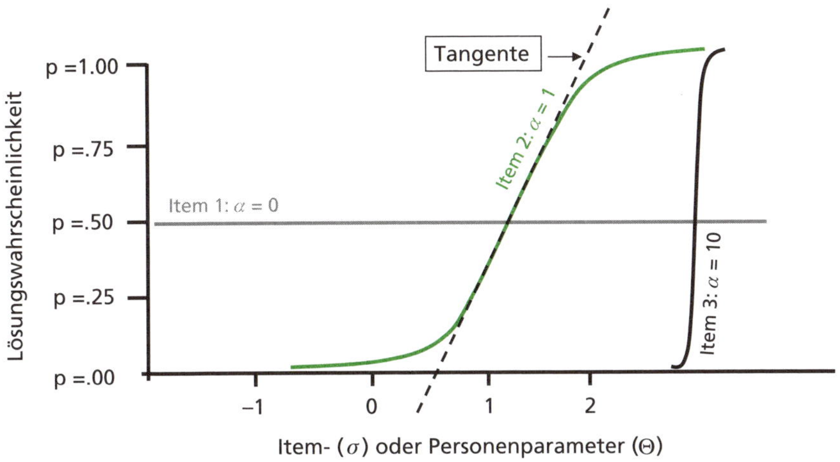

Abbildung 7.14: ICCs mit verschiedenen Trennschärfen

Gleiche Itemtrennschärfen im dichotomen Rasch-Modell und die additive Verknüpfung von Item- und Personenparameter führen dazu, dass die ungewichtete Summe der Itemantworten im dichotomen Rasch-Modell (Richtiglösungen bzw. Zustimmung auf ein Item) eine erschöpfende Statistik der Personenfähigkeit ist. Es ist damit – bei Geltung des Rasch-Modells – unwichtig, welche Items eine Person gelöst hat und welche nicht. Die Summe der Itemantworten alleine enthält alle Informationen über die Personenfähigkeit. Dies gilt – wie bereits erwähnt – nur für das dichotome Rasch-Modell (1-Parameter-Modell). Im 2-Parameter-Modell (Birnbaum-Modell) müssen die Itemantworten erst mit der Trennschärfe gewichtet werden, damit der Summenwert eine erschöpfende Statistik der Personenfähigkeit darstellt. Die Itemlösung hängt damit von mehr als nur der additiven Verknüpfung von Item- und Personenparametern ab. Dabei zählt die Beantwortung eines trennscharfen Items mehr als die Beantwortung eines weniger trennscharfen Items. Damit ist hier eine Voraussetzung für spezifisch objektive Vergleiche verletzt. Die Verletzung ist bedingt durch die Verwendung unterschiedlicher Trennschärfeparameter. Die Aufweichung der strikten latenten Additivität (Rost, 1988, S. 47) wird durch die Einführung eines multiplikativen Trennschärfeparameters verhindert. Dies hat zur Konsequenz, dass die Parameterschätzungen des 2PL-Modells stichprobenabhängig sind.

Darüber hinaus müssen beim 2PL-Modell Item-, Personen- und Trennschärfeparameter simultan geschätzt werden. Das gleichzeitige Schätzen mehrerer Parameter ist nicht nur rechnerisch sehr aufwändig, sondern insbesondere für kleine Stichproben nicht genau möglich.

Es gibt eine dritte Variante des „logistischen" Modells, das so genannte 3-Parameter-Modell. Es berücksichtigt neben Trennschärfeparametern zusätzlich die Ratewahrscheinlichkeit (siehe *Kapitel 3.4.5*). Der Parameter γ_i steht für den Rateparameter. Man setzt hier z.B. .50 für eine Ratewahrscheinlichkeit von 50 Prozent ein.

$$p(X_{vi} = x) = \gamma_i + \left((1-\gamma_i) \frac{(x_{vi} \cdot \beta_i(\theta_v - \sigma_i)}{1+\exp[\beta_i \cdot (\theta_v - \sigma_i)]} \right), x = 0, 1$$

- $p(X_{vi} = x)$ = Wahrscheinlichkeit einer Person v, bei Item i die Antwortkategorie x zu wählen
- θ_v = Personenparameter für eine Person v
- σ_i = Itemparameter eines Items i
- exp = Exponentialfunktion
- x_{vi} = Wert einer Person v auf dem Item i
- β_i = Trennschärfeparameter von Item i
- γ_i = Rateparameter des Items i

In *Abbildung 7.15* ist dies grafisch veranschaulicht. Nehmen wir an, wir betrachten Items aus einem Intelligenztest. Für jede Frage liegen vier Antwortmöglichkeiten vor, von denen eine die richtige Lösung ist. Damit beträgt die Ratewahrscheinlichkeit, bei Annahme konstanter Ratewahrscheinlichkeiten über alle Items, 25 Prozent. Der Bereich unter .25 auf der *y*-Achse kennzeichnet diese **Ratewahrscheinlichkeit**. Dies heißt, dass eine Person bei einem, relativ zu ihrer Fähigkeit, schweren Item eine 25-prozentige Lösungswahrscheinlichkeit besitzt. Es wäre auch möglich, eine **Irrtumswahrscheinlichkeit** einzuführen (siehe Rost, 2004, S. 105). Unter einer Irrtumswahrscheinlichkeit versteht man, dass eine Person trotz hoher Fähigkeit ein im Verhältnis zu ihrer Fähigkeit leichteres Item mit einer konstanten Wahrscheinlichkeit nicht löst. Nimmt man eine Irrtumswahrscheinlichkeit von 25 Prozent an, entspräche das dem Bereich von .75 bis 1.00 auf der *y*-Achse in *Abbildung 7.15*. Diese Darstellung ist jedoch sehr stark vereinfacht. **Je nach der Beschaffenheit der Distraktoren wird die Ratewahrscheinlichkeit für jedes Item und bei jeder Person in Abhängigkeit von der Personenfähigkeit unterschiedlich ausfallen.** Es gibt Items, die relativ leichte Distraktoren beinhalten. Damit springt einem die richtige Antwort fast ins Auge. Bei anderen Items sind die Distraktoren nur sehr schwer von der richtigen Antwort zu unterscheiden (vgl. Kubinger, 2003, S. 420). Für das 3-Parameter-Modell gibt es aufgrund der vielen zu schätzenden Parameter praktisch keine genauen Parameterschätzungen, nicht einmal bei Stichprobengrößen über $N = 500$ (vgl. Kubinger, 2003, S. 420). Daher ist die Anwendung des 3PL-Modells nicht zu empfehlen. Die Ratewahrscheinlichkeit kann durch geeignete Maßnahmen stark reduziert werden. Dazu gehört, die Distraktoren so zu gestalten, dass sie „schwierig" genug sind, und auch die Anzahl der Distraktoren zu erhöhen. Etwas überspitzt formuliert wird durch das 3-Parameter-Modell versucht, mit den Unzulänglichkeiten eines Tests besser umzugehen.

Fazit: Für das 2- und 3-Parameter-Modell benötigt man relativ große Stichproben, da viele Parameter simultan geschätzt werden müssen (vgl. Rost, 2004, S. 135). Im 3-Parameter-Modell muss zudem noch die zusätzliche Annahme getroffen werden, dass eine konstante Ratewahrscheinlichkeit für alle Items vorliegt. Insgesamt ermöglichen die 2- und 3-Parameter-Modelle keine spezifisch objektiven Vergleiche. Daher ist das 1-Parameter-Modell den beiden anderen Modellen vorzuziehen. Allerdings trifft das 1-Parameter-Modell strenge Annahmen, die in der Praxis häufig verletzt sein können. In diesem Fall kann, wenn große Stichproben vorliegen, auf das 2-Parameter-Modell ausgewichen werden.

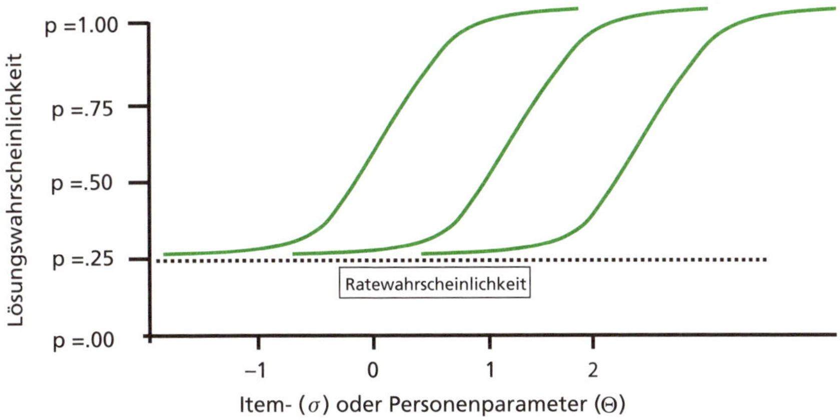

Abbildung 7.15: Darstellung von ICCs mit Ratewahrscheinlichkeit

7.3.2 Die Informationsfunktion

Wie viel Information steckt in einem Item?

Ein großer Vorteil der PTT liegt darin, dass für jede Person eine Schätzfehlervarianz bestimmt werden kann. Die Schätzfehlervarianz kann genutzt werden, um die Genauigkeit der Personenparameter zu ermitteln. Zur Bestimmung der Schätzfehlervarianz wird die Iteminformationsfunktion verwendet. Die Iteminformationsfunktion beschreibt die durch die Items gewonnene Information über den Personenparameter. Die Informationsfunktion der Personenparameter wird insbesondere für die psychometrische Einzelfalldiagnostik genutzt.

$$Var(\theta_v) = \frac{1}{I(\theta_v)} \text{ mit } I(\theta_v) = \sum_{i=1}^{k} p_{vi} \cdot (1 - p_{vi})$$

$$Var(\theta_v) = \frac{1}{\sum_{i=1}^{k} p_{vi} \cdot (1 - p_{vi})}$$

- $\sum_{i=1}^{k}$ = Summe über alle Items i bis k
- $Var(\theta_v)$ = Schätzfehlervarianz eines Personenparameters v
- $I(\theta_v)$ = Informationsfunktion des Personenparameters v
- p_{vi} = Lösungswahrscheinlichkeit der Person v bei Item i

Die Schätzfehlervarianz fällt für jeden Personenparameter unterschiedlich aus. Sie ist am geringsten, wenn Item- und Personenparameter identisch sind und besonders viele Items zur Ermittlung des Personenparameters herangezogen werden. Im ersten Fall nehmen die Lösungswahrscheinlichkeit und deren Gegenwahrscheinlichkeit den maximalen Betrag für $p_{vi} \cdot (1 - p_{vi})$ an, da die Lösungswahrscheinlichkeit für ein Item bei gleichem Item- und Personenparameter 50 Prozent beträgt. Für jede beliebige andere Kombination von Lösungs- und ihrer Gegenwahrscheinlichkeit fällt das Produkt geringer aus. Große Beträge im Nenner führen dazu, dass der gesamte Bruch kleiner wird und so die Schätzfehlervarianz abnimmt. Im zweiten Fall nimmt die Schätzfehlervarianz ebenfalls ab, da durch jedes neue Item der Nenner (Summe über alle Items) größer wird.

Es ist auch inhaltlich plausibel, dass man am meisten Information gewinnt, wenn Item- und Personenparameter identisch sind. In einem solchen Fall ist der Ausgang, ob eine Person das Item „Richtig"/„Falsch" bzw. mit „Ja"/„Nein" beantwortet, 50:50 und damit die Lösung maximal unsicher. Löst die Person ein solches Item, wissen wir, dass ihre Fähigkeit ausreicht, das Item zu lösen, obwohl wir die Lösung nur mit einer 50:50-Chance prognostiziert hätten. Betrachtet man hingegen folgendes hypothetisches Beispiel und legt einer Person mit der Fähigkeit $\theta = 2$ ein Item mit einem Itemparameter $\sigma = 4.2$ vor, dann wird diese Person dieses Item mit einer Wahrscheinlichkeit von 10 Prozent lösen (Berechnung siehe oben, Beispiel unter *Abschnitt 7.5.1*). Löst die Person dieses Item tatsächlich nicht, wissen wir über die Fähigkeitsausprägung der Person nicht viel Neues. Dieses Ergebnis war zu erwarten. Um in diesem Fall etwas über die Fähigkeitsausprägung der Person zu erfahren, müssten wir ihr ein Item mit geringerer Schwierigkeit vorlegen (z.B. $\sigma = 2$).

Die Iteminformationsfunktion kommt neben der psychometrischen Einzelfalldiagnostik in der Konstruktion adaptiver Tests zur Anwendung. Adaptive Tests sind sehr ökonomisch in der Anwendung, jedoch leider nicht in ihrer Konstruktion. Dies liegt daran, dass man zwar zur Testung einer Person nur wenige Items mit „optimalen" Itemparametern benötigt, aber gleichzeitig zur Testkonstruktion viele Items mit vergleichbaren Itemparametern über ein breites Fähigkeitsspektrum konstruieren muss. Optimale Items sind im Sinne des adaptiven Testens solche Items, die viele Informationen über die Fähigkeit der Person bereitstellen. Näheres zum adaptiven Testen findet man bei Kubinger (1989).

Die Anwendung im Falle der psychometrischen Einzelfalldiagnostik soll an dieser Stelle kurz beschrieben werden. Um den Personenparameter wird, wie in der KTT auch, ein Vertrauensintervall gelegt. Beim Vorgehen sind dann letztendlich dieselben Entscheidungen zu treffen wie im Rahmen der KTT (siehe *Kapitel 4.8*): (1) Wahl der Sicherheitswahrscheinlichkeit und (2) Art der Testung (einseitig, zweiseitig). Der Vorteil von Vertrauensintervallen im Rahmen der PTT ist, dass für jeden Personenparameter ein individuelles Vertrauensintervall angegeben werden kann. Dadurch wird berücksichtigt, dass extreme Personenparameter stärker messfehlerbehaftet sind als „mittlere" Personenparameter. In der KTT hingegen wird angenommen, dass der Messfehler über den gesamten Fähigkeitsbereich konstant ist. Dies ist jedoch eine unbegründete Annahme.

$$CI(\theta_v) = \theta_v \pm z_{1-\alpha} \cdot \sqrt{Var(\theta_v)}$$

- $CI\,(\theta_v)$ = Konfidenzintervall für den Personenparameter
- $z_{1-\alpha}$ = Sicherheitswahrscheinlichkeit
- $Var\,(\theta_v)$ = Schätzfehlervarianz eines Personenparameters v

Die Var(θ_v) kann nicht aus dem WINMIRA-Output entnommen werden. Jedoch stellt WINMIRA die Standardabweichung der Schätzfehler der Personenparameter bereit. Dabei sollte die in WINMIRA angegebene WLE-Schätzung verwendet werden (siehe *Abschnitt 7.5.1*, std. error WLE). Da es sich hier um die Standardabweichung der Schätzfehler handelt, ist folgende Formel anzuwenden:

$$CI(\theta_v) = \theta_v \pm z_{1-\alpha} \cdot SE_{WLE}$$

- $CI\,(\theta_v)$ = Konfidenzintervall für den Personenparameter
- $z_{1-\alpha}$ = Sicherheitswahrscheinlichkeit
- SE_{WLE} = Standardfehler der WLE-Schätzung der Personenparameter

Letztendlich kann die Standardabweichung der Schätzfehler der Personenparameter in der PTT genauso verwendet werden wie der Standardmessfehler in der KTT. Die Standardabweichung der Schätzfehler fällt eben nur für jeden Personenparameter unterschiedlich aus. Somit können alle Formeln, die in *Kapitel 4.8* „Psychometrische Einzelfalldiagnostik" angegeben sind, auch für die Standardabweichung der Schätzfehler der Personenparameter angewandt werden.

7.3.3 Logistische Modelle für ordinale Daten

Was ist ein ordinales Rasch-Modell?

Das ordinale Rasch-Modell beschäftigt sich mit Items, die über mehr als zwei geordnete Antwortkategorien verfügen. Geordnet heißt, dass die Items Ordinaldatenniveau besitzen. Betrachten wir folgendes Beispielitem: „Ich gehe gerne aus". Das dazugehörige Antwortformat ist „nie – selten – manchmal – häufig – sehr häufig". Dieses Item könnte beispielsweise Extraversion erfassen. Es wird also angenommen, dass mit steigender Eigenschaftsausprägung (z.B. Extraversion) auch die Häufigkeit des Ausgehens zunimmt. Wovon hängt es nun ab, welche Kategorie eine Person wählt, z.B. nie – selten – manchmal – häufig – sehr häufig? Es wurde darauf hingewiesen, dass dies zum einen von der Eigenschaftsausprägung der Person (Personenparameter) und zum anderen von der Itemschwierigkeit (Itemparameter) abhängt. Eine Person löst ein Item mit einer Wahrscheinlichkeit von 50 Prozent, wenn der Itemparameter dem Personenparameter entspricht.

Betrachten wir zunächst noch einmal ein dichotomes Item mit den Antwortkategorien „Ja/Nein". Man kann sich vorstellen, dass es irgendwo eine Grenze oder einen Übergang geben muss, wo es wahrscheinlicher ist, die Kategorie „(1) = Ja" als die Kategorie „(0) = Nein" zu wählen. Diese Grenzen werden auch als **Schwellen** oder **Thresholds** bezeichnet. Im dichotomen Fall ist diese Schwelle der Übergang, an dem die Wahl der Antwortalternativen „Ja" und „Nein" gleich wahrscheinlich ist. Dieser Punkt entspricht dem Wendepunkt der logistischen Funktion (siehe *Abbildung 7.16*, linke Grafik, gestrichelte Linie) und gleichzeitig auch dem Itemparameter (Itemschwierigkeit). Eine Schwelle kann noch anschaulicher beschrieben werden, wenn eine weitere Wahrscheinlichkeitsfunktion eingeführt wird. Es handelt sich um die Wahrscheinlichkeitsfunktion $p(0)$, was der Wahrscheinlichkeit entspricht, die Kategorie „Null" zu wählen. Sie entspricht der gespiegelten logistischen Funktion, welche die Wahrscheinlichkeit [$p(1)$] ausdrückt, die Kategorie „Eins" zu wählen. Das heißt, je wahrscheinlicher die Kategorie „Eins" gewählt wird, desto unwahrscheinlicher wird die Kategorie „Null" gewählt (und umgekehrt). Dabei addieren sich die Wahrscheinlichkeiten, die Kategorie „Null" und die Kategorie „Eins" zu wählen, zu eins. Der Schnittpunkt beider Funktionen, der dem Wendepunkt beider logistischer Funktionen $p(0)$ und $p(1)$ entspricht, kennzeichnet eine Schwelle. Personen, deren Personenparameter rechts von dieser Schwelle liegt, weisen eine höhere Wahrscheinlichkeit auf, die „höhere" Antwortkategorie „(1) = Ja" zu wählen. Personen, deren Personenparameter links von dieser Schwelle liegt, wählen mit einer höheren Wahrscheinlichkeit die „niedrigere" Antwortkategorie „(0) = Nein".

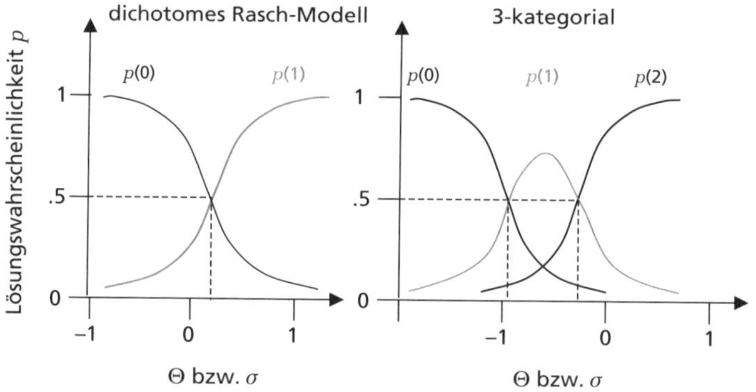

Abbildung 7.16: Darstellung von ICC und CCC im Rasch-Modell

Das Schwellenkonzept lässt sich nun auf mehr als zwei geordnete Antwortkategorien übertragen (siehe *Abbildung 7.16*, rechte Grafik). In diesem Fall wird nicht mehr von ICCs gesprochen sondern von „**Category Characteristic Curves**" (CCC) oder **Kategorienfunktionen**. Betrachten wir ein Item mit drei Kategorien: nie oder selten (0), manchmal (1), oft oder sehr oft (2).

In *Abbildung 7.16* (rechte Grafik) beschreibt die Kategorienfunktion $p(0)$ die Wahrscheinlichkeit, die Antwortkategorie „Null" bzw. „nie oder selten" in Abhängigkeit eines Personenparameters auf dem latenten Kontinuum zu wählen. Die Wahrscheinlichkeit, die Kategorie „Null" bzw. „nie oder selten" zu wählen, sinkt bei dieser Funktion mit steigendem Personenparameter. Dies wird dadurch ausgedrückt, dass sich die Kategorienfunktion $p(0)$ mit zunehmendem Personenparameter asymptotisch einer Wahrscheinlichkeit von null (x-Achse) annähert. Liegt ein Personenparameter auf dem latenten Kontinuum exakt an der Schwelle zwischen Antwortkategorie „Null" bzw. „nie oder selten" und „Eins" bzw. „manchmal", ist für Personen mit diesem Personenparameter die Wahl beider Antwortkategorien „Null" und „Eins" gleich wahrscheinlich. Dieser Punkt auf dem Kontinuum wird auch als **Schwellenparameter** bezeichnet. Für Personen, deren Personenparameter rechts von dieser Schwelle auf dem latenten Kontinuum liegt, steigt mit zunehmendem Personenparameter die Wahrscheinlichkeit, die Antwortkategorie „Eins" bzw. „manchmal" zu wählen, bis zum Gipfelpunkt der Kategorienfunktion $p(1)$ an. Die Kategorienfunktion $p(1)$ weist dabei eine ähnliche Form wie eine Normalverteilung auf. Personen, deren Personenparameter an dem Punkt des latenten Kontinuums liegt, an dem sich auch der Gipfel der

Kategorienfunktion $p(1)$ befindet, wählen Antwortkategorie „Eins“ bzw. „manchmal“ am wahrscheinlichsten. Gleichzeitig fällt für Personen mit zunehmendem Personenparameter rechts vom Gipfelpunkt der Kategorienfunktion $p(1)$ die Wahrscheinlichkeit, Antwortkategorie „Eins“ zu wählen, wieder ab. Liegt nun ein Personenparameter exakt auf der Schwelle zwischen Antwortkategorie „Eins“ bzw. „manchmal“ und „Zwei“ bzw. „oft oder sehr oft“, ist für Personen mit diesem Personenparameter die Wahl beider Antwortkategorien wieder gleich wahrscheinlich. Dieser Punkt auf dem latenten Kontinuum kennzeichnet den **zweiten Schwellenparameter**. Rechts von der Schwelle zwischen Antwortkategorie „Eins“ und „Zwei“ steigt für Personen mit steigendem Personenparameter die Wahrscheinlichkeit wieder an, Antwortkategorie „Zwei“ zu wählen. Die in *Abbildung 7.16* dargestellten Kategorienfunktionen können einfacher als logistische Funktionen dargestellt werden.

In *Abbildung 7.17* sind die Kategorienfunktionen von *Abbildung 7.16* als logistische Funktionen dargestellt. Bei k Kategorien ergeben sich immer $k - 1$ Schwellen und damit $k - 1$ logistische Funktionen. Nehmen wir z.B. $k = 3$ (0, 1, 2) ergeben sich 3 – 1 Schwellen von 0 auf 1 und von 1 auf 2. Dabei wird wie im dichotomen Rasch-Modell die Wahrscheinlichkeit für die Wahl der Nullkategorie nicht benötigt. Für Personen mit einem zunehmend geringeren Personenparameter links der Kategorienfunktion von $p(1)$ sinkt die Wahrscheinlichkeit, Antwortkategorie (1) „manchmal“ zu wählen, gleichzeitig steigt die Wahrscheinlichkeit die Antwortkategorie (0) „nie/selten“ zu wählen [Gegenwahrscheinlichkeit zu $p(1)$]. Die grünen Linien kennzeichnen den Wendepunkt der logistischen Funktion. Fällt man das Lot auf die x-Achse, ergibt sich der Wert für den Schwellenparameter.

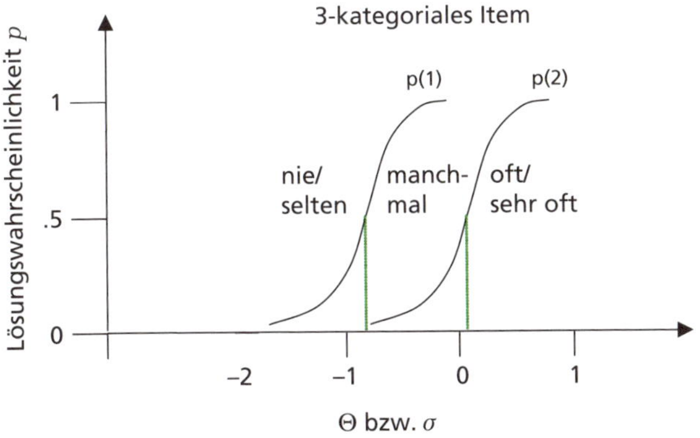

Abbildung 7.17: Kategorienfunktion für ein 3-kategoriales Item

Schwellenwahrscheinlichkeit Wie kommt man nun zu Parametern, die diese logistischen Funktionen in *Abbildung 7.17* beschreiben? Zuerst wird eine Formel benötigt, mit der Schwellenwahrscheinlichkeiten (q_x) mit Hilfe von Kategorienwahrscheinlichkeiten (p_{x-1} und p_x) berechnet werden können:

$$q_x = \frac{p_x}{p_{x-1} + p_x}$$

- q_x = Schwellenwahrscheinlichkeit von Schwelle x
- p_x = Wahrscheinlichkeit der Kategorie x
- p_{x-1} = Wahrscheinlichkeit der Kategorie x–1

Um eine Schwellenwahrscheinlichkeit zu ermitteln, werden also nur zwei Kategorienwahrscheinlichkeiten benötigt: die Kategorienwahrscheinlichkeit der höheren Antwortkategorie (p_x) und die Kategorienwahrscheinlichkeit (p_{x-1}) der niedrigeren Antwortkategorie. Bestimmt wird der Anteil der höheren Kategorienwahrscheinlichkeit (p_x) an beiden Kategorienwahrscheinlichkeiten, der höheren und der niedrigeren ($p_{x-1} + p_x$).

Kategorienwahrscheinlichkeit Um jedoch die Wahrscheinlichkeit zu ermitteln, mit der eine Person eine bestimmte (Antwort-)Kategorie wählt, muss die Formel nach der Kategorienwahrscheinlichkeit (p_x) aufgelöst werden:

$$p_x = p_{x-1} \frac{q_x}{1+q_x}$$

Damit entspricht die Kategorienwahrscheinlichkeit (p_x) dem Produkt aus der vorherigen Kategorienwahrscheinlichkeit und dem Quotienten aus der Schwellenwahrscheinlichkeit (q_x) und deren Gegenwahrscheinlichkeit ($1 - q_x$). So lässt sich für jede Kategorie eine Kategorienwahrscheinlichkeit bestimmen.

Schwellenwahrscheinlichkeit im Rasch-Modell Nun benötigt man noch die Information, wie Schwellenwahrscheinlichkeiten im Rahmen des Rasch-Modells ermittelt werden. Wie bereits erwähnt, wird dazu eine logistische Funktion verwendet. Wie jedoch aus der Formel zur Berechnung der Kategorienwahrscheinlichkeit (p_x) hervorgeht, wird neben der Schwellenwahrscheinlichkeit für Schwelle x auch deren Gegenwahrscheinlichkeit ($1 - p_x$) benötigt. Diese entspricht den Formeln, eine bestimmte Kategorie zu wählen, jedoch mit der Zahl 1 im Zähler. Hier sind die Schwellenwahrscheinlichkeit für die Schwelle $x = 1$ oder $x = 1, 2, 3, \ldots$, m dargestellt sowie deren Gegenwahrscheinlichkeiten ($1 - q_x$):

dichotomes RM:

$$q_x = \frac{\exp(\theta_v - \sigma_i)}{1+\exp(\theta_v - \sigma_i)}, \; x = 1$$

$$1 - q_x = \frac{1}{1+\exp(\theta_v - \sigma_i)}$$

ordinales RM:

$$q_x = \frac{\exp(\theta_v - \tau_{ix})}{1+\exp(\theta_v - \tau_{ix})}, \; x = 1, 2, 3, \ldots, m$$

$$1 - q_x = \frac{1}{1+\exp(\theta_v - \tau_{ix})}$$

- q_x = Schwellenwahrscheinlichkeit x
- θ_v = Personenparameter für eine Person v
- σ_i = Itemparameter eines Items i
- τ_{ix} = Schwellenparameter τ eines Items i bei Kategorie x
- exp = Exponentialfunktion

Schwellenwahrscheinlichkeit und -parameter Im dichotomen Rasch-Modell gibt es nur eine Schwelle (ausgedrückt durch σ_i), beispielsweise zwischen den Antwortkategorien „Richtig/Falsch" oder „Ja/Nein". Die Schwellenwahrscheinlichkeit im dichotomen Rasch-Modell entspricht dabei der Lösungswahrscheinlichkeit einer Richtiglösung oder Ja-Antwort. Dies ist gleichbedeutend mit dem Anteil der Kategorienwahrscheinlichkeit einer Richtiglösung oder Ja-Antwort (p_1) an der Kategorienwahrscheinlichkeit einer Falschlösung oder Nein-Antwort (p_0). Daneben können im Rasch-Modell auch Schwellenparameter berechnet werden. Der Schwellenparameter eines Items im dichotomen Rasch-Modell entspricht dem Itemparameter. Es ist der Punkt auf dem latenten Kontinuum, bei dem die Lösungswahrscheinlichkeit des Items 50 Prozent beträgt.

Im ordinalen Rasch-Modell gibt es mehrere Schwellen, z.B. Schwelle Null zwischen „nie oder selten" und „manchmal" sowie Schwelle Eins zwischen „manchmal" und „oft oder sehr oft". Hier gibt eine Schwellenwahrscheinlichkeit den Anteil der höheren Kategorienwahrscheinlichkeit an der niedrigeren Kategorienwahrscheinlichkeit an: Anteil der Wahrscheinlichkeit, Kategorie „nie oder selten" zu wählen, an der Wahrscheinlichkeit Kategorie „manchmal" zu wählen. Die Schwellenparameter können als Schwierigkeit, eine bestimmte Schwelle zu überschreiten, interpretiert werden. Für eine Person, deren Personenparameter exakt dem Schwellenparameter entspricht, ist die Wahl der beiden benachbarten Antwortkategorien (z.B. „nie oder selten" und „manchmal") gleich wahrscheinlich. Alle Schwellenparameter eines mehrkategorialen ordinalen Items werden wiederum zur Bestimmung des Itemparameters herangezogen. Der Itemparameter wird in Abgrenzung zum Schwellenparameter weiterhin als σ (sigma) bezeichnet. **Der Itemparameter eines Items im ordinalen Rasch-Modell entspricht dabei den gemittelten Schwellenparametern.**

Kategorienwahrscheinlichkeit im Rasch-Modell Letztendlich soll jedoch mit Hilfe des ordinalen Rasch-Modells die Wahrscheinlichkeit bestimmt werden, mit der eine Person eine bestimmte Antwortkategorie wählt. Um die Kategorienwahrscheinlichkeiten zu ermitteln, werden die Schwellenwahrscheinlichkeiten des Rasch-Modells benötigt und in die Formel zur Ermittlung von p_x eingesetzt. Eine Ableitung findet sich bei Rost (2004, S. 207 f.). Letztendlich entspricht der logarithmierte Quotient aus der Wahrscheinlichkeit, die Kategorie x (p_x) und der Wahrscheinlichkeit, die Kategorie „Null" (p_0) zu wählen, der summierten Differenz zwischen Personenparameter θ_v und dem Schwellenparameter bis zur gewählten Antwortkategorie s. Aus dieser Ableitung lässt sich dann folgende Gleichung ermitteln:

$$Log \ \frac{p_x}{p_0} = \sum_{s=1}^{x} (\theta_v - \tau_{is})$$

- p_x = Wahrscheinlichkeit, Kategorie x zu wählen
- p_0 = Wahrscheinlichkeit, Kategorie 0 zu wählen
- Log = Logarithmus
- θ_v = Personenparameter für eine Person v
- τ_{is} = Schwellenparameter von Item i bei Schwelle s

Aus der Umformung der obigen Formel ergibt sich dann wiederum die Formel für das ordinale Rasch-Modell, das auch als **Partial-Credit-Modell** bezeichnet wird[2]:

$$p(X_{vi} = x) = \frac{\exp\ ([x \cdot \theta_v] - \sigma_{ix})}{\sum_{s=0}^{m} \exp\ ([s \cdot \theta_v] - \sigma_{is})}$$

- $p(X_{vi} = x)$ = Wahrscheinlichkeit einer Person v, bei Item i die Kategorie x zu wählen
- x = Anzahl übersprungener Schwellen bis zur gewählten Kategorie x
- s = Nummer der Schwelle
- θ_v = Personenparameter für eine Person v
- σ_{ix} = Summe der Schwellenparameter eines Items i bis zur gewählten Kategorie x
- σ_{is} = Summe aller Schwellenparameter bis Schwelle s
- exp = Exponentialfunktion
- m = Anzahl der Schwellen

Der Zähler dieser Formel enthält lediglich die Summe der bereits überschrittenen Schwellenparameter σ_{ix}. Der Nenner hingegen enthält die Summe aller Schwellenparameter σ_{is}. Somit wird die Summe bereits überschrittener Schwellenparameter relativiert an der Summe aller Schwellenparameter. Das heißt, alle Schwellenschwierigkeiten bestimmen simultan die Wahrscheinlichkeit, mit der eine Person eine bestimmte Kategorie wählt. Um eine gewisse Eigenschaftsausprägung zu erreichen, muss eine Person also folglich aufeinander folgende Schwellen erfolgreich überschreiten. Wenn das Rasch-Modell gilt, stellt der Summenscore auch im ordinalen Rasch-Modell eine erschöpfende Statistik der Personenfähigkeit dar.

Rost (2004, S. 210 f.) weist darauf hin, dass der Antwortprozess auf ein Item mit mehr als zwei Antwortkategorien kein sequenzieller Prozess ist. Dies ist plausibel, da eine Person zuerst alle Antwortmöglichkeiten und deren sprachliche Bezeichnungen liest und dann aufgrund der gesamten Information entscheidet, welche Antwortkategorie sie wählt. Ein häufiger Fehlschluss besteht auch darin, dass sich nicht aufsteigend angeordnete Schwellenparameter negativ auf die Modellanpassung auswirken. Im ordinalen Rasch-Modell gibt es keine Restriktionen der Schwellenparameter, etwa mit einer bestimmten Ordnungsrelation oder Abstandsbeziehung. Das heißt, dass die Ordnung der Schwellen im Rasch-Modell nicht gestestet wird, sondern vielmehr eine inhaltliche Überlegung darstellt. **Geordnete Schwellen sind vielmehr eine zwingende inhaltliche Konsequenz des ordinalen Rasch-Modells.** *Das Rasch-Modell geht davon aus, dass die Schwellen geordnet sind. Dies muss bei der Anwendung des ordinalen Rasch-Modells durch die Inspektion der Schwellenparameter geprüft werden.* Bei Leistungsitems mit auch teilrichtigen Lösungen (Partial-Credit Items), für die dieses Modell ursprünglich konzipiert wurde, muss die Ordnung der Schwellen nicht zwingend sein, da – außer bei aufeinander aufbauenden teilrichtigen Aufgaben – selten Hypothesen darüber existieren, welche Teilaufgabe schwieriger als eine andere

2 Um diese Formel zu erhalten, sind eine Reihe von Vereinfachungen bzw. Nebenbedingungen nötig: (1) Die Schwellenwahrscheinlichkeiten müssen sich zu „Eins" addieren. (2) Für die „unterste" Kategorie „Null" werden Schwellenparameter eingeführt, die null sind. (3) Kumulierte Schwellenparameter σ_{ix} werden eingeführt, die die Summe aller Schwellenparameter bis zur gewählten Kategorie x darstellen.

ist und warum. Um Hypothesen über bestimmte Relationen der Antwortkategorien zueinander testen zu können, wie sie sich in Ratingskalen ausdrücken, wurden wiederum verschiedene Modelle aus dem ordinalen Rasch-Modell abgeleitet. Zwei sollen hier genannt werden: Ratingskalenmodell und Äquidistanzmodell.

Ratingskalenmodell Im Ratingskalenmodell wird angenommen, dass die Abstände zwischen zwei aufeinander folgenden Schwellen über alle Items gleich sind. Dieses Modell leitet sich aus der Verwendung desselben Itemantwortformates ab. Nehmen wir beispielsweise folgendes Antwortformat an: nie, selten, manchmal, oft, sehr oft. In den meisten Fällen verwenden alle Items eines Fragebogens solche gleich benannten Kategorien. Dabei muss aber der Abstand der Schwellenparameter zwischen den Antwortkategorien *nie/selten* und *selten/manchmal* nicht derselbe sein wie zwischen *manchmal/oft* oder *oft/sehr oft*. Zwei aufeinander folgende Schwellenparameter sollten aber über alle Items denselben Abstand aufweisen (Effekt der Kategorienbenennung). Die Items wiederum unterscheiden sich nur in ihrer Schwierigkeit, das heißt, in der Zustimmung zu einem Item. Unterschiedliche Itemparameter (Itemschwierigkeiten) werden durch die Itemformulierung erreicht. Beispielsweise wird einem Item „Ich bin traurig" wahrscheinlich häufiger zugestimmt als dem Item „Ich denke daran, mir das Leben zu nehmen". Die Schwellenabstände sind hingegen nur ein Charakteristikum der Antwortskala und nicht bedingt durch verschiedene Itemformulierungen. Das hat zur Konsequenz, dass die Kategoriengrenzen gleich trennscharf sind. Gleich trennscharf heißt, dass die Schwellenabstände für zwei aufeinander folgende Schwellen über alle Items gleich sind. Je kürzer der Abstand zwischen den Schwellen eines Items ist, desto trennschärfer ist es. Das bedeutet praktisch, dass eine geringe Zunahme im Personenparameter dazu führt, mit hoher Wahrscheinlichkeit die nächste Antwortkategorie zu wählen. Ein Beispiel für Ratingskalen findet sich in *Abbildung 7.18*. Hier bleibt der Abstand zwischen zwei aufeinander folgenden Schwellenparametern für alle Items gleich.

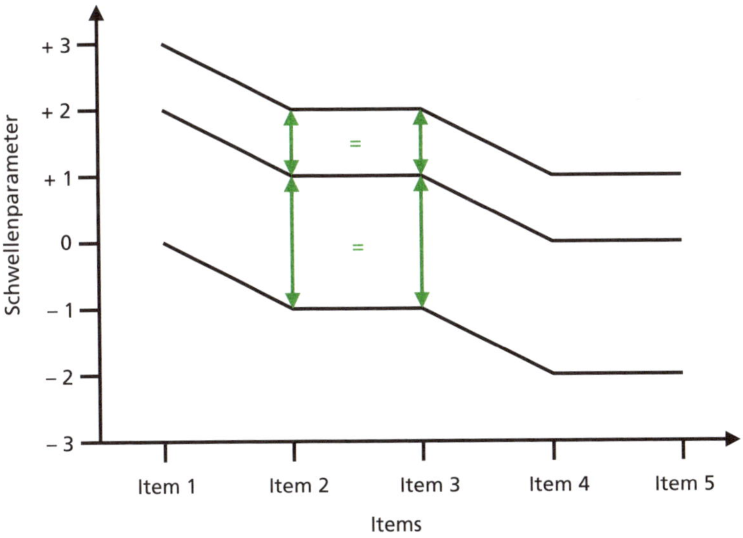

Abbildung 7.18: Abstände der Schwellenparameter im Ratingskalenmodell

Äquidistanzmodell Im Äquidistanzmodell wird angenommen, dass der Abstand aufeinander folgender Schwellenparameter für jedes Item und über alle Items gleich ist. Formeln für das Äquidistanzmodell und das Ratingskalenmodell finden sich bei Rost (2004). Sie werden hier nicht aufgeführt. Das Äquidistanzmodell ist ein Hinweis darauf, dass eine Skala bzw. ein Item wirklich intervallskaliert ist. In *Abbildung 7.19* sind die Schwellenparameter von Items angegeben, die ein Äquidistanzmodell darstellen.

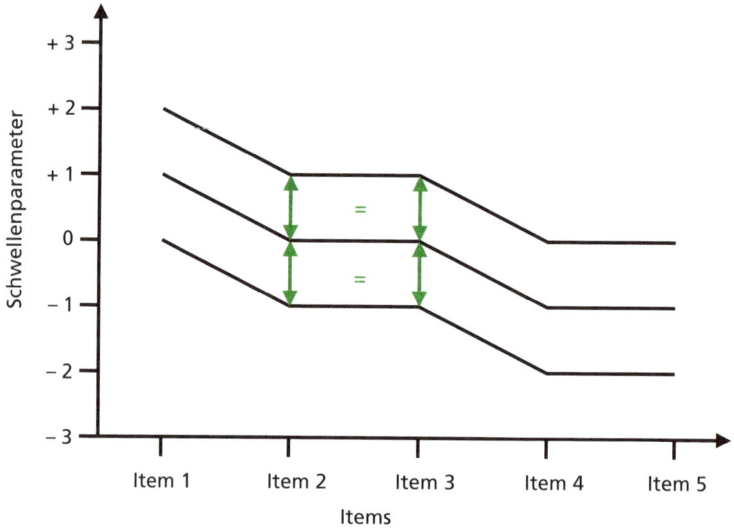

Abbildung 7.19: Abstände der Schwellenparameter im Äquidistanzmodell

Schwellenparameter Schwellenparameter können über das Antwortverhalten der getesteten Personen Aufschluss geben. Dazu werden spezielle Grafiken verwendet. Auf der x-Achse sind dabei die Items angeordnet und auf der y-Achse die Itemschwierigkeit (σ) bzw. die Personenfähigkeit (Θ). Eingezeichnet sind die Schwellenparameter für jedes Item. Liegen die Schwellenparameter nahe zusammen, bedeutet dies, dass eine geringe Zunahme der Fähigkeit oder der Eigenschaftsausprägung einer Person zur Wahl einer höheren Antwortkategorie führt. Liegen die Schwellenparameter weit auseinander, ist die Wahl einer höheren Antwortkategorie nur mit einem sehr viel stärkeren Fähigkeitszuwachs oder einer sehr viel höheren Eigenschaftsausprägung möglich. In *Abbildung 7.20* sind mehrere Items mit unterschiedlichen Schwellenparametern dargestellt. Liegt der Personenparameter einer Person zwischen zwei Schwellenparametern (threshold), wählt sie mit hoher Wahrscheinlichkeit diese Antwortkategorie. Markus hat in einem Test den Personenparameter –2 und für ihn ist daher die Wahl der Antwortkategorie „Null" oder „Eins" bei Item 4 in diesem Test gleich wahrscheinlich. Das heißt, die Wahrscheinlichkeit, eine der beiden Antwortkategorien zu wählen, ist dieselbe. Man sieht deutlich, dass die Abstände zwischen den Schwellenparametern nicht gleich sind. Damit liegt hier wahrscheinlich nur ein ordinales Rasch-Modell vor. Wie bereits erwähnt, sind als Grundvoraussetzung des Rasch-Modells die Schwellen für fast alle Items geordnet, so dass bei dem Fragebogen tatsächlich von Ordinaldatenniveau der Items ausgegangen werden kann. Ob dies tatsächlich so ist, müsste mit Hilfe des Ratingskalenmodells geprüft werden. Die unterschiedlichen Schwellenparameter in *Abbildung 7.20* wurden im Rahmen des Mixed-Rasch-Modells ermittelt und die Grafiken mit WINMIRA. Auf das Mixed-Rasch-Modell wird im folgenden Abschnitt noch genauer eingegangen.

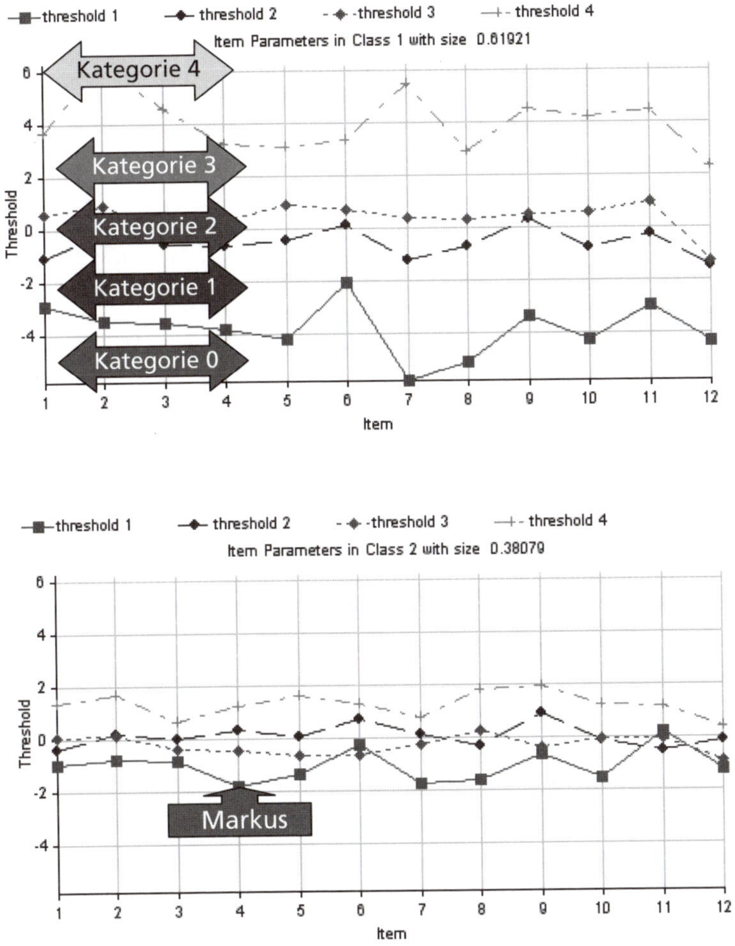

Abbildung 7.20: Schwellenabstände für ein Item im Mixed-Rasch-Modell

7.3.4 Das Mixed-Rasch-Modell

Was ist ein Mixed-Rasch-Modell?

Das Mixed-Rasch-Modell (Rost, 2004) geht davon aus, dass es unterschiedliche Klassen von Personen gibt, in denen das Rasch-Modell gilt. Das Mixed-Rasch-Modell kann somit zwei Dinge: sowohl die Eigenschaftsausprägung einer Person bestimmen (quantifizieren) als auch deren Klassenzugehörigkeit identifizieren (klassifizieren). Diese Klassen oder Teilstichproben von Personen sind im Voraus nicht bekannt, sie werden im Rahmen des Mixed-Rasch-Modells ermittelt. Die Klassen werden dabei so bestimmt, dass sich die Itemparameter in den Klassen maximal unterscheiden, indem nach maximal unterschiedlichen Antwortmustern gesucht wird und diese in verschiedene Klassen separiert werden. Wird ein Mixed-Rasch-Modell mit einer gewissen Anzahl an Klassen durch den Modelltest nicht verworfen, nutzen die Personen in den verschiedenen Klassen unterschiedliche Eigenschaften oder Lösungsstrategien, um die Items des Tests zu lösen oder zu bearbeiten. Bei Persönlichkeitsfragebögen können Mixed-Rasch-Modelle verwendet werden, um Antwortstile oder Persönlichkeitstypen zu identifizieren.

Betrachten wir ein konkretes Beispiel, z.B. einen Intelligenztest. Die Aufgabe besteht darin, Teile von Figuren zu einem Gesamtbild (vorgegebene Figur) zusammenzufügen. Danach soll die Person entscheiden, welcher Figur von vier vorgegebenen Figuren die zusammengesetzten Einzelteile entsprechen. Solche Aufgaben können sehr unterschiedlich gelöst werden. Einige Personen versuchen möglicherweise, die Teile einfach zusammenzuschieben, andere zunächst eine Drehung der Figurenteile. Es könnte auch Personen geben, die eckige Figuren leichter bearbeiten als runde Figuren (Bühner, Ziegler, Krumm & Schmidt-Atzert, 2006).

Betrachten wir einen Persönlichkeitstest, so könnten Personenklassen beispielsweise dazu neigen, extreme oder mittlere Antwortkategorien zu wählen. Dies hätte gravierende Auswirkungen: Personen mit den gleichen Summenwerten könnten unterschiedliche Fähigkeitsausprägungen aufweisen. Dies lässt sich leicht veranschaulichen. Nehmen wir an, Sabine und Markus beantworten jeweils fünf Fragen mit einer fünfstufigen Ratingskala von 1 bis 5 (starke Ablehnung, Ablehnung, neutral, Zustimmung, starke Zustimmung). Sabine neigt dazu, mittlere Antworten anzukreuzen, und Markus dazu, extreme Antworten anzukreuzen. Markus kreuzt bei den fünf Fragen 1, 5, 5, 5, 1 an und Sabine 3, 4, 2, 4, 3. Möglicherweise haben Sabine und Markus dieselbe Eigenschaftsausprägung, aber einen unterschiedlichen Summenwert: Markus 17 und Sabine 16. Mit Hilfe des Mixed-Rasch-Modells kann geprüft werden, wie viele unterschiedliche Personenklassen in einer Stichprobe vorliegen.

Personenhomogenität Liegt in einer Stichprobe nur eine Klasse vor, spricht man von Personenhomogenität. Das heißt, alle Personen nutzen dieselbe Fähigkeit oder Eigenschaft, um das Item zu lösen bzw. zu beantworten. Insofern kann mit Hilfe des Mixed-Rasch-Modells die Annahme der Personenhomogenität widerlegt werden.

Die Formel des Mixed-Rasch-Modells für dichotome und ordinale Daten enthält einen Modellparameter (Klassengrößeparameter) und einen Index (für die entsprechende Klasse) mehr als das 1-Parameter-Rasch-Modell oder das ordinale Rasch-Modell. Die Formeln sind im Folgenden dargestellt:

dichotom:
$$p(X_{vi}=1) = \sum_{g=1}^{G} \pi_g \frac{\exp(\theta_{vg}-\sigma_{ig})}{1+\exp(\theta_{vg}-\sigma_{ig})}$$

ordinal:
$$p(X_{vi}=x) = \sum_{g=1}^{G} \pi_g \frac{\exp(x\cdot\theta_{vg}-\sigma_{ixg})}{\sum_{s=0}^{m}\exp(s\cdot\theta_{vg}-\sigma_{isg})}$$

- $p(X_{vi}=x)$ = Wahrscheinlichkeit, dass eine Person v bei Item i die Kategorie x wählt
- θ_{vg} = Personenparameter für eine Person v in Klasse g
- σ_{ig} = Itemparameter eines Items i in Klasse g
- σ_{ixg} = Summe der Schwellenparameter bis Schwelle x in Klasse g

- σ_{isg} = Summe aller Schwellenparameter τ in Klasse g
- exp = Exponentialfunktion
- π_g = Klassengrößeparameter *pi* (= relative Klassengröße)

Die Formeln geben die Lösungswahrscheinlichkeit einer Person v bei einem Item i in der Klasse g an. Zur Veranschaulichung im Rahmen des dichotomen Mixed-Rasch-Modells soll zunächst *Abbildung 7.21* betrachtet werden. Dort findet sich ein Profilverlauf für drei latente Klassen. Es handelt sich um einen Intelligenztest mit Figuren, der oben als Beispiel beschrieben wurde.

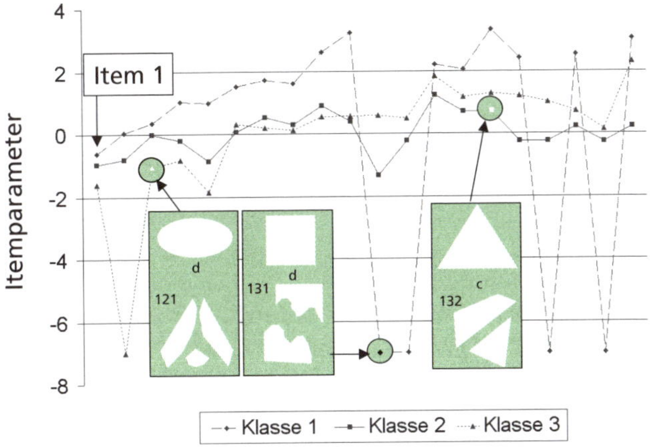

Abbildung 7.21: Beispiel einer Dreiklassenlösung für den I-S-T 2000 R, Untertest Figurenlegen

In diesem Beispiel ist auf der y-Achse der Wert des Itemparameters aufgetragen und auf der x-Achse das jeweilige Item (insgesamt 20 Items). Jede der drei Linien kennzeichnet einen Profilverlauf. Es zeigt sich, dass sich die Verläufe der Linien zum Teil deutlich unterscheiden. Die gestrichelte Linie kennzeichnet eine Klasse von Personen, die Items durch Zusammenschieben der Einzelteile löst (Klasse 1). Wie kann man eine solche Klasse finden? Für Personen dieser Klasse sind einige Items im Verhältnis zu anderen Items besonders leicht zu lösen (Itemparameter von kleiner als –6). Diese Items haben eine gemeinsame Eigenschaft: Schiebt man einfach die Einzelteile zusammen, ist die Lösung sehr einfach. Das heißt, Personen dieser Klasse lösen wohl die Testitems durch Zusammenschieben der Figurenteile. Die Interpretation der Klasse erfolgt also, indem man die Itemparameter innerhalb einer Klasse betrachtet. Die Klassen selbst ergeben sich aber dadurch, dass sich die Itemparameter zwischen den Klassen **qualitativ** unterscheiden. Innerhalb der jeweiligen Klasse lassen sich hingegen quantitative Unterschiede feststellen, da hier ja jeweils das Rasch-Modell gilt.

Warum nur qualitative Unterschiede? Eine quantitative Interpretation würde nahe legen, dass man die Höhe der Itemparameter zwischen den Klassen direkt vergleichen kann. Dies könnte zu dem Schluss führen, dass Personen aus Klasse 1 bei allen anderen Figuren, außer denen, die durch Zusammenschieben zu lösen sind, größere Schwierigkeiten haben als Personen anderer Klassen. Dies trifft allerdings nicht zu, da die Summe der Itemparameter in jeder Klasse den Wert Null ergeben muss (siehe Summennormierung). Die extrem leichten Items führen dazu, dass die Itemparameter der restlichen Items höher werden müssen, damit die Summe aller Itemparameter wieder „Null" ergibt. Daraus ist unmittelbar ersichtlich, dass die Unterschiede in den Itemschwierigkeiten zwischen den Klassen nicht quantitativ interpretiert werden dürfen, denn die unterschiedliche Höhe der Itemparameter ist durch die getrennte Summennormierung „herausgerechnet". Die Itemparameter stellen lediglich qualitative Unterschiede dar. Interpretiert werden können die Klassen anhand ihrer Profilverläufe, und zwar nur innerhalb einer jeden Klasse.

Betrachtet man nun die restlichen beiden Klassen, ist für die Interpretation der Klassen folgende Information sehr wichtig: Die ersten 10 Items des Untertests beinhalten runde Figuren und die Items 11 bis 20 eckige Figuren. Wie man aus *Abbildung 7.21* sieht, sind die runden Items für Personen der Klasse 3 leichter zu lösen als die eckigen Items und für Personen der Klasse 2 die eckigen Items leichter als die runden Items. Die Profilverläufe beider Klassen unterscheiden sich bezüglich der Bearbeitung der runden und eckigen Items jedoch nur qualitativ.

Fazit: Analysen nach dem Mixed-Rasch-Modell können sehr aufschlussreich sein. Rost (2004, S. 241) weist darauf hin, dass das Mixed-Rasch-Modell dazu dient, Personen zu klassifizieren. Dies geschieht letztendlich anhand der dargestellten Profilverläufe (siehe *Abbildung 7.21*) der Klassen. Dabei spielt ein unterschiedliches Niveau der Profile keine Rolle. Dies hängt damit zusammen, dass die Itemparameter in jeder Klasse so normiert werden, dass deren Summe null ergibt. Unterschiede im Profil spiegeln also keine Niveauunterschiede (quantitative) wider, sondern qualitative Unterschiede in der Itembeantwortung. Unterschiedliche Itemparameter innerhalb einer Klasse können hingegen quantitativ interpretiert werden. Im Rahmen des ordinalen Mixed-Rasch-Modells ist es günstig, die Schwellenparameter in jeder Klasse zu betrachten, um Klassen zu unterscheiden. Ein entsprechendes Beispiel findet sich in *Abschnitt 7.5.2*.

Diagnostisch gesehen ist ein Mixed-Rasch-Modell zwar sehr aufschlussreich, da es Einblicke ermöglicht, welche Fähigkeiten oder Eigenschaften Personen nutzen, um Items zu lösen oder zu beantworten. Liegt anderseits ein Mixed-Rasch-Modell vor, sind Summenwerte eines Fragebogens oder Tests ohne Kenntnis des Antwortmusters nicht mehr interpretierbar. Dies ist diagnostisch gesehen wiederum sehr unbefriedigend.

7.3.5 Parameterschätzung

Wie ermittle ich Item- und Personenparameter?

Es gibt verschiedene Möglichkeiten, Itemparameter zu schätzen. Im Wesentlichen werden drei Methoden herangezogen: die **verbundene oder unbedingte (joint) Maximum-Likelihood-Schätzung (uML)**, die **konditionale (conditional) Maximum-Likelihood-Schätzung (cML)** und die **marginale Maximum-Likelihood (mML)**. Die eleganteste Methode stellt dabei die cML-Methode dar, da sie keine Annahmen über die Verteilung der Personenparameter trifft und Personenparameter zur Schätzung der Itemparameter nicht benötigt werden. Eine solche Schätzung kann nur für das 1-Parameter-Modell und das ordinale Rasch-Modell bzw. das Rating- oder Äquidistanzmodell vorgenommen werden. Der Einfachheit halber sind die Parameterschätzungen nur für das dichotome Rasch-Modell (1-Parameter-Modell) dargestellt. Die Parameterschätzungen für das ordinale Rasch-Modell und das Mixed-Rasch-Modell erfolgen analog.

Zuerst soll kurz dargestellt werden, was eine Likelihood-Funktion ist. Eine Likelihood-Funktion besteht im einfachsten Fall aus den aufmultiplizierten Wahrscheinlichkeiten jeder Antwort in der gesamten Datenmatrix. Die Summation von Items wird mit einem Summenzeichen (großes Sigma) ausgedrückt: $\sum x = (x_{v1} + x_{v2} + x_{v3} \ldots + x_{vi})$. Analog dazu wird das Aufmultiplizieren mit einem Produktzeichen (großes pi) ausgedrückt: $\Pi x = (x_{v1} \cdot x_{v2} \cdot x_{v3} \ldots \cdot x_{vi})$. Setzt man die Formel für das 1-Parameter-Modell in eine Likelihood-Funktion ein, kann man zeigen, dass im speziellen Fall des Rasch-Modells bei additiver Verknüpfung der Item- und Personenparameter nur noch die Randsummen der Datenmatrix zur Berechnung der Likelihood nötig sind. Man spricht daher auch davon, dass im Rahmen des Rasch-Modells die Randsummen der Datenmatrix **erschöpfende Statistiken** der Personenfähigkeit und der Itemschwierigkeit sind. Dabei ist zu beachten, dass es sich nur dann um erschöpfende Statistiken handelt, wenn das Rasch-Modell nicht verworfen werden muss. Dabei ergeben die Zeilensummen die Summenwerte der Personen über alle Items (Personenfähigkeit) und die Spaltensummen ergeben die Summenwerte der Items über alle Personen (Itemschwierigkeit). Die folgende Formel stellt die Grundgleichung der Maximum-Likelihood-Schätzung im Rahmen des dichotomen Rasch-Modells dar:

$$L = \prod_{v=1}^{N} \prod_{i=1}^{k} \frac{\exp[x_{vi}(\theta_v - \sigma_i)]}{1 + \exp(\theta_v - \sigma_i)}$$

- $\prod_{v=1}^{N}$ Multiplikation über alle Personen v bis N
- $\prod_{i=1}^{k}$ Multiplikation über alle Items i bis k
- $p(X_{vi} = x)$ = Wahrscheinlichkeit einer Person v, bei Item i die Antwortkategorie x zu wählen
- θ_v = Personenparameter für eine Person v
- σ_i = Itemparameter eines Items i
- Log = Logarithmus
- x_{vi} = Wert einer Person v auf dem Item i (im dichotomen Fall „0“ für „nicht gelöst“ und „1“ für „richtig gelöst“)

Die Anwendung dieser Formel wird in *Abbildung 7.22* für eine Zeile verdeutlicht.

Item	1	2	3	4	5	6	$\sum$
Person A	1	1	0	0	0	0	2
Person B	1	0	0	1	0	0	2
Person C	1	0	1	0	0	1	3
Person D	0	1	1	1	0	0	3
Person E	1	1	1	0	1	0	4

Für die erste Zeile ergibt sich folgende Likelihood: L =

$$\frac{\exp[1\,(\Theta_A - \sigma_1)] \cdot \exp[1\,(\Theta_A - \sigma_2)] \cdot \exp[0\,(\Theta_A - \sigma_3)] \cdot \ldots \cdot \exp[0\,(\Theta_A - \sigma_6)]}{(1 + \exp(\Theta_A - \sigma_1)) \cdot (1 + \exp(\Theta_A - \sigma_2)) \cdot (1 + \exp(\Theta_A - \sigma_3)) \cdot \ldots \cdot (1 + \exp(\Theta_A - \sigma_6))}$$

Abbildung 7.22: Darstellung der Likelihood-Funktion anhand einer Zeile in der Datenmatrix

Schätzung der Item- und Personenparameter In *Abbildung 7.22* wird die Formel für eine Zeile der Datenmatrix dargestellt. Diese Formel kann mit geringfügigen Modifikationen auch auf das 2PL, 3PL, ordinale Rasch-Modell und das Mixed-Rasch-Modell zur Parameterschätzung angewandt werden. Der Nachteil dieser Methode besteht darin, dass auch nach einer Umformung dieser Formel sowohl Personenparameter als auch Itemparameter in der Gleichung erhalten bleiben und simultan geschätzt werden müssen (unbedingte Maximum-Likelihod-Methode, **uML**). Da hier zwei unbekannte Parameter simultan geschätzt werden müssen, kann es zu Schwierigkeiten bei der Schätzung kommen. Diese Schätzproblematik kann nicht durch eine große Stichprobe gelöst werden. Im Gegenteil, große Stichproben verschärfen die Problematik noch: Je mehr Personen in einer Stichprobe sind, desto mehr Personenparameter müssen geschätzt werden. Für jede neue Person in der Stichprobe wird ein weiterer Personenparameter geschätzt.

Schätzung der Itemparameter Eine Möglichkeit, die Anzahl der Parameter zu reduzieren, besteht darin, für die Personenparameter eine Verteilung anzunehmen. Die **m**arginale **M**aximum-**L**ikelihood-Methode **(mML-Methode)** nimmt an, dass die Personenparameter normalverteilt sind und die Stichprobe zufällig aus einer Population gezogen wurde. Damit sind nur zwei Parameter der Verteilung der Personenparameter (Mittelwert und Standardabweichung) sowie die Itemparameter als Unbekannte simultan zu schätzen. Der Nachteil dieser Methode besteht darin, dass a priori eine Annahme hinsichtlich der Verteilung der Personenparameter getroffen werden muss. Allerdings ist die Annahme einer Normalverteilung der Personenparameter für die meisten psychologischen Messwerte durchaus plausibel.

Eine zweite Methode, um Item- und Personenparameter nicht gemeinsam schätzen zu müssen, stellt die **bedingte Maximum-Likelihood-Schätzung (*cML*)** dar. Das heißt, man betrachtet die Wahrscheinlichkeiten der Antwortmuster bei gegebenen Summenwerten. Es kann gezeigt werden, dass durch dieses Vorgehen der Personenparameter für die Berechnung der Likelihood nicht mehr nötig ist. Letztendlich führt dies zu einer Likelihood-Funktion, die ohne Personenparameter auskommt. Der Personenparameter wird durch die Zeilenrandsumme ersetzt, und deshalb bezeichnet man diese Likelihood-Funktion als konditionale (bedingte) Maximum-Likelihood-Funktion (*cML*): Betrachtung der Antwortmusterwahrscheinlichkeiten bei einem gegebenen Summenwert. *cML*-Schätzungen sind nur für Itemparameter und nur für Rasch-Modelle möglich (1-Parameter-Modell, ordinales Rasch-Modell, Mixed-Rasch-Modell) und nicht für das 2- oder 3-Parameter-Modell. Da nun der Personenparameter nicht mehr in der Gleichung enthalten ist, können die Itemparameter unabhängig von den Personenparametern geschätzt werden. **Der größte Vorteil der *cML*-Schätzungen ist, dass die Itemparameterschätzungen nicht mehr systematisch von der Stichprobenzusammensetzung bestimmt werden**, was eigentlich der Idee des Rasch-Modells im Sinne spezifisch objektiver Vergleiche am nächsten kommt. Die Schätzgenauigkeit der Itemparameter kann jedoch noch weiter verbessert werden, indem mehr Personen zur Schätzung herangezogen werden. Im Folgenden ist nur die Formel für die *cML*-Schätzung dargestellt, da *cML*-Schätzungen auch in WINMIRA verwendet werden. Ableitungen und eine detailliertere Darstellung der Berechnung der Itemparameter finden sich bei Rost (2004, S. 125 ff.).

$$cML = \prod_{v=1}^{N} \frac{\exp\left(-\sum_{i=1}^{k} x_{vi} \cdot \sigma_i\right)}{\gamma_r}$$

- cML = bedingte Maximum-Likelihood-Funktion
- x_{vi} = Wert einer Person v bei Item i
- k = Zahl der Items
- σ_i = Schwierigkeitsparameter des Items i
- γ_r = symmetrische Grundfunktion r-ter Ordnung: $\gamma_r = \sum_{\underline{x}|r} \prod_{i=1}^{k} x_{vi} \cdot \varepsilon_{ix}$
- ε_{ix} = exp $(-\sigma_i)$ entspricht der Exponentialfunktion der negativen Itemparameter
- $x \mid r$ = Antwortmuster unter der Bedingung eines Summenwerts
- exp = Exponentialfunktion

Hintergrund: Die symmetrische Grundfunktion setzt sich aus der Summe einzelner Faktoren zusammen. Diese Faktoren sind Kombinationen aller ε für jeden Summenwert (Zeilensumme = erschöpfende Statistik für die Personenfähigkeit). Die ε entsprechen den Exponentialfunktionen der negativen Itemparameter: $\varepsilon = \exp(-\sigma_i)$. Beträgt der Summenwert bei drei Items im Test „Eins", erhält man folgenden Faktor: $\varepsilon_1 + \varepsilon_2 + \varepsilon_3$. Für einen Summenwert von „Zwei" bei drei Items lautet der Faktor: $\varepsilon_1 \cdot \varepsilon_2 + \varepsilon_1 \cdot \varepsilon_3 + \varepsilon_2 \cdot \varepsilon_3$ und für einen Summenwert von „Drei": $\varepsilon_1 \cdot \varepsilon_2 \cdot \varepsilon_3$.

Schätzung der Personenparameter bei bekanntem Itemparameter Im Anschluss an die Berechnung der Itemparameter kann nun der Personenparameter geschätzt werden. Für jeden Summenwert wird ein Personenparameter geschätzt.

$$r_v = \sum_{i=1}^{k} \frac{\exp(\theta_v - \sigma_i)}{1 + \exp(\theta_v - \sigma_i)}$$

- exp = exp entspricht der Exponentialfunktion der Differenz zwischen Personen- und Itemparameter
- θ_v = der zu schätzende Personenparameter für eine Person v
- σ_i = Itemparameter des Items i
- k = Anzahl der Items
- r_v = Zeilensumme (erschöpfende Statistik) entspricht Summenwert der Person v

Letztendlich entspricht also der Summenwert der Summe der Lösungswahrscheinlichkeiten. Der Personenparameter wird dabei so geschätzt, dass er in Verbindung mit den Itemparametern und der Modellgleichung des Rasch-Modells den Summenwert ergibt. Wenn man in diese Formel die geschätzten Itemparameter einsetzt, können die Personenparameter θ_v ermittelt werden. Sind die Itemparameter bekannt, ist die Schätzung der Personenparameter unkritisch, da Item- und Personenparameter nicht gemeinsam geschätzt werden müssen. Dennoch bleibt ein Problem für die Schätzung der Personenparameter bestehen: Für die Schätzung extremer Summenwerte (null und die maximale Trefferzahl) lassen sich keine konkreten Werte schätzen (sie sind minus bzw. plus unendlich). Es gibt jedoch auch dafür eine Lösung: WLE-Schätzungen (Warm Likelihood Estimates) sind auch in der Lage, für diese extremen Summenwerte (null und maximale Punktzahl) Personenparameter zu schätzen.

Normierung der Itemparameter Im Rahmen des Rasch-Modells werden die Itemparameter normiert. Diese Normierung ist notwendig, da die Itemparameter keinen natürlichen Nullpunkt wie eine Absolutskala besitzen. Um den Itemparametern einen Nullpunkt zu geben, wird eine so genannte **Summennormierung** vorgenommen. Die

Summennormierung fällt je nach Modell unterschiedlich aus. Im dichotomen Rasch-Modell beträgt die Summe aller Itemparameter null, im ordinalen Rasch-Modell beträgt die Summe aller Schwellenparameter null und im Mixed-Rasch-Modell wird die entsprechende Summennormierung für jede Klasse separat durchgeführt. Das heißt, in jeder Klasse ist die Summe der Item- (dichotom) oder der Schwellenparameter (ordinal) null. An dieser Stelle muss angemerkt werden, dass erst die Summennormierung der Itemparameter es ermöglicht, dass Personenparameter kriteriumsorientiert interpretiert werden können. Eine Normierung der Personenparameter oder der Rohwerte (wie beispielsweise die *z*-Transformation der Personenparameter) erlaubt hingegen nur eine normorientierte Interpretation (vgl. Rost, 2004, S. 395).

Fazit: Das Rasch-Modell nimmt eine additive Verknüpfung von Itemschwierigkeit und Personenfähigkeit vor. Je mehr die Personenfähigkeit die Itemschwierigkeit übersteigt, desto wahrscheinlicher löst eine Person ein Item. Durch die logistische Funktion wird diese additive Verknüpfung zu einem probabilistischen Modell. Liegt lokale stochastische Unabhängigkeit vor, hängt die Likelihood (Wahrscheinlichkeit) der Daten nur von den Randsummen ab. Dies kann mathematisch gezeigt werden. Im dichotomen Rasch-Modell sind gleiche Trennschärfeparameter bzw. im ordinalen Rasch-Modell sich nicht überschneidende Schwellenparameter eine Voraussetzung für erschöpfende Statistiken. Die *cML*-Methode ermöglicht die Schätzung der Itemparameter, ohne dass dafür die Personenparameter im Voraus bekannt sein müssen. Die *cML*-Methode garantiert somit, dass Itemparameter unabhängig von den Personenparametern geschätzt werden können, und bildet somit die Grundlage von spezifisch objektiven Vergleichen. Dies ist in *Abbildung 7.23* veranschaulicht. Spezifische Objektivität ist dabei eine Eigenschaft des Testmodells (des Rasch-Modells), nicht eine Eigenschaft der Daten. Sie ist dann gegeben, wenn das Rasch-Modell durch einen Modelltest bestätigt wird. Spezifisch objektive Vergleiche garantiert nur das Rasch-Modell (1PL) bzw. ordinale Rasch-Modell (inklusive restriktiveren Modellen, z.B. Ratingskalenmodell), nicht das 2-Parameter- oder 3-Parameter-Modell. Die *cML*-Methode stellt die eleganteste Methode der Itemparameterschätzung dar und sollte daher – wenn möglich – der uML- und mML-Methode vorgezogen werden.

Rasch-Modelle werden häufig als **stichprobenunabhängig** bezeichnet. Dies gilt aber nur dann, wenn die Modellgeltung für die interessierenden Stichproben nachgewiesen ist. Rost (1996, S. 126 f.) bemerkt, dass es nicht egal ist, ob man einen Test Gymnasiasten oder Hauptschülern vorgibt, es sei denn, man hat die Modellgeltung für beide Stichproben nachgewiesen. Diese kann unter Umständen aber nicht gegeben sein. Jedenfalls liegt sie nicht automatisch vor, sondern muss erst getestet werden. Gilt das Modell für eine bestimmte Stichprobe oder bestimmte Stichproben, sind die Vergleiche zwischen den Ergebnissen verschiedener Personen spezifisch objektiv. Das heißt, wenn beispielsweise der Gymnasiast Rolf besser ist als der Gymnasiast Markus, so ist dieser Vergleich unabhängig davon, welche Items aus einem Test mit modellkonformen Items vorgegeben werden. Gilt das Modell auch für Hauptschüler, dann gilt Gleiches auch für die Hauptschüler Martin und Herbert. Die Differenz der Personenparameter sagt itemunabhängig etwas über den Fähigkeitsunterschied aus. Hat Hauptschüler Martin einen Personenparameter von 1.25 und Hauptschüler Herbert einen Personenparameter von 0, ist der Fähigkeitsunterschied genauso groß wie für Gymnasiast Rolf mit einem Personenparameter 2.5 und Gymnasiast Markus mit einem Personenparameter von 1.25. Die Differenz beträgt 1.25. Dieser Fähigkeitsunterschied bleibt – abgesehen von Messfehlern – unabhängig von der verwendeten (modellkonformen) Itemmenge immer gleich und kann somit unabhängig von den raschkonformen Items interpretiert werden. In gleicher Weise sagt die Differenz der Itemparameter etwas über den Unterschied der Itemschwierigkeit aus, und zwar unabhängig von den getesteten Personen (Fischer, 1983, S. 633). Dabei ist zu beachten, dass die Schätzungen der Personenparameter stärker messfehlerbehaftet sind als die Schätzungen der Itemparameter. Es liegen zur Schätzung der Itemparameter deutlich mehr Personen vor als Items zur Schätzung der Personenparameter.

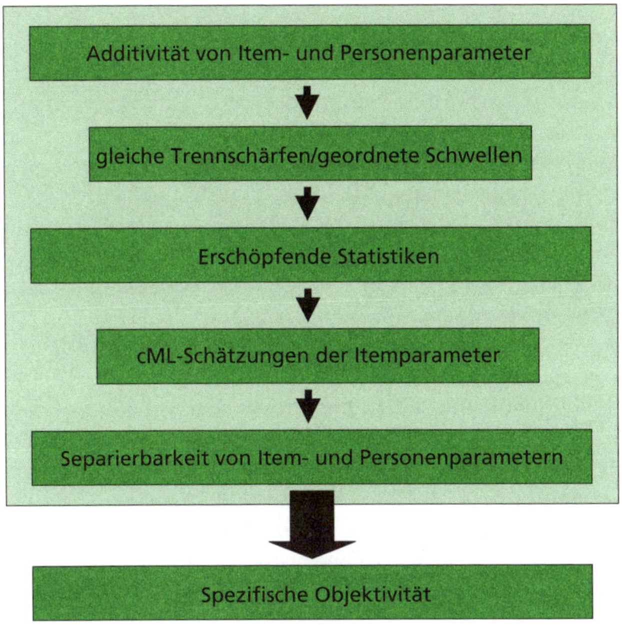

Abbildung 7.23: Veranschaulichung der spezifischen Objektivität

7.3.6 Modelltests

Wie sehe ich, ob das Rasch-Modell passt?

Es gibt verschiedene Arten von Modelltests. Ein sehr anschaulicher Modelltest ist der so genannte **grafische Modelltest**. Er hat allerdings einen entscheidenden Nachteil: Er ist rein deskriptiv. Eine Möglichkeit, konkret ein Modell zu prüfen, eröffnet der **Likelihood-Quotienten-Test**. Man unterscheidet hier den Likelihood-Quotienten-Test gegen ein saturiertes (perfektes) Modell und den bedingten Likelihood-Quotienten-Test. Mit Hilfe der Likelihood-Quotienten-Tests lässt sich eine χ^2-verteilte Prüfgröße berechnen. Eine dritte Möglichkeit der Modelltestung besteht in der Verwendung einer **Pearson'schen χ^2-Statistik (Chi)**. Leider sind die Voraussetzungen für diese Modelltests bzw. χ^2-Statistiken selten erfüllt. Einen sehr eleganten Weg der Modelltestung, z.B. mit der χ^2-Statistik oder dem Likelihood-Quotienten-Test, stellt die Simulation einer Prüfverteilung mittels einer parametrischen **Bootstrap-Methode** dar.

Signifikanztest Grundsätzlich stellt sich bei einem Modelltest die Frage, ab wann ein Modell „gilt" oder ab wann ein Modell nicht „gilt". In der Regel wird die Modellgeltung im Rasch-Modell als Nullhypothese spezifiziert. Das heißt, ein signifikanter Modelltest legt die Entscheidung nahe, das Modell abzulehnen. In der Regel wählt man als Irrtumswahrscheinlichkeit 5 Prozent. Hier sind, wie bei allen Signifikanztests, Zweifel angebracht, ob dieses generelle starre Vorgehen angemessen ist. Möglicherweise ist eine Irrtumswahrscheinlichkeit von 10 oder 20 Prozent angemessener. Ein entscheidender Grund für ein höheres α-Fehlerniveau ist, dass man die Nullhypothese (Modellgeltung) belegen will und nicht die Alternativhypothese (Ablehnung des Modells). Außerdem erhöht sich die Teststärke durch die Wahl einer großen Stichprobe. Durch beide Maßnahmen steigt die Wahrscheinlichkeit, das Rasch-Modell zu verwerfen.

Bestes Modell Eine andere Sichtweise besteht darin, anzunehmen, dass ein Modell immer mehr oder weniger passt. Das heißt, man testet verschiedene Modelle, von denen man das Modell auswählt, das am besten auf die Daten „passt". Wird beispielsweise ein dichotomes Rasch-Modell durch den Modelltest verworfen, testet man ein Mixed-Rasch-Modell mit zwei oder mehr Klassen in der Hoffnung, dass eines dieser Modelle nicht verworfen werden muss. Man könnte in diesem Fall die Modellverbesserung mit Hilfe von informationstheoretischen Maßen feststellen. **Informationstheoretische Maße** (**A**kaike **I**nformation **C**riterion **[AIC]**, **B**ayes **I**nformation **C**riterion **[BIC]**, Consistent **AIC [CAIC]**, siehe *Abschnitt 7.3.12.*) dienen dem Modellvergleich. Ein geringerer Wert eines solchen Kriteriums bedeutet, dass ein Modell unter Berücksichtigung der Modellkomplexität ein besseres Modell darstellt. Die Berücksichtigung der Modellkomplexität ist deshalb wichtig, da mit einem komplexeren Modell die Daten in der Regel immer besser erklärt werden können. Kritiker wenden dagegen ein, dass die beste Modellanpassung nicht heißt, dass das Modell gut oder sehr gut passt. Darüber hinaus stellt sich die Frage, ob Parameter, die anhand eines Modells geschätzt werden, das die Daten nur mäßig beschreibt, gute Parameterschätzungen sind.

Wie bereits erwähnt, prüfen die Modelltests im Rahmen des Rasch-Modells (1-Parameter-Modell, ordinales Rasch-Modell, Mixed-Rasch-Modell) nicht nur eine spezifische Annahme, sondern eine ganze Reihe von Annahmen:

- Personen- und Itemparameter sind additiv miteinander verknüpft (Additivität)
- Summenwerte sind erschöpfende Statistiken der Personenparameter
- Spezifische Objektivität
- Eindimensionalität (lokale stochastische Unabhängigkeit)
- Trennschärfen sind gleich (1-Parameter-Modell)

Darüber hinaus können einzelne Annahmen auch separat getestet werden, insbesondere **Item- und Personenhomogenität** (Teilannahmen der spezifischen Objektivität). Darauf wird in den folgenden Abschnitten noch näher eingegangen. Einen ersten Eindruck, ob Personenhomogenität vorliegt, erhält man durch den grafischen Modelltest. Ein Signifikanztest zur Prüfung der Personenhomogenität stellt der **bedingte Likelihood-Quotienten-Test** dar. Nach Rost (2004, S. 351) kann auch das Mixed-Rasch-Modell zur Prüfung der Personenhomogenität angewandt werden. „Passt" das Mixed-Rasch-Modell mit mindestens zwei latenten Klassen auf die Daten, liegt keine Personenhomogenität vor. Einen Test zur Prüfung der Itemhomogenität stellt der Martin-Löf-Test dar. Im Rahmen des Martin-Löf-Tests werden Items einer Skala oder eines Tests nach einem oder mehreren Kriterien in zwei Hälften aufgeteilt. Danach wird getestet, ob diese Items homogen sind, das heißt, dieselbe Eigenschaft oder Fähigkeit messen. Leider hat dieser Test den Nachteil, dass sich bei einer beliebigen Aufteilung, z.B. gerade gegen ungerade Itemnummern und der Aufteilung in erste und zweite Testhälfte, unterschiedliche Ergebnisse für den Modelltest ergeben können.

Globale Modelltests, die die oben genannten Annahmen im Ganzen prüfen, sind der Likelihood-Quotienten-Test eines Rasch-Modells gegen ein **saturiertes Modell** sowie der Pearson-χ^2-Test **(Pearson-χ^2-Prüfgröße)** bzw. die **Cressie-Read**-Prüfgröße im Rahmen des Bootstrap-Verfahrens.

7.3.7 Grafischer Modelltest

Wie kann ich Modellgeltung grafisch darstellen?

Eine Möglichkeit, beschreibend abzuschätzen, ob das Rasch-Modell „gilt", bietet der **grafische Modelltest**. Diesem Modelltest liegt die Annahme zugrunde, dass der Test in jeder beliebigen Teilstichprobe dieselbe Eigenschaft oder Fähigkeit misst. Er ist also für alle Personen homogen. Deswegen spricht man auch von **Personenhomogenität**. Wenn Personenhomogenität vorliegt, also nur eine Eigenschaft oder Fähigkeit gemessen wird, dann sollten die Itemparameter (da sie ja unabhängig von den Personenparametern geschätzt werden) in allen Teilstichproben gleich sein. Dies lässt sich grafisch leicht prüfen. Dazu wird die Stichprobe zuerst in zwei Teilstichproben geteilt (z.B. Intelligenz am Median). Für beide Stichproben werden nun die Itemparameter bestimmt. Die Itemparameter werden dann in einem Streudiagramm dargestellt. Liegen diese auf der Diagonalen des Streudiagramms, fallen die Itemparameter in beiden Stichproben gleich aus, und man kann von Modellgeltung ausgehen.

Dieses Vorgehen hat jedoch Nachteile. Es gibt sehr viele Möglichkeiten, Stichproben aufzuteilen (z.B. Geschlecht, Alter, Bildung usw.). Nur weil der grafische Modelltest für zwei Stichproben funktioniert, heißt dies nicht, dass er für eine beliebige andere Aufteilung auch erfolgreich ist. Darüber hinaus werden die Standardfehler der Itemparameter selten mitberücksichtigt, denn auch die Schätzung der Itemparameter unterliegt einem Messfehler. Er kann für Abweichungen von der Diagonalen verantwortlich sein. Der Vorteil dieses Verfahrens liegt in seiner Anschaulichkeit. „Schlechte" Items können relativ leicht ausfindig gemacht werden.

In *Abbildung 7.24* (rechte Grafik) ist ein grafischer Modelltest für den Matrizentest aus dem I-S-T 2000 R dargestellt. Zuerst wurde die Gesamtstichprobe ($N = 273$) am Median des Summenwerts im Matrizentest in zwei Teilstichproben aufgeteilt. Auf der x-Achse sind die Itemparameter (*cML*-Schätzung) der über dem Median liegenden Teilstichprobe aufgeführt und auf der y-Achse die Itemparameter der unter dem Median liegenden Teilstichprobe. Es zeigt sich, dass fast alle Itemparameter auf der Diagonalen liegen (linearer Zusammenhang). Für den Matrizentest würde man rein deskriptiv Modellgeltung annehmen. Zum Vergleich ist für denselben Test ein Streudiagramm der Itemschwierigkeiten, wie sie in der KTT definiert sind (Prozentsatz richtig gelöster Items, linke Grafik), aufgeführt. Es zeigt sich kein linearer Zusammenhang, vielmehr ein quadratischer. An dieser Stelle wird deutlich, warum Summenwerte keine intervallskalierten Messwerte darstellen. In beiden Fällen wird mit den Items eine latente Variable gemessen: schlussfolgerndes Denken mit figuralem Material. Die Itemkennwerte (Schwierigkeitsindex und Itemparameter) sollten in beiden Stichproben linear zusammenhängen, erst dann liegen Unterschiede der Personen auf Intervallskalenniveau vor.

Betrachten wir beispielsweise die Abstände für „schwere" bis „mittelschwere" Items ($P < .50$) in *Abbildung 7.24,* linke Grafik. Die Schwierigkeitsindizes sind für hoch fähige und weniger fähige Probanden unterschiedlich: In der Gruppe hoch fähiger Probanden sind die Abstände zwischen den Schwierigkeitsindizes der Items größer als in der Personengruppe mit geringerer Fähigkeit. Das heißt, ein Unterschied von drei Rohwertpunkten am unteren Ende des Fähigkeitsspektrums drückt einen anderen Unterschied aus als ein Unterschied von drei Punkten am oberen Fähigkeitsspektrum. Damit sind Differenzen zwischen Summenwerten von Personen nicht mehr sinnvoll interpretierbar. Um dieses Problem zu umgehen, werden im Rasch-Modell Personenparameter verwendet. Sie besitzen Differenzskalenniveau. Um Personenparameter mit diesen Eigenschaften bestimmen zu können, werden wiederum Itemparameter mit bestimmten Eigenschaften benötigt: Die Werte für die Itemparameter müssen unabhängig von der verwendeten Stichprobe gleich ausfallen, z.B. sollte für Item 1 der Itemparameter in der Gruppe der hoch Fähigen und in der Gruppe der weniger Fähigen –3 sein. Es muss also ein linearer Zusammenhang zwischen Itemparametern in beiden Gruppen bestehen (siehe *Abbildung 7.24*, rechte Grafik). Voraussetzung, dass für Item 1 in beiden Stichproben derselbe Wert erzielt werden kann, sind gleiche Trennschärfen (jedes Item ist gleich viel „wert") oder gleiche Schwellenabstände (im Rahmen des ordinalen Rasch-Modells). Wenn der Modelltest das Rasch-Modell nicht verwirft, treffen die eben genannten Eigenschaften auf die Item- und Personenparameter zu. Das Rasch-Modell prüft also, ob Personenparameter empirisch begründete Messwerte darstellen.

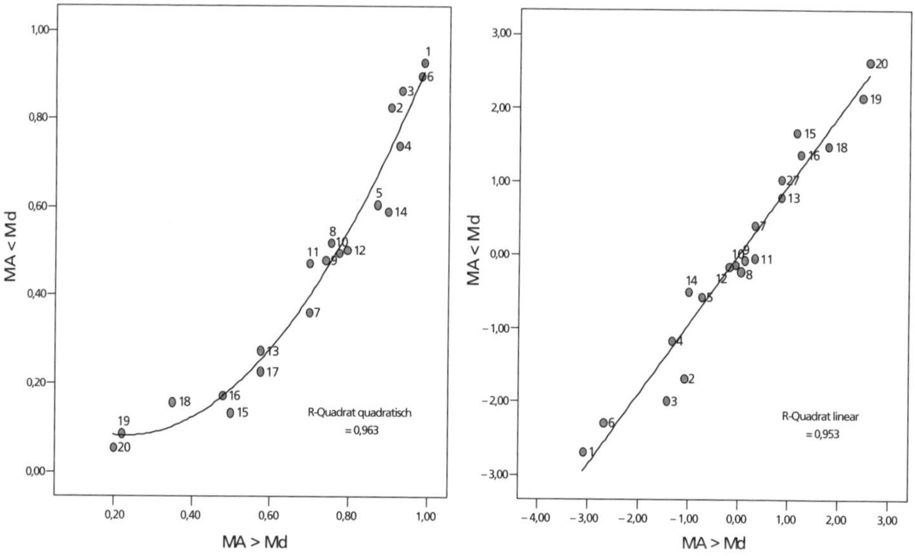

Abbildung 7.24: Grafischer Modelltest mit Itemparametern und Schwierigkeitsindizes nach der KTT

7.3.8 Likelihood-Quotienten-Tests

Wie sehe ich, ob das Rasch-Modell passt?

Für den Likelihood-Quotienten-Test benötigt man zuerst die Likelihood der Daten unter der Annahme, dass das Rasch-Modell in der Gesamtstichprobe gilt. Im Anschluss daran können zwei weitere Likelihood-Werte berechnet werden: (1) in Anlehnung an den grafischen Modelltest die Likelihood eines Modells in zwei oder mehreren Teilstichproben (bedingter Likelihood-Quotienten-Test) oder (2) die Likelihood eines Modells, das die Daten perfekt beschreibt. Dieses Modell wird auch als **saturiertes Modell** bezeichnet.

(1) Folgende χ^2-Prüfgröße ergibt sich aus dem bedingten Likelihood-Quotienten-Test (auch Andersen-Test genannt) für die Teilung in zwei Unterstichproben (z.B. Geschlecht, männlich – weiblich). Der eigentliche bedingte Likelihood-Quotienten-Test steht dabei in Klammern und wird durch die Transformation mit –2log in eine χ^2-verteilte Prüfgröße überführt:

$$\chi^2 = -2\log\left(\frac{L_0}{cL_1 \cdot cL_2}\right) \text{ mit } df = (k_1 - 1 + k_2 - 1) - (k_0 - 1)$$

- L_0 = Likelihood in Gesamtstichprobe
- cL_1 = bedingte Likelihood in der Unterstichprobe 1 (z.B. männliche Probanden)
- cL_2 = bedingte Likelihood in der Unterstichprobe 2 (z.B. weibliche Probanden)
- k = Anzahl der Items (k_0: Anzahl der Items Gesamtstichprobe = k_1: Anzahl der Items in Stichprobe 1 = k_2: Anzahl der Items Stichprobe 2)
- log = Logarithmus

(2) Likelihood-Quotienten-Test gegen ein saturiertes Modell

Die Likelihood des saturierten Modells beschreibt die Daten perfekt. Es handelt sich dabei um die aufmultiplizierten relativen Häufigkeiten der Antwortmuster.

$$L_{sat} = \prod_{\underline{x}} \left(\frac{n(\underline{x})}{N}\right)^{n(\underline{x})} \text{ mit } df = m^k - 1$$

- $\prod_{\underline{x}}$ = Produkt über alle Antwortpattern
- L_{sat} = Likelihood des saturierten Modells
- $n(\underline{x})$ = Häufigkeit des entsprechenden Antwortpatterns in der Stichprobe
- N = Anzahl beobachteter Antwortpattern
- m = Anzahl der Antwortkategorien
- k = Anzahl der Items

Nachdem die Likelihood des saturierten Modells bestimmt ist, wird folgende χ^2-verteilte Prüfgröße errechnet. Sie ergibt sich aus dem Wert des Likelihood-Quotienten-Tests (in Klammern) multipliziert mit der Konstanten (–2log):

$$\chi^2 = -2\log\left(\frac{L_{Rasch-Modell}}{L_{sat}}\right) = 2\cdot[\log(L_{Rasch-Modell}) - \log(L_{sat})]$$

$$\text{mit } df = n_p(sat) - n_p \text{ (Rasch-Modell)}$$

- $L_{Rasch\text{-}Modell}$ = Likelihood des Rasch-Modells
- L_{sat} = Likelihood des saturierten Modells
- $n_p(sat)$ = $m^k - 1$; m = Anzahl der Antwortkategorien; k = Anzahl der Items
- n_p (Rasch-Modell) = Anzahl der Parameter des entsprechenden Rasch-Modells

Rost (2004, S. 324) gibt eine sehr griffige Interpretation, was es bedeutet, wenn ein Modell nicht signifikant von einem saturierten Modell abweicht. In einem solchen Fall „erklärt das Modell die Daten genauso gut wie wenn man die Patternhäufigkeiten selbst interpretiert". Der Vergleich mit einem saturierten Modell stellt sicherlich den strengsten, aber wohl auch sinnvollsten Modelltest dar.

7.3.9 Pearson-χ^2-Test

Wie sehe ich, ob das Rasch-Modell passt?

Der Pearson-χ^2-Test prüft die Abweichungen der Antwortmuster, die unter dem Rasch-Modell zu erwarten sind, von den tatsächlich beobachteten Antwortmustern. Nehmen wir ein Beispiel mit fünf Items mit aufsteigender Itemschwierigkeit: So ist das Antwortmuster 00001 extrem unwahrscheinlich unter der Annahme des Rasch-Modells ($e_{\underline{x}}$ = sehr gering). Würde ein solches Antwortmuster sehr oft auftreten ($o_{\underline{x}}$ = groß), würde dieses Antwortmuster stark zu einer Erhöhung der χ^2-Prüfgröße beitragen. Ist die aus der Abweichung resultierende χ^2-Prüfgröße groß, wird die Annahme, dass das Rasch-Modell passt, verworfen. Sind die Abweichungen zwischen den beobachteten und erwarteten Häufigkeiten der Antwortmuster gering, geht man von Rasch-Skalierbarkeit des Tests aus. Die χ^2-Prüfgröße kann wie folgt ermittelt werden:

$$\chi^2 = \sum_{\underline{x}} \frac{\left(o_{\underline{x}} - e_{\underline{x}}\right)^2}{e_{\underline{x}}} \quad \text{mit } df = m^k - n_p - 1$$

- $o_{\underline{x}}$ = beobachtete Antwortmuster
- $e_{\underline{x}}$ = erwartete Antwortmuster
- m = Anzahl der Antwortkategorien
- k = Anzahl der Items
- n_p = Anzahl der Modellparameter

Rost (2004) weist darauf hin, dass dieser Test zu ähnlichen Ergebnissen wie der Likelihood-Quotienten-Test eines Modells mit dem saturierten Modell führt. Eine Abwandlung des Pearson-χ^2-Tests (CR 1) stellt die Cressie-Read- (CR$\frac{2}{3}$)-Statistik dar (von Davier, 1997):

$$\chi^2_{CR_{\frac{2}{3}}} = 1.8 \sum_{\underline{x}} o_{\underline{x}} \left(\frac{o_{\underline{x}}}{e_{\underline{x}}} \right)^{\frac{2}{3}} - 1$$

- $o_{\underline{x}}$ = beobachtete Antwortmuster
- $e_{\underline{x}}$ = erwartete Antwortmuster

Diese Prüfstatistik wird in Rahmen von WINMIRA zur Modelltestung im Rahmen des Bootstrap-Verfahrens verwendet. Das Bootstrap-Verfahren wird im nächsten Abschnitt ausführlicher erläutert.

7.3.10 Parametrischer Bootstrap

Wie simuliere ich eine Prüfverteilung?

Zuerst werden anhand der empirischen Stichprobe Personen- und Itemparameter berechnet. Anschließend werden mit den so errechneten Item- und Personenparametern Rasch-konforme Itemantworten für eine gewisse Anzahl an Stichproben simuliert. Aus den simulierten Antworten werden erneut Item- und Personenparameter für jede simulierte Stichprobe geschätzt. Nun wird in jeder Stichprobe eine Prüfgröße ermittelt. Dazu gibt es verschiedene Möglichkeiten. Von Davier (1997) schlägt vor, im Rahmen der Simulation zwei Prüfgrößen, die **Pearson'sche χ^2-Prüfgröße** und die **Cressie-Read-**Statistik zu verwenden. Um das Bootstrap-Prinzip zu verdeutlichen, betrachten wir beispielhaft die Pearson-χ^2-Prüfgröße.

Demnach wird die Pearson-χ^2-Prüfgröße für jede der simulierten Stichproben ermittelt. Dadurch entsteht eine Verteilung der χ^2-Werte über alle Stichproben. Man weiß nun, dass diese χ^2-Verteilung aus Werten besteht, die durch Rasch-konforme Datensätze erzeugt wurden (das Rasch-Modell „passt"). Nun wird der χ^2-Wert, der empirisch vorgefunden wurde, verglichen mit der Verteilung von χ^2-Werten aus den simulierten „Rasch-konformen" Datensätzen. Dazu ermittelt man den Prozentwert des empirisch beobachteten χ^2-Werts in der simulierten Verteilung. Gehört der empirisch beobachtete χ^2-Wert zu den 5 Prozent höchsten χ^2-Werten der simulierten Verteilung, wird das Modell abgelehnt. Es ist unter diesen Gegebenheiten unwahrscheinlich, dass der χ^2-Wert, der empirisch beobachtet wurde, zu den χ^2-Werten gehört, auf die das Rasch-Modell „passt".

In *Abbildung 7.25* sind eine simulierte Prüfverteilung für den Matrizentest aus dem I-S-T 2000 R und der an einer Stichprobe von 273 Studenten ermittelte χ^2-Wert dargestellt. Auf der x-Achse sind die verschiedenen χ^2-Werte abgetragen und auf der y-Achse die Häufigkeit, mit der ein bestimmter χ^2-Wert in 999 Stichproben beobachtet wurde. Der Strich in der Verteilung kennzeichnet den in der empirischen Stichprobe ermittelten χ^2-Wert. Dieser liegt nicht extrem rechts in der Verteilung und gehört somit auch nicht zu den 5 Prozent extremsten χ^2-Werten der simulierten Verteilung. Das heißt, für den Matrizentest kann das Rasch-Modell nicht verworfen werden. Dieses Ergebnis entspricht dem Ergebnis des grafischen Modelltests. Dieser hatte gezeigt, dass sich die Itemparameter für eine Stichprobe intelligenterer Studenten und für eine Stichprobe weniger intelligenter Studenten nicht unterscheiden.

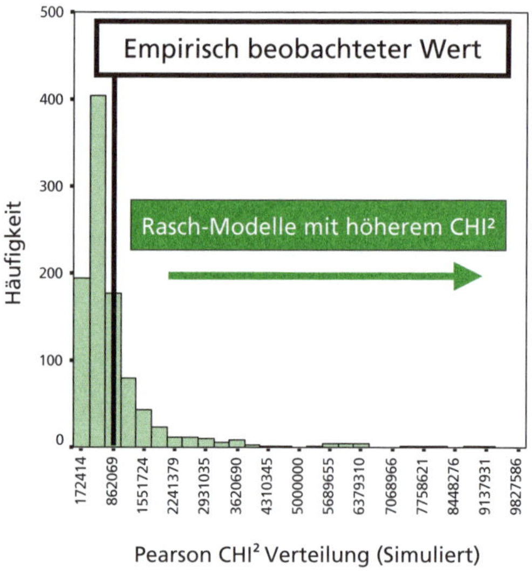

Abbildung 7.25: Verteilung von CHI²-Werten nach der Durchführung einer Bootstrap-Prozedur

7.3.11 Bewertung der Modelltests

Welcher Modelltest ist der richtige?

Modelltests sind in verschiedener Hinsicht kritisch. Für die Likelihood-Quotienten-Tests und den Pearson-χ^2-Test sind die Voraussetzungen so gut wie nie erfüllt. Nach Rost (2004, S. 336) sollte jedes mögliche Antwortmuster mindestens einmal im Datensatz beobachtet werden. Betrachtet man das Beispiel des I-S-T 2000 R, so gibt es 265 beobachtete Antwortmuster von 1 048 576 möglichen Antwortmustern (20 Items, 2 Antwortmöglichkeiten in Form von Richtig/Falsch = 2^{20} Möglichkeiten). WINMIRA gibt beide Werte aus. Muss jedes Antwortpattern mindestens einmal vorkommen, sind die Voraussetzungen für den Modelltest in diesem Beispiel nicht erfüllt. Daher ist die Simulation einer Prüfverteilung (Bootstrap) in der Regel die beste Möglichkeit der Modelltestung.

Schlägt der Modelltest fehl, könnte beispielsweise ein alternatives Modell getestet werden, z.B. das Mixed-Rasch-Modell. Das Mixed-Rasch-Modell stellt einen Test für die **Personenhomogenität** dar. Es prüft, ob Personen unterschiedliche Fähigkeiten oder Eigenschaften nutzen, um Items zu lösen. Nutzen Personen dieselbe Fähigkeit oder Eigenschaft, um die Items eines Tests zu lösen (Einklassenlösung), spricht man von Personenhomogenität. Ergibt sich eine Zwei- oder Mehrklassenlösung im Rahmen des Mixed-Rasch-Modells, ist dies aus diagnostischer Sicht unbefriedigend. Deshalb ist es in einem solchen Fall günstig, Items, die zu einer Zwei- oder Mehrklassenlösung führen, entweder zu eliminieren oder mit diesen einen eigenen Test zu entwickeln. Dies schlägt allerdings spätestens dann fehl, wenn mit dem Mixed-Rasch-Modell ein Antwortbias (Neigung zu mittleren und extremen Urteilen) identifiziert wird. In einem solchen Fall ist es günstig, dass Antwortformat zu wechseln (z.B. von fünfstufig zu dichotom) oder – wenn möglich – Antwortformate mit Verhaltensankern einzusetzen, um einer unterschiedlichen Benutzung des Antwortformats vorzubeugen.

Eine weitere Möglichkeit besteht darin, die **Itemhomogenität** zu testen (z.B. mit dem Martin-Löf-Test). Dieser Test hat den Nachteil, dass er für unterschiedliche Itemaufteilungen zu unterschiedlichen Ergebnissen führen kann.

Fazit: Es erscheint nicht sinnvoll, das beste Modell unter nicht passenden (Rasch-)Modellen zu nutzen, um die Antwortmuster einer Stichprobe zu beschreiben. Vielmehr ist es günstig, den Test so zu modifizieren, dass der strenge Modelltest nicht zur Ablehnung des Modells führt. Modifizieren heißt, kritische Items weiter zu verbessern, bis das Rasch-Modell passt. Kritische Items erkennt man daran, dass sie im Mixed-Rasch-Modell auffällig werden oder einen kritischen Q-Index aufweisen (siehe S. 364.). Dies würde zwar zu weniger Testverfahren führen und auch zu längeren Entwicklungszyklen, jedoch blieben den Anwendern viele qualitativ schlechte Testverfahren erspart.

7.3.12 Informationstheoretische Maße

Welches Modell ist das beste?

Häufig stellt sich die Frage, welches Modell unter konkurrierenden Modellen das beste darstellt. In der Regel wird die Frage, ob ein einziges Modell verworfen oder beibehalten wird, mit einem Modelltest in Form eines Signifikanztests überprüft. Ob ein Modell richtig oder wahr ist, kann aus wissenschaftstheoretischer Sicht nicht bewiesen werden. Ein Modell kann aber falsifiziert bzw. widerlegt werden. Dies ist dann der Fall, wenn Modelltests im Rahmen des Rasch-Modells signifikant werden. Dabei kann es durchaus vorkommen, dass mehr als ein Modell eine angemessene Beschreibung der Daten darstellt. Die Bereitschaft, mehrere Modelle gegeneinander zu testen, ist leider nicht weit verbreitet. Es gibt mindestens zwei Möglichkeiten, zu überprüfen, welches Modell konkurrierender Modelle die Daten besser beschreibt: (1) der χ^2-Differenztest und (2) **informationstheoretische Maße**.

Der χ^2-Differenztest darf nur dann angewandt werden, wenn die konkurrierenden Modelle hierarchisch geschachtelt sind. Das heißt, ein Modell muss ein echtes Obermodell des anderen restriktiveren Modells darstellen (engl. nested models). Dabei dürfen keine Parameter des restriktiveren Modells auf „Null“ gesetzt werden (z.B. Items weggelassen werden) und das Obermodell darf nicht durch einen Modelltest abgelehnt werden (Rost, 2004, S. 332). Schließlich sollte die erwartete Häufigkeit für jedes mögliche Antwortmuster mindestens den Wert 1 aufweisen, um eine χ^2-verteilte Prüfgröße aus dem Wert des χ^2-Differenztests zu errechnen ($-2\log_{LRLikelihood\text{-}Quotienten\text{-}Test}$), was in der Praxis sehr selten erfüllt ist. Die letztgenannte Voraussetzung stellt die Verwendung des Likelihood-Quotienten-Tests generell in Frage, was die Notwendigkeit von Alternativen verdeutlicht. Nach einem kurzen Exkurs, der verdeutlichen soll, warum der Modelltest durch informationstheoretische Maße nicht ersetzt werden kann, wird auf informationstheoretische Maße näher eingegangen.

Exkurs: Warum kein Signifikanztest?

Es gibt drei Gründe, die auf den ersten Blick gegen die Verwendung eines Signifikanztests zur Modelltestung sprechen. Der erste Grund besteht darin, dass für die Parameterschätzungen im Rahmen des Rasch-Modells große Stichproben von Vorteil sind, aber der Modelltest als Nullhypothese spezifiziert ist und die „Passung" des Modells mit den Daten annimmt. Das heißt, je größer die Stichprobe ist (Teststärke nimmt zu), desto höher fällt die Wahrscheinlichkeit aus, ein Modell abzulehnen. Zweitens wird im Rahmen des Rasch-Modells die Nullhypothese getestet. Dies bedeutet, dass die Alternativhypothese (Modell wird verworfen) solange wie möglich beibehalten werden sollte, bevor die Nullhypothese (Modell passt auf die Daten) angenommen wird. Dies impliziert, dass der β-Fehler zu kontrollieren ist bzw. der α-Fehler nicht zu klein gewählt werden sollte. Das heißt, eigentlich müsste die Nullhypothese schon bei einem sehr viel höheren α-Fehler als 5 Prozent abgelehnt werden. Drittens passt ein Modell mehr oder weniger auf die Daten. Der Signifikanztest jedoch führt diesen graduellen Prozess auf eine dichotome Entscheidung zurück: Ein Modell wird verworfen oder nicht. Die Signifikanzgrenze ist jedoch nur per Konvention festgelegt (5 Prozent). Auch jede andere Signifikanzgrenze könnte genauso sinnvoll sein, z.B. 10 oder 20 Prozent. Dies ist auch im Zusammenhang mit der Teststärke zu sehen, die mit steigender Stichprobengröße ansteigt. Das bedeutet, bei großen Stichproben entdeckt der Signifikanztest auch kleine Modellabweichungen.

Führt man die bisher angestellten Überlegungen zusammen, kommt man letztendlich zu einer einzigen Frage: Welche Diskrepanz zwischen einem saturierten Modell und einem Alternativmodell ist man bereit zu akzeptieren, um ein Modell als datenkonform zu bezeichnen? Wie man leicht sieht, führt auch diese Frage zu einer dichotomen Entscheidung. Der Unterschied zum Signifikanztest besteht jedoch darin, dass die Entscheidung über die Ablehnung eines Modells nicht durch die Stichprobengröße mitbestimmt wird. Leider gibt es für die Stärke von Modellabweichungen kaum Effektgrößen, wie z.B. für den *t*-Test für unabhängige Stichproben. Diese wären jedoch notwendig, um eine geeignete Stichprobengröße für einen Modelltest mit optimaler Teststärke und Irrtumswahrscheinlichkeit zu errechnen. Lediglich Kubinger (1989) thematisiert Effektstärken im Rahmen von Modellprüfungen. Weitere Forschung auf diesem Gebiet ist nötig, um die Möglichkeiten der Modelltestung voll auszuschöpfen.

An dieser Stelle ist kritisch anzumerken, dass große Stichproben den Vorteil haben, zu genaueren Parameterschätzungen zu führen und besser „Populationsverhältnisse" zu beschreiben. Dabei ist zu beachten, dass ein Modell, welches die Daten nur unzureichend beschreibt, auch zu keinen sinnvollen bzw. gültigen Parameterschätzungen führen kann. Es steht außer Frage, dass es ein sinnvolles Prinzip darstellt, wenn kleinere Abweichungen bei größeren Stichproben zu einer schnelleren Ablehnung des Modells führen. **Daher können informationstheoretische Maße den Modelltest in Form eines Signifikanztests nicht ersetzen, sondern allenfalls zusätzliche Informationen liefern.**

Eine weitere Möglichkeit der Modellprüfung kann über das Axiom der doppelten Kürzbarkeit (siehe Karabatsos, 2001) durchgeführt werden. Nehmen wir an, wir haben eine Datenmatrix, in der Item- und Personenparameter gemeinsam angeordnet sind. Die Personenparameter sind entsprechend aufsteigend von links nach rechts angeordnet und die Itemparameter aufsteigend von oben nach unten. In der Datenmatrix befinden sich die Lösungswahrscheinlichkeiten. Von einfacher Kürzbarkeit spricht man, wenn für jedes Itempaar die Rangfolge der Lösungswahrscheinlichkeit unabhängig vom Personenparameter gleich ist, und für jedes Personenparameterpaar ist die Rangfolge der Lösungswahrscheinlichkeit unabhängig vom Itemparameter gleich. Von doppelter Kürzbarkeit spricht man, wenn die Lösungswahrscheinlichkeit einer dritten Variable ansteigt, wenn beide anderen Variablen in ihrer Lösungswahrscheinlichkeit ansteigen (angedeutet durch die diagonalen Pfeile, siehe *Tabelle 7.1*). Liegt ein solches Muster der Lösungswahrscheinlichkeiten vor, überschneiden sich die Itemfunktionen nicht (dichotomes Rasch-Modell) bzw. sind dann die Schwellenparameter geordnet (ordinales Rasch-Modell). Darüber hinaus sind dann Item- und Personenparameter additiv verknüpft und weisen die Daten als geeignet für eine Intervallskala aus.

Tabelle 7.1

Darstellung von einfacher und doppelter Kürzbarkeit

σ	θ				
	–1	0	1	1.25	1.50
–1	.50	.73	.88	.91	.92
0	.27 ↗	.50 ↗	.73 ↗	.78 ↗	.82 ↗
.25	.22 ↗	.44 ↗	.68 ↗	.73 ↗	.78 ↗
.50	.12 ↗	.27 ↗	.50 ↗	.56 ↗	.62 ↗

Die Modelltestung ist mit weiteren Problemen behaftet. Modelle stellen in der Regel Vereinfachungen (Abstraktionen) der Realität dar. Ein komplexeres Modell hat demnach auch eine höhere Wahrscheinlichkeit, die Daten gut zu beschreiben, als ein einfaches. **Der Vorteil von Informationskriterien besteht darin, dass sie die Modellkomplexität bei der Modellbewertung berücksichtigen. Sparsamere Modelle werden durch Informationskriterien bei gleicher Likelihood bevorzugt.** Ein weiterer Vorteil der informationstheoretischen Maße besteht darin, dass der Modellvergleich nicht auf hierarchischen geschachtelten (nested) Modellen beruhen muss.

Wie verfährt man nun, wenn es mehrere konkurrierende Modelle[3] (z.B. Ein-, Zwei- bzw. Dreiklassenlösung) gibt, die unterschiedlich komplex sind? Man zieht in einem solchen Fall so genannte Informationskriterien wie das **Akaike Information Criterion (AIC)**, das **Bayes Information Criterion (BIC)** oder das **Consistent AIC (CAIC)** zum Modellvergleich heran. Die Frage, die mit Hilfe dieser so genannten Informationskriterien beantwortet werden soll, ist, welches Modell unter konkurrierenden und unterschiedlich komplexen Modellen das beste darstellt. Dabei wird kein absolutes Kriterium vorgegeben, ab wann ein Modell passt. Es sind nur relative Vergleiche der konkurrierenden Modelle möglich. Je geringer ein Informationskriterium vom Betrag her ausfällt, desto besser passt das entsprechende Modell auf die Daten. Dennoch können alle Modelle von einem idealen saturierten Modell stark abweichen. Wie bereits erwähnt, besteht der Vorteil der Informationskriterien darin, dass sowohl die Modellkomplexität als auch die Passung des Modells mit den Daten berücksichtigt wird. Informationskriterien beinhalten sowohl die Likelihood des Modells als auch die Anzahl der Modellparameter. Der Nachteil von Informationskriterien besteht darin, dass Werte von Informationskriterien nicht absolut interpretiert werden können. Das heißt, der konkrete absolute Wert des Kriteriums kann nicht dahingehend interpretiert werden, ob ein Modell die Daten gut beschreibt oder nicht. Folgende Informationskriterien werden häufig verwendet:

$$AIC = -2\log L + 2n_p$$

$$BIC = -2\log L + (\log N) \cdot 2n_p$$

$$CAIC = -2\log L + (\log N) \cdot n_p + n_p$$

- n_p = Anzahl der Parameter des entsprechenden Modells
- N = Stichprobengröße
- log = Logarithmus
- L = Likelihood

Rost (2004) empfiehlt den BIC bei großen Itemanzahlen und kleinen Patternhäufigkeiten.

3 Am einfachsten kann diese Frage im Rahmen der Faktorenanalyse veranschaulicht werden: Ist ein einfaches Modell mit zwei Faktoren und einer Varianzaufklärung von 40 Prozent besser als ein 8-faktorielles Modell mit einer Varianzaufklärung von 45 Prozent? Übertragen auf Rasch-Modelle würde man fragen, ob ein Mixed-Rasch-Modell mit zwei Klassen eine besseres Modell darstellt als eines mit drei Klassen. Werden – wie in beiden Fällen – modellkonforme Modifikationen vorgenommen, ist ein komplexeres Modell einem einfacheren oder sparsameren Modell immer überlegen. Ist ein solches Modell dann aber in jedem Fall besser? Diese Frage kann mit informationstheoretischen Maßen beantwortet werden.

Fazit: Die Wahl des besten Modells unter passenden Alternativmodellen kann mit Hilfe von Informationskriterien erfolgen. Dabei sollten BIC und CAIC gemeinsam genutzt werden. Der Vorteil der Informationskriterien liegt darin, dass Modelle, die miteinander verglichen werden sollen, nicht hierarchisch geschachtelt sein müssen (nested models). Bei gleicher Modellpassung wird durch die informationstheoretischen Maße das weniger komplexe Modell bevorzugt. Leider ermöglichen informationstheoretische Maße keine Aussagen darüber, wie stark ein Modell von einem optimalen (saturierten) Modell abweicht. Aus diesem Grund können sie den Modelltest in Form eines Signifikanztests nicht ersetzen, sondern nur ergänzen. Zum Vergleich alternativer, durch den Modelltest abgesicherter Modelle, sind informationstheoretische Maße sinnvoll einsetzbar, da die Voraussetzungen für den alternativen χ^2-Differenztest selten erfüllt sind.

7.4 Einführung in WINMIRA

Wie berechne ich Rasch-Modelle mit WINMIRA?

WINMIRA ist ein leicht zu bedienendes Programm, mit dem verschiedene Rasch-Analysen durchgeführt werden können. Zuerst wird erklärt, wie SPSS-Dateien mit WINMIRA geöffnet werden sowie einige Grundeinstellungen. Danach werden einzelne Schritte für spezifische Analysen dargestellt.

In *Abbildung 7.26* ist die Programmoberfläche von WINMIRA dargestellt. Klicken Sie zuerst auf FILE → OPEN → OPEN SPSS DATA. Wählen Sie nun die entsprechende SPSS-Datendatei aus, z.B. „NEOFFI.sav". Anschließend öffnet sich das Fenster in *Abbildung 7.27a*.

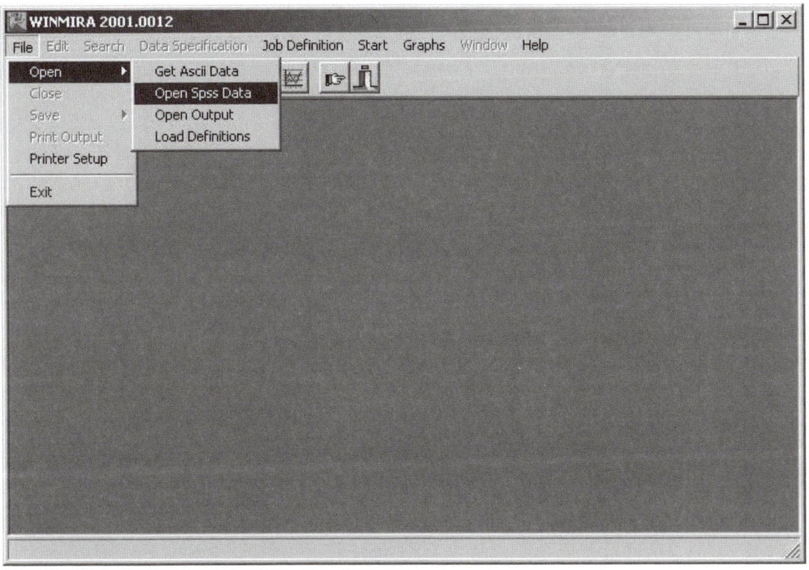

Abbildung 7.26: Programmoberfläche von WINMIRA

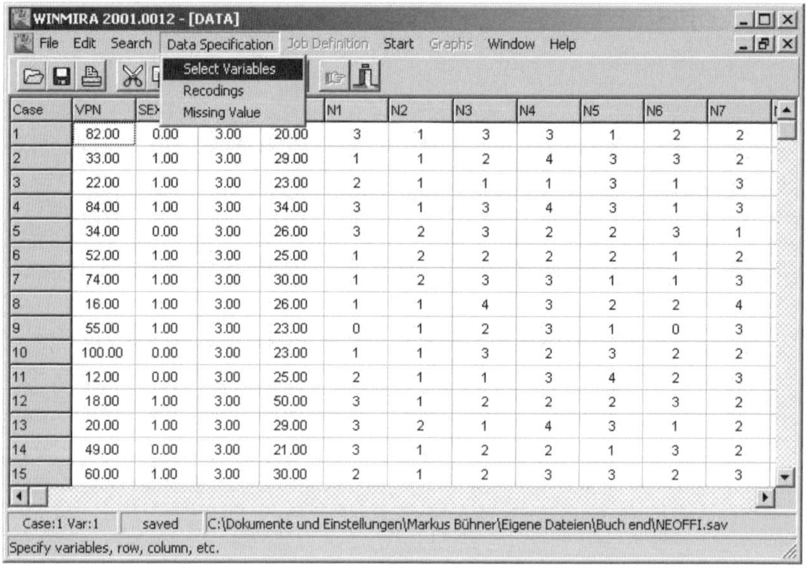

Abbildung 7.27a: WINMIRA-Fenster SELECT VARIABLES

Klicken Sie im nächsten Schritt auf DATA SPECIFICATION → SELECT VARIABLES (vgl. *Abbildung 7.27a)* und markieren Sie wie in *Abbildung 7.27b* abgebildet die Kästchen vor den Items, die Sie analysieren möchten (im NEO-FFI Beispiel N2, N7, N12 usw.). Bestätigen Sie Ihre Auswahl, indem Sie auf OK klicken.

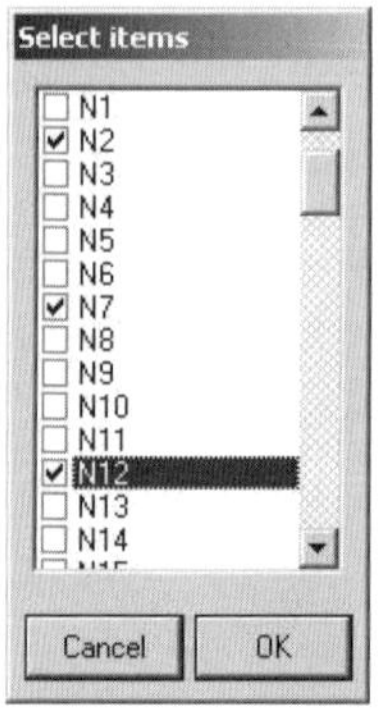

Abbildung 7.27b: WINMIRA-Fenster SELECT ITEMS

Es erscheint das Fenster wie in *Abbildung 7.28* dargestellt. In diesem Fenster sind die Item Labels oder Bezeichnungen aufgeführt (Item Label), die Anzahl der Antwortkategorien (# Cat) sowie die minimalen und maximal angekreuzten Werte für jedes Item. Sind die Werte nicht wie in unserem Beispiel von 0 bis 4 kodiert, sondern beispielsweise von 1 bis 5, werden die Werte automatisch umkodiert, so dass der niedrigste Wert den Wert Null erhält, der zweitniedrigste Eins (usw.).

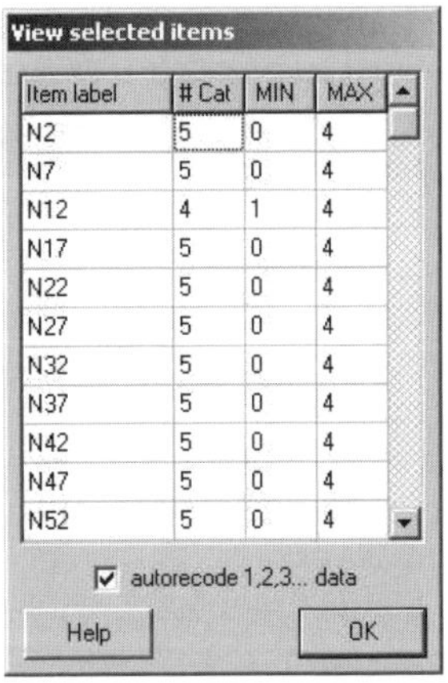

Abbildung 7.28: WINMIRA-Fenster VIEW SELECTED ITEMS

Klicken Sie anschließend auf JOB DEFINITION → SELECT MODEL → RASCH-MODEL. Es öffnet sich das Fenster wie in *Abbildung 7.29* abgebildet. Wie man sieht, können in unserem Fall nur das Äquidistanz-Modell (EQUIDISTANCE MODEL) und das ordinale Rasch-Modell (ORDINAL [PARTIAL CREDIT] MODEL) getestet werden. Wird Item 12 nicht in die Analyse miteinbezogen, dann können auch das Ratingskalen-Modell und das Dispersionsmodell getestet werden. Für beide Modelle müssen für alle Items dieselben Antwortkategorien zur Verfügung stehen und auch tatsächlich von den Probanden gewählt werden. Um eine möglichst gute Vergleichsgrundlage mit der Analyse nach der KTT zu haben, wählen wir das ordinale Rasch-Modell aus (Partial Credit) und bestätigen mit OK. In *Abbildung 7.29* ist auch eine Option SMOOTH SCORE DISTRIBUTION vorhanden. Sie wird zur Parameterschätzung verwendet.

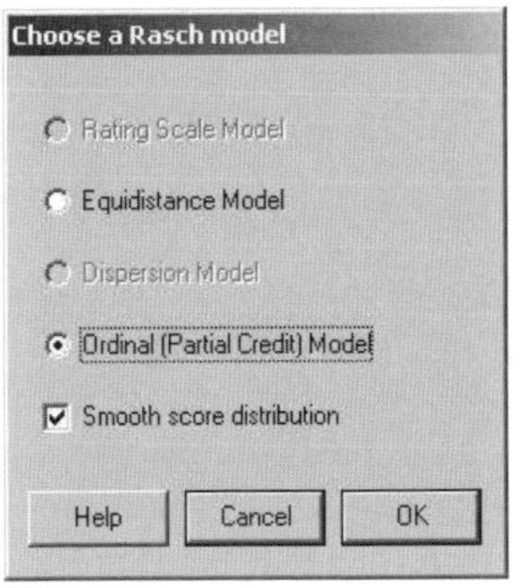

Abbildung 7.29: WINMIRA-Fenster CHOOSE A RASCH MODEL

Es ist möglich, in WINMIRA zwischen verschiedenen Optionen zu wählen. Um diese auswählen zu können, klicken Sie auf JOB DEFINITION → OUTPUT OPTIONS. Es öffnet sich das Fenster wie in *Abbildung 7.30* abgebildet.

Standardmäßig sind CATEGORY PROBABILITIES (relative Häufigkeiten, mit der eine Antwortkategorie gewählt wurde), ITEM TRESHHOLD PARAMETERS (Schwellenparameter), PERSON PARAMETER ESTIMATES (Schätzungen der Personenparameter) angegeben. Weiterhin können – wenn gewünscht – die Standardfehler der Itemparameter (STANDARD ERRORS OF ITEM PARAMETERS) angeklickt werden. Dies stellt eine sinnvolle

Option dar, um abzuschätzen, wie genau die Itemparameterschätzungen ausfallen. Daher wurde diese Option für die nachfolgend dargestellte Analyse gewählt. Weiterhin können die Personenparameterschätzungen und Personen-Fit-Maße in das WINMIRA-Datenfenster eingefügt werden (ADD PERSON PARAMETERS ETC. TO DATAFILE). Um die Personen-Fit-Maße zu erhalten, muss zusätzlich das Kästchen DETAILED gewählt werden. Die WINMIRA-Datendatei kann dann mit den Personenparametern auch als SPSS-Datei abgespeichert werden (FILE → SAVE → SAVE DATA AS SPSS FILE). Die Personenparameter können so für weitere Analysen genutzt werden und die Personen-Fit-Maße, um Personen mit modellinkonformen Antwortmustern zu entdecken. Rost (2004, S. 363 ff.) rät davon ab, solche Personen prinzipiell aus der Analyse auszuschließen. Als weitere Option erstellt WINMIRA eine Datei, in der alle beobachteten Antwortmuster enthalten sind. Diese Option ist günstig, um „seltsame" bzw. nicht erwartete Antwortmuster zu identifizieren. Insbesondere für dichotome Daten ermöglicht diese Datei eine schnelle Übersicht über auffällige Antwortmuster. Die letzte Option besteht darin, eine kompakte Darstellung der Bootstrap-Tabelle zu erhalten. Standardmäßig gibt WINMIRA die Ergebnisse (z.B. Cressie-Read-Statistik und Pearson-χ^2-Wert) jeder Bootstrap-Stichprobe aus, die bei der Ziehung vieler Bootstrap-Stichproben sehr unübersichtlich wird. Da in folgenden Analysen mit 999 bzw. 400 (Mixed-Rasch-Modell) Bootstrap-Stichproben gearbeitet wird, wird die Option COMPACT BOOTSTRAP TABLE gewählt.

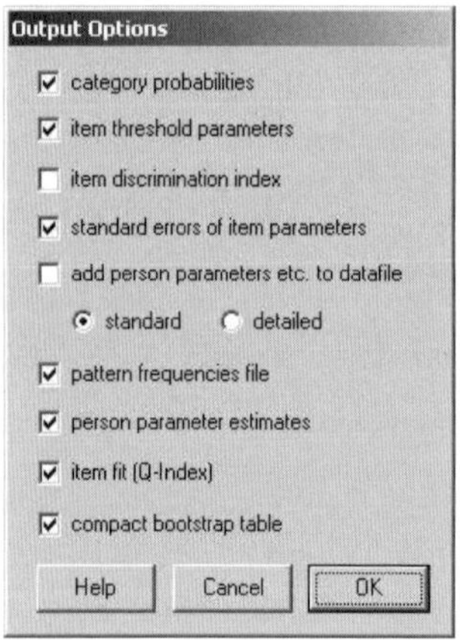

Abbildung 7.30: WINMIRA-Fenster OUTPUT OPTIONS

Im Gegensatz zu allen anderen Programmen, die sich derzeit auf dem Markt befinden, ist WINMIRA in der Lage, sich eine Prüfverteilung für verschiedene Rasch-Modell-Tests selbst zu simulieren. Dazu klicken Sie auf JOB DEFINITION → BOOTSTRAP GOF (**G**oodness **o**f **F**it). Es öffnet sich das Fenster in *Abbildung 7.31*. Die wichtigste Option in diesem Fenster stellt die Angabe dar, wie viele Bootstrap-Stichproben gezogen werden sollen (N. OF BOOTSTRAP SAMPLES). Je mehr Bootstrap-Stichproben gezogen werden, umso genauer lässt sich die Prüfverteilung ermitteln und desto aussagekräftiger wird der Signifikanztest ausfallen. Die maximale Anzahl, die eingestellt werden kann, beträgt 999. Gleichzeitig kann angegeben werden, wie viele Iterationen für die Schätzung der Parameter für die Bootstrap-Datensätze durchgeführt werden sollen (MAX N OF ITERATIONS) und ab welchem Genauigkeitskriterium (ACCURACY CRITERION) diese Iterationen beendet werden. Die beiden hier getroffenen Voreinstellungen sind für die meisten Anwendungen angemessen. Letztendlich kann auch noch eingestellt werden, ob als Parameter für die Simulation der Bootstrap-Stichproben Personenparameter herangezogen werden sollen, die nach der WLE- oder der MLE-Methode geschätzt wurden. Auch hier ist – von wenigen Ausnahmen abgesehen – die Schätzung nach der WLE-Methode angemessen.

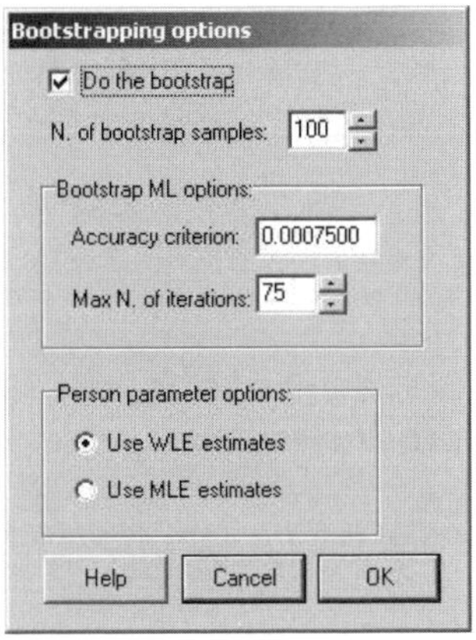

Abbildung 7.31: WINMIRA-Fenster BOOTSTRAPPING OPTIONS

Möchte man verschiedene Klassen untersuchen, so muss noch die gewünschte Anzahl an Klassen spezifiziert werden, die WINMIRA finden soll. Dazu klicken Sie auf JOB DEFINITION und NUMBER OF CLASSES. Wenn WINMIRA drei Klassen finden soll, geben Sie unter TO #N OF CLASSES den Wert „3“ ein. Soll WINMIRA nur zwei Klassen bilden, dann geben Sie unter FROM #N OF CLASSES den Wert „2“ ein. Diese Einstellung kann im WINMIRA-Fenster NUMBER OF CLASSES wie in *Abbildung 7.32* dargestellt vorgenommen werden.

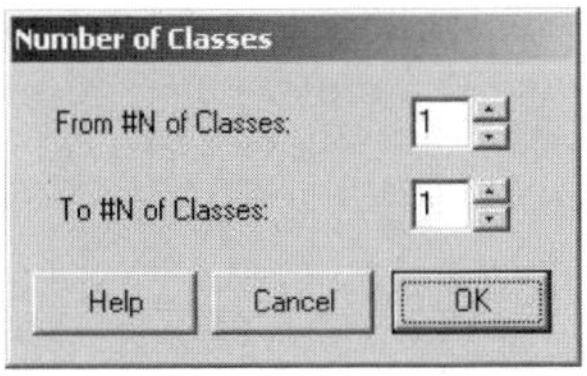

Abbildung 7.32: WINMIRA-Fenster NUMBER OF CLASSES

Damit sind alle relevanten Voreinstellungen getroffen. In der Menüleiste von WINMIRA muss nun durch Klicken auf START und START JOB die Berechnung gestartet werden. Diese kann in Abhängigkeit von der Stichprobengröße und der Anzahl der Bootstrap-Stichproben bzw. der Anzahl vorgegebener Klassen deutlich mehr Zeit in Anspruch nehmen, als es mancher Anwender von SPSS gewohnt ist. Dabei können leicht mehr als zehn Minuten vergehen.

7.5 Anwendungsbeispiele des Rasch-Modells

Was für Anwendungen sind für das Rasch-Modell möglich?

Auf den folgenden Seiten werden zwei Beispiele beschrieben. Das erste Beispiel bezieht sich auf den NEO-FFI-Datensatz, der auch schon im Rahmen der KTT-Analysen verwendet wurde. Für das ordinale Mixed-Rasch-Modell wurde ein anderer, größerer Datensatz verwendet, da ja in jeder Klasse Parameter zu schätzen sind und somit 101 Probanden eine relativ kleine Stichprobe darstellen. Es gibt viele verschiedene Rasch-Modelle, die im Rahmen einer Einführung nicht aufgeführt werden können. Einen großen Teil davon behandelt das ausgezeichnete Lehrbuch von Rost (2004). Die folgenden Analysen wurden mit dem Programm WINMIRA gerechnet. Alle Ergebnisse befinden sich normalerweise in einer Ausgabedatei. Aus Gründen der Übersichtlichkeit wird die WINMIRA-Ausgabe Schritt für Schritt besprochen.

7.5.1 Beispiel eines ordinalen Rasch-Modells mit WINMIRA

Wie interpretiere ich die WINMIRA-Ausgabe eines ordinalen Rasch-Modells?

Auf den folgenden Seiten ist ein ordinales Rasch-Modell für den NEO-FFI dargestellt. Es wurden dabei dieselbe Skala und Stichprobe verwendet wie für die Analysen nach der KTT.

Am Anfang der WINMIRA-Ausgabe (*Abbildung 7.33*) wird angezeigt, welche Datendatei in welchem Verzeichnis gespeichert wird. So findet sich die SPSS-Datendatei im Verzeichnis „C:\Dokumente und Einstellungen\Markus Bühner\Eigene Dateien\Buch end\NEOFFI.sav" ❶, die Ausgabedatei mit den Ergebnissen unter dem entsprechenden Verzeichnis wie unter ❷ angegeben sowie die Datei mit den Antwortmustern unter dem in ❸ genannten Verzeichnis. Danach wird Folgendes angegeben: die Anzahl der Personen in der Datendatei ❹, die Anzahl der Items ❺, die Anzahl der Klassen ❻ sowie die Anzahl der Iterationen im Rahmen der cML-Schätzung der Itemparameter ❼ und das Genauigkeitskriterium, ab wann die Schätzungen der Itemparameter als konvergiert betrachtet werden ❽. Diese können – wenn keine Schätzprobleme auftreten – unverändert bleiben, aber gegebenenfalls unter JOB DEFINITION → EDIT DEFAULTS verändert werden. Der RANDOM START VALUE ❾, der zur Schätzung der Itemparameter benötigt wird, wird ebenfalls angezeigt. **Es ist vor allem bei nicht konvergierenden Schätzungen günstig, diesen Startwert zu verändern.**

```
//
// WINMIRA 2001 1.45
// (c) 2000,2001 by Matthias von Davier
//                IPN - institute for science education
//                Olshausenstrasse 62
//                24098 Kiel
//                Germany
//                email: vdavier@ipn.uni-kiel.de or rost@ipn.uni-kiel.de
//
// date of analysis: 07.09.2005 time: 19:17:58
//

Filenames:

    data: C:\Dokumente und Einstellungen\Markus Bühner\Eigene
              Dateien\Buch end\NEOFFI.sav ❶
  output: C:\Dokumente und Einstellungen\Markus Bühner\Eigene
              Dateien\Buch end\NEOFFI.OU1 ❷
 patterns: C:\Dokumente und Einstellungen\Markus Bühner\Eigene
              Dateien\Buch end\NEOFFI.PAT ❸

number of persons          :    101 ❹
number of items            :     12 ❺
number of classes          :      1 ❻
max. number of iterations  :    250 ❼
accuracy criterion         : 0.0005 ❽
random start value         :   4321 ❾
```

Abbildung 7.33: WINMIRA-Ausgabe Kopf

Hintergrund Eine höhere Anzahl an Iterationen sowie ein geringerer Wert für das angegebene Genauigkeitskriterium führen zu einer genaueren Parameterschätzung. Die Änderungen in den Parameterschätzungen durch Änderung der standardmäßig eingestellten Werte sind in der Regel jedoch gering. Der RANDOM START VALUE ❾ bezieht sich auf den Starwert für die *cML*-Schätzung der Itemparameter. Die Aufgabe der Maximum-Likelihood-Methode ist es, diese Modellparameter so zu schätzen, dass die beobachteten Daten unter Annahme der Modellparameter eine maximale Wahrscheinlichkeit (Likelihood) erreichen. Die Schätzung ist ein iterativer Prozess, in dem die Modellparameter über viele Schritte hinweg sukzessive optimiert werden. Zur Initialisierung dieses Prozesses werden Startwerte benötigt, die oft mit Hilfe von Zufallszahlen bestimmt werden. Von diesen Startwerten aus iteriert der Schätzalgorithmus die „provisorischen" Parameter zu dem Punkt, an dem die Daten unter Annahme der Parameter maximale Wahrscheinlichkeit haben. Je mehr Iterationen durchgeführt werden, desto genauer können die Parameter geschätzt werden. Würde man diesen Prozess nicht abbrechen, so könnte man ihn unendlich oft wiederholen. Dies ist allerdings nicht sinnvoll, da irgendwann der Zuwachs an Schätzgenauigkeit sehr klein wird. In WINMIRA ist die Standardeinstellung so gewählt, dass die Schätzung der Modellparameter nach maximal 250 Iterationen abgebrochen wird oder wenn sich zwei aufeinander folgende Parameterschätzungen um weniger als .0005 unterscheiden.

item labels and sample frequencies:

no.	label	n of cats	categories 0	1	2	3	4	N
1	N2	5	1	25	28	39	8	101
2	N7	5	1	6	29	40	25	101
3	N12	4	❶ 16	23	42	20	****	❷ 101
4	N17	5	2	1	14	49	35	101
5	N22	5	11	28	34	23	5	101
6	N27	5	5	29	32	31	4	101
7	N32	5	1	22	51	19	8	101
8	N37	5	1	7	29	52	12	101
9	N42	5	6	16	29	37	13	101
10	N47	5	8	44	29	12	8	101
11	N52	5	1	8	34	47	11	101
12	N57	5	7	27	35	30	2	101

saturated likelihood : -466.1272 ❸
number of different patterns : 101 ❹
number of possible patterns : 195312500 ❺

Abbildung 7.34: WINMIRA-Ausgabe SAMPLE FREQUENCIES

In diesem Teil der WINMIRA-Ausgabe (*Abbildung 7.34*) werden die Häufigkeiten angegeben, mit denen Personen in der Stichprobe die entsprechende Antwortkategorie eines Items gewählt haben. Diese Häufigkeiten sind für jedes Item angegeben und müssen sich in Summe für jedes Item auf die Anzahl der getesteten Personen ($n = 101$ ❷) addieren. Die Sternchen (****) unter Kategorie 4 bei Item N12 geben an, dass keine Person die vierte Antwortkategorie gewählt hat. So haben beispielsweise 16 Personen die Antwortkategorie Null (starke Ablehnung) bei Item N12 gewählt ❶. Der Wert der saturierten Log-Likelihood ❸ gibt die logarithmierte Wahrscheinlichkeit der beobachteten Daten an (saturiertes Modell). Sie entspricht der logarithmierten Wahrscheinlichkeit der beobachteten Antwortmuster. Die Wahrscheinlichkeit ist deshalb logarithmiert, da der Wert für die Wahrscheinlichkeit ansonsten extrem niedrig ausfällt. Sie kann dazu verwendet werden, einen Likelihood-Ratio-Test durchzuführen. Dieser Test prüft, ob die Annahme verworfen werden muss, dass das Rasch-Modell die beobachteten Daten perfekt erklärt. Anhand der m Antwortkategorien und der Itemanzahl k könnten theoretisch 195 312 500 Antwortmuster ❺ auftreten. Diese Zahl entspricht deshalb nicht $m^k = 5^{12} = 244\,140\,625$, da bei Item N12 nur vier statt fünf Antwortkategorien gewählt wurden. Es traten jedoch nur 101 ❹ unterschiedliche Antwortmuster auf. Das heißt, jede befragte Person wies ein unterschiedliches Antwortmuster auf. Dies ist nicht verwunderlich, da die Stichprobe sehr klein ist. Damit die χ^2-Asymptotik des Modelltests gilt, müsste jedes Antwortmuster mindestens einmal beobachtet werden. Das heißt, 195 312 500 Personen müssten befragt werden und jede Person müsste ein anderes Antwortmuster aufweisen.

Number of iterations needed: 58 ❶

fitted model: (MIRA) Mixed Rasch Model with smoothed score frequencies:

according to the ordinal (partial credit) model in 1 latent classes.

Final estimates in CLASS 1 of 1 with size 1.00000

===

Expected Score Frequencies and Personparameters:

score frequency | person parameters and standard errors:

Raw-❷ score	Expected freq.❸	MLE- ❹ estimate	std. error MLE ❺	WLE- ❻ estimate	std. error WLE ❼
0	0.00	********	********	-5.290	1.520
1	0.00	-4.444	1.050	-4.067	0.901
2	0.00	-3.655	0.767	-3.451	0.709
3	0.00	-3.169	0.639	-3.027	0.606
4	0.00	-2.813	0.560	-2.703	0.539
5	0.00	-2.530	0.506	-2.441	0.490
6	0.01	-2.295	0.465	-2.221	0.454
7	0.01	-2.093	0.434	-2.032	0.425
8	0.03	-1.915	0.410	-1.864	0.403
9	0.04	-1.755	0.390	-1.713	0.386
10	0.08	-1.609	0.375	-1.575 ❽	0.372 ❾
11	0.13	-1.473	0.364	-1.446	0.362
12	0.21	-1.344	0.355	-1.323	0.354
13	0.33	-1.220	0.348	-1.205	0.348
14	0.50	-1.101	0.343	-1.089	0.343
15	0.75	-0.984	0.340	-0.976	0.340
16	1.07	-0.869	0.337	-0.863	0.337
17	1.48	-0.756	0.335	-0.751	0.335
18	2.00	-0.644	0.334	-0.640	0.334
19	2.61	-0.533	0.333	-0.530	0.333
20	3.30	-0.423	0.332	-0.420	0.332
21	4.04	-0.313	0.331	-0.311	0.331
22	4.80	-0.204	0.331	-0.203	0.331
23	5.53	-0.094	0.331	-0.094	0.331
24	6.18	0.015	0.331	0.014	0.331
25	6.68	0.125	0.331	0.122	0.331
26	7.01	0.235	0.332	0.231	0.332
27	7.12	0.346	0.334	0.341	0.334
28	7.02	0.458	0.336	0.451	0.336
29	6.70	0.572	0.339	0.564	0.338
30	6.20	0.687	0.342	0.678	0.341
31	5.56	0.805	0.345	0.794	0.345
32	4.84	0.926	0.350	0.912	0.349
33	4.08	1.050	0.355	1.034	0.355
34	3.33	1.179	0.362	1.159	0.361

35	2.64	1.313	0.370	1.289	0.368
36	2.02	1.453	0.380	1.425	0.378
37	1.50	1.602	0.392	1.569	0.389
38	1.08	1.762	0.407	1.722	0.403
39	0.76	1.935	0.426	1.887	0.421
40	0.51	2.126	0.450	2.069	0.442
41	0.34	2.341	0.479	2.273	0.470
42	0.21	2.590	0.518	2.507	0.505
43	0.13	2.884	0.570	2.782	0.551
44	0.08	3.251	0.646	3.116	0.616
45	0.05	3.745	0.770	3.547	0.717
46	0.03	4.537	1.051	4.165	0.904
47	0.01	********	********	5.385	1.521

Abbildung 7.35: WINMIRA-Ausgabe PERSONPARAMETERS

Am Anfang ❶ dieses Teils der WINMIRA-Ausgabe (*Abbildung 7.35*) ist die Anzahl der benötigten Iterationen bis zur Konvergenz vermerkt, in unserem Fall waren es 58. In der ersten Spalte der Tabelle sind nun die Rohwerte eingetragen und daneben sind zwei unterschiedliche Schätzungen der Personenparameter (MLE ❹, WLE ❻) samt der dazugehörigen Standardschätzfehler (MLE ❺, WLE ❼) vermerkt. Die MLE-Schätzer (**M**aximum **L**ikelihood **E**stimates) sind dabei von untergeordnetem Interesse. Sie haben den Nachteil, dass für die beiden extremsten Summenwerte, Null und den maximal erzielten Summenwert, keine Personenparameter geschätzt werden können. Dies ist in der entsprechenden Tabellenzelle mit „********" vermerkt. WLE-Schätzer (**W**arm's modified **L**ikelihood **E**stimates) sind die besten Schätzer für die Personenparameter. Diese Methode erlaubt es, für den maximal möglichen Summenwert und den Summenwert „Null" einen Personenparameter zu schätzen. Nach Rost (2004) sind diese Parameterschätzungen den MLE-Schätzungen vorzuziehen. Eine Person, die in dieser NEO-FFI-Skala einen Summenwert von zehn Punkten erzielt, bekommt also einen Personenparameter von –1.575 ❽ zugewiesen (WLE), was einer geringen Ausprägung der Eigenschaft „Extraversion" entspricht. Es kann ein Vertrauensintervall mit Hilfe des Standardfehlers (0.372) der Personenparameterschätzung ❾ um den Personenparameter gelegt werden: Multiplikation mit z_{1-a} bzw. $z_{1-a/2}$ ergibt die Grenzen des Vertrauensintervalls. Wählt man in unserem Beispiel eine Sicherheitswahrscheinlichkeit von 95 Prozent zweiseitig, ergeben sich folgende Werte –2.304 bis –0.846 (–1.575 ± 1.96 · .372). Wie man aus der Tabelle sehen kann, besitzen extremere Testwerte höhere Standardschätzfehler. Sie entsprechen dem reziproken Wert des Informationsbetrags (siehe *Abschnitt 7.3.2*). In der Spalte EXPECTED FREQ. ❸ wird angegeben, mit welcher relativen Häufigkeit Probanden mit dem entsprechenden Summenwert oder Personenparameter in einer Verteilung der Personenparameter bzw. der Summenwerte erwartet werden.

```
WLE estimates  : Mean      =   0.366 ❶ Var =    0.441 ❷ stdev   =   0.664 ❸
                    marginal error variance =   0.119 ❹ stdev   =   0.345 ❺
                          anova reliability =   0.788 ❻
                       Andrichs reliability =   0.730 ❼

 WLE = Warm´s modified likelihood estimates,
 MLE = Standard maximum likelihood estimates.

 Raw-score      : Mean          =  27.018 ❽ Stdev  =     5.652 ❾
```

Abbildung 7.36: WINMIRA-Ausgabe WLE ESTIMATES

In diesem Teil der Ausgabe (*Abbildung 7.36*) werden die mittleren Personenparameter ❶ und deren Varianz ❷ und Standardabweichung ❸ angegeben. Daneben ist der Erwartungswert (Mittelwert) der Standardschätzfehler der Personenparameter ❹ (MARGINAL ERROR VARIANCE) als Schätzung der Fehlervarianz angegeben sowie deren Standardabweichung ❺. Teilt man den Erwartungswert der Standardschätzfehler der Personenparameter ($\sigma^2_{\theta E}$ = .119) durch die Varianz der Personenparameter (σ^2_θ = .441) und zieht das Ergebnis von 1 ab, erhält man die Reliabilität ❼ nach Andrich (1988):

$$rel_{Andrich} = 1 - \frac{\sigma^2_{0E}}{\sigma^2_\theta} = 1 - \frac{.119}{.441} = .73$$

Die ANOVA RELIABILITY ❻ stellt eine varianzanalytisch geschätzte Reliabilität dar. Es handelt sich bei den Reliabilitätsschätzungen um die mittlere Reliabilität des Tests. Schließlich sind noch Mittelwert ❽ und Standardabweichung ❾ der Rohwerte angegeben.

```
Smoothed Score Distribution descriptives:

          location:        tau   =   5.171 ❶
          dispersion:      delta =   8.627 ❷
          approx. error:   RMSEA =   0.814 ❸
```

Abbildung 7.37: WINMIRA-Ausgabe SMOOTHED SCORE DISTRIBUTION DESCRIPTIVES

Die *Abbildung 7.37* beinhaltet drei Angaben: Der Parameter tau ❶ stellt einen Lokationsparameter dar, der angibt, an welchem Punkt der Mittelwert einer Wahrscheinlichkeitsverteilung liegt. Der Parameter delta ❷ gibt die Streuung der Wahrscheinlichkeitsverteilung an (wie „breit" die Verteilung ist). Der RMSEA ❸ gibt an, wie stark die geglättete Verteilung von der beobachteten Summenwerteverteilung abweicht. Diese Abweichung fällt in unserem Fall sehr stark aus (siehe S. 373). Geglättete Wahrscheinlichkeitsverteilungen werden verwendet, um Parameter bei der Parameterschätzung einzusparen. Nachdem aber die geglättete Wahrscheinlichkeitsverteilung so stark von der beobachteten Summenwerteverteilung abweicht, sind keine genauen Schätzungen der Personenparameter zu erwarten. **Daher sollte diese Voreinstellung abgestellt werden.** Diese Voreinstellung kann unter JOB DEFINITION → SELECT MODEL → RASCH MODEL deaktiviert werden. Nun kann in dem Fenster die voreingestellt Markierung SMOOTH SCORE DISTRIBUTION aufgehoben werden. Wird nun erneut eine Rasch-Analyse durchgeführt, fehlt dieser Teil der Ausgabe. Die Schätzungen der Personenparameter, wenn keine geglättete Wahrscheinlichkeitsverteilung verwendet wird, unterscheidet sich in unserem Fall von den Personenparameterschätzungen mit geglätteter Wahrscheinlichkeitsverteilung nur wenig.

In diesem Teil der WINMIRA-Ausgabe (*Abbildung 7.38*) sind die relativen Häufigkeiten ❸, mit denen Personen die entsprechenden Antwortkategorien gewählt haben, angegeben. Beispielsweise wurde für Item N12 ❹ die niedrigste Antwortkategorie „Null" (starke Ablehnung) von 15.8 Prozent der Personen gewählt (16/101). Darüber hinaus sind die Mittelwerte ❶ (SCORE) und Standardabweichungen ❷ (STDEV) der Itemrohwerte dargestellt.

expected category frequencies and item scores:

Item label	Item`s Score ❶	Stdev ❷	relative category frequencies ❸ 0	1	2	3	4
N2	2.28	0.96	0.010	0.248	0.277	0.386	0.079
N7	2.81	0.91	0.010	0.059	0.287	0.396	0.248
N12	1.65	0.97	0.158 ❹	0.228	0.416	0.198	
N17	3.13	0.83	0.020	0.010	0.139	0.485	0.347
N22	1.83	1.05	0.109	0.277	0.337	0.228	0.050
N27	2.00	0.97	0.050	0.287	0.317	0.307	0.040
N32	2.11	0.87	0.010	0.218	0.505	0.188	0.079
N37	2.66	0.81	0.010	0.069	0.287	0.515	0.119
N42	2.35	1.08	0.059	0.158	0.287	0.366	0.129
N47	1.68	1.04	0.079	0.436	0.287	0.119	0.079
N52	2.58	0.82	0.010	0.079	0.337	0.465	0.109
N57	1.93	0.96	0.069	0.267	0.347	0.297	0.020
Sum:	27.02						

Abbildung 7.38: WINMIRA-Ausgabe EXPECTED CATEGORY FREQUENCIES AND ITEM SCORES

threshold parameters: ordinal (partial credit) model

item label	item location	threshold parameters 1	2	3	4
N2	-0.21583	-3.252❶	0.052	0.091	2.245
N7	-0.64106	-1.984	-1.551	-0.039	1.010
N12	0.24941	-0.293	-0.277	1.318	***
N17 ❷	-0.63652	0.421❸	-2.703	-1.061	0.796
N22	0.59839	-0.900	0.090	0.921	2.282
N27	0.41661	-1.770	0.139	0.524	2.774
N32	-0.17593	-3.097	-0.636	1.456	1.573
N37	-0.42514	-2.115	-1.368	-0.265	2.047
N42	0.08507	-1.063	-0.442	0.159	1.687
N47	0.43793	-1.633	0.741	1.450	1.194
N52	-0.38211	-2.226	-1.372	0.018	2.052
N57	0.68919	-1.347	-0.005	0.663	3.446

Abbildung 7.39: WINMIRA-Ausgabe THRESHOLD PARAMETERS

In diesem Abschnitt (*Abbildung 7.39*) sind die Itemparameter und Schwellenparameter angegeben. Wie bereits erwähnt, ist der Itemparameter der Mittelwert aus den Schwellenparametern. Die Items weisen mittlere Itemparameter auf, das heißt, sie liegen alle zwischen null und minus eins bzw. um eins herum. Die Schwellen unterscheiden sich deutlicher. Für eine Person mit dem Personenparameter –3.252 ❶ ist bei Item N2 eine Antwort in der Kategorie „Null" (starke Ablehnung) genauso wahrscheinlich wie eine Antwort in der Kategorie „Eins" (Ablehnung). Bei allen anderen Items wählt diese Person mit höchster Wahrscheinlichkeit die Nullkategorie, da ihr Personenparameter geringer als die entsprechenden Schwellenparameter der Kategorie „Eins" sind. Mit steigender Eigenschaftsausprägung wird die Wahl einer höheren Antwortkategorie wahrscheinlicher. Dies ist nicht für alle Items so, Item N17 ❷ weist für die zweite Schwelle einen geringeren Schwellenparameter auf als für die erste Schwelle.

Die Auswirkungen, die **nicht geordnete Schwellenparameter** haben, kann leicht veranschaulicht werden. Für Item N17 liegt der zweite Schwellenparameter –2.703 unter dem ersten Schwellenparameter 0.421 ❸. Das heißt im Falle von Item N17, dass Personen mit einem Personenparameter von $\theta = -2.703$ die Antwortkategorie „Eins" mit einer höheren Wahrscheinlichkeit als die Kategorie „Null" wählen. Personen mit einer Eigenschaftsausprägung von .421 ❸, die deutlich über –2.703 liegt, wählen hingegen die niedrigere Antwortkategorie „Null". Dies ist entgegen der Erwartung. Eigentlich sollte mit zunehmender Eigenschaftsausprägung eine höhere Antwortkategorie gewählt werden und nicht eine niedrigere. Hier wird die Analogie zum Hochsprungbeispiel deutlich: Weniger fähige Hochspringer überspringen eine Höhe von 2.703 cm mit einer höheren Wahrscheinlichkeit als eine Höhe von .421 cm. Fähigere Personen überspringen dagegen eine Höhe von 2.703 cm mit einer geringeren Wahrscheinlichkeit als eine Höhe von .421 cm. Damit ist das Item N17 kein Rasch-homogenes Item und sollte ausgesondert werden.

standard errors of item parameters:

itemlabel	location ❶	threshold parameters ❷		
N2	0.1208008	0.2518533	0.2246400	0.2157479
N7	0.1255938	0.4372934	0.2298088	0.2059663
N12	0.1197974	0.2424507	0.2065594	
N17	0.1360065	1.0147178	0.2984309	0.2016605
N22	0.1123185	0.2315346	0.2134791	0.2517368
N27	0.1190150	0.2342632	0.2157238	0.2310784
N32	0.1302950	0.2552967	0.2018411	0.2623657
N37	0.1373457	0.4077030	0.2268744	0.2045023
N42	0.1108770	0.2868108	0.2234287	0.2152203
N47	0.1138499	0.2123356	0.2234340	0.3183430
N52	0.1355965	0.3837100	0.2171895	0.2055447
N57	0.1207108	0.2363645	0.2111189	0.2348943

Abbildung 7.40: WINMIRA-Ausgabe STANDARD ERRORS OF ITEM PARAMETERS

In dieser Ausgabe (*Abbildung 7.40*) sind die Standardfehler der Item- ❶ und Schwellenparameter ❷ angegeben. Mit deren Hilfe kann beispielsweise ein Vertrauensintervall um die Itemparameter und die Schwellenparameter gelegt werden. Dazu muss der Itemparameter aus der vorherigen Tabelle mit dem Produkt des Standardfehlers und einer gewählten Sicherheitswahrscheinlichkeit ($z_{1-\alpha/2}$, z.B. 1.96 für 95 Prozent, zweiseitig) addiert (obere Grenze) und subtrahiert (untere Grenze) werden. Überschneiden sich zwei Vertrauensintervalle, liegt kein signifikanter Schwierigkeitsunterschied zwischen beiden Items vor. Sind die Vertrauensintervalle überschneidungsfrei, liegt ein signifikanter Unterschied in der Itemschwierigkeit vor. Gleiches gilt für die Schwellenparameter.

In *Abbildung 7.41* sind die Q-Indizes ❶ aufgeführt. Sie stellen quasi ähnliche Werte wie die Trennschärfen in der KTT dar. Der Q-Index gibt an, wie wahrscheinlich die Antwortmuster eines Items unter den gegebenen Modellparametern sind. Er liegt zwischen 0 und 1. Entspricht das beobachtete Antwortmuster eines Items demjenigen mit maximaler Trennschärfe, so entspricht der Q-Index dem Wert Null. In diesem Fall entspricht die Wahl der Antwortkategorie exakt der Fähigkeitsausprägung (vgl. Rost, 1999). Dies erinnert an ein Antwortmuster, wie es Guttman beschreibt, quasi deterministisch. Ist das beobachtete Antwortmuster eines Items gleich demjenigen mit geringster Trennschärfe, ist der Q-Index eins. Dies bedeutet, dass das Antwortmuster exakt umgekehrt zu dem unter dem Rasch-Modell erwarteten Antwortmuster ist. Dies kann nach Rost (2004) darauf hinweisen, dass ein Item umzupolen ist. Ein Q-Index von .50 deutet hingegen auf ein zufälliges Antwortmuster einer Person hin. Üblicherweise liegen die Q-Werte zwischen 0.1 und 0.3.

```
item fit assessed by the Q-index

 itemlabel  | Q-index❶ |    Zq  ❷   | p(X>Zq)❸
____________|__________|____________|__________
 N2         |  0.1364  |  -1.0692   | 0.85751        | -....!..Q.+ |
 N7         |  0.3094  |   0.6807   | 0.24804        | -.Q..!....+ |
 N12        |  0.2156  |  -0.1411   | 0.55611        | -....Q....+ |
 N17        |  0.1919  |  -0.4186   | 0.66226        | -....!Q...+ |
 N22        |  0.2723  |   0.7370   | 0.23057        | -.Q..!....+ |
 N27        |  0.1697  |  -0.7353   | 0.76893        | -....!.Q..+ |
 N32        |  0.2465  |   0.0117   | 0.49535        | -...Q!....+ |
 N37        |  0.1408  |  -1.0578   | 0.85494        | -....!..Q.+ |
 N42        |  0.2321  |   0.2290   | 0.40945        | -...Q!....+ |
 N47        |  0.3589❹ |   1.8869❺  | 0.02959-?❻     | Q....!....+ |
 N52        |  0.2124  |  -0.4024   | 0.65629        | -....!Q...+ |
 N57        |  0.2644  |   0.4275   | 0.33449        | -..Q.!....+ |

                                  -?:p<0.05, +?:p>0.95
                                  -!:p<0.01, +!:p>0.99
```

Abbildung 7.41: WINMIRA-Ausgabe ITEM FIT ASSESSED BY THE Q-INDEX

Die Verwendung des Q-Index hat den Vorteil, dass ein Signifikanztest ❸ zur Verfügung steht, der prüft, ob ein Antwortmuster signifikant von dem unter dem Rasch-Modell erwarteten Antwortmuster abweicht. Dazu wird eine z-verteilte Prüfgröße ❷ angegeben (Formel siehe Rost, 2004, S. 373). **Item-Underfit** deutet an, dass das Item ungeeignet ist und das Lösungsmuster signifikant vom erwarteten Lösungsmuster abweicht (positiver z-Wert). WINMIRA gibt die p-Werte bei zweiseitiger Testung für eine Irrtumswahrscheinlichkeit von 10 bzw. 2.5 Prozent (einseitig: 5 bzw. 1 Prozent) an, gekennzeichnet durch ein „**-?**“ bei 10 Prozent und durch „**-!**“ bei 2.5 Prozent. **Item-Overfit** deutet an, dass das Item zu gut geeignet und sein Antwortmuster signifikant besser ist, als unter Modellgeltung erwartet (negativer z-Wert).

Welche Items wählt man nun aus? In der Regel sollten nur Items aus dem Test entfernt werden, die „zu schlecht" passen, das heißt, einen Item-Underfit aufweisen. Dies kann unter bestimmten Umständen auch für Items zutreffen, die einen Item-Overfit aufweisen. Ein Item-Overfit kann auch vorliegen, wenn Items redundant sind, das heißt, etwas Ähnliches messen: in Fragebögen etwa, wenn der Iteminhalt verschiedener Items nur synonymisiert wird, das heißt, eigentlich immer nur dasselbe gefragt wird, oder in Leistungsitems, wenn ein Lösungsmuster (z.B. bei Matrizen oder Zahlenreihen) in mehreren Aufgaben vorkommt und somit einfach „kopiert“ werden kann. In beiden Fällen wäre die lokale stochastische Unabhängigkeit verletzt und die Personenfähigkeit würde nicht korrekt geschätzt werden.

In unserem Beispiel weist Item N47 einen Item-Underfit auf. Dies kann man an dem zu hohen (= 1.65) positiven $Z(q)$ Wert von 1.8869 ❺ erkennen sowie an der Kennzeichnung „-?“ ❻. Der Q-Index von .3589 ❹ liegt über .30 und damit deutlich außerhalb des üblichen Bereichs, und das Antwortmuster geht eher in Richtung eines zufälligen Antwortmusters. Damit sollte dieses Item neben dem Item N17 mit nicht geordneten Schwellenparametern ersetzt werden.

```
   person fit index descriptives:

mean        :      0.1185803 ❶
std.dev.    :      1.4247967 ❷

skewness    :     -0.2675534 ❸
kurtosis    :     -0.4353766 ❹
```

Abbildung 7.42: WINMIRA-Ausgabe PERSON FIT INDEX DESCRIPTIVES

Neben den Item-Fit-Maßen, die untersuchen, ob ein Item Rasch-konform ist, gibt es auch Personen-Fit-Maße, die prüfen, ob eine Person modellkonform antwortet. Hier (*Abbildung 7.42*) sind lediglich Mittelwert ❶, Standardabweichung ❷, Schiefe ❸ und Exzess ❹ der Verteilung der Personen-Fit-Indizes dargestellt. Diese Personen-Fit-Indizes stellen *z*-Werte dar. Ein negativer *z*-Wert kleiner als –1.96 bedeutet, dass die Personen ein eher nicht Rasch-konformes Antwortmuster aufweisen. Ein positiver Wert über +1.96 heißt nach Rost (2004, S. 364), dass die Personen ein eher „überangepasstes“ Antwortverhalten aufweisen. Die angegebenen Werte sagen also etwas über die Verteilung der Personen-Fit-Maße aus. Weicht der Mittelwert stark positiv von null ab, liegt eher ein angepasstes Antwortverhalten der Stichprobe vor. Bei einer stark negativen Abweichung von null handelt es sich eher um ein modellinkonformes Antwortverhalten. Eine hohe negative Schiefe (skewness ❸) deutet darauf hin, dass viele Probanden ein modellinkonformes Antwortmuster aufweisen. Ein hoher positiver Wert bedeutet, dass im Mittel ein überangepasstes Antwortmuster in der Stichprobe vorliegt. Ein hoher Exzess (kurtosis ❹) bedeutet, dass die Verteilung der Personen-Fit-Maße breitgipflig ist und damit einige Personen extreme Personen-Fit-Werte aufweisen. In solchen Fällen empfiehlt es sich, die Personen-Fit-Maße näher zu betrachten. In unserem Beispiel liegen Auffälligkeiten vor: Die Standardabweichung der Verteilung ist hoch. Dies deutet darauf hin, dass es hier doch einige Personen mit extremen Antwortmustern gibt.

Um Personen mit auffälligen Personen-Fit-Werten zu entdecken, ist es günstig, die SPSS-Datendatei mit den gespeicherten Personen-Fit-Indizes zu betrachten (siehe *Abschnitt 7.4*). Personen mit auffälligem Antwortmuster zu erkennen wird dadurch erleichtert, dass man Personen nach der Variable „NEWFIT1“ aufsteigend ordnet (SPSS: DATEN → FÄLLE SORTIEREN → AUFSTEIGEND). Die Variable „NEWFIT1“ enthält dabei den Personen-Fit-Wert für jede Person. Die Analyse der einzelnen Personen-Fit-Indizes wird hier nicht dargestellt.

In diesem Ergebnisabschnitt (*Abbildung 7.43*) ist zunächst die logarithmierte Likelihood des saturierten Modells ❷ angegeben sowie die logarithmierte Likelihood der Daten unter der Annahme, dass das Rasch-Modell passt ❶. Gleichzeitig ist die Anzahl der Freiheitsgrade (NUMBER OF PARAMETERS) angegeben. Zieht man von den Freiheitsgraden des saturierten Modells ❹ die Freiheitsgrade des Modells unter der Annahme, dass das Rasch-Modell passt ❸, ab, erhält man die Freiheitsgrade des Likelihood-Quotienten-Tests. In unserem Fall ergibt dies die 195 312 450 ❿ Freiheitsgrade des Likelihood-Ratio-Tests. Man sieht also, dass mit den Daten von 101 Probanden 49 Parameter ❸ zu schätzen sind. Das ist ein extrem ungünstiges Verhältnis von zu schätzenden Parametern und Anzahl an Probanden. Weiterhin sind so genannte Informationskriterien angegeben (AIC ❺, BIC ❻ und CAIC ❼). Mit diesen informationstheoretischen Maßen können verschiedene Modelle miteinander verglichen werden (z.B. ein Rasch-Modell mit einem Mixed-Rasch-Modell mit zwei Klassen). Je geringer der Wert eines Informationskriteriums ist, desto besser ist das Modell. Leider lassen informationstheoretische Maße keinen Rückschluss zu, ob das Modell tatsächlich auf die Daten passt, sondern nur, wie gut es relativ zu einem anderen Modell auf die Daten passt. Im Rahmen des Mixed-Rasch-Modells wird auf diesen Vergleich zurückgegriffen. Die Goodness-of-Fit-Statistiken (GoF ❽) stellen verschiedene Alternativen der Modelltestung dar. Am interessantesten ist hier der Vergleich mit einem saturierten (perfekten) Modell ❾. Leider sind die Voraussetzungen für diese Modelltests so gut wie nie erfüllt; somit sind alle Angaben nicht aussagekräftig und sollten nicht interpretiert werden. Dies wird durch die nachfolgende Fehlermeldung „WARNING" (*Abbildung 7.44*) verdeutlicht.

```
Goodness of fit statistics:

                              estimated         saturated
                                model              model

  Log-Likelihood        :     -1524.74 ❶          -466.13 ❷
  Number of parameters  :           49 ❸        195312499 ❹
  geom. mean likelihood :   0.28421151          0.68072738

Information Criteria:

   AIC-Index            :      3147.48 ❺     390625930.25
   BIC-Index            :      3275.62 ❻     901391653.58
   CAIC-Index           :      3324.62 ❼    1096704152.58

Power Divergence GoF statistics ❽:

                              emp. value        chi-square p-value

   Cressie Read            :     2729112.28      p=  1.0000
   Pearson Chisquare       :   725113751.26      p=  0.0000

=====================================================================

   Likelihood ratio        :        2117.23 ❾   p=  1.0000
   Freeman-Tukey  Chi^2    :         799.00      p=  1.0000

   Degrees of freedom      :      195312450 ❿
```

Abbildung 7.43: WINMIRA-Ausgabe GOODNESS OF FIT STATISTICS

```
WARNING: Number of cells is larger than number of different patterns!!!
         obs.patterns/cells    = 0.000000517120000000
         number of zero cells =           195312399

WARNING: Number of cells is larger than number of subjects!!!
         subjects/cells        = 0.000000517120000000

         The data might be very sparse, please do not use the
         chi square p-value approximation for the Power Divergence
         Goodness of Fit Statistics.
         Consider to use the parametric bootstrap procedure instead.
         In addition, several start values should be used
         (see defaults menu) in order to examine the occurance
         of local likelihood maxima.

 Parametric Bootstrap estimates for Goodness of Fit:

 No.:    Satlik     LogLik       LR      CressieRead      Pearson X^2     FT

There might be zero category counts in the Bootstrap Samples:
 Please examine the class specific threshold parameters for
 boundary values (large positive or negative threshold parameters).  ❸

          Z:              2.808            5.547              2.117      0.1413
      (X>Z):              0.002            0.000              0.017      0.4438
       Mean:           1994.025       519322.351        72680524.526   798.8402
      Stdev:             43.882       398398.276       308205175.686     1.1467
   p-values               0.002            0.005 ❶            0.013 ❷   0.4715
 (emp. PDF):

 It is recommended to use only the empirical p-values of the
 Pearson X^2 and the Cressie Read statistics. Do not use the
 FT and LR statistics for model selection!
```

Abbildung 7.44: WINMIRA-Ausgabe PARAMETRIC BOOTSTRAP

Wie bereits im Abschnitt „Modelltest" erwähnt, ist hier (*Abbildung 7.44*) das Ergebnis der Bootstrap-Prozedur angegeben (999 Bootstrap Samples). Es werden vier Modelltests bereitgestellt. Von diesen vier sollten aber nur die empirischen Pearson-χ^2- ❷ und die Cressie-Read-Prüfgrößen ❶ interpretiert werden. Beide Prüfgrößen sollten nicht signifikant werden. In unserem Beispiel sind alle Prüfgrößen auf dem Niveau $\alpha = .05$ signifikant. Damit muss die Modellgeltung verworfen werden. Als weitere Schritte könnte nun das Item N47 ausgeschlossen und eine erneute Modellprüfung vorgenommen werden. Der interessierte Leser kann den Modelltest ohne das Item N47 selbst wiederholen. Jedoch liegt auch ohne Item N47 keine Modellgeltung vor. Ebenso könnte man Item N12 und N17 aussondern, weil für ersteres Item die letzte Antwortkategorie (starke Zustimmung) nicht gewählt wurde und für das letztere die Schwellenparameter vertauscht sind. Dies führt jedoch zu einer starken Itemreduktion der Skala. Aus diesem Grund sollte zuerst einmal die Personenhomogenität näher untersucht werden. An dieser Stelle ist anzumerken, dass die Stichprobe von $N = 101$ für ein Rasch-Modell nur wenig brauchbar ist. Die geringe Stichprobengröße wirkt sich negativ auf die Genauigkeit der Parameterschätzungen, den Modelltest und die Bootstrap-Methode aus. Die Fehlermeldung THERE MIGHT BE ZERO CATEGORY COUNTS IN THE BOOTSTRAP SAMPLES: PLEASE EXAMINE THE CLASS SPECIFIC THRESHOLD PARAMETERS FOR BOUNDARY VALUES (LARGE POSITIVE OR NEGATIVE THRESHOLD PARAMETERS) ❸ kann durchaus mit der geringen Stichprobengröße erklärt werden. Es wird angemerkt, dass im Einzelnen Bootstrap Stichproben-Kategorien nicht besetzt waren. Stichproben von 250 oder 300 Personen wären angemessener, um belastbare Aussagen über die Modellgeltung zu erhalten.

Nun wird dem Leser auffallen, dass die Eindimensionalitätsannahme dieser Skala in *Abschnitt 6.11* mit Hilfe einer CFA nicht verworfen wurde. Das Rasch-Modell hingegen verwirft diese Annahme. Beide Methoden kommen folglich zu unterschiedlichen Ergebnissen. Welcher Methode soll man nun trauen? Darüber ist wenig bekannt. Rasch-Modelle berücksichtigen bei der Modelltestung mehr Information (Antwortmuster) als Strukturgleichungsmodelle (Kovarianzmatrix). Insofern erscheint aus dieser Überlegung heraus das Ergebnis des Rasch-Modells vertrauenswürdiger zu sein.

7.5.2 Beispiel eines ordinalen Mixed-Rasch-Modells mit WINMIRA

Wie interpretiere ich die WINMIRA Ausgabe eines ordinalen Mixed-Rasch-Modells?

Das Mixed-Rasch-Modell für ordinale Daten wurde mit einem Datensatz von N = 555 Probanden durchgeführt, da für die Annahme mehrerer Klassen die bisher verwendete Stichprobe nicht ausreicht. Bedenkt man, dass in jeder Klasse die Parameter getrennt geschätzt werden, sind 101 Probanden zu wenig.

```
// WINMIRA 2001 1.45
 // (c) 2000,2001 by Matthias von Davier
 //               IPN - institute for science education
 //               Olshausenstrasse 62
 //               24098 Kiel
 //               Germany
 //               email: vdavier@ipn.uni-kiel.de or rost@ipn.uni-kiel.de
 //
 // date of analysis: 02.04.2006 time : 00:27:32
 //

Filenames:

    data: C:\ Eigene Dateien\Buch 2.Auflage\Kapitel7\NE02.sav
  output: C:\Eigene Dateien\Buch 2.Auflage\Kapitel7\NE02.019
patterns: C:\Eigene Dateien\Buch 2.Auflage\Kapitel7\NE02.PAT

 number of persons            :    555 ❶
 number of items              :     12 ❷
 number of classes            :      2 ❸
 max. number of iterations    :    500 ❹
 accuracy criterion           : 0.0005
 random start value           :   4321
```

Abbildung 7.45: WINMIRA-Ausgabe Kopf

Abbildung 7.45 zeigt, dass 555 Personen ❶ und 12 Items ❷ untersucht wurden. Es wurde angenommen, dass in zwei latenten Klassen ❸ das ordinale Rasch-Modell passt. Außerdem wurde die Anzahl der Iterationen auf 500 ❹ erhöht (siehe folgende Abschnitte). Die anderen Werte sind gegenüber den Einstellungen zum ordinalen Rasch-Modell nicht verändert.

```
item labels and sample frequencies:

    |              | n of |  categories
 no.|    label     | cats |   0   |   1   |   2   |   3   |   4   |    N
 ___|______________|______|_______|_______|_______|_______|_______|________|
   1| N2           |   5  |   8   |  83   |  155  |  222  |  87   |   555
   2| N7           |   5  |   6   |  40   |  116  |  267  |  126  |   555
   3| N12          |   5  |   8   |  81   |  108  |  224  |  134  |   555
   4| N17          |   5  |   3   |  14   |   78  |  279  |  181  |   555
   5| N22          |   5  |  50   |  144  |  193  |  135  |   33  |   555
   6| N27          |   5  |  28   |  140  |  176  |  183  |   28  |   555
   7| N32          |   5  |  14   |  127  |  258  |  117  |   39  |   555
   8| N37          |   5  |   3   |  37   |  156  |  265  |   94  |   555
   9| N42          |   5  |  24   |  97   |  155  |  183  |   96  |   555
  10| N47          |   5  |  26   |  167  |  185  |  136  |   41  |   555
  11| N52          |   5  |   4   |  43   |  182  |  244  |   82  |   555
  12| N57          |   5  |  41   |  164  |  191  |  134  |   25  |   555

 saturated likelihood        :          -3504.2547 ❶
 number of different patterns :            553 ❷
 number of possible  patterns :       244140625 ❸
```

Abbildung 7.46: WINMIRA-Ausgabe ITEM LABELS AND SAMPLE FREQUENCIES

In *Abbildung 7.46* sind die Häufigkeiten angegeben, mit denen jede Antwortkategorie insgesamt gewählt wurde. Darunter sind die logarithmierte saturierte Likelihood der Daten ❶ (logarithmierte aufmultiplizierte relative Patternhäufigkeiten) sowie die Anzahl tatsächlich aufgetretener ❷ (553) und theoretisch möglicher Antwortpattern ❸ (244140625) angegeben. Die Angaben beziehen sich hier noch auf beide Klassen gemeinsam.

Hätten wir die Einstellung für die Anzahl der Iterationen unverändert gelassen, wäre in *Abbildung 7.47* über der Angabe FITTED MODEL eine Warnung ausgegeben worden, dass das Iterationslimit erreicht wurde. Diese Fehlermeldung „**Maximum of 250 iterations was reached!**“ deutet darauf hin, dass in WINMIRA die iterative Lösung nicht konvergiert ist. Damit wären solche Ergebnisse nur mit äußerster Vorsicht zu interpretieren, da die Parameterschätzungen in einem solchen Fall ungenau ausfallen. Daher ist es günstig, die maximal zugelassene Anzahl an Iterationen hoch zu setzten, so dass die Parameter über eine größere Anzahl von iterativen Schritten hinweg optimiert werden können. Dies kann unter JOB DEFINITION → EDIT DEFAULTS → MAX N OF ITERATIONS vorgenommen werden. Tragen Sie einen höheren Wert als 250 ein, z.B. 500. So kann oft eine Konvergenz erreicht werden, wie auch in unserem Beispiel. In diesem Beispiel tritt nach der Erhöhung der maximalen Anzahl an Iterationen auf 500 diese Fehlermeldung nicht mehr auf. Es wurden 412 Iterationen ❶ benötigt.

```
Number of iterations needed:  412 ❶

 fitted model: (MIRA) Mixed Rasch Model with smoothed score frequencies:

 according to the  ordinal (partial credit) model in 2 latent classes.

Classes are sorted by class size!

  Final estimates in CLASS 1 of 2 with size  0.59716 ❷
 ===================================================

 Expected Score Frequencies and Personparameters:
```

score frequency | person parameters and standard errors:

Raw-score	Expected freq.	MLE-estimate	std. error MLE	WLE-estimate	std. error WLE
0	0.00	********	********	-6.320	1.972
1	0.00	-4.664	1.298	-4.213	1.147
2	0.00	-3.500	0.889	-3.185	0.776
3	0.00	-2.900	0.677	-2.684	0.607
4	0.00	-2.523	0.557	-2.365	0.510
5	0.00	-2.257	0.480	-2.135	0.448
6	0.00	-2.052	0.427	-1.956	0.405
7	0.00	-1.886	0.390	-1.810	0.375
8	0.00	-1.745	0.362	-1.684	0.352
9	0.00	-1.621	0.342	-1.573	0.335
10	0.00	-1.509	0.327	-1.472	0.322
11	0.01	-1.407	0.315	-1.378	0.312
12	0.01	-1.310	0.307	-1.288	0.305
13	0.03	-1.218	0.301	-1.203	0.300
14	0.06	-1.129	0.297	-1.119	0.296
15	0.11	-1.041	0.294	-1.036	0.294
16	0.21	-0.955	0.294	-0.954	0.294
17	0.37	-0.869	0.294	-0.872	0.294
18	0.65	-0.782	0.295	-0.788	0.295
19	1.08	-0.694	0.298	-0.703	0.297
20	1.73	-0.605	0.301	-0.616	0.300
21	2.66	-0.513	0.305	-0.527	0.304
22	3.96	-0.419	0.309	-0.434	0.308
23	5.66	-0.322	0.314	-0.338	0.313
24	7.79	-0.221	0.320	-0.239	0.319
25	10.33	-0.117	0.326	-0.136	0.325
26	13.19	-0.009	0.332	-0.028	0.331
27	16.20	0.104	0.339	0.084	0.337
28	19.18	0.220	0.345	0.201	0.344
29	21.85	0.342	0.352	0.323	0.351
30	23.97	0.468	0.359	0.449	0.358
31	25.32	0.599	0.365	0.581	0.364
32	25.75	0.735	0.372	0.717	0.371
33	25.21	0.876	0.379	0.858	0.378
34	23.77	1.023	0.386	1.004	0.385
35	21.58	1.175	0.394	1.155	0.393
36	18.86	1.334	0.402	1.312	0.401
37	15.87	1.499	0.412	1.475	0.410
38	12.86	1.673	0.423	1.646	0.421
39	10.03	1.857	0.435	1.826	0.433
40	7.54	2.053	0.451	2.016	0.448
41	5.45	2.265	0.470	2.221	0.466
42	3.79	2.497	0.494	2.443	0.488
43	2.54	2.757	0.527	2.688	0.518
44	1.64	3.058	0.572	2.968	0.558
45	1.02	3.423	0.641	3.298	0.616
46	0.61	3.906	0.760	3.714	0.708
47	0.35	4.677	1.038	4.304	0.888
48	0.20	********	********	5.483	1.492

Abbildung 7.47: WINMIRA-Ausgabe FINAL ESTIMATES IN CLASS 1 und EXPECTED SCORE FREQUENCIES AND PERSONPARAMETERS

Die Parameterschätzungen in *Abbildung 7.47* beziehen sich auf die Klasse 1, in die 0.59716 Prozent ❷ der Gesamtstichprobe fallen. Es sind wiederum der Summenwert, die entsprechenden MLE- und WLE-Schätzungen der Personenparameter angegeben sowie deren Standardfehler (STD. ERROR WLE).

```
WLE estimates : Mean      =   0.781 ❶    Var =    0.555 stdev =    0.745
                    marginal error variance  =    0.145 stdev =    0.381
                         anova reliability   =    0.792
                      Andrichs reliability   =    0.738 ❷

 WLE = Warm's modified likelihood estimates,
 MLE = Standard maximum likelihood estimates.

 Raw-score       : Mean           =   31.934 Stdev =    5.120
```

Abbildung 7.48: WINMIRA-Ausgabe WLE ESTIMATES

In Klasse 1 ist der Test etwas zu „schwer", was man an dem leicht positiven Mittelwert der WLE-Schätzungen in *Abbildung 7.48* erkennt ❶. Die Personen benötigen eine höhere Fähigkeitsausprägung als Null, um den Test zu bearbeiten.

```
Smoothed Score Distribution descriptives:

                     location:        tau =  14.443 ❶
                     dispersion:    delta =  10.908 ❷
                     approx. error: RMSEA =   0.171 ❸
```

Abbildung 7.49: WINMIRA-Ausgabe SMOOTHED SCORE DISTRIBUTION DESCRIPTIVES

Der Parameter TAU ❶ in *Abbildung 7.49* stellt einen Lokationsparameter dar, der angibt, an welchem Punkt der Mittelwert einer Wahrscheinlichkeitsverteilung liegt. Der Parameter DELTA ❷ gibt die Streuung der Wahrscheinlichkeitsverteilung an (wie „breit" die Verteilung ist). Die Wahrscheinlichkeitsverteilungen werden verwendet, um Modellparameter einzusparen. So muss nicht mehr für jeden Summenwert ein Wert geschätzt werden. Die Wahrscheinlichkeitsverteilung enthält dagegen nur zwei Parameter: Tau und delta. Dazu wird die Verteilung der Summenwerte geglättet und angepasst. Der RMSEA ❸ (.171) gibt an, wie stark die geglättete Wahrscheinlichkeitsverteilung von der beobachteten Summenwerteverteilung abweicht. Er sollte kleiner als RMSEA = .05 ausfallen. Dies ist in unserem Fall nicht so, daher ist keine besonders exakte Schätzung der Personenparameter mit dieser Methode zu erwarten. Aus diesem Grund ist es sinnvoll, die Rohwerteverteilung in den Klassen ohne Restriktionen (voll parametrisiert) zu schätzen. **Die Voreinstellung kann und sollte abgestellt werden.** Dies geschieht unter JOB DEFINITION → SELECT MODEL → RASCH MODEL.

Für Klasse 1 sind in *Abbildung 7.50* die Mittelwerte ❶ der Items und deren Standardabweichungen ❷ dargestellt sowie deren erwartete relative Häufigkeiten ❸ in der Klasse 1. Es zeigt sich, dass die höchste Antwortkategorie 4 im Vergleich zu Probanden in Klasse 2 (vgl. *Abbildung 7.56*) relativ häufig gewählt wurde.

expected category frequencies and item scores:

Item label	Item`s ❶Score	Item`s ❷Stdev	❸ relative category frequencies 0	1	2	3	4
N2	2.85	0.81	0.000	0.054	0.251	0.484	0.211
N7	3.15	0.75	0.008	0.016	0.124	0.521	0.331
N12	3.18	0.88	0.006	0.075	0.046	0.476	0.397
N17	3.33	0.71	0.009	0.007	0.067	0.477	0.440
N22	2.06	1.05	0.083	0.199	0.368	0.277	0.072
N27	2.25	0.98	0.043	0.191	0.310	0.390	0.066
N32	2.26	0.86	0.016	0.146	0.483	0.271	0.083
N37	3.21	0.59	0.006	0.003	0.049	0.659	0.283
N42	2.92	0.90	0.020	0.042	0.202	0.468	0.268
N47	1.85	0.97	0.052	0.346	0.346	0.209	0.047
N52	2.83	0.80	0.009	0.035	0.258	0.512	0.186
N57	2.04	0.97	0.044	0.256	0.372	0.269	0.058
Sum:	31.93						

Abbildung 7.50: WINMIRA-Ausgabe EXPECTED CATEGORY FREQUENCIES AND ITEM SCORES

threshold parameters: ordinal (partial credit) model

item label		❶ item location	❷ threshold parameters 1	2	3	4
N2	❹	-1.13900	❺ -5.229	-1.119	-0.025	1.818
N7	❸	-0.43025	-0.461	-1.707	-0.880	1.327
N12		-0.53622	-2.235	0.846	-1.783	1.027
N17	❸	-0.51573	0.443	-1.954	-1.441	0.889
N22		0.82157	-0.477	-0.038	1.137	2.664
N27		0.62900	-1.134	0.052	0.568	3.030
N32		0.32141	-1.891	-0.660	1.385	2.452
N37	❸	-0.49766	0.661	-2.308	-2.060	1.716
N42	❸	-0.09217	-0.474	-1.164	-0.229	1.499
N47		0.88494	-1.468	0.627	1.445	2.936
N52	❸	-0.17695	-1.088	-1.587	-0.046	2.014
N57		0.73107	-1.364	0.207	1.196	2.885

❻ standard errors of item parameters:

itemlabel	location	threshold parameters		
N2	0.0771585	❼ 0.2511915	0.1325386	0.1116594
N7	0.0814720	0.4488286	0.1721937	0.1125721
N12	0.0718354	0.2232133	0.2644215	0.1130799
N17	0.0853742	0.6710005	0.2239666	0.1138724
N22	0.0639383	0.1437648	0.1162807	0.1301628
N27	0.0667406	0.1479519	0.1210633	0.1198950
N32	0.0746658	0.1622507	0.1136566	0.1284095
N37	0.1003426	0.9420438	0.2586346	0.1204913
N42	0.0704753	0.2809833	0.1421805	0.1120183
N47	0.0690554	0.1237393	0.1173342	0.1448782
N52	0.0780717	0.3061002	0.1313304	0.1117428
N57	0.0682308	0.1338114	0.1156284	0.1318946

Abbildung 7.51: WINMIRA-Ausgabe THRESHOLD PARAMETERS und STANDARD ERRORS OF ITEM PARAMETERS

Für Klasse 1 sind in *Abbildung 7.51* die Itemparameter ❶ sowie die Schwellenparameter ❷ dargestellt. Es gibt bei fünf Antwortkategorien vier Schwellen. In *Abbildung 7.52* sind die Schwellenparameter für Klasse 1 dargestellt. Auf der *x*-Achse sind die Items dargestellt: 1 = N2, 2 = N7, 3 = N12 usw., auf der *y*-Achse ist die Itemschwierigkeit aufgetragen. Die Schwellenparameter in Klasse 1 sind nicht immer überschneidungsfrei (N7, N17, N37, N42 und N52), somit sind hier grundlegende Annahmen des Rasch-Modells verletzt. Item N2 weist einen extremen Schwellenparameter auf: –5.229 ❺ (siehe *Abbildung 7.51*). Dieser Schwellenparameter wird aber relativ genau geschätzt, was man aus der entsprechenden Tabelle für die Standardfehler der Item- und Schwellenparameter ❻ entnehmen kann: 0.2511915 ❼. In Klasse 2 liegen die Schwellenparameter weiter auseinander und sind zudem fast alle geordnet.

Klasse 1:

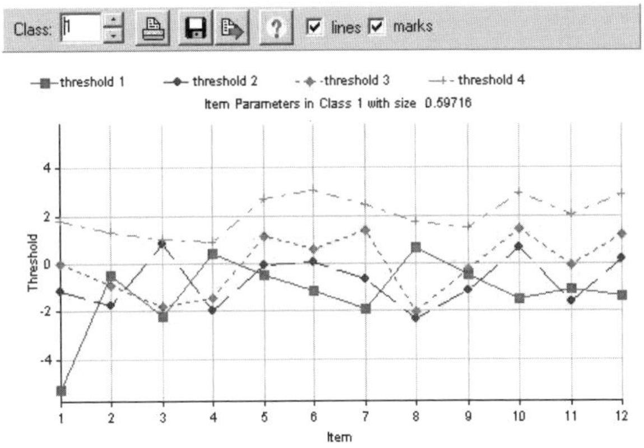

Klasse 2:

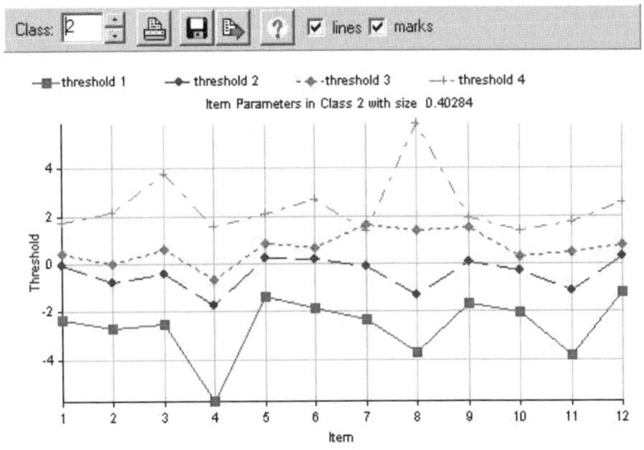

Abbildung 7.52: WINMIRA-Fenster ITEM PARAMETERS PLOT

Aus *Abbildung 7.52* geht auch hervor, dass sich die Schwellenabstände in beiden Klassen unterscheiden. Man erhält diese Grafiken, indem man unter der Menüleiste die Schaltfläche SHOW ITEM PARAMETERS anklickt. In Klasse 2 sind die Schwellenabstände weiter und in Klasse 1 enger. In Klasse 1 besitzen die Items eine höhere

Trennschärfe als in Klasse 2, da eine kleinere Zunahme der Eigenschaftsausprägung mit höherer Wahrscheinlichkeit zur Wahl einer anderen Antwortkategorie führt. In Klasse 2 werden die extremen Antwortkategorien nur selten von den Personen genutzt, während in Klasse 1 auch extreme Antwortkategorien (vor allem Antwortkategorie 4) häufig genutzt wird (siehe *Abbildung 7.50* und *Abbildung 7.56*). Damit liegt die Vermutung nahe, dass in Klasse 2 den Personen die mittleren Antwortkategorien zur Beschreibung ihrer Extraversion ausreichen, während in Klasse 1 alle Antwortkategorien von den Personen genutzt werden. Dies spricht für einen Antwortbias.

```
item fit assessed by the Q-index
  itemlabel   | Q-index  |     Zq     | p(X>Zq)
 _____________|__________|____________|__________
  N2          |  0.1577  |  -1.1123   | 0.86700   | -....!..Q.+ |
  N7          |  0.2521  |   0.2534   | 0.39998   | -..Q.!....+ |
  N12         |  0.2452  |   0.6271   | 0.26529   | -.Q..!....+ |
  N17         |  0.1828  |  -0.5478   | 0.70809   | -....!.Q..+ |
  N22         |  0.1939  |   0.0716   | 0.47147   | -...Q!....+ |
  N27         |  0.2535  |   0.9941   | 0.16008   | -Q...!....+ |
  N32         |  0.1597  |  -0.9025   | 0.81661   | -....!..Q.+ |
  N37         |  0.2015  |  -0.6158   | 0.73098   | -....!.Q..+ |
  N42         |  0.2382  |   0.5656   | 0.28584   | -.Q..!....+ |
  N47         |  0.2342  |   0.9437   | 0.17267   | -Q...!....+ |
  N52         |  0.1767  |  -0.7663   | 0.77825   | -....!.Q..+ |
  N57         |  0.2338  |   0.6636   | 0.25347   | -.Q..!....+ |

                                      -?:p<0.05, +?:p>0.95
                                      -!:p<0.01, +!:p>0.99
```

Abbildung 7.53: WINMIRA-Ausgabe ITEM FIT ASSESSED BY THE Q-INDEX

Für Klasse 1 sind in *Abbildung 7.53* Q-Index und Signifikanz der z-verteilten Prüfgröße angegeben. Alle Q-Indizes liegen zwischen .10 und .30 und damit in einem akzeptablen Bereich. Kein Item weist einen signifikanten Q-Index auf.

Wie *Abbildung 7.54* zu entnehmen ist, hat Klasse 2 eine Größe von 40.284 Prozent der Probanden (0.40284 · 100 ❶). In Klasse 2 ist der Test geringfügig zu „leicht", was man an dem leicht positiven Mittelwert (0.162 der WLE-Schätzungen ❷) erkennt. Das heißt, den Items wurde im Mittel eher zugestimmt. Die Standardabweichung der Personenparameter in Klasse 2 (.633 ❸) ist geringer als für Klasse 1 (0.745). Das heißt, Probanden in Klasse 2 unterschieden sich nicht so stark in ihrer Eigenschaftsausprägung wie in Klasse 1. Die Reliabilitätsschätzung der Skala beträgt $rel_{Andrich} = .69$ für Klasse 2 und für Klasse 1 $rel_{Andrich} = 0.738$. Damit unterscheiden sich die Reliabilitätsschätzungen deskriptiv kaum.

```
Final estimates in CLASS 2 of 2 with size  0.40284 ❶
=========================================================================

 Expected Score Frequencies and Personparameters:

   score frequency  | person parameters and standard errors:
```

Raw-score	Expected freq.	MLE-estimate	std. error MLE	WLE-estimate	std. error WLE
0	0.00	********	********	-6.983	1.762
1	0.00	-5.742	1.175	-5.390	1.062
2	0.00	-4.723	0.880	-4.518	0.831
3	0.00	-4.079	0.736	-3.939	0.708
4	0.01	-3.604	0.648	-3.500	0.631
5	0.01	-3.224	0.589	-3.142	0.577
6	0.03	-2.903	0.546	-2.837	0.538
7	0.05	-2.623	0.513	-2.568	0.507
8	0.10	-2.373	0.487	-2.327	0.483
9	0.19	-2.146	0.466	-2.106	0.463
10	0.33	-1.937	0.449	-1.902	0.446
11	0.55	-1.743	0.434	-1.711	0.431
12	0.90	-1.561	0.421	-1.532	0.419
13	1.41	-1.389	0.409	-1.363	0.407
14	2.14	-1.226	0.399	-1.202	0.397
15	3.12	-1.070	0.390	-1.048	0.389
16	4.38	-0.922	0.382	-0.901	0.380
17	5.92	-0.779	0.374	-0.760	0.373
18	7.72	-0.641	0.368	-0.625	0.367
19	9.68	-0.508	0.362	-0.493	0.361
20	11.70	-0.380	0.357	-0.366	0.356
21	13.63	-0.254	0.352	-0.243	0.352
22	15.28	-0.131	0.348	-0.122	0.348
23	16.50	-0.011	0.345	-0.004	0.345
24	17.17	0.107	0.343	0.113	0.343
25	17.21	0.224	0.342	0.228	0.341
26	16.61	0.341	0.341	0.342	0.341
27	15.44	0.457	0.341	0.456	0.341
28	13.83	0.573	0.341	0.570	0.341
29	11.93	0.690	0.343	0.685	0.343
30	9.91	0.808	0.345	0.800	0.345
31	7.93	0.928	0.348	0.918	0.348
32	6.11	1.050	0.352	1.038	0.352
33	4.54	1.176	0.357	1.160	0.356
34	3.24	1.306	0.363	1.287	0.362
35	2.23	1.440	0.371	1.418	0.370
36	1.48	1.582	0.381	1.555	0.379
37	0.95	1.731	0.392	1.699	0.390
38	0.58	1.890	0.407	1.852	0.403
39	0.35	2.063	0.425	2.017	0.420
40	0.20	2.252	0.447	2.198	0.440
41	0.11	2.465	0.475	2.399	0.466
42	0.06	2.708	0.512	2.629	0.500
43	0.03	2.995	0.561	2.897	0.544
44	0.01	3.348	0.630	3.223	0.605

```
   45 |    0.01 |    3.808 |    0.733 |    3.641 |    0.694
   46 |    0.00 |    4.469 |    0.905 |    4.228 |    0.840
   47 |    0.00 |    5.579 |    1.234 |    5.209 |    1.120
   48 |    0.00 | ******** | ******** |    7.011 |    1.864

WLE estimates : Mean     =   0.162 ❷  Var  =  0.401 stdev =  0.633 ❷
              marginal error variance    =  0.124 stdev =  0.352
                  anova reliability      =  0.763
                Andrichs reliability     =  0.690 ❹
```

Abbildung 7.54: WINMIRA-Ausgabe FINAL ESTIMATES IN CLASS 2 und EXPECTED SCORE FREQUENCIES AND PERSONPARAMETERS

```
Smoothed Score Distribution descriptives:

          location:          tau =   0.999 ❶
          dispersion:      delta =  10.797 ❷
          approx. error:   RMSEA =   0.531 ❸
```

Abbildung 7.55: WINMIRA-Ausgabe SMOOTHED SCORE DISTRIBUTION DESCRIPTIVES

Der Parameter TAU ❶ in *Abbildung 7.55* stellt einen Lokationsparameter dar, der angibt, an welchem Punkt der Mittelwert einer latenten Wahrscheinlichkeitsverteilung liegt. Der Parameter DELTA ❷ gibt die Streuung der Wahrscheinlichkeitsverteilung an (wie „breit" die Verteilung ist). Der RMSEA ❸ gibt an, wie stark die geglättete Wahrscheinlichkeitsverteilung von der beobachteten Summenwerteverteilung abweicht. Er sollte kleiner als RMSEA = .05 ausfallen. In dieser Klasse gelingt die Anpassung der Scoreverteilung gar nicht, der RMSEA beträgt .531 ❸, ein extrem hoher Wert. Damit ist die Genauigkeit der Personenparameterschätzungen in dieser Klasse wahrscheinlich gering.

expected category frequencies and item scores:

Item label	Item`s Score	Stdev	relative category frequencies 0	1	2	3	4
N2	2.07	1.01	0.036	0.291	0.321	0.276	0.077
N7	2.38	0.88	0.015	0.156	0.335	0.421	0.073
N12	2.02	0.84	0.026	0.251	0.415	0.296	0.011
N17	2.80	0.76	0.000	0.052	0.249	0.541	0.158
N22	1.73	1.01	0.100	0.349	0.318	0.193	0.041
N27	1.83	0.95	0.062	0.343	0.328	0.240	0.027
N32	1.79	0.89	0.040	0.351	0.437	0.121	0.051
N37	2.04	0.62	0.005	0.160	0.626	0.208	0.001
N42	1.66	0.91	0.077	0.372	0.393	0.125	0.032
N47	2.21	1.05	0.039	0.234	0.315	0.299	0.113
N52	2.36	0.85	0.005	0.141	0.431	0.333	0.091
N57	1.66	1.01	0.118	0.354	0.302	0.201	0.025
Sum:	24.56						

Abbildung 7.56: WINMIRA-Ausgabe EXPECTED CATEGORY FREQUENCIES AND ITEM SCORES

In *Abbildung 7.56* zeigt sich für Klasse 2 im Vergleich zu Klasse 1, dass für Klasse 2 die Antwortkategorie „Vier" deutlich weniger Personen wählen, als in Klasse 1. Gleiches gilt auch in stark abgeschwächter Form für Kategorie „Eins". Das heißt, dass das Antwortformat in Klasse 1 besser ausgenutzt wird. Es zeigt sich möglicherweise eine Antworttendenz. Probanden in Klasse 2 neigen eher zu mittleren Urteilen, Probanden in Klasse 1 eher zu extremen Urteilen.

threshold parameters: ordinal (partial credit) model

item label	item location ❶	threshold parameters ❷ 1	2	3	4
N2	-0.05501	-2.332	-0.046	0.422	1.736
N7	-0.34597	-2.715	-0.805	-0.026	2.162
N12	0.35201	-2.512	-0.448	0.616	3.751
N17	-1.64950	-5.736	-1.746	-0.674	1.559
N22	0.43954	-1.375	0.225	0.835	2.073
N27	0.39416	-1.883	0.149	0.630	2.680
N32 ❸	0.12675	-2.359	-0.110	1.610	1.367
N37	0.54654	-3.712	-1.334	1.378	5.854
N42	0.44579	-1.695	0.085	1.493	1.901
N47	-0.16086	-2.060	-0.278	0.294	1.400
N52	-0.70620	-3.839	-1.161	0.465	1.710
N57	0.61275	-1.207	0.303	0.758	2.597

❹ standard errors of item parameters:

itemlabel	location	threshold parameters		
N2	0.0774908	0.1575670	0.1445658	0.1570756
N7	0.0861126	0.1960500	0.1439111	0.1418190
N12	0.0899122	0.1629374	0.1368925	0.1557161
N17	0.0973073	0.3169550	0.1600371	0.1366178
N22	0.0769223	0.1462455	0.1456807	0.1787298
N27	0.0807275	0.1484888	0.1439176	0.1664979
N32	0.0850223	0.1473770	0.1370311	0.2110040
N37	0.1146392	0.1901107	0.1393660	0.1715332
N42	0.0839082	0.1438631	0.1397006	0.2093427
N47	0.0753694	0.1685004	0.1456585	0.1521266
N52	0.0884489	0.2037477	0.1377749	0.1467324
N57	0.0774093	0.1450542	0.1478246	0.1776189

Abbildung 7.57: WINMIRA Ausgabe THRESHOLD PARAMETERS

Für Klasse 2 sind in *Abbildung 7.57* Itemparameter ❶, Schwellenparameter ❷ und deren Standardfehler dargestellt. Es gibt wie für Klasse 1 bei fünf Antwortkategorien vier Schwellenparameter (THRESHOLD PARAMETERS). Bis auf Item N32 ❸ sind alle Schwellenparameter in Klasse 2 geordnet und es finden sich keine besonders großen Standardfehler der Item- oder Schwellenparameter ❹. Die Annahme geordneter Schwellenparameter muss im Rahmen des ordinalen Rasch-Modells getroffen werden und ist für Klasse 2 weitgehend erfüllt. Die Standardfehler der Schwellenparameter ❹ deuten auf keine Auffälligkeiten hin.

```
item fit assessed by the Q-index

  itemlabel   | Q-index  |     Zq     | p(X>Zq)
  ____________|__________|____________|____________
  N2          |  0.2095  |  -0.1779   | 0.57058     | -....Q....+ |
  N7          |  0.3192  |   1.1832   | 0.11837     | -Q...!....+ |
  N12         |  0.2168  |  -0.5577   | 0.71147     | -....!.Q..+ |
  N17         |  0.2839  |   0.2407   | 0.40488     | -...Q!....+ |
  N22         |  0.1860  |  -0.8397   | 0.79947     | -....!.Q..+ |
  N27         |  0.2440  |   0.1884   | 0.42530     | -...Q!....+ |
  N32         |  0.2254  |  -0.4118   | 0.65976     | -....!Q...+ |
  N37         |  0.2081  |  -0.7455   | 0.77201     | -....!.Q..+ |
  N42         |  0.2896  |   0.9553   | 0.16972     | -Q...!....+ |
  N47         |  0.2420  |   0.3062   | 0.37974     | -..Q.!....+ |
  N52         |  0.2202  |  -0.4539   | 0.67504     | -....!Q...+ |
  N57         |  0.2358  |   0.1271   | 0.44943     | -...Q!....+ |

                                       -?:p<0.05, +?:p>0.95
                                       -!:p<0.01, +!:p>0.99
```

Abbildung 7.58: WINMIRA-Ausgabe ITEM FIT ASSESSED BY THE Q-INDEX

In *Abbildung 7.58* sind wiederum die Q-Indizes dargestellt. Es sind keine auffälligen Items nach dem Q-Index zu identifizieren. Fast alle Items weisen einen Q-Index im Bereich von .10 bis .30 auf. Item N7 liegt auch nur knapp über einem Q-Index von .30 und weist auch keine signifikante Abweichung von einem unter dem Rasch-Modell erwarteten Modell-Fit auf.

```
person fit index descriptives:

 mean        :     0.0599545
 std.dev.    :     1.3270014  ❶

 skewness    :    -0.6027493
 kurtosis    :     0.5912592
```

Abbildung 7.59: WINMIRA-Ausgabe PERSON FIT INDEX DESCRIPTIVES

In *Abbildung 7.59* fällt wie bei Prüfung des ordinalen Rasch-Modells in *Abschnitt 7.5.1* ebenfalls auf, dass die Personen-Fit-Indizes breit streuen ❶. Es würde sich also lohnen, Personen mit ungewöhnlichen Antwortmustern ausfindig zu machen.

```
statistics of expected class membership:

      | exp.    | mean     |
class | size    | prob.    |    1     |    2     |
______|_________|__________|__________|__________|
    1 | 0.604❶ | 0.942❸ |0.942❺ |0.058❼ |
    2 | 0.396❷ | 0.928❹ |0.072❻ |0.928❽ |
```

Abbildung 7.60: WINMIRA-Ausgabe STATISTICS OF EXPECTED CLASS MEMBERSHIP

In diesem Abschnitt der WINMIRA-Ausgabe (*Abbildung 7.60*) sind die erwarteten Zuordnungswahrscheinlichkeiten der Personen zu den Klassen dargestellt sowie die erwartete Größe der Klassen. So werden 60.4 ❶ Prozent der Personen in Klasse 1 erwartet und 39.6 Prozent ❷ in Klasse 2. Die Zuordnung erfolgt anhand des Antwortmusters. Ist die Zuordnung der Personen zu den Klassen aufgrund des Antwortmusters eindeutig bzw. fehlerfrei möglich, beträgt die Zuordnungswahrscheinlichkeit zu Klasse 1 genau 100 Prozent und zu Klasse 2 ebenfalls genau 100 Prozent. Man kann diese Prozentzahlen ❸/❹ ähnlich wie eine Reliabilität interpretieren. In unserem Fall beträgt die Zuordnungswahrscheinlichkeit zu Klasse 1 94.2 Prozent ❺ und nur 5.8 Prozent ❼; Fehlklassifikationen kommen vor. Für Klasse 2 liegt die Zuordnungswahrscheinlichkeit nicht so hoch und beträgt 92.8 Prozent ❽. Dabei beträgt der Prozentsatz der Fehlklassifikationen 7.2 Prozent ❻. Dies sind gute Werte.

```
Goodness of fit statistics:

                                  estimated        saturated
                                    model            model

  Log-Likelihood          :      -8183.84         -3504.25
  Number of parameters    :            99        244140624
  geom. mean likelihood   :    0.29264211       0.59086697

 Information Criteria:

   AIC-Index              :      16565.68     488288256.51
   BIC-Index              :      16993.26    1542723826.84
   CAIC-Index             :      17092.26    1786864450.84

 Power Divergence GoF statistics:

                                  emp. value       chi-square p-value

   Cressie Read              :    21653421.44     p=  1.0000
   Pearson Chisquare         :  23836568183.60    p=  0.0000

 ==================================================================

   Likelihood ratio          :        9359.17     p=  1.0000
   Freeman-Tukey  Chi^2      :        4305.08     p=  1.0000

   Degrees of freedom        :     244140525

 WARNING: Number of cells is larger than number of different patterns!!!
          obs.patterns/cells    = 0.000002265088000000
          number of zero cells =             244140072

 WARNING: Number of cells is larger than number of subjects!!!
          subjects/cells        = 0.000002273280000000

          The data might be very sparse, please do not use the
          chi square p-value approximation for the Power Divergence
          Goodness of Fit Statistics.
          Consider to use the parametric bootstrap procedure instead.
          In addition, several start values should be used
          (see defaults menu) in order to examine the occurance
          of local likelihood maxima.
```

Abbildung 7.61: WINMIRA-Ausgabe GOODNESS OF FIT STATISTICS

Wie *Abbildung 7.61* zeigt, sind die Voraussetzungen für die Modelltests auch in diesem Beispiel nicht erfüllt (siehe WARNING). Daher sollte ein parametrischer Bootstrap durchgeführt werden. Die angegebenen Fit-Statistiken dieser Ausgabe können nicht verwendet werden. Zusätzlich kann es manchmal sinnvoll sein, die Startwerte zu variieren, insbesondere bei schlechten Lösungen. Diese können unter JOB DEFINITION → EDIT DEFAULTS und RANDOM START VALUE verändert werden. Der voreingestellte Wert kann nun verändert werden.

```
 Parametric Bootstrap estimates for Goodness of Fit:

No.:     Satlik      LogLik          LR     CressieRead      Pearson X^2   FT

 There might be zero category counts in the Bootstrap Samples:
 Please examine the class specific threshold parameters for  boundary
values
 (large positive or negative threshold parameters).

         Z:             1.470          34.921          49.722      -0.8090
    P(X>Z):             0.071           0.000           0.000       0.7907
      Mean:          9087.085     1109741.315    134703104.186   4318.4558
     Stdev:           185.099      588293.772    476689995.145     16.5301
  p-values
 (emp. PDF):            0.023           0.000 ❶         0.000 ❷     0.7575

 It is recommended to use only the empirical p-values of the
 Pearson X^2 and the Cressie Read statistics. Do not use the
 FT and LR statistics for model selection!
```

Abbildung 7.62: WINMIRA-Ausgabe PARAMETRIC BOOTSTRAP

Abbildung 7.62 zeigt, dass der Modelltest für die Cressie-Read-Prüfgröße (CRESSIE-READ) ❶ und für die Pearson-CHI²-Prüfgröße (PEARSON X^2) ❷ signifikant ist. Da beide Prüfgrößen signifikant werden, muss in diesem Fall der Modelltest verworfen werden. Das Programm weist außerdem darauf hin, dass auch im Rahmen der Bootstrap-Prozedur einige Kategorien null waren. Es traten auch extreme Schwellenparameter auf. Allerdings deuteten die Standardfehler der Schwellenparameter an, dass die Schätzungen der Schwellenparameter unproblematisch sind. Besonders kritisch ist die Verwendung von geglätteten Wahrscheinlichkeitsverteilungen. Der RMSEA in beiden Klassen deutet darauf hin, dass die geglätteten Wahrscheinlichkeitsverteilungen die Rohwerteverteilung nicht gut widerspiegeln. Die Analyse kann auch ohne geglättete Wahrscheinlichkeitsverteilungen durchgeführt werden, was unterschiedliche Ergebnisse – vor allem für Personenparameter – ergibt. Führt man auch diese Analyse durch, ändert dies ebenfalls nichts daran, dass durch den Modelltest die Eindimensionalitätsannahme verworfen werden muss. Insgesamt muss das Mixed-Rasch-Modell mit zwei Klassen also verworfen werden. Im nächsten Schritt könnten nun drei Klassen angenommen oder auch die Itemhomogenität geprüft werden, z.B. mit dem Martin-Löf-Test, einem mehrdimensionalen Rasch-Modell, oder einer exploratorischen Faktorenanalyse. Auch kritische Items könnten aus dem Test entfernt werden. Es wäre auch möglich, mit den Personenfitmaßen so genannte nicht skalierbare Probanden zu entfernen. Nicht skalierbare Personen wären Probanden, die ein „zufälliges" Antwortmuster aufweisen.

7.6 Kritische Bemerkungen zur probabilistischen Testtheorie

Welche Theorie für welchen Zweck?

Es liegen empirische Untersuchungen vor, die Ergebnisse von Klassischen und Probabilistischen Analysemethoden verglichen haben. Einen guten Überblick geben MacDonald und Paunonen (2002). Sie zitieren mehrere Studien, in denen kein entscheidender Vorteil für die eine oder andere Auswertungsmethode festzustellen war (Cook, Eignor & Taft, 1998; Lawson, 1991; Ndalichako & Rogers, 1997; Fan 1998). MacDonald und Paunonen (2002) selbst fanden, dass sich beide Methoden vor allem bezüglich der Itemdiskriminationsparameter (Trennschärfen) unterscheiden (vgl. auch Becker, 2002; Fan, 1998). Diese sind bei probabilistischen Methoden vor allem bei hohen und geringen Schwierigkeiten genauer und führen zu einer optimierten Itemauswahl. Bei vergleichbarer Itemauswahl hängen die Personenparameter in der Probabilistischen und Klassischen Testtheorie hoch zusammen, Fan (1998) [$r > .969$] und Becker (2002) [r im Mittel .95]. Allerdings konnte Becker (2002) zeigen, dass insbesondere bei hoher und niedriger Eigenschaftsausprägung der Zusammenhang geringer wird. Insgesamt ist die Frage der Übereinstimmung zwischen beiden Testtheorien schwierig zu beantworten, denn Tests unterscheiden sich in sehr vielen Merkmalen (z.B. Testlänge, Schwierigkeit der Items, Verteilung der Items, Itemformat usw.). Eigentlich müssten die Itemanalysen unabhängig voneinander durchgeführt (nach Klassischer und Probabilistischer Testtheorie) und danach jeweils die besten Items ausgewählt werden. Die Testkennwerte, die sich dann jeweils ergeben, müssten anschließend verglichen werden, und zwar für viele unterschiedliche Tests. Erst dann wäre die Frage nach der Übereinstimmung der Klassischen und Probabilistischen Testtheorie sinnvoll zu klären.

Grundsätzlich ist festzustellen, dass die Probabilistische Testtheorie gegenüber der Klassischen Testtheorie theoretisch besser fundiert ist. Sie führt den dargestellten Untersuchungen zufolge zu vergleichbaren oder besseren Testkonstruktionen als die Klassische Testtheorie. Testkonstrukteure haben allerdings unter dem höheren Aufwand der Probabilistischen Testtheorie zu leiden, da es sich oft schwierig gestaltet, modellkonforme Items zu generieren. Dies trifft insbesondere dann zu, wenn ein Konstrukt nur unzureichend definiert ist, was die Itemkonstruktion erschwert. Nach Rost (1999) sind derzeit 95 Prozent aller Tests nach der Klassischen Testtheorie konstruiert. Damit sind Kenntnisse der Klassischen Testtheorie sowohl für Anwender als auch Testkonstrukteure unerlässlich. An dieser Stelle sei auch darauf verwiesen, dass eine sorgfältige Testkonstruktion nach der Klassischen Testtheorie sinnvoller ist als unkritisch gebildete Skalen. Insgesamt ist es empfehlenswert, beide Konzepte zu kennen.

Die Probabilistische Testtheorie bietet einen entscheidenden Vorteil gegenüber der Klassischen Testtheorie. Es können die Itemhomogenität (jedes Item misst das gleiche Konstrukt), die Personenhomogenität (für jede Person wird die gleiche Fähigkeit gemessen) und die lokale stochastische Unabhängigkeit separat geprüft werden. Nach Fischer (1974, S. 149) ergeben sich weitere vorteilhafte Eigenschaften probabilistischer Modelle: Latente Dimension und beobachtbare Variablen werden voneinander getrennt. Beobachtbares Verhalten (Items) wird als Indikator oder Symptom einer Fähigkeit (latente Variable) aufgefasst. In der Klassischen Testtheorie steht der Messwert selbst nur für eine „undefinierte" Fähigkeit. Es scheint plausibel zu sein, eine probabilistische Beziehung zwischen einem Item und dessen Lösung zu postulieren.

Das heißt, ein Proband erbringt, abgesehen vom Messfehler, nicht immer die gleiche Leistung, sondern er erbringt eine Leistung immer mit einer gewissen Wahrscheinlichkeit. Diese Lösungswahrscheinlichkeit ist hoch, wenn die Fähigkeit die Schwierigkeit der Aufgabe (Items) weit übersteigt, und gering, wenn die Schwierigkeit der Aufgabe die Fähigkeit weit übersteigt. Die Verhaltensweisen selbst werden nur deswegen als abhängig angesehen, weil sie auf der gleichen Fähigkeit beruhen. Die Messung einer Fähigkeit (latenten Variable) erfordert lediglich die wiederholte Beobachtung von Symptomen oder Indikatoren dieser Fähigkeit. Es ist nicht notwendig, die Fähigkeit selbst wiederholt zu messen oder die gleichen Indikatoren wiederholt zu messen. Insgesamt ist die Probabilistische Testtheorie eine psychologische Testtheorie (sie macht Annahmen über das Zustandekommen von Itemantworten), während die Klassische Testtheorie lediglich eine mathematische Formalisierung über das Zustandekommen von Messwerten darstellt.

Man kann für einen Test, der nach der Probabilistischen Testtheorie konstruiert ist, ebenso wie für einen Test, der nach Klassischer Testtheorie konstruiert ist, die Validität bestimmen. Darüber hinaus stellt die Probabilistische Testtheorie mit der Überprüfbarkeit der Itemhomogenität ein eigenes Validitätskonzept zur Verfügung, welches der Konstruktvalidität zugeordnet werden kann. Es kann aber nicht davon ausgegangen werden, dass ein probabilistisch gut konstruierter Test in jedem Fall auch kriteriumsvalide ist (Michel & Conrad, 1982). Auch für „probabilistische" Tests sollte die Reliabilität bestimmt werden, um einen Gesamteindruck der Messgenauigkeit eines Test zu erhalten, vor allem vor dem Hintergrund, dass diese genauer schätzbar ist als mit Hilfe der Klassischen Testtheorie (vgl. Rost, 1999, S. 199). Erst mit der Bestimmung der Reliabilität wird klar, welchen Standards die Messgenauigkeit des Tests genügt. Ein Vorteil bietet die Berechnung von Konfidenzintervallen nach der Probabilistischen Testtheorie für beobachtete Werte. Ein solches Konfidenzintervall gibt den Bereich an, in dem der beobachtete Wert einer Person unter Berücksichtigung der Messgenauigkeit eines Tests mit einer bestimmten Sicherheitswahrscheinlichkeit schwanken kann. Diese Konfidenzintervalle können nach der Probabilistischen Testtheorie genauer als durch die Klassische Testtheorie bestimmt werden. Sie tragen dem Umstand Rechnung, dass extreme Werte sehr viel ungenauer gemessen werden können als Werte im mittleren Bereich (vgl. Fischer, 1974). Allerdings sind die Konfidenzintervalle abhängig von der Itemanzahl des Tests und der Differenz zwischen Personen- und Schwierigkeitsparameter. Das Erstere trifft auch für die Klassische Testtheorie zu: Eine Testverlängerung kann eine Erhöhung der Reliabilität nach sich ziehen, und damit werden die Konfidenzintervalle kleiner.

Problematisch im Zusammenhang mit der Probabilistischen Testtheorie ist, dass für bestimmte Personen die Personenparameter nur durch eine Korrektur geschätzt (vgl. Rost 1996, S. 307 f.) und nicht berechnet werden können. Dies sind Personen, die entweder kein Item oder alle Items gelöst haben. Diese Personen werden deshalb bei der Modellprüfung nicht berücksichtigt. Auch Personen, die nur schwierige Items lösen und keine leichten, antworten nicht modellkonform und finden unter Umständen bei der Modellprüfung keine Berücksichtigung. Die Prüfung der Modellkonformität selbst ist teilweise – wie bereits erwähnt – problematisch. Wünschenswert ist immer eine große Stichprobe zur Modellprüfung, jedoch wird dadurch eine Ablehnung des Modells aus statistischen Gründen (erhöhte Teststärke) wahrscheinlicher. Darüber hinaus wird im Falle der Modellgeltung die Nullhypothese geprüft, was streng genommen eine Betrachtung des β-Fehlers erfordert. Die in diesem Kapitel aufgeführten

Kritikpunkte sind nur angerissen und unvollständig ausgeführt, sie sollen dennoch nicht unerwähnt bleiben. Für eine intensivere Auseinandersetzung mit diesem Thema wird auf Rost (2004, 1999) verwiesen.

Rost (1999) beschäftigt sich eingehend mit der Frage, warum sich die Probabilistische Testtheorie nicht weiter verbreitet hat, obwohl sie doch gegenüber der Klassischen Testtheorie Vorteile aufweist. Er nennt als Grund für die weite Verbreitung der Klassischen Testtheorie die Verbreitung von Statistikprogrammen wie SPSS. Diese unterstützen meist (außer log-linearen Modellen) nur Methoden der Klassischen Testtheorie. Programme wie WINMIRA 2001 (von Davier, 2001) versuchen diese Lücke zu schließen, dennoch ist dieses Programmpaket nicht sehr weit verbreitet. Es ist zu wünschen, dass dieses Kapitel dazu beiträgt, die Hemmschwelle, Analysen nach der PTT durchzuführen, abzubauen. An dieser Stelle sei auf den sehr lesenswerten Artikel von Rost (1999) in der „Psychologischen Rundschau“ hingewiesen. Dieser Artikel erscheint für jeden interessierten Leser unverzichtbar, der über diese kleine Einführung hinausgehen möchte. Ergänzend bietet sein Lehrbuch „Testtheorie, Testkonstruktion“ einen umfassenden Einstieg in verschiedene probabilistische Testmodelle.

Kenntnisse in der Klassischen Testtheorie erscheinen unverzichtbar, denn rein pragmatisch basiert eine Vielzahl von Testverfahren auf diesem Konzept. Brauchbare Tests können anhand sorgfältiger Planung und Auswertung auf Basis dieser Theorie konstruiert werden. Der Aufwand ist dabei relativ gering und gerade dann sinnvoll, wenn der Gegenstandsbereich noch nicht hinreichend theoretisch geklärt ist. Allerdings sollte dem Testkonstrukteur klar sein, dass schlechte Itemformulierungen, weitgehend unklare konzeptuelle Überlegungen und eine schlecht definierte Probandengruppe auch eine noch so ausgefeilte Testanalyse nicht verbessern kann, im Gegenteil. Allerdings sollte man sich der Grenzen der Klassischen Testtheorie bewusst sein. Daher möchte ich dafür werben, sich beide Konzepte anzueignen. Leser, die an einer Vertiefung der Klassischen Testtheorie interessiert sind, seien auf das Lehrbuch von Steyer und Eid (2001) verwiesen.

Abschließend sei darauf hingewiesen, dass man wahrscheinlich nicht auf die Idee kommen würde, die Temperatur eines Kernkraftwerks mit einem Fieberthermometer zu messen. Es ist deshalb auch ungünstig, Eigenschaften und Fähigkeiten mit einem solchen „Fieberthermometer“ zu messen. Leider ist dies weit verbreitet, z.B. die Messung einer Eigenschaft mit drei stark inhaltsähnlichen Items. Auch ein hohes Cronbach-α macht aus einem solchen Fragebogen kein gutes Verfahren. Die messgenaue Erfassung einer Eigenschaft oder Fähigkeit benötigt Zeit und fundierte inhaltliche Vorüberlegungen. Strenge Qualitätsnormen, wie sie durch Rasch-Modelle vorgegeben werden, decken Qualitätsmängel auf. Dasselbe kann von der KTT nicht uneingeschränkt behauptet werden. Ein vergammelter Kuchen schmeckt nicht besser, nur weil er gut aussieht. Die Qualität eines Tests hängt von guten Zutaten und deren Mischung ab: fundierte theoretische Vorüberlegungen, eine inhaltsvalide Itemauswahl sowie eine sorgfältige Wahl von Formulierungen und Antwortformat (gegebenenfalls abgesichert durch eine kognitive Survey-Technik). Die aufwendige testtheoretische Analyse trägt dazu bei, diese Qualität zu sichern. Insofern ist es günstig, die im Rahmen der PTT gesetzten Standards an jeden Test anzulegen. Diese würden sicherlich zu weniger Tests führen, gleichzeitig aber auch zu qualitativ hochwertigen Verfahren.

Korrelationen

8

ÜBERBLICK

Was versteht man unter einer Korrelation?

Die Basis für das Verständnis von Faktorenanalysen stellen Korrelationen oder Kovarianzen dar. Korrelationen dienen unter anderem dazu, die Validität, Trennschärfekoeffizienten und einzelne Reliabilitätskoeffizienten von Testverfahren zu bestimmen. Aus diesem Grund ist das Verständnis von Korrelationen wesentlich, um später sicher mit multivariaten Verfahren umgehen zu können.

Eine **Korrelation** (r) spiegelt den Zusammenhang zwischen zwei Merkmalen (oder Variablen) wider, das heißt, ob die Ausprägung eines Merkmales (X) mit der Ausprägung eines anderen Merkmales (Y) korrespondiert. Es spielt dabei keine Rolle, ob beide Variablen unterschiedliche Mittelwerte und Maßeinheiten verwenden. Korrelationen liegen zwischen dem Wert minus Eins und plus Eins. Je näher eine Korrelation an plus oder minus Eins heranreicht, desto höher ist der Zusammenhang zwischen den korrelierten Merkmalen oder Variablen. Je näher sich eine Korrelation an Null annähert, desto geringer ist der Zusammenhang. Diese Konvention gilt für alle hier aufgeführten Korrelationskoeffizienten: Produkt-Moment-Korrelation, Multiple Korrelation, Rangkorrelation, Punktbiseriale und biseriale (Rang-)Korrelation, Phi-Koeffizient, Kendall's tau, tetrachorische und polychorische Korrelation sowie Guttman's μ_2.

8.1 Bivariate Korrelation (Produkt-Moment-Korrelation)

Was ist eine Produkt-Moment-Korrelation?

Bivariate Korrelationen (oder Produkt-Moment-Korrelationen) beschreiben den Zusammenhang zwischen zwei intervallskalierten Items. Korrelationen werden nur, wenn es inhaltlich begründet ist, kausal oder gerichtet interpretiert. In den meisten Fällen ist es nicht möglich, zu sagen, ob Item X von Item Y (Regression Y auf X) ursächlich vorhergesagt wird oder Item Y von Item X (Regression X auf Y). Eine Korrelation gibt in einem solchen Fall an, dass eine höhere Ausprägung von Item X mit einer höheren oder geringeren Ausprägung von Item Y einhergeht und umgekehrt. Nehmen wir drei Probanden (A, B, C), die alle zwei Skalen bearbeitet haben: „Extraversion" (Werte der Probanden: A = 10, B = 20, C = 30) und „Neurotizismus" (Werte der Probanden: A = 30, B = 20, C = 10). Wie man an dem einfachen fiktiven (unrealistischen) Beispiel sieht (*Abbildung 8.1*), gehen höhere Werte auf der Skala „Extraversion" mit geringeren Werten auf der Skala „Neurotizismus" einher und umgekehrt. Linearität heißt, dass mit einem Anstieg der Variablen X ein direkt proportionaler (linearer) Anstieg oder Abfall der Variablen Y verbunden ist. Eine Erweiterung der bivariaten Korrelation stellt die multiple Korrelation dar. Eine multiple Korrelation ermöglicht es, den Zusammenhang zwischen einem Kriterium (abhängige Variable, z.B. Intelligenz) und mehreren Prädiktoren (unabhängige Variablen, z.B. Schulbildung, Alter usw.) zu erfassen, wobei die abhängige Variable intervallskaliert sein muss. Die bivariate Korrelation verwendet im Gegensatz zur multiplen Korrelation nur eine „unabhängige Variable".

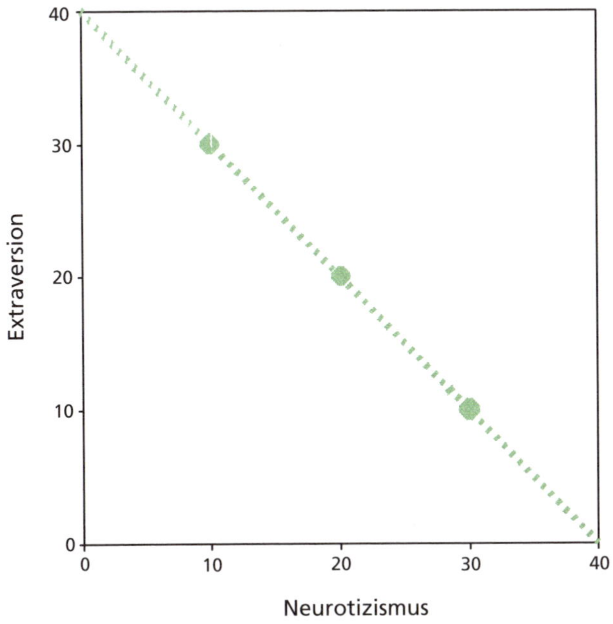

Abbildung 8.1: Darstellung eines fiktiven Streudiagramms der Skalen *Extraversion* und *Neurotizismus* anhand der Werte von drei Probanden

Zwei Regressionsgleichungen lassen sich aufstellen, anhand derer die Berechnung einer Korrelation verdeutlicht werden kann:

$$\hat{X} = a_x \text{ (Konstante)} + b_{yx} \text{ (Steigungskoeffizient)} \cdot Y \text{ (Wert des Probanden)}$$

$$\hat{Y} = a_y \text{ (Konstante)} + b_{xy} \text{ (Steigungskoeffizient)} \cdot X \text{ (Wert des Probanden)}$$

Grafisch lässt sich eine Korrelation wie folgt veranschaulichen. In einem Koordinatensystem wird auf der Abszisse Item X und auf der Ordinate Item Y abgetragen und es werden die Itemrohwerte beider Items für alle Probanden (als Punkte) eingetragen. So entstehen so genannte „Punkte(wolken)". Dann wird eine Gerade (Regressionsgerade) für X und Y so ermittelt, dass jeweils die Summe der quadrierten Abweichungen der Testwerte von den Werten auf der Geraden y_i'und x_i' über alle Probanden minimal für Y und für X werden:

$$\Sigma\,(y_i - y_i')^2 = \text{Minimum } (\textit{Abbildung 8.2})$$

und

$$\Sigma\,(x_i - x_i')^2 = \text{Minimum } (\textit{Abbildung 8.3})$$

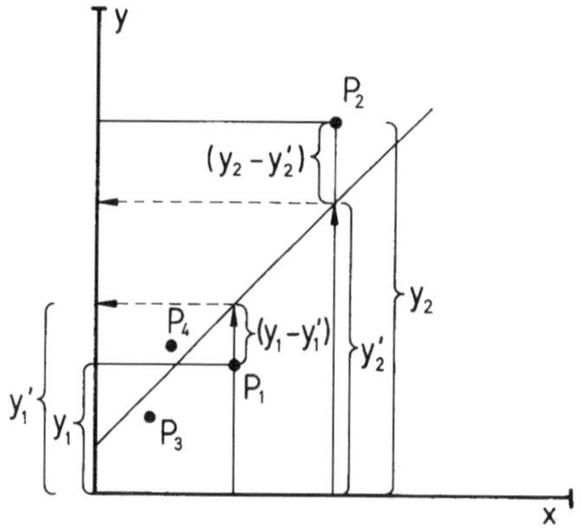

Abbildung 8.2:
Regressionsgeraden zur Vorhersage von x auf y
(aus Geider, Rogge & Schaaf, 1982, S. 81)

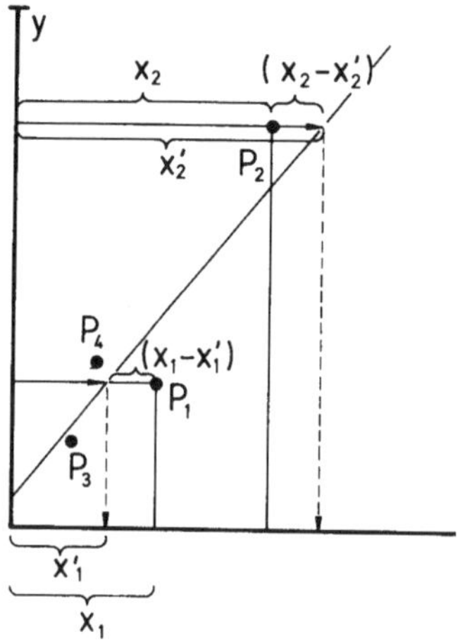

Abbildung 8.3:
Regressionsgeraden zur Vorhersage von y auf x
(aus Geider, Rogge & Schaaf, 1982, S. 81)

Dabei impliziert der Steigungskoeffizient (b_{xy}) die Linearität: Eine Erhöhung oder Erniedrigung der Itemrohwerte X führt zu einer direkt proportionalen Erhöhung oder Erniedrigung der Itemrohwerte Y über alle Probanden. Dies gilt auch für den Itemrohwert Y in Bezug auf den Itemrohwert X. Dieser Zusammenhang ist also nicht gerichtet. Die Konstante (a_x bzw. a_y) berücksichtigt dabei lediglich Skalierungsunterschiede (Ordinatenhöhe) zwischen den Variablen. In *Abbildung 8.2* und *8.3* sind die Konstanten und Steigungen unterschiedlich, was in den Abbildungen schwer zu erkennen ist. Versucht man beispielsweise Ergebnisse im Konzentrationstest „Test d2“ (Brickenkamp, 2002) durch einen anderen Konzentrationstest, wie den Revisionstest (Marschner, 1972), vorherzusagen, zeigt sich, dass im d2-Test eine höhere Gesamtpunktzahl erreicht wird. Durch das Dazuzählen einer Konstanten wird dieses höhere Niveau bei der Vorhersage berücksichtigt.

Ein „idealer“ Zusammenhang wird erreicht, wenn mittels der X-Werte die Y-Werte „perfekt” vorhergesagt werden können. In diesem Falle sind die zwei Regressionsgeraden deckungsgleich. Der Winkel zwischen beiden Regressionsgeraden ist 0° und die Korrelation 1. Liegen beide Geraden nicht exakt übereinander (siehe *Abbildung 8.4*), kann mit Hilfe des Cosinus des Winkels zwischen beiden Geraden die Korrelation bestimmt werden. Stehen beide Geraden senkrecht aufeinander, besteht kein Zusammenhang (siehe *Abbildung 8.5*) zwischen den zwei Variablen (Cosinus von [90°]), und die Korrelation ist null. Eine hohe Produkt-Moment-Korrelation ergibt sich, wenn Linearität zwischen den Variablen gegeben ist (je höher/niedriger X, desto höher/niedriger Y). Es können aber auch andere Zusammenhänge entstehen, wie beispielsweise schwach monotone Zusammenhänge (diese enthalten aber auch einen linearen Anteil, siehe auch *Abbildung 8.9*).

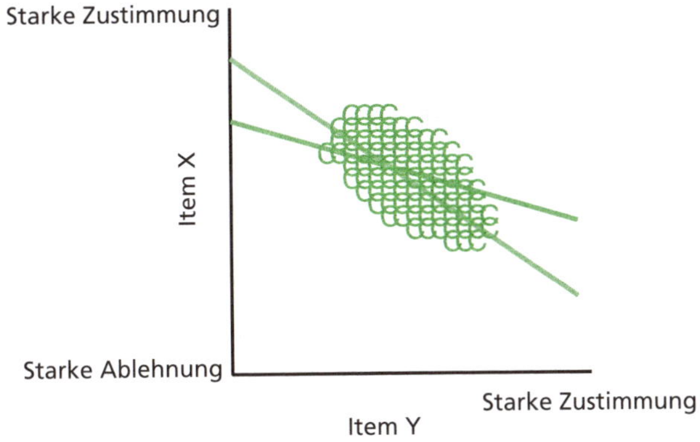

Abbildung 8.4: Beispiel für einen negativen Zusammenhang zwischen Item X auf Y

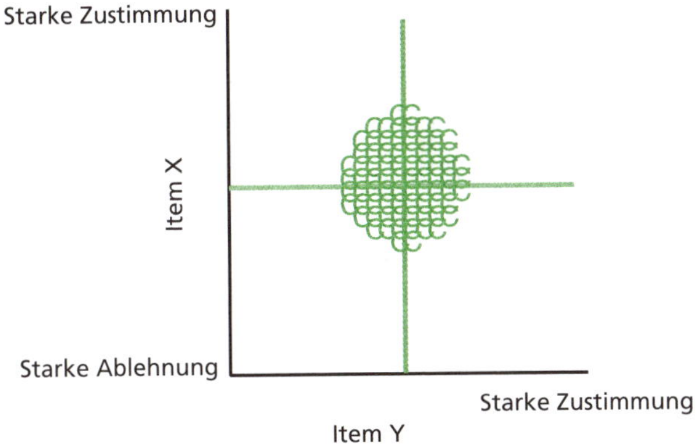

Abbildung 8.5: Beispiel für einen fehlenden Zusammenhang zwischen Item X und Y

Voraussetzungen für eine Produkt-Moment-Korrelation Als Voraussetzung für die **Signifikanzprüfung** einer Produkt-Moment-Korrelation muss gegeben sein, dass eine **bivariate Normalverteilung** und **Homoskedastizität** vorliegen. In der Praxis werden diese Voraussetzungen selten überprüft (vor allem, da sie statistisch schwer überprüfbar sind[1]). In der Testkonstruktion sind Signifikanzen der Trennschärfen von untergeordneter Bedeutung (für nähere Erläuterungen siehe Bortz, 1999, S. 206 ff.). Die Betrachtung von Ausreißerwerten ist keine Voraussetzung für eine Korrelation, wird aber hier aufgeführt, da eine Korrelation davon stark beeinträchtigt sein kann. Beeinträchtigt heißt, sie kann überhöht oder zu gering ausfallen, je nach Lage des Ausreißerwertes im Streudiagramm.

Homoskedastizität liegt vor, wenn innerhalb der bivariaten Verteilungen zweier Variablen, zum Beispiel einem Intelligenz- und einem Konzentrationstestwert, die zu jedem beliebigen Intelligenzwert gehörenden Konzentrationswerte gleich streuen. Beispiel: Wird Konzentration mit dem Test d2 (Brickenkamp, 2002) und Intelligenz mit dem IST-2000 R (Amthauer, Brocke, Liepmann & Beauducel, 2001) erhoben, sollten

1 Auf Signifikanztests und deren Berechnung wird im gesamten Kapitel nicht eingegangen. Man findet entsprechende Darstellungen bei Bortz (1999).

alle Menschen mit einem IQ von 100 die gleiche Varianz im Test d2 aufweisen, wie Probanden mit einem IQ von 120. Eine **bivariate Normalverteilung** liegt vor, wenn nicht nur der Konzentrationstestwert und der Intelligenztestwert allein normalverteilt sind, sondern auch deren gemeinsame Verteilung. Man stelle sich ein dreidimensionales Koordinatensystem vor, in das eine „Glocke" eingezeichnet wird.

Funktion der bivariaten Korrelation (Produkt-Moment-Korrelation) in der Testkonstruktion Interessant für die Test- und Fragebogenkonstruktion ist vor allem die Produkt-Moment-Korrelation. Sie wird für die Berechnung von Trennschärfen und zum Teil zur Schätzung der Reliabilität verwendet. Die Trennschärfen werden meist part-whole-korrigiert (siehe *Kapitel 3.5* „Trennschärfenanalyse"). Die Korrelationen zwischen zwei Testhälften oder Paralleltests werden meist durch Korrekturfaktoren aufgewertet und als Schätzung der Reliabilität verwendet.

Beispiel für eine Produkt-Moment-Korrelation Die in *Abbildung 8.6* angegebene Korrelation zwischen den NEO-FFI-Skalen „Extraversion" und „Neurotizismus" beträgt $r = -.38$. Das heißt, es handelt sich um eine geringe Korrelation zwischen beiden Skalen (zur Beurteilung der Höhe von Korrelationen siehe *Kapitel 8.11*). Inhaltlich bedeutet dies, je extravertierter Probanden sich beschreiben, desto geringere Ausprägung geben sie auf der Skala „Neurotizismus" an (negatives Vorzeichen). Folgende Formel wird zu Berechnung einer Produkt-Moment-Korrelation herangezogen:

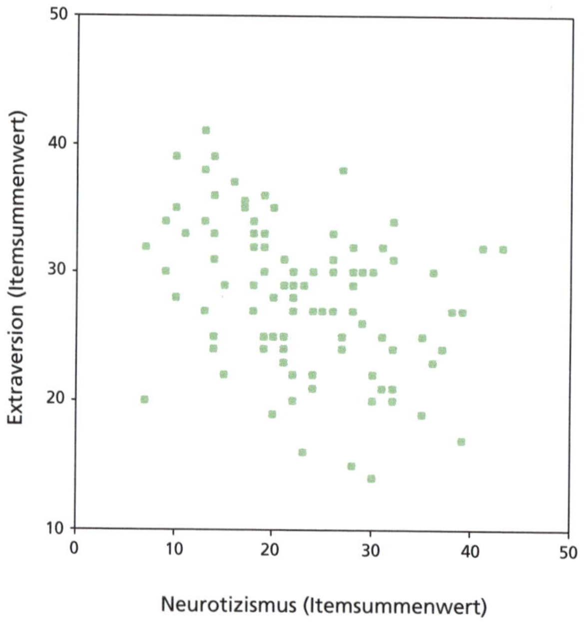

Abbildung 8.6: Bivariatives Streudiagramm zwischen den Summenwerten der Skalen *Extraversion* und *Neurotizismus*

Produkt-Moment-Korrelation:

$$r = \frac{cov_{x,y}}{S_x \cdot S_y} = \frac{\sum_{i=1}^{N}(X_i - M_x)\cdot(Y_i - M_y)}{N \cdot S_x \cdot S_y} = \frac{1}{N}\cdot\sum_{i=1}^{n} z_x \cdot z_y$$

Dabei ist:

- X_i = Rohwert Item 1
- Y_i = Rohwert Item 2
- M_x = Mittelwert Item 1
- M_y = Mittelwert Item 2
- S_x = Standardabweichung Item 1
- S_y = Standardabweichung Item 2
- z_x = z-Wert Item 1
- z_y = z-Wert Item 2
- N = Anzahl der Probanden
- $cov_{x,y}$ = Kovarianz Item 1 und 2

Es zeigt sich, dass eine Produkt-Moment-Korrelation auch durch *z*-standardisierte Werte ermittelt werden kann ($M = 0$, $S = 1$) sowie über Standardisierung der Kovarianz durch die Division des Produkts der Standardabweichungen. Die hier dargestellte Formel wird nicht von SPSS verwendet, dort wird *N*–1 im Nenner verwendet. Der Unterschied besteht darin, dass *N*–1 im Nenner dazu dient, die Korrelation in der Grundgesamtheit durch die Stichprobe zu schätzen. Die Verwendung von N erlaubt nur die Beschreibung des Zusammenhangs in der Stichprobe. Auch die Varianz und Standardabweichung werden in SPSS mit *N*–1 geschätzt. Dies führt bei großen Stichproben aber nur zu marginalen Änderungen gegenüber *N* im Nenner.

Determinationskoeffizient Der Determinationskoeffizient (r^2) gibt bezogen auf den Maximalwert 1 (entspricht 100 Prozent) den gemeinsamen Varianzanteil zwischen zwei Merkmalen an. Quadrieren wir das oben ermittelte *r* von –.38 zwischen „Extraversion" und „Neurotizismus", erhalten wir ein r^2 von .14. Das heißt, Extraversion und Neurotizismus weisen einen gemeinsamen Varianzanteil von 14 Prozent auf: 14 Prozent der Unterschiede der Eigenschaft „Extraversion“ lassen sich durch Unterschiede in der Eigenschaft „Neurotismus“ erklären und umgekehrt.

8.2 Kovarianz

Die **Kovarianz** beschreibt das Ausmaß der gemeinsamen Variation zwischen zwei Variablen oder Items. Sie stellt das mittlere Produkt korrespondierender Abweichungen von den Mittelwerten zweier Items dar. Dies wird in *Tabelle 8.1* verdeutlicht. Nehmen wir an, fünf Probanden haben zwei fünfstufige Items aus dem NEO FFI bearbeitet. In der *Tabelle 8.1* korrespondieren die Personenwerte perfekt miteinander, denn so hat beispielsweise Person 1 sowohl Item 1 als auch Item 2 gleich beantwortet (in beiden Fällen kann der Antwort ein Zahlenwert von 2 zugeordnet werden).

Tabelle 8.1

Darstellung einer Kovarianzberechnung

Person	Item 1 (X)	Item 2 (Y)	$X_i - M_x$	$Y_i - M_y$	Produkt
1	2	2	–1	–1	1
2	3	3	0	0	0
3	1	1	–2	2	4
4	5	5	2	2	4
5	4	4	1	1	1
	$M_x = 3$	$M_y = 3$	$\Sigma = 0$	$\Sigma = 0$	10

Die Kovarianz berechnet sich wie folgt:

$$cov_{x,y} = \frac{\sum_{i=1}^{n}(X_i - M_x) \cdot (Y_i - M_y)}{N} = r_{x\,y} \cdot S_x \cdot S_y$$

Damit erhalten wir eine Kovarianz von 2.5 in unserem Beispiel. In SPSS werden sowohl die Standardabweichung als auch die Kovarianz mit wiederum N–1 im Nenner (unter dem Bruchstrich) berechnet und wir erhalten als Standardabweichung S = 1.58. Auch hier erhält man mit N–1 eine erwartungstreue Schätzung der Standardabweichung und der Kovarianz in der Grundgesamtheit. Würde stattdessen N verwendet werden, würde der Wert der Grundgesamtheit systematisch unterschätzt (um den Faktor $[n - 1] / n$) .

Eine Kovarianz hat den Nachteil, dass ihre Höhe nur dann zwischen Items vergleichbar ist, wenn sie die gleiche Metrik besitzen (z.B. alle Items ein fünfstufiges Antwortformat). Werden in einer Analyse Werte oder Items mit unterschiedlicher Metrik verwendet, z.B. Alter (kann von 0 bis über 100 variieren), Bildungsstand (wird meist dreistufig erfasst: Haupt-, Realschule und Gymnasium) und der Skalenwert „Extraversion" (Summe aus zwölf Items multipliziert mit einem fünfstufigen Antwortformat entspricht maximal dem Wert 60), variiert die Höhe der Kovarianz mit der Metrik der Variablen. So wird sich zwischen „Alter" und der Skala „Extraversion" eine höhere Kovarianz ergeben als zwischen „Bildungsstand" und „Extraversion" (bei gleicher Stärke des Zusammenhangs). Aus diesem Grund wird häufig eine Standardisierung der Kovarianz durch das Produkt der Standardabweichungen vorgenommen. Der daraus resultierende Kennwert entspricht einer Korrelation.

8.3 Multiple Korrelation

Wie bereits in *Kapitel 8.2* angemerkt, ist es auch möglich, den Zusammenhang (R = multiple Korrelation) zwischen mehreren unabhängigen Variablen, auch Prädiktoren genannt, mit einer abhängigen Variablen, auch als Kriterium bezeichnet, zu bestimmen. Dazu wird eine multiple lineare Regression berechnet. Der Vorteil einer multiplen linearen Regression besteht darin, den unabhängigen Beitrag jedes Prädiktors auf die Vorhersage des Kriteriums zu erhalten. Dies wird am folgenden Beispiel veranschaulicht: Nehmen wir an, wir haben zwei Tests, die Berufserfolg (Vorgesetztenbeurteilung mit Fragebogen, Mittelwert: M = 100, Standardabweichung: S = 15) vorhersagen sollen, einen Wissenstest (WT) und einen Intelligenztest (IQ) (beide Tests M = 100 und S = 15). Betrachten wir nun die Korrelation zwischen jedem Test und dem Kriterium „Berufserfolg", z.B. „IQ" und „Berufserfolg": r = .51 und „WT" und „Berufserfolg": r = .48. Diese Korrelationen geben zwar Auskunft darüber, wie hoch der Zusammenhang jedes einzelnen Prädiktors (Test) mit dem Kriterium „Berufserfolg" ist, jedoch nicht, wie hoch der Zusammenhang ist, wenn wir beide Tests zur Vorhersage des Kriteriums heranziehen. Wenn beide Prädiktoren nicht miteinander korrelieren würden (Korrelation von „IQ" mit „WT" wäre null), würden wir durch jeden Test zusätzliche unabhängige Information über die Vorhersage des Kriteriums erhalten. In der Realität trifft dies aber meistens nicht zu: Die Prädiktoren sind meist miteinander korreliert, z.B. „WT" und „IQ": r = .48. Das heißt, sie erfassen partiell etwas Gemeinsames (höhere Intelligenz geht mit höherem Wissen einher). In einem solchen Fall stellt sich der Forscher folgende Frage: Welche der einzelnen Prädiktoren ist der wichtigste und was bringt der zusätzliche Test? Dazu muss der Beitrag jedes einzelnen Prädiktors auf die abhängige Variable „Berufserfolg" bekannt sein, und zwar wenn die Gemeinsamkeit (der Zusammenhang) mit den anderen Prädiktoren eliminiert (auspartialisiert[2]) ist. Zu diesem Zweck wird eine Regressionsanalyse durchgeführt. Die allgemeine Formel einer multiplen Regressionsanalyse lautet:

$$Y_i = a_y + b_1 \cdot X_{1i} + b_2 \cdot X_{2i} + b_n X_{ni} + \ldots\ldots + b_p \cdot X_{pi} + e_i = a_y + \sum_{n-1}^{p} (b_n \cdot X_{ni}) + e_i$$

Die Formel besagt, dass sich der Wert eines Probanden in der abhängigen Variablen ($\hat{Y}_i$) aus einer Konstanten (a_y, siehe Korrelation) und der gewichteten (b_n) Summe der Rohwerte der Prädiktoren (X_{ni}) bis auf einen verbleibenden Fehleranteil e_i ergibt. Die Prädiktoren in der oberen Gleichung werden dabei mit so genannten nicht-standardisierten Regressionsgewichten (b_n) gewichtet.

2 Man spricht in diesem Zusammenhang häufig von Partialkorrelationen oder Semipartialkorrelationen. Bei Partialkorrelationen wird aus dem Zusammenhang zwischen zwei Variablen (X, Y) der „Einfluss" der dritten Variable (Z) herausgerechnet (auspartialisiert). Bei einer Semipartialkorrelation wird aus dem Zusammenhang zwischen zwei Variablen (X, Y) der „Einfluss" der Drittvariable (Z) nur aus einer der beiden Variablen herausgerechnet (z.B. Y). Aus dem Zusammenhang zwischen zwei Variablen (X, Y) kann auch mehr als eine Variable (Z) auspartialisiert werden (z.B. U, V, W). Dies wird nach Bortz (1999, S. 432) als Partialkorrelation höherer Ordnung bezeichnet.

Es werden **standardisierte** und **nicht-standardisierte** partielle Regressionsgewichte unterschieden. Nicht-standardisierte partielle Regressionsgewichte geben an, um wie viele Einheiten sich das Kriterium (z.B. Vorgesetztenbeurteilung) verändert, wenn sich der Prädiktor um eine Einheit (z.B. Intelligenzquotient, IQ) verändert. Standardisierte partielle Regressionsgewichte (β, beta-Gewichte) geben an, um wie viele Standardabweichungen sich die abhängige Variable verändert, wenn sich der Prädiktor um eine Standardabweichung verändert. Zum Beispiel ändert sich die Vorgesetztenbeurteilung (Berufserfolg) um .36 Standardabweichungen ($M = 100$, $S = 15$, $.36 \cdot 15 = 5.4$ Punkte), wenn der IQ um eine Standardabweichung (15 Punkte) ansteigt. Eine Standardisierung der Regressionsgewichte bietet sich an, wenn man den Beitrag der Prädiktoren bei der Vorhersage des Kriteriums untereinander vergleichen will (Frage: Welches Item oder welche Variable trägt zur Prädiktion mehr bei?). Will man hingegen konkrete Prognosen vornehmen, z.B. wie viel Geld ein Manager mit einem bestimmten IQ, Alter usw. verdienen wird, zieht man die Regressionsgleichung mit nicht-standardisierten Regressionsgewichten heran.

Zur Verdeutlichung ermitteln wir anhand des obigen Beispiels „IQ und Berufserfolg" die partiellen standardisierten Regressionsgewichte oder Beta-Gewichte nach Bortz (1999, S. 435 f.):

$$\beta_1 = \frac{r_{1c} - r_{2c} \cdot r_{12}}{1 - r_{12}^2} = \frac{.51 - .48 \cdot .48}{1 - .48^2} = .363$$

$$\beta_2 = \frac{r_{2c} - r_{1c} \cdot r_{12}}{1 - r_{12}^2} = \frac{.48 - .51 \cdot .48}{1 - .48^2} = .306$$

Nun müssen wir nur noch die multiple Korrelation bestimmen:

$$R_{c.12} = \sqrt{\frac{r_{1c}^2 + r_{2c}^2 - 2 \cdot r_{12} \cdot r_{1c} \cdot r_{2c}}{1 - r_{12}^2}} = \sqrt{\frac{.51^2 + .48^2 - 2 \cdot .48 \cdot .51 \cdot .48}{1 - .48^2}} = .576$$

Der Zusammenhang zwischen „Berufserfolg" (Vorgesetztenbeurteilung als Kriterium) und Intelligenztestleistung lässt sich somit durch den Einbezug des Wissenstests geringfügig steigern. Die abhängige Variable „Berufserfolg" ändert sich durch die Leistung im Intelligenztest ($\beta = .36$) im Vergleich zum Wissenstest ($\beta = .31$) etwas stärker. Setzt man das multiple R ins Quadrat (R^2), erhält man den gemeinsamen Varianzanteil zwischen „Intelligenz- und Wissenstest" einerseits und „Berufserfolg" (Vorgesetztenbeurteilung) andererseits ($R^2 = .58^2 = .34$). Über die „Intelligenztestleistung" (.51) ergibt sich ein Validitätsgewinn von .07 bei Verwendung beider Prädiktoren auf $R = .58$. Damit konnte die Validität um 14 Prozent ($.07 / .51 \cdot 100$) gesteigert werden (Schmidt & Hunter, 1998, S. 265, Näheres findet sich bei Moosbrugger 2002b).

8.4 Spearman-Rangkorrelation und Kendall's tau

Die Spearman-Rangkorrelation eignet sich dazu, Zusammenhänge zwischen ordinalskalierten Daten zu beschreiben. Betrachten wir zur Veranschaulichung das Beispiel in *Tabelle 8.2* (Werte von fünf Probanden auf der Skala „Extraversion" und „Neurotizismus"). Nehmen wir an, die Skalenwerte besitzen nur Ordinaldatenniveau, das heißt, sie lassen nur Aussagen darüber zu, welcher Proband höhere oder niedrigere Ausprägungen auf den Skalen aufweist. Dieser Zusammenhang kann mit der so genannten Rangkorrelation bestimmt werden. Dazu werden alle Werte der Größe nach (Proband mit dem niedrigsten Wert erhält Rangplatz 1, der mit dem zweitniedrigsten Wert den Rangplatz 2 usw.) in eine Rangreihe wie in *Tabelle 8.2* gebracht.

Tabelle 8.2

Fiktives Beispiel von Testwerten und die Zuordnung von Rängen für eine Spearman-Rangkorrelation

Person	Extraversion	Rangplatz	Neurotizismus	Rangplatz
1	56	5	12	1
2	38	4	33	4
3	32	3	21	2
4	5	1	49	5
5	28	2	26	3

Die Rangreihen werden dann miteinander korreliert. Der Mittelwert und die Varianz von Zahlen (1, 2, 3, ...) können nach folgender Formel ermittelt werden:

$$M = \frac{N+1}{2}$$

und

$$S^2 = \frac{N^2-1}{12}$$

Folgende Formel wird zur Berechnung der Rangkorrelation herangezogen:

Spearman-Rangkorrelation: $$r_p = 1 - \frac{6 \cdot \sum_{i=1}^{N} d_i^2}{N \cdot (N^2-1)}$$

Dabei ist:

- N = Anzahl der Probanden
- d_i^2 = quadrierte Differenz der Rangplätze von Person i bei Item 1 und Item 2

Beispiel 8.1

Beispiel für eine Spearman-Rangkorrelation: Die in *Abbildung 8.7* angegebene Rangkorrelation zwischen der NEO-FFI-Skala „Extraversion" und „Neurotizismus" beträgt $r = -.419$. Sie fällt damit geringfügig höher aus als die Produkt-Moment-Korrelation. In *Abbildung 8.7* kann man erkennen, dass im Vergleich zu *Abbildung 8.6* durch die Rangplätze der Innenbereich gespreizt und der Außenbereich der Punktwolke gestaucht wird. Starke Unterschiede zwischen Spearman-Rang- und Produkt-Moment-Korrelationen deuten häufig auf Ausreißerwerte hin. In der Regel (nicht immer, wie in unserem Beispiel) führt eine Transformation auf ein niedrigeres Datenniveau (wie dies im Beispiel durchgeführt wurde) zu einem Informationsverlust und zu reduzierten Korrelationen. Es ist anzumerken, dass die Spearman-Rangkorrelation davon ausgeht, dass aufeinander folgende Abstände zwischen den Rängen gleich sind. Dies trifft für Rangplätze immer zu, jedoch nicht unbedingt für die Merkmale, die sie repräsentieren (vgl. Bortz & Lienert, 1998, S. 234).

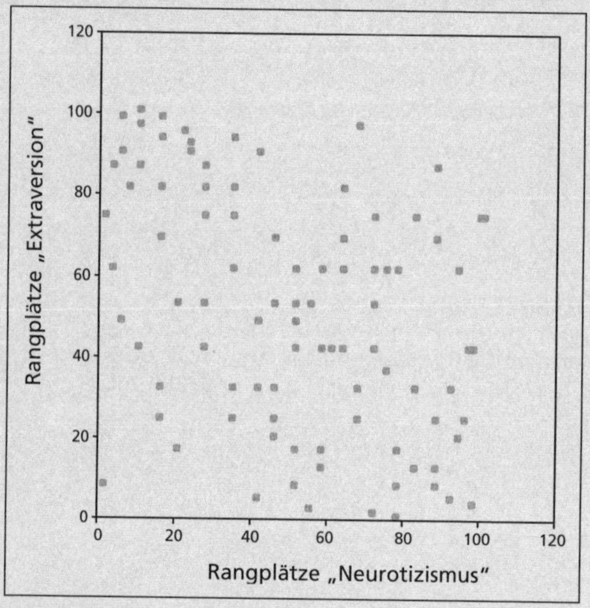

Abbildung 8.7: Bivariatives Streudiagramm der Rangplätze

Ein weiterer Korrelationskoeffizient für ordinale Daten ist **Kendall's tau (τ)**. Allerdings wird hier nicht wie bei der Spearman-Rangkorrelation die Annahme zugrunde gelegt, dass aufeinander folgende Rangzahlen gleiche Abstände abbilden, was im oberen Beispiel grob verletzt ist. In *Tabelle 8.3* wird das Ergebnis des im Folgenden beschriebenen Vorgehens dargestellt: Nehmen wir an, fünf Probanden haben zwei Testitems bearbeitet. Die Ausprägungen des ersten Items werden in eine Rangreihe gebracht und aufsteigend sortiert (kleinster Rangplatz zuerst). Darunter werden die entsprechenden Ränge des zweiten Items für jede Person zugeordnet. Dann wird für jeden Probanden die Häufigkeit ausgezählt, wie oft die ihm nachfolgenden anderen Probanden einen höheren (*RS*+) und einen niedrigeren (*RS*–) Rangplatz im zweiten Item erhalten haben. Die Häufigkeiten der höheren Rangplätze werden von denen der niedrigeren Rangplätze abgezogen ([*RS*+] – [*RS*–]) und für alle Probanden summiert. Mit Hilfe dieser Summe (*S*) wird der Kendall's tau Korrelationskoeffizient (siehe Formel unten) berechnet. Es werden zwei Kendall's tau Korrelationskoeffizienten unterschieden: Kendall's-tau *C* und Kendall's tau *B*. Während Kendall's tau *B* Rangbindungen berücksichtigt (gleicher Rangplatz zweier Personen) werden diese bei Kendall's tau *C* nicht berücksichtigt. In unserem Beispiel mit den Skalen „Extraversion" und „Neurotizismus" fällt Kendall's tau *B* mit $r = -.30$ (mit SPSS berechnet) deutlich geringer als die Produkt-Moment-Korrelation ($r = -.381$) und die Spearman-Rangkorrelation ($r = -.419$) aus.

Beispiel 8.2

Tabelle 8.3

Fiktives Beispiel von Testwerten und die Zuordnung von Rängen für Kendall's tau

Person	5	4	3	2	1
Item A	1	2	3	4	5
Item B	2	1	3	4	5
RS(+)	3	3	2	1	0
RS(–)	1	0	0	0	0
RS(+) – RS(–)	2 +	3 +	2 +	1 +	0 = 8

Kendall's tau:

$$\tau = \frac{S}{N \cdot (N-1)/2}$$

Dabei ist:

- N = Anzahl der Probanden
- S = siehe Text

8.5 Punktbiseriale und biseriale (Rang-)Korrelation

Häufig werden Items mit **echt-dichotomem** Antwortformat (z.B. Intelligenztestitem: richtig/falsch) verwendet und mit Skalen, die sich aus diesen dichotomen Items zusammensetzen, korreliert. Unterstellt man den so gebildeten Summenwerten **Intervalldatenniveau**, wird zur Berechnung des Zusammenhangs die **punktbiseriale Korrelation** verwendet. In unserer Beispieldatei stellte der Zusammenhang zwischen Geschlecht (0 = weiblich, 1 = männlich, echt-dichotom) und Extraversion (intervallskaliert) eine punktbiseriale Korrelation dar, die nach folgender Formel berechnet wird:

Punktbiseriale Korrelation: $$r_{pb} = \frac{M_{y0} - M_{y1}}{S_y} \cdot \sqrt{\frac{N_0 \cdot N_1}{N^2}}$$

Dabei ist:

- M_{y0} = Mittelwert der intervallskalierten Variablen (aber nur) für die Probanden, die in der dichotomen Variablen eine Null erzielt haben.
- M_{y1} = Mittelwert der intervallskalierten Variablen (aber nur) für die Probanden, die in der dichotomen Variablen eine Eins erzielt haben
- S_y = Standardabweichung der intervallskalierten Skala
- N_0 = Anzahl der Probanden, die das dichotome Item nicht gelöst haben
- N_1 = Anzahl der Probanden, die das dichotome Item gelöst haben
- N = Anzahl aller Probanden (Löser und Nichtlöser)

Es ist auch möglich, eine **punktbiseriale Rangkorrelation** zu berechnen, wenn man den Summenwerten nur **Ordinaldatenniveau** unterstellt (*siehe Abbildung 8.8*). In unserem Beispiel liegt die punktbiseriale Korrelation zwischen Geschlecht und Extraversion bei $r = -.17$. Das heißt, tendenziell bezeichnen sich die Männer in unserer Stichprobe als geringfügig weniger extravertiert. Die biseriale Rangkorrelation ist geringfügig höher; sie liegt bei $r = -.192$ und wird nach folgender Formel berechnet:

Biseriale Rangkorrelation: $$rho_{p.bis} = \frac{\frac{1}{12} \cdot (N^3 - N + 3 \cdot N_1 \cdot N_2 \cdot N) - \sum_{i=1}^{N} d_i^2}{\sqrt{\frac{1}{12} \cdot N_1 \cdot N_2 \cdot N \cdot (N^3 - N)}}$$

Dabei ist:

- d_i^2 = quadrierte Differenz der Rangplätze von Person i bei Item 1 und Item 2

Wird ein Merkmal künstlich dichotomisiert und mit einem intervallskalierten Merkmal korreliert, spricht man von einer **biserialen Korrelation**. Dieser Koeffizient setzt aber zusätzlich voraus, dass das Merkmal, die Eigenschaft oder Fähigkeit, die das zu dichotomisierende Item erfassen soll, normalverteilt ist. Zum Beispiel könnte man die Skala Neurotizismus am Median in zwei Gruppen aufteilen (= Dichotomisierung), in hoch und niedrig „Neurotische". Anschließend korreliert man „Extraversion" mit „Neurotizismus". Die biseriale Korrelation beträgt (mit SPSS berechnet) $r = -.401$ und fällt in etwa gleich hoch aus wie die biseriale Rangkorrelation mit $r = -.396$.

Biseriale Korrelation: $$r_{pb} = \frac{M_{y0} - M_{y1}}{S_y} \cdot \sqrt{\frac{N_0 \cdot N_1}{\upsilon \cdot N^2}}$$

Dabei ist:

- ϑ = Ordinatenwert jenes z-Wertes der Standardnormalverteilung, der die Grenze zwischen den Teilflächen $N0/N$ und $N1/N$ repräsentiert (Beispiel: repräsentieren N_0 40 Prozent der Gesamtstichprobe und N_1 60 Prozent, entspricht dies einem z-Wert von –.25 (z-Wert bei Fläche .4013 und einer Ordinate von .386), siehe Bortz, Anhang B, S. 796 und S. 216 f.).

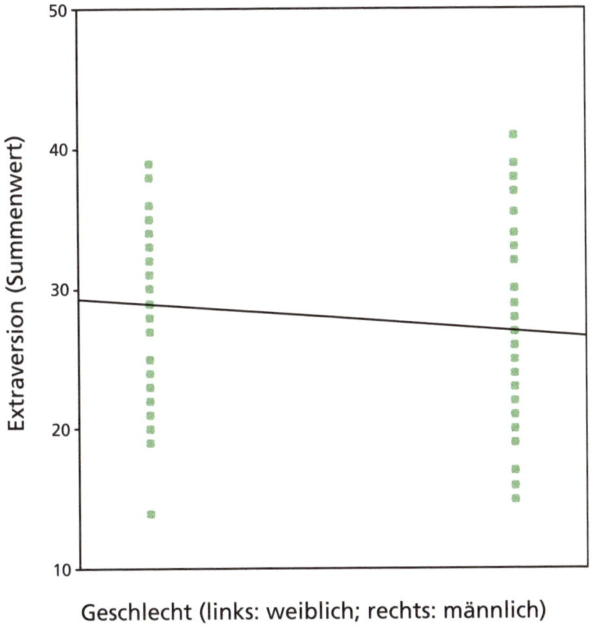

Abbildung 8.8: Bivariates Streudiagramm der Skala *Extraversion* mit dem Merkmal *Geschlecht*

8.6 Phi-Koeffizient, tetrachorische und polychorische Korrelation

Der Phi-Koeffizient ist ein Maß, mit dem der Zusammenhang zwischen zwei echt-dichotomen Merkmalen ermittelt wird, z.B. Geschlecht und Depression (ja/nein). Betrachten wir ein fiktives Beispiel in *Tabelle 8.4*. Zur Berechnung des Phi-Koeffizienten werden Häufigkeiten einer Vierfeldertafel benötigt. Zwischen Depression und Geschlecht besteht ein Zusammenhang ($r = .29$), denn das Merkmal „Depression" tritt bei Frauen häufiger auf als bei Männern.

Tabelle 8.4

	männlich	weiblich	
Depression nein	a = 20	b = 23	43 (a+b)
Depression ja	c = 10	d = 42	52 (c+d)
	30	65	95
	a+c	b+d	a+b+c+d

Phi-Koeffizient:

$$\varphi = \frac{(a \cdot d - b \cdot c)}{\sqrt{(a+c) \cdot (b+d) \cdot (a+b) \cdot (c+d)}}$$
$$= \frac{(20 \cdot 42 - 23 \cdot 10)}{\sqrt{(20+10) \cdot (23+42) \cdot (20+23) \cdot (10+42)}} = .29$$

Mit der **tetrachorischen Korrelation** wird der Zusammenhang zwischen zwei künstlich dichotomen Skalen oder Items berechnet. Dieser Koeffizient setzt wie die biseriale Korrelation voraus, dass das Merkmal, die Eigenschaft oder Fähigkeit, die das Item erfassen soll, normalverteilt ist. Es geht hier also nicht um die tatsächliche Verteilung des Merkmals, sondern um die Verteilung des dahinter liegenden latenten Merkmals. Ein solcher Koeffizient wird meist gebildet, wenn die Items eines Fragebogens dichotom (0-1) kodiert sind und eine latente Variable erfassen. Zum Beispiel könnte für einen Persönlichkeitstest, dessen Antworten dichotom (ja/nein) sind, die Beschreibung der Zusammenhänge mit tetrachorischen Korrelationen sinnvoll sein. Sowohl Bortz (1999, S. 220) als auch Lienert und Raatz (1998, S. 84) verweisen zur Berechnung auf eine Näherungsformel:

$$r_{tet} = \cos\left(\frac{180°}{1+\sqrt{\frac{b \cdot c}{a \cdot d}}}\right)$$

Nach Bortz (1999) führt der tetrachorische Korrelationskoeffizient bei stark asymmetrischen Randverteilungen zu einer Überschätzung des wahren Zusammenhangs. Wirtz und Caspar (2002, S. 109) geben als minimale Zellhäufigkeit fünf Probanden an, sonst führt die oben aufgeführte Näherungsformel zu einer Verzerrung des wahren Zusammenhangs.

Polychorische Korrelationen sind geeignet, um Korrelationen zwischen ordinalen Daten zu beschreiben. Sie schätzen die Korrelation zwischen zwei (ordinalen) Merkmalen, hinter denen eine normalverteilte kontinuierliche latente Variable steht, die in X geordnete Kategorien ($X > 2$) aufgeteilt ist. Die Berechnung ist überaus komplex und wird hier nicht dargestellt. Eine genauere Beschreibung der polychorischen Korrelation und weitere Verweise sind bei Wirtz und Caspar (2002, S. 143) zu finden. Polychorische Korrelationen werden unter anderem verwendet, um konfirmatorische Faktorenanalysen mit ordinalen Daten zu berechnen. Es ist mit dem Programm LISREL auch möglich, exploratorische Faktorenanalysen mit polychorischen Korrelationen zwischen Items zu berechnen.

8.7 Guttman's μ_2

Guttman's μ_2 beschreibt einen schwach mototonen Zusammenhang. Typisch ist eine Art „Keilform" wie in *Abbildung 8.9* zu sehen ist. Sie ist durch die Gerade angedeutet, die dem Nullpunkt des Koordinatensystems (y-Achse) entspringt. Die meisten Punkte liegen unterhalb dieser Geraden. Mit zunehmender Ausprägung von Merkmal A erhöht sich die Wahrscheinlichkeit auf Merkmal B, einen hohen Wert zu erzielen. Zusammenhänge dieser Art treten beispielweise zwischen schief verteilten und normalverteilten Variablen auf. In diesem Beispiel ist auch der lineare Anteil des Zusammenhangs zwischen Merkmal A und Merkmal B zu sehen, gekennzeichnet durch die gestrichelte Regressionsgerade. Hinweise zur Berechnung finden sich bei Staufenbiel (1987).

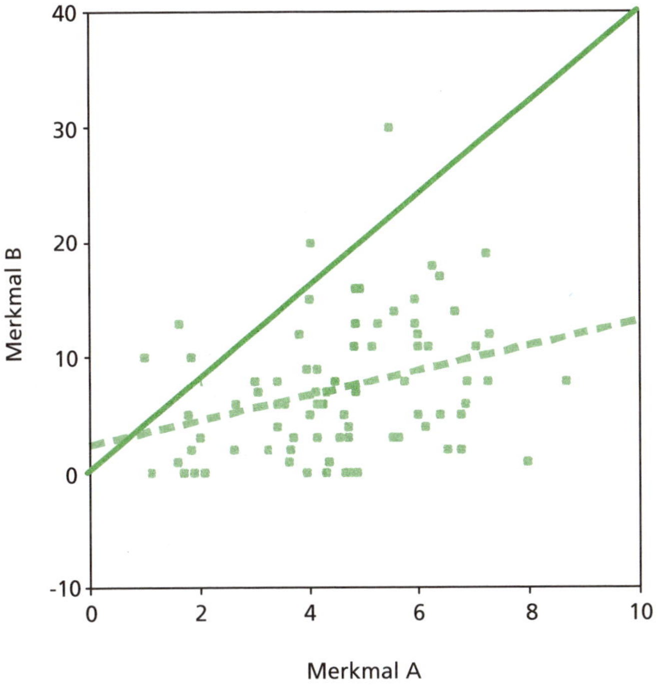

Abbildung 8.9: Bivariatives Streudiragramm: Es zeigt einen schwach monotonen Zusammenhang

8.8 Übersicht über Korrelationskoeffizienten

Einen sehr guten Überblick über Korrelationskoeffizienten samt ihrer Berechnung und Durchführung in SPSS finden sich bei Pospeschill (1996, S. 178 ff.) und insbesondere bei Wirtz und Caspar (2002), was zur weiteren Vertiefung empfohlen werden kann. Hier soll nur ein grober Überblick über häufig angewandte Korrelationskoeffizienten gegeben werden. Eine Beschreibung und ein Rechenbeispiel für die meisten der hier aufgeführten Korrelationskoeffizienten sind auch bei Bortz und Lienert (1998, S. 219 f.) aufgeführt.

In *Tabelle 8.5* wird eine Übersicht über die in diesem Kapital dargestellten Korrelationen gegeben und bei welchem Skalenniveau sie angewandt werden können.

Korrelationen werden als Maße für Trennschärfen, Reliabilitäten und Validitäten verwendet. Die Verteilung und die Streuung der Variablen wirken sich auf die Höhe der Korrelationen aus. Der Zusammenhang zwischen zwei Variablen muss nicht immer linear sein, in bestimmten Fällen beschreiben andere Zusammenhangsmaße die Daten besser. Die Auswahl des Korrelationskoeffizienten orientiert sich am Skalenniveau (Nominal-, Ordinal-, Intervallniveau) der Variablen. Besondere Beachtung bei Produkt-Moment-Korrelationen ist Ausreißerwerten zu schenken. Diese können zu extremen Verzerrungen der Korrelationshöhe führen.

Tabelle 8.5

Übersicht über Korrelationskoeffizienten

Item A	Item B	Korrelationskoeffizient
Intervall	Intervall	Produkt-Moment-Korrelation
echt-dichotom	Intervall	Punkt-/biseriale Korrelation
künstlich-dichotom	Intervall	biseriale Korrelation (Normalverteilung)
ordinal	ordinal	Spearman-Rangkorrelation (Intervalle zwischen aufeinander folgenden Rängen gleich), Kendall-Tau, Guttman's μ_2, Polychorische Korrelation (Normalverteilung, kontinuierliche Daten)
dichotom	ordinal	biseriale Rangkorrelation
echt-dichotom	echt-dichotom	Phi-Koeffizient
künstlich-dichotom	künstlich-dichotom	tetrachorische Korrelation (Normalverteilung)

8.9 Selektionskorrektur für Korrelationen

Eingeschränkte Varianzen führen in der Regel zu eingeschränkten Korrelationen. Die Selektionskorrektur wird angewandt, um Korrelationen, die an einer Stichprobe mit eingeschränkter Varianz ermittelt wurden, gegenüber einer Normstreuung aufzuwerten. Dies kann im Hinblick auf die Validität eines Tests wichtig sein. Nehmen wir folgendes Beispiel: Eine Stichprobe von 500 Bewerbern auf einen Ausbildungsplatz wurde mit einem Intelligenztest getestet. Davon erhielten100 Probanden einen Ausbildungsplatz, d.h. sie wurden auf Grund ihrer guten Ergebnisse im Intelligenztest ausgewählt. Die Leistung von diesen 100 Probanden im Intelligenztest (Prädiktor) wurde mit der Abschlussnote der Ausbildung (Kriterium), also mit dem Ausbildungserfolg, korreliert, um dadurch die (prädiktive, prognostische) Validität (siehe *Kapitel 2.5.1*) des Intelligenztests zu ermitteln. Die Validität des Intelligenztests wird durch diese Korrelation unterschätzt, denn wenn Probanden mit niedrigerer Intelligenz ebenfalls in der Stichprobe verblieben wären, würde die Korrelation zwischen Intelligenz und Ausbildungserfolg wahrscheinlich höher ausfallen. Daher wird hier eine Korrektur vorgenommen. Es sind verschiedene Fälle denkbar (Duan & Dunlap, 1997):

Die Selektion betrifft Variable X (Prädiktorvariable), aber lediglich die eingeschränkte und uneingeschränkte Varianz der Variablen Y (Kriteriumsvariable) ist bekannt:

Formel (1):

$$R = \sqrt{1-(1-r^2)\cdot\frac{s_y}{S_y^2}}$$

Die Selektion betrifft Variable X (Prädiktorvariable), aber lediglich die eingeschränkte und uneingeschränkte Varianz von X ist bekannt:

Formel (2):

$$R = \frac{r}{\sqrt{r^2 + (1 - r^2) \cdot \frac{S_x}{S_x^2}}}$$

Für Formel (2) lässt sich der Standardfehler der aufgewerteten Korrelation berechnen.

Formel (3):

$$SE_R = \frac{k \cdot (1 - r^2)}{\sqrt{n \cdot (1 - r^2 + k^2 \cdot r^2)^3}}$$

Dabei ist:

- R = aufgewertete Korrelation
- r^2 = quadrierte Rohwertkorrelation
- SE_R = Standardfehler der aufgewerteten Korrelation
- S_y = Streuung von Y in der nicht-eingeschränkten Stichprobe
- s_y = Streuung von Y in der eingeschränkten Stichprobe
- S_x = Streuung von X in der nicht-eingeschränkten Stichprobe
- s_x = Streuung von X in der eingeschränkten Stichprobe
- n = Probanden in der Stichprobe mit eingeschränkter Streuung
- k = S_x / S_x

In unserem Beispiel ist die Standardabweichung der Intelligenztestwerte für ausgewählte und nicht ausgewählte Probanden bekannt. Daher würden wir Formel (2) verwenden. Die Formeln sind dann genau, wenn Homoskedastizität der Fehlerverteilung und Linearität der Regression von *Y* auf *X* vorliegen. Dies wird in der Regel durch eine bivariate Normalverteilung gesichert.

8.10 Erstellung von Streudiagrammen mit SPSS

Wie kann ich eine Korrelation graphisch darstellen?

Klicken Sie in der Menüleiste auf GRAFIKEN und dann auf den Menüpunkt STREUDIAGRAMM. Es erscheint das Menü STREUDIAGRAMM (siehe *Abbildung 8.10*). Klicken Sie nun auf die Schaltfläche DEFINIEREN. Das Menü EINFACHES STREUDIAGRAMM öffnet sich (siehe *Abbildung 8.11*). Markieren Sie eine Variable und klicken Sie auf den Pfeil ▸, der auf den Menüpunkt Y-ACHSE zeigt. Markieren Sie eine Variable und klicken Sie auf den Pfeil ▸, der auf den Menüpunkt X-ACHSE zeigt. Klicken Sie auf die Schaltfläche OK.

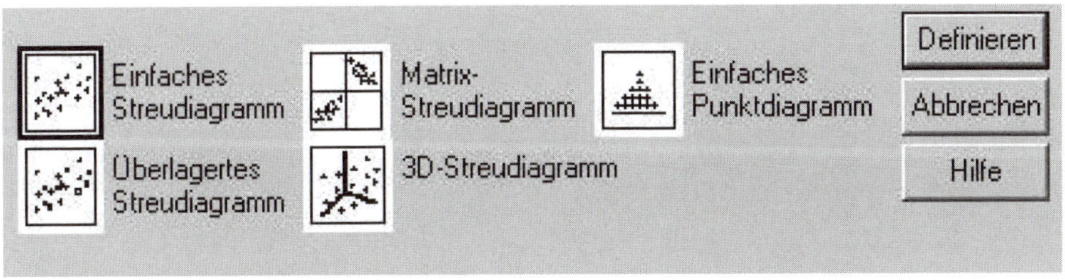

Abbildung 8.10: SPSS-Fenster STREUDIAGRAMM

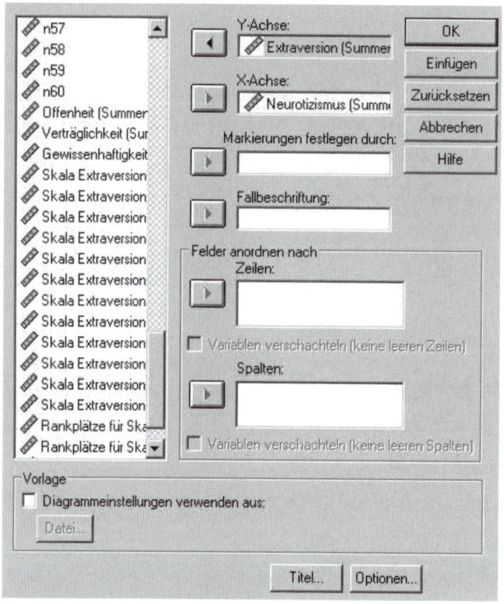

Abbildung 8.11: SPSS-Fenster EINFACHES STREUDIAGRAMM

8.11 Berechnung von Korrelationen mit SPSS

Klicken Sie auf den Menüpunkt ANALYSIEREN und dann auf den Menüpunkt KORRELATIONEN. Anschließend klicken Sie auf den Menüpunkt BIVARIAT. Es öffnet sich das Menü BIVARIATE KORRELATIONEN (siehe *Abbildung 8.12*). Markieren Sie die Variablen, die Sie korrelieren möchten, und klicken Sie anschließend auf den Pfeil ▸ zwischen den Fenstern. Klicken Sie auf eine weitere Variable und anschließend wieder auf den Pfeil zwischen den Fenstern. Klicken Sie auf die Schaltfläche OK. Geben Sie an, ob die Signifikanztestung einseitig oder zweiseitig sein soll. Sie können entweder die Produkt-Moment-Korrelation (Pearson), die Spearman-Rangkorrelation oder Kendall's tau-*b* als Korrelationskoeffizient auswählen, indem Sie das jeweilige Kästchen durch einen Mausklick markieren. Es ist auch möglich, alle Korrelationskoeffizienten gleichzeitig zu markieren.

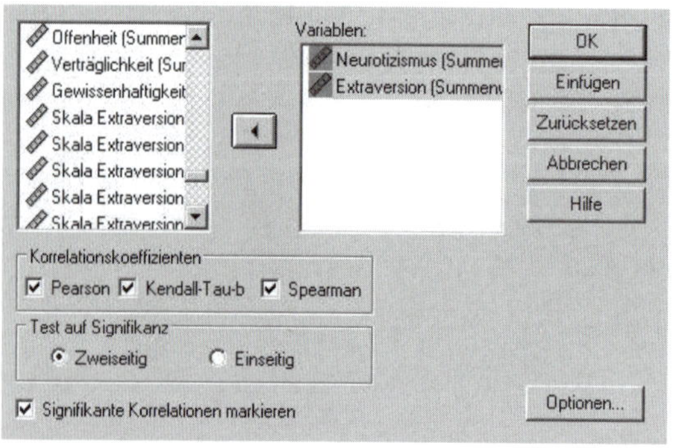

Abbildung 8.12: SPSS-Fenster BIVARIATE KORRELATIONEN

Brosius (2002, S. 501) gibt die folgende Orientierungshilfe zur Interpretation der Höhe von Korrelationskoeffizienten:

- .00 – keine Korrelation
- über .00 bis .20 – sehr schwache Korrelation
- über .20 bis .40 – schwache Korrelation
- über .40 bis .60 – mittlere Korrelation
- über .60 bis .80 – starke Korrelation
- über .80 bis unter 1.00 – sehr starke Korrelation
- 1.00 – perfekte Korrelation

Diese Interpretationshilfe kann nur als grober Anhaltspunkt verstanden werden. Auch niedrige Korrelationen können unter bestimmten Umständen hohe praktische Bedeutsamkeit haben. Dies hängt wesentlich von der Fragestellung und den korrelierten Variablen ab sowie von anderen Faktoren (siehe dazu Rosnow & Rosenthal, 1996, Amelang & Zielinski, 2002, S. 433 ff. und Kersting, 2003, für einen kurzen Überblick).

Grundlagen in SPSS

9

ÜBERBLICK

In diesem Kapitel wird eine Einführung in den Umgang mit dem Programm SPSS 14.0 erfolgen. SPSS 14.0 ist die aktuelle Version eines der wohl bekanntesten Statistikprogrammpakete. Eine detailliertere Darstellung zum Umgang mit dem Programm SPSS findet sich bei Brosius (2004) für SPSS 12 sowie Bühl (2006) für SPSS 14.

9.1 Maskenerstellung

Wie erstelle ich eine SPSS-Datendatei?

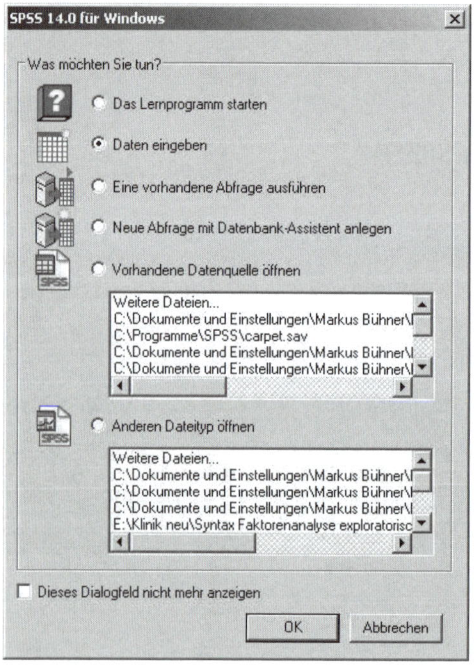

Abbildung 9.1: SPSS-Eingabefenster

Im Folgenden wird das Vorgehen der Erstellung einer Datendatei mit SPSS 14.0 erläutert. Die Programmoberfläche von SPSS ist für alle Versionen weitgehend gleich. Insgesamt bestehen nur marginale Unterschiede in der Bedienung zwischen den SPSS-Versionen 10 bis 14.0.

Nach dem Start von SPSS, über START → PROGRAMME → SPSS FÜR WINDOWS → SPSS 14.0 FÜR WINDOWS erscheint nach einer gewissen Ladezeit (abhängig von der Leistung des Computers) das Programmfenster von SPSS auf dem Bildschirm. Sie werden dann in einem Fenster (*Abbildung 9.1*) gefragt: „*Was möchten Sie tun?*" Klicken Sie einmal auf den Menüpunkt DATEN EINGEBEN und dann auf die Schaltfläche OK. Es erscheint das Fenster UNBENANNT1 [DATENSET0] – SPSS-DATEN-EDITOR (*Abbildung 9.2*). Möchten Sie eine vorhandene Datendatei öffnen, klicken Sie auf VORHANDENE DATENQUELLE ÖFFNEN und suchen Sie die SPSS-Datei in dem entsprechenden Windows-Verzeichnis.

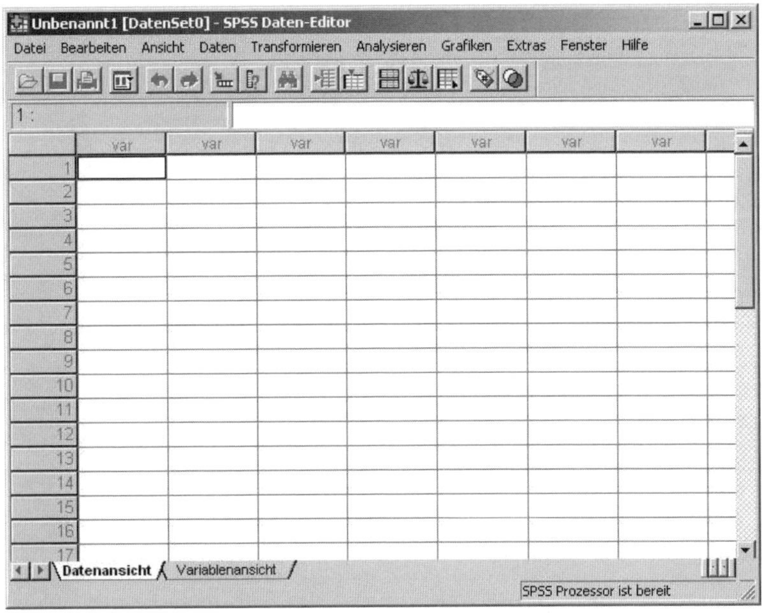

Abbildung 9.2: SPSS-Fenster DATEN-EDITOR

In den SPSS-Versionen 11.0 bis 14.0 stehen zwei Arbeitsblätter zur Eingabe und Bearbeitung der Daten zur Verfügung. Das eine nennt sich DATENANSICHT und das andere VARIABLENANSICHT (siehe *Abbildung 9.3*). Sie finden diesen Bildausschnitt links unten im SPSS-Fenster. Durch einen Mausklick auf die entsprechende Schaltfläche können Sie zwischen den Arbeitsblättern hin und her wechseln.

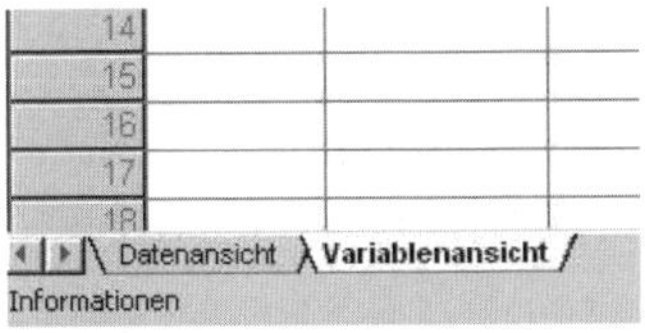

Abbildung 9.3: SPSS-Fenster VARIABLENANSICHT

Das Arbeitsblatt DATENANSICHT (*Abbildung 9.2*) zeigt Ihnen die Datenmaske, in die Sie die Daten direkt eingeben können. In den Spalten werden die Variablen erfasst, und in den meisten Fällen enthält eine Zeile die Daten einer Versuchsperson. Auf dem Arbeitsblatt VARIABLENANSICHT (*Abbildung 9.4*) werden die Attribute der Variablen, z.B. Name, Anzahl der Dezimalstellen, erfasst. Jede Zeile stellt eine Variable dar, und in den Spalten werden jeweils deren Attribute festgelegt. Das Vorgehen bei der Variablenerstellung wird im nächsten Abschnitt erläutert.

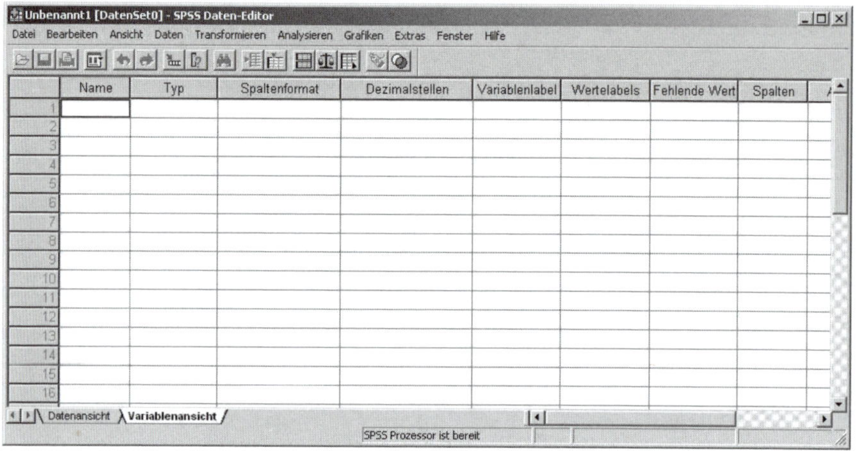

Abbildung 9.4: SPSS-Fenster DATENEDITOR | Arbeitsblatt VARIABLENANSICHT

9.1.1 Definieren von Variablen

Rufen Sie die VARIABLENANSICHT auf und geben Sie die im Folgenden beschriebenen Attribute für jede Variable ein. Für die hier nicht näher beschriebenen Spalten SPALTEN, AUSRICHTUNG und MESSNIVEAU können die Voreinstellungen beibehalten werden.

Name In die Spalte NAME können Sie den entsprechenden Variablennamen eintragen. Geben Sie einen Namen mit maximal *8 Ziffern* ein. Verwenden Sie keine Sonderzeichen (z.B. ein „-"). Für den Fall, dass Sie später Variablen rekodieren müssen, empfiehlt es sich, nur *6 Ziffern* einzugeben, weil beim Rekodieren den Variablen ein Buchstabe vorangestellt wird. Beispielsweise speichert SPSS die Variable „n47" nach einer z-Transformation automatisch als neue Variable unter dem Namen „nn47".

Typ Definieren Sie einen „*Variablentyp*", indem Sie in der Spalte TYP in das Kästchen der zu definierenden Variable klicken. Betätigen Sie die Schaltfläche [...], es erscheint das Fenster VARIABLENTYP DEFINIEREN (*Abbildung 9.5*). Es stehen verschiedene Variablentypen zur Auswahl. Die Variablendefinition NUMERISCH ist voreingestellt und wird am häufigsten verwendet. Hierbei handelt es sich um ein reines Zahlenformat. Unter DEZIMALSTELLEN kann die Anzahl an Nachkommastellen für numerische Variablen festgelegt werden. Bei Datumsangaben ist DATUM zu verwenden, welches in verschiedenen Formaten ausgewählt werden kann. Falls Sie Buchstaben oder Wörter einsetzen möchten (z.B. klinische Diagnosen), verwenden Sie den Typ STRING. Definieren Sie dann unter BREITE eine ausreichende Anzahl Zeichen, welche in die Spalte eingetragen werden können.

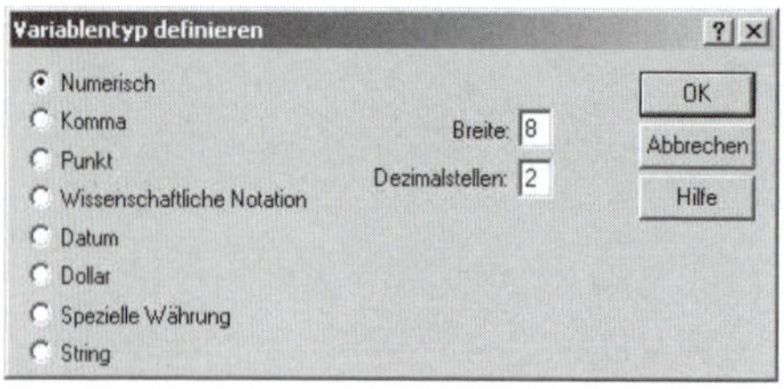

Abbildung 9.5: SPSS-Fenster VARIABLENTYP DEFINIEREN

Spaltenformat In dieser Spalte wird die Anzahl der Zeichen, die in einer Spalte erfasst werden können, festgelegt. Dies ist auch, wie zuvor beschrieben, über BREITE im Fenster VARIABLENTYP DEFINIEREN möglich.

Dezimalstellen Hier wird entweder direkt oder durch Klicken der beiden Pfeiltasten rechts im Kästchen die gewünschte Anzahl der Nachkommastellen eingetragen, voreingestellt sind zwei Nachkommastellen.

Variablenlabel In dieser Spalte kann der Variablen ein Label gegeben werden. Dieses Variablenlabel kann mehr als acht Ziffern und auch Sonderzeichen enthalten. Ein Label bietet sich vor allem an, wenn der Variablenname den Inhalt der Variablen nicht hinreichend genau beschreibt. Durch das Label ist eine ausführliche, erklärende Beschreibung möglich. Denken Sie daran, dass diese Labels in Ergebnistabellen angezeigt werden; daher empfiehlt es sich, nicht zu lange Variablenlabels auszuwählen.

Wertelabels Hier wird das Datenniveau der Variablen (z.B. bei Geschlecht: NOMINAL) bestimmt. Durch das Anklicken der Schaltfläche [...] erscheint das Fenster WERTELABELS DEFINIEREN (*Abbildung 9.6*). Hier können numerischen Werten Bezeichnungen zugewiesen werden. Als ein typisches Beispiel dient die Erfassung des Geschlechts der Versuchspersonen: Männliche Versuchpersonen erhalten den Wert 1 und weibliche Personen den Wert 2, wobei die Zuordnung der Ziffern willkürlich ist. Um Wertelabels festzulegen, wird in das Feld WERT die entsprechende Zahl eingetragen (z.B. 1) und unter WERTELABEL die dazugehörige Benennung (z.B. männlich). Erst durch die Betätigung der Schaltfläche HINZUFÜGEN wird das Wertelabel festgelegt. Wiederholen Sie diese Schritte, bis alle Zahlenstufen der Variablen benannt sind. Aus Gründen der Zeitersparnis müssen nicht alle Variablen mit Wertelabels versehen werden. Beispielsweise ergibt dies bei einem Fragebogen mit 40 Items, die alle gleich definierte und benannte Zahlenwerte enthalten, wenig Sinn. Des Weiteren muss darauf hingewiesen werden, dass es bei intervallskalierten Variablen oft nicht sinnvoll ist, alle Werte zu labeln. Als Beispiel lässt sich der IQ nennen: Hier ist es wenig nützlich, jeden einzelnen Wert zu benennen; stattdessen ergeben Intervalle mehr Sinn, z.B. wird ein IQ von 85 bis 115 als durchschnittlich bezeichnet. Das Fenster wird durch die Schaltfläche OK geschlossen.

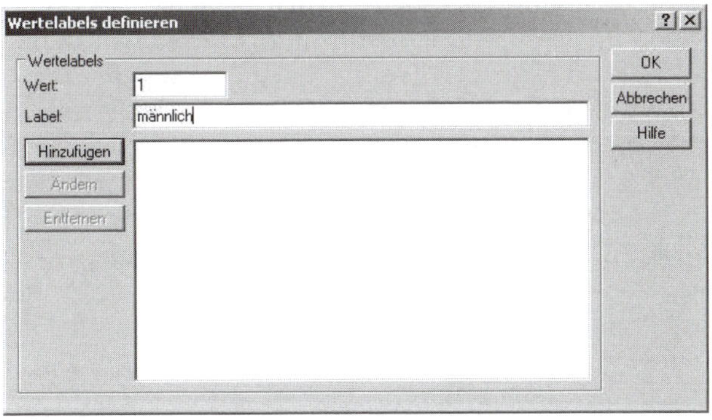

Abbildung 9.6: SPSS-Fenster WERTELABELS DEFINIEREN

Fehlende Werte Angaben zu benutzerdefinierten fehlenden Werten werden zusammen mit der Datendatei gespeichert. Sie brauchen die benutzerdefinierten fehlenden Werte nicht bei jedem Öffnen der Datendatei neu zu definieren. Sie können entweder bis zu drei diskrete (einzelne) fehlende Werte, einen Bereich fehlender Werte oder einen Bereich und einen diskreten Wert eingeben. Bereiche können nur bei numerischen Variablen angegeben werden.

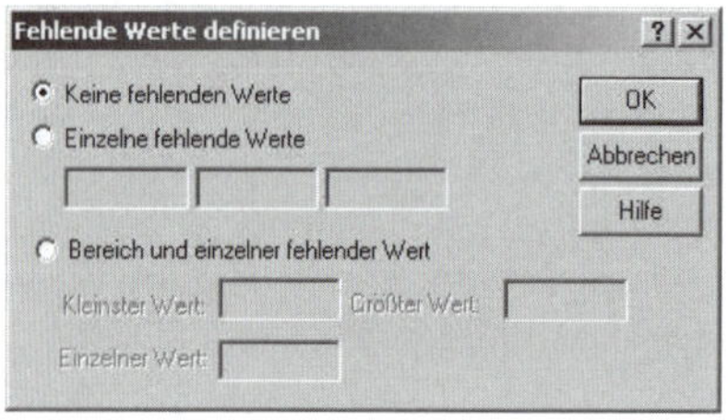

Abbildung 9.7: SPSS-Fenster FEHLENDE WERTE DEFINIEREN

Bitte beachten Sie, dass sich nach der Definition der ersten Variablen manchmal das SPSS-Output-Fenster öffnet. Dieses sollte nicht geschlossen, sondern nur minimiert werden, da sich sonst das Output-Fenster nach jeder weiteren Variablendefinition wieder öffnet.

9.1.2 Eingabe der Daten

Nach der Definition aller benötigten Variablen erfolgt in der Version 14.0 die Eingabe der Daten über das Arbeitsblatt DATENANSICHT.

Die Zeilen stehen, wie oben bereits genannt, in den meisten Fällen jeweils für eine Versuchsperson. Jeder erhobene Wert einer Versuchsperson (Zeile) wird in einem Feld der entsprechenden Variablen (Spalte) eingetragen. Dabei werden die Werte einzeln, Feld für Feld eingegeben.

Das Feld, welches mit einem Rahmen gekennzeichnet ist, steht aktuell für das Eintragen der Daten zur Verfügung. Erfolgt die Eingabe personenweise (also zeilenweise), ist es ratsam, die Eingabe mit dem Pfeil rechts zu beenden und somit in das nächste rechtsgelegene Kästchen (nächste Variable derselben Versuchsperson) überzugehen. Wenn die Eingabe mit der unteren Pfeiltaste bestätigt wird, springt der Cursor in derselben Spalte in die nächste Zeile (gleiche Variable, nächste Versuchsperson).

Die Erfassung der Daten muss nicht direkt unter der SPSS-Oberfläche für Windows durchgeführt werden. Die Untersuchungsdaten können ebenfalls mittels ASCII-Dateien auch in einem normalen Textverarbeitungsprogramm oder sogar mit dem DOS-Editor eingegeben bzw. eingelesen werden. Für das Einlesen der Daten steht unter dem Menüpunkt DATEI die Funktion TEXTDATEN LESEN zur Verfügung. Nach Auswahl der einzulesenden Textdatei öffnet sich der ASSISTENT FÜR TEXTIMPORT und gibt in sechs Schritten eine Anleitung zum Einlesen der Daten. Eine ausführlichere Darstellung des Einlesens von anderen Dateiformaten findet sich bei Brosius (2004).

9.2 Befehlssprache (Syntax) in SPSS

Grundsätzlich bestehen zwei Möglichkeiten, die Operationen, z.B. statistische Prozeduren, in SPSS durchzuführen. Die eine ist die bis hierhin dargestellte Form der Menütechnik, die darin besteht, einen Befehl in einem Menü aus der Menüleiste auszuwählen und diesen anschließend in einem erscheinenden Fenster zu spezifizieren. Die andere Möglichkeit besteht darin, die gleichen Befehle mit Hilfe einer speziellen Befehlssprache (Syntax) auszuführen. Für Personen ohne Vorkenntnisse mit SPSS ist es sinnvoll, mit der Menütechnik zu arbeiten. Bei sich häufig wiederholenden Berechnungen kann die Anwendung der Syntax jedoch ökonomischer sein.

In dem Syntax-Editor, welcher über DATEI → NEU und SYNTAX geöffnet wird, kann der entsprechende Syntaxbefehl eingetragen, durchgeführt und gespeichert werden. Die Befehlssprache wird hier im Einzelnen nicht dargestellt, kann aber bei Zöfel (2002) nachgelesen werden.

Es ist in SPSS möglich, sich die per Menütechnik erzeugten Befehle in der Syntax anzeigen zu lassen. Um sich die Syntax im Output (Ausgabefenster) anzeigen zu lassen, muss die folgende Einstellung vorgenommen werden: In der Datenansicht finden Sie unter dem Menüpunkt BEARBEITEN → OPTIONEN... das Fenster OPTIONEN. In diesem Fenster ist die Registerkarte TEXT-VIEWER anzuklicken und der Menüpunkt BEFEHLE IM LOG ANZEIGEN zu aktivieren. Danach wird die Einstellung mit der Schaltfläche OK gespeichert und das Fenster geschlossen. Im Output oder Ausgabefenster wird nun die Kommando-Syntax oder Befehlssprache für jede ausgeführte Operation angezeigt, die zu einer bestimmten Ergebnisausgabe unter SPSS im Output- oder Ausgabefenster geführt hat. Mit Hilfe der so erzeugten und gespeicherten Outputs kann zum einen die Arbeit dokumentiert und zum anderen können die Befehle zu einem späteren Zeitpunkt in gleicher Form wiederholt werden. In letzterem Fall werden die jeweiligen Befehle in einer eigenen Syntaxdatei abgespeichert, nachdem sie im Output markiert und in den Syntax-Editor kopiert wurden. Die Syntax wird ausgeführt, in dem sie im Syntax-Editor markiert und die Schaltfläche AUSFÜHREN → AUSWAHL betätigt wird (oder alternativ: Markieren der auszuführenden Syntax und rechte Maustaste klicken, dann AKTUELLEN BEFEHL AUSFÜHREN klicken. Soll die ganze Syntax ausgeführt werden, kann auch AUSFÜHREN → ALLES angeklickt werden.

Eine weitere Möglichkeit, die Syntax auszuführen, besteht über den Menüpunkt AUSFÜHREN in jedem Untermenü. Beispielsweise öffnet sich nach Klicken von ANALYSIEREN → KORRELATIONEN → BIVARIAT im SPSS-Menü das Fenster BIVARIATE KORRELATIONEN. In diesem Fenster wird nach Wahl der zu korrelierenden Variablen durch Klicken auf die Schaltfläche EINFÜGEN ein Syntaxfenster geöffnet. Die dort angegbene Syntax kann dann wiederum gespeichert werden.

Literaturverzeichnis

A

Amelang, M. (1999). Zur Lage der Psychologie: Einzelaspekte von Ausbildung und Beruf unter besonderer Berücksichtigung der ökonomischen Implikationen psychologischen Handelns. *Psychologische Rundschau, 50 (1),* 2 – 13.

Amelang, M. & Bartussek, D. (1997). *Differentielle Psychologie und Persönlichkeitsforschung* (4. Aufl.). Stuttgart: Kohlhammer.

Amelang, M. & Zielinski, W. (2002). *Psychologische Diagnostik und Intervention* (3. Aufl.). Berlin: Springer.

Amthauer, R., Brocke, B., Liepmann, D., & Beauducel, A. (2001). *Intelligenz-Struktur-Test 2000 R.* Göttingen: Hogrefe.

Andrich, D. (1988). *Rasch Models for Measurement.* Newbury Park, CA: Sage.

Angleitner, A., John, O. P. & Löhr, F.-J. (1986). It's what you ask and how you ask it: An itemmetric analysis of personality questionnaires. In A. Angleitner & J.S. Wiggins (Eds.), *Personality assessment via questionnaires. Current issues in theory and measurement* (S. 61 – 108). Berlin: Springer.

Angleitner, A. & Riemann, R. (1996). Selbstberichtdaten: Fragebogen, Erlebnisanalyse. In K. Pawlik (Hrsg.), *Enzyklopädie der Psychologie, Themenbereich C: Theorie und Forschung, Serie VIII: Differentielle Psychologie und Persönlichkeitsforschung, Band 1: Grundlagen und Methoden der Differentiellen Psychologie* (S. 427 – 462). Göttingen: Hogrefe.

B

Backhaus, K., Erichson, B., Plinke, W. & Weiber, R. (2000). *Multivariate Analysemethoden.* Berlin: Springer.

Beauducel, A. (2001). Problems with parallel analysis in data sets with oblique simple structure. *Methods of Psychological Research, 6,* 141 – 157.

Becker, F., Spörrle, M. & Försterling, F. (2003). Soziale Erwünschtheit und Skalenformat als Einflussfaktoren bei der Beantwortung von Wahrscheinlichkeitsaussagen. [Abstract]. In J. Golz, F. Faul & R. Mausfeld (Hrsg.), *Experimentelle Psychologie. Abstracts der 45. Tagung experimentell arbeitender Psychologen* (S. 64). Lengerich: Pabst Science Publishers.

Becker, P. (2002). Das Trierer Integrierte Persönlichkeitsinventar: Entwicklung des Verfahrens und vergleichende psychometrische Analysen nach dem ordinalen Rasch-Modell und der klassischen Testtheorie. *Diagnostica, 48 (2),* 68 – 79.

Beckmann, J. (1991). Erhöhte Konzentration als Folge von Aufmerksamkeitsstörungen: Ein Zwei-Phasen-Modell. In J. Jansen, E. Hahn & H. Strang (Hrsg.), *Konzentration und Leistung* (S. 75 – 85). Göttingen: Hogrefe.

Bejar, I. (1983). Achievment testing. Beverly Hills: Sage.

Bollen, K. A. (1989). *Structural equations with latent variables.* Oxford: John Wiley and Sons.

Borkenau, P. & Ostendorf, F. (1993). *NEO Fünf Faktoren Inventar nach Cost und McCrea (NEO-FFI).* Göttingen: Hogrefe.

Borsboom, D. & Mellenbergh, G. J. (2002). True scores, latent variables and constructs: A comment on Schmidt and Hunter. *Intelligence, 30 (6)*, 505 – 514.

Bortz, J. (1999). *Statistik für Sozialwissenschaftler* (5. Aufl.). Berlin: Springer.

Bortz, J. & Döring, N. (2002). *Forschungsmethoden und Evaluation: Für Human- und Sozialwissenschaftler* (3. Aufl.). Berlin: Springer.

Bortz, J. & Lienert, G. A. (1998). *Kurzgefasste Statistik für die klinische Forschung.* Berlin: Springer.

Brähler, E., Holling, H., Leutner, D. & Petermann, F. (2002). *Brickenkamp Handbuch psychologischer und pädagogischer Tests* (3. Aufl.). Göttingen: Hogrefe.

Brickenkamp, R. (2002). *Aufmerksamkeits-Belastungs-Test (d2)* (9. Aufl.). Göttingen: Hogrefe.

Briggs, S. R. & Cheek, J. M. (1986). The role of factor analysis in the development and evaluation of personality scales. *Journal of Personality, 54 (1)*, 106 – 148.

Brosius, F. (2004). *SPSS 12.* Bonn: MITP-Verlag.

Bryant, F. B. (2000). Assessing the Validity of Measurement. In L. G. Grimm & P. R. Yarnold (Eds.), *Reading and understanding MORE multivariate statistics.* Washington, DC: American Psychological Association.

Burke, B. G. (1999). Item reversals and response validity in the Job Diagnostic Survey. *Psychological Reports, 85 (1)*, 213 – 219.

Bühl, A. (2006). *SPSS 14. Einführung in die moderne Datenanalyse.* München: Pearson Studium.

Bühl, A. & Zöfel, P. (2005). *SPSS 12. Einführung in die moderne Datenanalyse unter Windows.* München: Pearson Studium.

Bühner, M., Krumm, S., Ziegler, M. & Schmidt-Atzert, L. (2006). Ist der I-S-T 2000 R Rasch-skalierbar? *Diagnostica 52 (3).*

Byrne, B. M. (2001). *Structural Equation Modeling with AMOS.* Mahwah, NJ: Lawrence Erlbaum Associates.

C

Campbell, D. T. & Fiske, D. W. (1959). Convergent and discriminant validation by the multitrait-multimethod matrix. *Psychological Bulletin, 56*, 81 – 105.

Carroll, J. B. (1993). *Human cognitive abilities. A survey of factor-analytic studies.* Cambridge: Cambridge University Press.

Cattell, R. B., Weiß, R. H. & Osterland, J. (1996). *Grundintelligenztest Skala 1 (CFT 1)* (5. Aufl.). Göttingen: Hogrefe.

Cheung, G. W. & Rensvold, R. B. (2002). Evaluating goodness-of-fit indexes for testing measurement invariance. *Structural Equation Modeling, 9 (2)*, 233 – 255.

Clauß, G., Finze, F.-R. & Partzsch, L. (1995). *Statistik für Soziologen, Pädagogen und Mediziner.* Thun: Verlag Harri Deutsch.

Cliff, N. (1988). The eigenvalues-greater-than-one rule and the reliability of components. *Psychological Bulletin, 103*, 276 – 279.

Comer, R. J. (1995). *Klinische Psychologie.* Heidelberg: Spektrum Akademischer Verlag.

Cook, L. L., Eignor, D. R. & Taft, H. L. (1998). A comparative study of the effects of recency of instruction on the stability of IRT and conventional item parameter estimates. *Journal of Educational Measurement, 25 (1)*, 31 – 45.

Cortina, J. M. (1993). What is coefficient alpha? An examination of theory and applications. *Journal of Applied Psychology, 78 (1)*, 98 – 104.

Costa, P. T. & McCrae, R. R. (1992). *Revised NEO Personality Inventory (NEO PI –R) and NEO Five Factor Inventory. Professional Manual.* Odessa, Fla.: Psychological Assessment Resources.

Cronbach, L. J. (1951). Coefficient alpha and the internal structure of tests. *Psychometrika, 16*, 297 – 334.

Cudeck, R. & O'Dell, L. L. (1994). Applications of standard error estimates in unrestricted factor analysis: Significance tests for factor loadings and correlations. *Psychological Bulletin, 115 (3)*, 475 – 487.

D

DeShon, R. P. (1998). A cautionary note on measurement error corrections in structural equation models. *Psychological Methods, 3 (4)*, 412 – 423.

Diehl, J. M. & Staufenbiel, T. (2001). *Statistik mit SPSS Version 10.0.* Eschborn: Verlag Dietmar Klotz.

Diehl, J. M. & Staufenbiel, T. (2003). *Statistik mit SPSS Version 11.0.* Eschborn: Verlag Dietmar Klotz.

Dilling, H., Mombour, W., Schmidt, M. H. & Schulte-Markwort, E. (2000). *Internationale Klassifikation psychischer Störungen. ICD-10 Kapitel V (F)* (2. Aufl.). Bern: Huber.

DIN Deutsches Institut für Normierung e.V. (2002). *Anforderungen an Verfahren und deren Einsatz bei berufsbezogenen Eignungsbeurteilungen.* Berlin: Beuth.

Duan, B. & Dunlap, W. P. (1997). The accuracy of different methods for estimating the standard error of correlations corrected for range restriction. *Educational and Psychological Measurement, 57 (2)*, 254 – 265.

E

Embretson, S. E. & Reise, S. P. (2000). Item response theory for psychologists. Mahwah, NJ: Erlbaum.

F

Fabrigar, L. R., Wegener, D. T., MacCallum, R. C. & Strahan, E. J. (1999). Evaluating the use of exploratory factor analysis in psychological research. *Psychological Methods, 4 (3)*, 272 – 299.

Fahrenberg, J., Hampel, R. & Selg, H. (2001). *Freiburger Persönlichkeitsinventar, revidierte Fassung (FPI-R)* (7. Aufl.). Göttingen: Hogrefe.

Fan, X. (1998). Item response theory and classical test theory: An empirical comparison of their item/person statistics. *Educational and Psychological Measurement, 58 (3)*, 357 – 381.

Fan, X., Thompson, B. & Wang, L. (1999). Effects of sample size, estimation methods, and model specification on structural equation modeling fit indexes. *Structural Equation Modeling, 6 (1)*, 56 – 83.

Feldt, L. S. (1975). Estimation of the reliability of a test divided into two parts of unequal length. *Psychometrika, 40*, 557 – 561.

Fischer, G. (1974). *Einführung in die Theorie psychologischer Tests, Grundlagen und Anwendungen.* Bern: Huber.

Fischer, G. H. (1983). Neuere Testtheorie. In H. Feger & J. Bredekamp (Hrsg.), *Enzyklopädie der Psychologie, Themenbereich B: Methodologie und Methoden, Serie I: Forschungsmethoden der Psychologie, Band 3: Messen und Testen (S. 604 – 692).* Göttingen: Hogrefe.

Fisseni, H. J. (1997). *Lehrbuch der psychologischen Diagnostik* (2. Aufl.). Göttingen: Hogrefe.

Fowler, F. J. (1995). *Improving survey questions: design and evaluation.* Thousand Oaks, CA: Sage Publications, Inc.

Fürntratt, E. (1969). Zur Bestimmung der Anzahl interpretierbarer gemeinsamer Faktoren in der Faktorenanalyse psychologischer Daten. *Diagnostica, 15*, 62 – 75.

G

Geider, F. J., Rogge, K. E. & Schaaf, H. P. (1982). *Einstieg in die Faktorenanalyse*. Heidelberg: Quelle und Meyer (UTB).

Gerbing, D. W. & Anderson, J. C. (1993). Monte Carlo Evaluations of Goodness-of-Fit Indices for Structural Equation Models. In K. A. Bollen & J. S. Long (Eds.), *Testing Structural Equation Models* (S. 40 – 65). Newbury Park, CA.: Sage Publications.

Gigerenzer, G. (2004). Mindless statistics. *The Journal of Socio-Economics, 33*, 587–606.

Gorsuch, R. L. (1983). *Factor analysis* (2nd ed.). Hillsdale, NJ: Erlbaum.

Greenberger, E., Chen, C., Dimitrieva, J. & Farruggia, S. P. (2003). Item-wording and the dimensionality of the Rosenberg Self-Esteem Scale: do they matter? *Personality and Individual Differences, 35(6),* 1241 – 1254.

Guadagnali, E. & Velicer, W. F. (1988). Relation to sample size to the stability of component patterns. *Psychological Bulletin, 103 (2)*, 265 – 275.

Guttman, L. (1945). A basis for analysing test-retest reliability. *Psychometrika, 10*, 255 – 282.

H

Hair, J. F., Black W. C., Babin, B. J., Anderson, R. E. & Tatham, R. L. (2006). *Multivariate data analysis*. New Jersey: Pearson.

Hambleton, R. K. Swaminathan, H. & Rogers, H. J. (1991). *Fundamentals of Item Response Theory*. Newbury Park, CA: Sage.

Hancock, G. R. & Mueller, R. O. (2001). Rethinking construct reliability within latent variable systems. In R. Cudeck, S. du Toit & D. Sörbom (Eds.), *Structural Equation Modeling: Present and Future – Festschriften in honor of Karl Jöreskog* (p. 195 – 216). Lincolnwood, IL: Scientific Software International, Inc.

Hathaway, S. R., McKinley, J. C. & Engel, R. R. (2000). *Minnesota-Multiphasic Personality Inventory 2 (MMPI-2.)*. Bern: Huber.

Hautzinger, M., Bailer, M., Worall, H. & Keller, F. (1994). *Beck Depressions Inventar (BDI)* (2. Aufl.). Bern: Huber.

Heggestad, E. D., Morrison, M., Reeve C. L.und McCloy, R. A. (2006). Forced-Choice Assessments of Personality for Selection: Evaluating Issues of Normative Assessment and Faking Resistance. *Journal of Applied Psychology, 91 (1)*, 9 – 24.

Henard, D. H. (2000). Item Responce Theory. In L. G. Grimm & P. R. Yarnold (Eds.), *Reading and understanding MORE multivariate statistics*. Washington, DC: American Psychological Association.

Horn, W. (1983). *Leistungsprüfsystem (LPS)* (2. Aufl.). Göttingen: Hogrefe.

Horst, P. (1951). Estimating total test reliability from parts of unequal length. *Educational and psychological measurement, 11*, 368 – 371.

Hossiep, R., Paschen, M. & Mühlhaus, O. (2000). *Persönlichkeitstest im Personalmanagement.* Göttingen: Hogrefe.

Hoyle, R. H. (1995). *Structural equation modeling: Concepts, issues, and applications.* Thousand Oaks, CA: Sage Publications:

Hu, L. & Bentler, P. M. (1998). Fit indices in covariance structure modeling: Sensitivity to underparameterized model misspecification. *Psychological Methods, 3 (4),* 424 – 453.

Hu, L. & Bentler, P. M. (1999). Cutoff criteria for fit indexes in covariance structure analysis: Conventional criteria versus new alternatives. *Structural Equation Modeling, 6 (1),* 1 – 55.

Huber, H. P. (1973). *Psychometrische Einzelfalldiagnostik.* Weinheim: Beltz Verlag.

J

Janke, W. (1973). Das Dilemma von Persönlichkeitsfragebogen. Einleitung des Symposiums über Konstruktion von Fragebogen. In G. Reinert (Hrsg.), *Bericht über den 27. Kongress der Deutschen Gesellschaft für Psychologie in Kiel 1970* (S. 44 – 48). Göttingen: Hogrefe.

Jimenez, P. & Raab, E. (1999). Das Berufsbild von Psychologen im Vergleich mit anderen Berufen. *Psychologische Rundschau, 50 (1),* 26 – 32.

Jöreskog, K. (1993). Testing Structural Equations Models. In K. A. Bollen & J. S. Long (Eds.), *Testing Structural Equation Models* (S. 294 – 316). Newbury Park, CA: Sage Publications.

Jöreskog, K. & Sörbom, D. (1993). *LISREL 8: Structural Equation Modeling with the SIMPLIS Command Language.* Hilsdale, NJ: Lawrence Erlbaum Associates.

K

Karabatsos, G. (2001). The Rasch model, additive conjoint measurement, and new models of probabilistic measurement theory. Journal of Applied Measurement, 2 (4), 389 – 423.

Kelloway, E. K., Loughlin, C., Barling, J. & Nault, A. (2002). Self-reported counterproductive behaviors and organizational citizenship behaviors: Separate but related constructs. *International Journal of Selection and Assessment, 10 (1 – 2),* 143 – 151.

Kersting, M. (2003). Grundrate (Basisrate). In K. D. Kubinger & R. S. Jäger (Hrsg.), *Schlüsselbegriffe der Psychologischen Diagnostik* (S. 183 – 186). Weinheim: Beltz.

Kline, P. (1994). *Easy guide to factor analysis.* New York: Routledge.

Kline, R. B. (2005). *Principles and Practice of Structural Equation Modeling, second edition.* New York: The Guilford Press.

Koelega, H. S. (1996). Sustained Attention. In O. Neumann, A. F. Sanders (Ed.), *Handbook of perception and action* (S. 278 – 331). London: Academic Press.

Kristof, W. (1963). *Die Verteilung aufgewerteter Zuverlässigkeitskoeffizienten auf der Grundlage von Testhälften.* Archiv für die gesamte Psychologie, 115, 230 – 240.

Kristof, W. (1974). Estimation of reliability and true score variance from a split of a test into three arbitrary parts. *Psychometrika, 39*, 491 – 499.

Kristof, W. (1983). Klassische Testtheorie und Testkonstruktion. In H. Feger & J. Bredenkamp (Hrsg.), *Enzyklopädie der Psychologie, Themenbereich B: Methodologie und Methoden, Serie I: Forschungsmethoden der Psychologie, Band 3: Messen und Testen* (S. 544 – 603). Göttingen: Hogrefe.

Krosnick, J. A. (1999). Survey research. *Annual review of Psychology, 50*, 537 – 567.

Kubinger, K. D. (1989). *Moderne Testtheorie, 2. Auflage.* Weinheim: Beltz.

Kubinger, K. D. (1996). A new approach for the evaluation of convergent and discriminant validity. *Review of Psychology, 3 (1 – 2)*, 47 – 53.

Kubinger, K. D. (2003). Probabilistische Testtheorie. In K. D. Kubinger & R. S. Jäger (Hrsg.), *Schlüsselbegriffe der Psychologischen Diagnostik* (S. 415 – 423). Weinheim: Beltz.

L

Lance, C. E., Lambert, T. A., Gewin, A. G., Lievens, F. & Conway, J. N. (2004). Revised estimates of dimension and exercise variance components in assessment center post-exercise dimension ratings. *Journal of applied psychology, 89 (2)*, 377 – 385.

Lawson, S. (1991). One parameter latent trait measurement: Do the results justify the effort? In B. Thompson (Ed.), *Advances in educational research: Substantive findings, methodological development* (Vol. 1, S. 159 – 168). Greenwich, CT: JAI.

Lefrancois, G. R. (1994). *Psychologie des Lernens* (2. Aufl). Berlin: Springer.

Lienert, G. A. & Raatz, U. (1996). *Testaufbau und Testanalyse* (5. Aufl.). Weinheim: Beltz.

Lienert, G. A. & Raatz, U. (1998). *Testaufbau und Testanalyse* (6. Aufl.). Weinheim: Beltz.

Little, T. D., Cunningham, W. A., Shahar, G. & Widaman, K. F. (2002). To Parcel or Not to Parcel: Exploring the Question, Weighing the Merits. *Structural Equation Modeling, 9 (2)*, 151 – 173.

Lord, F. M. & Novick, M. R. (1968). *Statistical theories of mental test scores.* Reading: Addison-Wesley.

M

MacCallum, R. C., Widaman, K. F., Zhang, S. & Hong, S. (1999). Sample size in factor analysis. *Psychological Methods, 4 (1)*, 87 – 99.

MacDonald, P. & Paunonen, S. V. (2002). A Monte Carlo comparison of item and person statistics based on item response theory versus classical test theory. *Educational and Psychological Measurement, 62 (6)*, 921 – 943.

Marcus, B. & Schuler, H. (2001). Leistungsbeurteilung. In H. Schuler (Hrsg.), *Lehrbuch der Personalpsychologie* (S. 235 – 283). Bern: Huber.

Marcus, B. (2003). Das Wunder sozialer Erwünschtheit in der Personalauswahl. *Zeitschrift für Personalpsychologie, 2 (3),* 139 – 132.

Marschner, G. (1972). *Revisions – Test (Rev. T).* Göttingen: Hogrefe.

Marsh, H. W., Hau, K. T., Balla, J. R. & Grayson, D. (1998). Is more ever too much? The number of indicators per factor in confirmatory factor analysis. *Multivariate Behavioral Research, 33 (2),* 181 – 220.

Marsh, H. W., Hau, K. T. & Wen, Z. (2004). In search of golden rules: Comment on hypothesis-testing approaches to setting cutoff values for fit indexes and dangers in overgeneralizing Hu & Bentler's findings. *Structural Equation Modeling 11*, 320 – 341.

Matell, M. S. & Jacoby, J. (1971). Is there an optimal number of alternatives for Likert scale items? I. Reliability and validity. *Educational and Psychological Measurement, 31 (3),* 657 – 674.

McDonald, R. P. (1999). *Test theory: A unified treatment.* Mahwah, NJ: Lawrence Erlbaum Associates.

McDonald, R. P. & Ho, M. H. R. (2002). Principles and practice in reporting structural equation analyses. *Psychological Methods, 7 (1),* 64 – 82.

Mendoza, J. L., Stafford, K. L. & Stauffer, J. M. (2000). Large-sample confidence intervals for validity and reliability coefficients. *Psychological Methods, 5 (3),* 356 – 369.

Merydith, S. P. & Wallbrown, F. H. (1991). Reconsidering response sets, test-taking attitudes, dissimulation, self-deception, and social desirability. *Psychological Report, 69 (3),* 891 – 905.

Messick, S. (1995). Validity of psychological assessment: Validation of inferences from persons' responses and performances as scientific inquiry into score meaning. *American Psychologist, 50 (9),* 741 – 749.

Michel, L. & Conrad, W. (1982). Testtheoretische Grundlagen psychometrischer Tests. In K. J. Groffmann & L. Michel (Hrsg.), *Enzyklopädie der Psychologie, Themenbereich B: Methodologie und Methoden, Serie II: Psychologische Diagnostik, Band 1: Grundlagen Psychologischer Diagnostik* (S. 1 – 129). Göttingen: Hogrefe.

Moosbrugger, H. (2002). Item-Response-Theorie (IRT). In M. Amelang & W. Zielinski, *Psychologische Diagnostik und Intervention* (3. Aufl.) (S. 68 – 91). Berlin: Springer.

Moosbrugger, H. (2002b). Lineare Modelle. Regressions- und Varianzanalyse, (3. Aufl.). Huber: Bern.

Moosbrugger, H. & Hartig, J. (2002). Factor analysis in personality research: Some artefacts and their consequences for psychological assessment. *Psychologische Beiträge, 1 (44),* 136 – 158.

Moosbrugger, H. & Hartig, J. (2003). Faktorenanalyse. In K. D. Kubinger & R. S. Jäger (Hrsg.), *Schlüsselbegriffe der Psychologischen Diagnostik* (S. 137 – 145). Weinheim: Beltz.

Müller, H. (1999). Probabilistische Testmodelle für diskrete und kontinuierliche Ratingskalen. Bern: Huber.

Mundfrom, D. J., Shaw D. G. & Ke, T. L. (2005). Minimum sample size recommendations for conducting factor analyses. International Journal of Testing, 5 (2), 159 – 168.

Murphy, K. R., & Davidshofer, C. O. (2001). *Psychological testing: Principles and applications* (5th Ed.). Upper Saddle River, NJ: Prentice Hall.

N

Ndalichako, J. L. & Rogers, W. T. (1997). Comparison of finite state score theory, classical test theory, and item response theory in scoring multiple-choice tests. *Educational and Psychological Measurement, 57 (4),* 580 – 589.

Norušius, M. J. (1985). SPSS-X: *Advanced Statistics Guide.* New York: McGraw-Hill.

Novick, M. R. (1966). The axioms and principal results of classical test theory. *Journal of Mathematical Psychology, 3,* 1 – 18.

Nunnaly, J. C. & Bernstein I. H (1994). *Psychometric theory,* third edition. New York: McGraw-Hill.

O

O'Connor, B. P. (2000). SPSS and SAS programs for determining the number of components using parallel analysis and Velicer's MAP test. *Behavior Research Methods, Instruments & Computers, 32 (3),* 396 – 402.

Olsson, U. H., Foss, T., Troye, S. V. & Howell, R. D. (2000). The performance of ML, GLS, and WLS estimation in structural equation modeling under conditions of misspecification and nonnormality. *Structural Equation Modeling, 7 (4),* 557 – 595.

Ones, D. S. & Viswesvaran, C. (1998). The effects of social desirability and faking on personality and integrity assessment for personnel selection. *Human Performance, 11 (2-3),* 245 – 269.

Osburn, H. G. (2000). Coefficient alpha and related internal consistency reliability coefficients. *Psychological Methods, 5 (3),* 343 – 355.

Osterlind, S. J. (1983) Test Item Bias. (Sage University Paper Series on Quantitative Applications in the Social Sciences, 07 – 030). Beverly Hill, CA: Sage.

Osterlind, S. J. (1989). *Constructing Test Items.* Boston: Kluwer.

Oswald, W. D. & Roth, E. (1987). *Der Zahlen-Verbindungs-Test.* 2. überarbeitete und erweiterte Auflage. Göttingen: Hogrefe.

P

Pauls, C. A. & Crost, N. W. (2004). Effects of faking on self-deception and impression management scales. *Personality and Individual Differences, 37*, 1137 – 1151.

Pett, M. A., Lackey, N. R. & Sullivan, J. J. (2003). *Making sense of factor analysis.* Thousand Oaks, CA: Sage.

Pospeschill, M. (1996). *Praktische Statistik.* Weinheim: Psychologie Verlags Union.

R

Raju, S. N. (1977). A generalitation of coeffizient alpha. *Psychometrika, 42*, 549 – 565.

Raykov, T. (1998). On the use of confirmatory factor analysis in personality research. *Personality and Individual Differences, 24 (2)*, 291 – 293.

Revenstorf, D. (1976). *Lehrbuch der Faktorenanalyse.* Stuttgart: Kohlhammer.

Rietz, C., Rudinger, G. & Andres, J. (1996). Lineare Strukturgleichungsmodelle. In E. Erdfelder, R. Mausfeld, T. Meiser & G. Rudinger (Hrsg.), *Handbuch Quantitative Methoden* (S. 253 – 268). Weinheim: Beltz.

Rohrmann, B. (1978). Empirische Studien zur Entwicklung von Antwortskalen für die sozialwissenschaftliche Forschung. *Zeitschrift für Sozialpsychologie, 9*, 222 – 245.

Rosnow, R. L. & Rosenthal, R. (1996). Computing contrasts, effect sizes, and counternulls on other people's published data: General procedures for research consumers. *Psychological Methods, 1(4)*, 331 – 340.

Rost, D. (2001). *Handwörterbuch pädagogische Psychologie.* Göttingen: Hogrefe.

Rost, J. (1988). Quantitative und qualitative probabilistische Testtheorie. Bern: Huber.

Rost, J. (1996). *Lehrbuch Testtheorie, Testkonstruktion.* Göttingen: Hogrefe.

Rost, J. (1999). Was ist aus dem Rasch-Modell geworden? *Psychologische Rundschau, 50 (3)*, 140 – 156.

Rost, J. (2004). *Lehrbuch Testtheorie, Testkonstruktion.* 2. Auflage. Göttingen: Hogrefe.

Rost, J., Carstensen, C. H. & von Davier, M. (1999). Sind die Big Five Rasch-skalierbar? Eine Reanalyse der NEO-FFI-Normierungsdaten. *Diagnostica, 45 (3)*, 119 – 127.

Rulon, P. J. (1930). A graph for estimating reliability in one range knowing it in another. *Journal of educational psychology, 21*, 140 – 142.

Russell, D. W. (2002). In Search of Underlying Dimension: The Use (and Abuse) of Factor Analysis. *Personality and Social Psychological Bulletin, 28 (12)*, 1629 – 1646.

S

Saß, H., Wittchen, H.-U., Zaudig, M. & Houben, I. (2003). *Diagnostisches und Statistisches Manual Psychischer Störungen – Textrevision – DSM-IV-TR* (3. Aufl.). Göttingen: Hogrefe.

Schermelleh-Engel, K., Moosbrugger, H. & Müller, H. (2003). Evaluating the Fit of Structural Equation Models: Test of Significance and Descriptive Goodness-of-Fit Measures. *Methods of Psychological Research Online, 8 (2),* 23 – 74. From http://mpr-online.de.

Schermelleh-Engel, K. & Schweizer, K. (2003). Diskriminante Validität. In K. D. Kubinger & R. S. Jäger (Hrsg.), *Schlüsselbegriffe der Psychologischen Diagnostik* (S. 103 – 110). Weinheim: Beltz.

Schmidt, F. L. & Hunter, J. E. (1998). The validity and utility of selection methods in personnel psychology: Practical and theoretical implications of 85 years of research findings. *Psychological Bulletin, 124 (2),* 262 – 274.

Schmidt, F. L. & Hunter, J. E. (1999). Theory of testing and measurement error. *Intelligence, 27 (3)*, 183 – 198.

Schönemann, P. H. & Borg, I. (1996). Von der Faktorenanalyse zu den Strukturgleichungsmodellen. In E. Erdfelder, R. Mausfeld, T. Meiser & G. Rudinger (Hrsg.), *Handbuch Quantitative Methoden* (S. 241 – 252). Weinheim: Beltz.

Schuler, H. (Hrsg.). *Lehrbuch der Personalpsychologie.* Bern: Huber.

Shevlin, M., Miles, J. N. V., Davies, M. N. O. & Walker, S. (2000). Coefficient alpha: A useful indicator of reliability? Personality and Individual Differences, 28 (2), 229 – 237.

Shevlin, M., Miles, J. N. V. & Lewis, C. A. (2000). Reassessing the fit of the confirmatory factor analysis of the multidimensional Students' Life Satisfaction Scale: Comments on „Confirmatory factor analysis of the multidimensional Students' Life Satisfaction Scale". *Personality and Individual Differences, 28 (1),* 181 – 185.

Spearman, C. (1904). 'General intelligence', objectively determined and measured. *American Journal of Psychology, 15 (2),* 201 – 293.

Staufenbiel, T. (1987). Critical values and properties of μ. *Methodika, 1 (1), 60 – 67.*

Steiger, J. H. (1990). Structural model evaluation and modification: An interval estimation approach. *Multivariate Behavioral Research, 25 (2),* 173 – 180.

Steiger, J. H. (2000). Point estimation, hypothesis testing, and interval estimation using the RMSEA: Some comments and a reply to Hayduck and Glaser. *Structural Equation Modeling, 7 (2),* 149 – 162.

Stelzl, I. (1986). Changing the causal hypothesis without changing the fit: Some rules for generating equivalent path models. *Multivariate Behavioral Research, 21,* 309 – 331.

Stelzl, I. (1993). Testtheoretische Module. In L. Tent & I. Stelzl, *Pädagogisch-psychologische Diagnostik* (S. 39 – 201). Göttingen: Hogrefe.

Stevens, J. (2002). *Applied multivariate statistics for the social science* (4th ed.). Hillsdale, N.J.: Erlbaum.

Steyer, R. & Eid, M. (2001). *Messen und Testen.* Berlin: Springer.

Steyer, R. (2002). *Wahrscheinlichkeit und Regression.* Berlin: Springer.

Stumpf, H. (1996). Klassische Testtheorie. In E. Erdfelder, R. Mausfeld, T. Meiser & G. Rudinger (Hrsg.), *Handbuch Quantitative Methoden* (S. 411 – 430). Weinheim: Beltz.

T

Tabachnik, B. G. & Fidell, L. S. (2004). *Using Multivariate Statistics* (3rd ed.). New York: HarperCollins.

Tent, L. & Stelzl, I. (1993). *Pädagogisch-psychologische Diagnostik.* Göttingen: Hogrefe.

Tewes, U. (1991). *Hamburg – Wechsler Intelligenztest für Erwachsene – Revision 1991 (HAWIE-R).* Göttingen: Hogrefe.

Tewes, U., Rossmann, P. & Schallberger, U. (2000). *Hamburg-Wechsler Intelligenztest für Kinder III (HAWIK-III).* Göttingen: Hogrefe.

Thompson, B. (2004). Exploratory and confirmatory factor analysis: understanding concepts an applications. Washington D.C.: American Psychological Association.

Tränkle, U. (1983). Fragebogenkonstruktion. In H. Feger & J. Bredekamp (Hrsg.), *Enzyklopädie der Psychologie, Themenbereich B: Methodologie und Methoden, Serie I: Forschungsmethoden der Psychologie, Band 2: Datenerhebung* (S. 222 – 301). Göttingen: Hogrefe.

V

Viswesvaran, C. & Ones, D. S. (1999). Meta-analyses of fakability estimates: Implications for personality measurement. *Educational and Psychological Measurement, 59 (2)*, 197 – 210.

Von Davier, M. (1997). *Methoden zur Prüfung probabilistischer Testmodelle. IPN Schriftenreihe 158.* IPN, Kiel.

Von Davier, M. (2001). WINMIRA (Version 2001) [Computer Software]. University Ave, St. Paul: Assessment Systems Corporation.

W

Wang, W. C. & Wilson, M. (2005). Exploring Local Item Dependence Using a Random-Effects Facet Model. *Applied Psychological Measurement, 29 (4)*, 296 – 318.

Wang, J., Siegal, H. A., Falck, R. S. & Carlson, R. G. (2001). Factorial structure of Rosenberg's Self-Esteem Scale among crack-cocaine drug users. *Structual Equation Modeling, 8 (2)*, 275 – 286.

West, S. G., Finch, J. F. & Curran, P. J. (1995). Structural equation models with nonnormal variables: Problems and remedies. In R. H. Hoyle (Ed), *Structural equation modeling: Concepts, issues, and applications* (S. 56 – 75). Thousand Oaks, CA: Sage Publications.

Westhoff, K. & Kluck, M.-L. (1998). *Psychologische Gutachten – schreiben und beurteilen.* Berlin: Springer.

Widaman, K. F. (1993). Common factor analysis versus principal component analysis: Differential bias in representing model parameters? *Multivariate Behavioral Research, 28 (3)*, 263 – 311.

Wilhelm, O. & Schulze, R. (2002). The relation of speeded and unspeeded reasoning with mental speed. *Intelligence. 30 (6)*, 537 – 554.

Wirtz, M. & Caspar, F. (2002). *Beurteilerübereinstimmung und Beurteilerreliabilität.* Göttingen: Hogrefe.

Wittmann, W. W. (2002). Brunswik-Symmetrie: Ein Schlüsselkonzept für erfolgreiche psychologische Forschung. In M. Myrtek (Hrsg.), *Die Person im biologischen und sozialen Kontext* (S. 163 – 186). Göttingen: Hogrefe.

Wothke, W. (1993). Nonpositive Definite Matrices in Structural Modeling. In K. A. Bollen & J. S. Long (Eds.), *Testing Structural Equation Models* (S. 256 – 293). Newbury Park, CA: Sage.

Wright, B. D. (1997). A history of social science measurement. *Educational Measurement: Issues & Practice, 16(4)*, 33 – 45.

Wright, B. D. & Mok, M. (2000). Rasch Models Overview. *Applied Measurement, 1 (1)*, 83 – 106.

Z

Zimmermann, P. & Fimm, B. (2002). *Testbatterie zur Aufmerksamkeitsprüfung (TAP).* Herzogenrath: Psytest.

Zimmermann, D. W. & Williams, R. H. (1977). The theory of test validity and correlated errors of measurement. *Journal of Mathematical Psychology, 16*, 135 – 152.

Zöfel, P. (2002). *SPSS-Syntax. Die ideale Ergänzung für effizientes Arbeiten.* München: Pearson Studium.

Zwick, W. R. & Velicer, W. F. (1986). Comparison of five rules for determining the number of components to retain. *Psychological Bulletin, 99 (3)*, 432 – 442.

Namensregister

F

G

H

J

K

L

M

N

O

P

R

S

T

V

W

Z

Stichwortverzeichnis

Numerisch

A

B

C

D

E

F

G

H

I

K

L

M

N

O

P

Q

R

S

T

U

V

W

Z

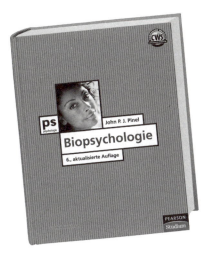